Deutschland

Die schönsten Städtetouren

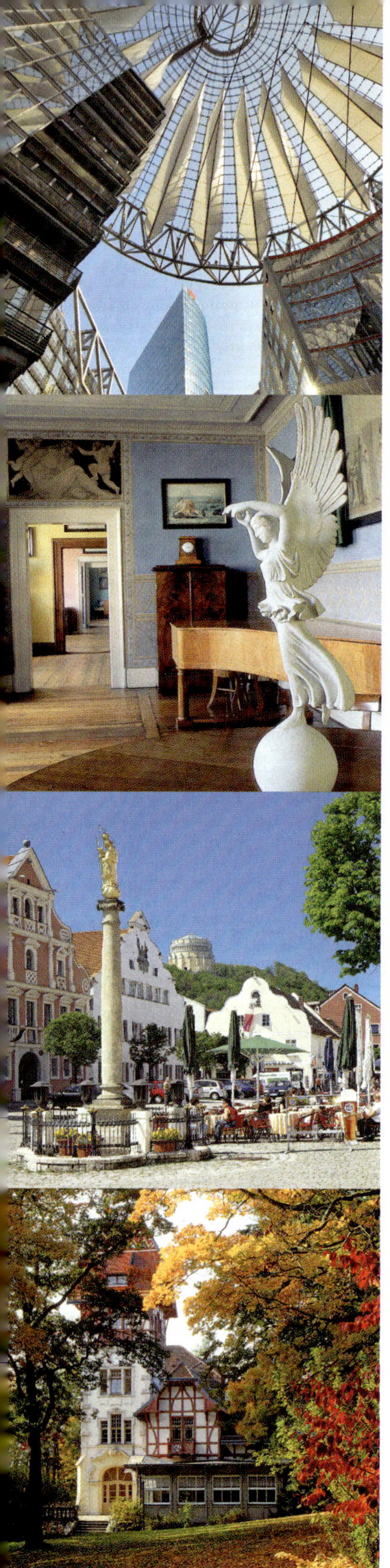

Inhalt

Die den Städtenamen zugeordneten Koordinaten, z. B. Aachen (A5), beziehen sich auf die Planquadrate der beiden Klappenkarten.

Service

Leserforum

Die Meinung unserer Leserinnen und Leser ist wichtig, daher freuen wir uns von Ihnen zu hören. Wenn Ihnen dieser Reiseführer gefällt, wenn Sie Hinweise zu den Inhalten haben – Ergänzungs- und Verbesserungsvorschläge, Tipps und Korrekturen – dann kontaktieren Sie uns bitte:

Redaktion ADAC Reiseführer
ADAC Verlag GmbH
Am Westpark 8, 81365 München
Tel. 089/76 76 41 59
verlag@adac.de
www.adac.de/reisefuehrer

Deutschland Impressionen

Bunte Städte-Palette

Urlaub in Deutschland? Na klar! Deutschland ist schön, und so vielfältig das Land ist, so reizvoll und abwechslungsreich sind seine Städte. Von Füssen im Süden bis Flensburg im Norden, von Düsseldorf im Westen bis Dresden im Osten spiegeln sie die Reize ihrer Heimatregionen wider und bieten eine Fülle von Sehenswürdigkeiten und Attraktionen.

Land der Dichter und Denker

Einen Platz in der ersten Reihe haben hier sicher die großartigen **Museen** und hochrangigen **Ausstellungen** verdient, mit denen die Städte im ›Land der Dichter und Denker‹ aufwarten können. Eine Sonderstellung kommt dabei der neuen alten Hauptstadt Berlin zu, wo man in der *Neuen* oder *Alten Nationalgalerie*, im *Pergamon-Museum* oder in der *Gemäldegalerie* viele großartige Schätze der Weltkulturen bewundern kann. Städte wie Hamburg oder Emden können mit hervorragend bestückten *Kunsthallen* aufwarten, die sich vorrangig moderner Kunst widmen, in Düsseldorf lohnt allein schon die *Kunstsammlung NRW* einen Besuch. Ein herausragendes internationales Forum zeitgenössischer Kunst ist auch die *documenta*, die alle fünf Jahre in Kassel stattfindet. Dem weiten Feld der Technik widmet sich das faszinierende *Deutsche Museum* in München, das Groß und Klein zum Experimentieren und Staunen einlädt. Kleinere Orte setzen diesen großen Namen gern Originalität entgegen: In Brandenburg an der Havel etwa wirft das *nOSTalgiemuseum* einen mitunter verklärten Blick zurück auf das Leben in der DDR vor dem Mauerfall. In Dinkelsbühl beschäftigt sich das *Museum der 3. Dimension* mit 3D-Phänomenen, in Hof lockt das weltgrößte Teddybären-Museum, Halle an der Saale überrascht mit einem Beatles-Museum.

Auch wer Kunst gern im Theater genießt, findet in Deutschlands Städten eine reiche Auswahl. So zählt zum Beispiel das *Anhaltinische Theater* in Dessau zu den modernsten Spielstätten Europas und auch das *Schauspielhaus Bochum* genießt einen hervorragenden Ruf als

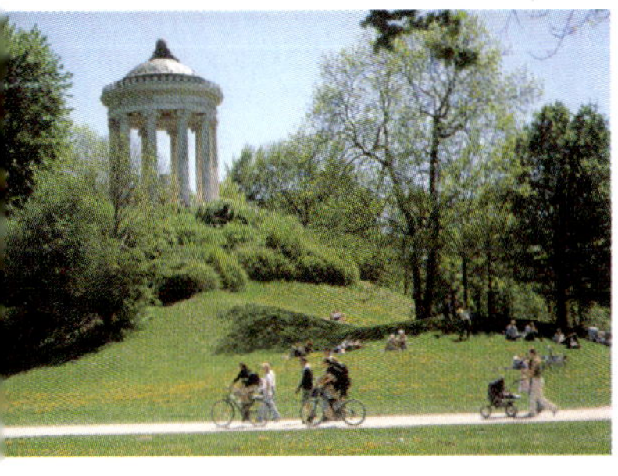

innovative Bühne. Schon von außen genussvoll anzusehen ist das *Staatstheater Cottbus*, das 1908 in schönstem Jugendstil errichtet wurde. Und fällt der Name ›Bayreuth‹ bekommen nicht nur Wagnerianer leuchtende Augen, denn das dortige *Markgräfliche Opernhaus* ist eines der prächtigsten Barocktheater der ganzen Alten Welt und befindet sich sogar auf der Vorschlagsliste zum UNESCO Weltkulturerbe.

Vergangenheit und Gegenwart

Apropos UNESCO: Einige historische deutsche Städte wurden ja bereits mit der Aufnahme in den erlauchten Kreis des besonders schützenswerten **Welterbes** ausgezeichnet. *Goslar* ist darunter, diese an Kirchen so reiche einstige Bergbau-, Hanse- und freie Reichsstadt, ebenso das klassische *Weimar*. Ferner das pittoreske, wie ein mittelalterliches Freilichtmuseum wirkende Städtchen *Quedlinburg*, der rund 1000 Jahre alte Kaiser- und Bischofssitz *Bamberg* oder Teile von *Dessau*, wo Vertreter des ›Bauhauses‹ Architekturgeschichte geschrieben haben.

Aber auch zahlreiche Orte ohne internationales Prädikat haben ihr **historisches Erbe** liebevoll bewahrt und lohnen

Oben: *Schmucke Fachwerkhäuser und der goldene hl. Georg prägen Erfurts Marktplatz*
Mitte: *Herrlich grüne Freizeitidylle in Münchens Englischem Garten*
Links: *Großstadtgelichter mit Kaiser-Wilhelm-Gedächtniskirche am Berliner Ku'damm*

einen Besuch. In Kronach, Rothenburg ob der Tauber oder Wasserburg am Inn etwa kann man in mauerumgebenen *Altstädten* durch kopfsteingepflasterte Gassen bummeln und dabei die baulichen Zeugen mittelalterlichen Kaufmanns- und Handwerkerfleißes bewundern. Augsburg gilt als Perle der *Renaissance*, Würzburg ist stolz auf seine üppigen *Barockbauten* und Celle verbreitet mit seinen schmucken *Fachwerkhäusern* geradezu Puppenstubenromantik.

Viele dieser Städte erblühten einst im Schutz mächtiger **Burgen**, von deren Wirkung die imposanten Anlagen von *Nürnberg* oder *Burghausen* noch heute ein eindrucksvolles Bild vermitteln. Den Übergang vom trutzigen Wehr- zum zierlicheren **Schlossbau** zeigt anschaulich die spätgotische Albrechtsburg in *Meißen*, in anmutiger Rokoko-Vollendung präsentiert sich *Schloss Ludwigslust* im gleichnamigen Städtchen, das nicht umsonst Mecklensburgs ›Klein-Versailles‹ genannt wird. An Größe und Schönheit sogar noch überlegen waren den Prunkbauten des Adels freilich die **Gotteshäuser**. Imposante Zeugnisse religiös motivierter Schaffenskraft in deutschen Landen sind beispielsweise der hochgotische *Kölner Dom* sowie die Münster von *Ulm* und *Freiburg*, in deren virtuoser Gestaltungsvielfalt sich die ganze Meisterschaft mittelalterlicher Baukunst zeigt.

Mitte links: *Prächtige Festarchitektur präsentiert der berühmte Zwinger in Dresden*
Mitte: *Ein Mekka der Kunst sind die Pinakotheken in München*
Mitte rechts: *Große Komponisten und Musikfreunde finden in Leipzig zusammen*
Oben: *Die einst mächtige Hansestadt Stralsund zählt zum UNESCO Weltkulturerbe*
Rechts: *Futuristische Architektur setzt Akzente am Potsdamer Platz in Berlin*

Auch Besucher, die es vornehmlich in Tempel profaner Bestimmung zieht, in gläserne Konsumpaläste und verlockende **Einkaufsparadiese**, müssen nicht

lange suchen. Das Angebot reicht von Deutschlands exklusivster – und teuerster – Einkaufsmeile, der kurz ›Kö‹ genannten *Königsallee* in Düsseldorf über den Hannoverschen Prachtboulevard der *Georgstraße* und die *Mädler-Passage* nahe dem Leipziger Hauptbahnhof bis zum riesigen, 219 x 216 m großen *Marktplatz* von Freudenstadt, auf dem im Sommer jeweils dienstags und freitags alles an Essbarem, Schönem und Nützlichem angeboten wird, was des Käufers Herz begehrt.

Gutes für Leib und Seele

Natürlich kümmert man sich in Deutschlands Städten auch um wichtigere **Herzensangelegenheiten**. An vielen schönen Orten können Verliebte den Bund fürs Leben schließen. Einen ausgesprochen festlichen Rahmen etwa bietet der goldglänzende Trausaal im Bürglass-Schlösschen von *Coburg*. Wer sein Glück lieber im Spiel sucht, hat ebenfalls die Qual der Wahl. Von *Garmisch-Partenkirchen* bis *Lübeck* lassen Croupiers in **Casinos** die Kugel rollen, im weltbekannten Kurort Baden-Baden am Rande des Schwarzwalds heißt es ebenso »Faîtes votre jeux!«, »Machen Sie Ihr Spiel!«, wie an der Ostseeküste im vergleichsweise kleinen *Heringsdorf* auf Usedom.

Wahre Wohltaten für Leib und Seele versprechen Deutschlands **kulinarische Stadtlandschaften**. Auch hier gilt das Motto der Vielfalt: So lockt in Freising das *Weihenstephaner Bräustüberl* zu Weißbier und Weißwurst in die älteste Brauerei der Welt, während man im schleswig-holsteinischen Glückstadt Ende September die *Matjeswochen* genießen kann. Das ganze Jahr über ein Erlebnis ist in Hamburg ein Besuch auf dem *Fischmarkt*, auf dem frühmorgens die Verkäufer lauthals ihre Ware anpreisen. Auch vom scherzhaften Streit zwischen Stuttgartern und Esslingern, wer denn nun die besten *Spätzle* macht, können Gäste nur profitieren. Berlin-Besucher müssen geradezu eine Currywurst essen, in Leipzig steht das Allerlei auf der Liste unverzichtbaren Spezialitätengenusses, in Dresden der Stollen, in Kiel die Sprotten, und leckere Gurken kostet man am besten in Lübbenau im Spreewald. Landauf landab kann jeder nach seiner Fasson glücklich werden – und satt.

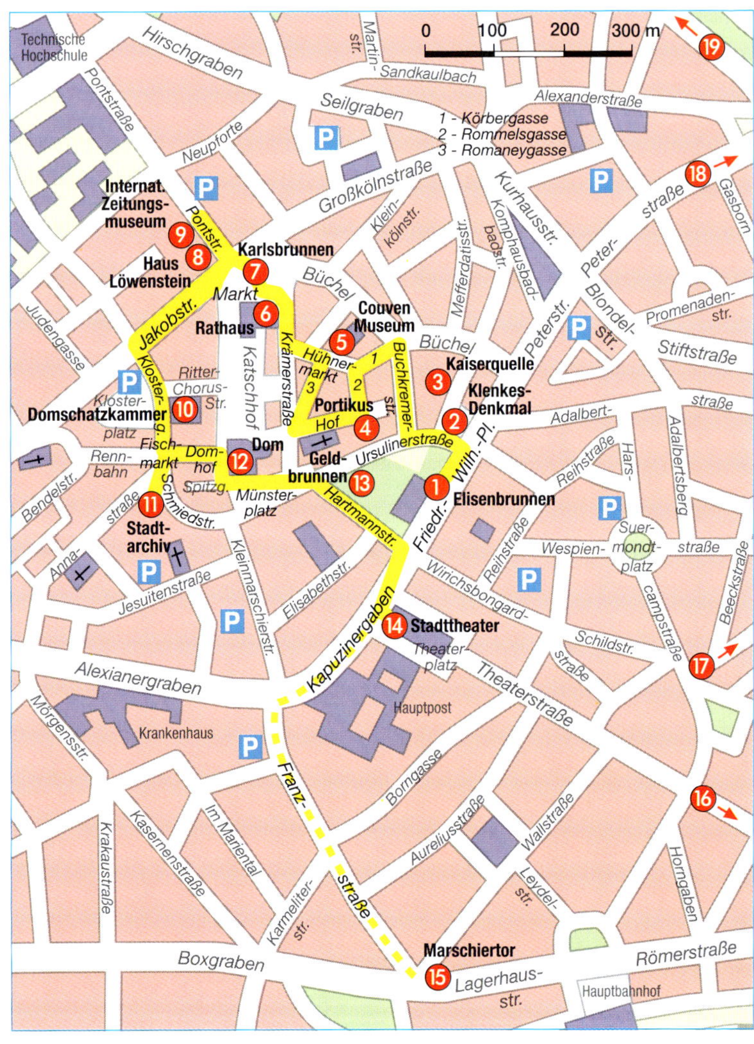

Aachen

A5

Nordrhein-Westfalen
Einwohner: 244 000

Die altehrwürdige Kaiserstadt ist ein Erlebnisort nicht nur für Badegäste .

Im Zentrum der Altstadt ragt der klassizistische **Elisenbrunnen** ❶ (1822) in die Höhe, ein säulenförmiger Bau, der u.a. zwei Thermaltrinkbrunnen birgt. Auf den Marmortafeln sind die Namen zahlreicher berühmter Persönlichkeiten eingemeißelt, die die rund 2000 Jahre alte Kaiserstadt wegen ihrer schwefelhaltigen Heilwasserquellen bereits besuchten, darunter Karl der Große (742–814), der Aachen zu einer seiner Pfalzen machte. Gegenüber grüßen drei jugendlich aussehende Figuren auf dem modernen **Klenkes-Denkmal** ❷. Wenige Schritte dahinter erhebt sich das Kaiserbad, in dem die **Kaiserquelle** ❸ entspringt. Durch die Körbergasse, in der sich im Printenhaus die bekannte Alt Aachener Kaffee- & Weinstuben ›Leo van den Daele‹ und die Bronzestatue des Printenmädchens befinden, geht es zum **Portikus** ❹. Dabei handelt es sich um die Nachbildung einer römischen Säulenhalle, deren Reste bei Ausgrabungen gefunden wurden. Weiter geht es durch die historische Romaneygasse zum Hühnermarkt mit dem originellen Hühnerdieb-Brunnen (1913). Hier findet sich auch das **Couven Museum** 5 (1786), benannt nach dem Aachener Architekten Johann Joseph Couven (1701–1763). Hier sind Zeugnisse europäischer Wohnkultur des 18. und 19. Jh. ausgestellt. Durch die Krämerstraße geht es weiter zum 200 Jahre alten Katschhof, in dem früher der Pranger stand, und zum historischen **Rathaus** 6. Der ursprünglich gotische Bau mit dem sogenannten Granusturm, der einst als Wohnung diente, stammt aus dem 14. Jh. und wurde im 17./18. Jh. zum barocken Stadtschloss ausgebaut. Hier wird seit 1950 alljährlich der Karlspreis an Persönlichkeiten oder Institutionen verliehen, die sich um Europa und die europäische Einigung verdient gemacht haben. Nördlich des Rathauses erstreckt sich der Markt, dessen Mitte vom **Karlsbrunnen** 7 akzentuiert ist. Der Weg führt nun in die Pontstraße, an deren Anfang sich das sehenswerte **Haus Löwenstein** 8 (um 1344) präsentiert, eines der ältesten Gebäude der Stadt. Daneben lädt das **Internationale Zeitungsmuseum** 9 zu einem Besuch ein. Seine 1886 gegründete Sammlung umfasst ca. 165 000 Zeitungen und Druckwerke aus aller Welt. Das nächste Ziel ist die **Domschatzkammer** 10. Zu ihren Schätzen gehören wertvolle Exponate wie das Lotharkreuz oder die Karlsbüste. Einige Schritte weiter links kommt man auf den Fischmarkt, auf dem sich der Fischpüddelchen-Brunnen (1911) befindet sowie am Südende in Aachens erstem Rathaus (1267) das heutige **Stadtarchiv** 11. Bereits von hier ist der mächtige **Dom** 12 zu sehen, eines der berühmtesten Zeugnisse abendländischer Baukunst. Schon zu Kaiser Karls Zeiten stand hier ein Gotteshaus, ein Großteil des heute sichtbaren Gebäudes stammt jedoch aus dem 14. Jh. Zentrum des Doms ist das Oktogon, in dem der Thron Kaiser Karls steht. Von atemberaubender Schönheit ist auch die gotische Chorhalle. Den Münsterplatz vor der Kirche zieren der Spatzen- und der Vinzenzbrunnen. Etwas weiter östlich plätschert der **Geldbrunnen** 13, der den Kreislauf des Geldes anschaulich macht. Der Rundgang endet am **Stadttheater** 14, dem kulturellen Mittelpunkt Aachens. Wer möchte, kann noch das **Marschiertor** 15 aus dem 14. Jh. im Süden der Stadt besichtigen.

Weitere Sehenswürdigkeiten:

Burg Frankenberg mit Museum 16
Suermondt-Ludwig-Museum 17
Ludwig-Forum für Int. Kunst 18
Spielkasino 19

Praktische Hinweise

Information

aachen tourist service, Informationsbüro Elisenbrunnen, Friedrich-Wilhelm-Platz, Tel. 02 41/180 29 60, www.aachen-tourist.de

Hotels

Benelux, Franzstr. 21–23, Tel. 02 41/40 00 30, www.hotel-benelux.de. Zentral gelegenes Logis mit modernen Räumen.

Brülls am Dom, Hühnermarkt 2–3, Tel. 02 41/317 04. Kleiner Familienbetrieb in historischem Gebäude.

Granus, Passstr. 2a, Tel. 02 41/15 20 71, www.hotel-granus.de. Zwölf moderne Zimmer im Hotel garni.

Restaurants

Aachener Brauhaus, Kapuzinergraben 4, Tel. 02 41/360 17. Uriges Traditionslokal mit deutscher Hausmannskost.

Elisenbrunnen, Friedrich-Wilhelm-Platz 14, Tel. 02 41/297 72. Mehrfach ausgezeichnetes Feinschmecker-Restaurant.

Ratskeller, Markt 40, Tel. 02 41/350 01. Gehobene Küche, in ehrwürdigen Räumlichkeiten.

Keimzelle des Aachener Doms ist das Oktogon der Pfalzkapelle aus der Zeit Karls des Großen

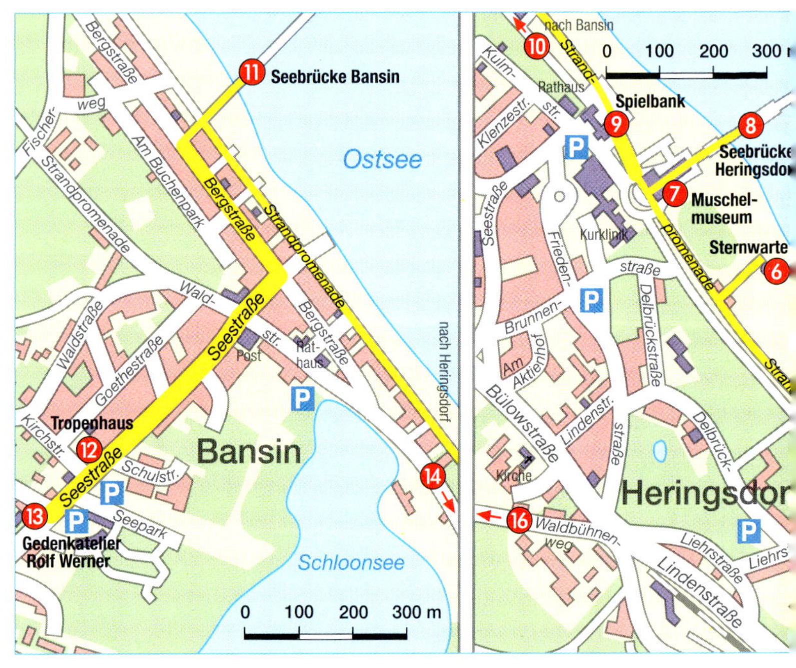

Ahlbeck, Heringsdorf, Bansin

F2

Mecklenburg-Vorpommern
Einwohner: 3500, 3500, 2500

Nicht nur bei Kaiserwetter sind Usedoms Prachtbäder ein Erlebnis.

Startpunkt des Spaziergangs durch die drei sog. Kaiserbäder auf der Ostseeinsel Usedom ist *Ahlbeck*, in dessen unmittelbarer Nähe die Grenze zu Polen verläuft. Dort geht es vom **Bahnhof** 1, einem schmucken zweiflügligen Bau (1907) aus rotem Backstein, zur **Neogotischen Kirche** 2, die 1894/95 ebenfalls aus Backstein errichtet wurde. In ihrem Innern können das Holztonnengewölbe und ein Sandsteinaltar bewundert werden. Zur See hin liegt Ahlbecks **Rathaus** 3, das u.a. das Heimatmuseum beherbergt, in dem einige archäologische Funde sowie Alltagsgegenstände, Waffen und Fahnen aus der Stadtgeschichte zusammengestellt sind. Weiter führt der Rundgang Richtung Strand zur **Historischen Uhr** 4, 1911 von einer Berlinerin gestiftet. Der elegante, schwarz-goldene Jugendstil-Chronograph wurde 2004 restauriert. Von hier aus sieht man bereits den Höhepunkt des Streifzugs durch das Städtchen, die **Seebrücke Ahlbeck** 5 mit ihrem hölzernen, mit Türmchen verzierten Seepavillon (1896–98). Sein heutiges Aussehen erhielt das Gebäude um 1930. Nach einem Spaziergang an der Strandpromenade kommt man ins Heilbad *Heringsdorf*. Hier ist die **Sternwarte** 6 bemerkenswert, besitzt sie doch das weltweit einzige noch voll funktionstüchtige Schmidt-Spiegelteleskop (1931) mit einem Vergrößerungsfaktor von 720. Etwa 200 m weiter können im **Muschelmuseum** 7 mehr als 3000 Muscheln, Schnecken, Korallen und Bernsteine bewundert werden. Noch sehenswerter ist die **Seebrücke Heringsdorf** 8, die am Platz der 1958 zerstörten Kaiser-Wilhelm-Brücke (1893) errichtet wurde. 508 m reicht die teilweise überdachte Brücke ins Meer hinaus – damit gilt sie als längste bewirtschaftete Brücke auf dem europäischen Kontinent. Danach geht es wieder aufs Festland zur **Spielbank** 9, in der Gäste entweder profan an Spielautomaten oder abends elegant bei Roulette und Black Jack ihr Glück versuchen. Ein Stück weiter stimmt in der Maxim-Gorki-Straße das Museum ›**Villa Irmgard**‹ 10 in die Literatur- und Regionalgeschichte ein. Im Anschluss an Heringsdorf führt die Tour durch *Bansin*.

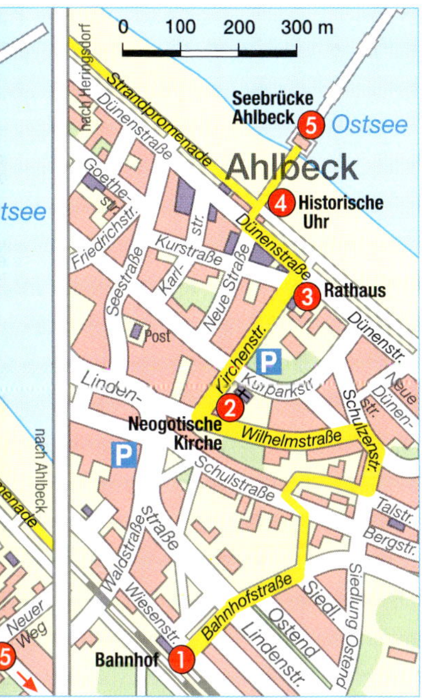

Auch dieses dritte ehem. Kaiserbad kann bequem über die Strandpromenade erreicht werden. Die beschauliche Ortschaft erhielt 1923 als erstes Seebad in Deutschland die Freibaderlaubnis, d. h. man durfte in Badebekleidung vom Hotel zum Strand spazieren. Die **Seebrücke Bansin** ⑪ fällt bereits von weitem auf, denn ähnlich wie in den beiden Nachbarbädern reicht die 1994 errichtete Brücke weit ins Meer hinein (285 m). Nun führt der Weg vom Strand in den Ortskern. Über die Bergstraße geht es in die Seestraße, die von eleganten Hotels aus dem späten 19., frühen 20. Jh. gesäumt wird. In der benachbarten Goethestraße ist hier das **Tropenhaus** ⑫ sehenswert, eine Freizeitanlage, in der sich zwischen Orchideen und Palmen rund 150 Tiere tummeln, darunter so exotische wie Burenziegen und Piranhas. Der Spaziergang entlang der Seestraße endet am **Gedenkatelier Rolf Werner** ⑬, der Gedenkstätte für den Bansiner Maler (1916–1989), in dem auch Werke des Künstlers ausgestellt sind.

TOP TIPP

Weitere Sehenswürdigkeiten:

Ostseetherme Usedom ⑭
(zwischen Heringsdorf und Ahlbeck)

Naturschutzgebiet Gothensee ⑮
(südwestlich von Bansin)

Praktische Hinweise

Information

Zweckverband Seebäder Insel Usedom, Dünenstr. 45, Seebad Ahlbeck, Tel. 03 83 78/49 93 50 – An der Seebrücke, Seebad Bansin, Tel. 03 83 78/332 80 – Kulmstr. 33, Seebad Heringsdorf, Tel. 03 83 78/24 51, www.dreikaiserbaeder.de

Hotels

Hotel Ostende, Dünenstr. 24, Ahlbeck, Tel. 03 83 78/510, www.hotel-ostende.de. Charmantes Hotel in nobler Strandvilla.

Promenadenhotel Admiral, Strandpromenade 36, Bansin, Tel. 03 83 78/660, www.usedom.info. Einen herrlichen Ostseeblick bietet das 4-Sterne-Haus.

Villa Augusta, Delbrückstr. 17, Heringsdorf, Tel. 03 8378/471 60, www.villaaugusta.kaiserbaeder.de. Behagliches Classic Flair Hotel, direkt an der Strandpromenade.

Restaurants

Die Villa, Bismarckstr. 1–2, Ahlbeck, Tel. 03 83 78/24 10, www.auguste-viktoria.de. Restaurant und Café des Hotels Augusta Viktoria.

Nautilus, Seebrücke, Heringsdorf, Tel. 03 83 78/288 17, www.restaurant-nautilus.de. Fischspezialitäten, auf der Seebrücke serviert.

Zur Alten Post, Seestr. 5, Bansin, Tel. 03 83 78/560, www.hotel-zur-post-usedom.de. Elegantes Hotelrestaurant.

Veranden, Giebel, Erker – stilvolle klassische Bäderarchitektur in Bansins Bergstraße

Amberg

D6

Bayern
Einwohner: 44 000

Die einstige kurpfälzische Nebenresidenz ist ein bauhistorisches Juwel.

Der größte Teil der Sehenswürdigkeiten Ambergs, der ›heimlichen Hauptstadt der Oberpfalz‹, befindet sich in der Altstadt. Ausgangspunkt ist die gotische **Kirche St. Martin** 1, die größte Hallenkirche Nordbayerns, die ab 1421 einen romanischen Vorgängerbau ersetzte. Das Gebäude der ehem. **Ratstrinkstube** 2 stammt aus der Zeit von 1728–64 und beherbergt nun ein Geschäft. Die Fassade schmücken noch allegorische Darstellungen der vier Elemente Erde, Wasser, Feuer und Luft. Mit seinem vorgesetzten Arkadengang bezaubert das gotische **Rathaus** 3 (erste Erwähnung 1348) bereits von außen. Im Innern beeindrucken der große Ratssaal sowie der kleine Saal mit seiner Holztäfelung. Durch die Ledererergasse gelangt man zum **Walfischhaus** 4, einem ehem. Gerberhaus, das seinen Namen zwei figürlichen Konsolen (vermutlich 1693) verdankt. Sie zeigen Szenen der biblischen Geschichte von Jonas und dem Wal. Das barocke **Morawitzky-Palais** 5 nicht weit davon entstand 1746 als Stadtresidenz des Vizestatthalters der Oberpfalz, Morawitzky. Von dem ab 1317 errichteten Spital ist lediglich die ab Mitte des 14. Jh. entstandene einschiffige **Spitalkirche** 6 erhalten. Das beeindruckende Bauwerk gegenüber mit der plastisch gestalteten Fassade aus dem 18. Jh. ist die sog. **Alte Münze** 7, in der sich im Mittelalter tatsächlich eine kleinere Münzprägeanstalt befunden hat. Das **Nabburger Tor** 8 am Rande der Altstadt wurde im 14. Jh. als Teil der Stadtbefestigung erbaut. Seine heutige Renaissance-Gestalt erhielt es 1576–83. Die 1717–19 errichtete **Paulanerkirche** 9 dient seit 1888 als evangelische Stadtpfarrkirche. Bereits 1544 wurde der Baustadel (Getreidespeicher) fertig gestellt, ein dreiflügeliger Gebäudekomplex, in dem heute das **Stadtmuseum** 10 unter-

TOP TIPP

gebracht ist. Das imposante kurfürstliche **Zeughaus** 11 (1502, erweitert 1607) diente bis 1743 als solches, es wurde 1945 bei einem Brand beschädigt und wird jetzt als Verwaltungsgebäude genutzt. Die berühmte ›**Stadtbrille**‹ 12, ein Wahrzeichen Ambergs, wird von den zwei Brückenbögen der Befestigungsmauer über die Vils und deren Spiegelbild im Wasser gebildet. Am anderen Ufer des Flüsschens liegt das **Ehem. Schloss** 13, 1417 errichtet und später burgartig ausgebaut. Sein ältester Teil wich 1768 einem Barockgarten. Die frühere kurfürstliche

TOP TIPP **Regierungskanzlei** 14 ist nun Sitz des Landgerichts Amberg. Mit dem wunderschönen Gebäude hielt die Renaissance Einzug in die Stadt. Die **Frauenkirche** 15 entstand Ende des 14. Jh. anstelle der Synagoge. Unter den Calvinisten profanisiert, wurde sie im 18./19. Jh. wieder als Kirche genutzt. Als städtebauliches Kleinod gilt das mit Erkern verzierte **Fenzl-Haus** 16, das 1772 umgebaut wurde. Im Westteil der Altstadt liegt die Kirche **St. Georg** 17. Ihre Ursprünge gehen auf das 11. Jh. zurück, die heutige gotische Basilika stammt von 1359 (Kapellen 1675/76). Zur reizvollen spätbarocken Innenausstattung gehören herrliche Stuckarbeiten, die von Johann Baptist Zimmermann, dem Mitgestalter der weltberühmten Wieskirche, stammen. Der hinter dem Chor liegende, 160 m lange Bau des **Maltesergebäudes** 18 (17. Jh.) besitzt einen sehenswerten barocken Bibliothekssaal und einen Kongregationssaal. Weil heiratswillige Paare in Amberg einst Haus- und Grundbesitz nachweisen mussten, erwarb ein pfiffiger Bräutigam einen Hof zwischen zwei Anwesen, baute eine dürftige Fassade und durfte heiraten: Auf diese Weise entstand das ›**Eh-Häusl**‹ 19, das heute ein ›Mini‹-Hotel beherbergt. Von hier geht es nach Norden zum **Vilstor** 20 aus dem 14. Jh. Durch die Vilsstraße gelangt man zum **Stadttheater** 21, einer hübschen Bühneneinrichtung, die 1803 in die Kirche des im 15. Jh. entstandenen

TOP TIPP Franziskanerklosters hineingebaut wurde. Die **Deutsche Schulkirche** 22 (17. Jh.), ein heller, einschiffiger Bau Wolfgang Dientzenhofers, erhielt 1759 ihre prunkvolle Rokoko-Anmutung. Ein Glanzlicht im Innern ist die muschelartig nach oben strebende Chorempore. Das älteste Herrschaftsgebäude Ambergs, die **Alte Veste** 23, geht auf das 13. Jh. zurück. Ab 1784 diente es als Stadtpalais adliger Amberger. Letzte Station ist das ›**Klösterl**‹ 24, ein Herrschaftsgebäude, das 1838 von den Armen Schulschwestern erworben wurde. Heute ist hier ein privates Museum zum Thema Luft eingerichtet.

Weitere Sehenswürdigkeit:

Wallfahrtskirche Maria Hilf 25

Praktische Hinweise

Information

Tourist-Information, Hallplatz 2, Tel. 096 21/10-239, www.amberg.de

Hotels

Allee Parkhotel Maximilian, Pfalzgrafenring 1, Tel. 096 21/33 00, www.allee-parkhotel-maximilian.de. Für jeden etwas: vom Komfortzimmer bis zur Luxussuite.

Brunner Minotel, Batteriegasse 3, Tel. 096 21/49 70, www.hotel-brunner.de. 39 Zimmer in ruhiger Altstadtlage.

Drahthammer Schlößl, Drahthammerstr. 30, Tel. 096 21/70 30, www.hotel-drahthammer-schloessl.com. Am grünen Stadtrand gelegenes 43-Zimmer-Hotel.

Restaurants

Brauereigaststätte Bruckmüller, Vilsstr. 2–4, Tel. 096 21/121 47. Regionale Spezialitäten und die Brauerei gleich im Haus.

Rußwurmhaus, Eichenforstgässchen 14, Tel. 096 21/213 16. Umfangreiche Speisekarte von regional bis international.

Winkler Bräuwirt, Untere Nabburger Str. 34, Tel. 096 21/91 34 55, www.winkler-braeuwirt.de. Herzhafte oberpfälzisch-bayerische Küche.

Eine prächtige Bogenhalle ziert das Rathaus

Aschaffenburg C6

Bayern
Einwohner: 69 000

Weltliche und geistliche Herren machten den Ort zu einem Kleinod am Main.

König Ludwig I. von Bayern (1786–1868) verbrachte einen beträchtlichen Teil seiner Kronprinzenjahre in Aschaffenburg und schätzte besonders das milde Klima in der Stadt am Main. Als König ließ er in seinem ›bayerischen Nizza‹ das **Pompejanum** 1 (1840–48) errichten, die Nachbildung eines idealisierten römischen Wohnhauses, ausgestattet mit prachtvollen Wandmalereien und Mosaikfußböden. Die nur im Sommer (April–Mitte Okt.) geöffnete Villa bildet heute die stimmungsvolle Kulisse für Ausstellungen römischer Kunstwerke aus der Staatlichen Antikensammlung und der Glyptothek in München. In unmittelbarer Nähe liegt das **Künstlerhaus Walter Helm** 2. Das 1890 errichtete Haus gewährt Einblick in das Schaffen des Malers und Textil-Collage-Künstlers (1925–1987). Das

TOP TIPP

alles überragende Wahrzeichen Aschaffenburgs ist **Schloss Johannisburg** 3. Bis 1803 war es zweite Residenz der Mainzer Kurerzbischöfe. Der vierflügelige Renaissancebau mit Treppentürmen an den Ecken wurde 1605–14 unter Einbeziehung des Bergfrieds (14. Jh.) anstelle einer mittelalterlichen Burg erbaut. In der Schlosskirche bestechen der großartige Renaissancealtar, die Kanzel und die Portalskulpturen (alle 17. Jh., von Hans Juncker). Ferner sind die fürstlichen Wohnräume mit klassizistischen Möbeln sowie die Staatsgalerie mit bedeutenden Werken altdeutscher und niederländischer Maler (u.a. Lucas Cranach d. Ä.) zu besichtigen. Das Schlossmuseum zeigt mittelalterliche Skulpturen sowie Gemälde von Christian Schad. Bedeutende Kunstausstellungen sind auch in der **Kunsthalle Jesuitenkirche** 4 zu bewundern, die im Jahr 1621 von den Jesuiten am Schlossplatz errichtet wurde. Einen hübschen Kontrast dazu bildet die moderne **Stadthalle am Schloss** 5. Folgt man der Treibgasse, erreicht man nach wenigen Schritten den Platz, an dem einst die Synagoge der Stadt stand. Im ehemaligen Rabinatshaus ist das **Jüdische Dokumentationszentrum** 6 untergebracht. Der **Herstallturm** 7 ist einer der beiden früheren Stadttortürme (1545) und trägt das Wappen Albrechts von Brandenburg. Von hier ist es nicht weit zum idyllischen **Park Schöntal** 8, in dem malerische Seen oder ein Magnolienhain zum Spazierengehen einladen. Die 1779 angelegte Grünanlage der **Fasanerie** 9 liegt etwas weiter stadtauswärt und besteht aus einem Parkwald mit landschaftsgärtnerischen Elementen. Nicht weit davon lohnt das ungewöhnliche **Gentilhaus** 10 einen Besuch. Der Industrielle Anton Gentil hatte es 1922/23 als Wohnung und Privatmuseum entworfen. Nach Voranmeldung kann man seine Sammlung von etwa 2000 Kunst-

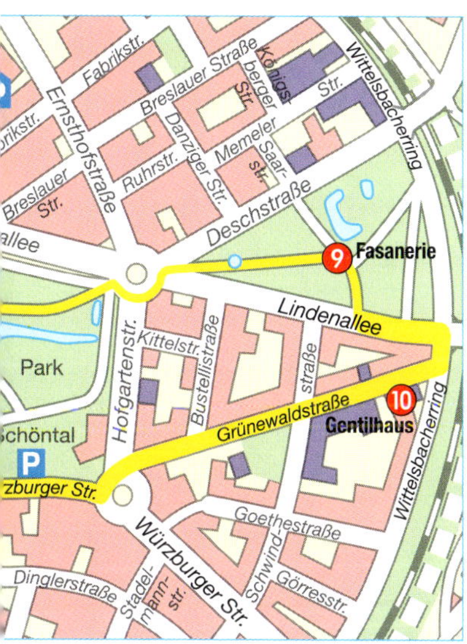

objekten (mittelalterliche Skulpturen, Möbel und Fayencen) besichtigen. Zurück Richtung Main gelangt man zur 1756/57 im Rokokostil errichteten **Sandkirche** 11, die eine überaus opulente Innenausstattung aufweist. Der erste Barockbau Aschaffenburgs war der **Schönborner Hof** 12 (1680). Das dreiflügelige Gebäude beheimatet heute u.a. das Naturwissenschaftliche Museum mit geologischer Sammlung. TOP TIPP Um den **Stiftsplatz** 13 gruppieren sich einige der ältesten Gebäude der Stadt. Blickfang ist die Stiftskirche St. Peter und Alexander. Sie wurde seit ihrer Entstehung im 10. Jh. mehrfach umgestaltet, sodass sie Elemente der Romanik, Gotik und des Barock in sich vereinigt. Sie birgt wertvolle Kunstschätze wie das Grünewald-Gemälde ›Beweinung‹. Das Stiftsmuseum zeigt archäologische und kunsthistorische Sammlungen sowie die Stadtgeschichte. Inmitten der verträumten Altstadt steht das **Rathaus** 14 auf dem leicht ansteigenden Stiftsberg. In seiner Nähe erhebt sich das klassizistische **Stadttheater** 15, das der Kurfürst Carl Theodor von Dalberg 1811 errichten ließ. Die **Muttergottespfarrkirche** 16 (12. Jh., Neubau 1768–75) beeindruckt mit ihrer herrlichen Barockfassade und dem Glockenturm aus dem 13. Jh. Die attraktive **Dalbergstraße** 17 diente jahrhundertelang als Hauptstraße Aschaffenburgs. Von hier aus geht es hinunter ans Flussufer zum **Mainbogen** 18 sowie zum Floß- und Jachthafen.

Weitere Sehenswürdigkeiten:
Park und Schloss Schönbusch 19

i Praktische Hinweise

Information

Tourist-Information Aschaffenburg, Schlossplatz 1, Tel. 060 21/39 58 00, www.info-aschaffenburg.de

Hotels

Hotel Dalberg, Pfaffengasse 12–14, Tel. 060 21/35 60, www.hotel-dalberg.de. Elegantes Altstadt-Haus mit Restaurant ›Marquesas‹.

Hotel Wilder Mann, Löherstr. 51, Tel. 060 21/30 20, www.hotel-wilder-mann.de. Traditionshotel, das auch Apartments bietet.

Zum Goldenen Ochsen, Karlstr. 16, Tel. 060 21/231 32, www.zumgoldenen ochsen.de. Am Schlossgarten gelegenes Traditionshaus mit Gasthof.

Restaurants

Omas Kochtopf, Löherstr. 27, Tel. 060 21/276 25, www.omas-kochtopf.de. Spezialität des Hauses ist die hausgemachte Fischsuppe.

Restaurant Hofgarten, Hofgartenstr. 1, Tel. 060 21/221 88. Gutbürgerliche Küche, Spezialität: Flammkuchen.

Zum Fegerer, Schlossgasse 14, Tel. 060 21/156 46, www.fegerer.de. Fränkische Spezialitäten und internationale Küche in rustikaler Atmosphäre.

Augenweide am Main: Schloss Johannisburg

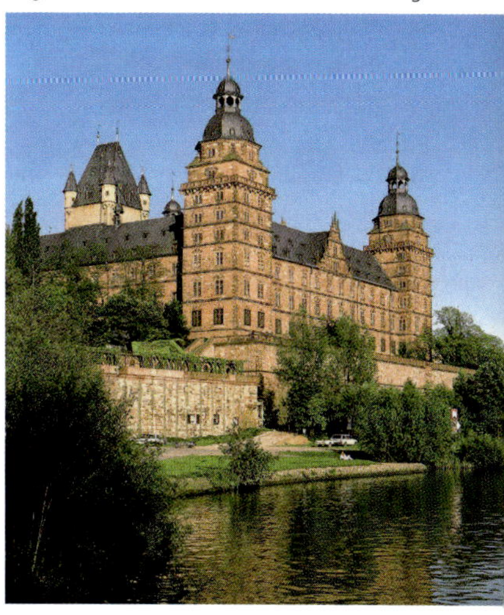

Augsburg D8

Bayern
Einwohner: 272 000

Die Stadt der Fugger und Welser ist seit der Römerzeit eine erste Adresse.

Kein Geringerer als der römische Kaiser Augustus gründete im Jahr 15 v. Chr. das Militärlager Augusta vindelicum, aus dem sich die bedeutende Handelsstadt Augsburg entwickelte. Beispiele prächtiger Renaissancearchitektur sind das TOP TIPP **Rathaus** 1 (1615–20, Elias Holl) und der benachbarte, 70,4 m hohe, aussichtsreiche **Perlachturm** 2 (11./12. Jh., 1614 von Holl umgestaltet), beide Wahrzeichen der Stadt. Der **Augustusbrunnen** 3 auf dem Rathausplatz entstand 1594 zu Ehren des kaiserlichen Stadtgründers. Weiter geht es zum romanisch-gotischen **Dom** 4, der die ältesten figürlichen Glasmalereien (1140) Deutschlands birgt. Die barocke **Ehem. Bischöfliche Residenz** 5 nebenan wurde im 18. Jh. an der Stelle mittelalterlicher Pfalzbauten errichtet. Im Kapitelsaal des aus dieser Zeit erhaltenen Viereckturms wurde 1530 das Augsburger Bekenntnis (Confessio Augustana), die große programmatische Manifestation der evangelisch-lutherischen Glaubensauffassung, verkündet. Im **Mozarthaus** 6 (16. Jh.) wurde Leopold Mozart (ca. 1719–1787) geboren, Vater des Musikgenies Wolfgang Amadeus. Das **Bert-Brecht-Haus** 7 erinnert an den 1898 hier geborenen Dramatiker, dessen Auffassungen von einem neuen Theater die Bühnen der Welt verändert hat. 1956 ist er in Ost-Berlin gestorben. Die älteste Sozialsiedlung der Welt ist die **Fuggerei** 8, 1516 von dem Handelsherren Jakob Fugger für in Not geratene Bürger gegründet.

Der Herkulesbrunnen mit der Kirche St. Ulrich und Afra im Hintergrund

Das **Holbeinhaus** 9, einst Wohnhaus des Malers Hans Holbein d. Ä. (um 1465–1524), beherbergt heute die Städtische Galerie. Die Holbeins waren eine hochbedeutende Augsburger Künstlerfamilie. Sohn Hans Holbein d. J. machte als Hofmaler des englischen Königs Heinrich VIII. e in London Karriere. Funde aus der Vor- und Frühgeschichte bis zur frühmittelalterlichen Epoche der Stadt zeigt das **Römische Museum** 10 in der ehem. Dominikanerkirche. Ein Abstecher führt zum Heilig-Geist-Spital, in dem sich sowohl die **Augsburger Puppenkiste** 11 als auch das Puppentheatermuseum ›Die Kiste‹ befindet. Am südlichen Ende der bildschönen Renaissance-Meile Maximilianstraße liegen die beiden **Ulrichskirchen** 12, die große spätgotische kath. Kirche St. Ulrich und Afra (1474–1500) mit der Ulrichsgruft sowie gleich davor die kleine, jüngst renovierte evangelische Ulrichskirche (1457). Neben dem so prächtigen wie populären TOP TIPP **Herkulesbrunnen** 13 (1602, Adriaen de Vries) liegt das bezaubernde **Schaezler-Palais** 14 (1765–70, heute Deutsche Barock- und Staatsgalerie), dessen Rokoko-Festsaal an Prunk kaum zu überbieten ist. Die **Fuggerhäuser** 15, einst Einzelbauten, die 1511 durch eine Front vereint wurden, besitzen hübsche Renaissance-Innenhöfe. Dahinter beeindruckt am ehem. **Zeughaus** 16 (1607, Holl) die glanzvolle Manierismus-Fassade. Die Kirche **St. Anna** 17 (1321) birgt u.a. die Grabkapelle der Fugger, eines der frühesten Renaissancebauwerke Deutschlands. Nicht weit TOP TIPP davon präsentiert das **Maximilianmuseum** 18 Skulpturen und Kunstgewerbe, darunter Werke von Adriaen de Vries, der 1599 auch den wunderbaren **Merkurbrunnen** 19 gestaltete.

Praktische Hinweise

Information

Regio Augsburg Tourismus GmbH, Maximilianstr. 57, Tel. 08 21/50 20 70, www.augsburg-tourismus.de

Hotels

City-Hotel Ost am Kö, Fuggerstr. 4–6, Tel. 08 21/50 20 40, www.ostamkoe.de. 49 komfortable Zimmer direkt am Königsplatz.

Dom Hotel, Frauentorstr. 8, Tel. 08 21/34 39 30, www.domhotel-augsburg.de. Familienbetrieb im Schatten des Augsburger Doms.

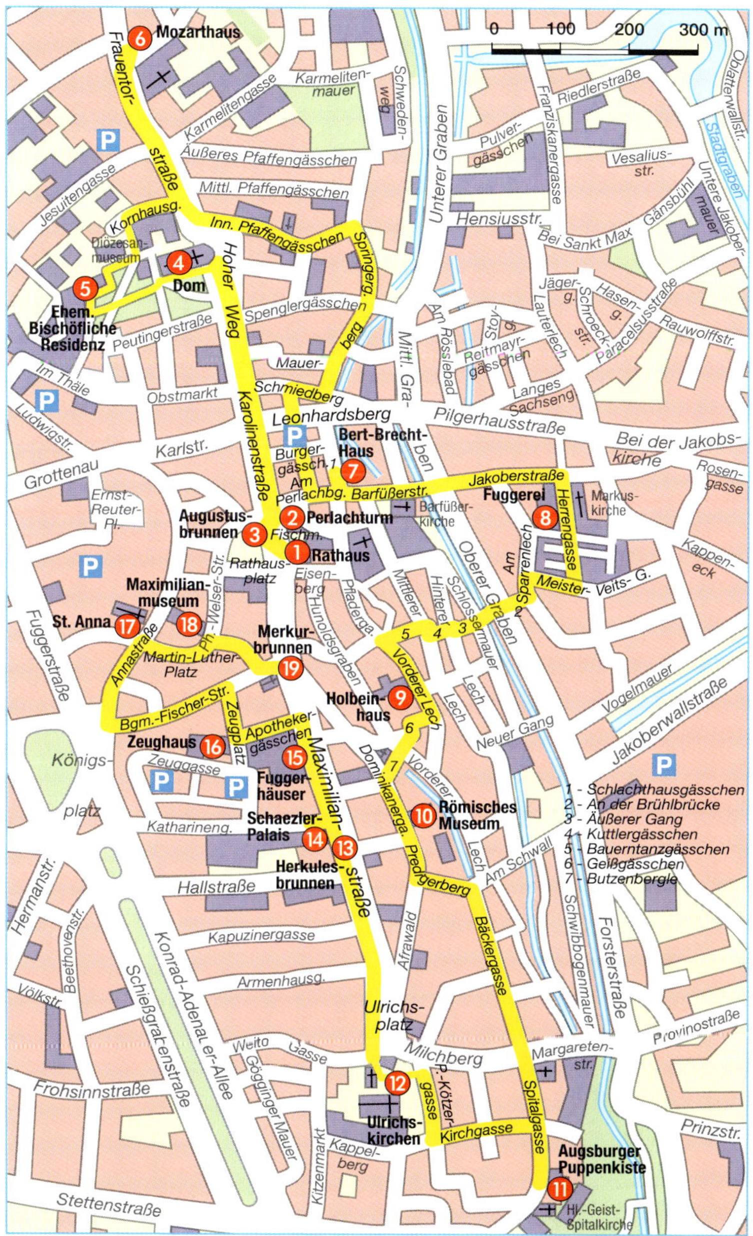

Dorint Augsburg, Imhofstr. 12, Tel. 08 21/ 597 40, www.dorint-hotels.com/augsburg. Schickes Hotel an der Kongresshalle.

Restaurants

Die Ecke, Elias-Holl-Platz 2, Tel. 08 21/ 51 06 00, www.restaurantdieecke.de. Gourmet-Küche vom Allerfeinsten.

Fuggereistube, Jakoberstr. 26, Tel. 08 21/ 308 70, www.fuggerei-stube.de. Kulinarische Köstlichkeiten frisch nach der Saison.

Gasthausbrauerei König von Flandern, Karolinenstr. 12, Tel. 08 21/15 80 50, www.koenigvonflandern.de. Schwäbisch-bayerische Spezialitäten, serviert in einem rustikalen Gewölbekeller.

Bad Säckingen

B8

Baden-Württemberg
Einwohner: 17000

Die Stadt und ihr Trompeter – romantische Verse machten sie bekannt.

Bad Säckingen geht auf eine Klostergründung des hl. Fridolin im 7. Jh. zurück. Unser Rundgang durch die Altstadt beginnt

TOP TIPP

denn auch passend am **Fridolinsmünster** 1. Nach einem Kirchenbrand 1272 wurde das Gotteshaus im gotischen Stil erneuert, nach einem weiteren Brand 1678 kamen barocke Elemente hinzu. Sehenswert sind vor allem die Stuckarbeiten und Fresken im Inneren. Das **Haus ›Zum Falken‹** 2 in der

Rheinbrückstraße ist ein prächtiges Beispiel für die vielen mittelalterlichen Häuser der Stadt. Um 1600 erhielt es einen vieleckigen Erker und die gekehlten (= rinnenartig ausgehöhlten) Fensterrahmen im 1. Stock. Schön anzusehen ist auch das **Rokokohaus** 3. Seine Fassade zeigt Stuckaturen und ein Marienbildnis aus dem späten Rokoko (1760). Die gedeckte **Holzbrücke** 4, eine der längsten ihrer Art in Europa, wurde bereits im 13. Jh. erwähnt. Das **Deutschordensritterhaus** 5, ein stattliches und repräsentatives Gebäude, wurde um 1600 durch Komtur von Hallwyl errichtet. Durch die Schönaugasse gelangt man mit wenigen Schritten zum nahe gelegenen **Schloss Schönau** 6, dem ›Trompeterschloss‹. Das um 1600 mit vieleckigen Türmchen und Satteldach errichtete Herrenhaus war im 17. Jh. Schauplatz der romantischen Liebe des bürgerlichen Franz Werner Kirchhofer zu der Adligen Maria Ursula von Schönau. Sie inspirierte den Dichter Joseph Victor von Scheffel (1826–1886) zu der Geschichte ›Der Trompeter von Säckingen‹ (1854). Das Schloss beherbergt heute das Heimatmuseum, eine Schwarzwalduhren-Sammlung und die größte Trompetensammlung Europas. Südlich des Schlosses liegt der historische denkmalgeschützte **Au-Friedhof** 7. In der **Altkatholischen Kirche** 8 (19. Jh.) daneben ist besonders das von Künstlern der Region gestaltete Hungertuch sehenswert. Weiter geht es durch den Schlosspark und am Rhein entlang bis zum barocken **Teehäuschen** 9 (um 1720), einem bezaubernden Pavillon mit Deckenfresken. Der **Diebsturm** 10, der zur Stadtmauer gehörte und einst auch zur Schlossanlage Schönau, wurde 1864 in gotischem Stil umgestaltet. Der spätgotische Bau des **Stiftsgebäudes** 11 (1565–75) wird seit 1806 als Verwaltungsgebäude genutzt. Das ehem. Herrenhaus des **Palais Landenberg** 12 (Anfang 19. Jh.) dient der Stadt seit 1850 als Rathaus. Das Stiftsgebäude der vermutlich karolingischen Klosteranlage um das Fridolinsmünster wurde im 14. und 16. Jh. umgebaut und heißt heute **Alter Hof** 13. Etwas weiter wurde 1343 nach einem Hochwasser am Rhein der **Gallusturm** 14 errichtet, wohl aus Verteidigungsgründen und um die Fluten des Flusses zu brechen. Stadtgeschichtliches wie den hl. Fridolin oder den Trompeter zeigt die **Geschichtsstele** 15 (1987, Klaus Ringwald). Eine der jüngsten Attraktionen der Stadt ist das **Rheintal-Zentrum** 16, ein Wohnpark mit Geschäften und Kursaal. Der **Narrenbrunnen** 17, eine Figurengruppe von Leonhard Eder, stellt die drei Urmasken der hiesigen Fastnacht dar: Römer, Siechenmännlein, Maisenhardtjoggele. Werke Scheffels thematisiert die zauberhafte Fassadenmalerei des **Hauses ›Zur Fuchshöhle‹** 18 (Ende 16. Jh.).

Praktische Hinweise

Information

Tourismuszentrum Bad Säckingen, Waldshuter Str. 20, Tel. 077 61/568 30, www.bad-saeckingen.de

Hotels

Goldener Knopf, Rathausplatz 9, Tel. 077 61/56 50, www.goldenerknopf.de. Traditionsreiches 4-Sterne-Haus mit Restaurant ›Le Jardin‹.

Kater Hiddigeigei, Tanzenplatz 2, Tel. 077 61/40 55, www.hiddigeigei.com. Familiäres Altstadthotel.

Zur Flüh, Weihermatten 40, Tel. 077 61/92 44 80, www.hotel-flueh.de. Gepflegtes Hotel am Stadtrand.

Restaurants

Fuchshöhle, Rheinbrückstr. 7, Tel. 077 61/933 37 67, www.fuchshoehle.com. Inspirierte Küche für Genießer.

Zum Hirsch, Schaffhauser Str. 64, Tel. 077 61/553 62 00. Regionale und deutsche Küche.

Zum Viertele, Am Spitalplatz, Tel. 077 61/508 80, www.viertele-bad-saeckingen.de. In gemütlichen Räumlickkeiten werden badische Spezialitäten serviert.

Die Alte Rheinrücke ist Europas älteste und – mit 200 m – längste überdachte Holzbrücke

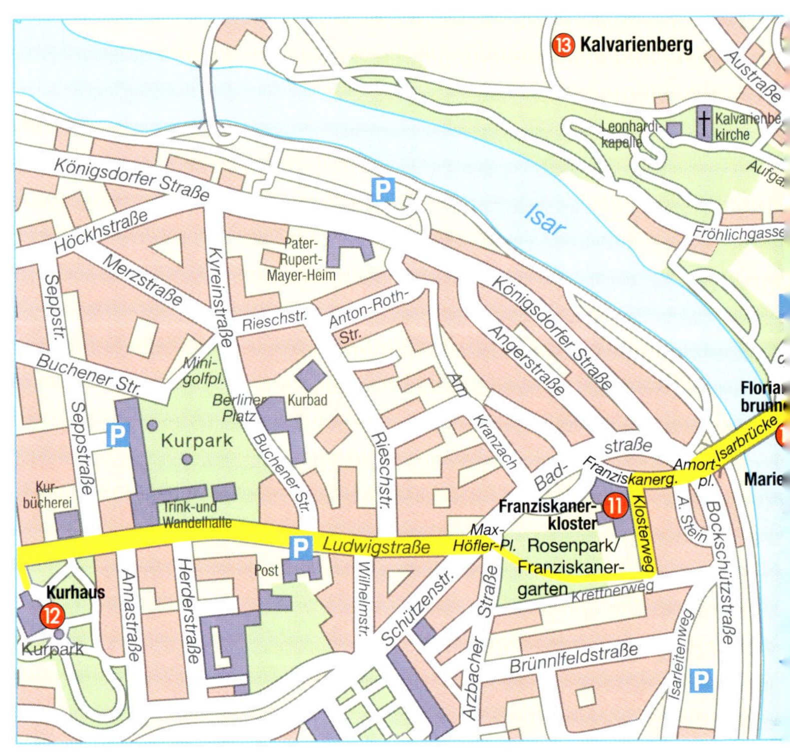

Bad Tölz

D8

Bayern
Einwohner: 17 000

Flößer, Kalkbrenner und Kistler begründeten die Tradition des Ortes.

Eine prächtige Alpenkulisse und ein weitgehend noch urtümliches oberbayerisches Brauchtum – das ist das Pfund, mit dem die Stadt nicht nur in touristischer Hinsicht wuchern kann. Wo anders sollte ein Spaziergang durch Bad Tölz beginnen als an der **Mühlfeldkirche** 1 (1735–37) in der oberen Salzstraße, dem bekanntesten Wahrzeichen der Stadt an der Isar. Die zahlreichen Rosenornamente im Inneren des Gotteshauses symbolisieren den Wohlstand des Ortes, der nach einer Pestepidemie im 17. Jh. zu neuer Blüte kam. Ein Rokoko-Fresko im Chorgewölbe, gemalt von Matthäus Günther (1737), zeigt die Tölzer Pestprozession von 1634. Stadteinwärts, in Richtung Marktstraße, führt der Weg zum Stadttor mit dem **Khanturm** 2, der 1969 neu gebaut wurde. Hier stand einst eine trutzige Burg, die der Namensgeber der Stadt, Hainricus de Tolnze, um 1180 als Kontrollpunkt für die Fluss- und Landverkehrsstraßen errichten ließ. Die Anlage wurde jedoch beim großen Stadtbrand von 1453 zerstört. Herzog Albrecht III. ließ unterhalb der zerstörten Burg ein Schloss errichten, das sich auf Höhe des heutigen **Schlossplatzes** 3 befand. Doch auch das Schloss stürzte 1770 bei schweren Unwettern ein. Heute befindet sich an dieser Stelle der Sitz der Stadtverwaltung. Das **Marionettentheater** 4 besitzt mehr als 1000 Holzgliederpuppen und bietet seit 1908 ein mehrfach preisgekröntes Programm für Kinder und Erwachsene. Das Alte Rathaus, heute **Heimatmuseum** 5, ist im Stil eines Bürgerhauses um 1800 gehalten. Unter dem Einfluss des Münchner Architekten Gabriel von Seidl (1848–1913) wurde es um die damalige Jahrhundertwende nachträglich mit aufwendigem Fassadenschmuck versehen. Das Museum zeigt in ständiger Ausstellung die Truhen, Betten und Schränke der berühmten Tölzer Kistler, wie die Schreiner hier genannt wurden. Vor dem Alten Rathaus steht das eiserne **Winzerer-Denkmal** 6. Es stellt Kaspar Winzerer dar, der um 1500 lebte und ein in dieser Gegen wohlbekannter Landsknechtfüh-

TOP TIPP

TOP TIPP

rer war. Nun geht es weiter die **Marktstraße** 7 hinab, einen der malerischsten Straßenzüge Bayerns. Die sog. ›Lüftlmalerei‹ kam im 18. Jh. aus Oberammergau nach Bad Tölz; zwei schöne Beispiele sind am Pflegerhaus (Nr. 59) und am Sporerhaus (Nr. 45) zu bewundern. In der Mitte der Marktstraße lohnt ein Abstecher zur spätgotischen Stadtpfarrkirche **Mariä Himmelfahrt** 8 (um 1490). Die dreischiffige Hallenkirche glänzt mit ihrer Himmelfahrtsmadonna (1611) und einem wertvollen Altarbild. Die Fassadenbilder des **Marienstifts** 9 an der Römergasse thematisieren die Sendlinger Mordweihnacht im Jahr 1705, einen grausamen Höhepunkt des missglückten Oberländer Bauernaufstands gegen die Habsburger. Etwas Richtung Norden gelangt man ins alte Flößerviertel von Tölz, ins sog. Gries. Der **Floriansbrunnen** 10 zeigt die Isarbrücke an, über die es zum **Franziskanerkloster** 11 mit dem dahinter liegenden Rosenpark geht. Nachdem in Tölz Jodquellen gefunden worden waren, wurde der Ort 1899 als Heilbad staatlich anerkannt und das schlossartige **Kurhaus** 12 nach Plänen Seidls erbaut. Wer möchte, erklimmt noch den **Kalvarienberg** 13 mit der Leonhardikapelle, Ziel der jedes Jahr am 6. November stattfindenden Tölzer Leonhardifahrt.

Praktische Hinweise

Information

Tourist-Information, Max-Höfler-Platz 1, Tel. 080 41/786 70, www.bad-toelz.de

Hotels

Hotel Kolbergarten, Fröhlichgasse 5, Tel. 080 41/789 20, www.hotel-kolbergarten.de. Heimeliges Jugendstilhotel an der Isar.

Hotel Lindenhof Garni, Königsdorfer Str. 24, Tel. 080 41/79 43 40, www.lindenhof-toelz.de. Charmantes und gemütliches kleines Hotel.

Hotel Restaurant Pichler, Angerstraße 21–23, Tel. 080 41/35 38, www.hotel-pichler.de. Ruhige Zimmer im Landhausstil.

Restaurants

Gasthof Zantl, Salzstr. 31, Tel. 080 41/97 94, www.gasthof-zantl.de. In Alt-Tölzer Atmosphäre gibt's auch Leckeres aus der Vollwertküche.

Gaststätte Ratskeller, Marktstr. 48, Tel. 080 41/419 54. Gutbürgerliche Gerichte.

Hotel Restaurant Das Schlössl, Schützenstr. 23, Tel. 080 41/781 10, www.schloessl.de. Deutsche und internationale Küche im hoteleigenen Restaurant.

Buntes Treiben herrscht zu allen Jahreszeiten auf den Straßen und Plätzen von Bad Tölz

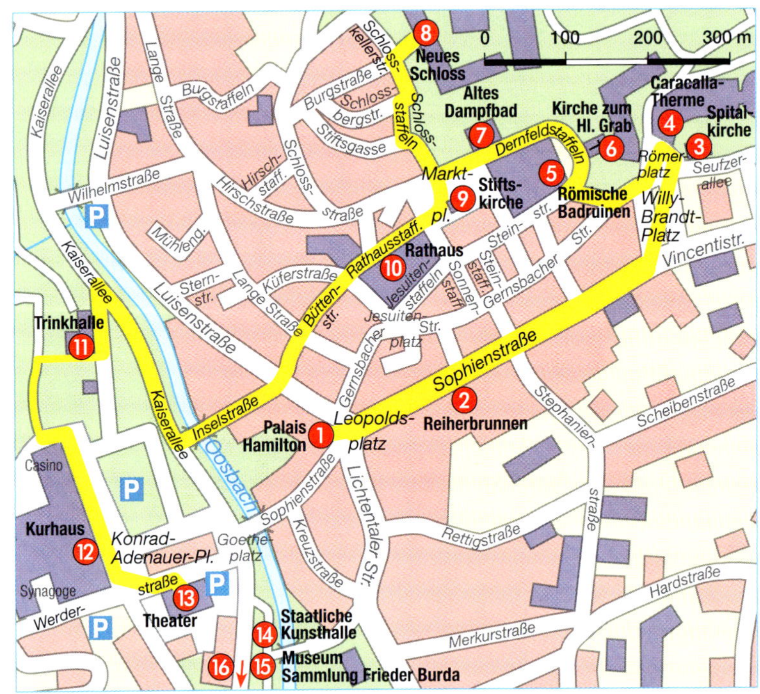

Baden-Baden *B7*

Baden-Württemberg
Einwohner: 50 000

Fürstlich entspannen und genießen in eleganter Natur- und Kulturszenerie.

Bereits im Mittelalter waren die heißen Quellen Baden-Badens ein beliebtes Erholungsziel von Kaisern und Königen, im 19. Jh. stieg der Ort dann zum eleganten Badeort von Welt auf. Am **Palais Hamilton** 1 beginnt der Rundgang durch die Stadt der Schlösser, Villen und Bäder, in der herrliche Bauten des Klassizismus und der Gründerzeit dominieren. Das Palais Hamilton wurde 1808 von Friedrich Weinbrenner mit einem wuchtigen Säulenvorbau geschaffen. Heute ist es Sitz der Sparkasse. Die weiterführende Sophienstraße ist von noblen Hotels gesäumt, die die Prominenz des 19. Jh. beherbergten. Vorbei am **Reiherbrunnen** 2, einem Thermalwasserbrunnen, den Karl Albiker 1912 gestaltete und der inzwischen ein Wahrzeichen Baden-Badens ist, geht es über den Willy-Brandt-Platz zum Römerplatz. Dort fällt der Blick sofort auf die **Spitalkirche** 3, die 1468–78 errichtet und nach dem Stadtbrand 1689 wieder hergestellt wurde. Sehenswert sind die Kanzel (frühes 16. Jh.) und das Chorgestühl (1512). Links davon liegt die **Caracalla-Therme** 4 (1985), in der Innen- und Außenbecken, Grotten, Wasserfälle und eine Saunalandschaft für Entspannung und Heilung sorgen. Die Therme wurde römischen Vorbildern nachempfunden. Die **Römischen Badruinen** 5 dagegen sind tatsächlich Überreste eines etwa 2000 Jahre alten Thermalbades, das 1847 entdeckt wurde und heute als Museum zugänglich ist. Rechterhand trifft man auf die **Kirche zum Heiligen Grab** 6. Sie entstand wie das zugehörige ehem. Frauenkloster (heute Gymnasium) 1687–89 und wurde später mehrfach verändert. 1895 erhielt die Kirche ihre barocke Fassade. Sehenswert im Inneren sind das Emporengitter sowie die geschnitzte Kanzel (beides um 1730). Über die Dernfeldstaffeln steigt man empor zur ›Fettquelle‹, einer von zwölf heißen Quellen der Stadt. Hier sieht man auch den Friedrichsstollen, den Zugang zum Hauptquellstollen. Baden-Badens Thermalwasser entspringt 2000 m unter der Erde und ist immer noch 62,5 °C heiß, wenn es an die Oberfläche tritt. Der Rundgang führt nun vorbei am **Alten Dampfbad** 7 zum Marktplatz und über die verwinkelten Schlossstaffeln zum **Neuen Schloss** 8 (ursprünglich eine spätgotische Burg, heute als Renaissancebau erhalten), aus dem nun ein Luxushotel entsteht. Nun geht es wieder zurück zum Marktplatz. Dort erfuhr die heute spätgotische **Stiftskirche** (9) im Laufe der Zeit zahlreiche Umbauten. Im Chor befindet sich mit dem 6,50 m hohen Kruzifix eines der bedeutendsten Werke der Gotik am Oberrhein. Es wurde 1467 von Nicolaus Gerhaert von Leiden aus einem einzigen Sandsteinblock gehauen. In der Nähe dient das ehem. Jesuitenkolleg (1632), das durch den Stadtbrand 1689 zerstört, wieder aufgebaut und 1809 von Friedrich Weinbrenner zum Konversationshaus im klassizistischen Stil umgestaltet wurde, seit 1862 als **Rathaus** (10). Jenseits der Oos befindet sich die **Trinkhalle** (11) von Weinbrenner-Schüler Heinrich Hübsch, in der Heilwasser der Friedrichsquelle ausgeschenkt wird. Die 14 Fresken von Jakob Götzenberger zeigen badische Sagenmotive. Seit seiner Eröffnung 1821–24 ist das nahe **Kurhaus** (12) glanzvoller gesellschaftlicher Mittelpunkt der Stadt und prunkvolle Kulisse von Bällen, Galas und Konzerten. Im rechten Flügel des Kurhauses ist das Kasino untergebracht, die größte und älteste Spielbank Deutschlands und wohl eine der schönsten der Welt. Dafür hat der ehem. Pächter Edouard Bénazet gesorgt, der die Säle der Spielbank 1855 von französischen Architekten im Stil der Belle Epoque ausstatten ließ. Marmor, Gold und Seide entfalten noch heute eine überwältigende Pracht. Über die schön angelegten Kurhaus-Kolonnaden, die eine Vielzahl von exklusiven Geschäften beherbergen, gelangt man zum **Theater** (13) (1860–62). Es präsentiert sich als imposanter Bau im barocken Stil und besitzt eine verschwenderische Innenausstattung. Etwas weiter stadtauswärts liegt an der Lichtentaler Allee die **Staatliche Kunsthalle** (14), die keine eigenen Bestände hat, sondern wechselnde Ausstellungen zeigt. Nach Plänen von Richard Meier entstand nebenan das **Museum Sammlung Frieder Burda** (15), das mit bedeutenden Werken der Klassischen Moderne sowie zeitgenössischer Kunst aufwartet. In derselben Straße präsentiert das **Stadtmuseum** (16) eine interessante stadtgeschichtliche Ausstellung.

TOP TIPP (Stiftskirche)

TOP TIPP (Kurhaus)

Weitere Sehenswürdigkeiten:

Kloster Lichtenthal (17)
Brahmshaus (18)

Praktische Hinweise

Information

Tourist-Information, Schwarzwaldstr. 52 und Trinkhalle-Kaiserallee, Tel. 07221/27 52 00, www.baden-baden.com

Hotels

Am Markt, Marktplatz 18, Tel. 07221/270 40, www.hotel-am-markt-baden.de. Zeitlos elegante Zimmer mit persönlicher Atmosphäre.

Schweizer Hof, Lange Str. 73, Tel. 07221/304 60, www.schweizerhof.de. Schmuckes, kleines Hotel in der Innenstadt.

Tannenhof, Hans-Bredow-Str. 20, Tel. 07221/30 09 90, www.hotel-tannenhof-baden-baden.de. 2006 frisch renoviertes Haus mit italienisch inspiriertem Restaurant ›Piemonte‹.

Restaurants

Le Jardin de France, Lichtentaler Str. 13, Tel. 07221/300 78 60, www.lejardindefrance.de. Exquisite französische Küche in elegantem Interieur.

Medici, Augustaplatz 8, Tel. 07221/20 06, www.medici.de. Gehobene internationale Küche, auch Sushi-Fans werden hier glücklich.

Restaurant de l'Europe, Kaiserallee 2, Tel. 07221/93 35 51, www.europaeischer-hof.steigenberger.de. Raffiniert zubereitete regionale Küche im Restaurant des Steigenberger Europäischer Hof.

Eleganter Rahmen für Festlichkeiten und Glücksspiele: Kurhaus von Baden-Baden

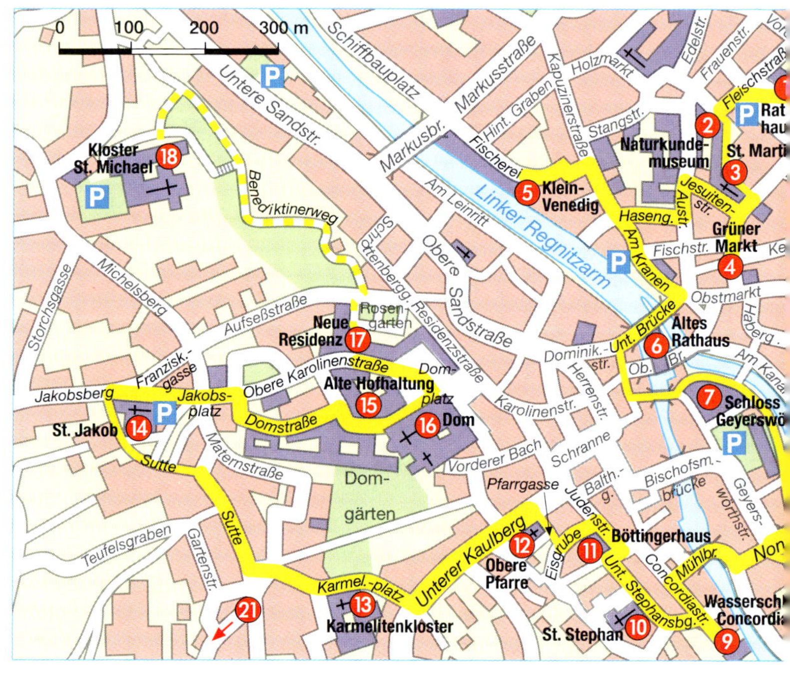

Bamberg

D6

Bayern
Einwohner: 69 000

Tausendjähriger, glanzvoller Ort oberfränkischer Kultur und Lebensart.

Die Altstadt des 1000 Jahre alten Kaiser- und Bischofssitzes zählt seit 1993 zum Weltkulturerbe der UNESCO. In ihrem Norden liegt der Maximiliansplatz, der von der Barockfront des ehem. Priesterseminars und heutigen **Rathauses** 1 (1732–37, Balthasar Neumann) beherrscht wird. Von hier aus geht es über die Fleischstraße zum **Naturkundemuseum** 2, das 1795 als ›Naturalienkabinett‹ im damaligen Jesuitenkolleg gegründet wurde und dessen Vogelsaal zu den schönsten frühklassizistischen Museumshallen Europas zählt. In der Nähe befindet sich die ehem. Jesuitenkirche **St. Martin** 3, die 1686–93 erbaut wurde. Im Innern findet man die Scheinkuppel Giovanni Francesco Marchinis sowie eine Pietà im rechten Seitenaltar (14. Jh.). Sehenswert ist auch die bei der Kirche abzweigende Prachtstraße **Grüner Markt** 4. In ihrer Mitte wacht mit glänzendem Dreizack der ›Gabelmann‹, eine Neptunsfigur, auf dem Marktbrunnen aus dem Jahr 1698. Von hier aus lohnt ein Abstecher zu der

TOP TIPP

TOP TIPP

schmucken historischen Häuserzeile von **Klein-Venedig** 5. Dann geht es über die Untere Brücke mit einer Statue der Kaiserin Kunigunde zum **Alten Rathaus** 6 (1467), das die Grenze zwischen bischöflicher Berg- und bürgerlicher Inselstadt bildet. Bemerkenswert sind am Rathaus die plastischen Fresken, die wunderschönen Malereien sowie der Fachwerkanbau des über die Regnitz vorkragenden Rottmeisterhauses. Im Innern ist eine hochkarätige private Porzellansammlung zu besichtigen. Kaum 50 m entfernt liegt **Schloss Geyerswörth** 7. Das ehem. Stadtschloss des Bischofs stammt aus den Jahren 1585–87. Vom Turm des Schlosses hat man einen umfassenden Blick auf die bischöfliche Bergstadt. Folgt man nun der Regnitz in Richtung Nonnenbrücke, kommt man bald zum **E.T.A.-Hoffmann-Haus** 8 am Schillerplatz, in dem der romantische Dichter 1808–13 wohnte. Die verspielte Architektur des **Wasserschlosses Concordia** 9, das heute als Internationales Künstlerhaus fungiert, kann man am besten vom Mühlwörth am linken Regnitzarm aus betrachten. Richtung Stephansberg ragt die Kirche **St. Stephan** 10 auf, die 1020 von Papst Benedikt VII. geweiht wurde. Im 17. Jh. gestalteten die Baumeister Giovanni Bo-

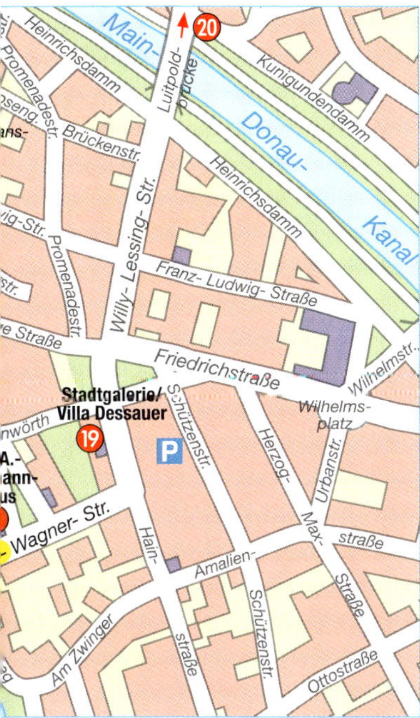

nalino und Antonio Petrini das Gotteshaus um, das heute Bambergs evangelische Hauptkirche ist. Richtung Judenstraße befindet sich das **Böttingerhaus** 11, ein barockes Palais, das der Hofrat Johann Ignaz Tobias Böttinger 1703–13 nach dem Vorbild italienischer Palazzi erbauen ließ. Gleich um die Ecke steht die einzige gotische Kirche Bambergs (1325), im Volksmund **Obere Pfarre** 12 genannt. Besonders sehenswert ist hier das berühmte Gemälde ›Die Himmelfahrt Mariens‹ von Tintoretto. Die nächste Station ist das **Karmelitenkloster** 13, eine im 12. Jh. gegründete Anlage, deren Fassade barocke Elemente aufweist. Im Innern erwarten den Besucher u. a. ein spätromanischer Kreuzgang aus dem 13. Jh. Die romanische Säulenbasilika von **St. Jakob** 14 ist die letzte Station vor dem Domberg. Durch das große Tor am Torschuster geht es schließlich zur **Alten Hofhaltung** 15, der ehem. Kaiser- und Bischofsburg. Der Bamberger **Dom** 16 gilt als bedeutendstes deutsches Baudenkmal aus der Epoche des Übergangs von der Romanik zur Gotik. Er geht auf eine Stiftung Kaiser Heinrichs II. zurück, der das Bistum Bamberg 1007 gründete. Zu den bekanntesten Sehenswürdigkeiten des Doms gehört der berühmte **Bamberger Reiter**, jene rätselhafte Figur hoch zu Ross, von der bis heute niemand weiß, welchen Heiligen sie darstellen soll: etwa einen der Heiligen Drei Könige der Bibel? Den römischen Kaiser Konstantin? Vielleicht König Stephan von Ungarn? Oder den Bistumsgründer selbst, Kaiser Heinrich II., dessen Grab, zusammen mit dem seiner Gattin Kunigunde, ja ebenfalls im Bamberger Dom zu finden ist? Weiter geht es zur vierflügeligen Renaissance-Barock-Anlage der **Neuen Residenz** 17. Zum Abschluss lohnt sich noch der Aufstieg zum **Kloster St. Michael** 18 mit dem Grabmal des hl. Otto (1340) und einem Brauereimuseum.

TOP TIPP

Weitere Sehenswürdigkeiten:

Stadtgalerie mit Villa Dessauer 19
St. Gangolf 20
Altenburg 21

Praktische Hinweise

Information

Tourismus & Kongress Service, Geyerswörthstr. 3, Tel. 09 51/297 62 00, www.bamberg.info

Hotels

Hotel St. Nepomuk, Obere Mühlbrücke 9, Tel. 09 51/984 20, www.hotel-nepomuk.de. Gediegenes Hotel in der Altstadt mit Restaurants.

Palais Schrottenberg, Kasernstr. 1, Tel. 09 51/95 58 80, www.palais-schrottenberg.de. Modern eingerichtete Zimmer mit schönen Stuckdecken in einer stilvollen, ehemals gräflichen Residenz.

Romantik Hotel Weinhaus Messerschmitt, Lange Str. 41, Tel. 09 51/297 800, www.hotel-messerschmitt.de. In der Stadtmitte gelegenes Hotel, 2006 um 49 Zimmer erweitert.

Restaurants

Hofbräu, Karolinenstr. 7, Tel. 09 51/533 21, www.hofbraeu-bamberg.de. Fränkische und mediterrane Küche in stilvollem Ambiente.

Rathausschänke, Obere Brücke 3, Tel. 09 51/208 08 90. Gemütliches Lokal mit original Bamberger Bier-Spezialitäten.

Schlenkerla, Dominikanerstr. 6, Tel. 09 51/560 60, www.schlenkerla.de. Fränkische Spezialitäten und das berühmte Rauchbier, serviert in uriger Atmosphäre.

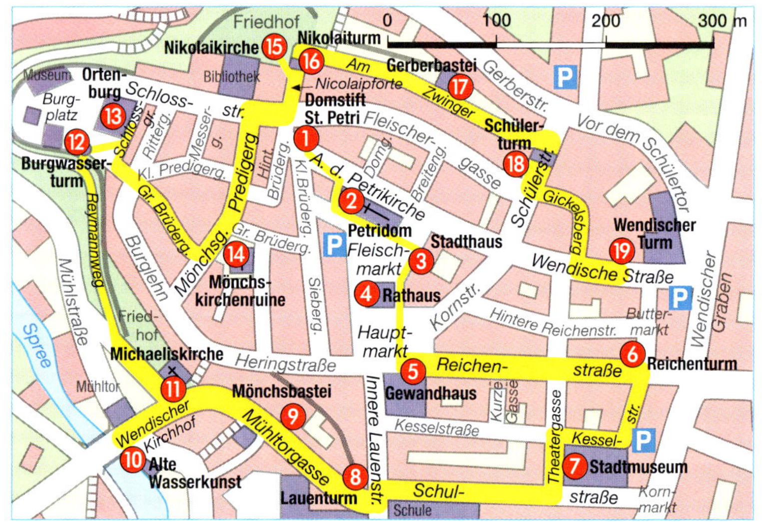

Bautzen *F5*

Sachsen
Einwohner: 42 000

Sachsen und Sorben – die Stadt der Türme und Bastionen.

Bautzen, das gut 1000 Jahre alte städtische Zentrum der Region Oberlausitz, wurde von Sorben geprägt, einer slawischen Volksgruppe mit eigener Sprache und Kultur. Bautzens Altstadt lässt sich auf einem Spaziergang gut erkunden. Ausgangspunkt ist das **Domstift St. Petri** 1 mit der Domschatzkammer (Anfang 13. Jh.), heute das Bischöfliche Ordinariat. Der dreischiffige gotische **Petridom** 2 (Erscheinungsbild von 1430) wird seit 1524 von Katholiken und Protestanten genutzt. Das **Stadthaus** 3 am Fleischmarkt wurde um 1333 errichtet und nach einem Brand 1514 neu aufgebaut. Daneben befindet sich das barocke **Rathaus** 4 von 1705, das auf einen Vorgängerbau König Ottokars I. von Böhmen aus dem Jahr 1213 zurückgeht. Den Südrand des Hauptmarktes begrenzt das **Gewandhaus** 5, das erste ›Kaufhaus‹ der Oberlausitz (1284). Beim Umbau im Neorenaissance-Stil blieb das spätgotische Gewölbe von 1472 im heutigen Ratskeller erhalten. Der untere Teil des **Reichenturms** 6 wurde 1490–92 beim Ausbau der inneren Stadtbefestigung errichtet. Am Kornmarkt befindet sich das **Stadtmuseum** 7, das Regionalmuseum der sächsischen Oberlausitz. Der Schulstraße folgend, erreicht man den **Lauenturm** 8 (1400–03). Ab 1543 diente er als Gefängnis für Schwerverbrecher. Die **Mönchsbastei** 9 war Teil der inneren Stadtbefestigung. Sie wurde 1324 errichtet und ist seit 1433 durch einen Gang mit dem Franziskanerkloster verbunden. 1813 wurde die Bastei zum Lazarett, heute ist sie in Privatbesitz. Die **Alte Wasserkunst** 10, ein mittelalterlicher Wasserturm an der Spree, ist das Wahrzeichen der Stadt. Jahrhundertelang leiteten Rohre das Wasser in 86 Wassertröge. 1986 wurde der Turm stillgelegt, 1982–84 renoviert, und heute beheimatet er das Technische Museum, eine Außenstelle des Stadtmuseums. Die **Michaeliskirche** 11 wurde 1429 zum Dank für die Hilfe des Erzengels Michael in den Hussitenkriegen erbaut, ihr Turm stammt von 1493. Im Dreißigjährigen Krieg (1618–48) blieb die Kirche, die seit 1619 als Gemeindekirche der evangelischen Sorben der Region dient, nahezu unversehrt. Bei der Restaurierung Mitte des 20. Jh. wurden Deckenmalereien von 1498 freigelegt. Ältester erhaltener Teil der Burganlage (s. u.) ist der **Burgwasserturm** 12, der um 1400 zur Wasserversorgung der Burg errichtet wurde. Da er nach Verlegung der Spree 1535 diesen Zweck nicht mehr erfüllte, wurde er als Wehrturm genutzt. Der Verbindungsbau zwischen Turm und Burghof diente 1740–ca. 1900 als Fronfeste. In dem Gefängnis saßen zu Beginn des 19. Jh. u. a. die Anführer der Lausitzer Räuberbanden, Johannes Karasek und Wenzel Kum-

TOP TIPP mer (›Böhmischer Wenzel‹). Die **Ortenburg** 13 stellt die Keimzelle der Stadt dar. Heinrich I. hatte sie nach der Unterwerfung der Slawen und ihrer Feste Budissin 958 als Grenzburg ausbauen lassen, und sie überstand Brände in den Jahren 1401 und 1441. Im Dreißigjährigen Krieg wurde sie allerdings stark beschädigt, jedoch nach 1648 wieder aufgebaut. Im Komplex der Burg befindet sich u. a. das Sorbische Museum. An den ungarischen König Matthias Corvinus erinnert ein Sitzstandbild, das vermutlich 1486 von Briccius Gauske geschaffen wurde. Die **Mönchskirchenruine** 14 ist das Relikt eines um 1240 gegründeten Klosters, das 1401 und 1441 teilweise durch Feuer zerstört wurde. 1598 brannte das Kloster völlig ab und wurde als geschichtsträchtige Ruine belassen. Eine Zeitlang hatten sich bedürftige Bürger dort ärmliche Häuser gebaut, die aber im Jahr 1894 ebenfalls den Flammen zum Opfer fielen. Zur Anlage eines Friedhofes, der 1455 geweiht wurde, hatte der Ratsherr Hermann Unau dem Domkapitel in Bautzen 1407 einen Weinberg geschenkt. Die 1444 auf diesem Grund erbaute **Nikolaikirche** 15 wurde in der Zeit 1619–21 als katholische Pfarrkirche genutzt. 1634 wurde sie zerstört und steht seitdem als Ruine. Der Nikolaiturm, im 15. Jh. errichtet, erhielt 1522 seinen Aufbau mit runden Türmen. Die Nikolaipforte ist der einzige im Originalzustand erhaltene mittelalterliche Stadtzugang. Die **Gerberbastei** 16 geht auf das Jahr 1503 zurück. Als Teil der Befestigung erbaut, sollte sie im Falle eines Angriffs von den Gerbern verteidigt werden, daher ihr Name. Nach ihrer Zerstörung im Dreißigjährigen Krieg erfolgte 1703 der Wiederaufbau. Der **Schülerturm** 17, Zugang zu Stadt und Zwinger, stammt vermutlich aus dem 15. Jh. An seiner Nordseite befindet sich das Sandsteinrelief einer Kreuzigungsgruppe. Das Tor des Turms war der erste Zugang von der Handels- und Königsstraße ›Via regia‹ zur Stadt. Der **Wendische Turm** 18 von 1490 entstand nahe einer Siedlung der Sorben, die auch Wenden genannt werden. Um 1663 wurde das Schuldgefängnis in den Turm verlegt, im Jahr 1992 wurde er außen restauriert.

Praktische Hinweise

Information

Tourist-Information, Hauptmarkt 1, Tel. 035 91/420 16, www.bautzen.de

Hotels

Goldener Adler, Hauptmarkt 4, Tel. 035 91/486 60, www.goldeneradler.de. Traditionshotel direkt beim Rathaus.

Holiday Inn, Wendischer Graben 20, Tel. 035 91/49 20, www.holiday-inn.de. Modern eingerichtetes Hotel mit Restaurant.

Villa Antonia, Lessingstr. 1, Tel. 035 91/ 50 10 20, www.hotel-villa-antonia.de. Geschmackvoll gestaltete Zimmer in hübscher Stadtvilla.

Restaurants

Gastmahl des Meeres, Steinstr. 19a, Tel. 035 91/59 78 30, www.gastmahl-des-meeres-bautzen.de. Fisch in allerlei Variationen steht hier auf der Speisekarte.

Schloss-Schänke, Burgplatz 5, Tel. 035 91/ 30 49 90, www.schloss-schaenke.net. Wert auf tagesfrische Produkte legt die Küche des stimmungsvollen Restaurants.

Wjelbik, Kornstr. 7, Tel. 035 91/420 60, www.wjelbik.de. Sorbisches Spezialitätenrestaurant mit denkmalgeschütztem Natursteingewölbe.

Bautzener Türmereigen an der Spree: Alte Wasserkunst und Michaeliskirche

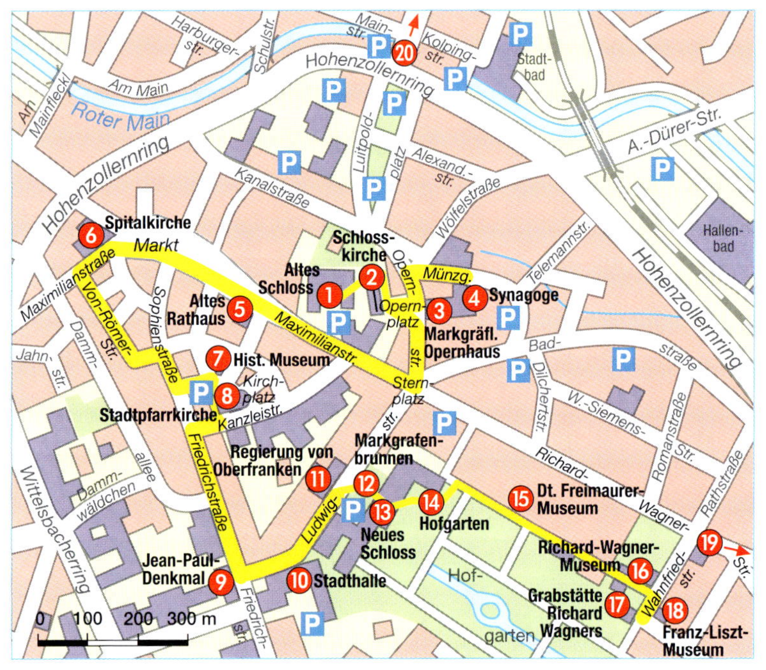

Bayreuth

D6

Bayern
Einwohner: 74 000

Wagner, immer nur Wagner? Die Markgrafenstadt bietet noch mehr!

Als Markgraf Christian im Jahr 1603 Bayreuth zur neuen Residenzstadt erkor, begann der Aufstieg der Stadt zum künstlerischen und kulturellen Zentrum der Region. Unser Rundgang beginnt beim **Alten Schloss** 1 (mittelalterlicher Kern, Ausbau im 16./17. Jh., Renovierung und Umbau nach Brand im 18. Jh.), einer Vierflügelanlage im Renaissancestil, in der heute das Finanzamt untergebracht ist. Der achteckige Glockenturm des Schlosses wurde zum Wahrzeichen Bayreuths. Über den Ehrenhof gelangt man zur **Schlosskirche** 2, die 1753–56 an die Ostseite des Schlosses gebaut wurde. Beeindruckend sind die Rokoko-Stuckaturen von Giovanni Battista Pedrozzi. In der Kirche befinden sich die Sarkophage der Markgräfin Wilhelmine und ihres Gatten Friedrich. Im Auftrag Wilhelmines wurde 1744–48 das **Markgräfliche Opernhaus** 3 errichtet. Für die prunkvolle Innengestaltung zeichnet die berühmte italienische Theaterbaufamilie Galli da Bibiena verantwortlich. Die Bühne gilt als eines der schönsten erhaltenen Barocktheater Europas. Die **Synagoge** 4 unmittelbar nebenan wurde während der Reichspogromnacht 1938 geplündert, aber dank ihrer Nähe zur Oper nicht niedergebrannt. Die Maximilianstraße säumen zahlreiche architektonische Kleinode – wunderschöne Bürgerhäuser des 16. und 17. Jh., unter denen das **Alte Rathaus** 5 mit seinen Erkern hervorsticht. Es beherbergt das Kunstmuseum der Stadt. Das Neue Rathaus befindet sich am Luitpoldplatz; von seiner Dachterrasse aus hat man einen grandiosen Blick über die Stadt. Am Ende der Maximilianstraße liegt der klassizistische Bau der **Spitalkirche** 6 (1748–50, Joseph Saint-Pierre), ihren Kanzelaltar schuf Johann David Räntz. Im **Historischen Museum** 7 am Kirchplatz wird in der Alten Lateinschule auf drei Stockwerken die Geschichte Bayreuths und des ehemaligen Fürstentums Bayreuth-Brandenburg lebendig. Zu den beeindruckendsten spätgotischen Kirchen Oberfrankens zählt die **Stadtpfarrkirche Hl. Dreifaltigkeit** 8. Michael Mebart schuf sie 1611–14 unter Wahrung der Stilelemente eines mittelalterlichen Vorgängerbaus. Die barocke Innenausstattung wurde im 19. Jh. von ›Stilreinigern‹ entfernt, nur der Hochaltar (um 1615) und die Reliefs am neugotischen Taufstein (beides von Hans Werner) blieben erhalten. Das **Jean-Paul-Denkmal** 9 für den 1825 in Bayreuth verstorbenen Schriftsteller (*1763) schuf Ludwig von Schwanthaler. Auf dem Weg dorthin bezaubern die Fassaden der Häuser in der Friedrichstraße, die ein geschlossenes Ensemble des 18. Jh. bilden. In der **Stadthalle** 10 finden verschiedene kulturelle Veranstaltungen statt. Der Präsidialbau der **Regierung von Oberfranken** 11 an der Ludwigstraße entstand 1902–04. Im Innern befinden sich beeindruckende Jugendstilräume von Martin Dülfer und Bruno Paul. Der **Markgrafenbrunnen** 12 (1699–1705, Elias Räntz) ziert den Platz vor dem **Neuen Schloss** 13. Es entstand nach dem Brand des Alten Schlosses 1753 als neue Residenz der Bayreuther Markgrafen in nur zwei Jahren Bauzeit nach Entwürfen von Joseph Saint-Pierre. Leider ist der Fassadenbau nur in Teilen zu besichtigen. 38 seiner Räume sind unverkennbar ›Bayreuther Rokoko‹, ein Prunkstück ist das sog. Spiegelscherbenkabinett. An der Rückseite des Gebäudes gelangt man in den **Hofgarten** 14 (16./ 17. Jh.), der mit dem Bau des Neuen Schlosses erneuert und 1789 im englischen Stil umgestaltet wurde. Sehenswert sind der klassizistische Sonnentempel (1806) und die unvollendete Figurengruppe auf der Hauptinsel (ab 1763). Im Hofgarten befindet sich auch das **Deutsche Freimaurer-Museum** 15. Zahlreiche Exponate informieren über die Freimaurer und die Bayreuther Loge, die sich mit einer aufgeklärten und humanitären Geisteshaltung für ein höheres Gemeinwesen engagiert. Bayreuths Weltruhm ist natürlich in erster Linie mit dem Namen Richard Wagners (1813–1883) verbunden. In der 1873/ 74 im Stil der Neurenaissance erbauten **Villa Wahnfried** dokumentiert das **Richard-Wagner-Museum** 16 Leben und Werk des großen Opernkomponisten sowie die Geschichte der Bayreuther Festspiele. 1872 legte Wagner in Bayreuth den Grundstein zu seinem Festspielhaus auf dem grünen Hügel. Im Garten der Villa liegt die **Grabstätte Richard Wagners** 17 und die seiner zweiten Gattin Cosima. Auch deren Vater Franz Liszt (1811–1886) wird in Bayreuth verehrt. Im Sterbehaus des Komponisten in der Wahnfriedstraße bietet das ihm gewidmete **Franz-Liszt-Museum** 18 Einblicke in sein vielfältiges Wirken.

TOP TIPP

Wagnerianer aus aller Welt finden hier ihre Kultstätte: die Villa Wahnfried

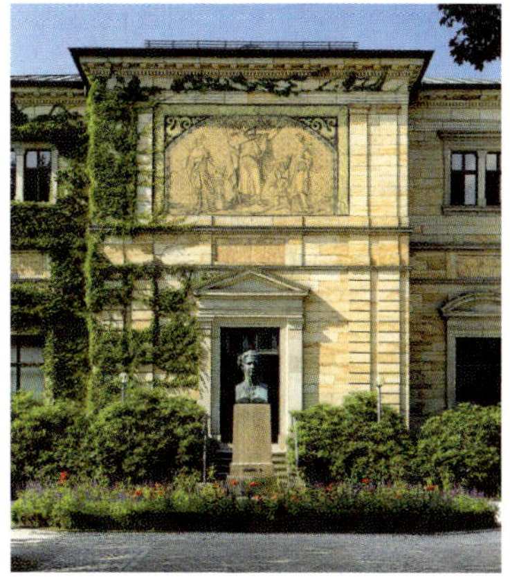

Weitere Sehenswürdigkeiten:

Parkanlage Eremitage 19 (Schloss bis 2009 wegen Restaurierung geschl., Marmorspeisesaal im Rahmen einer Parkführung zugänglich)
Festspielhaus 20

Praktische Hinweise

Information

Kongress- und Tourismuszentrale, Luitpoldplatz 9, Tel. 09 21/885 88, www.bayreuth-tourismus.de

Hotels

Bayerischer Hof, Bahnhofstr. 14, Tel. 09 21/ 786 00, www.bayerischer-hof.de. 4-Sterne-Haus mit Garten im Stadtzentrum.

Bayreuther Hof, Rathenaustr. 28, Tel. 09 21/50 70 45 60, www.bayreuther-hof.de. Erst 2007 wurde das 12-Zimmer-Hotel mit Gasthaus generalsaniert.

Goldener Anker, Opernstr. 6, Tel. 09 21/ 650 51, www.anker-bayreuth.de. Stilvolles Hotel beim Markgräflichen Opernhaus.

Restaurants

Gendarmerie, Bahnhofstr. 14, Tel. 09 21/786 04 44. Bistro-Restaurant des Hotels Bayerischer Hof.

Lohmühle, Badstr. 37, Tel. 09 21/530 60, www.hotel-lohmuehle.de. Fränkische Gerichte und hauseigene Süßwasserfische serviert das Hotelrestaurant.

Meranier-Stuben, Kolpingstr. 5, Tel. 09 21/880 70, www.accent-hotel.de. Gehobene regionale und internationale Küche im Restaurant des Accent-Hotels.

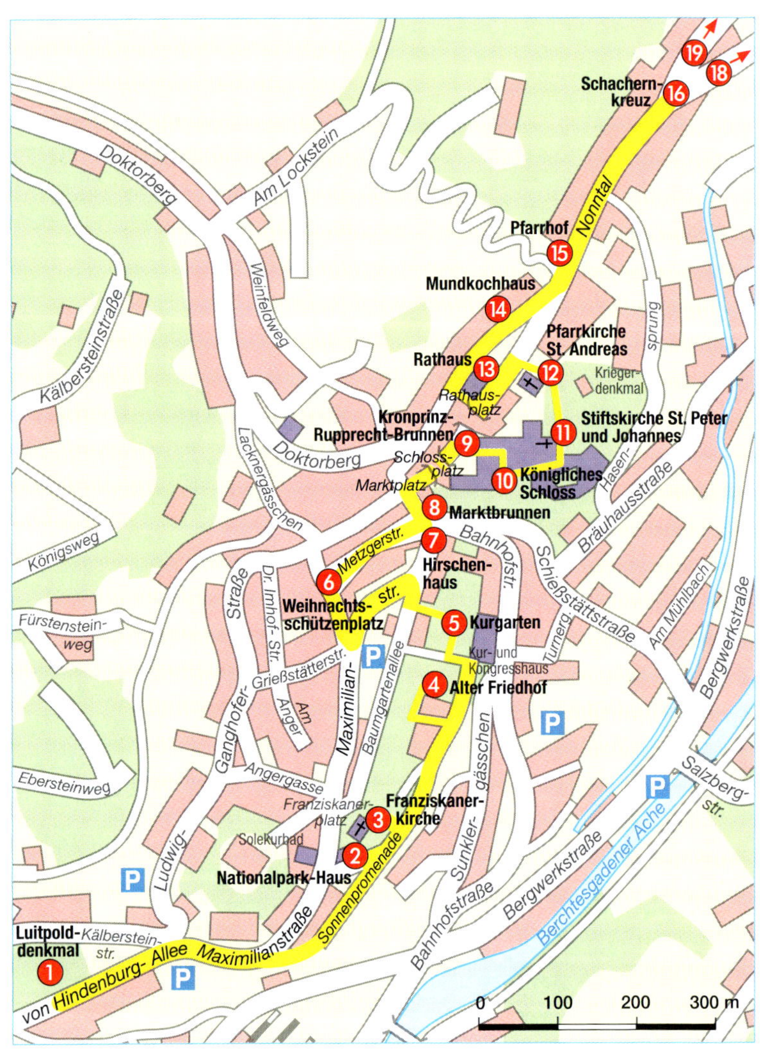

Berchtesgaden *E8*

Bayern
Einwohner: 8000

Oberbayerische Alpenromantik und Deutschlands zweithöchster Gipfel.

Im Luitpoldpark beginnt der Rundgang durch den rund 900 Jahre alten Markt. Hier ließ der Distrikt Berchtesgaden 1893 seinem Gönner, Prinzregent Luitpold von Bayern, das **Luitpolddenkmal** 1 setzen. Richtung Ortsmitte hält man sich rechts und kommt über die Sonnenpromenade zum **Nationalpark-Haus** 2 (1723). Es ist Teil eines Klostergebäudes, das heute noch von Franziskanern genutzt wird, und beherbergt die zentrale Informationsstelle des Nationalparks Berchtesgaden. TOP TIPP Die spätgotische **Franziskanerkirche** 3 (1488–1519) war früher Klosterkirche der Augustiner-Chorfrauen. Im Innern beeindrucken die Reliefs an der Emporenbrüstung (1550) sowie die Madonna im Ährenkleid (um 1480) in der Marienkapelle. Der **Alte Friedhof** 4 (1685) nebenan steht unter Denkmalschutz. In die Friedhofsmauer sind einige kunstvolle barocke Grabsteine eingelassen. Durch das Kur- und Kongresshaus geht es in den **Kurgarten** 5, der zu einer kurzen Pause Gelegenheit bietet. Über den **Weihnachtsschützenplatz** 6 mit dem ältesten Gasthaus der Stadt (1328, heute Hotel Post) führt der Rundgang weiter zum Marktplatz Nr. 3. Das **Hirschenhaus** 7 (1504), ein ehem. Gasthaus, erhielt seinen Turm 1804. Die allegorische Fassadenbemalung (1610) mit den Affen, die parodierend menschliche Laster darstellen, gehört zu den bedeutendsten Renaissance-Malereien im süddeutschen Raum. Gegenüber befindet sich der **Marktbrunnen** 8, der 1677 von Fürstpropst Maximilian Heinrich errichtet wurde (1860 neu gefasst). Der erste Torbogen am Platz, der Rentamtsbogen, mit seinen sieben Wappen und der Sonnenuhr ist besonders hübsch. Weiter geht es zum Schlossplatz, der 1960 den **Kronprinz-Rupprecht-Brunnen** 9 mit dem bayerischen Wappen erhielt. Das prächtige **Königliche Schloss** 10 der Wittelsbacher war einst Kloster der Augustiner-Chorherren. Der hochmittelalterliche Ursprung der Anlage offenbart sich vor allem im Kreuzgang mit seinem spätromanischen Skulpturenschmuck. Heute befindet sich hier ein Museum, in dem Kunstwerke und Waffen aus der bedeutenden Sammlung des Kronprinzen Rupprecht von Bayern gezeigt werden. In den Stallungen des Schlosses wurde jüngst ein wildwissenschaftliches Rehmuseum eingerichtet. In der **Stiftskirche St. Peter und Johannes** 11 befinden sich ein herrlicher frühgotischer Chor (1283–1303) und prächtige Grabdenkmäler (15.–19. Jh.) von Fürstpropsten. Das Tonnengewölbe der barocken **Pfarrkirche St. Andreas** 12 (um 1700) ist in Deutschland einzigartig, denn es ist am Dachstuhl aufgehängt. Vom **Rathaus** 13 geht man weiter stadtauswärts zum **Mundkochhaus** 14 (1643), dessen Giebel ein Fresko des hl. Rupertus ziert. Die Fensterumrahmungen bestehen aus Ramsauer Nagelfluh, einem besonders harten Gestein. Den rotmarmornen **Pfarrhof** 15 (1841) entwarf Friedrich von Gärtner, dessen Baukunst der bayerischen Hauptstadt München in der Epoche König Ludwigs I. ihren Stempel aufgeprägt hat. Zum Abschluss kann das **Schachernkreuz** 16 (1625) im Nonntal, einem der ältesten Straßenzüge Berchtesgadens, bewundert werden.

TOP TIPP

Weitere Sehenswürdigkeiten:

Salzbergwerk Berchtesgaden 17
Schloss Adelsheim 18 (Heimatmuseum)
Wallfahrtskirche Maria Gern 19

Praktische Hinweise

Information

Touristinfo Kur- und Kongresshaus, Maximilianstr. 9, Tel. 086 52/944 53 00, www.tourismus-berchtesgaden.de

Hotels

Alpenhotel Weiherbach, Weiherbachweg 6, Tel. 086 52/97 88 80, www.weiherbach.de. Hotel garni im oberbayerischen Stil, am Stadtrand.

Hotel Binderhäusl, Am Wemholz 2, Tel. 086 52/54 29, www.binderhaeusl.de. Wander- und Familienhotel mit Restaurant.

Hotel Krone, Am Rad 51/3, Tel. 086 52/946 00, www.hotel-krone-berchtesgaden.de. Rustikaler Charme zeichnet das 3-Sterne-Hotel aus.

Restaurants

Bier Adam, Marktplatz 22, Tel. 086 52/23 90, www.bier-adam.de. Bayerisches im ältesten Bierlokal Berchtesgadens.

Goldener Bär, Weihnachtsschützenplatz 4, Tel. 086 52/25 90, www.gasthof-goldener-baer.de. Zünftige Gastwirtschaft.

Luitpoldpark, Kälbersteinstr. 2, Tel. 086 52/96 45 55, www.luitpoldpark.de. Café-Restaurant mit internationaler Küche.

Vor der grandiosen Kulisse des Watzmann-Massivs erstreckt sich eine reizvolle Stadt

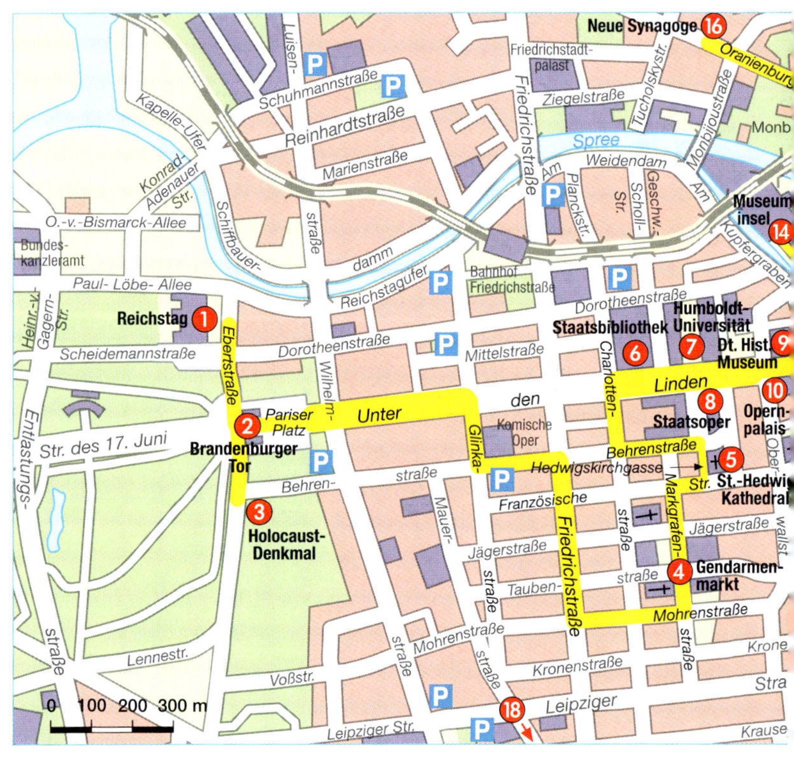

Berlin-Mitte

E3

Berlin
Einwohner (insgesamt) : 3,4 Mio.

Das Herz der deutschen Hauptstadt setzt Zeichen in Politik und Kultur.

TOP TIPP Die Tour beginnt im Zentrum des Regierungsviertels am **Reichstag** 1 (1894), der 1996–99 zum Sitz des Deutschen Bundestags ausgebaut wurde. Ein Touristenmagnet ist vor allem Sir Norman Fosters gläserne Kuppel, von der man einen herrlichen Blick über die Stadt hat. TOP TIPP Das **Brandenburger Tor** 2 (1788–91), das im geteilten Deutschland isoliert im Grenzstreifen stand. Direkt daneben wurde im Mai 2005 das **Holocaust-Denkmal** 3 für die ermordeten Juden Europas eingeweiht. Das Feld aus Betonstelen ist ein beeindruckender Ort der Besinnung. Vorbei an dem traditionsreichen Hotel Adlon erreicht man über die Prachtstraße Unter den Linden die von Geschäften gesäumte Flaniermeile **Friedrichstraße**. Anschließend passiert man die Komische Oper und gelangt zum imposanten **Gendarmenmarkt** 4. Den als Ensemble begeisternden Platz flankieren das heutige Konzerthaus (1818–21, Karl Friedrich Schinkel) sowie der Deutsche und der Französische Dom aus der Barockzeit. In nördlicher Richtung ragt an der Ecke des Bebelplatzes die Kuppel der klassizistischen **St.-Hedwigs-Kathedrale** 5 (1747–73) auf. Unter den Linden sind die neubarocke **Staatsbibliothek** 6 und die benachbarte **Humboldt-Universität** 7 beheimatet. Letzteren eindrucksvollen Bau entwarf im 18. Jh. Georg Wenzeslaus von Knobelsdorff, der Hofarchitekt Friedrichs des Großen. Schräg gegenüber wurde Knobelsdorffs im Krieg zerstörte klassizistische **Staatsoper** 8 originalgetreu wieder aufgebaut. Links folgt die 1816–18 nach Plänen Karl Friedrich Schinkels errichtete klassizistische Neue Wache. Das **Deutsche Historische Museum** 9 im Zeughaus blickt in seiner Dauerausstellung auf zwei Jahrtausende deutscher Geschichte zurück. Das **Opernpalais** 10 wurde nach schweren Kriegsschäden später rekonstruiert. Über die Schlossbrücke führt der Weg zum **Berliner Dom** 11, 1894–1905 als Hauptkirche des preußischen Protestantismus und Hauskirche der Hohenzollern in wilhelminischem

Prunk errichtet. Gegenüber stand bis 2006 der Palast der Republik, der inzwischen abgetragen wurde. Das schon zu DDR-Zeiten prachtvoll restaurierte **Nikolaiviertel** ⑫ ist die Keimzelle Berlins. Die Nikolaikirche (1220–30 erbaut, 1460–80 spätgotisch vollendet) ist die älteste Kirche Berlins. Am **Alexanderplatz** ⑬ mit dem 365 m hohen Fernsehturm dominieren moderne Zweckbauten. Ausreichend Zeit sollte man für die Besichtigung der zum UNESCO-Weltkulturerbe zählenden unermesslichen Kunstschätze der **Museumsinsel** ⑭ einplanen. Das **Pergamon-Museum** samt weltberühmtem Altar, die großartig restaurierte **Alte Nationalgalerie** mit Kunst vor allem des 19. Jh. sowie das von Schinkel erbaute Alte Museum gehören zum Pflichtprogramm. Das seit 2006 nach Restaurierung wieder zugängliche **Bode-Museum** setzt mit Byzantinischer Kunst, Skulpturensammlung und Münzkabinett einen weiteren Glanzpunkt. Unweit der Museumsinsel lädt das Jugendstil-Ensemble (1905–07) der **Hackeschen Höfe** ⑮ zu einem Besuch ein. Am nördlichsten Punkt der Tour erinnert die **Neue Synagoge** ⑯ (1866) an das ehemalige jüdische Viertel Berlins, das an der Oranienburger Straße einst sein Zentrum hatte.

TOP TIPP

Weitere Sehenswürdigkeiten:

Prenzlauer Berg ⑰ (Stadtviertel um Käthe-Kollwitz-Platz)
Mauermuseum Haus am Checkpoint Charlie ⑱ (Ecke Friedrich-/Kochstraße)

Praktische Hinweise

Information

Berlin infostore, Brandenburger Tor, südl. Querhaus, Pariser Platz, Tel. 030/ 25 00 25, www.berlin-tourist-information.de

Hotels

Jurine, Schwedter Str. 15, Tel. 030/ 443 29 90, www.hotel-jurine.de. Modernes 3-Sterne-Hotel am Prenzlauer Berg.

Kastanienhof, Kastanienallee 65, Tel. 030/44 30 50, www.hotel-kastanienhof-berlin.de. 35-Zimmer-Hotel in typischem Berliner Mietshaus des 19. Jh.

Märkischer Hof, Linienstr. 133, Tel. 030/ 282 71 55, www.maerkischer-hof-berlin.de. Gemütliches Hotel im Scheunenviertel.

Restaurants

Altes Zollhaus, Carl-Herz-Ufer 30, Tel. 030/692 33 00, www.altes-zollhaus-berlin.de. Landhausatmosphäre und feine regionale Küche am Landwehrkanal.

Stammhaus, Friedrichstr. 158-164, Tel. 030/20 27 31 76, www.westin.com. Deutsche Küche serviert das Restaurant im Westin Grand Berlin.

Zur letzten Instanz, Waisenstr. 14–16, Tel. 030/242 55 28, www.zurletzteninstanz.de. Berliner Traditionsküche.

Sinnbild Berlins ist das Reichstagsgebäude mit der Glaskuppel von Sir Norman Foster

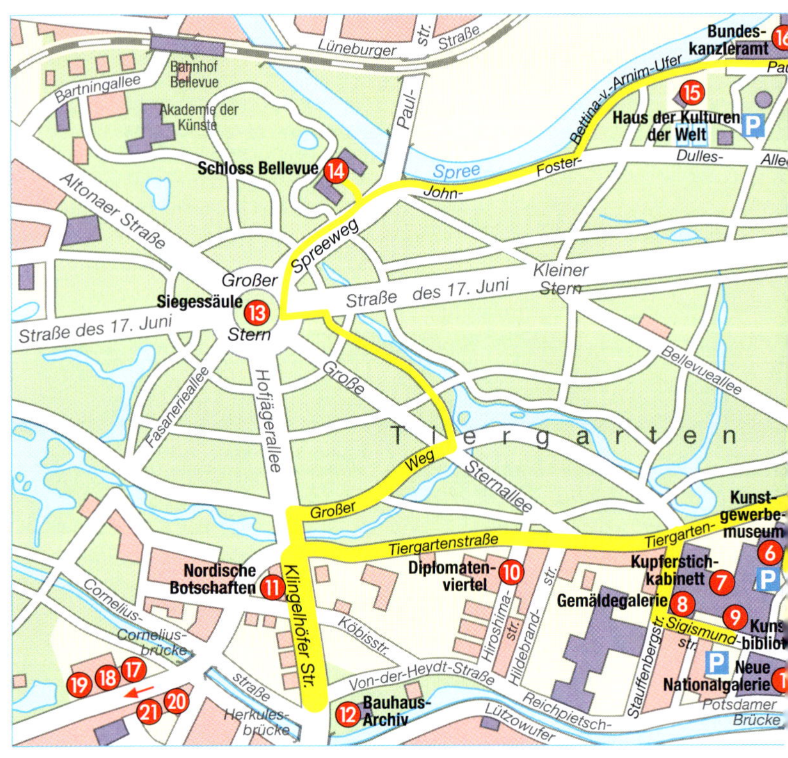

Berlin-Tiergarten *E3*

Berlin
Einwohner (insgesamt): 3,4 Mio.

Auch der westliche Teil Berlins hat sein Gesicht nach der Wende geliftet.

Erster Anlaufpunkt im Stadtteil Tiergarten ist die **Neue Nationalgalerie** 1. In dem von Ludwig Mies van der Rohe geplanten Museumsbau wird Kunst des 19. und 20. Jh. gezeigt. Gegenüber befindet sich die von Hans Scharoun entworfene **Staatsbibliothek** 2 (1967–78). Der riesige Gebäudekomplex ist einer der größten in Europa, in ihm sind rund 7 Mio. Bücher versammelt. Weiter führt der Weg TOP TIPP zum **Potsdamer Platz** 3, dem einstigen Verkehrsknotenpunkt Berlins. Nach der Vereinigung entstanden hier spektakuläre Bauten namhafter Architekten wie Piano/Kohlbecker, Hans Kollhoff, José Rafael Moneo und Richard Rogers. Der Gropius-Bau in der Niederkirchner Straße/Ecke Stresemannstraße präsentiert Wechselausstellungen. Unweit des Potsdamer Platzes befindet sich das **Sony Center** 4, glas- und stahldominierter Sitz der Sony-Europazentrale. Unter seinem spitzen Glasdach, das den höchsten Berg Japans, den Fudschijama, symbolisiert, sorgen zahlreiche Shopping- und Entertainmentangebote für Unterhaltung. Weiter westlich stehen die von Hans Scharoun erbaute **Philharmonie** (1960–63) und der **Kammermusiksaal** 5. Goldschmiedearbeiten, Gläser, Porzellan und Teppiche sind schräg gegenüber im neu erbauten **Kunstgewerbemuseum** 6 zu sehen. Wenige Schritte entfernt lädt das **Kupferstichkabinett** 7 zur Betrachtung bedeutender grafischer TOP TIPP Kunst ein. Die **Gemäldegalerie** 8 mit ihren 1400 Gemälden aus allen Epochen der Kunstgeschichte sowie die **Kunstbibliothek** 9 setzen die Reihe fort. Anschließend geht es weiter ins **Diplomatenviertel** 10. Freunde zeitgenössischer Architektur können hier z.B. die Botschaftsgebäude Österreichs, Indiens, der Türkei und Südafrikas bestaunen. Im Gemeinschaftsbau der **Nordischen Botschaften** 11 haben die skandinavischen Länder ihre Vertretungen. Von hier lohnt ein Abstecher ins **Bauhaus-Archiv** 12, bevor man in Richtung Siegessäule weiter geht. Wer mag, kann zuvor noch einen Schlenker durch den Tiergarten machen,

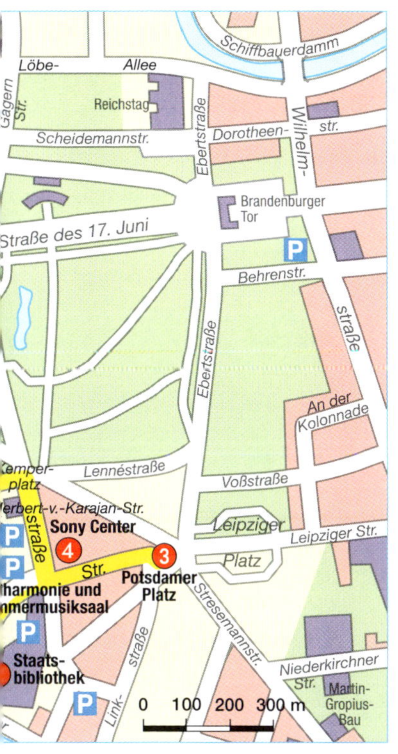

in dem die Straße des 17. Juni zum Großen Stern mit der **Siegessäule** 13 führt. Von ihrer Aussichtsplattform in 48 m Höhe aus hat man einen herrlichen Blick über Berlin. Über den Spreeweg gelangt man zum **Schloss Bellevue** 14, dem Amtssitz des Bundespräsidenten. Eine Besichtigung ist nur nach vorheriger schriftlicher Anmeldung möglich, allerdings nicht, wenn die Flagge auf dem Dach weht, denn dann ist der Hausherr anwesend. Wenige Minuten entfernt fällt die gewagte Form der ehemaligen Kongresshalle ins Auge. Das im Volksmund als ›Schwangere Auster‹ bezeichnete Gebäude beherbergt heute das **Haus der Kulturen der Welt** 15. Letzte Station ist der monumentale Bau des **Bundeskanzleramts** 16 von Axel Schultes und Charlotte Frank.

Weitere Sehenswürdigkeiten:

Zoologischer Garten 16
Kaiser-Wilhelm-Gedächtniskirche 17
Kurfürstendamm 18
The Story of Berlin 19 (multimediale Erlebnisinstallation, Kurfürstendamm 207–208)
Einkaufszentrum Stilwerk 20

Praktische Hinweise

Information

Berlin infostore, Hauptbahnhof, Erdgeschoss/Eingang Europa Platz, Tel. 030/25 00 25, www.berlin-tourist-information.de

Hotels

Air In Berlin, Ansbacher Str. 6, Tel. 030/212 99 20, www.hotelairinberlin.de. Heimeliges Privathotel in der Nähe des Ku'damm.

Fjord Hotel, Bissingzeile 13, Tel. 030/ 25 47 20, www.fjordhotelberlin.de. 3-Sterne-Cityhotel in ruhiger Seitenstraße beim Potsdamer Platz.

Tiergarten, Alt-Moabit 89, Tel. 030/39 98 96, www.hotel-tiergarten.de. Solide Unterkunft (Hotel garni) mit 60 Zimmern.

Restaurants

Die Quadriga, Eislebener Str. 14, Tel. 030/21 40 56 50, www.brandenburger-hof.com. Gehobene Kochkunst bietet das Hotel-Restaurant.

Hugos Restaurant, Budapester Str. 2, Tel. 030/26 02 12 63, www.hugos-restaurant.de. Gourmetküche im 14. Stock des InterContinental Berlin.

Reinhard's im Kempinski, Kurfürstendamm 27, Tel. 030/20 45 45 45, www.kempinski-bristol.de. Brasserie im Kempinski am Ku'damm.

Das futuristische Zeltdach des Sony Centers ist Blickfang am Potsdamer Platz

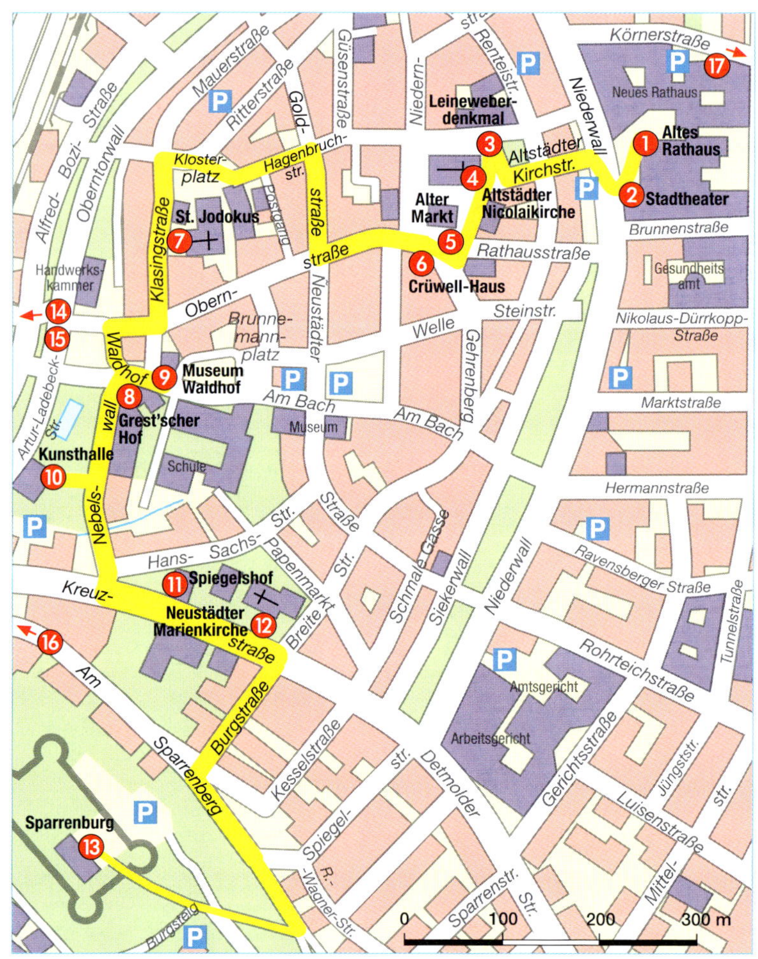

Bielefeld

B4

Nordrhein-Westfalen
Einwohner: 325 000

Ostwestfalens Metropole kam durch die Leineweberei zu Bedeutung.

Im Jahr 1214 gründete Graf Ravensberg Bielefeld, das heute die größte Stadt Ostwestfalens ist. Ausgangspunkt eines Rundgangs ist das **Alte Rathaus** 1 (1904) im Stil der Weserrenaissance. Es bildet eine bauliche Einheit mit dem **Stadttheater** 2, mit dem es durch einen Bogengang verbunden ist. Am Stadttheater besticht die Mischung aus Barock und Jugendstil. Jenseits des verkehrsreichen Niederwalls gelangt man durch die Altstädter Kirchstraße zum Altstädter Kirchpark, in dem das **Leineweberdenkmal** 3 (1909, Hans Perathoner) daran erinnert, dass im 17. Jh. mit dem Leinen der wirtschaftliche Aufstieg Bielefelds begann.

TOP TIPP

Zentral in der Altstadt liegt die **Altstädter Nicolaikirche** 4, eine westfälische Hallenkirche aus dem 14. Jh. Ihr kostbarer spätgotischer Schnitzaltar (um 1520) besteht aus mehr als 250 Figuren. Sehenswert ist auch das selten geöffnete kleine Kirchenmuseum, hörenswert das Glockenspiel aus 36 Glocken. Der Merkurbrunnen auf dem **Alten Markt** 5 passt zum Standort, denn Merkur war der römische Gott der Kaufleute und der Alte Markt bildete jahrhundertelang das Zentrum des Sozial- und Wirtschaftslebens in Bielefeld. Das Batighaus (1680), das heutige Bankhaus Lampe, hat einen vierteiligen Giebel und führt im Portal (1975) Reliefdarstellungen der vier

Elemente. Zu den schönsten Bürgerhäusern Westfalens zählt das **Crüwell-Haus** 6 mit seinem spätgotischen Staffelgiebel (1530). Im Treppenhaus sind 7000 Delfter Kacheln aus der Crüwell-Sammlung zu bestaunen. Die spätgotische Saalkirche **St. Jodokus** 7 (1511) gehörte ursprünglich zu einem Franziskanerkloster. Sehenswert sind u.a. die Schwarze Madonna (1220), die Holzplastik des hl. Jodokus (1480) und Teile einer historischen Orgel (1653). Nicht weit davon ragt der Treppenturm des **Grest'schen Hofes** 8 in den Himmel, eines prächtigen Adelshofes aus dem 16. Jh. Seit 1870 ist er Teil eines Gymnasiums. Schräg gegenüber präsentiert im **Museum Waldhof** 9 der Bielefelder Kunstverein Ausstellungen zeitgenössischer Kunst. Sie ergänzen das Angebot der **Kunsthalle** 10, die 1966–68 US-Architekt Philip Johnson erbaute. In dem rötlichen Sandsteinkubus sind deutscher Expressionismus, internationale zeitgenössische Kunst und Wechselausstellungen zu sehen. Im Außenbereich steht u.a. die Skulptur ›Der Denker‹ von Auguste Rodin. Aus dem Jahr 1540 stammt der **Spiegelshof** 11 im Weserrenaissance-Stil mit Halbrundgiebeln und Kugelbesatz, heute Heimstatt des Naturkunde-Museums. Die **Neustädter Marienkirche** 12 in der Kreuzstraße ist das bedeutendste Bauwerk Bielefelds. Zwei Türme schmücken die gotische kreuzförmige Hallenkirche (1293), in der sich Kunstschätze wie ein Marienaltar mit 13 Bildern (um 1400) oder gräfliche Hochgräber befinden. Nur über eine Brücke führt der Weg in die **Sparrenburg** 13 (13. Jh.), eine mehrfach erweiterte Festungsanlage mit Rondellen und Kasematten.

TOP TIPP

TOP TIPP

Weitere Sehenswürdigkeiten:

Botanischer Garten und Tierpark Olderdissen 14
Bauernhausmuseum 15
Bethel 16
Rochdale Park 17 i

i Praktische Hinweise

Information

Tourist-Information Bielefeld, im Neuen Rathaus, Niederwall 23, Tel. 05 21/51 69 99, www.bielefeld.de

Stadtführungen, Bielefeld Marketing GmbH, Willy-Brandt-Platz 2, Tel. 05 21/51 61 02

Hotels

Altstadt-Hotel, Ritterstr. 15, Tel. 05 21/ 96 72 50, www.altstadt-hotel-bielefeld.de. Hotel garni in der Nähe des Hauptbahnhofs.

Hotel Mercure, Waldhof 15, Tel. 05 21/ 528 00, www.mercure.de. 3-Sterne-Cityhotel mit 123 Zimmern.

Ravensberger Hof, Güsenstr. 4, Tel. 05 21/ 962 11, www.hotel-ravensberger-hof.de. Entspanntes Wohnen in der Altstadt.

Restaurants

Alt Bielefeld, Obernstr. 12, Tel. 05 21/ 669 40. Gutbürgerliche Küche.

Sparrenburg-Restaurant, Am Sparrenberg 38a, Tel. 05 21/659 39, www.restaurant-sparrenburg.de. Westfälische und deutsche Gerichte im Burggemäuer.

Wernings Weinstuben, Alter Markt 1, Tel. 05 21/136 51 51, www.wernings-gastronomie.de. Regionale Küche mit mediterranem Einfluss in stimmungsvollem Gewölbekeller.

Ein herrliches Stadtpanorama mit Neustädter Marienkirche genießt man von der Sparrenburg

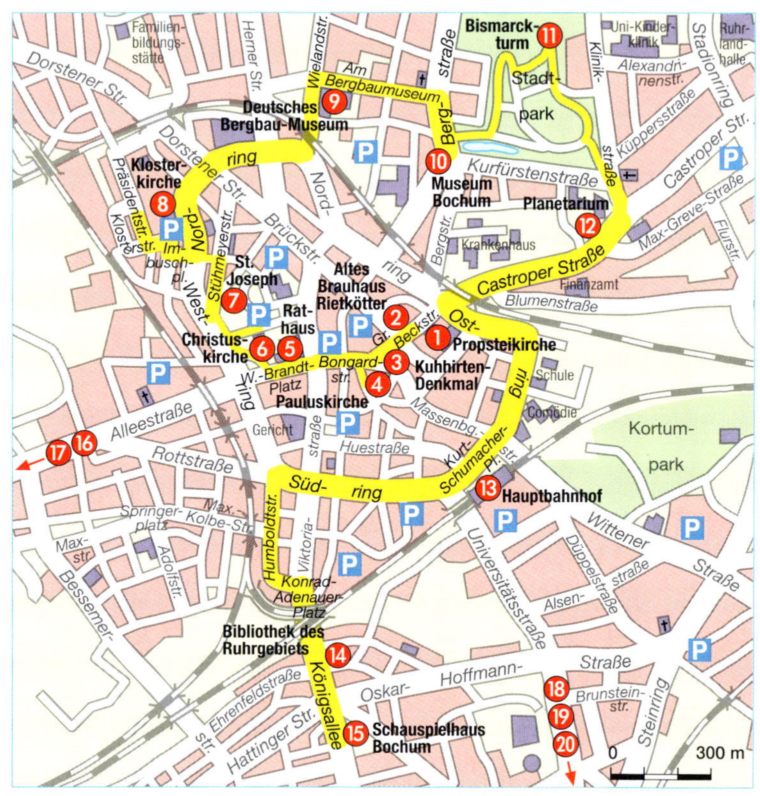

Bochum

B4

Nordrhein-Westfalen
Einwohner: 391 000

Von der Bergbau-Metropole zum Kultur-Mekka: ein gelungener Wandel.

Ausgangspunkt der Tour durch die zwischen den Flüssen Emscher und Ruhr gelegene Stadt ist die spätgotische **Propsteikirche** ❶. Sie war eine der drei Urkirchen, die in karolingischer Zeit im südlichen Westfalen gegründet wurden. Nach einem Brand entstand um 1524 der heutige Bau. Im Innern der dreischiffigen Hallenkirche sind u. a. der romanische Taufstein (um 1175), der Perpetua-Schrein (um 1200) und das spätgotische Sakramentshäuschen zu bewundern. Gegenüber steht das **Alte Brauhaus Rietkötter** ❷ (1777), das älteste erhaltene Wohnhaus der Innenstadt. Weiter in Richtung Rathaus erinnert das **Kuhhirten-Denkmal** ❸ an Fritz Kortebusch, den letzten Kuhhirten Bochums, der bis 1870 das Vieh der Bürger auf die städtische Weide (heute Stadtpark) führte. Einige Meter weiter ragt in der Grabenstraße die älteste evangelische Kirche der Stadt auf, die einjochige **Pauluskirche** ❹. Der Renaissance-Bau (1655–59) besteht aus einem vierachsigen Saal und einem teilweise eingebauten Ostturm. Seitlich der Kirche verdient die Skulptur einer trauernden Mutter Beachtung. Zurück auf der Bongardstraße erreicht man den Willy-Brandt-Platz, der vom **Rathaus** ❺ (1932), einem frühen Beispiel neuzeitlicher Großbauarchitektur, dominiert wird. Die vier Flügel des Gebäudes umschließen einen ruhigen Innenhof, in dem der ›Brunnen der Schönheit‹ und der ›Brunnen des Glücks‹ plätschern. An das Rathaus schließt die **Christuskirche** ❻ an, ein Neubau von 1959 mit aufgefächerten und verglasten Seitenwänden im Innern. Er ersetzt die ursprüngliche neugotische Basilika aus dem Jahr 1879, die im Zweiten Weltkrieg zerstört wurde. Spaziert man die Stühmeyerstraße entlang, liegt an der rechten Seite die neoromanische Pfeilerbasilika **St. Joseph** ❼ (Ende 19. Jh.). Die kreuzförmige Kirche hatte ebenfalls im Krieg Schaden genommen und wurde mit nur einem statt der ursprünglichen zwei Türme wieder aufgebaut. Sehenswert ist auch die **Klosterkirche** 8 (1868–70), die sich ein Stück weiter nördlich auf dem Imbuschplatz erhebt. TOP TIPP In der nahen Wielandstraße lohnt das **Deutsche Bergbau-Museum** 9 einen Besuch. Neben Werkzeugen, Schautafeln und einer Mineraliensammlung bietet das größte bergbauliche Fachmuseum der Welt auch ein Anschauungsbergwerk unter Tage. Überragt wird das Museum vom ehem. Doppelfördergerüst der Dortmunder Schachtanlage ›Germania‹. Eine Aussichtsplattform auf dem 68 m hohen Stahlkoloss eröffnet dem Besucher einen eindrucksvollen Blick über die seit 1968 zechenlose Stadt. TOP TIPP Im **Museum Bochum** 10 am nördlichen Ende der Kortumstraße sind expressionistische Meisterwerke sowie deutsche und internationale Kunst nach 1945 zu sehen. Weiter geht es durch den 1876 angelegten Stadtpark bis zum markanten **Bismarckturm** 11. Eine Treppe führt zur Aussichtsplattform des 1909 erbauten Turmes, der jedoch von Winteranfang bis zu Beginn der Osterferien geschlossen ist. Am südöstlichen Rand des Stadtparks TOP TIPP ermöglicht das **Planetarium** 12 dank einer 600 m² großen Bildkuppel spannende Einsichten in den Kosmos. Am Ostring entlang erreicht man den **Hauptbahnhof** 13 (1957) von Bochum. Eindrucksvoll ist die vor dem elegant geschwungenen Dach der Bahnhofsvorhalle platzierte Stahlskulptur ›Terminal‹. Nun folgt man dem Südring und biegt links ab zum Konrad-Adenauer-Platz. Hier lädt das im Volksmund so genannte Bermuda-Dreieck zu einem Kneipen- und Restaurantbummel ein. Auch die 1998 gegründete **Bibliothek des Ruhrgebiets** 14 hat hier ihren Sitz. Sie vereinigt unter ihrem Dach u. a. die Bergbau-Bücherei und die Bibliothek zur Geschichte der Arbeiterbewegung – insgesamt 450 000 Bücher und 580 gängige Zeitschriften. Ganz in der Nähe befindet sich das **Schauspielhaus Bochum** 15, das 1915 zum klassizistischen Theater ausgebaut und nach der Zerstörung im Zweiten Weltkrieg nochmals verändert wurde. Ähnlich wie der populäre Rocksänger Herbert Grönemeyer hat es viel für den hohen Bekanntheitsgrad Bochums bewirkt: Unter Intendanten wie Peter Zadek und Claus Peymann galt das Schauspielhaus zeitweise als innovativste Bühne Deutschlands nach 1945.

Weitere Sehenswürdigkeiten:

Eisenbahnmuseum 16
Zeche Hannover und Zeche Knirps 17 (Industriemuseen)
Kunstsammlungen und Antikenmuseum der Ruhr-Universität 18
Wasserburg Haus Kemnade 19
Dorfkirche in Bochum-Stiepel 20

i Praktische Hinweise

Information

Marketing GmbH Bochum, Huestr. 9, Tel. 02 34/96 30 20, www.bochum.de

Hotels

Acora, Nordring 44–50, Tel. 02 34/689 60, www.acora.de. Moderne Zimmer und auch Apartments.

Art Hotel Tucholsky, Viktoriastr. 73, Tel. 02 34/96 43 60, www.art-hotel-tucholsky.de. Designmöbel und zeitgenössische Kunst bestimmen das Ambiente.

Ostmeier, Westring 35, Tel. 02 34/687850, www.hotel-ostmeier.de. Modernes Hotel in der Stadtmitte.

Restaurants

Fiege's Stammhaus, Bongardstr. 23, Tel. 02 34/417 46 88.de. Deftige Kost in rustikaler Atmosphäre.

Gastronomie im Stadtpark, Klinikstr. 41–43, Tel. 02 34/50 70 90. Raffinierte Köstlichkeiten in der Orangerie oder auf der schönen Terrasse.

Mutter Wittig, Bongardstr. 35, Tel. 02 34/121 41. Deutsche Küche in der Innenstadt.

Denkmal deutscher Industriekultur und Besuchermagnet: Deutsches Bergbau-Museum

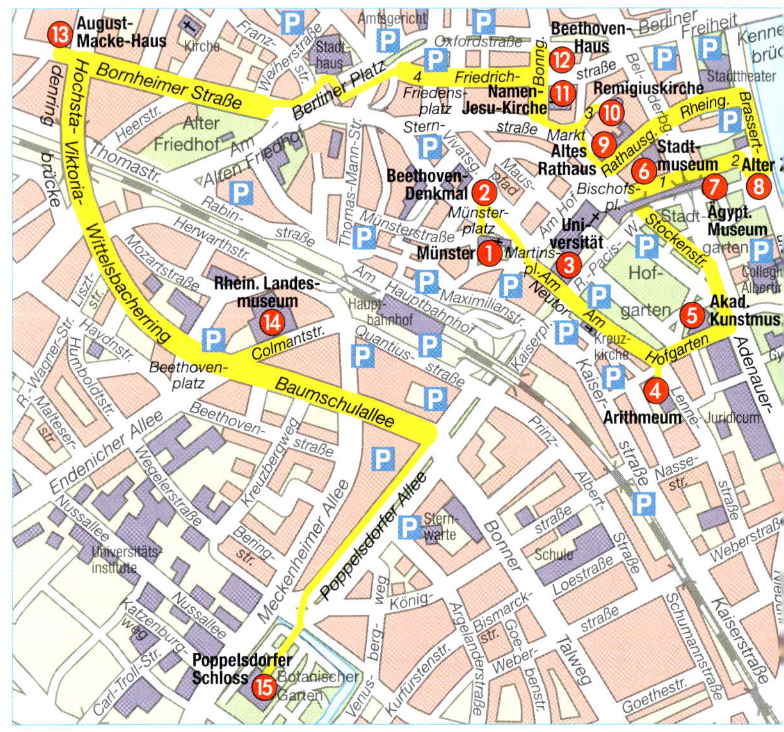

Bonn

A5

Nordrhein-Westfalen
Einwohner: 310 000

Die Beethovenstadt ist trotz Hauptstadtwechsels attraktiv geblieben.

Die ehem. Bundeshauptstadt Bonn ist eine alte Universitätsstadt mit bedeutenden Kunstmuseen und Sammlungen. Am **Münster** (1), einer der ältesten romanischen Kirchen am Rhein (11.–13. Jh.), beginnt der Stadtrundgang. Bei Ausgrabungen unter der langen Krypta wurde eine der ältesten christlichen Kultstätten der Region gefunden, in der die Märtyrer und Stadtpatrone Cassius und Florentinus verehrt wurden. Auf dem Münsterplatz steht das **Beethoven-Denkmal** (2) zu Ehren des größten Sohnes der Stadt. Die ehem. kurfürstliche Residenz am Hofgarten (Spätbarock, 18. Jh.) ist seit 1818 Sitz der **Universität** (3). Im Arithmeum (4) wird die Auffassung widerlegt, dass Mathematik reizlos und trocken sei. Von dort geht es zum **Akademischen Kunstmuseum** (5) am Südrand des Hofgartens, in dem neben etwa 2000 antiken Originalen Gipsabgüsse fast aller bedeutenden antiken Meisterwerke zu sehen sind. Die Stockenstraße führt zum **Stadtmuseum** (6), in dem man Interessantes über die Geschichte der Stadt von ihren Anfängen bis heute erfährt. Den Regina-Pacis-Weg überspannt das Koblenzer Tor, ein zweistöckiger Torbau, den Kurfürst Clemens August 1751–57 an den Galerieflügel der kurfürstlichen Residenz anbauen ließ. In dem Gebäude zeigt das **Ägyptische Museum** (7) eine umfangreiche Sammlung von Objekten aus dem pharaonischen Ägypten. Der **Alte Zoll** (8) östlich davon ist die Südbastion der Stadtmauer mit einem herrlichen Blick auf den Rhein und das Siebengebirge. Das Denkmal für den Dichter und Freiheitskämpfer Ernst Moritz Arndt sollte nicht übersehen werden.

TOP TIPP

Wieder stadteinwärts erreicht man das **Alte Rathaus** (9) am Markt (1737/38) mit seiner repräsentativen Rokokofassade und der zweiläufigen Freitreppe. Der Platz wird von einem Obelisken mit Fontäne beherrscht, der Kurfürst Maximilian Friedrich (reg. 1761–84) gewidmet ist. Im Jahr 1317 wurde die nahe gelegene **Remigiuskirche** (10), eine dreischiffige hochgotische Basilika, geweiht. Unweit von ihr erhebt sich die **Namen-Jesu-**

Kirche ⑪, die Ende des 17. Jh. im Stil des rheinischen Manierismus errichtet wurde. Durch die Bonngasse erreicht man das **Beethoven-Haus** ⑫, in dem der berühmte Meister 1770 geboren wurde (†1827) und in dem u.a. Originalmanuskripte sowie sein letzter Flügel ausgestellt sind. In der Bornheimer Straße gibt es im **August-Macke-Haus** ⑬, wo der expressionistische Maler 1911–14 wohnte, einige seiner Werke zu sehen. Das sanierte **Rheinische Landesmuseum** ⑭ bietet einen Überblick über die Geschichte der Region. Der Weg führt weiter zum 1715–30 erbauten **Poppelsdorfer Schloss** ⑮, heute Mineralogisch-Petrologisches Museum. In den Gewächshäusern des angrenzenden Botanischen Gartens gedeihen tropische Pflanzen aus aller Welt.

Weitere Sehenswürdigkeiten:

Museumsmeile ⑯ (Zoologisches Museum Alexander Koenig, Haus der Geschichte, Kunstmuseum Bonn, Bundeskunst- und Ausstellungshalle)
Ehem. Regierungsviertel ⑰ (Führungen Tel. 0228/773921)
Burgruine Godesburg ⑱

Praktische Hinweise

Information

Bonn-Information, Windeckstr. 1/ am Münsterplatz, Tel. 0228/775000, www.bonn-region.de

Hotels

Europa, Thomas-Mann-Str. 7–9, Tel. 0228/ 60880, www.hotel-europa-bonn.de. Familiär geführtes 3-Sterne-Hotel.

Hotel Beethoven, Rheingasse 26, Tel. 0228/631411, www.hotel-beethoven-bonn.com. Mittelklassehotel gleich beim Rheinufer.

Residence, Kaiserplatz 11, Tel. 0228/ 26970, www.guennewig.de/bnreside. Bestens ausgestattetes 4-Sterne-Hotel in der Innenstadt.

Restaurants

Brauhaus Bönnsch, Sterntorbrücke 4, Tel. 0228/650610, www.boensch.de. Bierspezialitäten und deftige Hausmannskost.

Em Höttche, Markt 4, Tel. 0228/690009, www.em-hoettche.de. Rheinischer Sauerbraten ist eine der Spezialitäten des gemütlichen Traditionslokals.

Sudhaus, Friedensplatz 10, Tel. 0228/ 656526, www.sudhaus-bonn.de. Regionale Küche, traditionell und auch überraschend neu interpretiert.

Fürstliche Rokoko-Pracht stellt das Alte Rathaus am Bonner Markt zur Schau

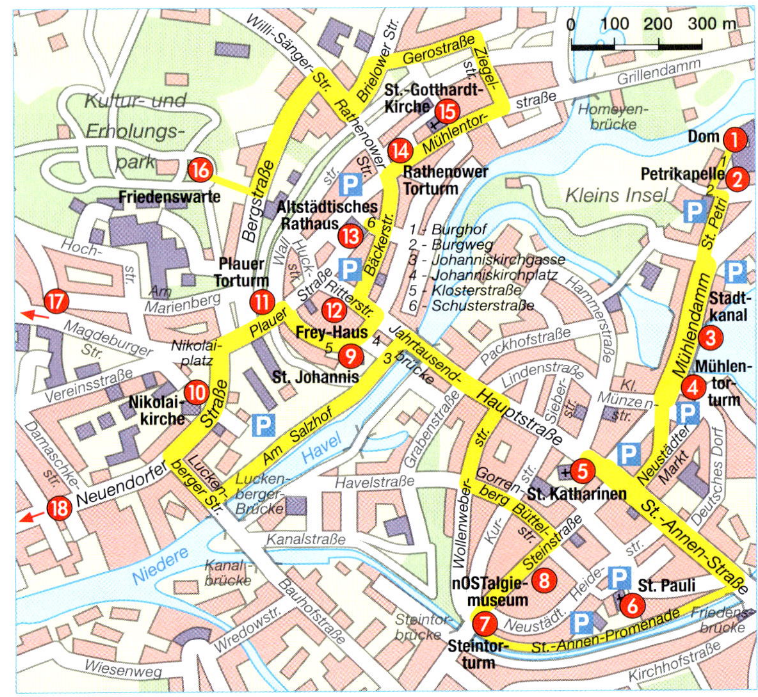

Brandenburg an der Havel

E3

Brandenburg
Einwohner: 78 000

Die namengebende Stadt der ganzen Region ist ein bauhistorisches Juwel.

Brandenburg ist die älteste märkische Stadt und wird daher auch ›Wiege der Mark‹ genannt. Unsere Stadterkundung beginnt auf der Dominsel, neben Alt- und Neustadt eines der Keimzentren der Stadt. Hier errichteten einst die slawischen Heveller ihre Hauptburg, die König Heinrich I. 928/29 eroberte. Otto I. gründete in Brandenburg 948 das erste Bistum östlich der Elbe, das aber nur bis zu dem großen Slawenaufstand 983 Bestand hatte. Neue Perspektiven unter christlich-deutschen Vorzeichen vermittelte erst wieder der Askanier Albrecht der Bär, der 1157 seinen Sitz in die Siedlung an der unteren Havel verlegte und sich fortan Markgraf von Brandenburg nannte. In diese Zeit fällt auch der Bau des **Doms** 1 (1165), der im 13. Jh. als romanische Basilika und später im Stil der norddeutschen Backsteingotik vollendet wurde. Gegenüber sind in der **Petrikapelle** 2 (13. Jh.) Ausstellungen moderner Kunst zu sehen. Das Dommuseum (im Burghof 1) präsentiert den Domschatz und Sonderausstellungen. Der Mühlendamm führt nun vorbei am **Stadtkanal** 3 und dann durch den **Mühlentorturm** 4 von 1411, einen der vier erhaltenen Stadttortürme, in die Neustadt. Sie wurde Ende des 12. Jh. von den Markgrafen gegründet und bildete zusammen mit der ›Altstadt‹ (Anfang 12. Jh.) die Doppelstadt Brandenburg. Ihr Stadtrecht wurde auch für andere Orte, z. B. Berlin, beispielhaft. Bis ins Jahr 1715 waren beide Stadtteile mit Münzrecht, Handels- und Zollfreiheit sowie oberster Gerichtsbarkeit (Schöppchenstuhl) ausgestattet und bildeten getrennte Magistrate. Das Zentrum der Neustadt wird beherrscht von der lichtdurchfluteten gotischen Hallenkirche **St. Katharinen** 5 (1401), in der u. a. der Hedwigsaltar und eine Bronzetaufe von 1440 zu sehen sind. Das Kloster **St. Pauli** 6 verleiht im ›Brandenburger Klostersommer‹ Theateraufführungen, Konzerten und anderen Veranstaltungen einen würdigen Rahmen. Mitte 2008 ist in die frisch restaurierte Klosteranlage das Archäologische Landesmuseum Brandenburg eingezogen. Unter den Bäumen der St.-Annen-Promenade führt der Weg nun den Stadtkanal entlang direkt zum

TOP TIPP

Steintorturm 7, der eine Ausstellung zur Havelschifffahrt beherbergt. Über Treppenaufgänge lässt sich auch der alte Wehrgang des Torturmes erklimmen. An der Steinstraße bietet das in seinem Umfang wohl einzige **nOSTalgiemuseum** 8 in Ostdeutschland einen wehmütigen Blick auf die ›gute, alte DDR‹. Am Salzhofufer links der Jahrtausendbrücke (früher hieß sie Lange Brücke) und im Angesicht der Ruine der frühgotischen Kirche **St. Johannis** 9 (13. Jh.) legen Schiffe zu Rundfahrten über Havel, Kanäle und die Seenplatte ab. Nach einem Schwenk über die Luckenberger Straße geht es an der wuchtigen romanischen **Nikolaikirche** 10 (1170–1250) vorbei wieder in die einst mauerbewehrte Altstadt. Nur ein paar Schritte weiter steht der **Plauer Torturm** 11 (15. Jh.). Aus der Barockzeit stammt das **Frey-Haus** 12 (1723), in dem das Städtische Museum Stadt- und Industriegeschichte sowie Kunst und Kultur Brandenburgs dokumentiert. Kunstvolle Backsteingotik zeigt die Schmuckfassade des **Altstädtischen Rathauses** 13 (1470–80). Der steinerne Roland (1474) davor ist das Wahrzeichen der Stadt. Die Bäckerstraße hinauf führt der Weg der Wallpromenade zum 28 m hohen, gotischen **Rathenower Torturm** 14, in dessen Nachbarschaft Brandenburg ältestes Gotteshaus, die **St.-Gotthardt-Kirche** 15 (1138–50), steht. Vom romanischen Vorgängerbau der gotischen Hallenkirche ist der Westteil mit Turm erhalten. Von der Ausstattung ist besonders die schöne Sandsteinkanzel von 1623 erwähnenswert. Nach Nordosten wird die Altstadt vom Marienberg begrenzt, wo sich von der 32,50 m hohen **Friedenswarte** 16 ein herrlicher Blick über Stadt und Havelland bietet.

Weitere Sehenswürdigkeiten:

Industriemuseum 17 (3400 m^2 Ausstellungsfläche, 100 Jahre Stahlgeschichte mit dem letzten Siemens-Martin-Ofen Westeuropas)

Brandenburger Seengebiet 18 (Breitlingsee, Plauer See, Quenzsee, Möserscher See sowie Beetzseekette)

Praktische Hinweise

Information

Tourist-Information Brandenburg, Steinstr. 66/67, Tel. 033 81/194 33, www.stadt-brandenburg.de

Hotels

Am St. Gotthardt, Mühlentorstr. 56, Tel. 033 81/529 00, www.altstadtpension-brb.de. Kleines Hotel garni mit 11 Zimmern.

Axxon, Magdeburger Landstr. 228, Tel. 033 81/32 10, www.axxon-hotel.de. Modernes 4-Sterne-Haus.

Sorat, Altstädtischer Markt 1, Tel. 033 81/59 70, www.sorat-hotels.com/brandenburg. Das 4-Sterne-Hotel genießt beste Altstadtlage.

Restaurants

An der Dominsel, Neustädtische Fischerstr. 14, Tel. 033 81/22 45 35, www.dominsel-brandenburg.de. Das Lokal bietet feine Fischspezialitäten mit Havelblick.

Bismarck Terrassen, Bergstr. 20, Tel. 033 81/30 09 39, www.bismarck-terrassen.de. Preußisches Traditionslokal.

Kartoffelkäfer, Steinstr. 56, Tel. 0 33 81/22 41 18, www.derkartoffelkaefer.de. Märkische Kartoffelgerichte in liebevoll mit historischen Gebrauchsgegenständen dekorierter Gaststube.

Städtische Flusslandschaft: die niedere Havel trennt Altstadt (links) und Dominsel (rechts)

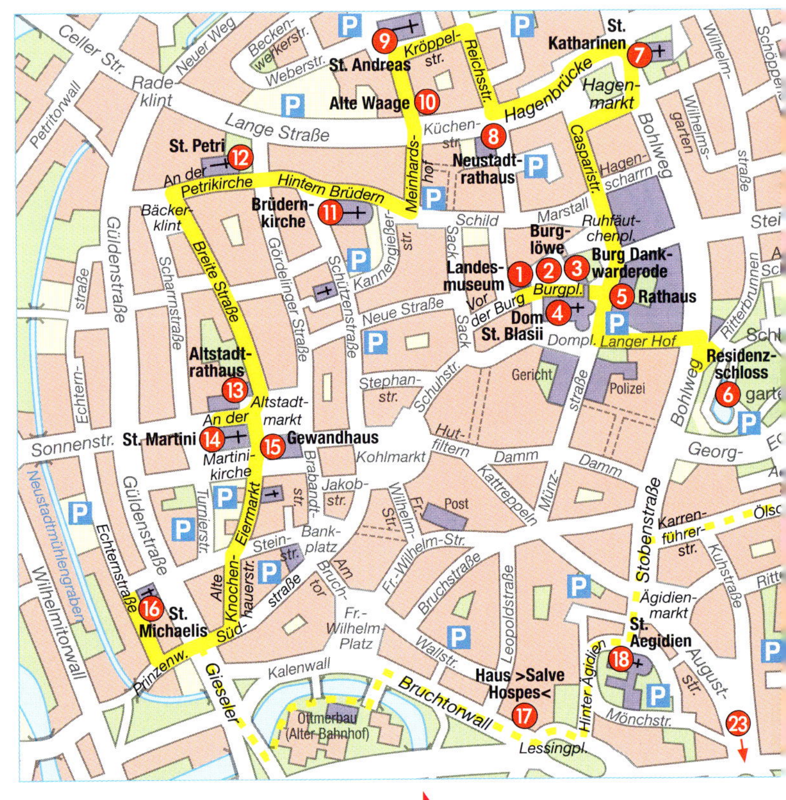

Braunschweig D4

Niedersachsen
Einwohner: 246 000

Niedersachsens zweitgrößte Stadt vereint Mittelalterliches mit Modernem.

Braunschweig ist zwar gut 1000 Jahre alt, gilt aber als Stadt Heinrichs des Löwen (ca. 1129/31–1195), der den Marktflecken zu einem Zentrum machte. Den zentralen Burgplatz umgeben schmucke Fachwerk- und andere sehenswerte Bürgerhäuser, darunter der klassizistische Bau des Vieweg-Verlags (1800–04), der das **Landesmuseum** 1 beherbergt. Den Platz ziert der **Burglöwe** 2, eine Kopie (1980) der 1166 als Machtsymbol Heinrichs des Löwen aufgestellten Bronzestatue (Original im Herzog-Anton-Ulrich-Museum, s. u.). Hinter der Figur erhebt sich die **Burg Dankwarderode** 3, die einstige Residenz Heinrichs des Löwen. Ihr heutiges romanisch-historistisches Erscheinungsbild geht auf den letzten Neubau 1885–1906 zurück. Gleich gegenüber ragt der romanisch-gotische **Dom**

TOP TIPP **St. Blasii** 4 (1173–95) auf, in dem sich das Grabmal Heinrichs befindet. Nun geht es vorbei am Huneborstelschen Gildehaus, seit 1902 Sitz der Handwerkskammer, weiter zum neugotischen **Rathaus** 5 (1894–1900) mit seinem 61 m hohen flandrischen Turm. Nahebei erhebt sich seit 2007 das mit Originalteilen wieder aufgebaute **Residenzschloss** 6, das nun städtische Einrichtungen und das Shoppingzentrum Schlossarkaden beherbergt. Danach führt der Weg zum Hagenmarkt, dessen Mittelpunkt der 1874 errichtete Heinrichsbrunnen bildet. Am Markt steht auch die **Katharinenkirche** 7 (12./13. Jh.). Einige Schritte weiter links kommt man zum **Neustadtrathaus** 8, das erstmals 1294 urkundlich erwähnt wurde und eine frühklassizistische Fassade aus dem 18. Jh. besitzt. Vorbei am Achtermannschen Haus (17. Jh.) führt der Weg zur **St.-Andreas-Kirche** 9, einer gotischen Hallenkirche aus dem 13. Jh. Zum Gotteshaus gehört auch eine gotische Liberei (Bibliothek) von 1422. Nun geht es am Fachwerkhaus **Alte Waage** 10 (1534), dem ehem. Waag- und Speicherhaus, vorbei

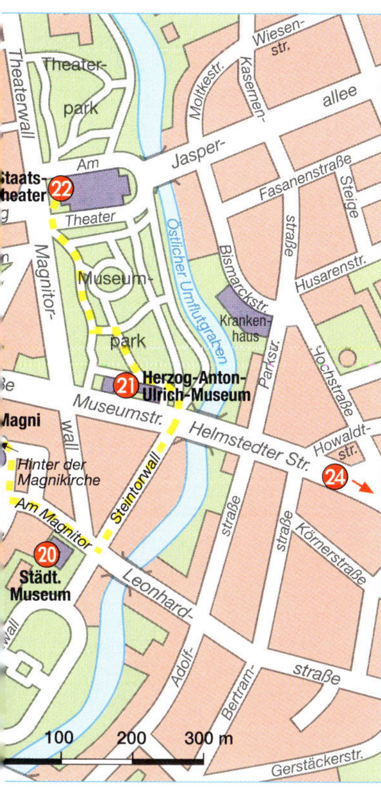

zur gotischen **Brüdernkirche** 11 (14./15. Jh.), der Klosterkirche der Franziskaner. Vom Kloster sind noch Kreuzgang, Sakristei und eine Kapelle erhalten. Ein paar Meter weiter links erhebt sich die Hallenkirche **St. Petri** 12 aus dem 14. Jh. Den Altstadtmarkt mit Marienbrunnen dominiert im Norden das gotische **Altstadtrathaus** 13, dessen Laubengang Figuren mehrerer Fürstengeschlechter (15. Jh.) zieren. Gegenüber steht die **St.-Martini-Kirche** 14 (12.–14. Jh.), die romanischen Ursprungs ist und später zur gotischen Hallenkirche umgebaut wurde. Rechts beeindruckt das **Gewandhaus** 15 aus dem 14. Jh., das damals als Kaufhaus diente. Das Ende des Rundgangs bildet die kleine gotische Kirche **St. Michaelis** 16 (1157 geweiht). Wer möchte, spaziert weiter zum **Haus ›Salve Hospes‹** 17, das den Kunstverein der Stadt beherbergt. Vorbei am Jüdischen Museum in der Mönchstr. 1 gelangt man zur gotischen Hallenkirche **St. Aegidien** 18. Eingerahmt von Fachwerkhäusern erhebt sich die romanische Kirche **St. Magni** 19. Zum Abschluss steht mit dem **Städtischen Museum** 20, vor allem aber dem grandiosen **Herzog-Anton-Ulrich-Museum** 21 (Gemälde niederländischer und italienischer Meister des 16./17. Jh.; Grafik, Kleinplastik, Porzellan) sowie dem **Staatstheater** 22 Kultur auf dem Programm.

TOP TIPP

Weitere Sehenswürdigkeiten:

Schloss Richmond 23
Kloster Riddagshausen 24

Praktische Hinweise

Information

Braunschweig Stadtmarketing GmbH, Vor der Burg 1, Tel. 05 31/470 20 40, www.braunschweig.de

Hotels

City-Hotel, Friedrich-Wilhelm-Str. 26–29, Tel. 05 31/24 24 10, www.cityhotel.de. Komforthotel im Stadtzentrum.

Fürstenhof, Campestr. 12, Tel. 05 31/ 707 33 70, www.hotel-fuerstenhof.de. Mittelklassehotel mit Restaurant.

Lessing-Hof, Okerstr. 13, Tel. 05 31/241 60, www.hotel-lessing-hof.de. 3-Sterne-Hotel am Rande der Innenstadt.

Restaurants

Brodocz, Stephanstr. 1–2, Tel. 05 31/422 36, www.restaurant-brodocz.de. Mediterran-vegetarische Gerichte und Fisch.

Gewandhaus, Altstadtmarkt 1–2, Tel. 05 31/24 27 77, www.gewandhaus-bs.de. Gehobene Regionalküche.

Ritter St. Georg, Alte Knochenhauerstr. 12, Tel. 05 31/618 01 00, www.ritter-braunschweig.de. Gourmet-Restaurant mit internationaler Karte.

Zwischen Burg und Dom inszeniert sich der sehr viel jüngere Turm des Neuen Rathauses

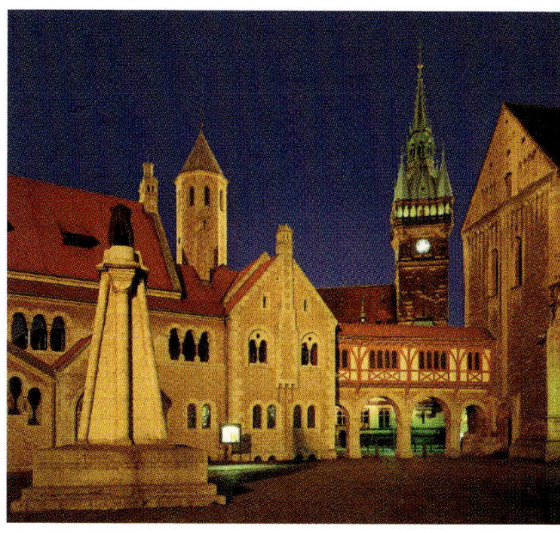

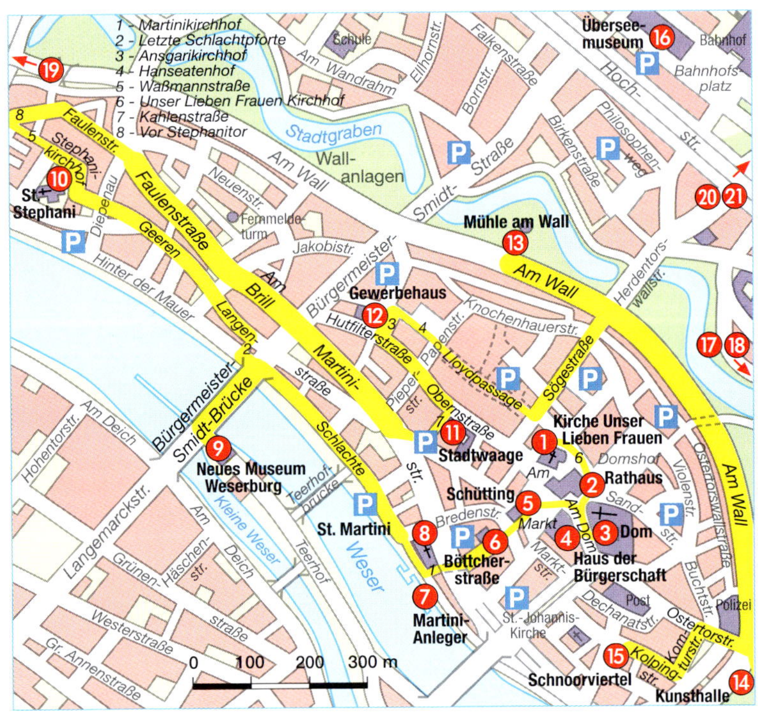

Bremen

C3

Bremen
Einwohner: 539 000

Die stolze Weserstadt hat ihre hanseatische Lebensart bis heute bewahrt.

Der Rundgang durch die Hansestadt an der Weser beginnt am Marktplatz. Dort wurde im 13. Jh. die Hallenkirche **Unser Lieben Frauen** 1 an der Stelle eines Gotteshauses aus dem 11. Jh. errichtet. Im Innern sind die Krypta mit ihrem Wandgemälde (14. Jh.) und die prächtigen Glasfenster ein ausgesprochener Blickfang. In unmittelbarer Nähe erhebt sich das gotische **Rathaus** 2 (1405–10) mit der markanten Renaissance-Fassade. Besonders bemerkenswert sind der Ratssaal ›Güldenkammer‹ sowie der Ratskeller mit seiner dreischiffigen Halle, in dem schon 1404 ein guter Tropfen ausgeschenkt wurde und der zu den ältesten Deutschlands zählt. An der Ostseite des Gebäudes wurde das neue Rathaus mit seinem repräsentativen Festsaal integriert. An der Westseite des Rathauses erblickt man die Bremer Stadtmusikanten, das wohl bekannteste Denkmal der Stadt. Die international ausgezeichnete Bronzeplastik schuf Gerhard Marcks 1953. Ferner setzt an der Rathausfront der ›Roland‹ Akzente: Als Symbol für Freiheit und Marktrecht wurde die Bildsäule 1404 an dieser Stelle angebracht. Im Jahr 2004 nahm die UNESCO das gesamte Rathausensemble in die Weltkulturerbeliste auf. An der Südseite des Platzes ragt der **St.-Petri-Dom** 3 auf, dessen Baugeschichte im 11. Jh. beginnt. Der Domkomplex beherbergt das Dom-Museum mit zahlreichen Relikten, u. a. aus den Bischofsgräbern des Doms. Gleich links vom Dom steht das **Haus der Bürgerschaft** 4 (1966), in dem die Bürgerschaft, der Landtag des Stadtstaates Bremen, tagt. Nur wenige Meter weiter steht das älteste Gildehaus der bremischen Kaufmannschaft, das 1536/37 im Renaissance-Stil errichtete Haus **Schütting** 5. Seit 1849 dient es als Sitz der Handelskammer. Es folgt ein Bummel durch die malerische **Böttcherstraße** 6. Die 110 m lange Fußgängerpassage, in der die Böttcher früher Bottiche fertigten, säumen prächtige, 1924–31 aufwendig renovierte und neu gestaltete Wohn- und Geschäftshäuser. Besonders bemerkenswert sind das **Glockenspiel** aus Meissener Porzellan, das dreimal täglich

TOP TIPP

TOP TIPP

ein bewunderndes Publikum anzieht (12, 15 und 18 Uhr), das Atlantis-Haus, das Kaffee-Hag-Haus sowie die Kunstmuseen im **Paula-Modersohn-Becker-Haus** und im Roselius-Haus (1588). Am Weserufer, wo sich der **Martini-Anleger** [7] befindet, von dem zahlreiche Schiffstouren starten, wendet man sich nach rechts zur **St.-Martini-Kirche** [8]. Sie wurde im 13. Jh. als Basilika erbaut und ab 1376 zur gotischen Hallenkirche umgestaltet. Nun bietet sich ein Bummel über die Weserpromenade Schlachte, gesäumt von Läden, Kneipen und Schiffen an. Ein kurzer Abstecher führt zum **Neuen Museum Weserburg** [9] jenseits des Flusses, das mehrere Sammlungen moderner Kunst ab den 1970er-Jahren beherbergt. Danach geht es weiter ins Faulen-Quartier, zur **St.-Stephani-Kirche** [10] aus dem 12. Jh., die auffällige Messingleuchter aus dem 17. Jh. besitzt. Nach einem kurzen Gang über die Martinistraße führt der Weg dann zur **Stadtwaage** [11] (16. Jh.), deren Renaissance-Fassade eine wahre Augenweide ist, und zum **Gewerbehaus** [12] (17. Jh.), einem Musterbeispiel städtischer Baukunst zwischen Renaissance und Barock. Heute befindet sich hier die Handwerkskammer. Durch die Sögestraße, vorbei an der ›Bronzenen Schweinegruppe‹ (1974), die daran erinnert, das hier einst Schweine gemästet wurden, kommt man nun zur **Mühle am Wall** [13]. Sie ist die letzte Windmühle Bremens (19. Jh.) und befindet sich inmitten des grünen Gürtels rund um die Altstadt. Am Wall entlang flanierend, geht es nun zur **Kunsthalle** [14] mit ihrer Gemälde- und Skulpturensammlung, deren Spektrum vom 15. Jh. bis in die Neuzeit reicht. Ganz in der Nähe bietet das klassizistische Gerhard-Marcks-Haus von 1826 dem Bildhauermuseum der Stadt ein stilvolles Zuhause, und das Wilhelm-Wagenfeld-Haus gewährt Einblicke in die Alltagskultur des 20. Jh. Auch das Theater am Goetheplatz befindet sich hier, mit über 900 Sitzplätzen die größte Theaterbühne der Stadt. Abschließend lohnt ein Streifzug durch das **Schnoorviertel** [15], Bremens ältesten Stadtteil (15./16. Jh.). Besonders sehenswert ist das Jacobus-Packhaus, das letzte historische Lagergebäude der Altstadt mit einer interaktiven Ausstellung zur Handelsgeschichte Bremens. Aber auch die gotische Propsteikirche **St. Johannis** (14. Jh.) ist einen Besuch wert.

Bremens Marktplatz mit Rathaus und Dom St. Petri zählt zum UNESCO Weltkulturerbe

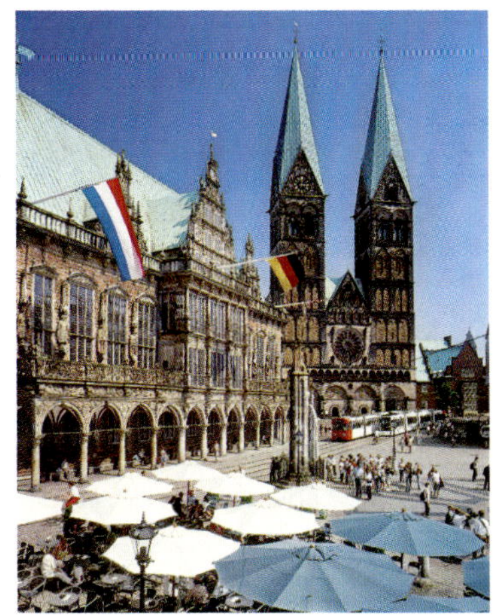

Weitere Sehenswürdigkeiten:

Überseemuseum [16]
Focke-Museum [17] (Bremer Landesmuseum für Kunst und Kulturgeschichte)
Rhododendron-Park mit Botanika [18]
Schloss Schönebeck [19] (Heimatmuseum)
Universum Science Center [20]
Worpswede [21]

Praktische Hinweise

Information

Tourist Information, im Hauptbahnhof und Obernstr./Liebfrauenkirchhof, Tel. 018 05/10 10 30, www.bremen-tourismus.de

Hotels

Best Western Zur Post, Bahnhofsplatz 11, Tel. 04 21/305 90, www.zurpost.bestwestern.de. Großes Haus am Bahnhof.

Bremer Haus Garni, Löningstr. 16–20, Tel. 04 21/329 40, www.hotel-bremer-haus.de. 3-Sterne-Haus mit 71 Zimmern.

Hanseat Garni, Bahnhofsplatz 8, Tel. 04 21/146 88, www.hotel-hanseat.com. Mittelklassehotel mit gutem Service.

Restaurants

Bremer Ratskeller, Am Markt 1, Tel. 04 21/32 16 76. Zünftige feine Tafelfreuden im über 600 Jahre alten Weinkeller.

Meierei im Bürgerpark, Bürgerpark, Tel. 04 21/340 86 19. Gehobene Gastronomie in hübschem Schweizer Chalet.

Schröter's Leib und Seele, Schnoor 13, Tel. 04 21/32 66 77. Gepflegte, kreative Küche im berühmten Schnoorviertel.

Bremerhaven

B2

Bremen
Einwohner: 119 000

Bremens kleine maritime Schwester vermittelt ozenanische Gefühle.

Die Gründung Bremerhavens geht auf das Streben der Hansestadt Bremen nach einem eigenen Meereshafen zurück, das 1827 zum Erfolg führte. Heute ist dieser Hafen einer der größten Europas und prägt das Erscheinungsbild der Stadt. Einen guten Überblick über die Entstehungsgeschichte bietet das **Historische Museum Bremerhaven/ Morgenstern-Museum** 1. Es besticht schon von außen durch seine moderne Architektur. Innen kann man sich über das Leben und Arbeiten an der Küste informieren, und vom gläsernen Museumscafé aus hat man einen wunderbaren Blick über das frühere Wencke-Dock. Die Kennedybrücke führt auf die andere Seite der Geeste zur **Bremerhavener Kunsthalle** 2 (1964), die Wechselausstellungen zu zeitgenössischer Kunst, Architektur- und Literaturgeschichte präsentiert. Nur einen Steinwurf entfernt liegt das **Stadttheater** 3, das im Jahr 2000 saniert wurde. 685 Besucher finden im Großen Haus des Theaters Platz, das Kleine Haus bietet 122 Plätze. Von hier aus lohnt ein Abstecher in die Bürgermeister-Smidt-Straße: Die liebevoll sanierte Fußgängerzone, im Volksmund kurz ›Bürger‹ genannt, präsentiert sich mittlerweile als moderne Bummelmeile. Durch die Linzer Straße – vorbei an einer Laterne, die an Lale Andersen und ihren Hit ›Lili Marleen‹ erinnert – gelangt man zum schiffsförmigen Hauptgebäude des **Alfred-Wegener-Instituts** 4, des Zentrums der deutschen Polar- und Meeresforschung (Führungen über BIS Bremerhaven Touristik). Die 1980 gegründete Forschungseinrichtung widmet sich u.a. in der Antarktis den komplexen Wechselwirkungen von Flora, Fauna, Wasser und Eis. Den unweit davon 105 m hoch aufragenden **Radarturm** 5 tauften die Bremerhavener augenzwinkernd ›einbeiniger Hein Mück‹.

Am Flussufer wartet das **Weser-Strandbad** 6 mit dem einzigen Innenstadt-Sandstrand an der Nordseeküste auf.

TOP TIPP

Zum benachbarten **Deutschen Schifffahrtsmuseum** 7 gehört ein eigener Museumshafen, in dem z.B. die viermastige Bark ›Seute Deern‹ vor Anker liegt oder eine 1962–65 aus der Weser geborgene Hansekogge von 1380, die in jahrelanger Arbeit mühsam restauriert wurde. Eine weitere Attraktion ist das **Technik-Museum U-Boot ›Wilhelm Bauer‹** 8, das einzige in einem Museum erhaltene Exemplar des berühmten U-Boot-Typs XXI, der um 1943 als revolutionäre Neuentwicklung galt. Eine Sonderausstellung erinnert an die zerstörerischen Einsätze dieses Schiffstyps im Zweiten Weltkrieg. Der **Zoo am Meer** 9 bietet ausschließlich Tierarten ein Zuhause, die im Norden sowie am oder im Wasser beheimatet sind. Vom Zoo sind es nur wenige Schritte zum Neuen Hafen und zur Seebäderkaje. Hier starten und landen die flachen Barkassen zu ihren Hafen- und Weserrundfahrten. Auch die Ausflüge (z.B. nach Helgoland) beginnen hier, ebenso die Fahrten auf dem alten Watten-Bergungsschlepper ›Goliath‹, der u.a. den ›Roten Sand‹ ansteuert, einen Leuchtturm auf offener See. Am historischen Standort Alter/Neuer Hafen öffnete 2005 das **Deutsche Auswandererhaus** 10 seine Pforten. Das spektakuläre Erlebnismuseum hat die Bedeutung Bremerhavens als größter europäischer Auswandererhafen zum Thema. Durch die Keilstraße und dann rechts gelangt man zur **Bürgermeister-Smidt-Gedächtniskirche** 11 (Simon Loschen, Einweihung 1855), benannt zu Ehren des Stadtgründers und früheren Bremer Bürgermeisters Dr. Johann Smidt (1773–1857). Auf dem Kirchplatz laden Cafés und Restaurants zum Verweilen ein. Quer über die Deichstraße gelangt der Besucher nun zum **Geestewanderweg** 12, der auch zu größereren Aktivitäten einlädt. Vorbei am CityPort erreicht man über die alte Geestebrücke (1904) aber für's Erste wieder den Ausgangspunkt des Bremerhavener Stadtspaziergangs.

Weitere Sehenswürdigkeiten:

Schaufenster Fischereihafen und Seefischmarkt 13 (HafenBus; Fischpackhalle IV mit Kneipen, Restaurants, Geschäften)
Museumsschiff ›Gera‹ 14
Atlanticum/Meerwasseraquarium 15
Freilichtmuseum Speckenbüttel 16
Wilhelm Kaisen Container Terminal 17
Nordseebad Dorum 18

i Praktische Hinweise

Information

BIS Bremerhaven Touristik, H.-H.-Meier-Str. 6, Tel. 04 71/946 46 10, www.bremerhaven-tourism.de

Hotels

Comfort Hotel, Am Schaufenster 7, Tel. 04 71/932 00, www.comfort-hotel-bremer haven.de. Komfort mit wahrem 4-Sterne-Blick auf historischen Fischereihafen.

Hotel am Theaterplatz, Schleswiger Str. 3–5, Tel. 04 71/426 20. Kleines Hotel im Stadtzentrum.

Hotel Haverkamp, Prager Str. 34, Tel. 04 71/483 30, www.hotel-haverkamp.de. Modernes 4-Sterne-Haus mit ambitioniertem Restaurant.

Restaurants

Natusch Fischereihafen-Restaurant, Am Fischbahnhof 1, Tel. 04 71/710 21. Fangfrischer Fisch, klassisch sowie kreativ.

Strandhalle, H.-H.-Meier-Straße, Tel. 04 71/460 61. Fisch und mehr im Restaurant der 1912 erbauten Strandhalle.

Treffpunkt Kaiserhafen, Franziusstr. 92, Tel. 04 71/422 19. Speisen in maritimem Ambiente, oft auch mit Livemusik..

Vor schönem Stadtpanorama am Weserufer vereint: Weserstrandbad (links), Deutsches Schifffahrtsmuseum mit Museumshafen (Mitte) und Alfred-Wegener-Institut (rechts)

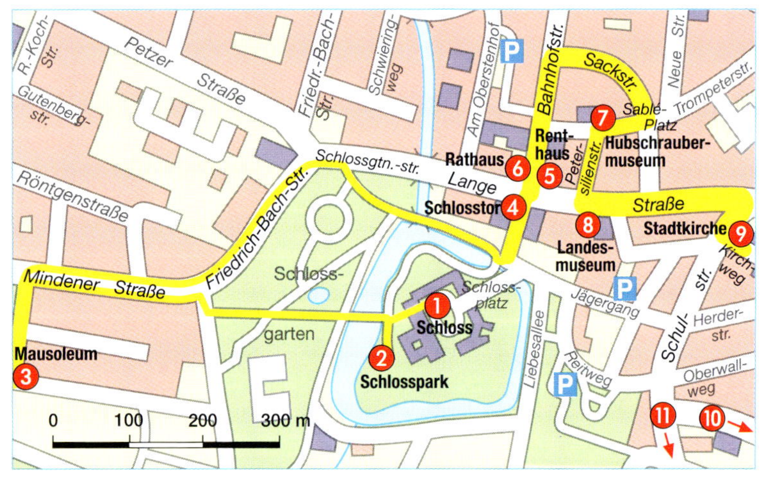

Bückeburg C4

Niedersachsen
Einwohner: 21 000

Beschaulichkeit und Charme zeichnet die einstige Fürstenresidenz aus.

Die anmutige Landschaft zwischen Weserbergland und den südlichen Ausläufern der Bückeberge lädt zum Verweilen ein. Der Ort Bückeburg liegt im einstigen Fürstentum Schaumburg-Lippe, einem der kleinsten Länder des früheren Deutschen Reiches. In der Vergangenheit führte die überschaubare Größe des Fürstentums zu einem fast familiären Zusammenhalt zwischen dem regierenden Fürstenhaus und der Bevölkerung. Bekannt ist Schaumburg-Lippe für seine prächtigen Trachten. Der Spaziergang durch Bückeburg, das 1609 zum Sitz der Souveräne des Fürstentums gemacht wurde, startet in der Stadtmitte beim **Schloss** 1. Es wurde im 14. Jh. als Wasserschloss erbaut und im 16. Jh. mit Stilelementen der Weserrenaissance erweitert. Nach wie vor dient das Schloss als Residenz des hiesigen Fürsten, eine Besichtigung ist daher nur im Rahmen einer Führung möglich (Tel. 057 22/50 39). Sehenswert sind u.a. der Goldene Saal mit der berühmten Götterpforte und der Große Festsaal sowie die Schlosskapelle mit aufwendig vergoldeten Schnitzereien. Die Führungsräume sind mit wertvollen Gemälden geschmückt, u.a. von Lucas Cranach d. Ä., Albrecht Dürer und anderen Meistern. Umgeben ist das Schloss vom **Schlosspark** 2, einer gepflegten Gartenanlage in englischem Landschaftsstil. Am Rande des Schlossparks steht das **Mausoleum** 3, errichtet 1911–15 in neoromanischem Stil. Die letzte Ruhestätte der Fürsten ist dem Pantheon in Rom nachempfunden und mit einer prachtvollen, 500 m² großen goldenen Mosaikkuppel geschmückt. Das **Schlosstor** 4, ein manieristischer Torbogen von 1605/06, ist mit einer Figur gekrönt, die von zwei Adlern bedroht wird. Am dahinter liegenden Marktplatz befindet sich das mit toskanischen Säulen ausgestattete **Renthaus** 5, auch Stadthaus genannt. Nicht benötigte Räume des 1622 für das fürstliche Rechnungsamt geschaffenen Gebäudes wurden vermietet; ab 1752 nahm Johann Christoph Friedrich Bach, ein Sohn des berühmten Komponisten – auch der ›Bückeburger Bach‹ genannt –, hier seine Wohnung. Aus der regen Bauperiode Anfang des 20. Jh. stammt das repräsentative **Rathaus** 6, errichtet in historisierendem Stil. Über Bahnhofstraße und Sablé-Platz erreicht man das **Hubschraubermuseum** 7. Es verdankt seine Existenz der Heeresfliegerwaffenschule der Bundeswehr in Bückeburg. Die Ausstellung zeigt Leonardo da Vincis (1452–1519) frühe Entwürfe über den Traum vom Fliegen ebenso wie etwa 40 originale Helikopter unserer Zeit. Durch die Petersilienstraße erreicht man das **Landesmuseum** 8, das seit 1905 im 1564 erbauten und sanierten Schaumburger Hof untergebracht ist. Neben einer paläontologischen Sammlung und vereinzelten archäologischen Funden zeigt eine große Lehrschau die Vielfalt der drei prachtvollen schaumburg-lippischen Trachten. An ihrer Fertigung sind Schuhmacher, Blaudrucker, Näherin und Stickerin beteiligt, deren Handwerkszweige ebenfalls präsentiert werden. Die Abteilung Geschichte ist vor allem den Regenten gewidmet, stellt aber auch Leben und Werk der mit dem Hofe verbundenen Gelehrten, Musiker, Maler, Dichter und Schriftsteller dar. Wenige Hundert Meter ostwärts erreicht man die TOP TIPP evangelische **Stadtkirche** 9. In den Jahren 1611–15 unter der Herrschaft des Fürsten Ernst erbaut, zählt sie zu den schönsten und bedeutendsten deutschen Kirchen des frühen Barock. Besonders beachtenswert ist die prächtige Fassade mit der in Großbuchstaben gestalteten Inschrift ›Exemplum religionis non structurae‹, zu Deutsch: ›Ein Beispiel der Religion, nicht der Architektur‹. Die unterstrichenen Anfangsbuchstaben ergeben den Namen des Bauherrn: Ernst. Der Innenbereich der Kirche wurde mehrmals restauriert und neu gestaltet, zuletzt nach einem Brand im Jahr 1962. Der Schriftsteller Johann Gottfried Herder (1744–1803), der neben Goethe, Schiller und Wieland zu den Vertretern der Weimarer Klassik zählt, wirkte hier in den Jahren 1771–76 als Konsistorialrat und herausragender Prediger in der Geschichte des Gotteshauses. Das kostbare Bronzetaufbecken wurde 1613 von Adriaen de Vries geschaffen.

Weitere Sehenswürdigkeiten:

Idaturm 10 (beliebtes Ausflugsziel auf der höchsten Stelle des Harrl)
Schaumburg 11

Praktische Hinweise

Information

Tourist-Information, Schlossplatz 5, Tel. 05722/19433, www.bueckeburg.de

Hotels

Bückeburger Hof, Rintelner Str. 30, Tel. 05722/4222, www.bueckeburger-hof.de. Im Stil der Klassischen Moderne der 1920er-Jahre erbautes Hotel mit elf Zimmern.

Hotel am Schlosstor, Lange Str. 31, Tel. 05722/95990, www.kluesker.de. Zentral am historischen Marktplatz gelegenes Hotel garni.

Hotel Ambiente, Herminenstr. 11, Tel. 05722/9670, www.ambiente-hotel.de. Modernes, luxuriöses Hotel mit ambitioniertem Restaurant.

Restaurants

Große Klus, Am Klusbrink 19, Tel. 05722/95120, www.kluesker.de. Von rustikalen Gerichten bis hin zum erlesenen Menü bleibt kein Wunsch offen im Hotelrestaurant.

Ratskeller, Marktplatz 2, Tel. 05722/4096, www.ratskeller-bueckeburg.de. Solide Gastronomie, neuerdings ergänzt durch eine ›Bio-Speisekarte‹.

Restaurant Mühlenhus, Am Weinberg 6, Tel. 05722/27600, www.restaurant-muehlenhus.de. Spezielle Saisongerichte, großes Mittagsbuffet und Sonnenterrasse.

Ein Park im Stil englischer Landschaftsgärten umgibt das Schloss von Bückeburg

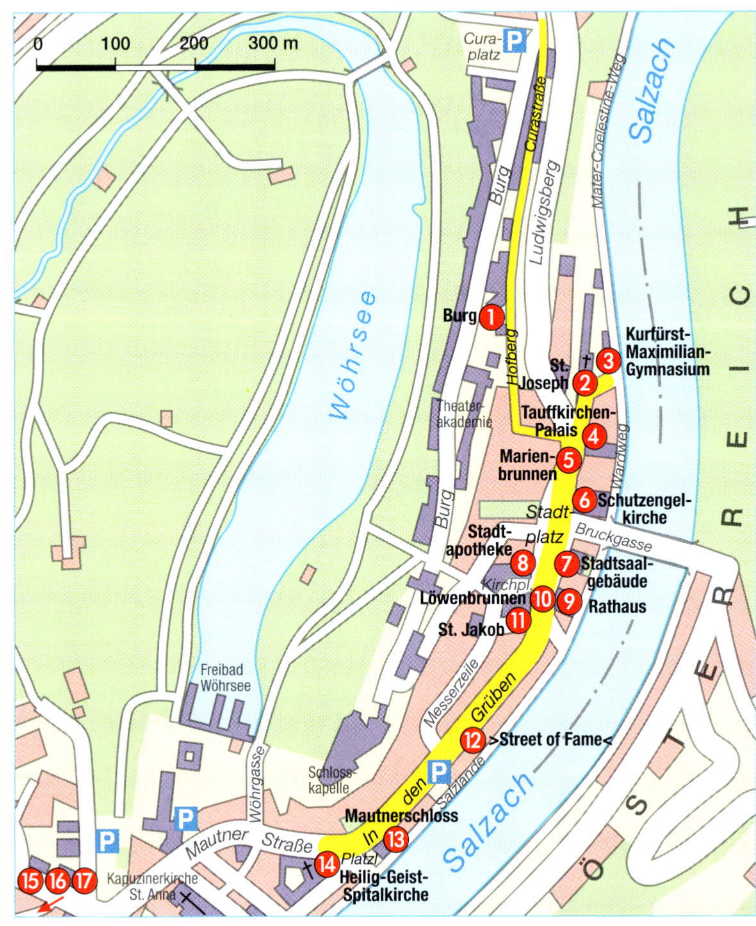

Burghausen

E8

Bayern
Einwohner: 19 000

Mittelalter und eine hochkarätige Jazztradition – hier gibt es beides.

TOP TIPP Der Rundgang durch Burghausen beginnt bei der **Burg** ❶ oberhalb der Salzach, der mit 1043 m längsten Burganlage Deutschlands. Herzog Heinrich XIII. ließ sie im 13. Jh. errichten, um 1480 wurde sie auf die heutige Größe erweitert. Um in ihren Kern vorzudringen, muss man alle vorgelagerten Burghöfe durchqueren. Die zahlreichen Türme des 6. Burghofs stammen überwiegend aus dem 14.–18. Jh. In der Rentmeisterei, einem Wohn- und Wehrturm aus dem 15. Jh., befindet sich das Fotomuseum. Im 5. Burghof ist die spätgotische Hedwigskapelle (1479–89) besonders sehenswert. Unheimlich muten Hexen- und Folterturm im 4. Hof an, in denen vermeintliche Hexen und Verbrecher auf ihren Prozess oder auf ihre Hinrichtung warten mussten. Im 3. Hof befinden sich ›Schwurfinger‹ (Schwalbenschwanz-Zinnen an der Westseite der Mauer) und die ›Pfefferbüchsen‹ (drei Geschütz- und Wachtürme). Durch das 1494 erbaute Georgstor betritt man den 2. Hof mit der Hauptburg. Beeindruckend ist der 1. Burghof mit den Frauengemächern, die heute das Stadtmuseum beherbergen, sowie dem Dürnitz, einem Versammlungsraum aus dem 13. Jh. Darüber befinden sich heute Museumssäle der Staatlichen Sammlung. Vom Burgeingang geht es den Hofberg hinunter zum Stadtplatz und zur Studienkirche **St. Joseph** ❷ (1630/31) mit ihrer prachtvollen frühbarocken Fassade. Spätrenaissance und Frühbarock prägen das **Kurfürst-Maximilian-Gymnasium** 3, dessen Aula schöne Fresken und Stuckierung (1700–36) zeigt. Nach Süden geht man weiter zum im Rokokostil erbauten **Taufkirchen-Palais** 4. Einen Akzent setzt der **Marienbrunnen** 5 (1440) mit seiner markanten Säule (17. Jh.). Die **Schutzengelkirche** 6 und das Institut der Englischen Fräulein (1731) spiegeln den Spätbarockstil wider. Jenseits der Bruckgasse zieht das ehem. Regierungs- und heutige **Stadtsaalgebäude** 7 (Mitte 16. Jh.) mit seinen drei Renaissancetürmen die Blicke auf sich. Eine schöne Rokokofassade zeigt die **Stadtapotheke** 8. Klassizistisch mutet das aus dem 14. /15. Jh. stammende **Rathaus** 9 an, das innen noch gotisch ist. Das Wappentier Herzog Heinrichs ziert den **Löwenbrunnen** 10 (17. Jh., heutige Form von 1976). Neugotisch ist dagegen die an Gedenksteinen reiche Kirche **St. Jakob** 11 (12. Jh.) ausgestattet. Ein Teil der von historischen Gebäuden gesäumten Fußgängerzone ›In den Grüben‹ ist als **›Street of Fame‹** 12 bekannt, denn hier ehren Gedenktafeln jene Weltstars, die bislang bei der Internationalen Jazzwoche von Burghausen aufgetreten sind. Im **Mautnerschloss** 13 (16. Jh.) wohnte einst der Autor Ludwig Thoma (1867–1921). Schließlich geht es über das ›Platzl‹ zur **Heilig-Geist-Spitalkirche** 14 (um 1325 geweiht, 1777 barockisiert).

TOP TIPP

Weitere Sehenswürdigkeiten:

Heilig-Kreuz-Kirche 15
St. Maria Himmelfahrt 16
Klosterkirche Raitenhaslach 17

Praktische Hinweise

Information

Burghauser Touristik GmbH, Stadtplatz 112, Tel. 086 77/88 71 40, www.burghausen.de

Hotels

Bayerischer Hof, Stadtplatz 45, Tel. 086 77/978 40, www.bayerischer-hof-burghausen.de. Heimeliger Familienbetrieb am zentralen Stadtplatz.

Hotel Post, Stadtplatz 39, Tel. 086 77/96 50, www.hotelpost.de. Traditionshotel zu Füßen der Burg.

Residenz, Robert-Koch-Str. 15, Tel. 086 77/97 50, www.residenz-burghausen.de. Komfortable Räumlichkeiten, Restaurant.

Restaurants

Fuchsstuben, Mautnerstr. 271, Tel. 086 77/627 24. Regionale Küche, mit Biergarten.

Gasthaus Heilig Kreuz, Heilig Kreuz 14, Tel. 086 77/616 86. Gutbürgerliches Lokal.

Hotel Restaurant Bayerische Alm, Robert-Koch-Str. 211, Tel. 086 77/98 20, www.bayerischealm.de. Frische Küche nach der Saison mit Produkten der Region und selbst gezogenen Kräutern.

Blickfang am Stadtplatz ist das Stadtsaalgebäude mit dem kurbayerischen Wappen

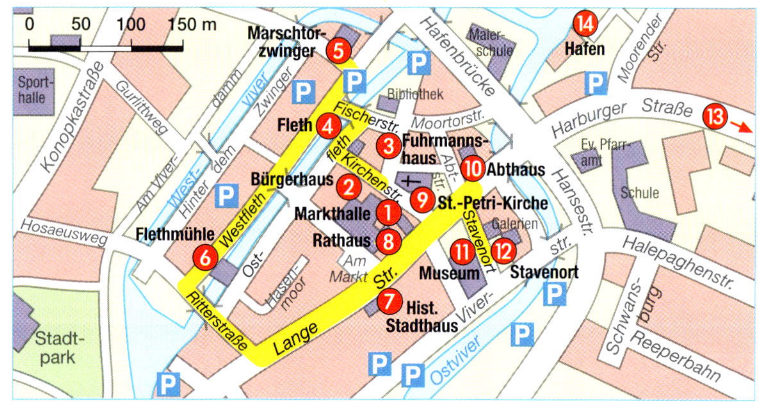

Buxtehude

C3

Niedersachsen
Einwohner: 38 000

Ein feines Ausflugsziel vor den Toren Hamburgs mit nüchternem Charme.

Die Stadt, in der sich Hase und Igel im Märchen ihr legendäres Wettrennen lieferten und in der einer Redensart zufolge ›Hunde mit dem Schwanz bellen‹, liegt am Rande des Alten Landes, etwa 30 km südwestlich von Hamburg. Der Bremer Erzbischof Giselbert hatte sie 1285 als ›Nova Civitas‹ (Neustadt) beim Kloster ›Buxstehuthe‹ gegründet, das sogar schon 1196 gestiftet worden war. Die Endung ›-hude‹ bezeichnet einen kleinen Flusshafen, und tatsächlich tritt Buxtehude an der Este seit 1363 als Hansestadt in Erscheinung. Unser Rundgang beginnt im historischen Zentrum an der **Alten Markthalle** 1. Sie wurde 1912/13 als Viehmarkthalle erbaut, beherbergt aber heute das Buxtehuder Brauhaus. Das ein Stückchen weiter gelegene **Bürgerhaus** 2 mit seinen vorkragenden Obergeschossen und Giebeln stammt aus dem 17. Jh. Bereits 1553 wurde das heute sorgfältig restaurierte **Fuhrmannshaus** 3 in schmuckem Fachwerk für einen Ackerbürger und Fuhrmann der Stadt gebaut. TOP TIPP Weiter geht es zum **Fleth** 4, der alten Hafenanlage, die schon bei der Stadtgründung im 13. Jh. nach niederländischem Vorbild als innerstädtische Anlegestelle geplant wurde. Noch heute bietet der einstige Hafen einen besonders romantischen Anblick und ist zu Recht eines der beliebtesten Fotomotive der Stadt. Ein markanter Punkt der früheren Stadtmauer ist der **Marschtorzwinger** 5 (14.–16. Jh.), einer von einst fünf Rundtürmen der Stadtbefestigung. Der frühere Wehrturm mit seinen rund 2 m dicken Mauern dient heute als Kulturzentrum. Er ist während Ausstellungen und Veranstaltungen geöffnet und zu besichtigen. Die **Flethmühle** 6 stammt aus dem 19. Jh., doch standen an diesem Platz schon seit der Stadtgründung im 13. Jh. einige Mühlen. Das historische Gebäude der Flethmühle wurde zum Hotel umgebaut. Davor schaukelt im Flethwasser sanft das liebevoll restaurierte Schiff ›Margareta‹. Es handelt sich dabei um einen Ewer, wie die für die Region einst so typischen flachen Binnenfrachtschiffe genannt werden. Besonders prächtig anzuschauen ist das **Historische Stadthaus** 7, das im 17. Jh. als Wohnkomplex mit Flügelbau und Hinterhaus errichtet wurde. An der Fassade (1850) fallen geschnitzte Heiligenfiguren auf. Der Architekt Alfred Sasse zeichnet für den historisierenden Neubau des **Rathauses** 8 nach einem Stadtbrand im Jahr 1911 verantwortlich. TOP TIPP Die **St.-Petri-Kirche** 9 ist ein schönes Beispiel für norddeutsche Backsteingotik. Die hallenartige Basilika wurde vermutlich bereits um 1300 erbaut und 1898/99 erneuert. Das Innere bietet eine sehenswerte barocke Kanzel, reich geschnitztes Gestühl sowie als Highlight einen spätmittelalterlichen Passionsaltar (um 1510) zu Ehren des Kirchen- und Klosterreformers Gerhard Halepaghe, wohl von Willem Dedeken gemalt. Die Kirche ist nur selten geöffnet; wer sie besichtigen möchte, kann sich jedoch den Schlüssel bei der Stadtinformation gegen Vorlage des Personalausweises und Hinterlegung eines Pfandes ausleihen. In der Abtstraße 6 befindet sich das Stadthaus der Erzäbte von Harsefeld, auch **Abthaus** ⑩ genannt. Ein Vorgängerbau wurde bereits im 15. Jh. an dieser Stelle errichtet, das jetzige Gebäude wurde während des Dreißigjährigen Krieges 1618–28 errichtet. Südlich davon wurde nach dem Stadtbrand von 1911 auch das **Museum für Regionalgeschichte und Kunst** ⑪ (1913) neu aufgebaut. In Anlehnung an das Ackerbürgerhaus vereint es verschiedene architektonische Schmuckformen, der Erweiterungsbau stammt aus den Jahren 1989–91. Hier zeigt der Museumsverein seine stadt- und regionalgeschichtlichen Sammlungen mit Stücken aus sieben Jahrhunderten, u.a. für das Alte Land typischer Filigranschmuck, sowie Ausstellungen zu lokal bedeutsamen Themen und zur Gegenwartskunst. Das historische Heimatmuseum im alten Gebäudeteil und die neuen Abteilungen sind durch ein einheitliches Informationssystem verbunden. Rund um das Museum haben sich zahlreiche Künstler und Kunstfreunde angesiedelt, wovon auch die bemerkenswert vielen Galerien zeugen. Schon seit 1575 wird die gesamte nordöstliche Altstadt **Stavenort** ⑫ genannt, nach einer einst hier gelegenen Badestube (mittelniederdeutsch: stove, stave). Es war und ist ein hübsches, in weiten Teilen noch mittelalterliches Wohnviertel mit schmalen Fachwerkhäusern, die sich über engen, verwinkelten Gassen erheben. Teilweise wurden die Häuser aus Ziegeln und Mauerresten der ehem. Stadtmauer errichtet.

Weitere Sehenswürdigkeiten:

Wassermühle ⑬
Hafen ⑭

Praktische Hinweise

Information

Stadtinformation Buxtehude, Stavenort 2, Tel. 041 61/50 12 97, www.buxtehude.de

Hotels

Am Stadtpark, Bahnhofstr. 1, Tel. 041 61/ 50 68 10, www.stadtpark-buxtehude.de. 3 Sterne Hotel garni, mit Apartments.

An der Linah, Harburger Str. 44, Tel. 041 61/600 90, www.hotelanderlinah.de. Hübsches Mittelklassehotel mit 30 Zimmern.

Zur Mühle, Ritterstr. 16, Tel. 041 61/506 50, www.hotelbuxtehude.de. Komforthotel in historischer Wassermühle in der Fußgängerzone.

Restaurants

Buxtehuder Brauhaus, Kirchenstr. 13, Tel. 041 61/37 75, www.buxtehuder-brauhaus.de. Urig-rustikales Brauhaus in der Altstadt.

Das Abthaus, Abtstr. 6, Tel. 041 61/55 40 77. Restaurant mit deutscher Küche in historischem Abthaus.

Der Ratskeller, Breite Str. 2, Tel. 041 61/29 88, www.ratskeller-buxtehude.de. Regionale, aber auch internationale Gerichte in hell und freundlich gestalteten historischen Räumlichkeiten.

Das Rathaus Buxtehude wurde 1911 von Alfred Sasse im Stil des Historismus erneuert

Calw *B7*

Baden-Württemberg
Einwohner: 23 000

Die Hessestadt an der Nagold – immer noch ein württembergisches Idyll.

Malerisch liegt Calw im Tal der Nagold. Sein schmuckes historisches Stadtbild geht hauptsächlich auf die Zeit nach dem Dreißigjährigen Krieg (1618–48) zurück, als sich Calw zur wirtschaftlich bedeutendsten Stadt des Herzogtums Württemberg entwickelte. Allerdings richtete ein Brand im Jahr 1692 schwere Schäden an. In der Folgezeit entstanden prachtvolle Fachwerkhäuser, die bis heute die Altstadt prägen. Die Stadtführung beginnt beim **Haus Schiler** 1, das 1695 erbaut wurde und sein heutiges Aussehen vermutlich Mitte des 19. Jh. erhielt. Von einstigem Wohlstand kündet das behäbige **Haus Linkenheil** 2 gegenüber, das sich im ausklingenden 17. Jh. im Besitz von Hans Georg Stuber befand, der zur ›Calwer Compagnie‹ gehörte, die damals das Salzmonopol innehatte. Am Marktplatz, den zahlreiche gut erhaltene Fachwerkhäuser umgeben, liegt das **Hermann-Hesse-Museum** 3. Hier ist die erste Schreibmaschine des Literaturnobelpreisträgers von 1946 ausgestellt, außerdem Manuskripte, Erstausgaben, Briefe, Übersetzungen und Aquarelle, sowie Rucksack und Klappstuhl, die Hesse (1877–1962) zum Malen in freier Natur immer dabei hatte. Auch die multimediale Ausstellung ›Weltflechtwerk – die Einheit hinter den Gegensätzen‹ ist hier zu sehen. Die **Neue Apotheke** 4 am Marktplatz wurde nach dem Stadtbrand 1692 originalgetreu als Fachwerkbau wiedererrichtet. Wo sich heute die 1888 eingeweihte **Evangelische Stadtkirche** 5 befindet, ist bereits im Jahr 1262 ein Gotteshaus verbürgt. Von einem weiteren Bau zeugt eine Steinplatte rechts des südlichen Haupteingangs der heutigen Kirche, auf der zu lesen steht: ›Kalvensi templo deus ipse est fautor et autor‹ (Gott selbst ist der Calwer Kirche Schutzherr und Erbauer). Liest man die einzelnen groß geschriebenen Buchstaben als lateinische Zahlen, ergibt sich die Jahreszahl 1627 (ein sog. Chronogramm). Die **Alte Lateinschule** 6 auf der Stadtmauer wurde 1695 erbaut. Heute beherbergt sie die Volkshochschule. Vorbei am Stadtgarten geht es zum **Georgenäum** 7, das 1871 von seinem Stifter, Generalkonsul Emil von Georgii-Georgenau, eingeweiht wurde. Mit einer Biblio-

TOP TIPP

thek von 745 Büchern legte es den Grundstock für die spätere Stadtbücherei. Der romantische Park des Georgenäums bietet sich für einen erholsamen Spaziergang an. Der **Salzkasten** 8 wurde 1696 errichtet. Die Stadt bezog aus dem Salzmonopol ihrer ›Compagnie‹ einen beträchtlichen Teil ihrer Einnahmen. TOP TIPP Das Erdgeschoss des **Rathauses** 9 mit seinen Rundbogenarkaden stammt aus dem Jahre 1673, die Obergeschosse kamen 1726–33 hinzu. Im 19. Jh. wurde es mehrfach umgebaut. 1929 erhielt es die Figuren an der Rathausfront, die die wichtigsten Aufgaben der Stadt symbolisieren: Schutz und Gerechtigkeit, Verwurzelung, blühendes Gemeinwesen sowie Fürsorge der Bedürftigen. Das älteste Gebäude am Marktplatz ist das **Haus Schäberle** 10 aus dem frühen 16. Jh., das die Jahrhunderte nahezu unbeschadet überstanden hat. Vorbei am **Haus Schaber** 11, dem Geburtshaus Hermann Hesses, geht es weiter zum **Haus Hammer/Butz** 12, dessen ungewöhnliche Fachwerkgestaltung 1797 aus verkehrstechnischen Gründen erforderlich wurde. An den Beruf seines Erbauers erinnert das Portal des **Hauses Jourdan** 13. Dort ließ Tobias Weber, seines Zeichens Gastwirt und Chirurg, zwischen Jahreszahl und Initialen seines Namens die Symbole seiner medizinischen Tätigkeit einmeißeln. Das **Äußere Tor** 14 war einst Bestandteil der alten Stadtmauer. Direkt TOP TIPP an der Nagold liegt die **Nikolauskapelle** 15 (um 1400), ein Kleinod spätgotischer Steinmetzarchitektur und eine der wenigen erhaltenen, im Mittelalter typischen Brückenkapellen. Bei einer Renovierung 1926 wurden in den Frontnischen die Figuren eines Flößers und eines Tuchhändlers angebracht, die die wirtschaftlichen Säulen der Stadt symbolisieren. Das Palais Vischer (1787–91, Johann Martin Vischer) am gegenüber liegenden Ufer ist Sitz des **Museums der Stadt Calw** 16 (nur Sa/So geöffnet, Nov.–März geschl.), das über die Stadtgeschichte informiert. Der Erbauer des **Steinhauses** 17 (1694) legte nach dem Stadtbrand 1692 nicht nur Wert auf ein sicheres Haus mit Steingewölben, sondern verwirklichte auch seine Vorliebe für den Südtiroler Baustil. Das **Andreähaus** 18 ist seit 1877 evangelisches Gemeindehaus, erhielt seinen Namen nach dem Calwer lutherischen Theologen Johann Valentin Andreä (1586–1654) aber erst 1955.

i Praktische Hinweise

Information

Stadtinformation, Marktbrücke 1, Tel. 070 51/96 88 10, www.calw.de

Hotels

Alte Post, Bahnhofstr. 1, Tel. 070 51/21 96, www.altepost-calw.de. Zentral gelegenes kleines Hotel.

Hotel-Restaurant Rössle, Hermann-Hesse-Platz 2, Tel. 070 51/790 00, www.roessle-calw.de. Individuell gestaltete Zimmer in ehrwürdigem Fachwerkhaus.

Hotel Kloster Hirsau, Wildbader Str. 2, (3 km außerhalb), Tel. 070 51/967 40, www.hotel-kloster-hirsau.de. 4-Sterne-Komfort in ehem. Klosterherberge.

Restaurants

Alt Calw, Im Calwer Markt, Tel. 070 51/409 33, www.alt-calw.de. Schwäbische Spezialitäten und Vollwertkost.

Rössle, Hermann-Hesse-Platz 2, Tel. 070 51/790 00, www.roessle-calw.de. Traditionelle schwäbische Gastlichkeit.

Ratsstube, Marktplatz 12, Tel. 070 51/920 50, www.hotel-ratsstube.de. Deutsche Küche und griechische Spezialitäten mit Fachwerkambiente.

Den Marktplatz von Calw säumen prachtvolle Fachwerkhäuser aus dem 17. Jh.

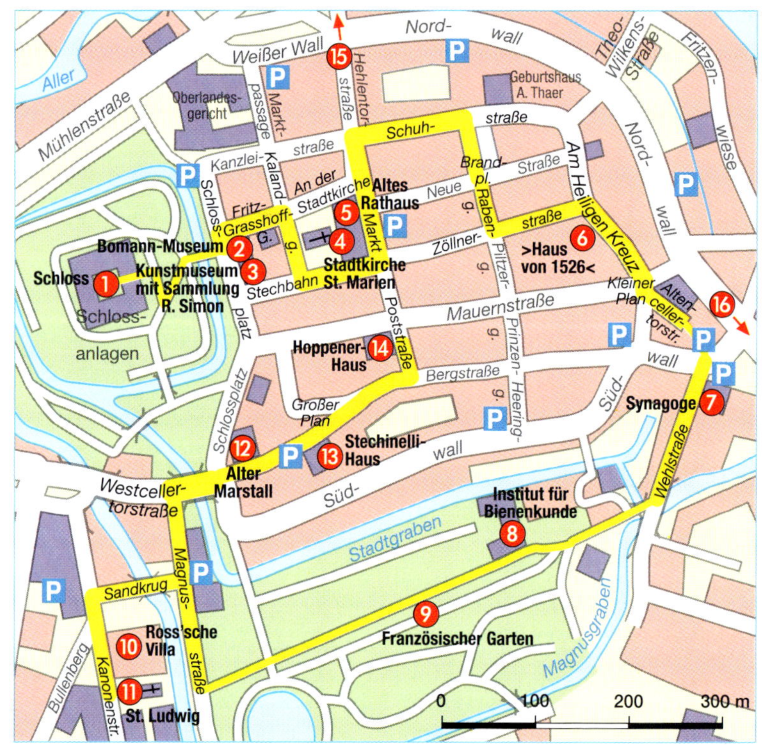

Celle

C3

Niedersachsen
Einwohner: 72 000

Fachwerk, Pferde und welfische Herzöge prägten und prägen eine Tradition.

Bereits im Jahr 900 wird das heutige Altencelle an der Aller urkundlich erwähnt, doch 1292 errichtete Otto der Strenge 3 km flussaufwärts davon eine Burg. Um sie herum wuchs das neue, heutige Celle (Stadtrecht 1301), in dem mehr als 500 Fachwerkhäuser (ab dem 16. Jh.) unter Denkmalschutz stehen. 1378 wurde Celle dann Residenzstadt des Herzogtums Lüneburg. Das aus der einstigen Burg entstandene **Schloss** 1 mit seiner Renaissance-Fassade war bis 1705 Sitz der Welfenherzöge von Braunschweig-Lüneburg. Im Schloss befindet sich das älteste, heute noch mit einem festen Ensemble spielende Barocktheater Deutschlands (1674/75). Es ist – wie auch verschiedene Prunkräume und die Schlosskapelle aus dem 16. Jh. – als Teil des Residenzmuseums zu besichtigen. Am Schlossplatz präsentiert das **Bomann-Museum** 2 (1907) die Kunst- und Kulturgeschichte von Stadt und Region sowie einige kuriose volkskundliche Stücke. Auch ein komplett eingerichtetes Bauernhaus (16. Jh.) ist hier zu sehen. Gleich daneben fasziniert das innovative **Kunstmuseum Celle mit Sammlung Robert Simon** 3. Das 24-Stunden-Kunstmuseum zeigt Werke des 20./21. Jh., tagsüber hautnah in hellen Hallen, nachts nur von außen in Form von wechselnden Lichtskulpturen. Gegenüber befindet sich die Stechbahn, die im Mittelalter als Turnierplatz genutzt wurde. Hinter dem Haus der Landschaft (1682/1730), in dem früher die Stände tagten, verläuft die Kalandgasse, ein verträumter alter Straßenzug, den die 1675–98 barock umgestaltete evangelische **Stadtkirche St. Marien** 4 (13.–17. Jh., Fürstengruft unter dem Chor) beherrscht. Ihren 74,50 m hohen Kirchturm (Aufstieg ist möglich) erhielt sie 1913. Eine akustische Attraktion ist die Trompete des Turmbläsers, der jeden Tag zweimal Choräle vom Kirchturm erschallen lässt. Direkt hinter dem Gotteshaus befindet sich das mit Renaissancefassade und -giebel geschmückte **Alte Rathaus**

TOP TIPP

5 (1561–79). Durch die Gassen und Einkaufsstraßen der Altstadt, die von zahlreichen liebevoll restaurierten Fachwerkhäusern gesäumt werden, führt der Weg zum sog. ›**Haus von 1526**‹ 6 in der Zöllnerstr. 6, dem ältesten datierten Fachwerkbau der Stadt. Sein verzierter Erker, der hier ›Auslucht‹ genannt wird, ist ein typisches Stilmerkmal der Weserrenaissance. Das kleine Fachwerkhaus Altencellertorstr. 1 beherbergt das Schützenmuseum (nur So geöffnet). Wenige Schritte weiter, dem Südwall folgend, wird in der **Synagoge** 7 (Im Kreise 24, Hinterhaus) die lange jüdische Tradition Celles erfahrbar. Das **Institut für Bienenkunde** 8 des Landes Niedersachsen (mit Bienengarten, Herzogin-Eleonore-Allee 5) findet man im von Wasserläufen und -gräben begrenzten **Französischen Garten** 9. In dem im 19. Jh. als englischer Landschaftspark umgestalteten Lustgarten erinnert ein Marmordenkmal aus dem Jahre 1784 an die dänische Königin Caroline Mathilde (1751–1775). Sie war wegen einer nach damaligen Standesvorstellungen unstatthaften Liebesaffäre nach Celle verbannt worden. Sehenswert ist auch das aus Fachwerk errichtete Lusthäuschen (1610). Gegenüber der für Ausstellungen genutzten **Ross'schen Villa** 10 liegt die klassizistische Kirche **St. Ludwig** 11. Sie wurde 1835–38 mit Unterstützung Ludwigs I. von Bayern erbaut, ist aber nach dem französischen König und Heiligen Ludwig IX. benannt. Am Westende des Gartens an der Magnusstraße kann man ein Gebäude des Schinkel-Schülers Anton David Spetzler betrachten. An der Brücke über den Stadtgraben erhebt sich der **Alte Marstall** 12. Nicht weit davon baute der aus Italien stammende herzogliche Günstling und Generalpostmeister Francesco Stechinelli 1690 ein Haus, an dessen Stelle 1795–98 das nach ihm benannte, klassizistische **Stechinelli-Haus** 13 als Stadtpalais entstand. Das

TOP TIPP **Hoppener-Haus** 14 (1532) am Anfang der als Fußgängerzone ausgewiesenen Poststraße ist ein schönes Beispiel für die hohe Holzbau- und Schnitzkunst Celles. Sie kam hier zur Blüte, als die Stadt ab 1464 aus dem Kornschifffahrtsmonopol auf der Aller großen Nutzen zog und Freude daran hatte, ihren Wohlstand zur Schau zu stellen.

Weitere Sehenswürdigkeiten:

Gedenkstätte Bergen-Belsen 15
Kloster Wienhausen 16

Praktische Hinweise

Information

Tourismus Region Celle GmbH, Markt 14–16 (Altes Rathaus), Tel. 05141/1212, www.region-celle.de

Stadtführungen, Tourist-Information, Tel. 05141/12454

Hotels

Am Braunen Hirsch, Münzstr. 9c, Tel. 05141/93930, www.hotelambraunen hirsch.de. Modernes Hotel in der Innenstadt.

Atlantik, Südwall 12a, Tel. 05141/905026, www.hotel-atlantik.de. Familienbetrieb mit 14 Zimmern, unweit der Fußgängerzone.

Utspann, Im Kreise 13, Tel. 05141/92720, www.utspann.de. Das 3-Sterne-Altstadthotel geht auf eine historische Ausspannwirtschaft zurück.

Restaurants

Ratskeller, Markt 14, Tel. 05141/29099, www.ratskeller-celle.de. Gutbürgerliche Kost in alten Gewölbekellern.

Schifferkrug, Speicherstr. 9, Tel. 05141/374776, www.schifferkrug.de. Wildgerichte und Fisch sind die Schwerpunkte der Restaurantküche.

Schweine-Schulze, Neue Str. 36, Tel. 05141/22944. Beliebte rustikale Gastwirtschaft.

Das Renaissanceschloss Celle diente im 19. Jh. als Sommerresidenz des Hauses Hannover

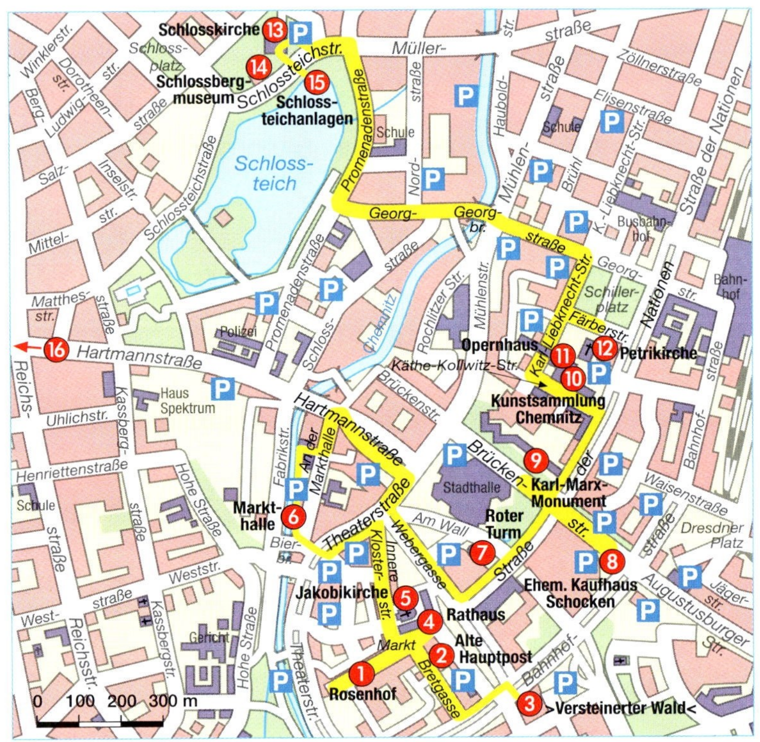

Chemnitz

E5

Sachsen
Einwohner: 259 000

Eine große Industrietradition, ergänzt um bedeutende Kulturzeugnisse.

Der Spaziergang durch die Industriestadt im Vorland des Erzgebirges beginnt am **Rosenhof** 1. Der ehem. Pferde- und Holzmarkt wurde nach schweren Kriegsschäden in den 1960er-Jahren mit Wohnhäusern in Plattenbauweise bebaut und zur Fußgängerzone mit überdachten Ladenzeilen umgestaltet. Anlässlich der Sanierung 1997/98 wurden tausende Rosenstöcke aus Coventry, Lidice, Oradour und St. Petersburg als Geschenk übergeben – daher der heutige Name. In der Bretgasse steht die **Alte Hauptpost** 2, die 1859 als ›Neue Hauptpost‹ eingeweiht und 1909/10 durch einen Anbau (Historismus und Jugendstil) ergänzt wurde, der als einziger Gebäudeteil den Zweiten Weltkrieg überstand. Auf der anderen Seite der Bahnhofstraße, im Lichthof des Tietz (Moritzstraße 20), hat der **›Versteinerte Wald‹** 3 eine neue Heimat gefunden. Das bedeutende Dokument der Erdgeschichte, das vor 250 Mio. Jahren durch Verkieselung entstand, ist Teil des hier untergebrachten Museums der Naturkunde. Am Markt Nr. 20 erhebt sich das Siegertsche Haus, ein viergeschossiges Bürgerhaus mit Barockfront aus dem 18. Jh., das nach der Zerstörung im Zweiten Weltkrieg 1953/54 mit ursprünglicher Fassade wieder aufgebaut wurde. Wenige Schritte weiter liegt das **Rathaus** 4, das aus einem Alt- (1496–98) und einem Neubau (1907–11) besteht. Zum ›Alten Rathaus‹ gehört der Hohe Turm mit einem sehenswerten Renaissanceportal, das Halbfiguren von Judith und Lukretia schmücken. Der Neue Turm stammt von 1978, seine Front zeigt einen Roland und das Stadtwappen, von der Höhe tönen die 48 Glocken eines Carillon. Das Interieur des ›Neuen Rathauses‹ glänzt im Jugendstil, den Sitzungssaal ziert das Wandgemälde ›Arbeit – Wohlstand – Schönheit‹ (Max Klinger, 1918). In der Inneren Klosterstraße wurde die **Jakobikirche** 5 im 14. Jh. als dreischiffige gotische Hallenkirche anstelle eines romanischen Baus errichtet. Der Flügelaltar stammt aus dem 16. Jh. Die **Markthalle** 6 ist ein Stahlskelettbau mit Verzierungen in den Stilen Neoromanik, -renaissance und -barock. Sie galt bei ihrer Einweihung 1891 als einer der gelungensten Bauten dieser Art in Europa. Der **Rote Turm** 7, das älteste Wahrzeichen von Chemnitz, wurde im 12. Jh. als befestigter Wohnturm erbaut und später in die Stadtbefestigung integriert. Der Turm diente zeitweise als Gericht und bis ins 19. Jh. hinein als Gefängnis. Von der Post bis zum Roten Turm kann man entlang eines dunklen Steinstreifens im Pflaster den früheren Verlauf der mittelalterlichen Stadtmauer verfolgen. Auch das **Ehem. Kaufhaus Schocken** 8 von 1929/30 ist ein Stahlbetonskelettbau. Hier soll im Jahr 2010 das Haus der Archäologie einziehen. Gegenüber der Stadthalle sieht man das **Karl-Marx-Monument** 9 (1971, Lew Kerbel); immerhin hieß zu DDR-Zeiten Chemnitz offiziell ›Karl-Marx-Stadt‹. Am nahen Theaterplatz sind im Gebäude des sanierten König-Albert-Museums die **Kunstsammlungen Chemnitz** 10 untergebracht. Unter ihren rund 60 000 Gemälden, Plastiken, Grafiken, Textilkunstwerken und Kunstgewerbe-Objekten befindet sich auch die mit rund 300 Werken weltweit zweitgrößte Sammlung des in Chemnitz geborenen Karl Schmidt-Rottluff (1884–1976), eines Mitbegründers der expressionistischen Künstlergruppe ›Brücke‹. Im **Opernhaus** 11, 1906–09 im Neobarock erbaut, war Richard Tauber 1912–30 Intendant. Die **Petrikirche** 12 gegenüber wurde 1885–88 im Stil der deutschen Frühgotik in Backstein errichtet. Durch die Georgstraße kommt man zum Schlossteich und zur dahinter liegenden **Schlosskirche** 13. Die dreischiffige spätgotische Hallenkirche (1499–1526) wurde mehrfach umgebaut. Bei der Sanierung in den 1990er-Jahren entdeckte man eine romanische Kapelle mit schönem spätgotischen Astwerkportal. Ebenfalls sehenswert sind die Geißelsäule (um 1515), der Katharinenaltar (1499) und fünf Gemälde aus der Werkstatt von Lukas Cranach d. Ä. (um 1515). Nebenan erhob sich einst das 1136 gegründete Benediktinerkloster, das als Keimzelle der Stadt gilt. Es wurde nach der Säkularisierung zu einem Renaissanceschloss umgebaut und beheimatet heute das stadt- und kunstgeschichtliche **Schlossbergmuseum** 14. Original erhalten sind der umlaufende Kreuzgang mit Kapitelsaal, Parlatorium und Refektorium des ehem. Klosters im Erdgeschoss sowie zwei Renaissance-Säle im Obergeschoss. Die nahen **Schlossteichanlagen** 15 entstanden 1493 unter Abt Heinrich von Schleinitz als klösterliche Fischteiche. 1860 gestaltete die Stadt das Areal zu einem Park mit Insel und Gärten um.

Weitere Sehenswürdigkeit:

Burg Rabenstein 16

Praktische Hinweise

Information

Tourist-Information, Markt 1, Tel. 0371/69 06 80, www.chemnitz-tourismus.de

Hotels

Günnewig Chemnitzer Hof, Theaterplatz 4, Tel. 0371/68 40, www.guennewig.de. 4-Sterne-Hotel im Bauhausstil.

Hotel an der Oper, Straße der Nationen 56, Tel. 0371/68 10, www.hoteloper-chemnitz.de. Mittelklassehotel.

Renaissance Chemnitz Hotel, Salzstr. 56, Tel. 0371/334 10, www.marriott.de. Großes, bestens ausgestattetes Hotel auf dem Schlossberg.

Restaurants

Heck-Art, Mühlenstr. 2, Tel. 0371/694 68 18. Modernes Restaurant mit Kunsttouch, die Küche ist mediterran inspiriert.

Ratskeller Chemnitz, Markt 1, Tel. 0371/694 98 75. Herzhafte Küche unter wunderschön bemalten Gewölben.

Zur Ausspanne, Schlossberg 4, Tel. 0371/330 02 25. Umfangreiche Speisekarte in gemütlichem Gasthaus mit Pension.

Das Karl-Marx-Monument in Chemnitz erinnert an den Theoretiker des Sozialismus

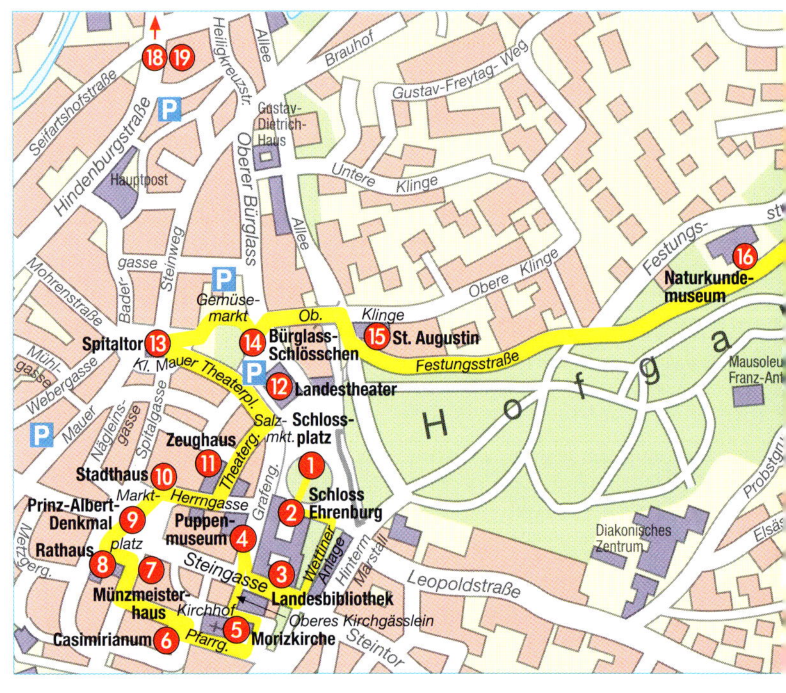

Coburg D6

Bayern
Einwohner: 43 000

Die einstige Residenzstadt weckt bei vielen Besuchern fürstliche Gefühle.

Coburg ist vor allem für seine Veste bekannt, die nicht umsonst ›fränkische Krone‹ genannt wird, doch lohnt auch die Altstadt einen Spaziergang. In ihrer Mitte liegt zu Füßen des grünen Festungsberges der **Schlossplatz** 1 mit einem Denkmal zu Ehren Herzog Ernsts I. Optisch dominiert den Platz das prächtige **Schloss Ehrenburg** 2 (1543), das den Herzögen von Sachsen-Coburg und Gotha 1547–1918 als Residenz diente. Sein Innenhof gilt als Musterbeispiel der Renaissancebaukunst. Im Renaissance-Flügel des Schlosses residiert die **Landesbibliothek** 3, die heute rund 375 000 Werke des 15.–20. Jh. besitzt. Beeindruckend sind die Publikumsräume im klassizistischen und spätbarocken Stil. In der Rückertstraße befindet sich im ehem. Wohnhaus des Dichters Friedrich Rückert das **Puppenmuseum** 4, in dem mehr als 900 historische Puppen (1800–1955) ausgestellt sind. Südwärts geht es zur Coburger **Morizkirche** 5. Der spätgotische Hallenbau wurde Mitte des 18. Jh. barockisiert. Gleich daneben findet man das **Casimirianum** 6, Coburgs erstes Gymnasium (1604). Das Renaissancebauwerk verdankt seinen Namen Herzog Johann Casimir, der 1601 den Grundstein legte. Das Prunkstück dient nach wie vor als Gymnasium und kann innen leider nicht besichtigt werden. Weiter geht es zum **Münzmeisterhaus** 7, dem ältesten Fachwerkhaus Coburgs (14. Jh.). Es steht in der Ketschengasse 7 gleich beim Marktplatz, den das stattliche **Rathaus** 8 (1598) beherrscht. Im Laufe der Zeit wurde der Renaissancebau mehrfach umgestaltet. Heute bildet der Gebäudekomplex mit seinem volutengeschmückten Giebel und dem Erker ein eindrucksvolles Ensemble. Auf dem Marktplatz steht das bronzene **Prinz-Albert-Denkmal** 9. Es erinnert an Prinz Albert von Sachsen-Coburg-Gotha (1819–1861), der 1840 seine Cousine, die britische Königin Victoria, heiratete und dadurch die Bindungen zwischen dem Coburger Herzogshaus und dem britischen Thron festigte. An der Ecke Marktplatz/Steingasse sieht man die gotisch-renaissancehafte Hofapotheke mit ihrem prächtigem Erker. An der Nordseite des Marktplatzes erhebt sich das eindrucksvolle **Stadthaus**

⑩ (Peter Sengelaub, 1597–1601), das auf Befehl Herzog Johann Casimirs errichtet wurde und seinen Herrschaftswillen symbolisch bekunden sollte. Über die Herrngasse gelangt man zum ehem. **Zeughaus** ⑪ (Peter Sengelaub, 1616–21) mit dem Staatsarchiv. Dort findet man Archivalien zur Stadtgeschichte seit 1200. Zurück in Richtung Schlossplatz ist das **Landestheater** ⑫ das nächste Ziel. Das einstige Hoftheater wurde 1840 eingeweiht und konnte mit 550 Sitzplätzen aufwarten. Von dort aus geht es zum **Spitaltor** ⑬, einem 21,5 m hohen Portal. Die Route führt weiter zum **Bürglass-Schlösschen** ⑭. Der alte Empfangssaal zählt zu den schönsten Trausälen Deutschlands. Etwas weiter östlich liegt die neugotische Pfarrkirche **St. Augustin** ⑮ (1860) mit der Kohary-Gruft, in der Angehörige des Coburger Herzogshauses ihre letzte Ruhestätte fanden. Durch den großzügigen Hofgarten geht es zum **Naturkundemuseum** ⑯. Dahinter ragt die TOP TIPP **Veste Coburg** ⑰ auf, eine der größten Burgen Deutschlands. In ihrer Steinernen Kemenate hielt sich um 1530 Martin Luther auf. Im Carl-Eduard-Bau gibt es eine kostbare Glas- und Porzellan-Sammlung, im Herzoginbau historische Waffen zu bewundern.

Weitere Sehenswürdigkeiten:

Schloss Callenberg ⑱
Schloss Rosenau ⑲ (Museum für Modernes Glas)

Praktische Hinweise

Information

Tourismus & Congress Service, Herrngasse 4, Tel. 095 61/741 80, www.coburg-tourist.de

Hotels

Best Western Blankenburg, Rosenauer Str. 30, Tel. 095 61/64 40, www.blankenburg.bestwestern.de. Mittelklassehotel mit zwei Restaurants im Hause.

Ringhotel Stadt Coburg, Lossaustr. 12, Tel. 095 61/87 40, www.hotel-stadt-coburg.de. Gepflegtes 3-Sterne-Haus.

Romantik Hotel Goldene Traube, Am Viktoriabrunnen 2, Tel. 095 61/87 60, www.goldenetraube.com. Traditionshotel mit 72 individuell gestalteten Zimmern.

Restaurants

Kräutergarten, Rosenauer Str. 30 c, Tel. 095 61/42 60 80, www.kraeutergarten-coburg.de. Vielfältige kulinarische Genüsse und eine gepflegte Weinkarte.

Münchner Hofbräu, Kleine Johannisgasse 8, Tel. 095 61/23 49 23, www.coburg-muenchnerhofbraeu.de. Bayerische Traditions-Gaststätte.

Ratskeller, Markt 1, Tel. 095 61/924 00. Deftige regionale Küche.

Als elegant-grüne Komposition rahmt der Schlossplatz Coburgs Schloss Ehrenburg

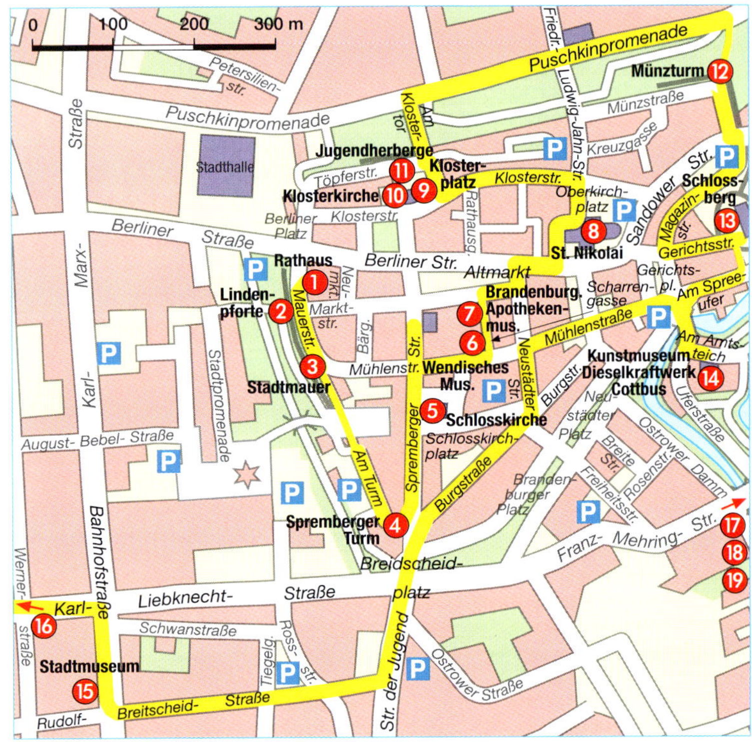

Cottbus

F4

Brandenburg
Einwohner: 104 000

Die alte Tuchmacherstadt schlägt die Brücke zu sorbischer Kulturtradition.

Cottbus (sorbisch ›Chosebuze‹), die zweisprachige Stadt in der Niederlausitz, blickt auf eine 800-jährige Geschichte zurück. Geprägt wurde sie insbesondere durch das Miteinander von Deutschen und Sorben, einem slawischen Volksstamm. Das **Rathaus** 1 wurde 1934–36 erbaut. Über der Front zur Berliner Straße mit ihren Säulenkolonnaden findet man sehenswerte Reliefs, die Symbole alter Cottbuser Handwerkskunst zeigen. Eine Tafel erinnert an das Geburtshaus des Malers Carl Blechen (1798–1840), der als Vorläufer des Impressionismus gilt. Die nahe **Lindenpforte** 2 wurde 1879 in den alten Mauerturm in der Mauerstraße gebrochen, um den Weg aus der Altstadt in die Neustadt zu verkürzen. Von hier nach

TOP TIPP

Süden verläuft über 1200 m die mittelalterliche **Stadtmauer** 3 als Teil der historischen Stadtbefestigung. Ostwärts befindet sich die Altstadt, die durch Wiekhäuser, Tore und Türme geprägt ist. Die Mauer wird durch den Münzturm und den **Spremberger Turm** 4 begrenzt. Der Bau aus dem 13. Jh. ist das Wahrzeichen der Stadt und bildet mit Bastei und Torhaus das südliche Stadttor. Der Entwurf für die Zinnenkrone stammt von Karl Friedrich Schinkel. Die von hier nach Norden führende Spremberger Straße zeigt ein attraktives Ensemble von Wohn- und Geschäftshäusern aus dem

TOP TIPP

19. Jh. sowie aus den 1950er- und 1960er-Jahren. Die **Schlosskirche** 5, 1419 als Katharinenkirche errichtet, wurde nach ihrer Zerstörung 1714 für die inzwischen in die Stadt gezogenen Hugenotten in schlichterer Form neu errichtet. Volksgut der Sorben mit Trachten, Schrifttum, Musik, bildender Kunst und Brauchtum wird im **Wendischen Museum** 6 vorgestellt. Die Entwicklung der sorbischen Kultur wird hier anschaulich präsentiert. In unmittelbarer Nähe ist in der mehr als 400 Jahre alten Löwenapotheke das **Brandenburgische Apothekenmuseum** 7 untergebracht, das u.a. historische Apothekeneinrichtungen besitzt. Über den Altmarkt mit seinen baro-

cken Bürgerhäusern und klassizistischen Traufenhäusern sowie dem achteckigen, nach historischen Vorbildern gestalteten Marktbrunnen geht es zur Oberkirche **St. Nikolai** 8. Der spätgotische Backsteinbau weist als größte Kirche der Niederlausitz eine sehenswerte Kanzel, einen Hochaltar mit prachtvoller Alabasterschnitzerei von 1664 und ein Sterngewölbe auf. Der Weg durch die Klosterstraße führt am Wendischen Viertel entlang, das z. T. von Fassaden in altstadttypischer Gestaltung geprägt ist. Auf dem stillen **Klosterplatz** 9 mit seinen alten Bäumen sind noch Kreuzgang und Hof eines mittelalterlichen Franziskanerklosters zu erkennen. Die hier stehende **Klosterkirche** 10 – die ›Wendische Kirche‹ – ist der einzige erhaltene Teil des Klosters aus dem 13./14. Jh. Der Klosterplatz wird durch die 1936 in einem Teil der alten Stadtmauer eingerichtete **Jugendherberge** 11 abgeschlossen. Über die Puschkinpromenade mit schönen Grünanlagen und repräsentativen Gebäuden aus dem späten 19. Jh. geht es nun zum **Münzturm** 12, dem ältesten Turm der Stadt. Vermutlich wurde in ihm 1483 der erste Cottbuser Heller mit dem Krebs als Wappentier der Stadt geprägt. Südlich davon erhebt sich der **Schlossberg** 13, auf dem im 10. Jh. die Slawen die damals größte Burg der Niederlausitz erbauten. Am Amtsteich eröffnete die Brandenburgische Kulturstiftung Cottbus 2008 in einem Klinkerbau aus den 1920er-Jahren das **Kunstmuseum Dieselkraftwerk Cottbus** 14, in dem zeitgenössische Kunst, Fotografie und Plakate zu bewundern sind. Im **Stadtmuseum** 15 in der Bahnhofstraße werden neben der Stadtgeschichte die hier früher bedeutende Glasindustrie sowie die Teppichfabrikation vorgestellt. Gegenwärtig sind hier auch die Arbeitsräume des Museums der Natur und Umwelt untergebracht. Das **Staatstheater** 16 schließlich ist ein herrlicher Jugendstilbau (1908) mit exquisitem Ensemble.

Weitere Sehenswürdigkeiten:

Branitzer Park 17
Spreeauenpark 18
Parkeisenbahn 19

Praktische Hinweise

Information

CottbusService, Berliner Platz 6, Tel. 03 55/754 20, www.cottbus.de

Hotels

City-Hotel Cottbus, Rudolf-Breitscheid-Str. 10, Tel. 03 55/380 04 90, www.cityhotelcottbus.de. Kleineres Hotel im Zentrum.

Lindner Congress Hotel Cottbus, Berliner Platz, Tel. 03 55/36 60, www.lindner.de. Großes 4-Sterne-Hotel in modernem Glasfassadenbau.

Sorat Hotel Cottbus, Schlosskirchplatz 2, Tel. 03 55/784 40, www.sorat-hotels.com/cottbus. Zentral gelegenes 4-Sterne-Hotel in hübschem Gründerzeitgebäude.

Restaurants

Kartoffelkiste, Spremberger Str. 37, Tel. 03 55/228 38. Gutbürgerliche Küche mit Schwerpunkt auf der ›tollen Knolle‹.

Klosterkeller, Klosterplatz 5, Tel. 03 55/79 33 72. Traditionelle wie auch neuere Gerichte, kreativ zubereitet.

Prachtvolle Bürgerhäuser und die Kirche St. Nikolai säumen den Altmarkt in Cottbus

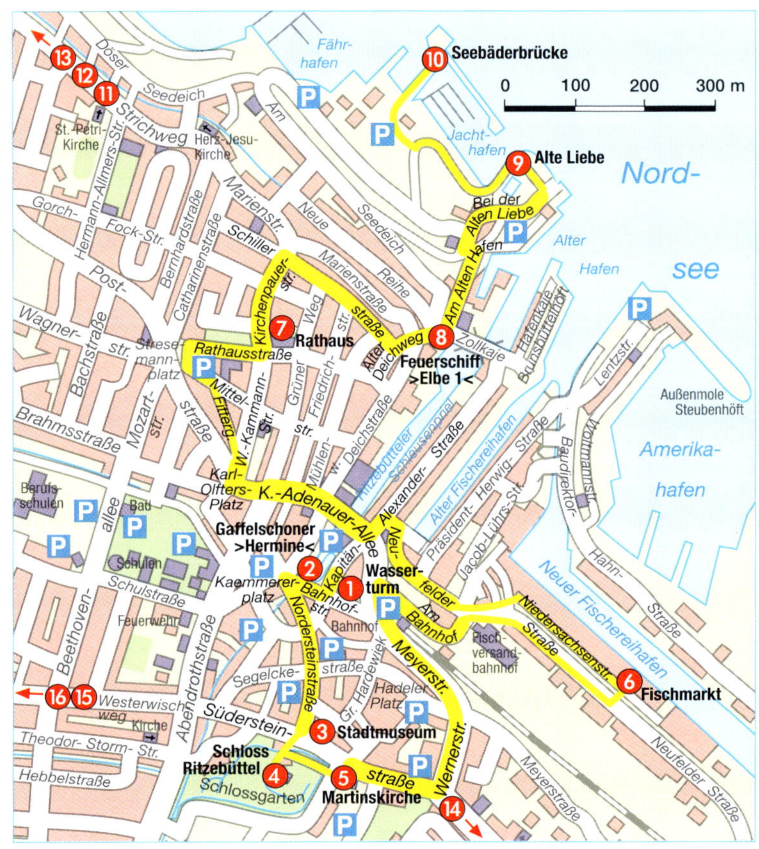

Cuxhaven

C2

Niedersachsen
Einwohner: 53 000

Die Hafenstadt an der Mündung der Elbe wartet mit maritimem Flair auf.

Der Spaziergang durch Deutschlands größtes Seeheilbad beginnt gegenüber vom Bahnhof, am **Wasserturm** ❶, der seit seiner Errichtung 1897 das Stadtbild beherrscht. Nicht weit davon ist im Ritzebütteler Schleusenpriel der **Gaffelschoner ›Hermine‹** ❷ festgemacht. Der alte Elbsegler ist das letzte erhaltene Wasserfahrzeug seiner Art und wurde sorgfältig restauriert. Durch die Nordersteinstraße geht es in den Ortsteil Ritzebüttel. Das Reyesche Haus ist ein 1780 im Stil des norddeutschen Klassizismus erbautes Bürgerhaus. In diesem ehemaligen Kaufmannshaus befindet sich heute das **Stadtmuseum** ❸. Im Erdgeschoss werden die Themenbereiche Schifffahrt, Seerettungswesen und Fischerei in anschaulicher Weise dargestellt. Im Obergeschoss werden Kunstwerke aus städtischem Besitz präsentiert. Direkt gegenüber liegt das **Schloss Ritzebüttel** ❹. Nach langer Sanierungsphase präsentiert sich die einstige Burg inzwischen im Innern in einem völlig neuen Erscheinungsbild. 600 Jahre Zeitgeschichte sind unter dem Dach des Schlosses in den unterschiedlichsten Gebäudeteilen und Räumen vereint. Das Schloss hat sich im Laufe der Zeit zu einem kulturellen Zentrum der Stadt entwickelt. In den stilvoll restaurierten Räumen, die zur Besichtigung offen stehen, kann man u.a. Konzerte und Vorträge hören. Daneben bietet das Schloss einen Ausstellungsraum, in dem wechselnde Ausstellungen gezeigt werden. Die am ostwärts gelegenen Marktplatz aufragende **Martinskirche** ❺ von 1819 (der Turm stammt von 1885) ist ein schönes Beispiel für einen klassizistischen Kirchenbau. Am Bahnhof und dem Fischversandbahnhof (von hier sind Führungen mög-

TOP TIPP

TOP TIPP lich) vorbei, geht es in den Hafenbereich, in dem sich der **Fischmarkt** 6 im Neuen Fischereihafen befindet. Hier wird ein- bis zweimal im Monat sonntags 9–18 Uhr der frische Fang aus der Nordsee verkauft. Daneben gibt es aber auch bunte Karusselle und einen großen Trödelmarkt. Einige Hundert Meter nordöstlich, am Zugang zur Nordsee, kann man beim Steubenhöft im Amerikahafen den Ozeanriesen hinterher blicken – und Fernweh bekommen. Ein etwas längerer Weg von den Hafenanlagen durch das Stadtzentrum, vorbei am Stadttheater, führt zum **Rathaus** 7, einem wuchtigen Backsteinbau von 1917. Durch die Schillerstraße kommt man schließlich auf Höhe der Neuen Reihe zum historischen **Feuerschiff ›Elbe 1‹** 8, das zu besichtigen ist (Tel. 04721/49615). Am Wasser entlang führt der Weg zur **Alten Liebe** 9, einem Bollwerk und vormaligen Schiffsanleger in der Nähe des 34 m hohen Radarturms. Um das 2005 in einer Stahlbetonkonstruktion erneuerte Bauwerk, das heute nur noch als Aussichtsplattform genutzt wird, ranken sich zahlreiche Legenden. Der Schiffsmeldedienst mit seinen Durchsagen über Herkunft und Größe der vorbeifahrenden Schiffe macht den Aufenthalt auf der ›Alten Liebe‹ stets zu einem Erlebnis. Ganz in der Nähe steht ein weiteres einzigartiges Wahrzeichen von Cuxhaven: das Semaphor, ein Windstärken- und Windrichtungsanzeiger aus dem Jahr 1884, auf dem täglich das Wetter für die Schiffsrouten nach Helgoland und Borkum angezeigt wird. Das nahe Marine-Ehrenmal stellt eine Seemine dar. Am Jachthafen vorbei geht es zur neuen **Seebäderbrücke** 10, von der die Ausflugsschiffe zu den Nordseeinseln ablegen.

TOP TIPP

Weitere Sehenswürdigkeiten:

Leuchtturm Neuwerk 11
Kugelbake 12 mit dem um 1869 erbauten Fort Kugelbake (Führungen)
Insel Neuwerk 13
Bauerndom St. Jacobi 14
Wrackmuseum 15
Schiffsmuseum Duhnen 16

i Praktische Hinweise

Information

Nordseeheilbad Cuxhaven GmbH, Cuxhavener Str. 92, Tel. 047 21/40 40, www.cuxhaven.de

Hotels

Frauenpreiss, Wernerwaldstr. 41, Tel. 04721/20520, www.hotel-frauenpreiss.de. Familiäres Hotel in Strandnähe, auch mit Apartments.

Muschelgrund, Muschelgrund 1, Tel. 04721/2090, www.muschelgrund.de. Modernes 4-Sterne-Hotel garni.

Wehrburg, Wehrbergsweg 53, Tel. 04721/40080, www.wehrburg.de. Gediegenes, familiengeführtes Hotel mit dem Charme vergangener Zeiten.

Restaurants

Fisch & Salat, Neue Reihe 1, Tel. 04721/52386. Schwerpunkt der Küche ist Fisch, aber auch Fleischfans kommen auf ihre Kosten.

Spanger Buernstuv, Sixtstr. 14, Tel. 04721/28714. Gehobene deutsche Küche in ländlich anmutendem Gasthof.

Wattenkieker, Am Sahlenburger Strand 27, Tel. 04721/2000, www.wattenkieker.de. Hier werden landestypische Küche sowie Spezialitäten von anderen Küsten dieser Welt serviert.

Schiffe-Kino: Die Alte Liebe von Cuxhaven lädt zu unterhaltsamem Verweilen ein

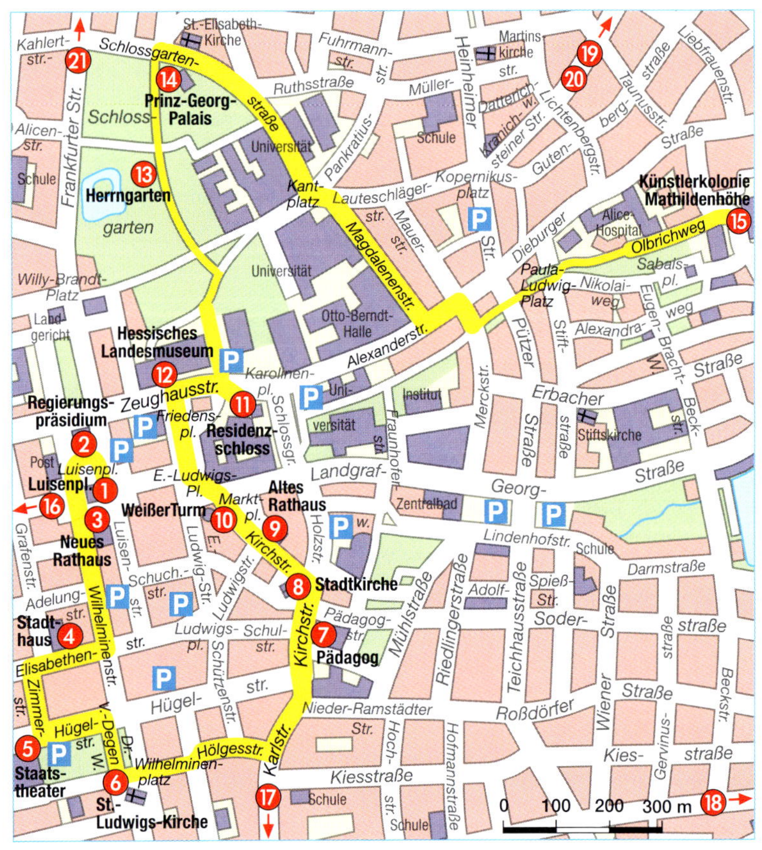

Darmstadt

B6

Hessen
Einwohner: 140 000

Jugendstilbauten und fürstliches Erbe kennzeichnen die einstige Residenz.

Die Erkundungstour durch Darmstadt startet am **Luisenplatz** 1, der im 18. Jh. angelegt wurde und den Mittelpunkt der Stadt markiert. Heute ist er Fußgängerzone, hier kreuzen sich nun die wichtigsten Straßenbahn- und Buslinien. Im Zentrum des Platzes erhebt sich die 33 m hohe Ludwigsäule (1844), deren Spitze von der Statue des Großherzogs Ludwig I. gekrönt wird. Wer die 172 Stufen zur Aussichtsplattform erklimmt, gewinnt einen guten Eindruck über die Stadt und ihre grünen Hügel. Das **Regierungspräsidium** 2, das 1781 als Ministeriensitz errichtet wurde, begrenzt den Platz in nördlicher Richtung. Im Süden befindet sich das **Neue Rathaus** 3. Durch die Wilhelminenstraße führt der Weg vorbei am **Stadthaus** 4 und weiter zum **Staatstheater** 5. Der moderne Bau wurde 1972 nach Plänen von Rolf Pranges errichtet.

TOP TIPP Über den Georg-Büchner-Platz gelangt man zur **St.-Ludwigs-Kirche** 6. Der 1827 fertig gestellte Rundbau ist dem römischen Pantheon nachempfunden. Vor dem Portikus der Kirche erinnert ein Obelisk (1902) an die Großherzogin Alice, eine Tochter der englischen Königin Victoria. Weiter in Richtung Osten erreicht man schließlich die alte Lateinschule der Stadt. In diesem **Pädagog** 7 (1628) wurden begabte Kinder auf den Besuch der Landesuniversität in Gießen vorbereitet. Schräg gegenüber erhebt sich die **Stadtkirche** 8. Ihre Grundmauern werden auf das Jahr 1330 datiert, der Chor in gotischem Stil entstand rund 100 Jahre später. Auf dem angrenzenden Alten Marktplatz steht das **Alte Rathaus** 9 (1598), und nur ein paar Schritte entfernt überragt der **Weiße Turm** 10 die Dächer der Innenstadt. Der ehem. Eckturm der Stadtmauer stammt aus dem 15. Jh. und wird heute als Galerie genutzt. Nördlich des Marktplatzes erstrahlt das **Residenzschloss** ⑪ in voller Pracht. Ursprünglich zur Sicherung der Westflanke Darmstadts entworfen, befindet es sich heute im Zentrum der Stadt. Im älteren Teil des Gebäudes, dem Glockenbau, ist das Schlossmuseum untergebracht. Dessen 22 Räume gewähren einen guten Einblick in 250 Jahre höfischen Lebens in einer kleinen Residenz. An das Schlossgelände schließt im Norden das 1902 erbaute **Hessische Landesmuseum** ⑫ (bis 2011 wegen Umbau geschlossen) an, das das Kunst- und Naturalienkabinett des Großherzogs Ludwig I. beherbergt. Die Sammlung umfasst Kunstwerke von der Frühzeit bis ins 21. Jh., darunter auch Meisterwerke von Joseph Beuys (1921–1986). Gleich dahinter erstreckt sich der Ende des 16. Jh. angelegte **Herrngarten** ⑬. Im Nordosten schließt sich eine Rokokoanlage mit dem **Prinz-Georg-Palais** ⑭ (1710) an, in dem die Großherzoglich-Hessische Porzellansammlung zu sehen ist. Höhepunkt des Spaziergangs ist die Besichtigung der **Künstlerkolonie Mathildenhöhe** ⑮ im östlichen Stadtgebiet, knapp einen Kilometer entfernt vom Prinz-Georg-Palais. Die Kolonie entstand 1899, als sich sieben Jugendstil-Künstler im Auftrag des Großherzogs Ernst Ludwig hier eine Wohn- und Arbeitswelt schufen, u.a. Josef Maria Olbrich, Peter Behrens und Bernhard Hoetger. Ihr Werk, das sie erstmals 1901 der Öffentlichkeit präsentierten, ging als ›Darmstädter Stil‹ in die Kunstgeschichte ein. An den Förderer des Projekts erinnert das Ernst-Ludwig-Haus, das Olbrich als Atelierhaus entwarf. Heute beherbergt es das Museum Künstlerkolonie Darmstadt. Zum Olbrich-Ensemble gehören außerdem der Hochzeitsturm, ein Geschenk der Stadt, das anlässlich der Vermählung des Großherzogs 1908 errichtet wurde, sowie das Ausstellungsgebäude. Einen reizvollen Kontrast zur Jugendstilarchitektur bildet die Russische Kapelle (1899), die Zar Nikolaus II. erbauen ließ, welcher häufig in Darmstadt zu Besuch war.

Weitere Sehenswürdigkeiten:

Kunsthalle ⑯
Orangerie ⑰
Vivarium und Tiergarten ⑱
Jagdschloss Kranichstein ⑲
Grube Messel ⑳ (UNESCO Weltnaturerbe)
Waldspirale ㉑ (Wohnkomplex von Friedensreich Hundertwasser)

Praktische Hinweise

Information

Wissenschaftsstadt Darmstadt Marketing GmbH, Im Carree 1, Tel. 06151/134510, www.darmstadt-marketing.de

Hotels

An der Mathildenhohe, Spessartring 53, Tel. 06151/49840, www.hotel-mathildenhoehe.de. Familiengeführtes Hotel garni.

City Hotel, Adelungstr. 44, Tel. 06151/30860. Kleines Innenstadthotel.

Zum Rosengarten, Frankfurter Str. 79, Tel. 06151/77000, www.zum-rosengarten.de. Familienbetrieb mit Restaurant.

Restaurants

City Braustüb'l, Wilhelminenstr. 31, Tel. 06151/25511, www.city-braustuebl.de. Gutbürgerliche Küche.

Darmstädter Ratskeller, Marktplatz 8, Tel. 06151/26444. Deutsche Küche im ehrwürdigen Alten Rathaus.

Gebhart, Robert-Schneider-Str. 61, Tel. 06151/713728. Heimeliges Lokal mit bürgerlicher Küche.

Die Künstlerkolonie Mathildenhöhe ist ein Augenschmaus für Jugendstilliebhaber

Dessau

E4

Sachsen-Anhalt
Einwohner: 80 000

Gestalterisches Genie prägte die Stadt gleich in mehr als einer Epoche.

Dessau besitzt mehrere Stätten, die zum UNESCO-Welterbe gehören. 1925 entwarf Walter Gropius in Dessau eine Wirkungsstätte für die aus Weimar vertriebene Hochschule für Gestaltung, das **Bauhaus** ❶ (1925/26). Das Symbol für die klassische Moderne mit den Technischen Lehranstalten und dem Ateliergebäude als Hauptbauelementen wurde nach der Forderung ›Die Form folgt der Funktion‹ entworfen und gehört seit 1996 ebenso zum Weltkulturerbe wie die **Meisterhäuser** ❷ in der Ebertallee, eine Siedlung mit drei Doppelhäusern für die Bauhausmeister und einem Einzelhaus für den Direktor. Von den Wohnhäusern mit ihren großzügigen Ateliers wurden das Einzelhaus und die ihm nächstgelegene Doppelhaushälfte zerstört. Der erhaltene Teil, das Feininger-Haus (Kurt-Weill-Zentrum) sowie die Wohnstätten der Maler Wassily Kandinsky und Paul Klee sowie das Muche-Schlemmer-Haus wurden 1994–2001 originalgetreu restauriert. Nördlich der Puschkinallee erstreckt sich das Georgium. Es ist der zweitgrößte Landschaftspark im Gartenreich Dessau-Wörlitz und seit 2000 ebenfalls Teil der UNESCO-Welterbeliste. Dazu gehören noch Schloss und Park Mosigkau (Knobelsdorffallee 3), der Landschaftsgarten Großkühnau (Buslinie 10/11), die Schlösser und Parkanlagen Luisium (Linie 13) und Oranienbaum (Linie 331/333) sowie der Sieglitzer Berg. Glanzpunkt des von Prinz Johann Georg von Anhalt (1748–1811) geschaffenen Landschaftsensembles aus Georgengarten und Beckerbruch ist der ehem. fürstliche Sommersitz **Schloss Georgium** ❸ (1782, 1893 um zwei Sei-

TOP TIPP

tenflügel erweitert), in dem seit 1927 die Anhaltische Gemäldegalerie (15.–20. Jh.) ihre Räume hat (Graphische Sammlung im Fremdenhaus). In einen Jugendstilgarten baute Franz Schwechten den Kuppelbau des **Mausoleums** 4 (1893–98) im Stil der italienischen Hochrenaissance (angrenzend Lehrpark für Tier- und Pflanzenkunde). Das **Anhaltische Theater** 5 (1935–38) am Friedensplatz zählt zu den modernsten Bühnen Europas (Musiktheater, Schauspiel, Ballett). Der weitere Weg führt vorbei an der ehem. Leopoldskaserne (1852–55) und dem Schwabehaus (1826) in der Ferdinand-von-Schill-Straße zur **Johanniskirche** 6 (1690–1702, mit Tafelgemälden von Lukas Cranach d. Ä. und d. J.) und zurück zur katholischen Kirche **St. Peter und Paul** 7 (1854–58). Nach einem Abstecher zum Lidiceplatz (Plastiken zu Kurt Weill und Bert Brecht) passiert die Zerbster Straße drei Stadtpalais: Während das Palais Brankoni (›Kristallpalast‹, 1795–97) nur noch Fassade ist, haben sich das **Palais Dietrich** 8 (1747–52) und das **Palais Waldersee** 9 (1792–95) zu ›Büchertempeln‹ gewandelt (wissenschaftliche Bibliothek und Landesbücherei). Das **Rathaus** 10, ein Neorenaissancebau (1899–1901), und die spätgotische **Marienkirche** 11 (1506–54, Wiederaufbau 1989–94) bieten Gelegenheit zu Turmbesteigungen. Vom 1944/45 zerstörten Residenzschloss blieb nur der im Renaissancestil wieder aufgebaute Westflügel des Johannbaus (um 1530), Heimat des **Museums für Stadtgeschichte** 12. Neben der Stadthistorie wird hier auch die Anhalt-Dessauer Regionalgeschichte aufgerollt. In der Askanischen Straße erinnert eine Gedenktafel an das Geburtshaus des jüdischen Philosophen Moses Mendelssohn. An der Ecke zur Franzstraße stehen die im Stil des niederländischen Barock erbaute **Georgskirche** 13 (1712–17) und das **Museum für Naturkunde und Vorgeschichte** 14, ehedem Stift Leopolddank (1748–50). Östlich des **Leipziger Torhauses** 15 (1826/27) befindet sich der Jüdische Friedhof), nordwärts führt der Weg vorbei am historischen Arbeitsamt (erbaut von Walter Gropius) zum **Stadtpark** 16 (mit klassizistischem Teehäuschen, einer Zentaurenplastik und dem Denkmal für den einflussreichen jüdischen Aufklärer und Philosophen Moses Mendelssohn (1729–1786).

Maßstäbe in Kunst-, Design- und Architektur setzte das Bauhaus von Walter Gropius

Weitere Sehenswürdigkeiten:

Weitere **Bauhausdenkmäler** 17: Stahlhaus und Haus Fieger (Südstraße), Musterhaus (Mittelring 38, Moses-Mendelssohn-Zentrum) in der Siedlung Törten, Konsumgebäude (Am Dreieck 1), Wohnung I (Peterholzstraße 40) der Laubenganghäuser

i Praktische Hinweise

Information

Tourist-Information Dessau, Zerbster Straße 2c, Tel. 03 40/204 14 42, www.dessau-tourismus.de

Hotels

City Pension, Ackerstr. 3 a, Tel. 03 40/ 882 30 76, www.city-pension-dessau.de. Neueres Hotel garni südlich des Stadtzentrums.

NH Dessau, Zerbster Str. 29, Tel. 03 40/ 251 40, www.nh-hotels.de. Mittelklassehotel in der Fußgängerzone.

Steigenberger Hotel Fürst Leopold, Friedensplatz, Tel. 03 40/251 50, www. dessau.steigenberger.de. Großes und modern gestaltetes 4-Sterne-Hotel in der Stadtmitte.

Restaurants

Gasthausbrauerei ›Zum Alten Dessauer‹, Lange Gasse 16, Tel. 03 40/220 59 09, www.alter-dessauer.de. Gutbürgerliche regionale Speisen in entspannter Brauhausatmosphäre.

Pächterhaus, Kirchstr. 1, Tel. 03 40/ 650 14 47, www.paechterhaus-dessau.de. Qualitätvolle deutsche Küche, serviert im gediegenen Ambiente eines Fachwerkhauses von 1743.

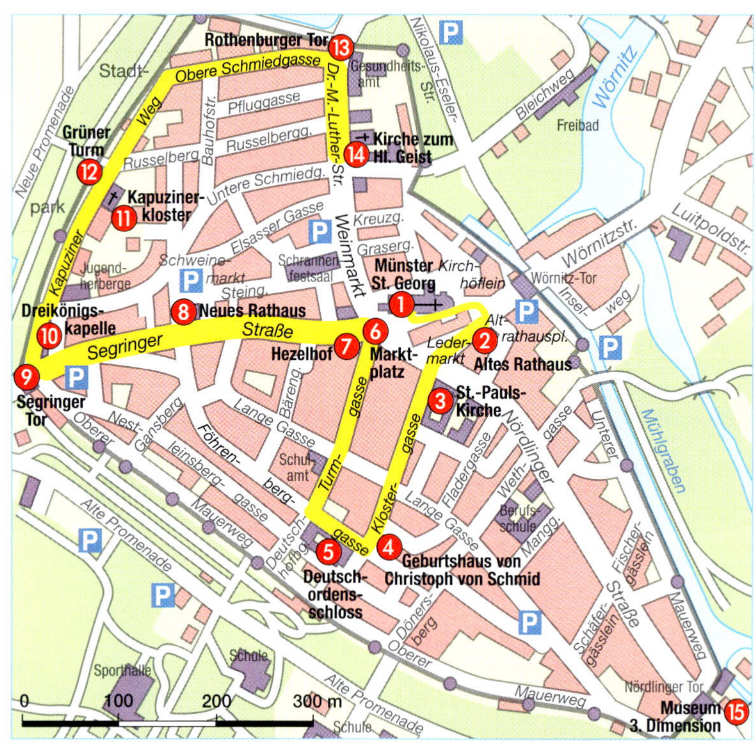

Dinkelsbühl *D7*

Bayern
Einwohner: 12 000

Wie das Urbild einer mittelalterlichen Stadt wirkt dieses urbane Kleinod.

Die Altstadt der rund 1200 Jahre alten ehem. Reichsstadt Dinkelsbühl (bis 1802, 1806 endgültige Eingliederung in das Königreich Bayern) ist beeindruckend; immerhin hat sie den Bauernkrieg und den Dreißigjährigen Krieg unversehrt überstanden. Der Rundgang beginnt am **Münster St. Georg** 1. Es wurde 1448–99 als eine der schönsten Hallenkirchen des gesamten süddeutschen Raumes im spätgotischen Stil erbaut. Das romanische Turmportal stammt aus dem beginnenden 13. Jh. Unternehmungslustige, die den Aufstieg auf den wuchtigen Turm wagen, genießen einen großartigen Rundblick auf den mittelalterlichen Kern von Dinkelsbühl und seine herrliche Umgebung. Einen Besuch wert ist das Innere des Gotteshauses mit dem ›Brezenfenster‹, das von der Bäckerzunft gestiftet wurde. In unmittelbarer Nähe des Priesterviertels liegt das **Alte Rathaus** 2 von 1361 mit idyllischem Innenhof und historischen Gefängniszellen. Ab Herbst 2008 ist es Heimstatt des **Hauses der Geschichte Dinkelsbühl**. Zu bewundern sind Exponate aus der Geschichte der Stadt, des Handwerks und der bürgerlichen Wohnkultur. Spezielles Augenmerk gilt auch Konflikten zwischen protestantischer Mehrheit und katholischer Minderheit sowie dem Kirchenmann Christoph von Schmid, eine eigene Abteilung widmet sich der Dinkelsbühler Maltradition. In der Nachbarschaft des Alten Rathauses fallen das prächtige barocke Künßberghaus und der Garten am Wehrgang ins Auge, heute die Freilichtbühne des Fränkisch-Schwäbischen Städtetheaters. Nach dem Überqueren der Nördlinger Straße mit dem ehem. Bauernviertel erreicht man links die evangelische **St.-Pauls-Kirche** 3 und das ehem. Karmelitenkloster. Bergauf führt nun die Klostergasse zum **Geburtshaus von Christoph von Schmid** 4. Der Theologe und Jugendschriftsteller (1768–1854) wurde vor allem durch seinen Text zu dem Weihnachtslied ›Ihr Kinderlein kommet‹ aus dem Jahr 1827 bekannt. Den Abschluss der Klostergasse bildet das

TOP TIPP

barocke **Deutschordensschloss** ⑤ mit seiner prächtigen Fassade und einer sehenswerten Rokokokapelle. Durch die Turmgasse kehrt man nun wieder zurück zum Stadtkern. Der **Marktplatz** ⑥ wird von den pittoresken Renaissancefassaden der Schranne (dem früheren Getreidehandelsplatz), dem Deutschen Haus in farbenprächtigem Fachwerk und dem Gustav-Adolf-Haus, 1580 als Ratstrinkstube gebaut, geprägt. In unmittelbarer Nähe liegt der **Hezelhof** ⑦, ein Patrizierhaus aus dem 16. Jh. mit malerischem Innenhof, das vom Reichtum der Stadt in dieser Zeit zeugt. An der Fassade des **Neuen Rathauses** ⑧ von 1733 ist ein Graffito zum Richtungsbrief zu sehen, in dem sich die Zünfte 1387 die Gleichberechtigung und die Beteiligung am Stadtregiment erkämpften. Die Segringer Straße wird durch das **Segringer Tor** ⑨, eines von vier Stadttoren in der vollständig erhaltenen Stadtmauer mit einer Länge von 2,5 km und mit 16 Türmen, sowie einem Wehrgang aus dem 15. und 16. Jh. abgeschlossen. Daneben findet man die **Dreikönigskapelle** ⑩, die heute als Kriegergedächtniskapelle dient. Im weiteren Verlauf der Stadtmauer nach Norden passiert man das **Kapuzinerkloster** ⑪, das vom **Grünen Turm** ⑫, einem weiteren Bauwerk der alten Stadtbefestigung, überragt wird. Bergab durch das Schmiedeviertel geht es zunächst entlang der Stadtmauer, dann durch die beschauliche Obere Schmiedgasse zum **Rothenburger Tor** ⑬. Das Tor mit seiner Umgebung – dem Rothenburger Weiher, dem Faulturm und dem Parkwächterhäuschen – ist eine der schönsten Ecken Dinkelsbühls. Der weitere Weg führt durch die Dr.-Martin-Luther-Straße, vorbei an der Spitalanlage von 1282, in der heute das Altenheim der Stadt, das Kunstgewölbe und ein Konzertsaal untergebracht sind, zu der ebenfalls zur Spitalanlage gehörenden **Kirche zum Heiligen Geist** ⑭. Das innen barock umgestaltete evangelische Gottehaus ziert ein Deckenfresko (1774) von Johann Nieberlein. Hier endet der Rundgang durch den historischen Kern der Stadt an der Romantischen Straße. Wem jetzt noch der Sinn nach Modernem steht, findet am Nördlinger Tor in der mittelalterlichen städtischen Wassermühle das **Museum 3. Dimension** ⑮ (1987), das erste 3D-Museum der Welt. Hinter der barocken Giebelfassade verbirgt sich eine interessante Sammlung von Holografien, Objekten zu Licht- und Lasertechnik sowie 3D-Projektionen. Da einige der Exponate auch angefasst werden dürfen, ist Spaß garantiert.

Praktische Hinweise

Information

Touristik Service Dinkelsbühl, Marktplatz, Tel. 098 51/902 40, www.dinkelsbuehl.de

Hotels

Blauer Hecht, Schweinemarkt 1, Tel. 098 51/58 10, www.blauer-hecht.de. Romantisch anmutende Zimmer in gediegenem 4-Sterne-Haus.

Goldenes Lamm, Lange Gasse 26/28, Tel. 098 51/22 67, www.goldenes.de. Gepflegtes Hotel mit Restaurant im Stadtkern.

Hotel Goldene Rose, Marktplatz 4, Tel. 098 51/577 50, www.hotel-goldene-rose.com. Mittelklassehotel mit mehreren Restaurants in adrettem Fachwerkhaus.

Restaurants

Deutsches Haus, Weinmarkt 3, Tel. 098 51/60 58, www.deutsches-haus-dkb.de. Leichte und kreative Küche in wunderbarem Spätrenaissance-Fachwerkhaus.

Weib's Brauhaus, Untere Schmiedgasse 13, Tel. 098 51/57 94 90, www.weibsbrauhaus.de. Fränkische und bayerische Spezialitäten serviert die Gasthausbrauerei.

Den mittelalterlichen Weinmarkt von Dinkelsbühl dominiert das Münster St. Georg

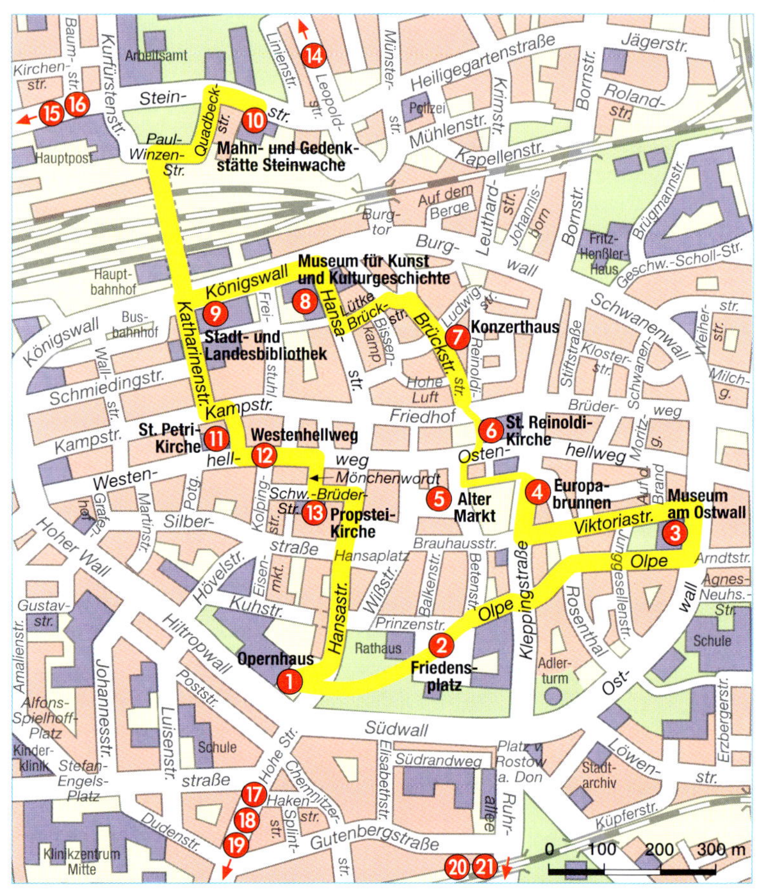

Dortmund

B4

Nordrhein-Westfalen
Einwohner: 587 000

Fußball und Bier und… War da nicht noch was – z. B. bedeutende Kultur?

Die Großstadt im östlichen Ruhrgebiet präsentiert sich nach erfolgreichem Strukturwandel als Handels- und Dienstleistungszentrum, pflegt ihr architektonisches Erbe aus der Kohle- und Stahlzeit aber noch als Denkmäler der Industriekultur. Der Rundgang beginnt am 1966 eröffneten **Opernhaus** 1, das Kulturliebhabern aus der gesamten Region ein facettenreiches Programm bietet. An diesem Platz stand einst die 1938 von Nationalsozialisten abgerissene Synagoge, woran ein Gedenkstein aus Granit erinnert. Durch den Stadtgarten mit seinem sehenswerten Gauklerbrunnen von 1982 gelangt man zum **Friedensplatz** 2 mit dem Rathaus. Das rote Sandsteingebäude im Stil der Neorenaissance stammt aus dem Jahr 1899. In der Giebelspitze ist der Adler des Stadtwappens zu erkennen. Gegenüber befindet sich die moderne Berswordt-Halle (2002), Sitz der Stadtverwaltung. Durch die Straße Olpe geht es zum **Museum am Ostwall** 3 für moderne und zeitgenössische Kunst. Es beherbergt Gemälde, Skulpturen, Objekte und Fotos des 20. Jh. Durch internationale Wechselausstellungen hat sich das Museum über die Landesgrenzen hinaus einen Namen gemacht. Danach lohnt ein Bummel durch die Viktoriastraße zur Fußgängerzone Kleppingstraße, die durch den kunstvoll gestalteten **Europabrunnen** 4 (1989, Joachim Schmettau) ihren Abschluss findet. Straßencafés laden zum Verweilen ein. Vorbei an der spätromanischen Marienkirche (um 1170) mit dem Marienaltar von Konrad von Soest führt der Weg zum **Alten Markt** 5, den heute modern gestaltete Kaufhäuser und Kneipen umgeben. Direkt daneben schließt sich der Hansaplatz an, der an die frühere Hansezugehörigkeit der Freien Reichs stadt Dortmund erinnert. Vom Markt gelangt man zur **St. Reinoldi-Kirche** 6, um 1250 als Pfeilerbasilika errichtet. Im Innern begeistert der prächtige flandrische Flügelaltar aus dem 15. Jh., der aus 18 Gemälden und mehreren Schnitzereien besteht. Danach führt die Route über die Brückstraße zum neuen **Konzerthaus** 7, 2002 eröffnet und seitdem die bedeutendste Philharmonie Westfalens. Künstler und Orchester von internationalem Rang gastieren hier. Der Brückstraße folgend erreicht man das **Museum für Kunst und Kulturgeschichte** 8. Das Art-déco-Gebäude (1923) bietet eine Fülle interessanter Zeugnisse von der Frühgeschichte bis ins 20. Jh., Fossilien und Ausgrabungsfunde ebenso wie Gemälde, Skulpturen, Möbel und Kunsthandwerk. In unmittelbarer Nähe erhebt sich die eindrucksvolle, vom Schweizer Stararchitekten Mario Botta entworfene **Stadt- und Landesbibliothek** 9 (1996–99). Sie zählt zu den modernsten ihrer Art in Deutschland. Von hier aus gelangt man durch den Hauptbahnhof zur **Mahn- und Gedenkstätte Steinwache** 10 jenseits der Bahngleise. An dieser Stelle befand sich das Gestapogefängnis der Nationalsozialisten, in dem 1933–45 etwa 65000 Menschen inhaftiert wurden. Die Gedenkstätte zeigt eine Dauerausstellung zu diesem Thema. Zurück durch den Bahnhof erreicht man über die Fußgängerzone in der Katharinenstraße die **St. Petri-Kirche** 11, eine gotische Hallenkirche aus dem 14. Jh. Sehenswert ist im Innern der Schnitzalter flämischer Herkunft, das sog. ›Goldene Wunder Dortmunds‹. Direkt am Gotteshaus entlang verläuft der **Westenhellweg** 12. Hier befand sich seit dem Mittelalter ein Handelsweg. Heute ist er die zentrale Einkaufsstraße der Stadt. Vorbei an der Propstei-Kirche 13, dem ehem. Gotteshaus eines 1331 gegründeten Dominikanerklosters, das nach den Zerstörungen im Zweiten Weltkrieg 1953 wieder hergestellt wurde, geht es zurück zum Ausgangspunkt.

TOP TIPP

TOP TIPP

Kontrast und Harmonie: Dortmunds modernes Konzerthaus und St. Reinoldi-Kirche

Weitere Sehenswürdigkeiten:

Museum für Naturkunde 14
Westfälisches Industriemuseum Zeche Zollern II/IV 15
Kokerei Hansa 16
DASA – Deutsche Arbeitsschutzausstellung 17
Westfalenhallen/Westfalenstadion 18
Zoo Dortmund 19
Westfalenpark mit Fernsehturm 20
Hohensyburg 21 (Burgruine und Kasino)

i Praktische Hinweise

Information

DORTMUNDtourismus, Königswall 18 a, Tel. 0231/18999-222, www.dortmund-tourismus.de

Hotels

City Hotel, Silberstraße 37–43, Tel. 0231/4779660, www.cityhoteldortmund.de. Für Besichtigungen günstig gelegenes Innenstadthotel.

Mercure Dortmund-City, Kampstr. 35–37, Tel. 0231/58970, www.mercure.com. Mittelklasse-Cityhotel mit 82 Zimmern.

Park Inn Dortmund, Olpe 2, Tel. 0231/543200, www.parkinn.de. Modernes 4-Sterne-Hotel im Stadtzentrum.

Restaurants

Hövels Hausbrauerei, Hoher Wall 5–7, Tel. 0231/9145470, www.hoevels-hausbrauerei.de. Micheline-gelobte Spezialitätenküche und Spitzenbier.

Pfefferkorn, Hoher Wall 38, Tel. 0231/143644, www.pfefferkorn-dortmund.de. Frische Saisonküche in nostalgischem Ambiente.

Restaurant Holzknecht, Hohe Straße 5, Tel. 0231/160770, www.restaurant-holzknecht.de. Gemütliches Restaurant mit gepflegter regionaler Küche.

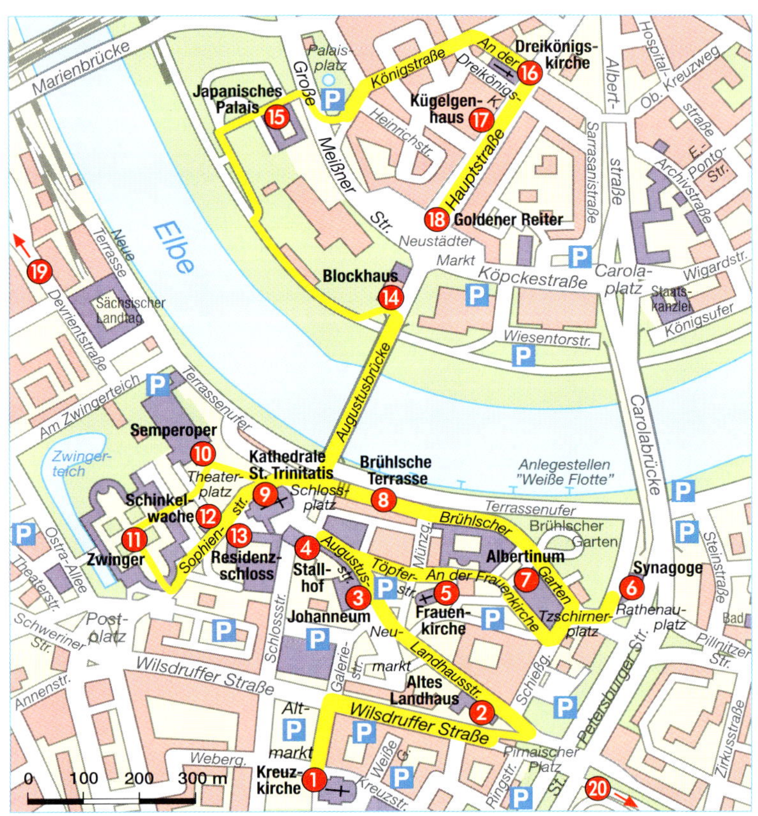

Dresden

F3

Sachsen
Einwohner: 478 000

Aus Ruinen in neuer Pracht erstanden: Sachsens grandiose Metropole.

Trotz der gewaltigen Zerstörungen im Zweiten Weltkrieg besitzt Dresden eines der beeindruckendsten und schönsten Stadtbilder Deutschlands. Die Tour durch das ›Elbflorenz‹ führt zunächst von der barocken **Kreuzkirche** 1 (1764–1800) am Altmarkt zum **Alten Landhaus** 2 (1770–75), einst Tagungsstätte der sächsischen Landstände. Hier sind heute das Stadtmuseum, das u. a. über die 800-jährige Stadtgeschichte informiert, und die Städtische Galerie beheimatet. Am Neumarkt liegt das **Johanneum** 3 (1586–91). Es diente zunächst als Marstall, später als Gemäldegalerie. Seit Ende der 1950er-Jahre ist es Sitz des Verkehrsmuseums Dresden. Am sog. Langen Gang in der Augustusstraße fällt eine kunstvoll gestaltete Wand auf: Auf 102 m zeigt der ›Fürstenzug‹ auf 24 000 Meißener Porzellanfliesen alle sächsischen Herrscher von 1123 bis 1904. Hinter dem Wandbild liegt der **Stallhof** 4 mit Wandmalereien im Graffito-Stil und einem original erhaltenen mittelalterlichen Turnierplatz. Von hier geht es wieder ein paar Schritte zurück, bis am Neumarkt die **Frauenkirche** 5 zu sehen ist. Der barocke Zentralbau (1743) des Dresdner Baumeisters George Bähr stürzte am 15. Februar 1945 infolge der Bombenangriffe ein. Lange Jahre galt die Ruine als Mahnmal gegen den Krieg. 1994 begann der Wiederaufbau nach alten Plänen, und seit 2005 ist der kuppelbekrönte Bau auch im Innern aufs Schönste wieder hergestellt. Ein Beispiel für modernes Bauen ist die **Synagoge** 6. Sie steht nahezu an der Stelle der 1938 zerstörten Sempersynagoge. Das einzig erhaltene Originalstück ist der goldene Davidstern am Eingangstor. Westwärts Richtung Hofkirche liegt auf der linken Seite das **Albertinum** 7, das 1884–87 als Museums- und Archivbau auf den Grundmauern des einstigen Zeughauses errichtet wurde. Es beherbergt die Gemäldegalerie Neue Meister, das Münzkabinett sowie die Skulpturensammlung. Einen herrlichen Blick über die Dresdner Elblandschaft mit ihren Brücken und Ufern hat man von der **Brühlschen Terrasse** 8, die Graf von Brühl 1739–48 auf dem ehem. Festungswall als privaten Lustgarten anlegen ließ. Weiter geht es zum Schlossplatz und zur Katholischen Hofkirche (1738–55), heute Kathedrale **St. Trinitatis** 9. An der Westseite des Platzes erhebt sich die eindrucksvolle **Semperoper** 10. Das von Gottfried Semper 1871–78 errichtete Opernhaus war 1945 völlig zerstört und 1985 in alter Pracht wieder eröffnet worden. Nahe der Oper steht Dresdens berühmtestes Gebäude, der **Zwinger** 11. Im frühen 18. Jh. erbaut, ist er heute Heimstatt der Gemäldegalerie Alter Meister, Rüstkammer, Porzellansammlung, Naturhistorischen Sammlungen und des Mathematisch-Physikalischen Salons. Durch den Nordausgang gelangt man zur **Schinkelwache** 12, die den Namen ihres berühmten Architekten trägt. Gegenüber zeigt im **Residenzschloss** 13 das Grüne Gewölbe Atemberaubendes aus der Schatzkammer der sächsischen Herrscher. Auf dem Weg über die Elbe in die Dresdner Neustadt passiert man das **Blockhaus** 14, das 1732–55 als Neustädter Wache errichtet wurde. Nur wenige Meter vom Elbufer entfernt befindet sich das **Japanische Palais** 15 (1715–33), in dem das Museum für Völkerkunde und das Museum für Vorgeschichte Platz fanden. Über die Königstraße mit ihren eleganten Bürgerhäusern erreicht man die **Dreikönigskirche** 16 (1732–39, George Bähr und Matthäus Daniel Pöppelmann). Das **Kügelgenhaus** 17 ist Heimat des Museums zur Dresdner Romantik. Am Eingang zum Neustädter Markt erhebt sich das überlebensgroße Standbild Augusts des Starken – der **Goldene Reiter** 18.

TOP TIPP

TOP TIPP

Weitere Sehenswürdigkeiten:

Yenidze 19 (Orientalische Tabakfabrik)
Bürgerwiese 20 (Park)

Praktische Hinweise

Information

Tourist-Information, Prager Str. 2 a und Schinkelwache, Theaterplatz, beide. Tel. 03 51/49 19 21 00, www.dresden-tourist.de

Hotels

Amadeus, Großenhainer Str. 118, Tel. 03 51/841 80, www.hotel-amadeus-dresden.de. Mittelklassehotel mit angeschlossenem Apartmenthaus.

Bayerischer Hof, Antonstr. 35–35, Tel. 03 51/82 93 70, www.bayerischer-hof-dresden.de. Stilvolles 4-Sterne-Haus beim Neustädter Bahnhof.

NH Dresden, Hansastr. 43, Tel. 03 51/842 40, www.nh-hotels.com. Neueres Hotel mit allem Komfort.

Restaurants

Altmarktkeller Dresden, Altmarkt 4, Tel. 03 51/481 81, www.altmarktkeller-dresden.de. Rustikales sächsisch-böhmisches Bierhaus.

Coselpalais, An der Frauenkirche 12, Tel. 03 51/496 24 44. Beliebtes Grand Café und Restaurant mit deutsch-französischer Küche im barocken Coselpalais.

Pulverturm, An der Frauenkirche 12, Tel. 03 51/26 26 00, www.pulverturm-dresden.de. Deftiges in Gewölben.

Am Ufer der Elbe zeigt Dresden seine Schätze: Frauenkirche, Residenzschloss und Kathedrale

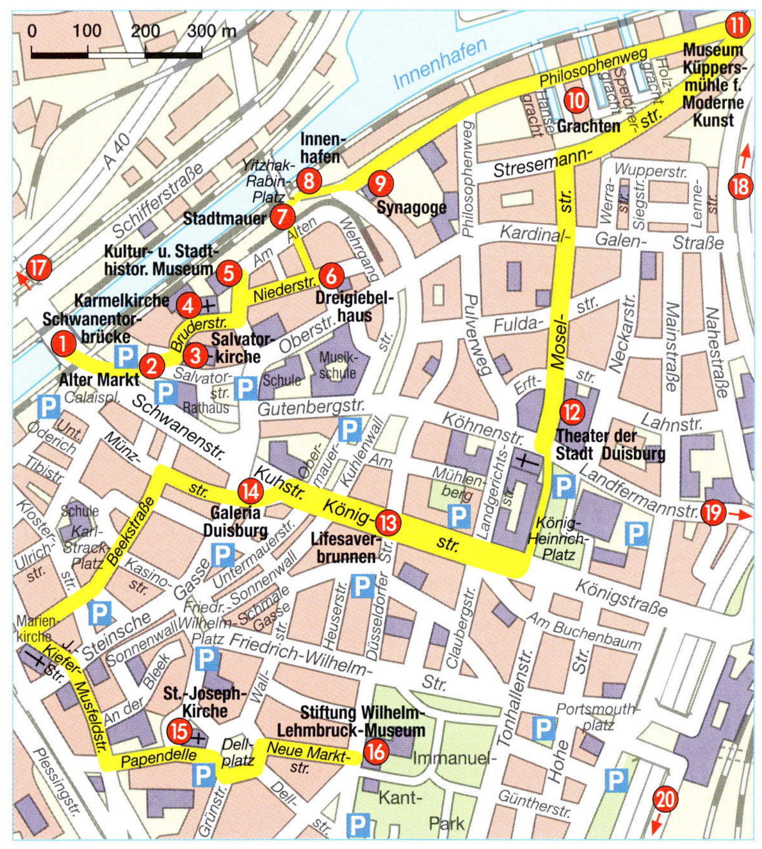

Duisburg *A4*

Nordrhein-Westfalen
Einwohner: 509 000

Zeugnisse einer großen industriellen Epoche mischen sich mit Moderne pur.

Die Industriemetropole an der Mündung der Ruhr in den Rhein besitzt einen der größten Binnenhäfen der Welt. Von der **Schwanentorbrücke** 1, einer Hubbrücke, die seit 1950 den Stadtteil Kaßlerfeld mit der Innenstadt verbindet, gelangt man zum **Alten Markt** 2 mit seiner archäologischen Zone: 1980 fand man hier bei Grabungsarbeiten am Rathaus Reste eines mittelalterlichen Marktes. Gleich nebenan hat der Kartograph Gerhard Mercator (1512–1594) in der **Salvatorkirche** 3 seine letzte Ruhestätte gefunden. Auch in der **Karmelkirche** 4 in der Brüderstraße wird die Geschichte Duisburgs lebendig. 1961 wurde sie für die im Zweiten Weltkrieg zerstörte Minoritenkirche errichtet. Ausgrabungsfunde aus dem 12. Jh. können hier ebenso besichtigt werden wie Grabkammern aus dem 18. Jh. In einem ehem. Getreidespeicher am Johannes-Corputius-Platz informiert das **Kultur- und Stadthistorische Museum** 5 über die traditionsreiche Vergangenheit Duisburgs. Auch das Museum der Stadt Königsberg ist im Gebäude untergebracht. Das **Dreigiebelhaus** 6 in der Nonnengasse ist das älteste erhaltene Wohnhaus der Stadt. Der mittlere Teil wurde bereits 1536 erbaut. Im Lauf der Zeit hat das Gebäude als Kloster, Kirche, Höhere Töchterschule und Wohnhaus gedient. In Richtung Innenhafen finden sich noch ansehnliche Reste der einstigen **Stadtmauer** 7 aus dem 12. und 13. Jh. Zu den wenigen noch erhaltenen Türmen gehört der Koblenzer Turm. Seit dem Ausbau des **Innenhafens** 8 liegen hier Geschichte und Moderne dicht beieinander. Die erste bewegliche Hängebrücke der Welt verbindet die nördliche Hafenpromenade mit dem Altstadtpark. Hier schuf der israelische Bildhauer Dani Karavan den ›Garten der Erinnerung‹, in dem auch das Haus Trinks mit seinen zeitgenössischen Kunstprojekten ein Zuhause gefunden hat. Zeitgleich mit dem Altstadtpark entstand direkt nebenan das Jüdische Gemeindezentrum sowie die sternförmige **Synagoge** 9 für die Mitglieder der jüdischen Gemeinden Mülheim, Duisburg und Oberhausen. Ungewöhnliches bietet auch der Wohnpark des Innenhafens, in dem drei künstlich angelegte **Grachten** 10 holländisches Flair vermitteln. An der Hansegracht befindet sich der Eingang zum naturwissenschaftlich orientierten Atlantis Kindermuseum, das kleine Forscher zwischen vier und 12 Jahren zum Mitmachen einlädt. Am Ende des Philosophenwegs liegt das **Museum Küppersmühle für Moderne Kunst** 11. In der denkmalgeschützten einstigen Getreidemühle sind Schlüsselwerke bedeutender Nachkriegskünstler aus der Neuen Sammlung Ströher zu sehen. Durch die Stresemannstraße und dann links durch die Moselstraße gelangt man zum **Theater der Stadt Duisburg** 12 (1912 eingeweiht), das seit 1955 auch ›Die Deutsche Oper am Rhein‹ – die Theatergemeinschaft der Städte Duisburg und Düsseldorf – beherbergt. Von hier aus geht es am König-Heinrich-Platz vorbei zum **Lifesaverbrunnen** 13 (1991–93) von Niki de Saint-Phalle und Jean Tinguely, der von einem 7,2 m hohen vogelähnlichen bunten Fabelwesen dominiert wird und mittlerweile den Charakter eines Wahrzeichens hat. In Richtung Altstadt befindet sich das ›gläserne Einkaufszentrum‹ der Stadt, die **Galeria Duisburg** 14. Zum Bummel laden auch die Geschäfte am Sonnenwall und in der Wallstraße ein. Unser Weg führt aber durch die Beekstraße. Hier erbauten die Johanniter 1153 die Marienkirche, das heutige Gotteshaus entstand 1797–1802. Die nahe gelegene **St.-Joseph-Kirche** 15 am Dellplatz wurde im Zweiten Weltkrieg so schwer beschädigt, dass sie fast vollständig neu errichtet werden musste. Dabei wurden Tradition und moderne Elemente miteinander verbunden. Der Streifzug endet an der **Stiftung Wilhelm-Lehmbruck-Museum** 16. Das zu Ehren des expressionistischen Duisburger Bildhauers errichtete Museum nimmt mit mehr als 300 Skulpturen internationaler Künstler eine Spitzenstellung in Europa ein.

TOP TIPP

Weitere Sehenswürdigkeiten:

Museum der Deutschen Binnenschifffahrt 17
Landschaftspark Duisburg-Nord 18
Zoo 19
Sportpark Wedau 20

Praktische Hinweise

Information

Tourist Information, Königstr. 86, Tel. 02 03/28 54 40, www.duisburgnonstop.de

Hotels

Hotel am Kantpark, Gallenkampstr. 6, Tel. 02 03/28 28 90, www.hotel-am-kantpark.de. Kleines, ruhig gelegenes Hotel garni.

Hotel Mirage, Ulrichstr. 28, Tel. 02 03/ 28 68 50, www.hotel-mirage.de. Hotel garni in der Innenstadt.

Hotel Regent, Dellplatz 1–3, Tel. 02 03/29 59 00, www.hotel-regent.de. Gutes Mittelklassehotel nahe beim Lehmbruck-Museum.

Restaurants

Brauhaus Schacht 4/8, Düsseldorfer Str. 21, Tel. 02 03/28 10 00, www.brauhaus-schacht-4-8.de. Regionale Küche, selbst gebrautes Bier, hauseigene Backwaren.

Die Faktorei, Philosophenweg 21, Tel. 02 03/346 83 79, www.faktorei.de. Trendiges Lokal mit häufig wechselnder Karte.

Dreigiebelhaus, Nonnengasse 8, Tel. 02 03/268 59, www.dreigiebelhaus.com. Gehobene bürgerliche Küche in ehem. Wohnhaus des 16. Jh.

Industriedenkmäler im modernen Gewand: Speicherzeile am Innenhafen

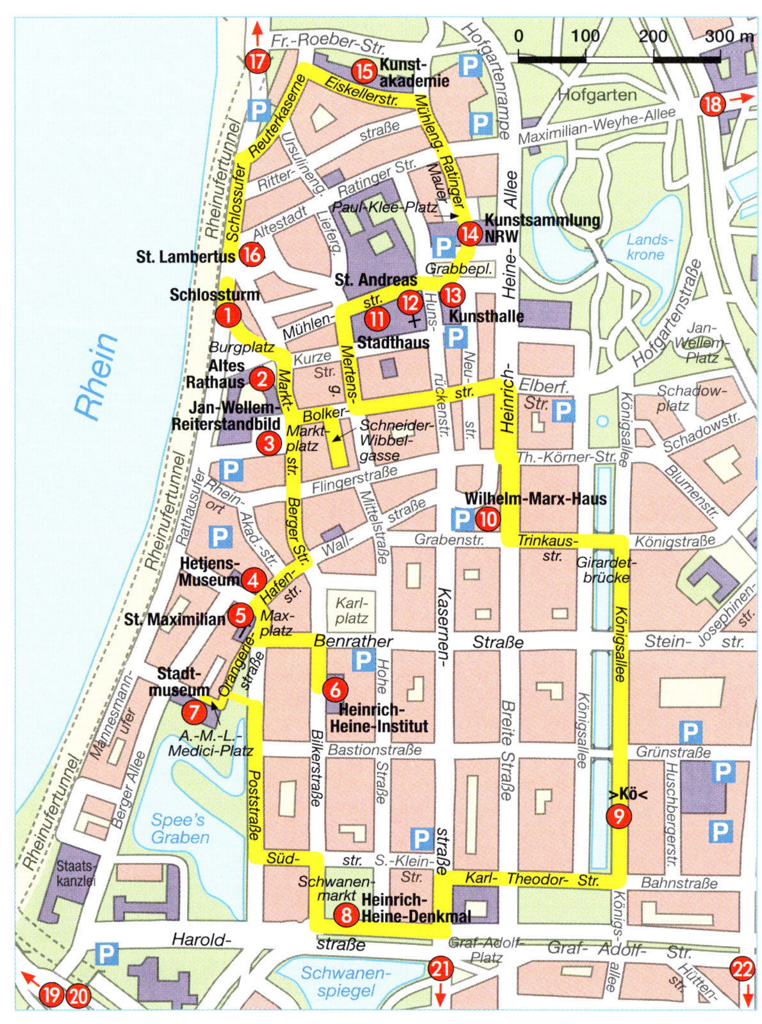

Düsseldorf

A5

Nordrhein-Westfalen
Einwohner: 569 000

Flair, geschäftiges Treiben, Lebenskunst – NRWs Metropole hat alles!

Düsseldorf ist die Hauptstadt des Bundeslandes Nordrhein-Westfalen und eine lebhafte Kunst-, Mode- und Messemetropole. Die erste Station des Rundgangs durch die Stadt ist der **Schlossturm** 1 direkt am Rheinufer auf dem Burgplatz. Der einzige Überrest des kurfürstlichen Schlosses steht neben dem Radschläger-Brunnen und dem Stadterhebungsmonument und beherbergt heute das Schifffahrtsmuseum. Wenige Schritte vom Schlossturm steht an der Nordseite des Marktplatzes das **Alte Rathaus** 2 mit dem **Jan-Wellem-Reiterstandbild** 3. Das Denkmal des Kurfürsten Johann Wilhelm ist das Wahrzeichen der Stadt. Über die Schneider-Wibbel-Gasse und vorbei an der Spieluhr gelangt man zum **Hetjens-Museum** 4. Das Museum zeigt bis zu 8000 Jahre alte Keramik aus unterschiedlichen Epochen und Kulturen. Im selben Gebäude präsentiert auch das interaktive Filmmuseum Landeshauptstadt Düsseldorf viel Unterhaltsames und Informatives rund ums Thema Film. Schräg gegenüber am Maxplatz liegt die Kirche **St. Maximilian** 5 von 1737, die u. a. ein sehenswertes Chorgestühl besitzt. Von dort macht man einen kleinen Abstecher zum **Heinrich-Heine-Institut** 6, in dem Manuskripte, Briefe, zeitgenössische Porträts sowie die Totenmaske des in Düsseldorf geborenen Schriftstellers Heine (1797–1856) ausgestellt sind. Vom Maxplatz führt nun der Weg weiter zum **Stadtmuseum** 7, in dem die Geschichte und Kultur Düsseldorfs dokumentiert sind. Den nördlichsten Punkt des Rundgangs bildet der Schwanenmarkt mit dem **Heinrich-Heine-Denkmal** 8. Von hier aus geht es zur exklusivsten Einkaufsmeile Deutschlands, der Königsallee, kurz ›**Kö**‹ 9 genannt. Auf 800 m Länge reihen sich hier die noblen Geschäfte aneinander. Der Weg zurück in die Altstadt gewährt einen Blick auf das **Wilhelm-Marx-Haus** 10 (1922–24), mit 57 m das erste Bürohochhaus Deutschlands. Durch die Bolkerstraße, vorbei am Heinrich-Heine-Geburtshaus und der Neanderkirche, geht es zum **Stadthaus** 11, in dem u.a. die Mahn- und Gedenkstätte für die Opfer des Nationalsozialismus untergebracht ist. Wenige Schritte weiter steht mit **St. Andreas** 12 (1622–29) eines der schönsten barocken Gotteshäuser des Niederrheins. Düsseldorfs Zentrum der modernen Kunst ist die Gegend um den Grabbeplatz. An der **Kunsthalle** 13, die Wechselausstellungen zeigt, ist das ›Ofenrohr‹ (1971) von Joseph Beuys (1921–1986) zu bestaunen. Mit einem Blick auf die Oper rechterhand geht es zur **Kunstsammlung NRW** 14 (bis Herbst 2009 geschl.), die als ›K20‹ Malerei des 20. Jh. präsentiert. Die **Düsseldorfer Kunstakademie** 15 verdankt ihren Ruhm vor allem Joseph Beuys, der hier jahrelang unterrichtete. Abschließend geht es zur Stiftskirche **St. Lambertus** 16 (13./14. Jh.) mit dem prächtigen Grabmal für Herzog Wilhelm V.

Top Tipp: Stadtmuseum; Kunsthalle; Kunstsammlung NRW

Weitere Sehenswürdigkeiten:

Kulturzentrum Ehrenhof 17
Schloss Jägerhof 18
Rheinturm 19
Medienhafen (Neuer Zollhof) 20
Ständehaus 21 (mit K21-Kunstsammlung Nordrhein-Westfalen)
Schloss Benrath 22 (mit dem Museum für Europäische Gartenkunst)

Praktische Hinweise

Information

Düsseldorf Marketing & Tourismus GmbH, Marktplatz 6, Tel. 02 11/17 20 20, www.duesseldorf-tourismus.de

Hotels

Am Hofgarten, Arnoldstr. 5, Tel. 02 11/ 49 19 90, www.hotel-am-hofgarten.de. Gemütliches kleines Hotel in Familienbesitz.

Esplanade, Fürstenplatz 17, Tel. 02 11/ 38 68 50, www.guennewig.de. Gut ausgestattetes 4-Sterne-Haus.

Ibis Hotel am Hauptbahnhof, Konrad-Adenauer-Platz 14, Tel. 02 11/167 20, www.ibishotel.com. 166 klimatisierte Zimmer mit Frühstück bietet das Hotel.

Restaurants

Weinhaus Tante Anna, Andreasstr. 2, Tel. 02 11/13 11 63, www.tanteanna.de. Feine Küche und erlesene Weine.

Zum Schiffchen, Hafenstr. 5, Tel. 02 11/ 13 24 21, www.brauerei-zum-schiffchen.de. Rheinische Hausmannskost bietet dieses älteste Restaurant der Stadt.

Hochrangiges präsentiert die Kunstsammmlung NRW hinter ihrer glänzenden Granitfassade

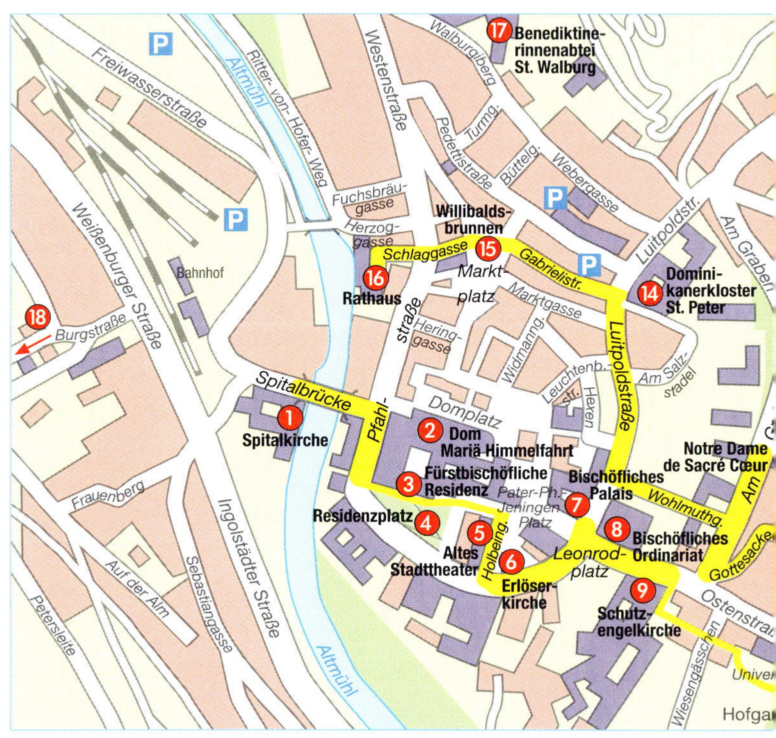

Eichstätt

D7

Bayern
Einwohner: 13 000

Das Herz des gleichnamigen Bistums inszeniert sich in festlichem Barock.

Ausgangspunkt des Rundgangs durch die frühere bischöfliche Residenzstadt ist der barocke Wandpfeilerbau der **Spitalkirche** 1 (Jakob Engel, 1669–1703). Die dazugehörige karitative Stiftung mit Spitalbauten (gegr. 1230) besteht nach wie vor. Über dem Domplatz erhebt sich der

TOP TIPP

spätgotische Bau des **Doms Mariä Himmelfahrt** 2. Die Bauteile der Hallenkirche mit Mortuarium (gotische Grablege für das Domkapitel) und Kreuzgang stammen aus dem 11.–16. Jh. Der Dom birgt viele Kunstschätze, u. a. den Pappenheimer Altar (1489–97) und den Hochaltar (1480/1884), eine Sitzfigur des hl. Willibald (um 1514, Gregor Erhart) und die Glasmalereien in den Ostfenstern von Hans Holbein d. Ä. (um 1500). Der vierflügelige Kreuzgang bildet ein gartenähnliches Atrium, durch das man auch das Domschatz- und Diözesanmuseum erreicht. Neben dem Dom entfaltet der barocke Dreiflügelbau der früheren **Fürstbischöflichen Residenz** 3 (Jakob Engel, Gabriel Gabrieli, 1700–27) Anmut und Pracht italienischer Architektur. Der **Residenzplatz** 4 davor bildet ein schönes Ensemble, in dem der Marienbrunnen und die 16 m hohe Mariensäule (Maurizio Pedetti, 1776/77) unverwechselbare Akzente setzen. Das **Alte Stadttheater** 5 nebenan wurde nach 1545 in dem früheren fürstbischöflichen Getreidekasten eingerichtet. Der Backsteinbau der **Erlöserkirche** 6 (1885–87) erhebt sich gleich dahinter. Von der architektonischen Anmut des Italieners Gabriel Gabrieli zeugt der barocke Vierflügelbau des **Bischöflichen Palais** 7 (nach 1736). Der Baumeister des **Bischöflichen Ordinariats** 8 (1765) ist Maurizio Pedetti. Beide Italiener sowie Jakob Engel gestalteten reizvolle Bauwerke am Leonrodplatz, dessen Mittelpunkt der Wittelsbacher Brunnen (1905) bildet. Hier befindet sich auch die **Schutzengelkirche** 9, eine Wandpfeilerkirche von Johann Alberthaler mit prächtiger Innenausstattung (17. Jh.). An der Kirche vorbei gelangt man

TOP TIPP

durch den Hofgarten zur **Fürstbischöflichen Sommerresidenz** 10,

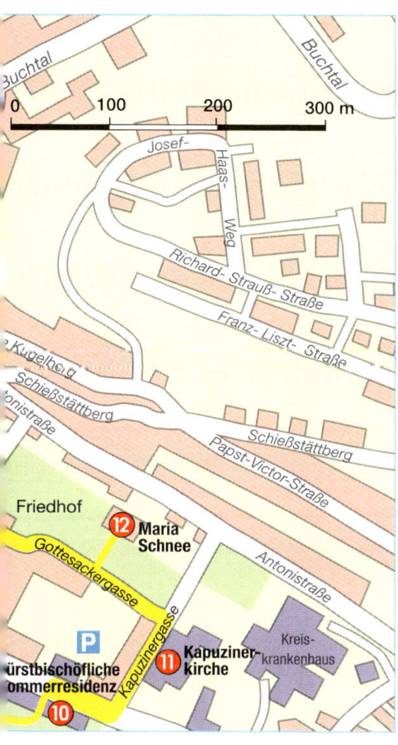

einem herrlichen Lustschloss von Gabrieli (1735–37), das heute die Universitätsverwaltung beherbergt. Links geht es dann zur **Kapuzinerkirche** ⓫ (Heilig-Kreuz und Zum Hl. Grab), einem barocken Kirchenbau (1623–25) mit der Nachbildung des Hl. Grabes in Jerusalem. Wieder links erreicht man die Friedhofskapelle **Maria Schnee** ⓬ (1535, verändert 1790) auf dem Ostenfriedhof, auf dem u. a. die Grabsteine der Baumeister Pedetti und Gabrieli zu finden sind. Letzterer gestaltete auch die ehem. Klosterkirche **Notre Dame de Sacré Cœur** ⓭ (1719–21), die heute das Info-Zentrum Naturpark Altmühltal beherbergt. Vorbei an dem 1918 nach einem Brand wieder errichteten ehem. **Dominikanerkloster St. Peter** ⓮, in dem sich mittlerweile das Gabrieli-Gymnasium befindet, geht es zum dreieckigen Marktplatz. Mit seinen schmucken barocken Bürgerhäusern bildet er das Herz Eichstätts. Sein Mittelpunkt ist der barocke **Willibaldsbrunnen** ⓯ (1695, Jakob Engel), auf dem eine Statue des hl. Willibald wacht. Der Weg endet am ursprünglich mittelalterlichen, 1823/24 umgebauten **Rathaus** ⓰ mit barockem Portal.

Ein lauschiges Plätzchen: Fürstbischöfliche Sommerresidenz mit Hofgarten

Weitere Sehenswürdigkeiten:

Benediktinerinnenabtei St. Walburg ⓱
Willibaldsburg ⓲

Praktische Hinweise

Information

Tourist Information, Domplatz 8, Tel. 08421/6001400, www.eichstaett.de

Hotels

Gasthof Sonne, Buchtal 17, Tel. 08421/6791, www.sonne-eichstaett.de. Gemütliches kleines Hotel mit Restaurant.

Hotel Adler, Marktplatz 22, Tel. 08421/6767, www.adler-eichstaett.de. Direkt am Marktplatz steht das traditionsreiche Haus im Barockstil.

Hotel Schießstätte garni, Schießstättberg 8, Tel. 08421/98200, www.hsg-ei.de. Oberhalb der Altstadt liegt das 3-Sterne-Haus mit Panoramaterrasse.

Restaurants

Braugasthof Trompete, Ostenstr. 3, Tel. 08421/98170, www.braugasthof-trompete.de. Bayerisch-fränkische Küche, aber auch mediterran inspirierte Gerichte.

Domherrnhof, Domplatz 5, Tel. 08421/6126, www.domherrnhof.de. Exquisite Küche in stilvollem Rahmen.

Krone, Domplatz 3, Tel. 08421/4406, www.krone-eichstaett.de. Frisches aus der Region: Wild aus heimischen Wäldern, Fleisch vom Bauern, Fisch aus eigenen Gewässern.

Eisenach

D8

Thüringen
Einwohner: 44 000

Schauplatz großer Geschichte und Kultur mitten in Deutschland.

Mit seinen Bürgerhäusern, dem 1996 sanierten und umgestalteten Rathaus, dem Stadtschloss und der Georgenkirche (1180) bildet der Marktplatz seit jeher die repräsentative Mitte der Wartburgstadt (um 1180 erstmals urkundlich erwähnt, Stadtrecht 1283). Unter den Augen des rüstungsbewehrten Schutzpatrons St. Georg auf dem Marktbrunnen startet der Spaziergang. Das ursprünglich spätgotische **Rathaus** 1 (1508) wurde 1636–41 nach einem Stadtbrand wieder aufgebaut. Seine Hauptfront trägt noch heute deutlich die Handschrift der Renaissance; der Südteil fiel 1945 einem Bombenangriff zum Opfer. Das **Stadtschloss** 2 (1742–51) entstand im Auftrag des Herzogs Ernst August von Sachsen-Weimar im barocken Stil. Die kunsthandwerkliche Sammlung des Thüringer Museums mit ihren kostbaren Fayencen, Gläsern und Porzellanen ist hier untergebracht. Wegen Restaurierung des Schlosses sind jedoch nicht alle Räume zugänglich, und ein Teil der Sammlungen wird im Marstall ausgestellt. Neben dem Platz Jakobsplan mit dem **St.-Georg-Denkmal** 3 erstreckt sich das **Bechtolsheimsche Palais** 4. Im Wohnsitz des herzoglichen Vizekanzlers beliebte auch Geheimrat Goethe geistreiche Gespräche zu führen. Auf der rechten Seite der Sophienstraße erhebt sich die neugotische Elisabethkirche (1886), bevor die Straße links zum **Thüringer Landestheater** 5 abbiegt. Die im Auftrag des Eisenacher Kunstmäzens Baron Julius von Eichel-Streiber errichtete Schauspiel-, Opern-, Ballett- und Konzertbühne (1879 eröffnet) bietet rund 600 Besuchern Platz. Die spätromanische **Nikolaikirche** 6 (1172–90) wurde als Pfarrkirche und Gotteshaus für das Benediktinerinnenkloster erbaut. Sie erhebt sich direkt neben dem Nikolaitor, dem ein-

TOP TIPP

zigen erhaltenen von fünf Tortürmen der mittelalterlichen Stadtbefestigung. Von dort fällt der Blick auf das **Lutherdenkmal** 7 (1895) auf dem Karlsplatz. Eine Kuriosität ist das 8,50 m hohe, aber nur 2,05 m breite **Schmale Haus** 8 (um 1750, Johannisplatz Nr. 9). Die Schmelzerstraße führt zum Lutherplatz, an dem auch das **Lutherhaus** 9 steht. Das Fachwerkhaus, eines der ältesten der Stadt, ist ganz dem Wirken des Reformators gewidmet (Lutherstuben, Ausstellung zum evangelischen Pfarrhaus), der dort während seiner Eisenacher Schulzeit (1498–1501) gewohnt haben soll. TOP TIPP **Bachdenkmal** 10 und **Bachhaus** 11 erinnern an den berühmtesten Sohn der Stadt, den Komponisten Johann Sebastian Bach (1685–1750), dessen Geburtshaus in der Frauenplan 21 steht. Räume und Einrichtungsgegenstände des Bachhauses vermitteln einen lebendigen Eindruck von den Wohn- und Lebensverhältnissen einer Bürgerfamilie um 1700. Zum Johannistal öffnet sich der **Kartausgarten** 12 – zunächst Garten des Karthäuserklosters (um 1380), dann fürstlicher Lust- und Küchengarten (nach 1700), seit der Goethezeit naturnaher Park. Im Teezimmer des frühklassizistischen, auf den Fundamenten des Klosters errichteten Gärtnerhauses hängen wertvolle französische Tapetenbilder zu ›Amor und Psyche‹ (um 1830). In der **Gedenkstätte ›Goldener Löwe‹** 13 wird die Tradition Eisenachs als Wiege der Arbeiterbewegung lebendig: Am 7. August 1869 wurde hier der Gründungskongress der Sozialdemokratischen Arbeiterpartei eröffnet, zwei Ausstellungen erinnern an diese Zeit. Der niederdeutsche Dichter Fritz Reuter (1810–1874) ließ sich in Eisenach, wo er seinen Lebensabend verbrachte, vom Architekten Ludwig Bohnstedt eine Villa im Stil der Neorenaissance bauen (1866–68). In den teils original eingerichteten Räumen hat seit 1897 das TOP TIPP **Reuter-Wagner-Museum** 14 seinen Platz, das seine Entstehung dem Wiener Wagner-Verehrer Nicolaus Oesterlein verdankt. Seine an die Stadt verkaufte Sammlung umfasste rund 20 000 Stücke zu Leben und Werk des Komponisten. Die Reuter-Villa ist auch idealer Ausgangspunkt für eine Wanderung zu der berühmten, hoch über der Stadt gelegenen TOP TIPP **Wartburg** 15, die seit 1999 zum Weltkulturerbe der UNESCO gehört. 1067 gegründet, wurde sie als Stammsitz der Ludowinger ab 1155 ausgebaut und im 14./15. Jh. nochmals erweitert. 1521/22 fand Martin Luther hier Zuflucht und übersetzte das Neue Testament ins Deutsche. Zu den vielen Attraktionen der geschichtsträchtigen Burg zählen die mosaikgeschmückte Elisabethkemenate, die Fresken des Moritz von Schwind und der prächtig ausgestattete Festsaal, in dem jeden Sommer die Wartburgkonzerte stattfinden.

Weitere Sehenswürdigkeit:

Automobilmuseum 16
(›Automobile Welt Eisenach‹)

Praktische Hinweise

Information

Eisenach Wartburgregion Touristik GmbH, Markt 9, Tel. 036 91/792 30, www.eisenach.de

Hotels

Eisenacher Hof, Katharinenstr. 11–13, Tel. 036 91/293 90, www.eisenacherhof.de. 4-Sterne-Hotel mit urigem Erlebnisrestaurant ›Lutherstuben‹.

Kaiserhof, Wartburgallee 2, Tel. 036 91/888 90, www.kaiserhof-eisenach.de. Mittelklassehotel im Zentrum.

Schlosshotel Eisenach, Markt 10, Tel. 036 91/70 20 00, www.schlosshotel-eisenach.de. Stilvolles Hotel mit 43 Zimmern und Suiten in ehem. Franziskanerkloster.

Restaurants

Alt Eisenach, Karlstr. 51, Tel. 036 91/74 60 88. Regionale und deutsche Küche.

Brunnenkeller, Am Markt 10, Tel. 036 91/21 23 58. Speisen in urigem Gewölbekeller oder auf der Terrasse am Marktplatz.

Als Lutherstätte und mittelalterliche Burg schlechthin weltberühmt: die Wartburg

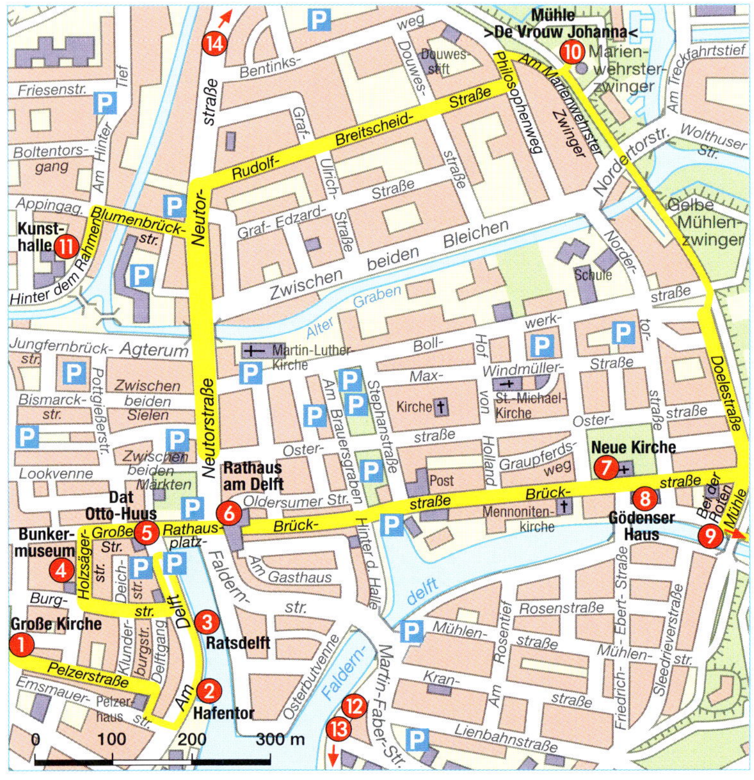

Emden

B3

Niedersachsen
Einwohner: 51 000

Die größte Stadt Ostfrieslands weist niederländische Einflüsse auf.

Der Rundgang durch die industriereiche, mehr als 1200-jährige Hafenstadt an der Ems beginnt an der Ruine der 1943 zerstörten und bis 1995 in Teilen wieder aufgebauten **Großen Kirche** 1. Diese ›Moederkerk‹ aus dem 15. Jh. ist St. Cosmas und Damian geweiht. Hier hat zwischen gotischen Backsteinbögen und modern-funktionalem Interieur Ostfrieslands älteste Bibliothek ihren Platz gefunden. Vom polnischen Reformator Johannes a Lasco 1559 begründet, besitzt sie heute rund 100 000 Titel. Das macht sie zu einer international anerkannten Forschungsstätte für reformierten Protestantismus und Konfessionsgeschichte der frühen Neuzeit. Entlang restaurierter Fachwerkhäuser führt die Pelzerstraße zum Pelzerhaus (Nr. 12), einem Bürgerhaus im Stil flämisch-niederländischer Renaissance (um 1585), das heute für Ausstellungen genutzt wird. Das alte **Hafentor** 2, 1635 vom Emder Stadtbaumeister Martin Faber errichtet, erstrahlt frisch renoviert in alter Pracht. Die historischen Gebäude im umliegenden Viertel werden als ›Kapitänshäuser‹ restauriert und modernisiert. In dieser sog. Wasserstadt am Hafentor befindet sich auch der Eingang zum **Ratsdelft** 3, dem schon im Mittelalter angelegten Hafenbecken. Im 16. Jh. stieg Emden, heute ein bedeutender Industriestandort, zu einer der wichtigsten Seehafenstädte Europas auf. Wohlstand brachten Stapelrecht, Schiffs- und Handelszölle, Walfang, Heringsfischerei und nicht zuletzt Fleiß und Können calvinistischer Glaubensflüchtlinge aus den Niederlanden. Im Ratsdelft haben auch Museumsschiffe ihren letzten Ankerplatz gefunden: das Feuerschiff ›Deutsche Bucht/Amrumbank‹ (Baujahr 1914–18, mit Trauzimmer und Restaurant) etwa oder der Seenot-Rettungskreuzer ›Georg Breusing‹. An den Delfttreppen legen Boote zu Hafenrundfahrten und Touren durch

TOP TIPP

die weitläufigen Stadtkanäle ab. Ein kleiner Abstecher in die Holzsägerstr. 6 führt zur ungewöhnlichen Installation ›Innen-Außen-Welten‹ an der Fassade eines ehem. Luftschutzbunkers. Hinter den dicken Betonwänden des dort 1995 eröffneten **Bunkermuseums** 4 werden düstere Erinnerungen an die Bombennächte des Zweiten Weltkriegs wach, als Emden fast dem Erdboden gleichgemacht wurde. **Dat Otto-Hus** 5 direkt am Delft (Große Straße 1) zeigt den ›berüchtigtesten Sohn der Stadt‹ (Otto über Otto) und Blödelkönig Otto Waalkes in allen friesischen und außerfriesischen Lebenslagen. Gleich gegenüber kündet das Wahrzeichen der Stadt, das **Rathaus am Delft** 6, vom Stolz der Emder Bürger: In den Jahren 1574–76 nach Antwerpener Vorbild errichtet, wurde das 40 m lange Gebäude 1944 zerstört, aber nach Originalplänen und mit Teilen des alten Baus in der Formensprache der 1950er-Jahre wieder aufgebaut. Es ist nach Umbauarbeiten seit Ende 2005 wieder geöffnet. Dort untergebracht sind das Ostfriesische Landesmuseum, das u.a. kostbare Silberarbeiten und niederländische Gemälde des 17. Jh. besitzt, sowie die Emder Rüstkammer mit rund 2500 Objekten. Einander gegenüber im hinteren Teil der Brückstraße stehen die prächtige **Neue Kirche** 7 (1643–48), die erste im Stil des Barock errichtete calvinistische Predigerkirche Deutschlands, und das **Gödenser Haus** 8 (1551). Am Schnittpunkt von vier Wasserstraßen – Stadtgraben, Falderndelft, Fehntjer Tief und Ems-Jade-Kanal – wurde 1885/86 die **Kesselschleuse** 9 gebaut. Von dort folgt der Rundweg den Wallanlagen mit ihren ursprünglich zehn Zwingern (1606–16), auf denen im 19. Jh. teilweise noch Mühlen errichtet wurden, so auch am Marienwehrsterzwinger die **Mühle ›De Vrouw Johanna‹** 10, ein Galerie-Holländer von 1804. Ausgesprochene Höhepunkte der modernen Kunst bietet die 1986 eröffnete **Kunsthalle** 11 an der Einmündung des Alten Grabens in das Hintere Tief. Den postmodernen roten Backsteinbau ließ der langjährige Chefredakteur und Herausgeber des ›Stern‹, Henri Nannen (1913–1996), für seine Sammlung errichten, die er seiner Heimatstadt schenkte. Im Jahr 2000 wurde der Bestand durch Kunst ab 1945 eines Münchner Galeristen erweitert Der vollständige Name lautet daher ›Kunsthalle Emden – Stiftung Henri und Eske Nannen und Schenkung Otto van de Loo‹.

TOP TIPP

Weitere Sehenswürdigkeiten:

Große Seeschleuse 12 (zwischen Ems und Neuem Binnenhafen)
Borkumkai 13 (Fähranleger der AG Ems, Emden-Außenhafen)
Suurhusener Kirchturm 14 (1282, ›schiefer Turm‹ mit Überhang)

Praktische Hinweise

Information

Tourist-Information Emden, Alter Markt 2a und Bahnhofsplatz 11, beide Tel. 049 21/974 00, www.emden-touristik.info

Hotels

Am Boltentor, Hinter dem Rahmen 10, Tel. 049 21/972 70. Hotel garni bei der Kunsthalle.

Goldener Adler, Neutorstr. 5, Tel. 049 21/927 30, www.goldener-adler-emden.de. Gemütliches kleines Hotel mit eigenem Restaurant.

Großer Kurfürst, Neutorstr. 41, Tel. 049 21/203 03, www.hotel-kurfuerst-emden.de. 3-Sterne-Hotel garni in der Innenstadt.

Restaurants

Alt-Emder Bürgerhaus, Friedrich-Ebert-Str. 33, Tel. 049 21/97 61 00, www.alt-emder-buergerhaus-emden.de. Fisch frisch vom Kutter ist Schwerpunkt der Speisekarte.

Feuerschiff-Restaurant, Georg-Breusing-Promenade, Tel. 049 21/92 92 00, www.feuerschiff-restaurant.de. Gutbürgerlich lässt es sich speisen an Bord des Feuerschiffs Amrumbank.

Restaurant Fisherman, Neuer Markt 19, Tel. 049 21/58 99 87. Deutsche und internationale Küche.

Emdens Wahrzeichen: Ratsdelft mit Rathaus

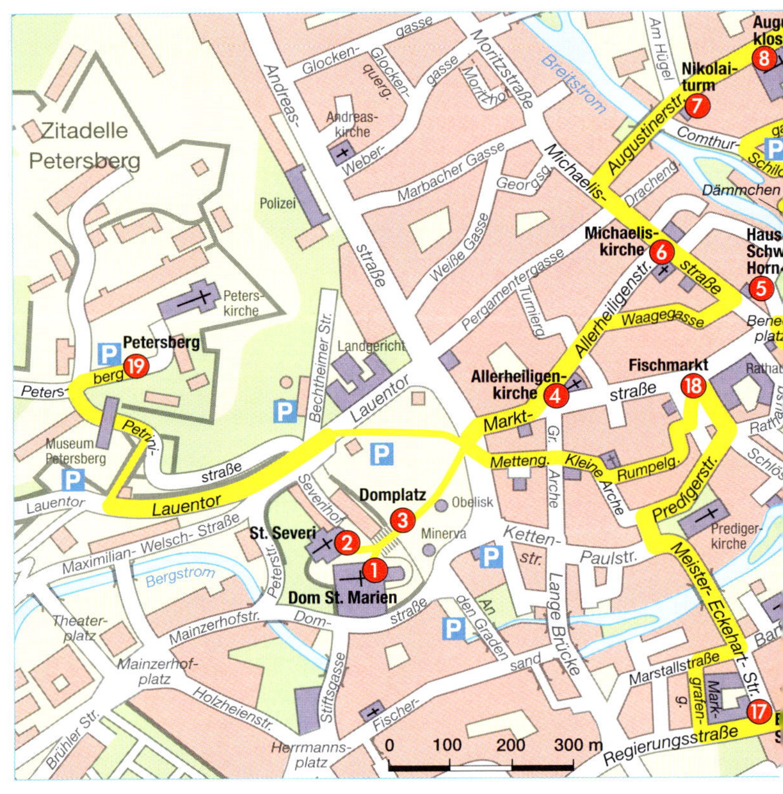

Erfurt *D5*

Thüringen
Einwohner: 199 000

Als Stadt der Türme hat man Thüringens Kapitale bezeichnet – zu Recht.

Die Landeshauptstadt Thüringens erlebte im 14. und 15. Jh. ihre Blütezeit als Handelsmetropole. Die Ursprünge der Stadt reichen jedoch bis ins Jahr 742 zurück, als Missionsbischof Bonifatius unweit einer Furt über das Flüsschen Erphes ein Bistum gründete. Im Zentrum der Erfurter Altstadt, auf dem Domhügel, TOP TIPP drängen sich der gotische **Dom St. Marien** ❶ (Baubeginn als romanische Basilika ab 1154) und die angrenzende Pfarrkirche **St. Severi** ❷ (Baubeginn 1278) dicht aneinander. Beide beherbergen bedeutende Kirchenschätze. Über eine Freitreppe gelangt man auf den **Domplatz** ❸. Der Obelisk und der Marktbrunnen mit Minervafigur stammen aus dem 18. Jh. An der Nordseite des Platzes steht das 1904 im neugotischen Stil erbaute Gerichtsgebäude, an der Südseite beherrschen mittelalterliche Häuser wie ›Zur hohen Lilie‹ oder die ehem. ›Grüne Apotheke‹ das Bild. Durch die Marktstraße gelangt man zur **Allerheiligenkirche** ❹ (frühes 14. Jh.), deren unregelmäßiger Grundriss sich der Straßengabelung genau anpasst. Kurz darauf biegt rechts die enge Waagegasse ab. Vorbei an einer langen Front hoher Speicherhäuser aus dem 16./17. Jh. erreicht man das **Haus ›Zum Schwarzen Horn‹** ❺. Hier wurden u. a. Schriften Martin Luthers gedruckt, der 1501–11 in Erfurt lebte. Gegenüber liegt die **Michaeliskirche** ❻ (13. Jh.), in deren Kirchturm die älteste Glocke der Stadt (1380) zu bewundern ist. Über die Lehmannsbrücke geht es zum **Nikolaiturm** ❼, der seit 1744 als Wachturm diente. Weiter führt der Weg zum **Augustinerkloster** ❽ (1277) mit seinen gotischen Glasfenstern und dem Comthurhof (erbaut 1570), in dem Luther einige Jahre lebte. Das **Haus zur Steinecke** ❾ wurde um 1200 erbaut und diente zunächst als Hospital, dann als Badeanstalt und Wohnhaus. Heute beherbergt es eine Restaurierungswerkstätte. Von hier

lohnt sich ein Abstecher zur **Schottenkirche** ⑩, hinter deren barocker Fassade die einzige romanische Kirche der Stadt erhalten geblieben ist. Vorbei am **Haus Zum Alten Schwan** ⑪, in dem im 18. Jh. der Dichter Christoph Martin Wieland lebte, erreicht man die **Ägidienkirche** ⑫ (1321–24). Sie wurde zusammen mit TOP TIPP der **Krämerbrücke** ⑬ erbaut, die sich rühmen kann, mit 120 m die längste komplett mit Häusern bebaute und bewohnte Brücke Europas zu sein. Über die Rathausbrücke geht es zur **Johannesstraße** ⑭ mit ihren eindrucksvollen historischen Häusern, darunter das Haus ›Zum Stockfisch‹ mit seiner bunt gemusterten Fassade. Darin dokumentiert das Stadtmuseum die Geschichte Erfurts. Weiter südlich befindet sich die **Kaufmannskirche** ⑮, in der schon Luther predigte. Am Anger steht u.a. der barocke Kurmainzische Packhof, in dem das **Angermuseum** ⑯ (wegen Restaurierung bis ca. Ende 2009 geschl.) residiert. Vorbei am Bartholomäusturm führt der Weg zum Barockpalais der **Ehem. Kurmainzischen Statthalterei** ⑰, wo heute Thüringens Staatskanzlei residiert. Vom **Fischmarkt** ⑱ mit dem Rathaus, den Bürgerhäusern ›Zum Roten Ochsen‹, heute Sitz der Kunsthalle Erfurt, ›Zum Breiten Herd‹ und dem Gildehaus sowie der Rolandstatue (1591) gelangt man nach TOP TIPP **Petersberg** ⑲. Der schöne Ausblick, die Citadelle (1664–1707), die Peterskirche (1103–47) und das Museum Petersberg lohnen den Aufstieg.

Das Ensemble von Dom und Severikirche bildet Erfurts großartige Stadtkrone

Praktische Hinweise

Information

Tourismus Gesellschaft Erfurt, Benediktsplatz 1, Tel. 03 61/664 00, www.erfurt-tourismus.de

Hotels

Best Western Excelsior, Bahnhofstr. 35, Tel. 03 61/567 00, www.excelsior.bestwestern.de. 77 Zimmer in apartem Jugendstilgebäude im Zentrum.

Carat, Hans-Grundig-Str. 40, Tel. 03 61/343 00, www.hotel-carat-erfurt.de. Modernes, gut ausgestattetes 4-Sterne-Haus im Süden der Stadt.

Schloss Hubertus, Arnstädter Chaussee 9, Tel. 03 61/373 52 52, www.dietolleknolle.de. Neun Zimmer bietet das Hotel.

Restaurants

Alboth's Restaurant im Kaisersaal, Futterstr. 15/16, Tel. 03 61/568 82 07, www.alboths.de. Gourmetrestaurant.

Anger Maier, Schlösserstr. 8, Tel. 03 61/566 10 58, www.angermaier.de. Urgemütliches Lokal mit Biergarten.

Zum Güldenen Rade, Marktstr. 50, Tel. 03 61/561 35 06, www.zum-gueldenen-rade.de. Thüringer Klöße und weitere regionale Spezialitäten.

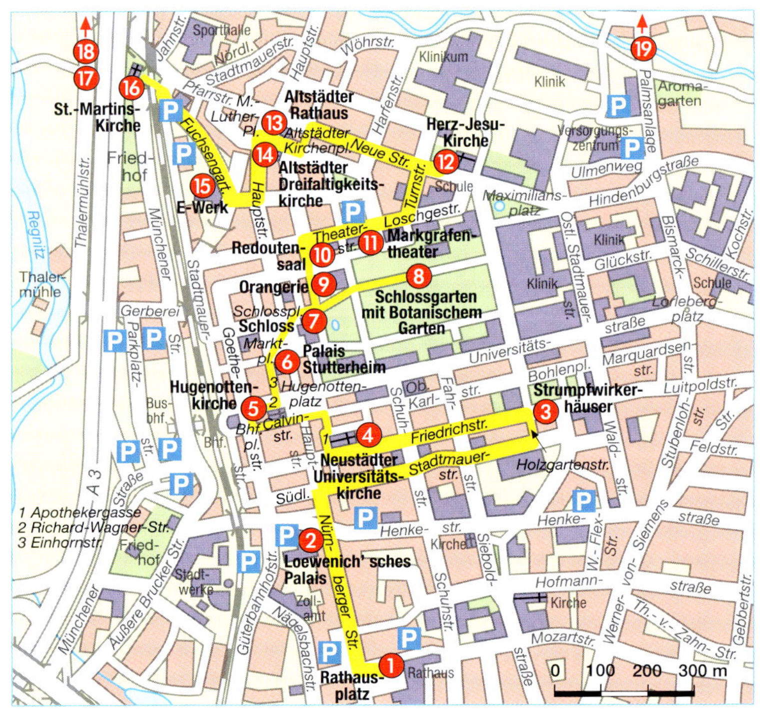

Erlangen *D6*

Bayern
Einwohner: 100 000

Hugenottisches Erbe und große Gelehrsamkeit prägten die Stadt.

Erlangen ist als bedeutende Universitätsstadt bekannt, zumal im Hinblick auf Medizin, und außerdem wurde sie bereits zweimal mit dem Titel ›Bundeshauptstadt für Umweltschutz‹ ausgezeichnet. Eine Erkundung der von Technik, Wissenschaft und Forschung geprägten Stadt beginnt am **Rathausplatz** ❶, der von der modernen zweckbestimmten Architektur des Rathauses im Osten bestimmt wird. Die Heinrich-Lades-Halle nebenan ist ein ebenfalls neuzeitliches Kongresszentrum. Über die Nürnberger Straße gelangt man zum **Loewenich'schen Palais** ❷. In dem Barockbau aus dem 18. Jh. stellte die Familie Loewenich Tabakprodukte her. Heute zeigt hier das Kunstmuseum wechselnde Ausstellungen zur modernen Kunst. Die Südliche Stadtmauerstraße entlang geht es zur 1712 gegründeten Privatbrauerei Kitzmann. Sie ist inzwischen das einzige noch bestehende Unternehmen des früher bedeutenden Erlanger Braugewerbes mit durchgängiger Brautradition. Der Weg führt nun zur Holzgartenstraße, in der wir auf die **Strumpfwirkerhäuser** ❸ aus den Jahren 1720–40 stoßen. Hier übten die im 17. Jh. aus Frankreich geflohenen Hugenotten ihren Beruf aus. An der Friedrichstraße liegt die **Neustädter Universitätskirche** ❹. Sie ist mit schönen Deckenfresken und einem prächtigen Altar versehen. Im Untergeschoss befindet sich die Gruft der Erlanger Markgräfin Sophie Caroline Marie. An der Westseite des nahen Hugenottenplatzes erhebt sich die **Hugenottenkirche** ❺, 1686–93 als erstes Gotteshaus der Hugenotten außerhalb Frankreichs errichtet. Zu Beginn des 18. Jh. übernahm die evangelisch-reformierte Kirche das Gebäude und baute es barock um. Nördlich davon liegt am Marktplatz das **Palais Stutterheim** ❻, das 1728–30 von Amtshauptmann Christian Hieronymus von Stutterheim errichtet wurde, 1814–36 als Alterssitz der Markgräfin Sophie Caroline Marie diente und anschließend bis 1971 als Rathaus der Stadt. Nach Abschluss einer umfassenden Sanierung soll es ab ca. 2009 die Funktion eines Bürgerpalais als Treffpunkt und Veranstaltungsort übernehmen. Auf dem

TOP TIPP

Marktplatz vor dem Palais stößt man auf den Paulibrunnen, den 1886 das Kaufmannsehepaar Pauli stiftete. Gegenüber, auf dem Schlossplatz, befindet sich ein Denkmal für Markgraf Friedrich, das dem Gründer der Universität anlässlich des 100-jährigen Bestehens der ›Alma Mater‹ 1843 gewidmet wurde. Östlich des Platzes schließt sich das **Schloss** 7 an, in dem die Universitätsverwaltung stilvoll untergebracht ist. Der 1700–02 entstandene Barockbau ist vom französischen Klassizismus beeinflusst und fällt durch seine strengen Linien auf. Der angrenzende Schlossgarten mit **Botanischem Garten** 8 ist eine barocke Parkanlage, im östlichen Teil in englischem Stil umgestaltet. Weiter geht es zum figurenreichen Hugenottenbrunnen und zur im Westen des Gartens gelegenen **Orangerie** 9, einem prächtigen Barockbau mit üppig geschmückter Fassade und dem reich stuckierten Wassersaal, sowie zum **Redoutensaal** 10. Der ursprünglich für glänzende Bälle (Redouten) konzipierte Bau wird heute von der Stadt für verschiedene Veranstaltungen genutzt. Nebenan steht das **Markgrafentheater** 11, 1715–19 im Barockstil erbaut und das älteste noch bespielte barocke Bühnenhaus Süddeutschlands. In nördlicher Richtung erhebt sich am Katholischen Kirchenplatz die **Herz-Jesu-Kirche** 12, 1787 errichtet und mehrfach umgebaut. Im Innern sind ein Taufstein von 1830 sowie Altarbilder (1951) sehenswert. Über die Neue Straße geht es zum **Altstädter Rathaus** 13, bis zur Vereinigung von Alt- und Neustadt 1812 Sitz des Erlanger Magistrats. Heute dient das Gebäude als Stadtmuseum und -archiv. Daneben befindet sich die **Altstädter Dreifaltigkeitskirche** 14. Ihr erster Bau, der während des 30-jährigen Krieges von Forchheimern niedergebrannt wurde, entstand bereits 1288. Nach einem Stadtbrand im Jahr 1706 wurde der heutige Barockbau mit sehenswerter Stuckdecke und Kanzelaltar verwirklicht. Der Weg führt nun nach Westen zum **E-Werk** 15. In dem einstigen Stromversorgungskomplex befindet sich heute ein Kulturzentrum. Nördlich davon endet die Tour an der bereits 1283 erwähnten **St.-Martins-Kirche** 16, dem ältesten Sakralbau Erlangens, der ab 1745 in barockem Stil umgestaltet wurde. Sehenswert in der auch als Grablege fungierenden Kirche ist die Holzplastik ›St. Martin zu Pferde‹ auf der Orgelempore.

Weitere Sehenswürdigkeiten:

Dechsendorfer Weiher 17
Regnitz-Wasserräder 18
Schloss Atzelsberg 19

Praktische Hinweise

Information

Tourist Information Erlangen, Rathausplatz 3, 91052 Erlangen, Tel. 09131/89510, www.erlangen.de

Hotels

Altmann's Stube, Theaterplatz 9, Tel. 09131/89160, www.altmanns-stube.de. Altstadthotel mit hellen, hübschen Zimmern und gutem Restaurant.

Der Graue Wolf, Hauptstr. 80, Tel. 09131/81060, www.grauer-wolf.de. Familienfreundliches kleines Hotel in der Stadtmitte.

König Otto, Henkestr. 56, Tel. 09131/8780, www.koenig-otto.de. Auch Apartments bietet des zentral gelegene Hotel.

Restaurants

Alter Simpl, Bohlenplatz 2, Tel. 09131/25626, www.alter-simpl.com. Deftige Hausmannskost kommt in der urig-rustikalen Gaststube auf den Tisch.

Drei Husaren, Apfelstr. 8, Tel. 09131/21750, www.3-husaren.de. Feine, kreative Küche in zeitgemäßem Ambiente.

Römming, Apfelstr. 2, Tel. 09131/22970, www.roemming.de. Böhmische Spezialitäten und gutbürgerliche Küche.

Eleganter Auftritt: Erlanger Marktplatz mit Schloss, Schlossgarten und Orangerie

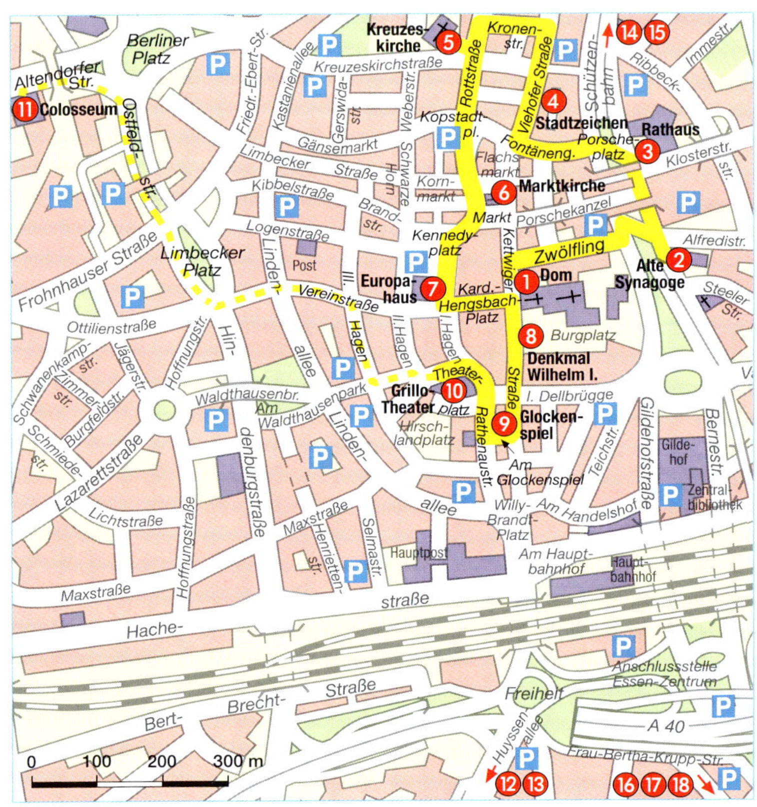

Essen

A4

Nordrhein-Westfalen
Einwohner: 595 000

Von Kohle und Stahl zu Film, Theater, Musik: Essen hat sich neu erfunden!

In der ehemals größten Montanstadt Europas, die jüngst zur Europäischen Kulturhauptstadt 2010 gekürt wurde, Top Tipp startet der Rundgang beim **Dom** 1 (1275–1327), der mitten in der geschäftigen City emporragt. Die dreischiffige gotische Hallenkirche ruht auf den Fundamenten der ersten Essener Stiftskirche und enthält noch Teile der um 1000 erbauten ottonischen Basilika. Einen der wertvollsten Kirchenschätze Europas beherbergt die Domschatzkammer am Burgplatz: Von Plünderungen und Zerstörungen verschont geblieben, offenbart sie nun ihren Besuchern sakrale Kostbarkeiten wie die Goldene Madonna (um 990), die älteste vollplastische Marienfigur des Abendlandes. Durch ein romanisches Atrium gelangt man zu der dem Dom vorgelagerten Kirche St. Johann Baptist, in der Altartafeln von Bartholomäus Bruyn d. Ä. hängen. Der Stadtspaziergang führt weiter durch den Kreuzgang und die Gasse Zwölfing zur **Alten Synagoge** 2. Der 1913 geweihte Kuppelbau aus Muschelkalk war bis 1938 eines der größten jüdischen Gebetshäuser Europas. Während der Reichspogromnacht brannte der Monumentalbau aus. Seit 1980 fungiert die restaurierte Synagoge als Gedenkstätte mit zwei Dauer- und zahlreichen Wechselausstellungen. Am City Center vorbei kommt man direkt auf den Porscheplatz, an dessen östlicher Seite sich das **Rathaus** 3 erhebt – mit einer Höhe von 106 m und 23 oberirdischen Etagen ist es das höchste in Deutschland. Besucher können während der Rathausführung (Di 11 Uhr) von der Panorama-Etage im 22. Stock den Blick über das ganze Stadtgebiet streifen lassen. Im Rathaus befindet sich auch ein Theater, das seit seiner Eröffnung 1978 zu den besten Boulevardbühnen des Ruhrgebiets zählt. Von der Fontänengasse biegt rechts die

Viehofer Straße ab, in der einige Kunstwerke, die sog. **Stadtzeichen** 4, den wirtschaftlichen Aufschwung der Metropole symbolisieren. Nach zweimaligem Linksabbiegen steht man vor der neoromanischen **Kreuzeskirche** 5 (1894–96), die sich als stimmungsvoller Aufführungsort für Konzerte und Chorevents etabliert hat. Richtung Süden überquert man zunächst den Kopstadtplatz, bevor man an der Ecke Kettwiger Straße/Flachsmarkt die **Marktkirche** 6 erreicht. Das im 11. Jh. erbaute und im 15. Jh. zu einer gotischen Hallenkirche umgebaute Gotteshaus bildete den Mittelpunkt des mittelalterlichen Marktfleckens. Später war die Kirche Ausgangspunkt der Reformation in Essen. Als zu Weihnachten 1560 hier erstmals Psalme in deutscher Sprache gesungen wurden, beschloss der Rat der Stadt, Deutsch im Gottesdienst einzuführen. Neben der evangelischen Stadtkirche wurde dem Großindustrielllen ›Kanonenkönig‹ Alfred Krupp (1812–1887) ein Denkmal errichtet. Über den Kennedyplatz gelangt man zum **Europahaus** 7. Das U-förmige Gebäude wurde 1951/52 von den Amerikanern errichtet und ist heute Heimstatt der Komödienbühne Stratmanns Theater. In der Fußgängerzone Kettwiger Straße schlendert man am **Denkmal Wilhelm I.** 8 vorbei und gelangt nach einer Weile zum **Glockenspiel** 9. Täglich um 12, 16, 17 und 18 Uhr spielen hier 26 Bronzeglocken ein Volkslied – wie z. B. ›Glückauf, der Steiger kommt‹. Dazu drehen sich Figuren historischer Persönlichkeiten, etwa Äbtissin Theophanu, Kaiser Heinrich III. oder der Reformator Heinrich von Kempten. Ein paar Schritte weiter nördlich wird im **Grillo-Theater** 10 die Schauspielkunst gepflegt. Der neoklassizistische Bau trägt den Namen des Industriellen Friedrich Grillo, der ihn 1887 der Stadt schenkte. Ein etwas längerer Fußmarsch wird architektonisch und musisch Interessierten abverlangt, um zum **Colosseum Theater Essen** 11 zu gelangen. Die denkmalgeschützte Gründerzeithalle, früher Werkstatt der Kruppschen Gussstahlfabrik, wurde zu einer atmospärisch höchst attraktiven Musical-Spielstätte umgebaut.

TOP TIPP

Weitere Sehenswürdigkeiten:

Kulturpfad 12
Museum Folkwang 13 (bedeutendes Kunstmuseum mit Werken des 19. Jh. und der klassischen Moderne; der Neubau wird vorauss. 2010 fertiggestellt)
Weltkulturerbe Zeche Zollverein 14 (Industriedenkmal in neuer Nutzung als Museumskonglomerat)
Zeche Carl 15
Hespertalbahn 16
Villa Hügel 17 (Historische Wohnräume und Kunstausstellungen)
Kunsthaus Essen 18

Praktische Hinweise

Information

Touristikzentrale Essen, Am Hauptbahnhof 2, Tel. 02 01/887 20 50, www.essen.de

Hotels

Essener Hof, Am Handelshof 5, Tel. 02 01/ 242 50, www.essener-hof.com. 4-Sterne-Hotel gleich beim Hauptbahnhof.

Europa, Hindenburgstr. 35, Tel. 02 01/ 23 20 41, www.hotel-europa-essen.de. Hotel garni in der Innenstadt.

Express by Holiday Inn, Thea-Leymann-Str. 11, Tel. 02 01/102 60, www.hiexpress.de. Modernes 3-Sterne-Hotel beim Colosseum Theater Essen.

Restaurants

Hülsmannshof, Lehnsgrund 14a, Tel. 02 01/87 12 50, www.huelsmannshof.de. Hübsches Speiselokal mit Biergarten auf der Margarethenhöhe.

Kiepenkerl zu Essen, Teichstr. 1, Tel. 02 01/ 23 66 77, www.kiepenkerl-zu-essen.de. Frische, regional geprägte Gerichte nach der Saison.

Pfefferkorn, Rathenaustr. 5, Tel. 02 01/ 23 63 12, www.pfefferkorn-essen.de. Qualitätvolle, internationale Küche.

Hoch hinaus: Das moderne Rathaus von Essen überragt den ottonischen Dom

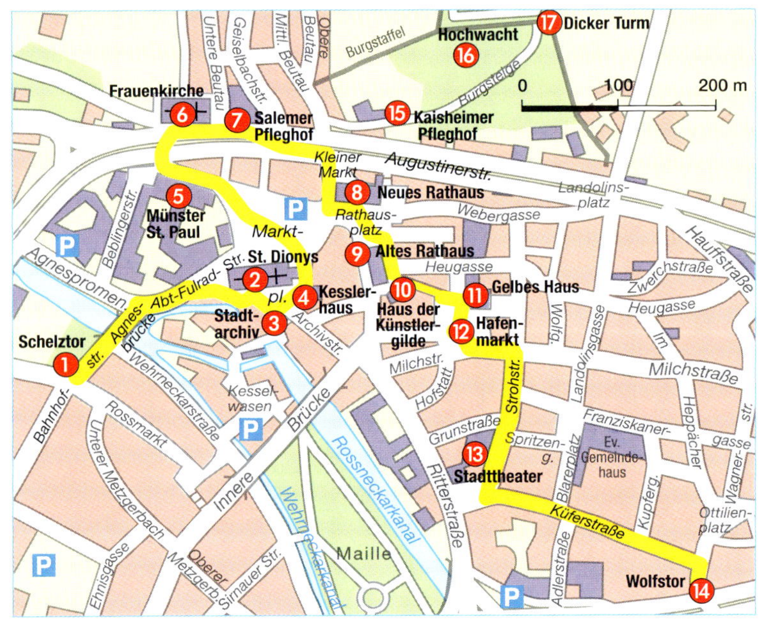

Esslingen

C7

Baden-Württemberg
Einwohner: 90 000

Hier ist man stolz auf mittelalterliche Bauten und große Winzertradition.

Im Jahr 1212 erhob der Staufer Friedrich II. Esslingen zur Stadt. Bis auf den heutigen Tag sehen Besucher von ferne zunächst eine von Toren und Türmen geprägte Silhouette, denn die einstige Freie Reichsstadt (bis 1802) gab sich in ihrer 1200-jährigen Geschichte ausgesprochen wehrhaft. Das **Schelztor** 1 etwa, an dem unser Streifzug beginnt, steht an der Nordwestecke der 1286 ummauerten Pliensau-Vorstadt. Es erhielt seinen Namen nach der Familie Schelch, die weiland in der Nähe auf einem Hof lebte. Es besteht aus schweren Quadern und trägt einen leichten Zinnenkranz. Über den Neckar läuft man auf die Stadtkirche **St. Dionys** 2 zu, deren Bau auf das 8. Jh. zurückgeht. Die heutige Basilika entstand im 13. und 14. Jh. Von den beiden Türmen ist der nördliche (um 1270) romanisch, während der Südturm (um 1380) gotische Elemente aufweist. Im Innern sind vor allem die spätromanischen Pfeiler und die Glasfenster sehenswert, die von Esslinger Werkstätten angefertigt wurden und zu den bedeutendsten in Süddeutschland zählen. Sie zeigen Szenen aus dem Alten und Neuen Testament. Im Untergeschoss befindet sich ein Museum mit Ausgrabungsfunden, Resten früherer Kirchenbauten und Überbleibseln einer Krypta (vermutlich 9. Jh.). Das Gebäude des umfangreichen **Stadtarchivs** 3 (um 1250) in der Nähe gehörte einst zur Kirche. 1610 wurde es umgebaut und beherbergt heute 10 000 Urkunden, Tausende Akten und Bücher, mit denen der Esslinger Geschichte bis zum 13. Jh. nachgespürt werden kann. Das **Kesslerhaus** 4 ist ein ehem. Speyrer Pfleghof, der auf das 10. Jh. zurückgeht. Pfleghöfe waren Verwaltungssitze, Lagerhäuser und Kontore auswärtiger Klöster, die in Esslingen Güter besaßen. Das Kesslerhaus ist für seine guten Tropfen bekannt: Seit 1826 befindet sich hier die älteste Sektkellerei Deutschlands. Über den Marktplatz, an dem jedes Wochenende die historischen Stadtführungen beginnen, gelangt man zum **Münster St. Paul** 5 (um 1255 begonnen), der ältesten deutschen Bettelordenskirche. 1268 weihte Albertus Magnus, der große Gelehrte, das Münster. Trotz einer wechselvollen Geschichte blieb die den Dominikanern eigene offene Art des Kirchenbaus – ohne Querhaus oder Trennung zwischen Chor und Langhaus – erhalten. Die dreischiffige **Frauenkirche** 6 ist eine der ältesten schwäbischen Hallenkirchen mit noch mittelalterlichen Glasfenstern im

TOP TIPP

Chor, der bereits 1332 fertig gestellt war. Bemerkenswert sind die Darstellungen von Weltgericht und Marienleben über den Südportalen. Wie in St. Dionys findet der Besucher auch hier ebenso schöne wie bedeutende Glasmalereien der Esslinger Schule. Weiter geht es zum **Salemer Pfleghof** 7, Eigentum des Zisterzienserklosters Salem (1229 erstmals erwähnt). Hier befindet sich auch ein Museum, das an Jakob Ferdinand Schreiber und den von ihm 1831 gegründeten Verlag erinnert. Nun geht es zum ehem. Stadtpalais des Freiherrn von Palm (1748–51 erbaut), das 1831–40 dem Grafen Alexander von Württemberg gehörte. Seit 1841 dient der wunderschöne Bau als das **Neue Rathaus** 8. Ein Stück weiter südlich befindet sich das **Alte Rathaus** 9, ein schönes Beispiel für schwäbisch-alemannischen Fachwerkbau mit dem Konstruktionsprinzip des ›Schwäbischen Mannes‹ – einer gekreuzten Holzbalkenfigur, die von fern anmutet wie ein Mann, der einen Balken auf den Schultern trägt. Die Höhepunkte dieses prachtvollen Gebäudes sind der Bürgersaal und die Renaissance-Vorhalle im zweiten Obergeschoss. Vorbei geht es nun am **Haus der Künstlergilde** 10, einem 1948 gegründeten Verein zur Selbsthilfe von Künstlern, zum **Gelben Haus** 11, einem der ältesten Häuser der Stadt mit Bausubstanz aus dem 13. Jh. Heute zeigt dort das Stadtmuseum vor- und frühgeschichtliche Ausgrabungsfunde – Waffen, Bekleidung und Werkzeuge – ebenso wie Mittelalterliches und Modernes und vermittelt so einen guten Einblick in Kultur und Lebensweise der Region. Am **Hafenmarkt** 12 sind die ältesten Fachwerkhäuser Deutschlands zu bewundern. Sie stammen aus den Jahren 1328–31 und befinden sich in einem guten Zustand. Weiter durch die Strohstraße geht es zum **Stadttheater** 13 (1863). Der Spaziergang endet am **Wolfstor** 14, dem ältesten erhaltenen Torturm der ehem. Stauferstadt, die um 1220 ummauert wurde. An die Staufer erinnert heute noch ein Löwenpaar an der Außenseite des Tors. Vom Wolfstor aus bewachte man seinerzeit die Fernhandelsstraße von Speyer nach Ulm, die durch Esslingen führte.

TOP TIPP

TOP TIPP

Weitere Sehenswürdigkeiten:

Kaisheimer Pfleghof 15
Hochwacht 16
Dicker Turm 17

Praktische Hinweise

Information

Stadtinformation im Kielmeyerhaus, Marktplatz 2, Tel. 07 11/39 69 39 69, www.esslingen-tourist.de

Hotels

Am Schelztor, Schelztorstr. 5, Tel. 07 11/ 396 96 40, www.hotel-am-schelztor.de. Hotel garni mit 33 Zimmern.

Am Schillerpark, Neckarstr. 60, Tel. 07 11/ 93 13 30, www.hotel-am-schillerpark.de. Komfortables, modernes Hotel mit italienischem Restaurant im Hause.

Rosenau, Plochinger Str. 65, Tel. 07 11/ 315 45 60, www.hotel-rosenau.de. 3-Sterne-Hotel, spezielle Angebote auch für Radwanderer (Nähe Neckarradweg).

Restaurants

Dicker Turm, Auf der Burg, Tel. 07 11/ 35 50 35, www.dicker-turm.de. Kultivierte Gastlichkeit mit Blick über die Esslinger Altstadt.

Palmscher Bau, Innere Brücke 2, Tel. 07 11/35 02 45, www.palmscher-bau.de. Traditionsgaststätte mit Biergarten.

Weinkeller Einhorn, Heugasse 17, Tel. 07 11/35 35 90, www.weinkeller-einhorn.de. Bodenständige schwäbische Küche und Württemberger Wein, serviert in über 700 Jahre altem Gewölbekeller.

Die Basilika St. Dionys im Herzen der Altstadt genießt einen herrlichen Burgblick

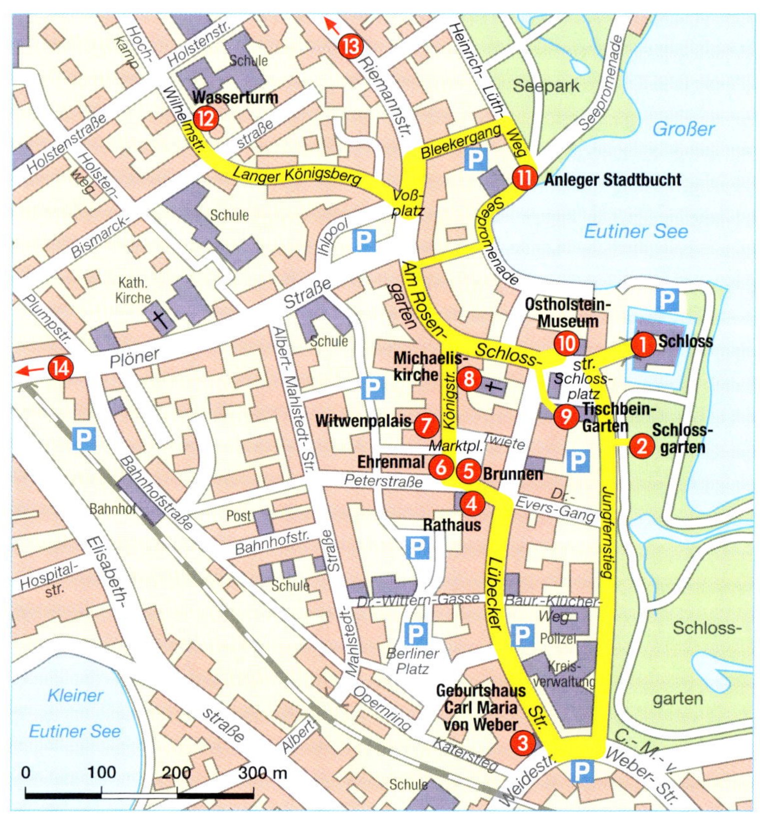

Eutin D2

Schleswig-Holstein
Einwohner: 18 000

Die ostholsteinische Stadt der Musen lädt zu kulturellen Erlebnissen ein.

Ausgangspunkt des Rundgangs durch die ehem. Residenzstadt in der Holsteinischen Schweiz ist das Eutiner **Schloss** 1. Die repräsentative Vierflügelanlage wurde vom 13. bis zum 16. Jh. an der Stelle einer früheren Burg der Bischöfe von Lübeck errichtet. Im 18. Jh. kam ein Anbau hinzu, 1840 erhielt das Schloss sein heutiges Gesicht. Im Innern sind besonders der Rittersaal mit seinen Kaminrisaliten und den Rundgemälden an der Decke sowie der Blaue Salon mit seiner prachtvollen Stuckdecke sehenswert. Im Schloss ist die größte Sammlung von Fürstenporträts in Norddeutschland zu sehen, außerdem enthält sie Exponate zur Wohnkultur im spätbarocken, klassizistischen und im Régence-Stil. Im Südflügel befindet sich die Schlosskapelle (1615), die nach einem Brand 1694 neu ausgestattet wurde. Sie beherbergt u.a. einen kostbaren Altaraufsatz (1632), ein Orgelwerk von 1705 und mehrere Gemälde in der Rembrandt-Nachfolge (17. Jh.). Der ursprünglich im französischen Stil angelegte **Schlossgarten** 2, reizvoll am Eutiner See gelegen, wurde 1790 zu einem englischen Park mit Wasserfall, chinesischer Brücke und griechischem Sonnentempel umgestaltet. Im Sommer finden hier auf der Freilichtbühne Festspiele zu Ehren des berühmtesten Sohnes der Stadt statt, des Komponisten Carl Maria von Weber (1786–1826). Das **Geburtshaus Carl Maria von Weber** 3 (Lübecker Str. 48), ein zweigeschossiges Fachwerkhaus aus dem 18. Jh., ist die nächste Station des Rundgangs. Durch die Lübecker Straße geht es hinauf zum Markt, von jeher Mittelpunkt der Stadt. Dort lädt das St. Michaelis Brauhaus zu einem Bier und zur Besichtigung der Brauerei ein. Am Markt stehen auch das 1791 vollendete **Rathaus** 4 sowie ein **Brunnen** 5 aus gegossenen Bronzeteilen, im Volksmund ›Rosenbrunnen‹ genannt. Er wurde in den 1980er-Jahren aufgestellt und symbolisiert die Rose Eutin in der Seenlandschaft. Gleich daneben ragt das **Ehrenmal** 6 auf, das an den Deutsch-Französischen Krieg 1870/71 erinnert. Der herzogliche Hofbaumeister Peter Richter konzipierte das Palais am Marktplatz, das für die Witwe des Herzogs bestimmt war und daher **Witwenpalais** 7 genannt wurde. Das beeindruckende spätbarocke Bauwerk (1786) wird als Café sowie für Ausstellungen und Feierlichkeiten genutzt. Es bietet ein einzigartiges Ambiente mit schlossähnlichen Räumen und teilweise original erhaltener Ausstattung. Ebenfalls am Markplatz ragt der schiefe Turm der **Michaeliskirche** 8 in die Höhe. Die aus dem 13. Jh. stammende gewölbte Backsteinbasilika wurde bis ins 16. Jh. hinein verändert. Zu den Kostbarkeiten der Ausstattung zählen ein übermannshoher Bronzeleuchter (1444), eine Bronzetaufe (1511) und mehrere Renaissance- und Barock-Epitaphe. Ganz in der Nähe, in der Stolbergstr. 8 am Schlossplatz, befindet sich der **Tischbein-Garten** 9, der zum Wohnhaus von Johann Heinrich Wilhelm Tischbein (1751–1829) gehört. Dort erinnern mehrere Exponate an das Leben und das Werk des einstigen Hofmalers, der mit dem Bild ›Goethe in der Campagna‹ (1787, Frankfurter Städel) weltberühmt wurde. Das **Ostholstein-Museum** 10 im einstigen Marstall des Schlosses präsentiert nicht nur Gemälde von Tischbein, sondern auch Originalpartituren von Carl Maria von Weber. Zudem werden Sonderausstellungen veranstaltet. Vom Hauptanleger in der Eutiner **Stadtbucht** 11 aus kann man zu Seerundfahrten starten. Am höchsten Punkt Eutins steht der **Wasserturm** 12 (1909), der nach wie vor der Wasserversorgung, aber auch als Aussichtsturm dient.

Weitere Sehenswürdigkeiten:

Jagdschlösschen am Ukleisee 13
Bräutigamseiche 14

Praktische Hinweise

Information

Kur & Touristik Eutin GmbH, Tourist-Info, Markt 19, Tel. 045 21/709 70, www.eutin-tourismus.de

Hotels

Eut-In Hotel, Lübecker Landstr. 55, Tel. 045 21/77 88 10, www.eut-in-hotel.de. Reizendes, kleines Logis.

Hotel Residenz, Albert-Mahlstedt-Str. 57 a, Tel. 045 21/704 70, www.hotelresidenz-eutin.de. 3-Sterne-Hotel garni an der Kreuzung Opernring.

Hotel Rigoletto, Berliner Platz 10, Tel. 045 21/709 66, www.rigoletto-oh.de. Familiäres Hotel mit Restaurant.

Restaurants

Alte Mühle, Mühlenweg, Tel. 045 21/50 42, www.alte-muehle-eutin.de. Kneipenrestaurant in echter alter Windmühle.

Brauhaus Eutin, Markt 11, Tel. 045 21/76 67 77, www.brauhaus-eutin.de. Deftige hosteinische Kost, dazu nicht zuletzt Bierspezialitäten.

Markt 17, Markt 17, Tel. 045 21/83 08 37. Solide Küche mit mediterranem Akzent.

Blickfang am Ufer des Großen Eutiner Sees ist das imposante Schloss

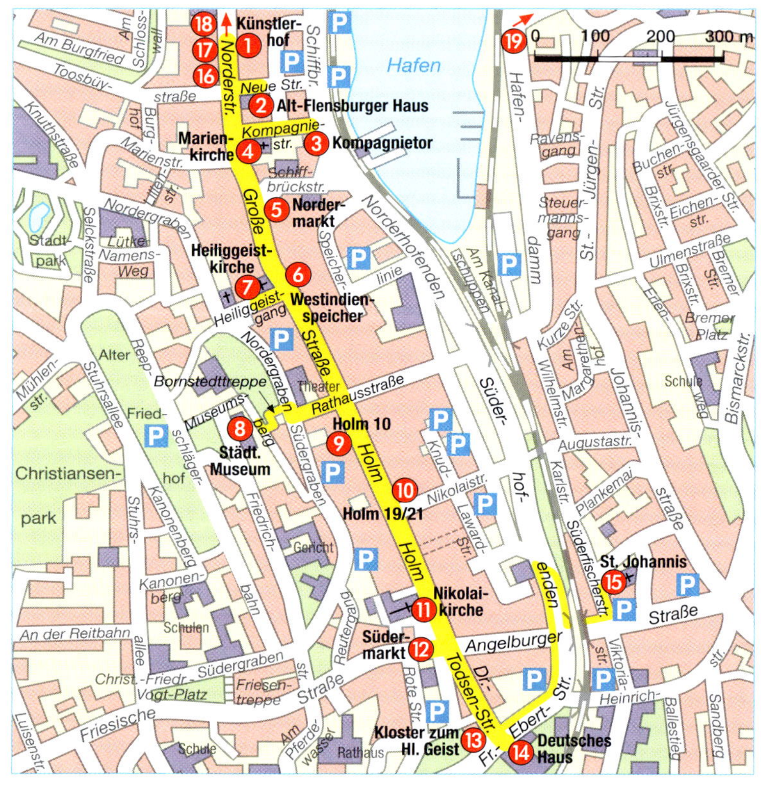

Flensburg *C1*

Schleswig-Holstein
Einwohner: 84 000

Skandinavische Einflüsse haben hier ihre liebenswerten Akzente gesetzt.

Die nördlichste Stadt Deutschlands war im 16.–20. Jh. ein bedeutendes kaufmännisches Zentrum der Region. Von dieser großen Zeit zeugen zahlreiche historische Bauwerke, etwa der **Künstlerhof** ❶ aus dem 18. Jh. in der Norderstraße, ein vorzügliches Beispiel einer gelungenen Altstadtsanierung. Wenige Schritte davon entfernt liegt das **Alt-Flensburger Haus** ❷, ein Patrizierhaus aus dem 18. Jh., in dem Hugo Eckener, Luftfahrtpionier und Mitarbeiter des Grafen Zeppelin, sowie sein Bruder Alex (Maler und Grafiker) ihre Jugend verlebten. Der Weg führt nun durch Norderstraße und Kompagniestraße zum **Kompagnietor** ❸, das 1602–04 als Zunfthaus der Schiffer und Kaufleute erbaut wurde. Der wuchtige Backsteinbau zeigt im Giebel das Stadtwappen von 1603 sowie das Siegel dänischer Monarchen. Hochwassermarken an seiner Außenwand zeugen von früheren Überschwemmungen. Von hier lohnt ein kleiner Abstecher zum malerischen und betriebsamen Hafen. Zurück durch die Kompagniestraße, liegt links die **Marienkirche** ❹, die ab 1284 in Backsteinbauweise errichtet wurde. Sehenswert sind ihre spätmittelalterlichen Deckenmalereien, ein Renaissancealtar und ein Epitaph (Gedächtnismal für einen Verstorbenen) mit der ältesten gemalten Stadtansicht. Weiter geht es zum **Nordermarkt** ❺, einem der ältesten Plätze Flensburgs mit einem Neptunbrunnen aus dem Jahr 1758. In den sog. Schrangen, einem Arkadengang von 1595, verkauften früher Bäcker und Fleischer ihre Waren. In der Großen Straße liegt der **Westindienspeicher** ❻, mit dessen Bau 1755 begonnen wurde und der die früher intensiven Handelsbeziehungen zur Karibik belegt. Gegenüber lohnt die **Heiliggeistkirche** ❼ mit ihren spätmittelalterlichen Fresken einen Besuch. Das Gotteshaus wurde 1386 erbaut und steht seit 1588 der dänischen Ge-

TOP TIPP

meinde zur Verfügung. Durch die Rathausstraße und vorbei am Stadttheater erreicht man das **Städtische Museum Flensburg Museumsberg** 8 auf der gleichnamigen Anhöhe. Von dort hat man einen schönen Ausblick auf die Stadt. Das Museum, bestehend aus Heinrich-Sauermann-Haus und Hans-Christiansen-Haus, ermöglicht interessante Einblicke in die Kunst- und Kulturgeschichte der Region vom 13. bis zum 20. Jh. Neben beachtenswerten Fayencen und Möbeln sind Bauernstuben aus dem 17. und 18. Jh. zu sehen. Im Erdgeschoss des Heinrich-Sauermann-Hauses ist zudem das Naturwissenschaftliche Museum ansässig. Der Alte Friedhof mit klassizistischer Kapelle schließt sich westlich an. Zurück in der Hauptgeschäftsstraße Holm mit vielen sorgfältig restaurierten Giebelhäusern passiert man das **Haus Holm Nr. 10** 9, ein Stadtpalais von 1853 mit dekorativ restaurierter Fassade. Anschließend gelangt man zum **Haus Holm Nr. 19/21** 10, dem ältesten erhaltenen Handelshof aus Flensburgs Blütezeit vor dem Dreißigjährigen Krieg (1618–48). Sein prächtiges Vorderhaus ist ein eindrucksvolles Zeugnis für den Reichtum der Stadt in dieser Zeit. Der imposante Bau der **Nikolaikirche** 11 wurde 1390 begonnen. Das größte Gotteshaus der Stadt ist berühmt für seine 1609 geschaffene Orgel mit wunderschönem Renaissanceprospekt, aber auch der Rokokohochaltar ist sehenswert. Der **Südermarkt** 12, neben dem Nordermarkt das zweite historische Stadtzentrum, ist von altehrwürdigen Giebelhäusern umgeben, darunter das Hauptpastorat für St. Nikolai von 1743. Das Eckhaus der Delphinapotheke hat einen verheerenden Brand im Jahr 1483 überstanden und ist das älteste Wohnhaus Flensburgs. Von hier lohnt ein Abstecher in die Rote Straße, um sich in deren Höfen mit ihren kleinen Gastwirtschaften verwöhnen zu lassen und den Kunsthandwerkern über die Schulter zu schauen. Weiter Richtung Süden liegt das **Kloster zum Heiligen Geist** 13. Es wurde im 13. Jh. erbaut und beherbergt seit der Reformation eine Stiftung für arme und alte Mitbürger. Das **Deutsche Haus** 14 nebenan, 1927–30 im Bauhausstil errichtet, wird vor allem für Konzerte genutzt. Die älteste Kirche Flensburgs, **St. Johannis** 15, liegt an der Süderfischerstraße und wurde um 1200 erbaut. Das Innere besticht durch Deckenmalereien, die das Jüngste Gericht zeigen.

Weitere Sehenswürdigkeiten:

Nordertor 16
Phänomenta 17 (Natur- und Technikausstellung zum Experimentieren)
Schifffahrtsmuseum 18 (und Rum-Museum an der Schiffbrücke; gegenüber Museumshafen)
Schloss Glücksburg 19

Praktische Hinweise

Information

Flensburg Fjord Tourismus GmbH, Rathausstr. 1, Tel. 04 61/909 09 20, www.flensburg-tourismus.de

Hotels

Flensburger Hof, Süderhofenden 38, Tel. 04 61/14 19 90, www.flensburger-hof.de. 3-Sterne-Hotel garni.

Hotel am Rathaus, Rote Str. 32–34, Tel. 04 61/173 33 35, www.hotel-am-rathaus.com. Günstig am Rand der Altstadt gelegenes Mittelklassehotel.

Mercure, Norderhofenden 6–9, Tel. 04 61/841 10, www.mercure.com. Modernes 3-Sterne-Hotel im Zentrum.

Restaurants

Bellevue, An der Hafenspitze, Tel. 04 61/18 07 40, www.bellevue-flensburg.de. Nicht nur im Sommergarten, auch auf einer Terrasse über dem Wasser kann man hier Fischgerichte u. a. genießen.

Borgerforeningen, Holm 17, Tel. 04 61/233 85, www.restaurant-borgerforeningen.de. Gepflegtes gutbürgerliches Restaurant in der Flensburger Hauptgeschäftsstraße.

Gemütliche Cafes mit Blick auf die Marienkirche laden auf dem Nordermarkt zur Rast

Frankfurt am Main *B6*

Hessen
Einwohner: 660 000

Ein Schaufenster moderner Stadtarchitektur, ergänzt um viel Historie.

Auch wenn die Mainmetropole vor allem als Banken- und Börsenstandort Weltruf genießt, so besitzt sie doch durchaus historisches Flair. Die Tour beginnt auf dem bekanntesten Platz der Stadt, dem Römerberg mit dem berühmten **Römer** 1. Es handelt sich um ein spätgotisches Patrizierhaus, das 1405 mit benachbarten Häusern zum Ratsgebäude umgebaut wurde und seitdem das Rathaus der Stadt beherbergt. Im Inneren steht der Kaisersaal zur Besichtigung offen. Hier wurden einst prunkvolle Krönungsbankette abgehalten. Insgesamt 52 Kaiserbildnisse zieren den Saal. Auch die Alte Nikolaikirche (13. Jh.) verleiht dem Platz mittelalterliches Flair. Am Römerberg ist ebenso die **Schirn Kunsthalle Frankfurt** ansässig, die hochkarätige Wechselausstellungen veranstaltet. Durch enge Straßen führt der Weg zum **Dom** 2, der Wahl- und Krönungskirche deutscher Kaiser und Könige. Hier stand bereits in karolingischer Zeit eine Kirche, über deren Grundmauern im 14.–16. Jh. das neue Gotteshaus errichtet wurde. Auffällig ist der mächtige, 95 m hohe Turm mit Kuppelhelm. Wenige Schritte entfernt erhebt sich das **Museum für Moderne Kunst** 3 des Wiener Architekten Hans Hollein. Der dreieckige Grundriss hat ihm den Spitznamen ›Tortenstück‹ eingebracht. Durch die Braubachstraße gelangt man zur klassizistischen **Paulskirche** 4 (1789–1833), in der 1848/49 die Nationalversammlung tagte. Hier wurde die erste demokratische Verfassung Deutschlands ausgearbeitet. Im **Goethe-Haus** 5, dem wieder aufgebauten Geburtshaus des Dichters Johann Wolfgang von Goethe (1749–1832), ist heute ein Museum untergebracht. Es zeigt Dokumente zur Vita des Dichterfürsten und zur Lebenswelt einer wohlhabenden Familie des 18. Jh. Anschließend spaziert man durch Frankfurts berühmtes Bankenviertel mit seinen Wolkenkratzern. Zu den architektonischen Highlights zählen der **Commerzbankturm** 6 und die **Europäische Zentralbank** 7. Auf der anderen Seite des Willy-Brandt-Platzes steht das moderne Gebäude der **Städtischen Bühnen Frankfurt** 8. Wenige Schritte weiter erreicht man das Mainufer. Hier lädt das **Jüdische**

Museum ⑨ zur Besichtigung ein. Im Rothschild-Palais (1821 erbaut) zeigt die Sammlung, wie jüdische Familien im 12.–20. Jh. in Frankfurt lebten. Besonders beeindruckend ist das begehbare Modell der Frankfurter Judengasse, das nach Originalplänen rekonstruiert wurde. Vom Jüdischen Museum führt der Weg über den Main und eröffnet einen wunderschönen Blick über Frankfurts Brücken.

TOP TIPP Am gegenüber liegenden **Museumsufer** ⑩ erstreckt sich Frankfurts berühmte Ausstellungsmeile. Wie Perlen an einer Schnur reihen sich die verschiedenen Attraktionen dieser einzigartigen Museenlandschaft aneinander. Im **Deutschen Filmmuseum** sind die Geschichte des Films sowie wechselnde Sonderausstellungen zu bestaunen. In dem Patrizierbau nebenan schuf der deutsche Architekt Oswald Mathias Ungers (1926–2007) die Räume für das erste deutsche **Architekturmuseum**. Neben dem **Museum für Kommunikation**, dem **Museum für Völkerkunde**, dem **Liebieghaus** (es präsentiert eine große Sammlung hochbedeutende Bildhauerkunst aus der Zeitspanne vom Altertum bis zum Klassizismus) und dem **Museum für Kunsthandwerk** ist vor allem das **Städel-Museum** von Interesse. Die Gemäldegalerie zeigt eine erlesene Sammlung von Werken bekannter europäischer Künstler des 13.–21. Jh. Das Museumsufer hat jedoch noch mehr zu bieten: Von hier hat man auch einen herrlichen Blick auf Frankfurts beeindruckende Skyline. Keine andere deutsche Stadt hat eine vergleichbare Silhouette. Wer das Ganze zusätzlich von oben betrachten möchte, erklimmt die Aussichtsterrasse im 56. Stock des **Maintowers**. Sie bietet einen atemberaubenden Blick über die Stadt und den angrenzenden Taunus. Den passenden Abschluss der Frankfurt-Tour bildet ein Abstecher in den Stadtteil **Alt-Sachsenhausen** ⑪. Hier laden rund 120 traditionelle ›Äbbelwoi‹(Apfelwein)-Kneipen zum Verweilen ein und vermitteln einen unerwartet gemütlichen Eindruck von ›Mainhattan‹, wie Frankfurt am Main manchmal auch scherzhaft genannt wird.

Weitere Sehenswürdigkeiten:

Börsenplatz und Börse ⑫
Alte Oper ⑬
Palmengarten ⑭
Senckenberg-Museum ⑮ (größtes Naturkundemuseuum Deutschlands)

Praktische Hinweise

Information

Touristinfo, im Römer, Römerberg 27, und im Hauptbahnhof, beide Tel. 069/21 23 88 00, www.frankfurt-tourismus.de

Hotels

Hotel am Dom, Kannengießergasse 3, Tel. 069/28 21 41, www.hotelamdom.de. Zentral gelegenes, ruhiges Hotel in Familienbesitz.

Memphis, Münchener Str. 15, Tel. 069/ 242 60 90, www.memphis-hotel.de. Charmantes Hotel mit individuell gestylten Zimmern.

Steigenberger Frankfurter Hof, Am Kaiserplatz, Tel. 069/215 02, www.frankfurter-hof.steigenberger.de. Elegantes Hotel mit allem weltstädtischen Komfort.

Restaurants

Historix, Saalgasse 19, Tel. 069/29 44 00. Stilvoll speisen m Gebäudekomplex des Historischen Museums auf dem Römerberg.

Klosterhof, Weissfrauenstr. 3, Tel. 069/ 91 39 90 00, www.klosterhof-frankfurt.de. Deftige Gerichte, z. T. nach klösterlichen Rezepten.

Zur Buchscheer, Schwarzsteinkautweg 17, Tel. 069/63 51 21, www.buchscheer.com. Regionale Spezialitäten und selbst gekelterter Apfelwein.

Blick vom Dom über den Römer (unten re.) auf Frankfurts berühmte Skyline

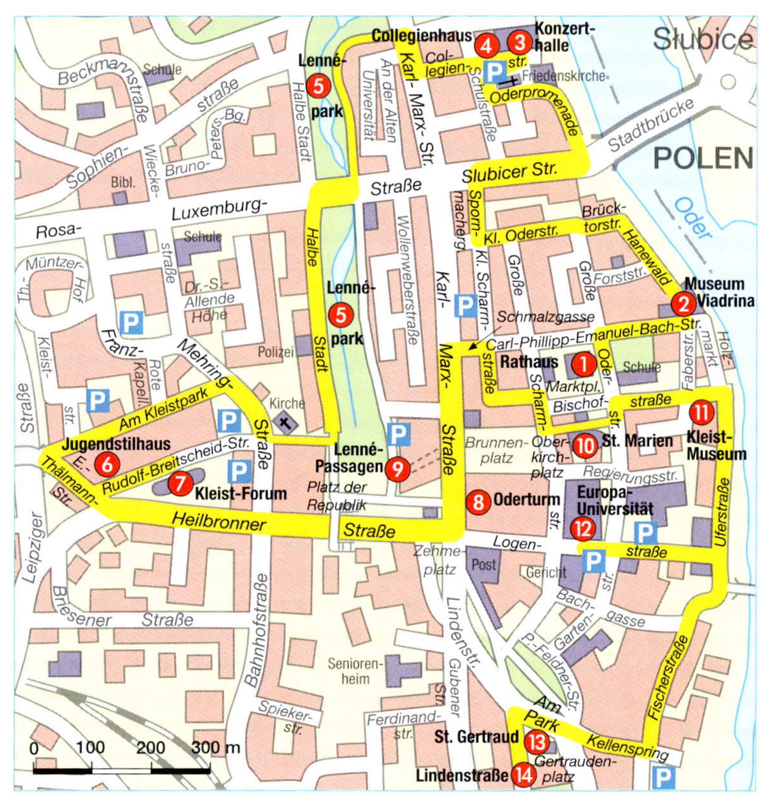

Frankfurt (Oder) *F3*

Brandenburg
Einwohner: 70 000

Die Kleiststadt mit Hansetradition schlägt eine Brücke zu Osteuropa.

Der Streifzug durch die Kleist-Stadt an der Grenze zu Polen beginnt unweit der Oder am **Rathaus** 1. Es ist eines der größten erhaltenen mittelalterlichen Rathäuser Deutschlands und wurde ab 1253 im Stil der Backsteingotik errichtet. Aus der zweiten Hälfte des 14. Jh. stammt der großartige Prunkgiebel. Direkt am Fluss liegt das **Museum Viadrina** 2 im Junkerhaus, einst Wohnhaus adliger Studenten mit prachtvollen barocken Stuckdecken in den Räumen. Hier wird die Geschichte der Stadt dargestellt. Zur Anlage gehört auch der Packhof, in dem das Museum Junge Kunst untergebracht ist. Es bietet mit seinen über 11 000 Objekten die qualitätvollste Sammlung von Kunst aus dem Osten Deutschlands seit 1945. Wechselnde Ausstellungen des Museums finden auch in der Halle des Rathauses statt. Der weitere Weg führt am Ufer der Oder entlang bis zur Stadtbrücke. Hier befindet sich der wichtigste Grenzübergang nach Polen in die Schwesterstadt Slubice. An der Friedenskirche vorbei kommt man zu der 1301 geweihten ehem. Klosterkirche, in der sich die **Konzerthalle** 3 befindet. Das Gebäude im Stil der Backsteingotik ist nach dem Komponisten Carl Philipp Emanuel Bach (1714–1788) benannt, dem ›Berliner‹ bzw. ›Hamburger Bach‹, Sohn von Johann Sebastian Bach. Im Haus ist auch eine ständige Ausstellung über Leben und Werk des Namenspaten sowie eine Sammlung historischer Musikinstrumente zu sehen. In unmittelbarer Nachbarschaft sind Stadtarchiv und Musikkabinett im Collegienhaus 4 beheimatet, das ab dem Kaiserreich bis zu DDR-Zeiten ein Gefängnis war. In der Musikschule nebenan ist die Dokumentationsstelle ›Opfer politischer Gewalt‹ untergebracht.

TOP TIPP

Wenige Meter westlich liegt der **Lennépark** 5, zweitältester Bürgerpark Deutschlands und einer der ältesten in Europa. Er wurde bis 1845 nach Plänen von Peter Joseph Lenné auf den Wallanlagen der mittelalterlichen Stadtbefestigung angelegt. Im Park stößt man auf prächtige Solitärbäume. Den Westrand der Anlage markiert der spätklassizistische Straßenzug ›Halbe Stadt‹, anschließend trifft man in der Straße ›Am Kleistpark‹ auf eine geschlossene Front von Jugendstilhäusern. Ein besonders schönes Beispiel ist das **Jugendstilhaus** 6 in der Rudolf-Breitscheid-Straße. Im nahe gelegenen **Kleist-Forum** 7 werden nicht nur Bühnenklassiker wie ›Hamlet‹ aufgeführt, hier finden auch Musicals, Lesungen und Kabarettveranstaltungen statt. Am Beginn der Karl-Marx-Straße ist mit dem **Oderturm** 8 und den **Lenné-Passagen** 9 ein hochmodernes und attraktives Einkaufszentrum entstanden. Durch die Schmalzgasse am Rathaus vorbei geht es zu **St. Marien** 10, der größten Hallenkirche der norddeutschen Backsteingotik in Deutschland (1253–1524 erbaut). Der im April 1945 zerstörte Bau wurde seit 1979 restauriert, 1998 war das Dach über Chor und Langhaus fertig gestellt. Die unermesslich wertvollen Kirchenfenster wurden 2002 bzw. 2006 aus St. Petersburg rücküberführt und restauriert. Seit Mitte 2007 nehmen sie nun wieder ihre angestammten Plätze in der Kirche ein. Am Ufer der Alten Oder liegt das 1777 im Auftrag des damaligen Stadtkommandanten Prinz Leopold von Braunschweig (Neffe Friedrichs des Großen) als Garnison-Schule errichtete TOP TIPP **Kleist-Museum** 11, das dem großen Dichter Heinrich von Kleist (1777–1811) und bekanntesten Sohn der Stadt gewidmet ist. Gegenüber befindet sich die Friedensglocke, die an den 1951 hier geschlossenen Vertrag zwischen Polen und der DDR über die Oder-Neiße-Grenze erinnert. Über die Uferstraße führt der Weg zur **Europa-Universität** 12, die Viadrina, die seit 1991 die Tradition der 1506 gegründeten Universität fortführt. Ihr Hauptgebäude wurde 1898–1903 erbaut und war einst Amtssitz des preußischen Regierungsbezirks Frankfurt. Durch die Fischerstraße, in der noch 1940 rund 40 Fischermeister lebten, geht es nun zur Kirche **St. Gertraud** 13. Hier sind die Kunstschätze von St. Marien zu sehen: der Marienaltar von 1489, ein siebenflammiger, fast 5 m hoher Leuchter und das sehenswerte bronzene Taufbecken, beide um 1375 entstanden. Im angrenzenden Park steht ein Denkmal für den in Frankfurt/Oder geborenen Dichter Kleist. In der nahen **Lindenstraße** 14 trifft man wiederum auf schöne Bürgerhäuser, eines von ihnen ausgestattet mit einem sehenswerten Belvedere-Türmchen.

Altstadtblicke mit Rathaus und St. Marien bis zum polnischen Slubice bietet der Oderturm

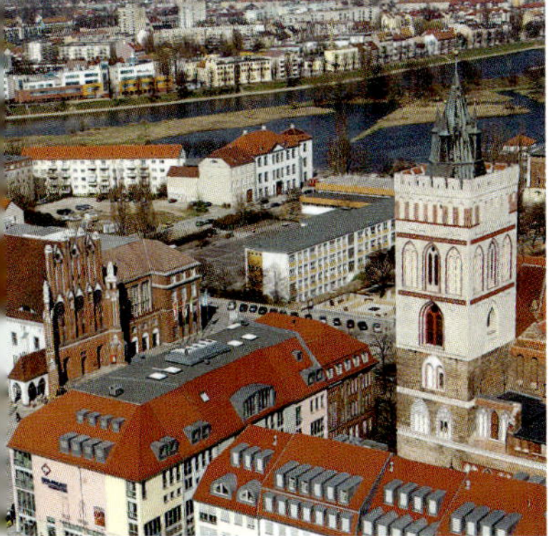

Praktische Hinweise

Information

Tourismusverein Frankfurt (Oder), Karl-Marx-Str. 1, Tel. 03 35/32 52 16, www.frankfurt-oder-tourist.de

Hotels

City Park Hotel, Lindenstr. 12, Tel. 03 35/ 553 20, www.citypark-hotel.de. Zentral, an kleinem Park gelegenes 90-Zimmer-Hotel.

Hotel Gallus, Fürstenwalder Str. 47, Tel. 03 35/561 50, www.hotel-gallus.com. Elegantes Haus mit 24 Zimmern am Kleistpark.

Zur Alten Oder, Fischerstr. 32, Tel. 03 35/ 55 62 20, www.zuraltenoder.de. Familiär geführtes Haus mit 29 individuell gestalteten Zimmern.

Restaurants

Frankfurter Kartoffelhaus, Holzmarkt 7, Tel. 03 35/53 07 47, www.frankfurter-kartoffelhaus.de. Rustikal-gemütliches Restaurant am Oderufer mit großer Terrasse.

Ratskeller, Marktplatz 1, Tel. 03 35/ 500 99 50. Speisen in historischem Gemäuer.

Turm 24, Logenstr. 8, Tel. 03 35/50 45 17, www.turm24.de. Feine internationale Küche in der 24. Etage des Oderturms mit grandiosem Ausblick über die Dächer Frankfurts.

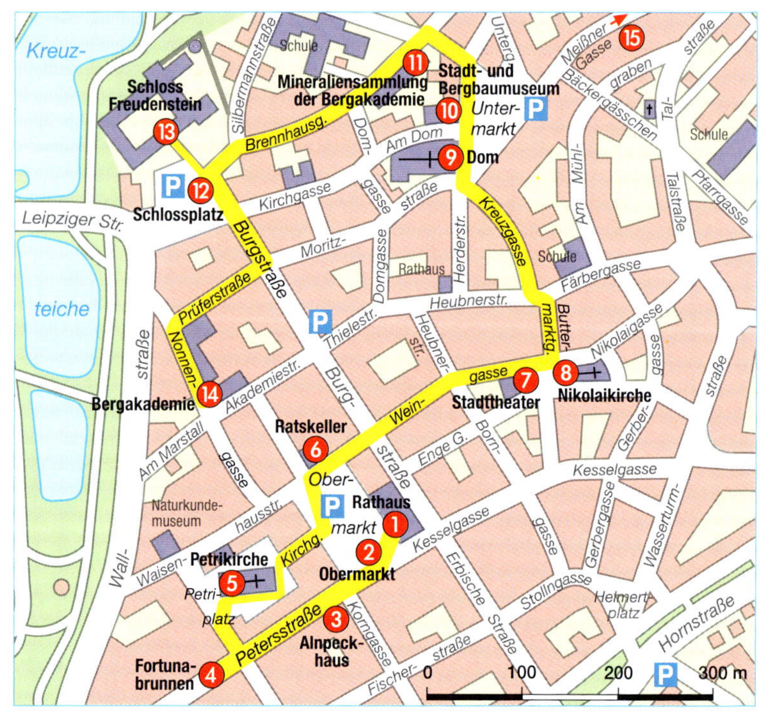

Freiberg

E5

Sachsen
Einwohner: 44 000

Das historisch bedeutsame Zentrum des erzgebirgischen Silberbergbaus.

TOP TIPP

Den historischen Mittelpunkt der Stadt bildet der Obermarkt mit dem **Rathaus** 1. Es wurde ab 1410 unter Einbeziehung eines Vorgängerbaus aus dem 13. Jh. erbaut. Am Erker der Frontseite von 1578 befindet sich ein ›Gaffkopf‹, der auf eine dunkle Steinplatte blickt. Sie markiert den Punkt, auf dem 1455 der Berghauptmann Kunz von Kauffungen nach dem Raub der Söhne von Kurfürst Friedrich II. hingerichtet wurde. Vom Rathausturm ertönt täglich um 11.15 und 16.15 Uhr das Glockenspiel aus Meissener Porzellan. Am **Obermarkt** 2 steht das Haus Nr. 1 aus dem 16. Jh. mit einem reich verzierten Giebel und repräsentativem Portal. Vorbei am Standbild von Otto dem Reichen, dem Gründer von Freiberg, erreicht man nach wenigen Metern das **Alnpeckhaus** 3, ein spätgotisches Gebäude, bis 1556 vermutlich Sitz der letzten Freiberger Münze. Der **Fortunabrunnen** 4 von 1986 ist bedeutsamen Personen der Stadtgeschichte gewidmet. Von dort ist das Schwedendenkmal zu sehen, das 1843 zur Erinnerung an den erfolgreichen Widerstand gegen schwedische Truppen während des Dreißigjährigen Krieges aufgestellt wurde. Der Weg führt nun zur **Petrikirche** 5, die zu Beginn des 13. Jh. am Ort einer vormaligen Richtstätte erbaut wurde und von der der Faule Turm, der runde Hahnenturm und der untere Teil des Petriturms aus dieser Zeit erhalten sind. Sehenswert im Innern sind insbesondere die spätgotische Halle (1401–40, 1730 im Stil des Barock umgebaut) und eine Silbermann-Orgel von 1735. Gegenüber, am Eckhaus zur Waisenhausstraße, befindet sich das Wappentier der seinerzeit bekannten Glockengießerfamilie Hilliger: ein aufrecht stehender weißer Bär (1555). Der **Ratskeller** 6, 1545/46 am Obermarkt als Repräsentationsbau und Kaufhaus errichtet, besitzt ein sehenswertes Renaissance-Portal. Im Obergeschoss sind im Festsaal von 1687 barocke Ausmalungen des frühen 18. Jh. und die ›Kastenstube‹, früher ›Trinkstube für besondere Personen‹, zu sehen. Das **Stadttheater** 7 entstand 1623 als Bürgerhaus und wurde erst 1789 zur Bühne umgebaut. Hier brachte Carl Maria von Weber (1786–1826) im Jahr 1800 als 14-Jähriger seine erste Oper (›Das stumme Waldmädchen‹) zur Uraufführung. Weiter geht es zur säkularisierten **Nikolaikirche** 8 mit spätromanischen Türmen (ca. 1200) und gotischem Langhaus (Ausstattung von 1750). Sie dient seit 2002 als Konzert- und Tagungshalle. Die Buttermarkt- und die Kreuzgasse führen nun zum Untermarkt. Hier erhebt sich der prächtige **Dom St. Marien** 9, eine spätgotische Hallenkirche (1484–1501). Im Innenraum fallen die Triumphkreuzgruppe (1225), die reich figurierte ›Goldene Pforte‹ (1230) an der Südwand, die frei stehende ›Tulpenkanzel‹ (1510) und die ›Große Silbermann-Orgel‹ von 1714 ins Auge. Weiter führt der Weg zum **Stadt- und Bergbaumuseum** 10 im ehem. Domherrenhof, dessen Decken im Erdgeschoss als Zellengewölbe gestaltet sind. Das Museum informiert über die bergmännische Geschichte der Stadt und die Silberproduktion und präsentiert sakrale Kunst. Die **Mineraliensammlung der Bergakademie** 11 in der Brennhausgasse 14 gehört weltweit zu den größten ihrer Art. Über die Gasse erreicht man den **Schlossplatz** 12. Im Haus Nr. 6 wohnte und arbeitete fast 40 Jahre lang der seinerzeit weltbekannte Orgelbauer Gottfried Silbermann (1683–1753). Freiberg besitzt allein vier von ihm geschaffene Orgeln. Das **Schloss Freudenstein** 13, errichtet etwa 1170, ist Geburtsort der Kurfürsten Moritz und August sowie Ausgangspunkt der Reformation im Herzogtum Sachsen. Der Bau in seiner heutigen Form entstand 1566–79 und wurde 1794–1805 zum Getreidemagazin umgebaut. Nach umfassender Restaurierung erstrahlt das Schloss seit 2008 wieder in neuem Glanz. Es ist nun Sitz des Bergarchivs sowie einer einzigartigen Mineralienschau – einer Reise durch die Mineralien der Kontinente. Über Burgstraße, Prüferstraße und Nonnengasse geht es weiter zur **Bergakademie** 14. Diese älteste montanwissenschaftliche Hochschule der Welt wurde 1765 gegründet. Mit ihr sind die Namen so bedeutender Persönlichkeiten wie Alexander von Humboldt, Theodor Körner und Friedrich von Hardenberg (Novalis) verbunden.

Das Standbild von Otto dem Reichen wacht vor dem Rathaus über den Obermarkt

Weitere Sehenswürdigkeiten:

Schacht ›Reiche Zeche‹ 15 (Besucherbergwerk)

Praktische Hinweise

Information

Tourist-Information, Burgstr. 1, Tel. 037 31/236 02, www.freiberg.de

Hotels

Alekto, Am Bahnhof 3, Tel. 037 31/79 40, www.alekto.de. Der denkmalgeschützte Jugendstilbau war einst Besteckfabrik.

Am Obermarkt, Waisenhausstr. 2, Tel. 037 31/263 70, www.hotel-am-obermarkt.de. Komfortables Hotel in zentraler Lage mit Restaurant im Gewölbekeller.

Silberhof, Silberhofstr. 1, Tel. 037 31/268 80, www.silberhof.de. Romantisches Jugendstilhotel unweit südlich des historischen Stadtkerns.

Restaurants

Pfeffersack, Kirchgasse 15c, Tel. 037 31/45 86 76, www.historische-gastwirtschaft-pfeffersack.de. Deftige Schmankerln in uriger Atmosphäre.

Ratskeller, Obermarkt 16, Tel. 037 31/221 51, www.ratskellerfreiberg.de. Auch ein Kamin- und Jagdzimmer gehören zum Restaurant.

Stadtwirtschaft Freiberg, Burgstr. 18, Tel. 037 31/69 24 69, www.stadtwirtschaft.de. Böhmische Spezialitäten in rustikalem Ambiente.

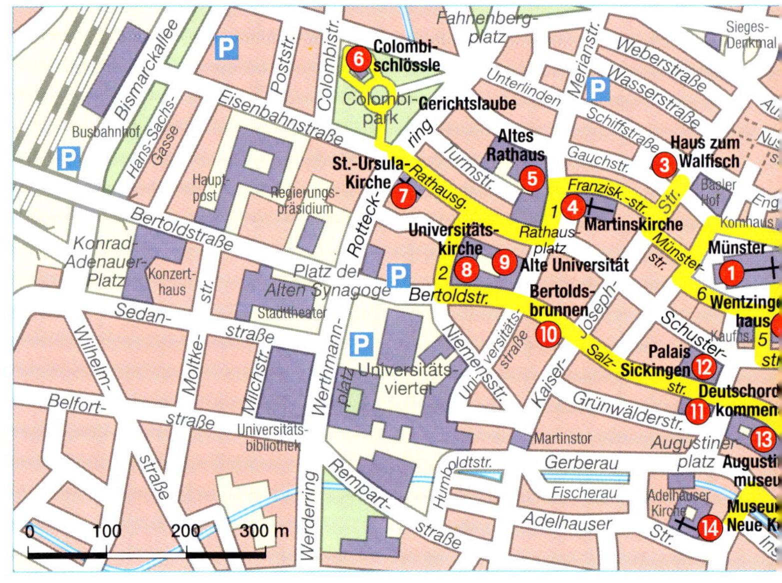

Freiburg im Breisgau *B8*

Baden-Württemberg
Einwohner: 217 000

Leichtigkeit des Seins vor badischen Weinbergen: Lebensqualität pur.

Am Beginn des Rundgangs durch das TOP TIPP historische Freiburg steht das **Münster Unserer Lieben Frau** 1. Um 1120 als Grablege der Zähringer Herzöge und Pfarrkirche der Stadt gegründet, wurde es nach einem ersten, spätromanischen Bauabschnitt – heute vor allem noch im Querhaus und den Untergeschossen der Hahnentürme erkennbar – mit der Errichtung des Westturms um 1320 in gotischer Bauweise vollendet. Eine Turmbesteigung ist möglich. Die Turmvorhalle schmückt ein qualitätvoller Figurenzyklus, im Kircheninneren setzen das Hochaltargemälde von Hans Baldung Grien und die Ausstattung der Chorkapellen besondere Akzente. Am Münsterplatz befinden sich weitere historisch bedeutende Gebäude, wie das 1970 rekonstruierte Kornhaus (1498) mit seinem Treppengiebel, direkt daneben der Basler Hof (1510–20), seit 1952 Regierungspräsidium. Auf der anderen Seite steht das Historische Kaufhaus (ca. 1520), ein Renaissancebau mit Arkadengang und einst Sitz der Marktverwaltung. Im **Wentzingerhaus** 2 (1761) daneben wurde das Museum für Stadtgeschichte eingerichtet. Zum **Haus zum Walfisch** 3 ist es von hier nicht mehr weit. In dem prächtigen spätgotischen Gebäude lebte 1529–31 der bedeutende Humanist Erasmus von Rotterdam (ca. 1466–1536). In der **Martinskirche** 4 (13./14. Jh.), der einstigen Franziskanerklosterkirche, ist ein Fresko (um 1480) zu sehen, das Tours an der Loire zeigt. Am nahen Rathausplatz fallen die Fassaden des von Gotik und Renaissance geprägten **Alten Rathauses** 5 (1952–54 rekonstruiert) mit seinen farbig getönten Portalen und dem vergoldeten Gesims ins Auge. Nach einem Abstecher zum **Colombischlössle** 6 (1859–61; Museum für Ur- und Frühgeschichte) führt der Weg zurück zur gelb getünchten **St.-Ursula-Kirche** 7, die 1708–10 von Johannes Heintze errichtet wurde. Im nahen Universitätsviertel lohnt sich vor allem ein Besuch der **Universitätskirche** 8 (1685–90) und – im gleichen Komplex – der **Alten Universität** 9. Letztere wurde 1457 gegründet und Anfang des 17. Jh. vom Jesuitenorden übernommen. Der **Bertoldsbrunnen** 10 (1965) mit der Reiterfigur aus Erz ist den Herzögen von Zähringen, den Gründern und Herren von Freiburg, gewidmet. Für den Deutschen Ritterorden errichtete Franz Anton Bagnato 1768–74 die **Deutschordenskommende** 11. Nach ihrer Zerstörung 1944 baute man sie 1982–86 als Gerichtsgebäude wieder auf. Teile der Fassade sowie das prachtvolle Portal und der

Balkon blieben original erhalten. Das **Palais Sickingen** ⓬ wurde 1769–73 als Stadtpalais des Freiherrn von Sickingen-Hohenburg erbaut. Im 1278 gegründeten und 1783 aufgelösten Augustinerkloster zeigt das **Augustinermuseum** ⓭ heute vor allem mittelalterliche Kunst. Gegenüber präsentiert das **Museum für Neue Kunst** ⓮ z.B. Gemälde von August Macke und Otto Dix. Einer der ehemals vier Türme der Stadtbefestigung ist das prächtige **Schwabentor** ⓯ (1250) mit dem Bild des Stadtpatrons St. Georg an der Fassade.

TOP TIPP

Praktische Hinweise

Information

Tourist Information, Rathausplatz 2–4, Tel. 07 61/388 18 80, www.freiburg.de

Hotels

Hotel Barbara, Poststr. 4, Tel. 07 61/ 29 62 50, www.hotel-barbara.de. Heimeliges Hotel garni im Herzen der Stadt.

Hotel Minerva, Poststr. 8, Tel. 07 61/ 38 64 90, www.minerva-freiburg.de. Zentral, aber ruhig gelegenes Jugendstilhotel .

Stadthotel Kolping, Karlstr. 7, Tel. 07 61/ 319 30, www.stadthotel-kolping.de. 94 ansprechende Zimmer, Bar und Bio-Restaurant.

Restaurants

Hotel und Gasthaus Löwen, Herrenstr. 47, Tel. 07 61/331 61, www.hotelloewen.eu. Badische und internationale Küche bis spät in die Nacht.

Kleiner Meyerhof, Rathausgasse 27, Tel. 07 61/269 41, www.kleiner-meyerhof.de. Traditionelles badisches Gasthaus mit Brauerei.

Schwarzwälder Hof, Herrenstr. 43, Tel. 07 61/380 30. In der ehem. Freiburger Münze ist ein Hotel mit Badischer Winzerstube ansässig.

Jedem Freiburger zeigt die Uhr am Schwabentor, was die Stunde geschlagen hat

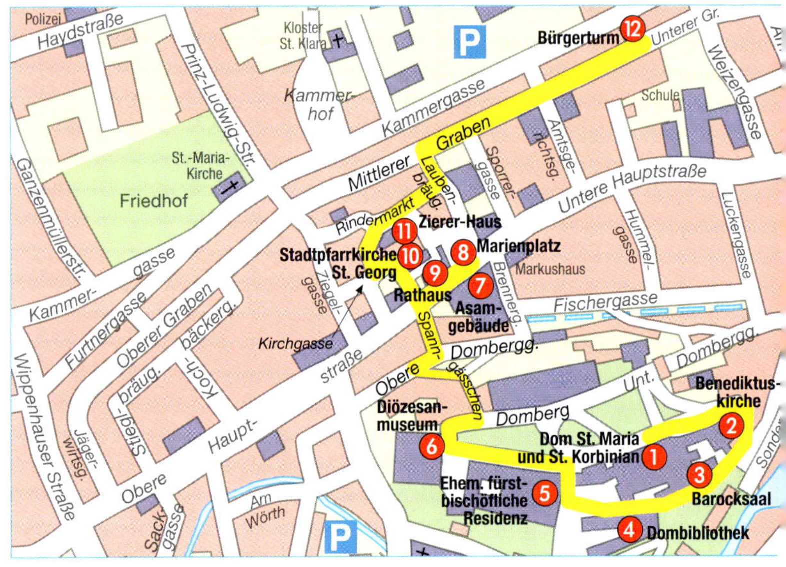

Freising *D8*

Bayern
Einwohner: 47 000

Frühe Missionare und mächtige Kirchenfürsten prägten die alte Stadt.

Der Spaziergang durch die Bischofsstadt Freising beginnt auf dem Domberg. Über 1000 Jahre lang war dieser Berg der geistliche Mittelpunkt Altbayerns. Der TOP TIPP **Dom St. Maria und St. Korbinian** ❶, das Wahrzeichen Freisings, diente den Bischöfen 739–1803 als Kathedrale. Hier ruhen u. a. die Gebeine des heiligen Korbinian. Der fränkische Wanderbischof ließ sich um 720 in Freising nieder und gilt als erster Bischof der Stadt. Mit dem Neubau des Doms als spätromanische Pfeilerbasilika wurde nach einem Brand 1159 begonnen. Die Gebrüder Asam gestalteten das Gotteshaus 1724 in barockem Stil um. Nach der letzten Restaurierung erstrahlt das Innere des Doms wieder in altem Glanz. Das Hochaltarbild (17. Jh.) von Peter Paul Rubens zählt hier zu den wichtigsten Sehenswürdigkeiten – auch wenn es eine Kopie ist: Das Original befindet sich in der Alten Pinakothek in München. In der romanischen Krypta ist die Bestiensäule zu sehen. Weiter geht es zum Kreuzgang mit der **Benediktuskirche** ❷, deren Bau 1347 veranlasst wurde. Die Stuckarbeiten stammen von Johann Baptist Zimmermann. Im ersten Obergeschoss am Südflügel des Kreuzgangs befindet sich TOP TIPP der **Barocksaal** ❸ mit der wertvollen **Dombibliothek** ❹. Der Barocksaal ist nur Mai–Okt. geöffnet, die Bibliothek mit ihren insgesamt 230 000 Bänden und über 3000 Handschriften aus der Kirchen- und Kunstgeschichte dagegen ganzjährig zugänglich. Gegenüber der Bibliothek liegt die **Ehemalige fürstbischöfliche Residenz** ❺ (heute Kardinal-Döpfner-Haus). Besonders sehenswert ist der Arkadenhof im Stil der Frührenaissance (1519). In dem klassizistischen Bau hinter der Residenz befindet sich das **Diözesanmuseum** ❻. Es ist das größte Museum für christliche Kunst in Deutschland (1974 eröffnet) und besitzt Werke des 12.–20. Jh. Zu den Kostbarkeiten gehören die ältesten Tafelbilder aus Salzburg, Brixen und München (um 1400) sowie Gemälde und Skulpturen spätgotischer Flügelaltäre. Über das Spanngässchen gelangt man vom Domberg in die malerische Altstadt. Im barocken **Asamgebäude** ❼ war früher die bischöfliche Hochschule untergebracht. Das hübsche Asamtheater ist nur im Rahmen von Stadtführungen oder Veranstaltungen zu besichtigen. Gleich nebenan informiert das Stadtmuseum über die Geschichte und Entwicklung der Bischofsstadt. Auf dem **Marienplatz** ❽ erhebt sich die Mariensäule mit den Heiligenfiguren des Korbinian, Sigismund, Franz von Assisi und Franz Xaver. Das späthistoristische **Rathaus** ❾ (1905) besitzt Schauseiten

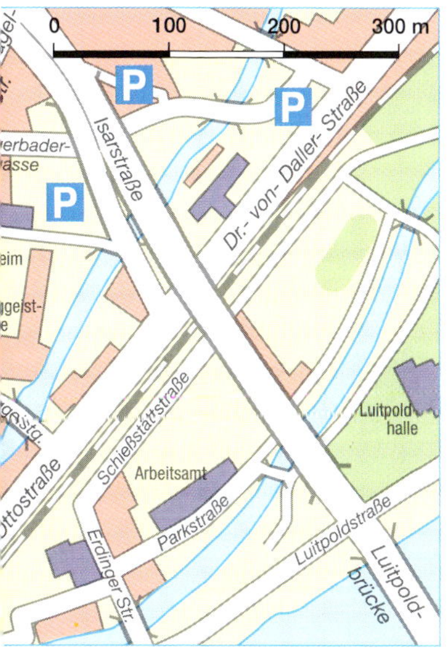

zum Marienplatz und zur Hauptstraße, jede mit einem reich ornamentierten Erker. Die Stadtpfarrkirche **St. Georg** (10) wurde im 15. Jh. errichtet und beeindruckt mit ihrer spätgotischen Hallenbauweise sowie ihrem barocken Turm (1679–89). Wer den Turm besteigt, wird mit einem wunderbaren Rundblick über die Stadt belohnt. Oberhalb der Kirche, am Rindermarkt, sind hinter der prächtigen Rokokofassade des **Zierer-Hauses** (11) Büros der Stadtverwaltung untergebracht. Abschließend geht es über den Mittleren Graben bis zum **Bürgerturm** (12), einem Überbleibsel der alten Stadtbefestigung.

Praktische Hinweise

Information

Tourist Information, Marienplatz 7, Tel. 081 61/541 22, www.freising.de

Hotels

Bayerischer Hof, Untere Hauptstr. 3, Tel. 081 61/53 83 00, www.hotel-bayerischer-hof.eu. Stilvolles Hotel in der Altstadt.

Grüner Hof, Erdinger Str. 42, Tel. 081 61/851 56, www.gruener-hof-freising.de. Traditionsreicher bayerischer Gasthof.

Isarhotel, Isarstr. 4, Tel. 081 61/86 50, www.isarhotel.de. Freundliches Hotel.

Restaurants

Bräustüberl Weihenstephan, Weihenstephaner Berg 10, Tel. 081 61/130 04, www.braeustueberl-weihenstephan.de. Schmankerln in uriger Atmosphäre.

Hofbrauhaus Keller, Lankesbergstr. 5, Tel. 081 61/93 88 00, www.hofbrauhaus keller.de. Bayerisch-österreichische Spezialitäten.

Schrödl's Restaurant, Landshuter Str. 30, Tel. 081 61/223 79, www.schroedls-restaurant.de. Gehobene Küche.

Geistliches Zentrum Altbayerns: der Dom St. Maria und St. Korbinian in neuem Glanz

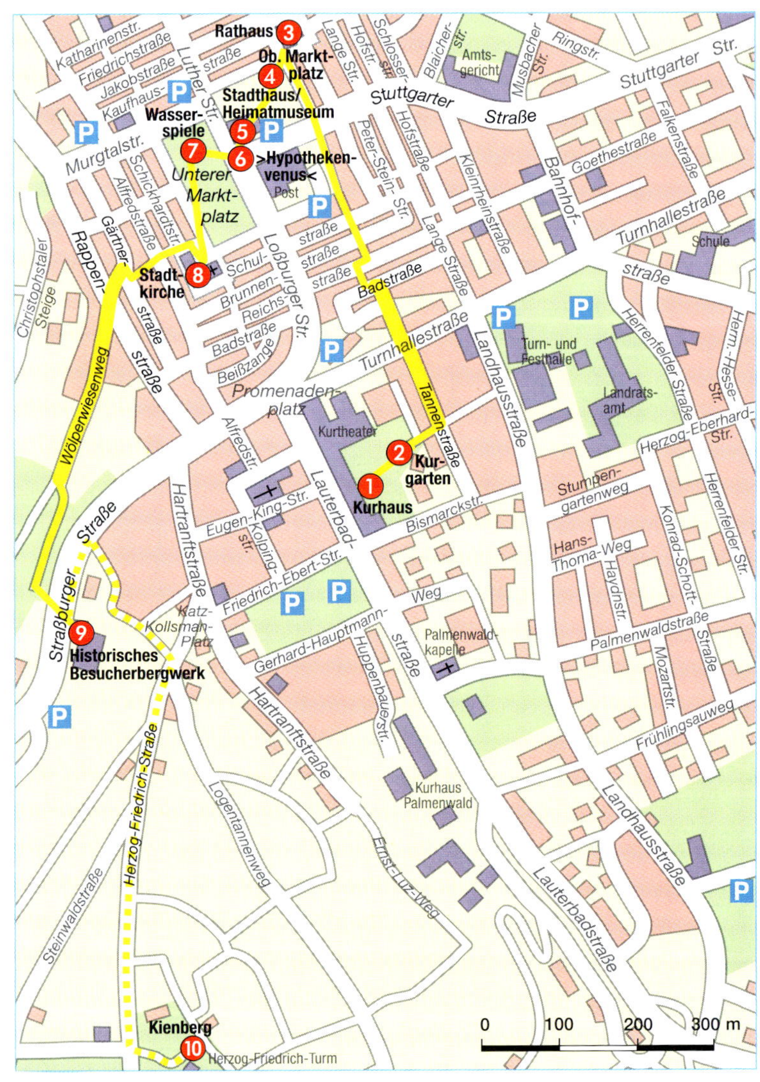

Freudenstadt

B7

Baden-Württemberg
Einwohner: 23 000

Ein Stadtkonzept nach geometrischen Gesetzen, von Fürstenhand inszeniert.

Der heutige Kurort wurde 1599 von Herzog Friedrich als Bergarbeiterstadt gegründet und von Heinrich Schickhard im Stil der Spätrenaissance gebaut. Der Spaziergang beginnt am **Kurhaus** 1. Es wurde 1954 eingeweiht und gilt als gelungenes Architekturensemble jener Zeit. Heute bietet es ein breit gefächertes Angebot an Folklore- und Kulturevents, Theateraufführungen und Konzerten. Der direkt angrenzende malerische **Kurgarten** 2 mit Wandelhalle lädt zum Spaziergang ein. Weiter geht es entlang der Tannenstraße in Richtung Stadtkern. Auf dem Weg dorthin kreuzt man die Reichsstraße, die nach der Reichsgründung 1871 als erste Straße ihren Namen erhielt, und passiert den filigranen Schwarzwald-Brunnen (1992), der vom Stuttgarter Professor Lohrer entworfen wurde. Von dort empfiehlt sich ein Spaziergang entlang der 200 m langen Arkadenfront bis zum **Rathaus** 3, das durch seinen prägnanten, weithin sichtbaren Turm einen städtebaulichen Akzent setzt. In der Umgebung herrscht stets geschäftiges Treiben. 1990 wurde der **Obere Marktplatz** 4, mit 219 x 216 m einer der größten Deutschlands, zur Fußgängerzone umgestaltet. Dienstag und Freitag, im Winter lediglich freitags, wird dort Markt abgehalten. In unmittelbarer Nachbarschaft befindet sich der Neptunbrunnen (1762/63) mit dem Freudenstädter Wappen – Hirschstangen, Fische (Barben) und das gelbe ›F‹. Am anderen Ende des Marktplatzes hat das Stadthaus mit dem **Heimatmuseum** 5 seinen Sitz. Die sehr sehenswerte lokalgeschichtliche Sammlung dokumentiert die Gründung der Renaissancestadt, alte Handwerke und Gewerbe sowie die Geschichte Freudenstadts während des Zweiten Weltkriegs. Einblicke in die Geologie des Schwarzwalds geben eine Mineraliensammlung und eine Dokumentation zur Geschichte des Bergbaus. Am Unteren Marktplatz, der 1998/99 neu gestaltet wurde, steht die Gedenksäule, geschaffen von dem Freudenstädter Künstler David Fahrner. Die Einheimischen kennen sie als ›**Hypothekenvenus**‹ 6. Sie erinnert an die fast völlige Zerstörung der Stadt im Jahre 1945 und ihren Wiederaufbau 1948–51, der auch als das ›Wunder von Freudenstadt‹ bezeichnet wird. Außerdem liegt hier eine der beliebtesten Attraktionen, die **Wasserspiele** 7. In einem großen Wasserbecken sprudeln 50 Fontänen in wechselnden Formationen. Weiter geht es zur **Stadtkirche** 8, einem Bau aus dem Jahre 1601. Zu den Besonderheiten der Kirche zählen ihre zwei Langhäuser, in denen die Gemeinde früher nach Geschlechtern getrennt dem Gottesdienst beiwohnte, sowie das romanische Lesepult (um 1150) – eines der ältesten Werke des deutschen Kunsthandwerks. Durch eine schmale Gasse erreicht man nach wenigen Minuten den Wölperwiesenweg, auf dessen rechter Seite sich das Christophstal erstreckt – die Wiege Freudenstadts. Dort im Tal ist auch das ›Bärenschlössle‹ mit seiner Renaissancefassade zu sehen (1627, Peter Stein). Am Ende des Wölperwiesenwegs schließlich, an der Straßburger Straße, befindet sich der Eingang zum **Freudenstädter Historischen Besucherbergwerk** 9, wo bis 1750 Silber gefördert wurde. Wer jetzt noch weitergehen möchte, kann den **Kienberg** 10 (herrlicher Rundblick!) hinaufsteigen.

Praktische Hinweise

Information

Tourist Information, Marktplatz 64, Tel. 074 41/86 40, www.freudenstadt.de

Hotels

Flair Hotel Schwanen, Forststr. 6, Tel. 074 41/915 50, www.schwanen-freudenstadt.de. Direkt beim Marktplatz liegt der behagliche Familienbetrieb.

Grüner Wald, Kinzigtalstr. 23, im Ortsteil Lauterbad, Tel. 074 41/86 05 40, www.gruener-wald.de. Hübsch gelegenes Wellnesshotel im Süden der Stadt.

Hohenried, Zeppelinstr. 5, Tel. 074 41/860 20, www.hotelhohenried.de. Mit hoteleigenem Park.

Restaurants

Bären, Lange Str. 33, Tel. 074 41/27 29, www.hotel-baeren-freudenstadt.de. Schwäbische und internationale Küche auf hohem Niveau.

Jägerstüble, Marktplatz 12, Tel. 074 41/23 87, www.jaegerstueble-fds.de. Wildspezialitäten und andere Köstlichkeiten.

Warteck, Stuttgarter Str. 14, Tel. 074 41/919 20, www.warteck-freudenstadt.de. Heimische und internationale Gerichte.

Wehrhaft zeigt sich der Meeresgott Neptun auf seinem Brunnen am Oberen Marktplatz

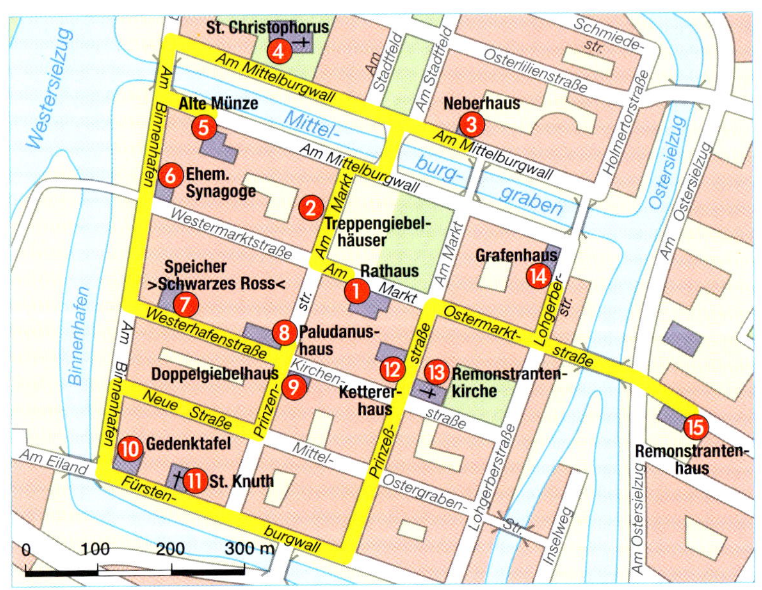

Friedrichstadt C2

Schleswig-Holstein
Einwohner: 3000

Ein schleswigsches Klein-Holland an den beschaulichen Ufern der Treene.

Besucher von Friedrichsstadt fühlen sich angesichts der schönen Renaissance-Giebelhäuser und der Grachten oft an Holland erinnert. Das Stadtbild deutet auf die niederländisch geprägte Geschichte des Ortes an der Treene hin, den Herzog Friedrich III. von Schleswig-Gottorf 1621 für Remonstranten, Glaubensflüchtlinge aus den Niederlanden, gründete. Bald siedelten sich hier auch Angehörige anderer Glaubensgemeinschaften an. Unser Rundgang beginnt am 1879 erbauten **Rathaus** 1 auf dem Marktplatz. Die Westseite des Marktes nehmen neun **Treppengiebelhäuser** 2 aus der Gründerzeit Friedrichstadts ein. Ihre Giebel zeigen sog. Hausmarken, z.B. Adler, Mühle oder Seerose. Auf dem Marktplatz befindet sich auch die Marktpumpe mit hübschem Brunnenhäuschen (1879), dessen Stirnseite plattdeutsche Reime des Dithmarscher Heimatdichters Klaus Groth (1819–1899) zum Thema ›Wasser‹ zieren. Überquert man die Steinbrücke über den Mittelburggraben, gelangt man zum **Neberhaus** 3 aus holländischen ›Moppen‹ (kleine Backsteine) mit seiner typisch niederländischen Innenausstattung. Beeindruckend sind die Regentenkammer und das vertäfelte Friedrichstädter Zimmer. Ebenfalls am Mittelburgwall liegt die evangelische Kirche **St. Christophorus** 4 (1644–49), eine Saalkirche. Das Altarbild ›Die Beweinung Christi‹ (1675) schuf der führende Vertreter niederländisch-flämischer Barockmalerei in Schleswig-Holstein, Jürgen Ovens, ein Schüler Rembrandts. Er lebte zeitweise in Friedrichstadt und wurde 1678 in der Kirche beigesetzt. Das schönste Haus und Norddeutschlands bedeutendster Profanbau der niederländischen Renaissance ist die sog. **Alte Münze** 5 (1626) mit ihrer überaus reich verzierten Fassade. Der Name erinnert an gescheiterte Pläne Herzog Friedrichs III., der Stadt das Münzrecht zu verleihen. Heute dokumentiert hier das Stadtische Museum ›Alte Münze‹ lokale Geschichte und Alltagsleben. Seit 1708 nutzt die Glaubensgemeinschaft der Mennoniten den Anbau der Alten Münze als Betsaal. Vom Museum aus kann man von oben einen Blick in das Gotteshaus werfen. Ein Teil des Hausgartens ist dem 1708 gegründeten Friedhof der Mennoniten vorbehalten, deutlich zu erkennen an den schlichten Grabsteinen aus Sandstein. Nächste Station ist die **Kultur- und Gedenkstätte in der Ehemaligen Synagoge** 6. Ihr gegenüber weist ein Gedenkstein auf die Historie des Hauses hin. **›Schwarzes Ross‹** 7 wird ein nach 1700

Top Tipp

Top Tipp

am Binnenhafen erbauter Speicher genannt, an dessen Fassade ein vorspringender Balken auffällt, ein alter Lastenaufzug. Ein paar Häuser weiter (Westerhafenstraße 14) liegt das ehem. Versammlungshaus der Quäker. An der Ecke erhebt sich das stattliche **Paludanushaus** 8 (1637) mit barocken Voluten und Treppengiebeln. Schräg gegenüber ragt das **Doppelgiebelhaus** 9 in die Höhe, das 1624 erbaut wurde. An der Ecke Binnenhafen/Fürstenburgwall wurde das erste Haus der Stadt errichtet. Heute erinnert eine **Gedenktafel** 10 am Haus Nr. 17 an den Tag der Grundsteinlegung, den 24. September 1621. Vorbei am weißen Fünfgiebelhaus, das als Galerie und Ausstellungsraum genutzt wird, geht es weiter zur neugotischen, turmlosen Saalkirche **St. Knuth** 11, die 1854 geweiht wurde (heute säkularisiert). Sehenswert im Innern sind das Gestühl (1760), ein Holzkruzifix (1230) sowie geschnitzte Figuren (17. Jh.) aus der Barockzeit. Das rote **Kettererhaus** 12 (1626–29) gehörte einem remonstrantischen Pastorenehepaar aus den Niederlanden. Von der Straße aus ist ein Raum mit Alkoven und historischen Puppen einsehbar. Die **Remonstrantenkirche** 13 ist das einzige Gotteshaus dieser Glaubensgemeinschaft außerhalb der Niederlande. Sie entstand 1854 als Ziegelbau mit Flachdecke. Im hellen, eher schlichten Innern ist die Kanzel der Blickfang. Der Liturgie gemäß kommt die Kirche ohne Altar aus. Aus dem Jahre 1622 stammt das **Grafenhaus** 14, das zwar im Zweiten Weltkrieg schweren Schaden nahm, aber weitgehend originalgetreu mit einem hohen Unter- und einem niedrigen Obergeschoss, neun Achsen und einem schönen getreppten Nordgiebel rekonstruiert wurde. Das **Remonstrantenhaus** 15 (1909), ein imposantes, frei stehendes Herrenhaus mit Treppengiebeln, nutzten einst die Remonstrantenpastoren als Gemeindehaus. Heute befindet sich in dem Gebäude eine Privatklinik.

i Praktische Hinweise

Information

Tourist Information, Am Markt 9, Tel. 048 81/939 30, www.friedrichstadt.de

Hotels

Herzog Friedrich, Schmiedestr. 12 a, Tel. 048 81/17 71, www.hotel-herzog-friedrich.de. Kleines Hotel mit romantischem Flair.

Hotel Aquarium, Am Mittelburgwall 4–8, Tel. 048 81/930 50, www.hotel-aquarium.de. Stilvolles Haus, direkt an der Gracht gelegen.

Stadt Hamburg, Am Markt 7, Tel. 048 81/398, www.hotel-stadthamburg.com. Familiäres Hotel garni im Stadtzentrum.

Restaurants

Altes Amtsgericht, Am Markt 12, Tel. 048 81/77 43, www.altes-amtsgericht-friedrichstadt.de. Regionale Küche in historischem Gerichtsgebäude.

Holländische Stube, Am Mittelburgwall 22–26, Tel. 048 81/939 00, www.hollaendischestube.de. Schleswig-holsteinische Spezialitäten in hübschem, alten Kaufmannshaus.

Treenehof, Herrnhallig 10, Tel. 048 81/937 10, www.treenehof.de. Direkt am Flüsschen Treene gelegen, mit Panoramablick auf die Stadt.

An niederländisch geprägte Geschichte erinnern Grachten und Treppengiebelhäuser

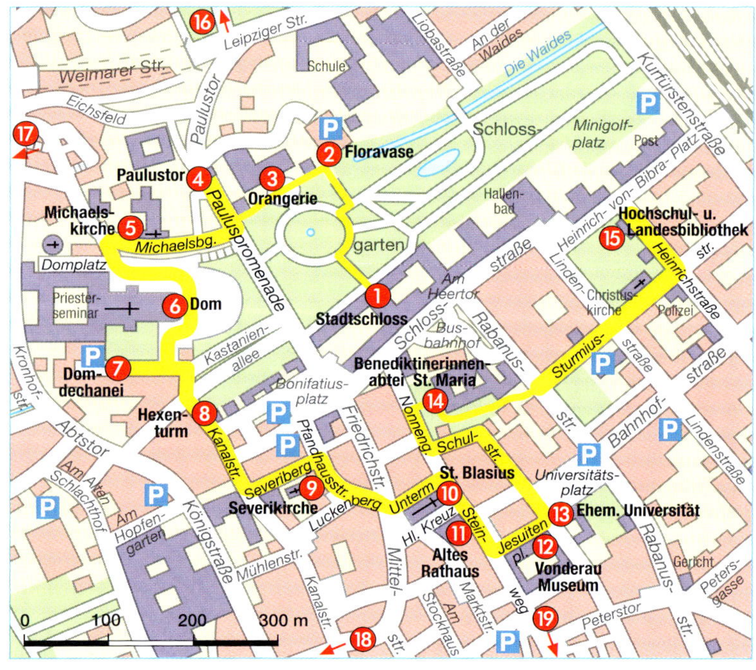

Fulda

C5

Hessen
Einwohner: 83 000

Die Barockstadt geht auf eine Klostergründung im Jahr 744 zurück.

In Fulda, dem Sitz der katholischen Deutschen Bischofskonferenz und des Präsidiums des Deutschen Evangelischen Kirchentags, wird einem auf Schritt und Tritt die Bedeutung der Stadt als ein Zentrum der deutschen Religions- und Kulturgeschichte bewusst. Der Rundgang beginnt TOP TIPP am Residenzschloss der Fuldaer Fürstäbte, dem heutigen **Stadtschloss** 1 (1706–21). Es beherbergt die Stadtverwaltung, dennoch sind einige der prachtvollen Räume zu besichtigen. Dazu zählen der große Festsaal sowie eine fürstliche Wohnung aus dem 18. Jh. Ein Glanzlicht ist das Spiegelkabinett. Außerdem befinden sich hier die Sammlung Fuldaer Porzellane sowie eine Ausstellung zu einem der berühmtesten Söhne der Stadt, dem Experimentalphysiker und Nobelpreisträger Karl Ferdinand Braun (1850 –1918). Hinter dem Schloss breitet sich eine barocke Gartenanlage aus. Auf einer ausladenden Freitreppe steht die **Floravase** 2, eine der schönsten barocken Gartenplastiken der Region. Anschließend gelangt man zur **Orangerie** 3, die mit ihren kunstvollen Barocksälen noch heute für Feste genutzt wird. Links führt der Weg vorbei am barocken **Paulustor** 4 zur romanischen **Michaelskirche** 5 (818–822, Erweiterung 1092), einer der ältesten Sakralbauten Deutschlands. Nun kann man noch von der Anhöhe aus die herrliche Aussicht auf das TOP TIPP Stadtschloss genießen, bevor man die Stufen zum **Dom** 6 (1704–12), dem Wahrzeichen der Stadt, hinuntersteigt. In seinen Mauern befindet sich die Gruft, in der der Apostel Bonifatius begraben liegt – noch heute Ziel zahlreicher Wallfahrten. Direkt neben dem Dom liegt das **Dommuseum** 7, das die historischen Räume der ehem. Seminarkapelle und der Domdechanei, zu der ein Rosengarten gehört, miteinbezieht. Anhand von Reliquiaren, sakralen Gewändern und liturgischen Geräten bietet das Museum einen umfassenden Einblick in die mehr als 1250-jährige Kloster- und Stadtgeschichte. Südlich vom Dom führt der Weg über Kopfsteinpflaster zu einem weiteren Zeugnis mittelalterlichen Lebens: dem **Hexenturm** 8, einst Teil der Stadtmauer. Vorbei an sorgfältig restaurierten Fachwerkhäusern gelangt man zur **Severikirche** 9, der einzigen gotischen Kirche der Stadt. Durch die schmale Pfandhausstraße mit gemütlichen Gasthäusern erreicht man die barocke Stadtpfarrkirche **St. Blasius** ⑩ (1771–86). Ihre auffällige rot-weiße Farbgebung erhielt sie erst vor wenigen Jahren im Rahmen einer Restaurierung. Gleich dahinter steht das schmucke **Alte Rathaus** ⑪ aus dem frühen 16. Jh. Die Kombination aus kleinen Türmchen und kunstvollem roten Fachwerk ist besonders beeindruckend. Den Steinweg entlang führt der Weg zum **Vonderau Museum** ⑫ mit seiner kulturgeschichtlichen Sammlung. Liebevoll rekonstruierte Räume vermitteln einen Eindruck, wie das bürgerliche Leben der Stadt früher ausgesehen hat. Zum Museum gehört auch ein Planetarium, in dem regelmäßig Vorführungen stattfinden. Hinter dem Museumskomplex befindet sich die **Ehem. Universität** ⑬, die 1734 vom Fuldaer Fürstabt von Dalberg gegründet wurde. Ihre Funktion erfüllte sie jedoch nicht lange: Im Zuge der Säkularisation wurde sie bereits 1805 wieder aufgelöst. Über den Universitätsplatz mit seinen großen Kaufhäusern und zahlreichen Geschäften geht es zur **Benediktinerinnenabtei St. Maria** ⑭. Hinter den hohen alten Mauern befinden sich Klausur, Kirche und Wirtschaftsgebäude. Dazu gehört auch ein groß angelegter Nutzgarten (Mi Besichtigung auf Voranmeldung unter Tel. 06 61/102 17 72), in dem die Benediktinerinnen Forschungen zum ökologischen Gartenbau betreiben. Die **Abteikirche** ist ein schlichter Bau, dessen architektonische Formensprache sowohl Elementen aus der Spätgotik als auch der Renaissance aufweist. Beachtenswert sind die Arbeiten der 1997 verstorbenen Künstlerin des Klosters, Lioba Munz OSB. Von der Abtei führt der Weg vorbei an der neugotischen Christuskirche (1894–96) mit ihrer hohen, achteckigen Turmhaube zur letzten Station des Spaziergangs, der **Hochschul- und Landesbibliothek** ⑮. Diese kulturell wichtige Institution beherbergt überaus kostbare alte Bücher, die z.T. noch aus der berühmten Schreibschule des Klosters Fulda aus dem 9. Jh. stammen. Zu den wertvollsten Schriften der Bibliothek gehören die beiden frühmittelalterlichen ›Codices Bonifatiani‹ (547 und Ende 8. Jh.) sowie das Judith-Evangeliar (11. Jh.).

Nach Plänen des Barockbaumeisters Johann Dientzenhofer entstand der Dom von Fulda

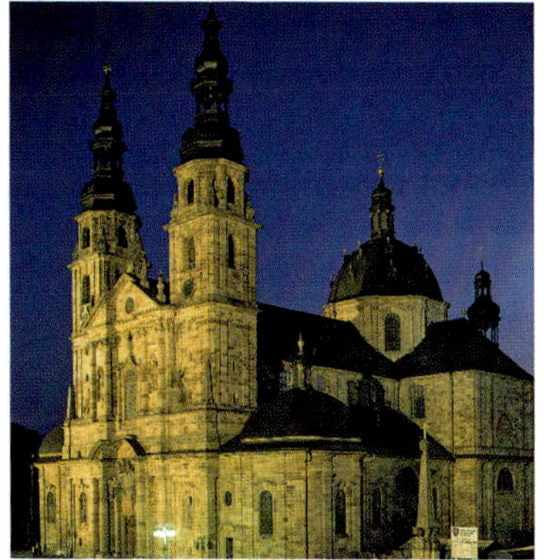

Weitere Sehenswürdigkeiten:

Kloster Frauenberg ⑯
Propsteikirche St. Andreas ⑰
Deutsches Feuerwehrmuseum ⑱
Schloss Fasanerie ⑲ (Barockschloss mit Porzellan- und Antikensammlung)

Praktische Hinweise

Information

Tourismus- und Kongressmanagement Fulda, Bonifatiusplatz 1, Tel. 06 61/102 18 13, www.tourismus-fulda.de

Hotels

Altstadthotel Arte, Doll 2–4, Tel. 06 61/ 25 02 98 80, www.altstadthotel-arte.de. Geräumige, helle Zimmer zeichnen das moderne Hotel aus.

Hessischer Hof, Nikolausstr. 22, Tel. 06 61/ 780 11, www.hessischerhof.de. Direkt beim Bahnhof gelegenes Hotel in Familienbesitz.

Zum Ritter, Kanalstr. 18–20, Tel. 06 61/ 25 08 00, www.hotel-ritter.de. Traditionsreiches Hotel mit immer noch familiärem Charakter.

Restaurants

Dachsbau, Pfandhausstr. 8, Tel. 06 61/ 741 12, www.dachsbau-fulda.de. Feinschmeckerlokal mit klassischen Gerichten der neuen Küche und eigenen Kreationen.

Kolpinghaus, Goethestr. 13, Tel. 06 61/ 865 00, www.hotel-kolpinghaus-fulda.de. An geistlicher Stätte eine gutbürgerliche Küche im besten Sinne.

Kurfürst, Schlossstr. 2, Tel. 06 61/833 90, www.kurfuerst-fulda.de. Kulinarische Genüsse auf hohem Niveau und ein bestens sortierter Weinkeller versprechen fürstliche Stunden.

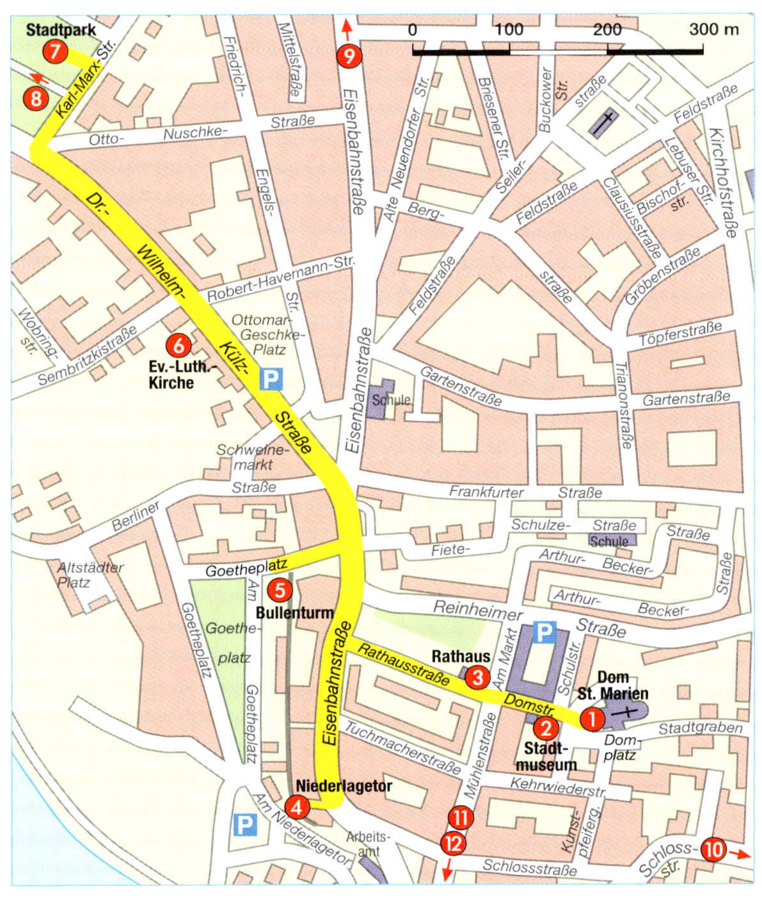

Fürstenwalde (Spree) *F3*

Brandenburg
Einwohner: 34 000

Bischöfliche Residenz von einst mit dem märkischen Charme von heute.

Fürstenwalde wurde vermutlich um die Mitte des 13. Jh. gegründet. Erstmals erwähnt ist der Ort 1272 in einer Urkunde der Stadt Beeskow. Vermutlich hat sich sein Name aus der Bezeichnung ›Furt im Walde‹ entwickelt. Durch die günstige Lage war der stark befestigte Ort ein bedeutender Umschlagplatz für den Ost-West-Handel. Die Stadt blickt auf eine bewegte Geschichte zurück: 1414 wurde sie von so berüchtigten Raubrittern wie den Quitzows geplündert und auch später immer wieder von marodierenden Soldatenhaufen heimgesucht. Im Zweiten Weltkrieg erlitt Fürstenwalde schwerste Schäden. Neben Brandenburg und Havelberg ist Fürstenwalde eine der drei wichtigen Domstädte der Mark Brandenburg. Der im Mittelpunkt der Stadt stehende **Dom St. Marien** ① ist gleichzeitig ihr Wahrzeichen. Der erste Kirchenbau war bereits um 1230 errichtet worden. Seine heutige Gestalt als dreischiffige Kathedrale mit einem 69 m hohen mächtigen Turm stammt aus der Mitte des 15. Jh. Über die Jahrhunderte hinweg mehrfach schwer beschädigt, aber stets wieder hergestellt, wurde der Dom 1945 fast völlig zerstört. Hierbei fielen in den letzten Kriegstagen sämtliche Kunstgegenstände dem Feuer zum Opfer. Die erneute Einweihung des Doms nach dem Wiederaufbau fand erst 1995 statt. Im Inneren lohnt eine Besichtigung des Sakramentshäuschens von 1517. Darüber hinaus sind hier mehrere Grabsteine von Bischöfen aus dem östlichen Nachbaramt Lebus zu sehen. Zu den im Laufe der Zeit vorgenommenen Anbauten gehört auch das architektonisch sehr harmonisch eingegliederte Gemeindezentrum in der Westhälfte des historischen Baus, gewissermaßen ein ›Raum im Raum‹. In unmittelbarer Nachbarschaft des Doms, am Domplatz 7, befindet sich das **Stadtmuseum** 2. Neben der Geschichte der Region wird auch die geologische Entwicklung der Umgebung dargestellt. Besonders sehenswert ist die Bennholdtsche Geschiebesammlung, eine der größten Gesteinssammlungen dieser Art in Europa. Eine weitere Abteilung ist dem bis vor wenigen Jahren im Raum Rauen betriebenen Braunkohleabbau gewidmet. Hier werden sowohl die Abbautechnik als auch die Bedeutung des Bergbaus näher beleuchtet. In der Domstraße trifft man rechter Hand auf das 1511 erbaute **Rathaus** 3; der Turm wurde 1624 hinzugefügt. Es beherbergt u. a. eine Kunstgalerie und das Standesamt. Den Zugang zur Stadt von Süden her ermöglichte einst das nur noch als Ruine erhaltene **Niederlagetor** 4. Ebenfalls Teil der alten Stadtbefestigung war der imposante **Bullenturm** 5. Der Weg führt anschließend zur **Evangelisch-Lutherischen Kirche** 6. Der Bau wurde 1882 im Stil des Neobarock errichtet, einige Elemente sind aber dem romanischen Stil nachempfunden. Wenige Meter weiter biegt man rechts ab und erreicht an der Karl-Marx-Straße den **Stadtpark** 7 mit seinem herrlichen alten Baumbestand und einer Freilichtbühne. Dem Stadtpark ist der **Heimattiergarten** 8 angegliedert, in dem rund 300 Tiere der Region aus 58 Arten zuhause sind.

TOP TIPP

Weitere Sehenswürdigkeiten:

Schloss Steinhöfel 9
Markgrafensteine 10 (Eiszeitfindlinge in den Rauener Bergen)
Martin-Luther-Kirche 11

Praktische Hinweise

Information

Fremdenverkehrs- und Tourismusverein Fürstenwalde e.V., Mühlenstr. 26, Tel. 033 61/76 06 00, www.fuerstenwalde-tourismus.de

Hotels

Haus am Spreebogen, Altstadt 27, Tel. 033 61/59 63 40, www.haus-am-spreebogen.de. Kultiviertes, modernes Hotel, Zimmer z. T. mit Spreeblick.

Kaiserhof, Friedrich-Engels-Str. 1A, Tel. 033 61/55 00, www.kaiserhof.de. Über 70 Zimmer verfügt das 1996 neu erbaute 4-Sterne-Hotel.

Zille Stuben, Schlossstr. 26, Tel. 033 61/577 25, Familiäre, radwanderfreundliche Hotel-Pension.

Restaurants

Voltaire, Friedrich-Engels-Str. 1A, Tel. 033 61/55 00, www.kaiserhof.de. Frisch und zeitgemäß wird im Hotelrestaurant des Kaiserhofs gekocht.

Zille Stuben, Schlossstr. 26, Tel. 033 61/577 25. Gutbürgerliche Küche.

Zunfthaus 383, Tuchmacherstr. 12, Tel. 033 61/71 10 04. Gerichte aus deutscher Küche.

Nach seiner Zerstörung im Zweiten Weltkrieg nun wieder erstanden: Dom St. Marien

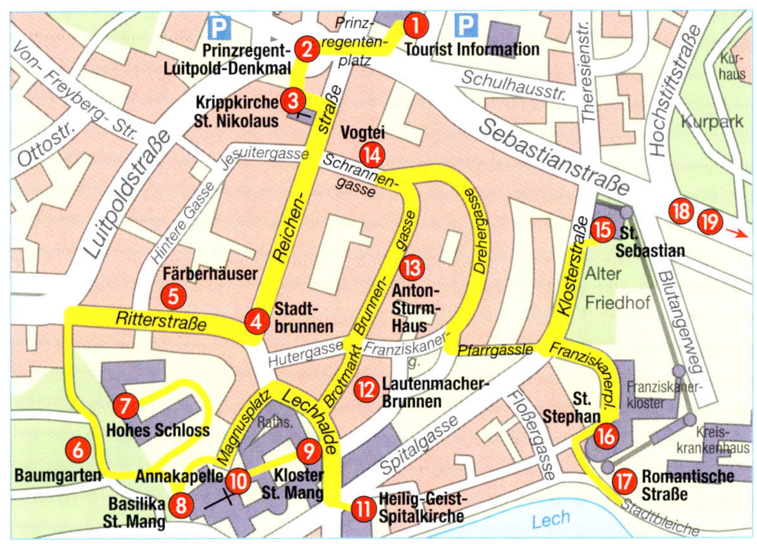

Füssen

D8

Bayern
Einwohner: 14 000

Wo bayerische auf Tiroler Lebensart trifft, steht ein idyllisches Städtchen.

Ausgangspunkt des Rundgangs durch die idyllische Stadt am Lech ist die **Tourist Information** 1 im früheren Schulhaus (1873–75). Schon die zeitgenössische Presse lobte es als ›Prachtbau‹. Der aus Füssen stammende Bildhauer Alois Mayr schuf 1902 das **Prinzregent-Luitpold-Denkmal** 2 zu Ehren des Sohnes Ludwigs I., der häufig in der Nähe von Füssen auf die Jagd ging. In der **Krippkirche St. Nikolaus** 3 (1717) sind herrliche Deckenfresken (Joseph Obermiller) zu bestaunen. Den Hochaltar aus Stuckmarmor gestaltete Dominikus Zimmermann, der Erbauer der Wieskirche. Durch die Reichenstraße gelangt man zum **Stadtbrunnen** 4, den eine große Figur des St. Gallener Wandermönchs Magnus ziert. Die **Färberhäuser** 5 in der Ritterstraße sind nach ihren früheren Bewohnern benannt: Färber, die hier bereits im 15. Jh. ihre Stoffbahnen zum Trocknen ausbreiteten. Das rechenartige Lattengerüst unter dem Dachüberstand zeugt von ihrer Arbeit. Links, in Richtung Lech, geht es weiter durch den ehem. bischöflichen **Baumgarten** 6. Bischof Friedrich II. ließ den Amtssitz nebenan zum heutigen **Hohen Schloss** 7 ausbauen (um 1500). Die außergewöhnliche Illusionsmalerei an den Fassaden des Innenhofs und die prunkvollen Säle sind überaus sehenswert. Heute beherbergt das Schloss die Staatsgalerie, eine Dependance der Bayerischen Staatsgemäldesammlungen, und die Städtische Galerie mit Gemälden der Münchner Schule. Der wunderschön gestaltete Uhrturm des Schlosses, in dem früher der Türmer über die Stadt wachte, kann nach seiner Restaurierung neuerdings bestiegen werden. Ein Stück weiter erreicht man die prachtvolle **Basilika St. Mang** 8. Ihre beeindruckenden Deckenfresken illustrieren das Leben des hl. Magnus, der im 8. Jh. hier ein erstes Gotteshaus erbaute. Die barocke Umgestaltung erfolgte 1701–26 durch Johann Jakob Herkomer. Die Kirche ist Teil des 725 gegründeten **Klosters St. Mang** 9, das Herkomer als eine barocke Gesamtanlage inszeniert hat. Einige Räume sowie der stuck- und freskenreiche Festsaal sind zugänglich. Dazu gehört auch die **Annakapelle** 10, in der u.a. Grabmale, Totenschilde und die älteste Darstellung eines Totentanzes (1602) in Bayern zu bewundern sind. Außerhalb der Klosteranlage schuf der Architekt Franz Karl Fischer 1748/49 die Rokokofassade der **Heilig-Geist-Spitalkirche** 11. Nicht weit entfernt, auf dem Brotmarkt, steht der **Lautenmacher-Brunnen** 12 (1990), der an die große Bedeutung dieses Handwerks für Füssen erinnert. Die Brunnengasse entlang gelangt man zum **Anton-Sturm-Haus** 13. Ein Sandsteinrelief über der

Toreinfahrt zeugt von der Bildhauerkunst des Meisters, der den Figurenschmuck am Hochaltar und in der Magnuskapelle der Basilika St. Mang schuf. Die gotisch gestaltete **Vogtei** ⑭ wurde ab 1618 zunächst als Kloster, später vom Staat Bayern als Verwaltungsgebäude, heute als Kolpinghaus genutzt. Grabmale und Totentanzbilder befinden sich in der 1507 erbauten, später barockisierten Friedhofskirche **St. Sebastian** ⑮. Der Alte Friedhof Füssens wurde 1528 nebenan, am Stadtmauerring, angelegt. In Richtung Lech geht es nun zu **St. Stephan** ⑯, (1631, Georg Schmuzer, ab 1763 von Franz Karl Fischer umgestaltet). Das Ende dieses Rundgangs ist auch der Endpunkt der **Romantischen Straße** ⑰ (B 17).

Seit Kaiserszeiten beliebtes Reiseziel – Füssen mit St. Mang und Hohem Schloss

Weitere Sehenswürdigkeiten:

Schloss Neuschwanstein ⑱
Schloss Hohenschwangau ⑲

Praktische Hinweise

Information

Füssen Tourismus und Marketing, Kaiser-Maximilian-Platz 1, Tel. 083 62/938 50, www.stadt-fuessen.de

Hotels

Hotel Hirsch, Kaiser-Maximilian-Platz 7, Tel. 083 62/939 80, www.hotelhirsch.de. Zentral gelegens Traditionshaus mit stilvollen Zimmern.

Hotel Restaurant Kurcafé, Prinzregentenplatz 4, Tel. 083 62/93 01 80, www.kurcafe.com. Kultiviertes Haus mit beliebtem Restaurant.

Treff Hotel Luitpoldpark, Luitpoldstr. 1, Tel. 083 62/90 40, www.luitpoldpark-hotel.de. Das elegante Haus verfügt über einen eigenen Wellnesspark.

Restaurants

Gasthof Woaze – Weizenbrauerei, Schrannengasse 10, Tel. 083 62/63 12, www.woaze.de. Gepflegte bayerisch-gutbürgerliche Küche und ein kräftiges Selbstgebrautes dazu.

Hotel Gasthof Krone, Schrannengasse 17, Tel. 083 62/78 24, www.krone-fuessen.de. Altstadtlokal, das auch zünftige Rittermahle veranstaltet.

Restaurant Ritterstub'n, Ritterstr. 4, Tel. 083 62/77 59, www.ritterstubn.de. Hier wird gehobene Küche gepflegt, u.a.mit Fischgerichten.

Der Alpsee mit den Schlössern Hohenschwangau (links) und Neuschwanstein (rechts)

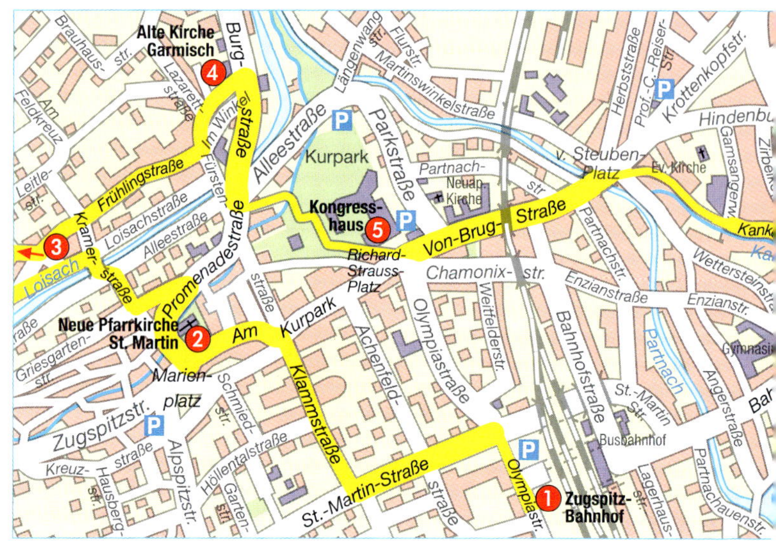

Garmisch-Partenkirchen *D8*

Bayern
Einwohner: 30 000

Das doppelt perfekte Aushängeschild alpenländischer Kultur und Lebensart.

Nicht nur der Anblick der Gebirgskulisse ist atemberaubend, auch der Blick von oben auf den Austragungsort der Olympischen Winterspiele von 1936, die umliegenden Seen und kristallklaren Gebirgsbäche ist grandios. Wer möchte, gelangt vom **Zugspitz-Bahnhof** ❶ mit der Zahnradbahn hinauf auf 2650 m (Gesamtlänge der Strecke: 19 km). Während der 75-minütigen Fahrt eröffnen sich stets neue, überwältigende Panoramen. Zurück im Tal kann man nun zur **Neuen Pfarrkirche St. Martin** ❷ am rechten Loisachufer spazieren. Der Rokokobau (1730–34), der auf die 1488 an dieser Stelle errichtete Nikolauskapelle zurückgeht, wurde von Joseph Schmuzer erbaut und von bedeutenden Künstlern mit Fresken und Figurenschmuck ausgestattet. Herausragend ist der Freskenzyklus von Matthäus Günther mit Szenen aus dem Leben des hl. Martin. Jenseits der Loisach, in der Zoeppritzstr. 42, liegt die nicht öffentlich zugängliche **Strauss-Villa** ❸. Der Komponist Richard Strauss, der einen Großteil seines Lebens in Garmisch-Partenkirchen verbrachte, lebte hier in dem von Emanuel von Seidl entworfenen Jugendstilanwesen. Die **Alte Kirche Garmisch** ❹ (13., 15. und 16. Jh.) ist ein seltenes Exemplar bayerischer Gotik mit einem fast vollständig erhaltenen gotischen Freskenzyklus im Innern. Die weitere Route führt zurück über die Loisach und durch den Kurpark Garmisch zum modernen **Kongresshaus** ❺ mit Ausstellungssälen, Café und Kurtheater.

TOP TIPP

Nun verlassen wir den Ortsteil Garmisch und wechseln nach Partenkirchen. Über die Partnach und entlang der Kanker gelangt man zur **St.-Sebastians-Kapelle** ❻ (1634–37). Sie erinnerte ursprünglich an die Pest von 1633, wurde 1924 aber vom Partenkirchner Künstler Joseph Wackerle zur Kriegsgedenkstätte umgestaltet. Der **Floriansplatz** ❼ unterhalb des Fuggerhauses hat den Charme echter bayerischer Dorfkultur bewahrt. Ein Stückchen weiter lädt der **Gasthof ›Fraundorfer‹** ❽ zur Besichtigung von Werdenfelser Masken und zu Folklore-Veranstaltungen ein (Mi–Mo ab 19 Uhr; Anmeldung unter Tel. 088 21/92 70). Die Kirche **Maria Himmelfahrt** ❾ musste 1868 nach einem Brand neu erbaut werden. In einem Haus des 17. Jh. ist das **Werdenfelser Heimatmuseum** ❿ untergebracht, das bäuerliche und bürgerliche Kunst und Kultur zeigt. Im Kurpark Partenkirchen liegt das **Richard-Strauss-Institut** ⓫ (Schnitzschulstr. 19). Aufzeichnungen und Porträts verraten viel Wissenswertes über den Komponisten (1864–1949), der hier in ›GAP‹ starb. An den Zusammenschluss (1935) der Werdenfelser Nachbarorte

Garmisch und Partenkirchen, erinnert das **Rathaus** ⑫. 1935 errichtet, bezaubert es mit Lüftlmalerei an den Fassaden. Eine weitere Sehenswürdigkeit in Partenkirchen ist die **Wallfahrtskirche St. Anton** ⑬. Wer sie besichtigen möchte, geht zurück über die **Ludwigstraße**, die einst Teil der alten Handelsstraße von Augsburg über den Brenner nach Venedig war. Sie begründete den Aufschwung und den Wohlstand des Ortes im Mittelalter, den die wunderschön gestalteten Häuserfassaden in dieser ältesten Straße Partenkirchens widerspiegeln. Die 1704–08 errichtete und 1733–39 durch Joseph Schmuzer erweiterte Wallfahrtskirche in Form eines Oktogons besitzt im Innern ein beeindruckendes Deckenfresko (1736) von Johann Evangelist Holzer (1709–40) über Leben und Wirken des hl. Antonius.

Weitere Sehenswürdigkeiten:

Olympia-Sportstätten ⑭ (mit neuer Sprungschanze)
Partnachklamm ⑮

i Praktische Hinweise

Information

Tourist-Information, Richard-Strauss-Platz 1a, Tel. 088 21/18 07 00, www.garmisch-partenkirchen.de

Hotels

Atlas Posthotel, Marienplatz 12, Tel. 088 21/70 90, www.atlas-posthotel.com. Alpenländische Atmosphäre im Traditionshaus mit 300-jähriger Geschichte.

Hotel Bavaria, Partnachstr. 51, Tel. 088 21/34 66, www.hotel-bavaria-garmisch.com. Ruhiges, geschmackvolles Hotel mit idyllischem Garten.

Hotel Reindl's Partenkirchner Hof, Bahnhofstr. 15, Tel. 088 21/94 38 70, www.reindls.de. Großzügige Hotelanlage mit hübschen Apartments.

Restaurants

Gasthof Fraundorfer, Ludwigstr. 24, Tel. 088 21/92 70, www.gasthof-fraundorfer.de. Regionale Spezialitäten; beliebt sind auch die bayerischen Abende.

Gaststätte Bräustüberl, Fürstenstr. 23, Tel. 088 21/23 12. Herzhaft-Bayerisches.

Gasthof zum Lamm, Forstamtweg 1, Tel. 088 21/27 50, www.zumlamm-gap.de. Gutbürgerliche Küche bietet der Gasthof beim Marienplatz.

Garmisch im weißen Winterkleid: Sonnenstraße mit Neuer Pfarrkiche St. Martin

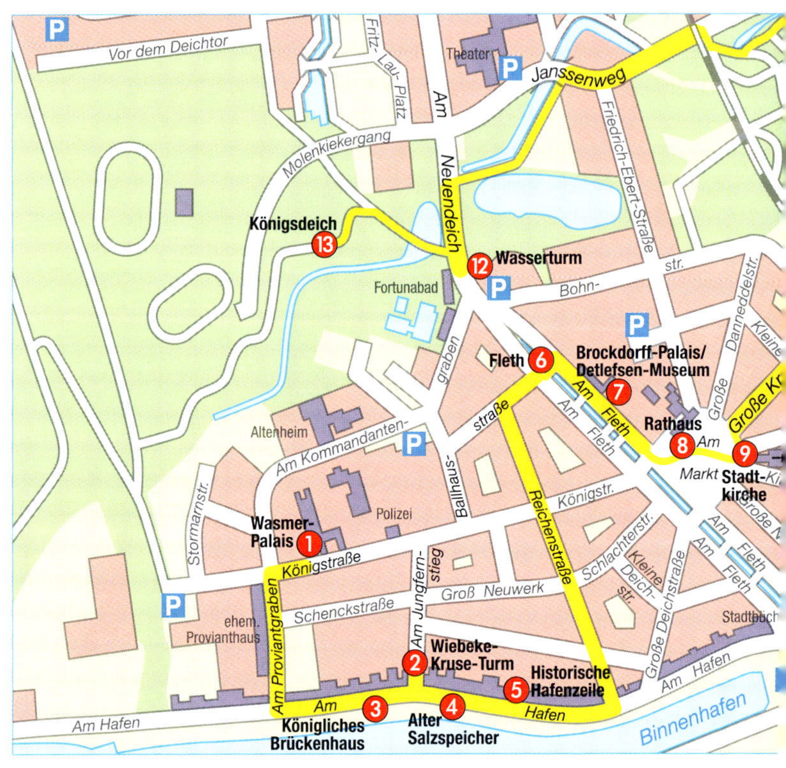

Glückstadt C2

Schleswig-Holstein
Einwohner: 12 000

An die wechselvolle Dänenzeit dieser Gegend erinnern zahlreiche Bauten.

Der dänische König Christian IV. gründete Glückstadt im Jahr 1617. Startpunkt unseres Spaziergangs durch die Hafenstadt an der Unterelbe ist das barocke **Wasmer-Palais** ❶ (17. Jh.) in der Königstr. 36. Mit seiner reichen Innenausstattung zählt das Haus, heute Heimstatt der Volkshochschule, zu den kunsthistorisch bedeutendsten Bauten Glückstadts. Vorbei am ehem. Provianthaus (1705) geht es zum **Wiebeke-Kruse-Turm** ❷ am Binnenhafen. Der dreistöckige Turm wurde nach einer Mätresse König Christians benannt. Das heutige Bauwerk (1873) ist der Ersatzbau für den 1868 niedergebrannten Vorgängerturm. Direkt gegenüber erhebt sich das **Königliche Brückenhaus** ❸, Überrest einer um 1900 abgerissenen Brücke, die als Verbindung zum hafenabwärts gelegenen Schloss diente. Nur wenige Schritte weiter östlich steht der 1827 aus Backsteinen errichtete **Alte Salzspeicher** ❹, den die Heringsfischer 1894–1976 nutzten. Von der **Historischen Hafenzeile** ❺ bietet sich ein schöner Blick auf das andere Ufer mit dem Rantzau-Palais und der Admiralität. Zu den Höhepunkten der Hafenzeile gehört das Palais Quasi Non Possidentes (lat.: ›Als ob wir nicht die Besitzenden wären‹) mit seinem schönen Sandsteinportal. Danach geht es weiter Richtung Innenstadt zum **Fleth** ❻. Der Wasserlauf diente einst als Binnenhafen und Warenumschlagplatz in der Stadt. Dem Fleth folgend erreicht man nun das **Brockdorff-Palais** ❼ (1631/32), in dem ab 1802 die Adelsfamilie Brockdorff residierte. Heute widmet sich in dem herrschaftlichen Gebäude das **Detlefsen-Museum** der Stadtgeschichte. Danach geht es weiter auf den Marktplatz, von dem sternförmig ein Dutzend Straßen auseinander führen, u. a. zu den ehem. Wallanlagen oder zum Hafen. Dieser städtebaulich einmalige Platz wird vom **Rathaus** ❽ mit seinen Ziergiebeln im Stil der niederländischen Renaissance dominiert. Der Originalbau wurde 1642/43 auf Marschbo-

den errichtet, sackte dann aber ab und wurde 1872 abgerissen. Der Neubau von 1873 orientiert sich mit seiner Fassade am Original. Die gegenüber liegende Marktseite wird von der prächtig ausgestatteten **Stadtkirche** 9 (1618–23) beherrscht. Eine Sturmflutmarke rechts vor dem Eingang erinnert an den schweren Deichbruch 1756, bei dem über 200 Menschen ums Leben kamen. Die Route führt weiter über die Große Kremper Straße zum **Stadtpark** 10 – Windschutz und ›grüne Lunge‹ der Stadt. Nach kurzem Spaziergang durch die Grünanlage erreicht man den **Festungsgraben** 11, der wie das Fleth zu einem System von Wasserläufen gehört und früher die Bewohner mit Trinkwasser versorgte. Zum Schluss bietet sich noch ein Bummel durch den Park an – vorbei am **Wasserturm** 12, der im 19. Jh. auf dem Nordbastionshügel der ehem. Festung (17. Jh.) erbaut wurde. Der historische **Königsdeich** 13 ist ebenfalls Bestandteil der historischen, denkmalgeschützten Festungsanlagen. Er bewahrte die Stadt vor feindlichen Armeen ebenso wie vor dem bedrohlich ansteigenden Elbhochwasser.

TOP TIPP

Praktische Hinweise

Information

Touristinfo, Große Nübelstr. 31, Tel. 04124/937585, www.glueckstadt-tourismus.de

Hotels

Gästehaus Klindt, Königstr. 53, Tel. 04124/604402, www.gaestehaus-klindt.de. Hübsch und individuell gestaltete Räumlichkeiten.

Pension Am Hafen 19, Am Hafen 19, Tel. 04124/4906, www.pension-am-hafen.de. Sechs gemütliche Zimmer.

Raumann, Am Markt 5–6, Tel. 04124/91690, www.hotel-raumann.de. Denkmalgeschütztes Haus am Marktplatz mit 31 Zimmern.

Restaurants

Der kleine Heinrich, Am Markt 2, Tel. 04124/3636, www.der-kleine-heinrich.de. Regional geprägte Küche.

Kandelaber, Am Markt 14, Tel. 04124/932777. Bekannt und beliebt vor allem wegen der leckeren Matjesspezialitäten (Mai–Sept.) aus eigener Herstellung.

Ratskeller Glückstadt, Am Markt 4, Tel. 04124/2464, www.ratskeller-glueckstadt.net. Gepflegt speisen im historischen Rathaus.

Die historische Hafenzeile erinnert an die Tradition als Seemannsstadt

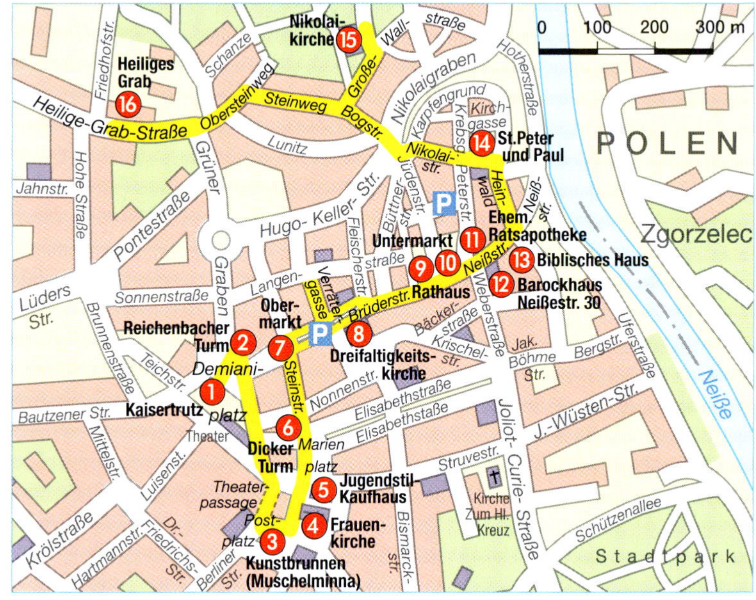

Görlitz *F5*

Sachsen
Einwohner: 61 000

Stadt der Türme und Patrizierhäuser an geschichtsträchtiger Stätte.

Die Führung beginnt am **Kaisertrutz** 1 (1490), heute Teil des Kulturhistorischen Museums Görlitz. Diese runde ehem. Wehranlage verdankt ihren Namen dem Verteidigungskampf der Schweden gegen kaiserliche Truppen im Dreißigjährigen Krieg. Den **Reichenbacher Turm** 2 (1484) gegenüber zieren die zwölf Wappen von Territorien, zu denen das 1071 erstmals erwähnte Görlitz im Laufe seiner langen Geschichte gehörte. Auch in diesem Gebäude unterhält das Kulturhistorische Museum eine Dependance. Am Theater gelangt man zum Postplatz mit dem **Kunstbrunnen** 3, der 1887 eingeweiht wurde und als ›schönster Brunnen Schlesiens‹ galt. Wegen der bronzenen Frauenfigur mit einer Muschel über dem Kopf wird er auch ›Muschelminna‹ genannt. Gegenüber erhebt sich die **Frauenkirche** 4 (1449–73), die nicht nur als Gotteshaus, sondern auch als Ausstellungsort dient. Eine architektonische Besonderheit stellt gleich daneben das **Jugendstil-Kaufhaus** 5 dar, heute Hertie. 1912/13 als ›Kaufhaus zum Strauß‹ erbaut, ist das von Carl Schmanns entworfene Gebäude wohl das einzige im Originalzustand erhaltene Großkaufhaus früher deutscher Warenhausarchitektur. Vorbei an der Annenschule, gelangt man zum **Dicken Turm** 6 (1305 erstmals erwähnt), so genannt wegen seiner bis zu 5 m breiten Mauern. Nicht weit von hier liegt der **Obermarkt** 7 mit seinen vielen Barockbauten. Einer der schönsten ist das Napoleon-Haus (1717–22), von dessen Balkon Napoleon 1813 eine Heerschau seiner Truppen abgehalten haben soll. Gegenüber befindet sich die **Dreifaltigkeitskirche** 8 (12. bzw. 14./15. Jh.), die alte Klosterkirche der Franziskaner mit ihren kostbaren Gewölbemalereien im Kreuzgang. Das **Rathaus** 9 am Ende der Brüderstraße ist berühmt für seine geschwungene Treppe (1537–39, Wendel Roskopf d.Ä.), über der ein dem ungarischen König Matthias Corvinus gewidmetes Wappen angebracht ist. Auf der Rückseite der ›Zeile‹ (= der Häuserblock in der Mitte des Untermarktes) steht das Gebäude der ›Alten Börse‹ (1706), an deren Fassade das Barockportal von Caspar Rodewitz auffällt. Ein anderes beeindruckendes Portal ist der ›Flüsterbogen‹ aus der Spätgotik gleich gegenüber. Durch ihn erreicht man den **Untermarkt** 10 mit den bedeutendsten Patrizierhäusern der Stadt, darunter die ›Waage‹ (15./16. Jh.) und schräg gegenüber der ›Schönhof‹ (1526), das älteste datierte Bürgerhaus deutscher Renaissancebaukunst. Daran schließen sich die ›Langen Läuben‹ im gotischen Stil an. Sehenswert ist auch die **Ehem. Ratsapotheke** 11 (1550), heute ein Café, mit den beiden Sonnenuhren von Zacharias Scultetus. Im hinteren Teil des **Barockhaus Neißestr. 30** 12 befindet sich seit 1804 die Oberlausitzische Bibliothek der Wissenschaften. Hier ist auch der dritte Sitz des Kulturhistorischen Museums. Die Sandstein-Fassade des **Biblischen Hauses** 13 (1570) schmücken Bibelszenen. Nach einer kurzen Rast im Barockgarten der ›Ochsenbastei‹ geht es weiter zur zweitürmigen Pfeilerbasilika **St. Peter und Paul** 14 (15. Jh.) mit ihrer Sonnenorgel (1703) von Eugenio Casparini und am Nikolaiturm vorbei zur **Nikolaikirche** 15. Sie gilt als älteste Görlitzer Kirchengründung. Das **Heilige Grab** 16 schließlich wurde 1481–1505 als Stiftung des Bürgermeisters Georg Emmerich und als Kopie des Heiligen Grabes in Jerusalem erbaut.

Blick vom polnischen Zgorzelec hinüber nach Görlitz, der östlichsten Stadt Deutschlands

Praktische Hinweise

Information

Görlitzinformation, Brüderstr. 1, Tel. 035 81/475 70, www.europastadt-goerlitz.de

Hotels

Hotel & Gasthof ›Dreibeiniger Hund‹, Büttnerstr. 13, Tel. 035 81/42 39 80, www.dreibeinigerhund.de. Schlichte Eleganz in sorgfältig restaurierten historischen Handwerkerhäusern.

Romantik Hotel Tuchmacher, Peterstr. 8, Tel. 035 81/473 10, www.tuchmacher.de. Charmantes Hotel in einem beeindruckenden Renaissance-Bürgerhaus.

Sorat Hotel Görlitz, Struvestr. 1, Tel. 035 81/40 65 77, www.sorat-hotels.com/goerlitz. Jugendstilhotel gleich beim Marienplatz.

Restaurants

Destille, Nikolaistr. 6, Tel. 035 81/40 53 02, www.destille-goerlitz.de. Schlesische Hausmannskost.

Schneiderstube, Peterstr. 8, Tel. 035 81/473 10, www.tuchmacher.de. Das Restaurant des Hotels Tuchmacher verwöhnt Feinschmecker.

Zum Nachtschmied – Schankhaus, Obermarkt 18, Tel. 035 81/41 16 57. Gutbürgerliche regionale Küche.

In diesem Ambiente werden Einkaufsträume wahr: Jugendstilkaufhaus in Görlitz

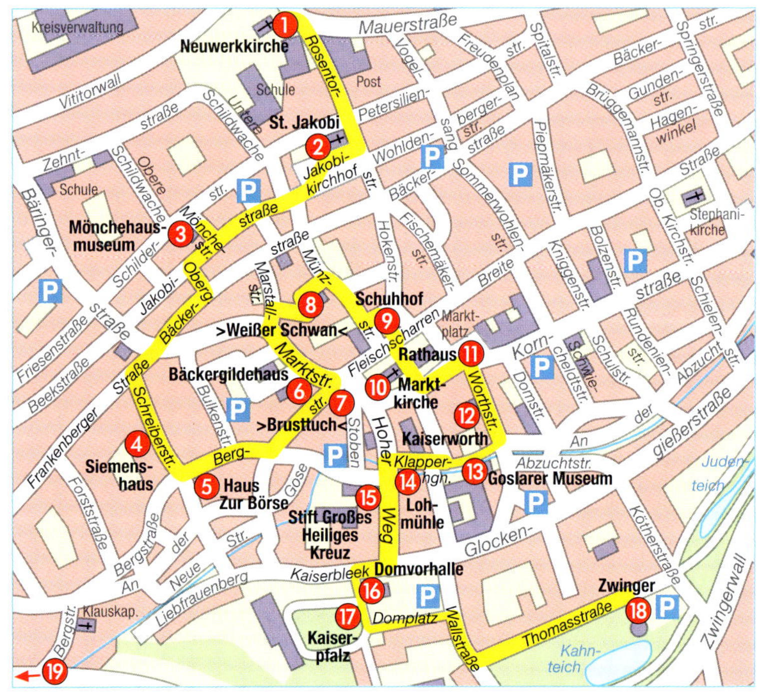

Goslar

D4

Niedersachsen
Einwohner: 44 000

Die alte Bergstadt am Harz schrieb als Kaiserstadt deutsche Geschichte.

1992 erklärte die UNESCO die Altstadt der einstigen Bergbau-, Hanse- und Freien Reichsstadt (1340–1802) zum Weltkulturerbe. Unsere Tour startet am Benediktinerinnenkloster Neuwerk (1186 gegründet) am Rosentor. Als einzige der 23 Kirchen der Stadt blieb die romanische Pfeilerbasilika der **Neuwerkkirche** 1 (um 1220/30) mit den beiden Westtürmen seit ihrem Bau nahezu unverändert. Die katholische Kirche **St. Jakobi** 2 (11. Jh.) wurde mit Seitenschiffen zur spätgotischen Hallenkirche (1491–1506) umgestaltet. Das **Mönchehaus** (1528) gehört zu den Fachwerkhäusern, die nach dem Wiederaufschwung des Erzbergbaus (ab 1450) entstanden. Heute stellt darin das renommierte **Mönchehausmuseum** 3 seine Sammlung moderner Kunst aus. Barocke Bürgerpracht entfaltet das **Siemenshaus** 4 (1692–94), das Stammhaus der Erfinder- und Industriellenfamilie. An das Wohngebäude schließen sich um den Innenhof Gesinde- und Speicherräume sowie ein Brauhaus an. Im 16. Jh. hatten 387 Goslarer Familien eine Lizenz zum Brauen der Gose, einer Biersorte, die nach dem Verlust der Berghoheit und der Schürfrechte am Rammelsberg (1552) zum wichtigen Handelsgut wurde. Vorbei am ornamentgeschmückten **Haus Zur Börse** 5 (1573) führt die Bergstraße hinunter zum Markt, den Gilden und Bürger nutzten, um ihren Wohlstand zur Schau zu stellen, u. a. mit dem **Bäckergildehaus** 6 (1501/57) und dem **›Brusttuch‹** 7 (1521–26) genannten Haus. Letzteres dient heute als Hotel und ist eines der schönsten Patrizierhäuser der Stadt. Sein Grundriss hat die Form eines Brusttuchs, die Fassade besticht mit üppigen Renaissance-Schnitzereien, darunter dem Bild einer Magd, die sich beim Buttern in die drallen Schenkel zwickt (›Butterhanne‹). Der **›Weiße Schwan‹** 8 in der schmalen Gasse zwischen Marstall- und Münzstraße beherbergt ein Restaurant. Hinter dem Fachwerk-Ensemble des **Schuhhofs** 9 ragen die ungleichen Türme der **Marktkirche** St. Cosmas und Damian 10 (12./13. Jh.) auf. Die Glasmalereien (um 1250) zeigt das Martyrium der beiden Kir-

TOP TIPP

chenpatrone. Direkt vor dem Gotteshaus, an die Westseite des Marktplatzes, stellten die selbstbewussten Bürger um 1450 ein spätgotisches **Rathaus** 11. Die Wand- und Deckenmalereien im Huldigungssaal des Obergeschosses, das über eine Freitreppe (1537) zu erreichen ist, gehören zu den besterhaltenen Fresken des ausgehenden Mittelalters. Die Südseite des Platzes beherrscht das ehem. Gildehaus der Gewandschneider, die **Kaiserworth** 12 (1494), das heute Nobelhotel ist. Zwischen den Fenstern des ersten Stocks stehen barocke Kaiserfiguren – sie erinnern an glanzvolle Reichsstadtzeiten – und das volkstümliche ›Dukatenmännchen‹. Im **Goslarer Museum** 13 (Stadtmuseum) sind das Goslarer Evangeliar (13. Jh.) und die Bergkanne, ein Prachtstück hiesiger Silberschmiedekunst, ausgestellt. Die **Lohmühle** 14, in der zur Herstellung von Gerblohe Baumrinde zermahlen wurde, ist die einzige erhaltene Mühle der Stadt. Heute hat hier das Zinnfigurenmuseum mit rund 50 Dioramen seine Heimat gefunden. 1254 als Einrichtung der städtischen Armenfürsorge gegründet, entwickelte sich das **Stift Großes Heiliges Kreuz** 15 mit seiner gotischen Fassade zum größten mittelalterlichen Bau Goslars. Heute haben dort u. a. Kunsthandwerker ihre Verkaufswerkstätten eingerichtet. Der Hohe Weg führt zur **Domvorhalle** 16 (1150), dem einzigen Gebäudeteil, der den Abriss des 1050 geweihten Doms (eigentlich Stiftskirche St. Simon und Judas) 1819 überstand. Dort steht auch der romanische Kaiserstuhl (11. Jh.) mit seinen rankenverzierten Bronzelehnen. Die Vorhalle gehört zum Komplex der **Kaiserpfalz** 17, die Heinrich III. 1039–56 erbauen ließ (restauriert 1868–79). Sie war bis zum Ende der Stauferzeit (1268) ein bevorzugter Aufenthaltsort der römisch-deutschen Könige und Kaiser (Reichsversammlungen und Reichstage ab 1009). Der Reichs- und Kaisersaal nimmt das gesamte Obergeschoss des romanischen Bauwerks ein, das über einen Gang mit der Pfalzkapelle St. Ulrich verbunden ist. Der Sarkophag Heinrichs III. birgt das Herz des Kaisers aus dem Geschlecht der Salier. Zu den gewaltigen, einst 2 km langen Befestigungsanlagen Goslars (16./17. Jh.) gehört der **Zwinger** 18 am Kahnteich. In seinen bis zu 6 m dicken Mauern befindet sich das private Museum des späten Mittelalters.

Friedrich Barbarossa hoch zu Ross erinnert vor der Kaiserpfalz an Goslars große Zeiten

Weitere Sehenswürdigkeit:

Erzbergwerk Rammelsberg 19 (UNESCO-Weltkulturerbe)

Praktische Hinweise

Information

Tourist Information, Markt 7, Tel. 05321/78060, www.goslar.de

Hotels

Goldene Krone, Breite Str. 46, Tel. 05321/34490, www.goldene-krone-goslar.de. Zentral übernachten in stimmungsvollem Fachwerkhaus.

Kaiserworth, Markt 3, Tel. 05321/7090, www.kaiserworth.de. Stilvolle Räume in der prächtigen Kaiserworth.

Ramada Hotel Bären, Krugwiese 11a, Tel. 05321/7820, www.ramada.de. Am grünen Stadtrand gelegen.

Restaurants

Brauhaus Wolpertinger, Marstallstr. 1, Tel. 05321/22155, www.brauhof-plaza.de. Zünftiges, originell eingerichtetes Wirtshaus-Restaurant.

Die Butterhanne, Marktkirchhof 3, Tel. 05321/22886, www.butterhanne.de. Historisches Wirts- und Brauhaus am Marktplatz.

Worthmühle, Worthstr. 4, Tel. 05321/43402, www.worthmuehle.de. In urigem Mühlen-Ambiente oder im Biergarten den Harz kulinarisch entdecken.

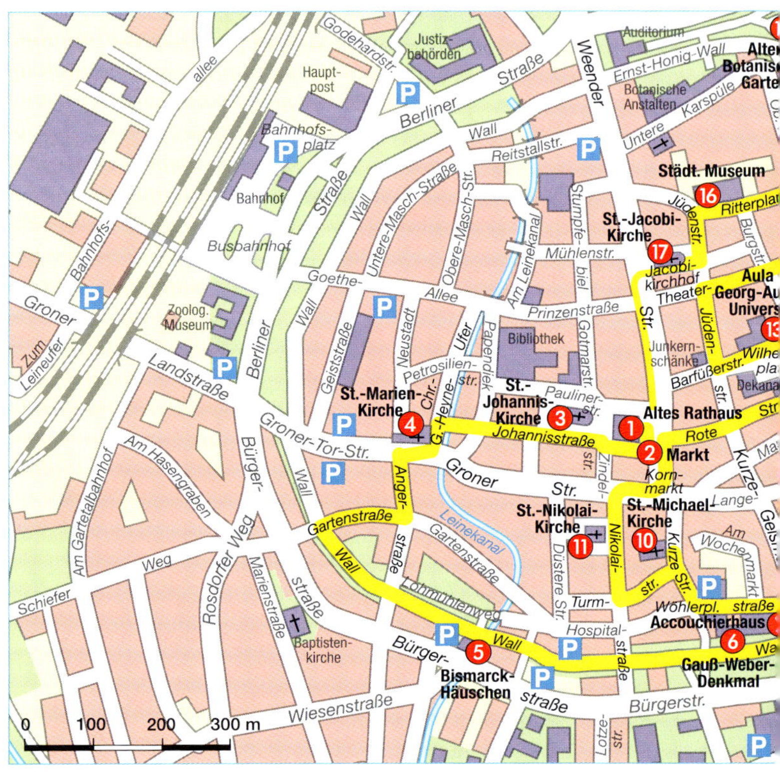

Göttingen

C4

Niedersachsen
Einwohner: 129 000

Die bedeutende Universitätsstadt ist ein Fachwerk-Idyll mit Lebensart.

Göttingen gehört zu den traditionsreichsten Universitätsstädten in Deutschland, deren rund 25 000 Studenten nach wie vor das Leben der Stadt maßgeblich bestimmen. Unser Rundgang beginnt am **Alten Rathaus** 1. Der Kernbau reicht auf die Zeit um 1270 zurück und wurde 1369–1443 zum Rathaus erweitert. Heute ist es Kulturzentrum und Sitz der Tourist-Information. Vor dem Rathaus erstreckt sich der **Markt** 2 mit dem **Gänseliesel-Brunnen** (1901) und der modernen Statue des Physikers Georg Christoph Lichtenberg (1742–1799). Im Westen erhebt sich die gotische **St.-Johannis-Kirche** 3 (14. Jh.) mit ihren eleganten Doppeltürmen. Weiter geht es zur **St.-Marien-Kirche** 4 (1290–1512), die einen Altar von 1524 (Bartold Kastrop) und eine kostbare Mahrenholz-Furtwängler-Orgel besitzt. Den alten Wall unter Linden entlangspazierend kommt man zum **Bismarck-Häuschen** 5 (1459), einem alten Wallturm, in dem 1833 der spätere Reichskanzler wohnte. Weiter in östlicher Richtung, am **Gauß-Weber-Denkmal** 6 vorbei, das an die Erfinder des Telegrafen erinnert, erreicht man das **Accouchierhaus** 7, das 1790/91 als erste Entbindungsklinik Deutschlands erbaut wurde. Heute ist es Sitz des Musikwissenschaftlichen Seminars der Universität. Der Weg führt nun zum **Neuen Rathaus** 8, in dem seit 1980 das Stadtarchiv zu Hause ist. Einige Meter weiter steht die **Sternwarte** 9, die Wirkungsstätte des Mathematikers Carl Friedrich Gauß (1777–1855). Danach geht es zurück in Richtung Altstadt zur **St.-Michael-Kirche** 10 (1789), dem ältesten katholischen Gotteshaus der Stadt. Dahinter erhebt sich die gotische **St.-Nikolai-Kirche** 11 (14. Jh.). Im Innern fällt ein spätgotisches Kruzifix auf. Wieder am Markt vorbei, über die Rote Straße mit Göttingens ältestem Fachwerkhaus (13. Jh.), kommt man zum **Cheltenham-Park** 12, der 1976 nach der englischen Partnerstadt benannt wurde. Im Park befinden sich eine Rekonstrukti-

on (1973) des **Rohnsschen Badehauses**, einer 1820 erbauten öffentlichen Badeanstalt, sowie der romantische Schwanenteich. Die **Albanikirche** streifend, passiert man das Denkmal für Wilhelm IV., den Stifter der klassizistischen **Aula der Georg-August-Universität** 13. Das Gebäude beherbergt die Akademie der Wissenschaften und das historische Studentengefängnis ›Karzer‹, das nur im Rahmen von Stadtführungen zu besichtigen ist. Sehenswert ist zudem die Barfüßerstraße mit der bekannten Junkernschänke, einem gotischen Fachwerkhaus (15. Jh.), das im 16. Jh. im Renaissance-Stil umgebaut wurde. Nächster Zwischenstopp ist der Theaterplatz, der am Südende vom **Museum für Völkerkunde** 14 (nur So geöffnet), das über 17 000 ethnografische Exponate verfügt, und im Norden vom imposanten **Deutschen Theater** 15 (1888/89) umschlossen wird. Vorbei am **Städtischen Museum** 16 im eleganten Renaissance-Palais Hardenberger Hof von 1592 am Ritterplan führt der Weg zur gotischen **St.-Jacobi-Kirche** 17 (1361–1433) mit ihrem 72 m hohen Turm. Im Innern setzt der kostbare Doppelflügelaltar (1402) Akzente. Durch die Weender Straße geht es zurück zum Markt. Unterwegs stößt man auf das Schrödersche Fachwerkhaus (Nr. 62) aus dem Jahr 1549 sowie auf die Bronzeplastik ›Der Tanz‹ (1982).

TOP TIPP

Weitere Sehenswürdigkeit:

Alter Botanischer Garten 18

Praktische Hinweise

Information

Tourist-Information, Altes Rathaus, Markt 9, Tel. 05 51/49 98 00, www.goettingen-tourismus.de

Hotels

Central, Jüdenstr. 12, Tel. 05 51/571 57, www.hotel-central.com. Modernes Hotel in der Fußgängerzone der Altstadt.

Eden, Reinhäuser Landstr. 22a, Tel. 05 51/50 72 00, www.eden-hotel.de. Ruhiger Familienbetrieb beim Neuen Rathaus.

Stadt Hannover, Goethe-Allee 21, Tel. 05 51/54 79 60, www.hotelstadthannover.de. Komfortable Zimmer in ehem. Professoren-Villa.

Restaurants

Georgia-Augusta-Stuben, Goethe-allee 22–23, Tel. 05 51/496 80, www.gebhardshotel.de. Gutbürgerliche Küche mit hohem Qualitätsanspruch.

Kleiner Ratskeller, Jüdenstr. 30, Tel. 05 51/573 16. Beliebtes, gemütliches Altstadtlokal.

Zum Schwarzen Bären, Kurze Str. 12, Tel. 05 51/582 84. Deutsche Küche in historischem Gasthaus.

Populär bei Einheimischen wie Touristen: der Gänseliesel-Brunnen vor dem Alten Rathaus

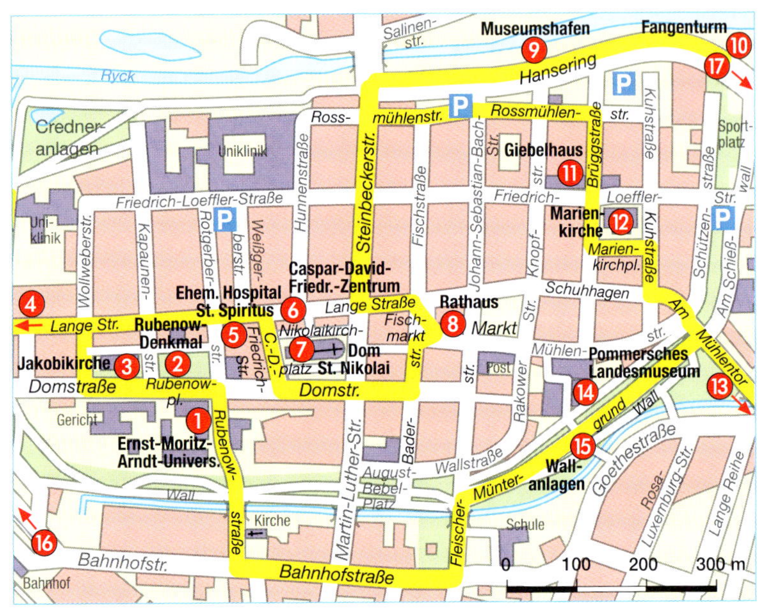

Greifswald

E2

Mecklenburg-Vorpommern
Einwohner: 60 000

Drei ehrwürdige Kirchen prägen die Silhouette der alten Universitätsstadt.

Eingebettet zwischen Deutschlands größten Inseln – Rügen und Usedom – liegt nahe der Ostseeküste die neben Stralsund zweite bedeutende Hansestadt Vorpommerns. An ihrer Universität beginnt der Rundgang durch Greifswald. TOP TIPP Das Hauptgebäude der **Ernst-Moritz-Arndt-Universität** 1, ein stattlicher Barockbau (1747–50), liegt an der Südseite des Rubenowplatzes. Sie ist nach Rostock die zweitälteste Universität in Norddeutschland, ihre Ursprünge reichen bis ins 15. Jh. zurück. Die barocke Aula kann jeden Samstag um 15 Uhr im Rahmen einer Führung besichtigt werden. Vor dem Hauptgebäude ragt das **Rubenow-Denkmal** 2 für den Universitätsgründer Heinrich Rubenow in die Höhe, ein neogotischer Turm in Zinkguss (1856, August Stüler, restauriert 2005/06). Weiter geht es zur **Jakobikirche** 3, die aus dem 13. Jh. stammt und bis ins 19. Jh. hinein umgebaut und erweitert wurde. Heute ist es eine dreischiffige Hallenkirche mit neogotischer Ausstattung aus Holz (1842, C.A.P. Menzel). Rund um den Schwanenteich ist der **Heimattierpark Greifswald** 4 angelegt, Lebensraum von mehr als 400 Tieren aus ca. 100 Arten. Im **ehem. Hospital St. Spiritus** 5, das erstmals 1262 erwähnt wurde, befindet sich heute ein soziokulturelles Zentrum. Ein besonderes Vergnügen ist der Besuch des Cafés im romantischen Innenhof, den Fachwerkhäuser aus dem 17. Jh. säumen. Nahebei (Lange Str. 57) wurde der berühmteste Sohn der Stadt, der Maler Caspar David Friedrich (1774–1840), geboren. In seinem Geburtshaus informiert das **Caspar-David-Friedrich-Zentrum** 6 über Leben und Werk des Künstlers. Im Untergeschoss wird die ursprüngliche Nutzung des Gebäudes als Seifensiederei und Kerzengießerei gezeigt. TOP TIPP Nicht weit von hier ragt der markante Turm des **Doms St. Nikolai** 7 in die Höhe. Die dreischiffige Basilika, deren Vorgängerbau 1280 erstmals erwähnt wurde, gestaltete Gottlieb Giese 1824–33 um. Von der ursprünglichen Ausstattung sind in erster Linie Gemälde zu sehen. Über die schmale Lappstraße gelangt man zum Marktplatz. TOP TIPP An der Westseite des denkmalgeschützten Marktes steht das **Rathaus** 8. Der ehem. gotische Backsteinbau wurde vermutlich nach einem Brand 1738–50 im frühbarocken Stil wieder errichtet. Im Innern ist vor allem das ehemalige Ratssitzungszimmer mit seiner barocken Stuckdecke und seinen in

Grisaille gemalten Tapeten (1749, J.A. Holzerland) sehenswert. Im Rathaus ist auch die Touristeninformation untergebracht. Der malerische Marktplatz ist von schönen alten Häusern umgeben. An der Ostseite ziehen zwei gotische Backsteingiebelhäuser die Blicke auf sich: Die Hausnummer 11 trägt ein ehem. Wohnspeicherhaus mit reich gestaltetem Schaugiebel (um 1400), die Nr. 13 zeigt einen viergeschossigen Staffelgiebel (13. Jh.). Über einen Fußgängerüberweg geht es in die Steinbecker Straße und zum **Museumshafen** 9, in dem verschiedene alte Schiffe vor Anker liegen. Im Nordosten von Greifswald, am Hafen, steht der um 1300 erbaute **Fangenturm** 10, ein ehem. Pulverturm der Stadtbefestigung. Der Weg führt weiter durch die Brüggstraße, vorbei am **Giebelhaus** 11 (Nr. 5), einem der wenigen erhaltenen Ständerbauten Greifswalds, der um 1600 errichtet wurde. Die ehem. Pfarrkirche der Altstadt, die **Marienkirche** 12, eine dreischiffige chorlose Hallenkirche, wurde 1350–1400 vollendet. Glanzpunkt der Innenausstattung ist die Renaissance-Kanzel (1587). Im Südosten der Altstadt erhebt sich das Gebäude des **Theaters Vorpommern** 13 im neoklassizistischen Stil der Reformarchitektur. Den Zuschauersaal zieren geschwungene Balkone und neoklassizistische Dekorationen an Decke und Wänden. Der Komplex des 2005 eröffneten **Pommerschen Landesmuseums** 14 (Rakower Str. 9) bezieht mittelalterliche und klassizistische Klosterbauten mit ein. Verbunden sind die Gebäudeteile heute durch eine gläserne, multifunktionale Museumsstraße. Im 1797 vollendeten Quistorp-Bau befindet sich die Gemäldegalerie, u.a. mit Werken von Caspar David Friedrich, Frans Hals und Vincent van Gogh. Im Hauptgebäude sind die beiden Dauerausstellungen zur Erd- und Landesgeschichte zu sehen. Weiter geht es über die **Wallanlagen** 15, die im Süden und Westen der Stadt eine Promenade bilden. Durch die Bahnhofstraße, in der im Haus Nr. 4 der in Greifswald geborene Schriftsteller Wolfgang Koeppen (1906–1996) lebte, geht es zurück zum Ausgangspunkt.

Die mächtige Marienkirche bewahrt im Innern die Tradition der Reformationszeit

Weitere Sehenswürdigkeiten:

Botanischer Garten 16
Klosterruine Eldena 17

i Praktische Hinweise

Information

Greifswald-Information, Rathausarkaden, Am Markt, Tel. 038 34/52 13 80, www.greifswald.de

Hotels

Adler Hotel garni, Hans-Fallada-Str. 4, Tel. 038 34/778 50, www.hotel-adler-garni.de. Freundliche, familiäre Atmosphäre.

Hotel Am Dom, Lange Str. 44, Tel. 038 34/797 50, www.hotel-am-dom-greifswald.de. Zeitgemäß gestaltete Zimmer in denkmalgeschütztem Bürgerhaus von 1595.

Hotel Kronprinz, Lange Str. 22, Tel. 038 34/79 00, www.hotelkronprinz.de. 4-Sterne-Haus mit Brasserie.

Restaurants

Alter Speicher, Rossmühlenstr. 25, Tel. 038 34/777 00, www.alter-speicher.de. Am Museumshafen gelegenes Hotelrestaurant in rustikalem Stil.

Fischer-Hütte, An der Mühle 8, Greifswald-Wieck, Tel. 038 34/83 96 54, www.fischer-huette.de. Fischspezialitäten mit Blick auf den Jachthafen.

Zum Alten Fritz, Markt 13, Tel. 038 34/578 30, www.alter-fritz.de. Braugasthaus mit deftiger, regionaler Küche.

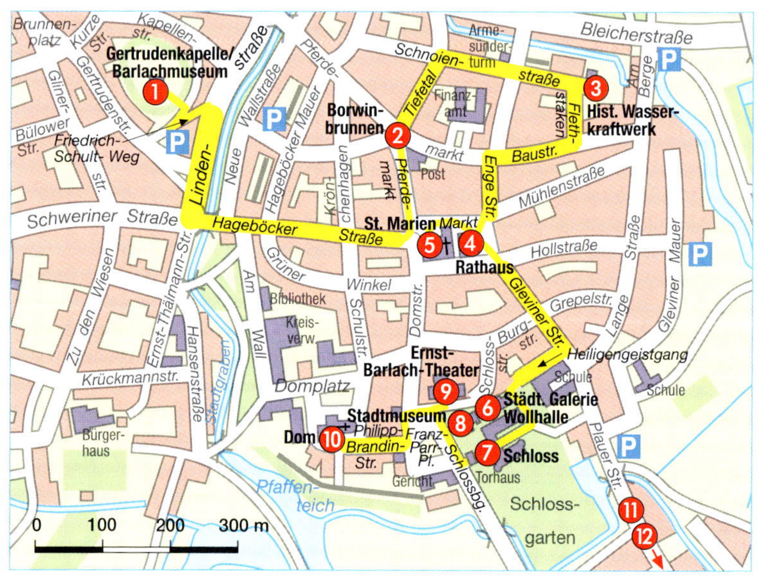

Güstrow

E2

Mecklenburg-Vorpommern
Einwohner: 32 000

Die Barlachstadt war einstmals mecklenburgische Herzogresidenz.

Bekannt ist Güstrow im Herzen Mecklenburg-Vorpommerns vor allem durch den Bildhauer, Grafiker und Dichter Ernst Barlach (1870–1938), der hier 28 Jahre lang lebte und arbeitete. Der Rundgang durch Güstrow beginnt an der **Gertrudenkapelle** 1, die Barlach liebte. Das schlichte spätgotische Gebäude wurde einst als Friedhofskapelle genutzt und zählt zu den ältesten Architekturzeugnissen Güstrows. Seit 1953 beherbergt es das erste Barlach-Museum Deutschlands mit zahlreichen Skulpturen des Künstlers. Haupteinkaufsstraße der Stadt ist der Pferdemarkt, der vor der Hauptpost einen dreieckigen Platz bildet. Die von Richard Thiele geschaffene Statue des Stadtgründers, des Fürsten Heinrich Borwin II., ziert hier den sechseckigen **Borwinbrunnen** 2 (1889) aus Sandstein. Vorbei am Armesünderturm, in dessen unterem Teil (13. Jh.) Verliese, im oberen Fachwerkaufbau (18. Jh.) die Wohnung des Scharfrichters lagen, geht es weiter zum **Historischen Wasserkraftwerk** 3, das vollständig restauriert wurde und nun den Borwinbrunnen mit Wasser aus der Nebel speist. Für die Besichtigung der Dauerausstellung ›Wasser in Güstrow‹ ist eine vorherige Anmeldung erforderlich. Östlich der Marienkirche auf dem Marktplatz erhebt sich der eindrucksvolle klassizistische Bau des **Rathauses** 4. David Anton Kufahl verband hier 1797/98 vier mittelalterliche Giebelhäuser mit einer vorgelagerten Schaufassade, die nach umfangreichen Sanierungsarbeiten nun wieder in neuem Glanz erstrahlt. In direkter Nachbarschaft befindet sich die Kirche **St. Marien** 5, die 1308 erstmals erwähnt und 1880–83 weitgehend umgestaltet wurde. Heute präsentiert sie sich als dreischiffige Backsteinhallenkirche mit Sterngewölben. Sie beherbergt zahlreiche Kunstschätze, u. a. einen mit üppigem Figurenschmuck verzierten flämischen Flügelaltar (1522, Skulpturen von Jan Borman, Gemälde von Bernaert van Orley) und eine hölzerne Triumphkreuzgruppe von 1516, die neben Maria und Johannes ungewöhnlicherweise auch Adam und Eva zeigt. Durch die Gleviner Straße, in der wie in weiteren Seitenstraßen des Marktplatzes hübsche alte Wohnhäuser den Weg säumen, gelangt man zum Fachwerkbau der **Städtischen Galerie Wollhalle** 6 am Franz-Parr-Platz. Das Haus war ursprünglich herzoglicher Marstall, dann Lagerhalle für Schafwolle. Die Galerie präsentiert Wechselausstellungen zeitgenössischer Kunst. Hauptattraktion in Güstrow ist der dreiflügelige Renaissancebau des **Schlos-**

ses ⑦, größtes und bedeutendstes Bauwerk dieser Stilrichtung in Norddeutschland. Der Nordflügel weist niederländische Einflüsse auf, Süd- und Westflügel entstanden unter dem lombardischen Baumeister Franz Parr. Ein Teil der reich dekorierten Wohnräume ist ins Schlossmuseum einbezogen, ebenso wie der mit einer eindrucksvollen Stuckdecke versehene Festsaal. Darüber hinaus zeigt das Schlossmuseum Werke europäischer Künstler des 16./17. Jh. Am Franz-Parr-Platz 10 ist im ehem. Schlosskrankenhaus das **Stadtmuseum** ⑧ untergebracht, das eine einzigartige Sammlung von Theaterzetteln ab dem Jahr 1741 besitzt. Zudem ist das Museum zwei hiesigen Künstlern gewidmet: dem 1785 in Güstrow geborenen Maler Georg Friedrich Kersting (†1847) und dem 1870 hier verstorbenen plattdeutschen Dichter John Frederic Brinckman (*1814). An der Nordseite des Platzes befindet sich das **Ernst-Barlach-Theater** ⑨, eines der ältesten Theater Mecklenburgs. Den klassizistischen Bau entwarf 1828 Georg Adolph Demmler. TOP TIPP Weiter geht es zum **Dom** ⑩, einer dreischiffigen Pfeilerbasilika, die im 13. Jh. errichtet und 1865–68 umgebaut wurde. Der mächtige, 44 m hohe Turm bestimmt gemeinsam mit dem Turm der Marienkirche die Silhouette der Stadt. Sehenswert im Innern sind die Skulpturengruppe Herzog Ulrichs mit seinen beiden Gattinnen (16. Jh.) sowie der Neuguss von Barlachs in der Nazizeit zerstörten Bronzeskulptur ›Der Schwebende‹ (1927). Auch ›Der Gekreuzigte‹ (1018) und das Relief ›Der Apostel‹ (1925) sind einen Blick wert.

Weitere Sehenswürdigkeiten:

Atelierhaus und Ausstellungsforum Ernst Barlach ⑪
Natur- und Umweltpark ⑫ (zur Expo 2000 eröffnete Anlage mit Aquatunnel)

i Praktische Hinweise

Information

Güstrow-Information, Domstr. 9, Tel. 018 05/68 10 68, www.guestrow-tourismus.de

Hotels

Hotel Kurhaus am Inselsee, Heidberg 1, Tel. 038 43/85 00, www.kurhaus-guestrow.de. Ruhige Lage, Zimmer z.T. mit Seeblick.

Hotel Weinberg, Bölkower Str. 8, Tel. 038 43/833 30, www.weinberg-hotel.de. Familienbetrieb mit 24 modern eingerichteten Zimmern.

Upstalsboom Hotel Stadt Güstrow, Markt 2–3, Tel. 038 43/78 00, www.upstalsboom.de. Nobles 4-Sterne-Haus am Marktplatz.

Restaurants

Barlach Stuben, Plauer Str. 7, Tel. 038 43/68 48 81, www.barlach-stuben.de. Mecklenburgische Spezialitäten und internationale Küche.

Kurhaus am Inselsee, Heidberg 1, Tel. 038 43/85 00, www.kurhaus-guestrow.de. Genussvoll speisen, auch auf der Gartenterrasse mit Seeblick.

Marktkrug, Markt 14, Tel. 038 43/68 12 82, www.marktkrug-guestrow.de. Gutbürgerliche und mecklenburgische Gerichte.

Auch bei Nacht imposant: Güstrows Renaissance-Schloss ist das größte Norddeutschlands

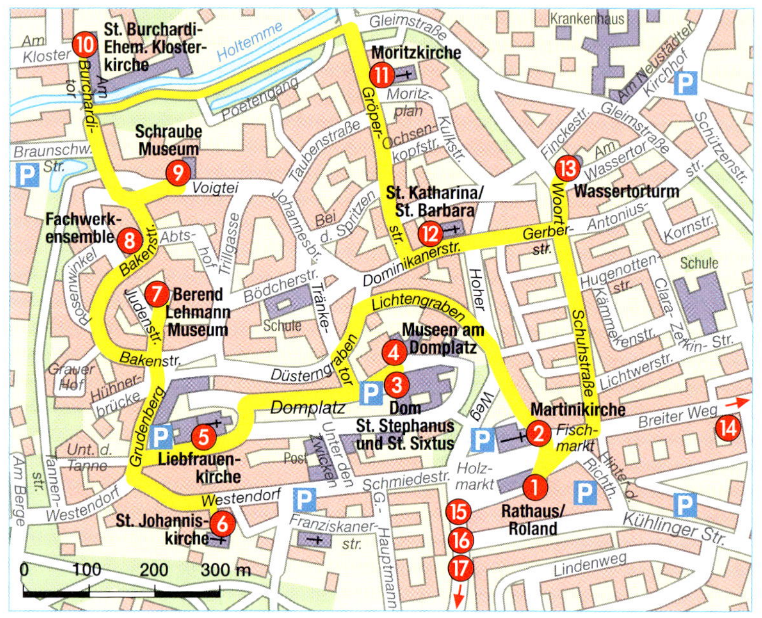

Halberstadt *D4*

Sachsen-Anhalt
Einwohner: 41 000

Am hiesigen Bischofssitz setzte man Glanzpunkte sakraler Baukunst.

Das idyllisch zwischen den beiden Gebirgszügen Harz und Huy gelegene Halberstadt kann auf eine 1200-jährige Vergangenheit zurückblicken. Der Rundgang beginnt am **Rathaus** ①. Die altehrwürdige Ratslaube aus dem Jahr 1663 wurde 1945 zerstört und bis 2004 originalgetreu wieder aufgebaut. Vor der Westfassade steht der steinerne Roland (1433) als Sinnbild städtischer Rechte und Freiheiten, übrigens die älteste erhaltene frei stehende Rolandstatue. Nördlich davon befindet sich das Wahrzeichen der Stadt, die **Martinikirche** ② (1300). Ihre ungleichen Türme dienten einst als Wachtürme. Im Sommer wird die Kirche als stimmungsvolle Kulisse für Konzerte und Ausstellungen genutzt. Durch Lichten- und Düsterngraben geht es zum Domplatz, der vom gotischen **Dom St. Stephanus und St. Sixtus** ③ (1236–1486) überragt wird. Das zu den schönsten Kirchen Deutschlands zählende Gotteshaus wurde über Vorgängerbauten aus dem 9. und 10. Jh. errichtet. Romanische Kleinode der Innenausstattung sind der Taufstein aus Rübeländer Marmor (1195) und die Triumphkreuzgruppe (um 1220) mit trotz ihrer Monumentalität überraschend fein gearbeiteten Figuren. Der Domschatz ist eine der umfangreichsten Sammlungen mittelalterlicher Kunstwerke in Deutschland. Er umfasst romanische Exponate wie Handschriften, mehrere Chormäntel (11. Jh.) sowie den um 1150 gefertigten Abrahamsteppich, eine der ältesten Bildwirkereien Europas. Abwechslungsreiche Ausstellungen bieten die **Museen am Domplatz** ④. An der Domnordseite ist in der sog. Spiegelschen Kurie seit 1905 das Städtische Museum beheimatet, das über die Geschichte Halberstadts und der Region informiert. Das Naturkundemuseum Heineanum zeigt u.a. die von Ferdinand Heine Mitte des 19. Jh. zusammengetragene größte private Vogelsammlung. Im Gleimhaus ist die Porträtgalerie des Dichters und Sammlers Johann Wilhelm Ludwig Gleim aus dem 18. Jh. untergebracht. Westlich des Domplatzes strebt die **Liebfrauenkirche** ⑤ in die Höhe, eine romanische viertürmige Pfeilerbasilika (1146) mit beeindruckenden Gewölbemalereien, Stuck-Chorschranken (1210) und einem Triumphkreuz (1230). Nicht weit davon entfernt liegt die **St.-Johannis-Kirche** ⑥, Deutschlands größte Fachwerkkirche, mit frei stehendem Glockenturm

TOP TIPP

(1646–48) und einer sehenswerten Renaissance-Innenausstattung. Richtung Norden spazierend erreicht man das **Berend Lehmann Museum** 7, das über das jüdische Leben in Halberstadt informiert. Kern des Museums ist die in Teilen erhaltene Mikwe (Ritualbad) der früheren Synagoge. In der Bakenstraße zeugt ein **Fachwerkensemble** 8 von den 2000 Holzrahmen-Häusern, die Halberstadt vor dem Zweiten Weltkrieg aufweisen konnte. Komplett möblierte Räume aus der Gründerzeit sind im 2007 nach Sanierung wieder eröffneten **Schraube Museum** 9 (Vogteistr. 48) zu besichtigen. Der vollständige Familiennachlass der Fabrikanten- und Händlerdynastie Schraube ist in Schränken und Truhen ausgestellt. Ein faszinierendes Musikprojekt findet in der spätromanischen **Ehem. St. Burchardi-Klosterkirche** 10 statt. Hier wird seit 2001 das Werk Organ2/ASLSP des Schönberg-Schülers John Cage (1912–1992) zur Aufführung gebracht. Durch die strenge Befolgung der Komponistenanweisung ›as slow as possible‹ soll die Aktion über 639 Jahre hinweg andauern – genau so viel Zeit verging seit dem Bau der ersten Großorgel der Welt in Halberstadt. Nach abermaligem Überqueren der Holtemme führt der Weg entlang des Flüsschens zur **Moritzkirche** 11, die 1238 im spätromanischen Stil begonnen und danach vielfach verändert wurde. In ihrem Turm erklingt die älteste Glocke der Stadt – sie wurde 1284 fertig gestellt. Über die Klosterpforte in der Katharinenstraße gelangt man zur Kirche **St. Katharina/St. Barbara** 12. Die dreischiffige Hallenkirche wurde in der ersten Hälfte des 14. Jh. erbaut. Letzte Station des Rundganges durch das ›Tor zum Harz‹ ist der eindrucksvolle **Wasserturm** 13 (1444).

Weitere Sehenswürdigkeiten:

Halberstädter See 14
Landschaftspark Spiegelsberge 15
Tiergarten 16

i Praktische Hinweise

Information

Halberstadt Information, Hinter dem Rathause 6, Tel. 03941/551815, www.halberstadt.de

Hotels

Halberstädter Hof, Bödcherstraße, Tel. 03941/27080, www.halberstaedterhof.de. Altehrwürdiges Ambiente, moderne Zimmer.

Hotel Abtshof, Abtshof 27a, Tel. 03941/68830, www.abtshof-halberstadt.de. Hotel garni in der Altstadt.

Hotel garni Am Grudenberg, Grudenberg 10, Tel. 03941/69120, www.hotel-grudenberg.de. Romantisches Fachwerk-Flair.

Restaurants

Gaststätte Bullerberg, Am Bullerberg 3, Tel. 03941/24278. Deftige Hausmannskost.

Jagdschloss Spiegelsberge, Spiegelsberge, Tel. 03941/583995, www.jagdschloss-halberstadt.de. Gutbürgerliche Gerichte und gehobene internationale Küche werden im Schlosssaal mit Blick über die Stadt serviert.

Zur Ratslaube, Holzmarkt 1, Tel. 03941/625285. Deutsche Küche gleich beim Rathaus.

Gotik in Vollendung lässt sich im Dom St. Stephanus und St. Sixtus bewundern

Halle (Saale) *D4*

Sachsen-Anhalt
Einwohner: 237 000

Die Stadt der Fünf Türme bietet von Händel bis zu den Beatles so allerlei .

Der Spaziergang durch Halle beginnt am **Händel-Denkmal** 1 auf dem heutigen Marktplatz. Es wurde 1859 anlässlich des 100. Todestages des hallischen Komponisten errichtet. An der Südseite des Platzes befindet sich das imposante TOP TIPP **Stadthaus** 2 (1891). Das Gebäude im Stil der Neorenaissance ist heute Sitz des Stadtparlaments und ein beliebter Hochzeitsort. Wenige Häuser weiter steht der moderne Bau des **Rathauses** 3 (1928–30). An der Konzerthalle vorbei führt der Weg zum **Leipziger Turm** 4 (1450), der früher Teil der Stadtbefestigung gewesen ist. Von der Großen Brauhausstraße zweigt die Große Märkerstraße ab. Hier befindet sich das **Christian-Wolff-Haus** 5, das an den 1754 in Halle verstorbenen Philosophen erinnert und in dem das Stadtmuseum untergebracht ist. Weiter geht es zum Alten Markt mit dem 1905 errichteten Eselbrunnen. Man sagt, hier sei einst anstelle des Kaisers ein Müllerbursche mit seinem Esel auf rosengeschmückten Wegen empfangen worden. Am Alten Markt ist auch ein Kuriosum der Stadt zu besichtigen: Seit den 1990er-Jahren verfügt Halle über ein eigenes **Beatles-Museum** 6 (Alter Markt 12). Wenige Schritte entfernt erhebt sich die spätgotische **Moritzkirche** 7 (1388–1511). Der dreischiffige Bau wurde von der reichen Zunft der Salzpfänner und dem Konvent der Augustinerchorherren errichtet. Der Weg in Richtung Norden führt zum **Hallmarkt** 8. Er gilt als Ursprung der Stadt Halle. Hier befanden sich schon vor mehr als 1000 Jahren Siedeanlagen zur Salzgewinnung. Am Marktbrunnen vorbei geht es weiter zur **Neuen Residenz** 9. Die Anlage war ursprünglich als katholische Universität geplant. Doch die Pläne wurden verworfen und die Gebäude 1531–37 zur erzbischöflichen Residenz ausgebaut. Heute ist hier das Geiseltalmuseum mit Fossilienfunden aus dem Geiseltal (bei Merseburg) untergebracht. Gegenüber erhebt sich der **Dom** ⑩. Er entstand zu Beginn des 16. Jh. aus einer frühgotischen Klosterkirche. Vom Domplatz geht es TOP TIPP hinauf zur **Moritzburg** ⑪ (1484–1503). Ursprünglich diente sie den Magdeburger Erzbischöfen als Kastell. Seit 1897 beherbergt sie das Kunstmuseum des Landes Sachsen-Anhalt mit einer Reihe bedeutender expressionistischer Werke. Unterhalb des Universitätsrings führt der Weg weiter in Richtung Osten zum **Universitätsplatz** ⑫ mit dem klassizistischen Universitätshauptgebäude. Wenige Minuten entfernt liegt das Geburtshaus des Komponisten Georg Friedrich Händel (1685–1759). Im **Händelhaus** ⑬ ist ein Museum eingerichtet, das über Leben und Schaffen des Komponisten informiert. Hinzu kommt eine Ausstellung zur regionalen Musikgeschichte und eine Musikinstrumentensammlung. Über die Klausstraße kehrt man zurück zum Marktplatz. Einen ungewöhnlichen TOP TIPP Anblick bieten die vier Türme der **Marktkirche Unser Lieben Frauen** ⑭. Kardinal Albrecht ließ 1529 die Schiffe der einst einander gegenüber liegenden Marien- und Gertrudenkirche abreißen und die Türme durch ein gemeinsames Kirchenschiff verbinden. Auf dem Markt bilden die sog. ›Blauen Türme‹ sowie die ›Hausmannstürme‹ der Marktkirche zusammen mit dem **Roten Turm** ⑮ (1418–1506) das Wahrzeichen Halles – die ›Fünf Türme‹. Am Fuße des Roten Turms steht die barocke Rolandsfigur. Hier befindet sich auch das Marktschlösschen, ein interessanter Spätrenaissancebau mit einem Treppenturm und mehreren Zwerchgiebeln.

Weitere Sehenswürdigkeiten:

Franckesche Stiftungen ⑯
(Kultur- und Wissenschaftseinrichtung)
Halloren Schokoladenmuseum ⑰
Technisches Halloren- und Salinemuseum ⑱
Burg Giebichenstein ⑲

i Praktische Hinweise

Information

Tourist-Information, Marktplatz 13, Tel. 03 45/122 99 84, www.halle-tourist.de

Hotels

Apart Hotel, Kohlschütter Str. 5, Tel. 03 45/525 90, www.apart-halle.de. Theater-Hotel mit entsprechendem Ambiente, das auch Kulturwünsche seiner Gäste organisiert.

City Hotel Am Wasserturm, Lessingstr. 8, Tel. 03 45/298 20, www.cityhotel-halle.de. Familiäres Hotel, auch mit Apartments.

Galeriehotel Esprit, Torstr. 7, Tel. 03 45/ 21 22 00, www.esprit-hotel.de. Sieben gemütliche Zimmer im Landhausstil in zentraler Innenstadtlage.

Restaurants

Mönchshof, Talamtstr. 6, Tel. 03 45/ 202 17 26, www.moenchshof-halle.de. Regional und international speisen am Hallmarkt.

Ratsherrenklause, Rathausstr. 14, Tel. 03 45/208 27 58. Im Gewölbekeller und im Biergarten gibt's Gutbürgerliches.

Saale-Restaurant, Delitzscher Str. 17, Tel. 03 45/571 20, www.dormotel-halle.de. Wöchentlich wechselt die Speisekarte im Hotel-Restaurant.

Händels Denkmal blickt auf die Marktkirche Unserer Lieben Frauen und den Roten Turm

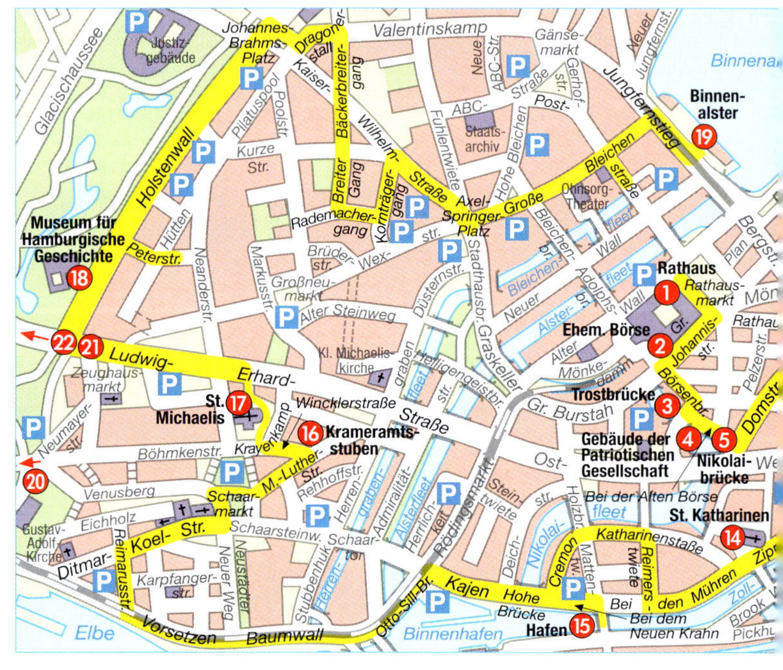

Hamburg

C3

Hamburg
Einwohner: 1,7 Mio.

Die Metropole im Norden braucht keine Superlative: Sie ist selbst einer.

Zu den schönsten Plätzen der Hansestadt gehört der Rathausmarkt mit dem beeindruckenden **Rathaus** ❶ im Stil der Neorenaissance. Es entstand 1886–97 und dient als Sitz des Senats, der Bürgerschaft sowie des Bürgermeisters. Das Gebäude verfügt über 647 Räume, von denen der 47 m lange Festsaal besonders aufwendig gestaltet ist. An der Südseite des Gebäudes findet sich die 1558 gegründete **Ehem. Börse** ❷, die älteste ihrer Art in Deutschland. (Seit 2006 werden hier jedoch keine Börsengeschäfte mehr getätigt). Auf der **Trostbrücke** ❸ erinnert eine Statue an den Grafen Adolph von Schauenburg, der Kaiser Friedrich Barbarossa 1189 den Freibrief zum zollfreien Warentransport auf der Elbe abgerungen hat. Wenige Schritte entfernt liegt das **Gebäude der Patriotischen Gesellschaft** ❹ (1844–47) und die **Nikolaibrücke** ❺. In Richtung Norden führt der Weg zu Hamburgs ältester Kirche, **St. Petri** ❻. Im 12. Jh. erstmals urkundlich erwähnt, begann im 14. Jh. der Umbau in einen dreischiffigen Backsteinbau. Schräg gegenüber befindet sich der **Bischofsturm** ❼ mit seinen Steinfundamenten aus dem 11. Jh. Wenige Häuser weiter trifft man auf die Kirche **St. Jacobi** ❽ (14. Jh.). Der im Krieg stark beschädigte Bau ist vor allem wegen der erhaltenen Orgel von 1689 (Arp Schnitger) sehens wert. Die **Hamburger Kunsthalle mit Galerie der Gegenwart** ❾ ist eine der wichtigsten Kunstsammlungen Deutschlands. Hinter dem Hauptbahnhof befindet sich das **Museum für Kunst und Gewerbe** ❿, das eine einzigartige Jugendstilsammlung besitzt. In den **Deichtorhallen** ⓫ finden internationale Ausstellungen zur zeitgenössischen Kunst, Fotografie und Architektur statt. Den expressionistischen Backsteinbau des **Chilehauses** ⓬ (1922–24), das nach den einst hier gelagerten Salpeterimporten aus Chile benannt wurde, findet man am Burchardplatz. Weiter südlich liegt Hamburgs berühmte **Speicherstadt** ⓭. In den bis zu siebenstöckigen, neogotischen Ziegelbauten lagern Waren aus aller Welt. Heute hat sich hier eine Museumsmeile etabliert, die u.a. ein Gewürzmuseum und das Miniatur Wunderland mit der größten Modelleisenbahn der Welt umfasst. Weiter westlich führt der Rundgang zur Kirche

St. Katharinen ⑭ (1380–1426). Von hier gelangt man nach einem kurzen Abstecher durch die Reimerstwiete mit den kleinen Fachwerkhäusern und dem Cremon mit seinen noch erhaltenen ansehnlichen Speicherhäusern zu den Anlegestellen für Hafenrundfahrten. Ein Schiffsausflug durch den **Hafen** ⑮ ist unbedingt zu empfehlen, immerhin ist es der größte Deutschlands. Auf seinen insgesamt 7240 ha werden pro Jahr rund 135 Mio. t Güter umgeschlagen. Ein Relikt aus den Zeiten von Alt-Hamburg sind die **Krameramtsstuben** ⑯, die 1676 für Witwen von Krämern errichtet wurden. Um die Ecke befindet sich die im Volksmund ›Michel‹ genannte Hauptkirche **St. Michaelis** ⑰ (1907–12, Neubau nach alten Plänen) mit ihrem markanten Turm. Am Holstenwall lohnt sich ein Blick in das **Museum für Hamburgische Geschichte** ⑱, das die Entwicklung Hamburgs vom Mittelalter bis zur Gegenwart dokumentiert. Im Bäckerbreitergang erhält man noch einmal einen Eindruck von Hamburgs Fachwerkbauten, bis man am Ohnsorg-Theater vorbei schließlich zur **Binnenalster** ⑲ gelangt.

Von den St. Pauli Landungsbrücken blickt man hinüber zum Hamburger Hafen

Weitere Sehenswürdigkeiten:

Fischmarkt ⑳
Altonaer Museum/Norddeutsches Landesmuseum ㉑
Ernst-Barlach-Haus ㉒

Praktische Hinweise

Information

Hamburg Tourismus GmbH, Steinstr. 7, Tel. 040/30 05 13 00, www.hamburg.de

Hotels

Aussen Alster, Schmilinskystr. 11, Tel. 040/24 15 57, www.aussen-alster.eu. Reizendes Privathotel mit 27 Zimmern.

Junges Hotel, Kurt-Schumacher-Allee 14, Tel. 040/41 92 30, www.jungeshotel.de. Modernes, schickes Haus in Bahnhofsnähe.

Wedina, Gurlittstr. 23, Tel. 040/280 89 00, www.wedina.de. Individuell, mit viel Liebe zum Detail ausgestattete Zimmer und Apartments.

Restaurants

Anno 1905, Holstenplatz 17, Tel. 040/ 439 25 35, www.anno1905.de. Nostalgisches Flair, Spezialität: Original Hamburger Labskaus.

Bauernkate, Ferdinandstr. 36, Tel. 040/ 33 52 18. Freundliches Lokal mit deftiger Hausmannskost unweit der Kunsthalle.

Hamburger Stadtkrug, Colonnaden 45, Tel. 040/348 02 57. Gutbürgerliche Gaststätte.

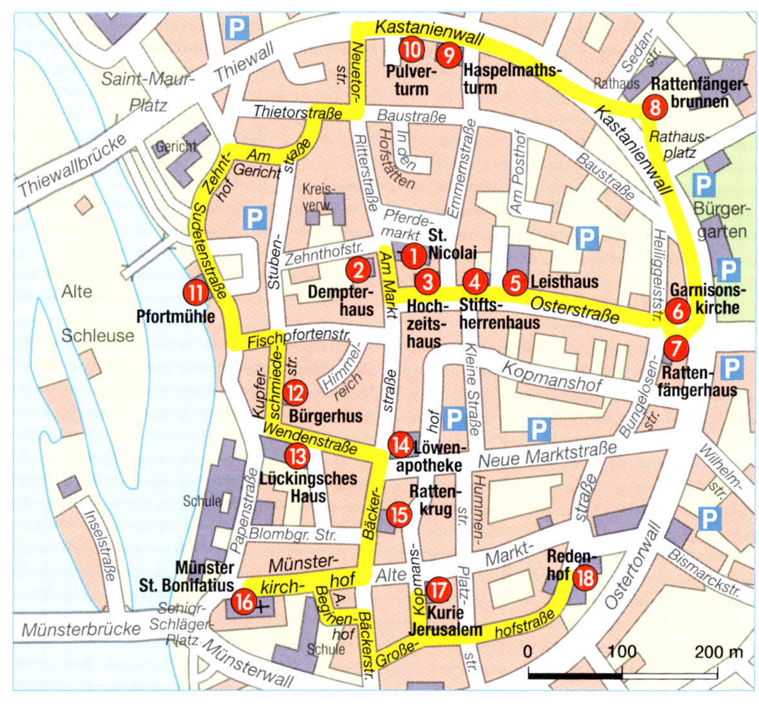

Hameln

C4

Niedersachsen
Einwohner: 59 000

Sagenhaftes gibt es hier genug, etwa grandiose Weserrenaissance-Bauten.

Hameln, die alte Stadt an der oberen Weser, ist durch die Sage des Rattenfängers weltberühmt geworden. Zu den wichtigsten Sehenswürdigkeiten führt denn auch die sog. Rattenspur. Unser Rundgang beginnt mitten im Zentrum auf dem Pferdemarkt. Dessen Südseite nimmt die **Marktkirche St. Nicolai** 1 (ab 12. Jh., Wiederaufbau 1957–59) mit ihrem Rattenfänger-Mosaikfenster ein. Auf der gegenüber liegenden Seite ließ Bürgermeister Tobias von Deventer (oder Dempter) 1607/08 das **Dempterhaus** 2 im Stil der Weserrenaissance erbauen. Dieser Baustil prägt das Gesicht Hamelns. Er ist gekennzeichnet durch reiche Giebelverzierungen mit Pyramiden, Voluten (spiralförmige Ornamente), Masken, Fratzen und Neidköpfen sowie Schmuckleisten und kunstvollen Erkerausbauten (sog. Utlucht). Besonders entlang der Osterstraße gibt es zahlreiche prachtvolle Bauten der Weserrenaissance zu bewundern. Zu ihnen gehört auch das als Festsaalbau für die Bürgerschaft errichtete **Hochzeitshaus** 3 (1610–17), in dem das Standesamt seinen Sitz hat. Am Westgiebel des 43 m langen Sandsteinbaus ist ein Figuren- und Glockenspiel zur Rattenfängersage zu bewundern (tgl 13.05, 15.35 und 17.35 Uhr; nur Glockenspiel 9.35 und 11.35 Uhr). Sehenswert ist auch das **Stiftsherrenhaus** 4 (1556–58), das heute zusammen mit dem **Leisthaus** 5 (1585–89) als stadtgeschichtliches ›Museum Hameln‹ dient. Durch die Osterstraße, am neuen Rattenfängerbrunnen (2000) vorbei, gelangt man zur barocken **Garnisonskirche** 6 (1713/14 vollendet). Gegenüber liegt das **Rattenfängerhaus** 7 (1602/03), dessen Name auf den besagten, schmählich um seinen Lohn betrogenen Rattenfänger zurückgeht, der außer Ratten und Mäusen auch die Hamelner Kinder mit seinem Pfeifenspiel aus der Stadt hinausgelockt haben soll. Am Kastanienwall entlang geht es zum Rathausplatz, auf dem der mit Bronzefiguren verzierte ältere **Rattenfängerbrunnen** 8 (1975) steht. Die nächste Station ist der **Haspelmathsturm** 9, das Domizil der Künstlergruppe ›arche‹ e.V., in deren Galerie wechselnde Ausstellungen zu besichti-

TOP TIPP

gen sind. Im daneben gelegenen **Pulverturm** ⑩ führen die Glasbläser der ›Glashütte Hameln‹ ihr Kunsthandwerk vor. Beide Türme sind Überreste der nach 1664 durch die Welfenfürsten angelegten Stadtbefestigung. Der Weg hinunter zum Fluss führt vorbei am Wilhelm-Busch-Haus, bevor er die **Pfortmühle** ⑪ erreicht. In dem mächtigen Bau ist heute die Stadtbücherei untergebracht. Auf der Höhe der Pfortmühle mussten die Schiffer das Weserwehr über eine Freiflutöffnung passieren – die Fahrt durch das ›Hamelner Loch‹ war bis zur Anlage der ersten Schleuse 1734 eine gefährliche Sache. Im **Bürgerhus** ⑫ (um 1560) in der Kupferschmiede wurde früher Bier gebraut; heute werden hier Kartoffelspezialitäten angeboten. Der farbenprächtige Fachwerkbau hat eine ungewöhnliche Durchgangsdiele, denn Eingangsportal und hinterer Ausgang liegen diagonal versetzt zueinander. Die Holzbaukunst des 17. Jh. spiegelt sich im **Lückingschen Haus** ⑬ (1638) wider. Von 1300 stammt der Steinbau der **Löwenapotheke** ⑭ am Ende der Wendenstraße. Als älteste Gaststätte Hamelns gilt der 1568/69 im Renaissancestil für den damaligen Bürgermeister Johann Rike umgebaute **Rattenkrug** ⑮ in der Bäckerstraße 16. Direkt an der alten Weserbrücke erhebt sich die

TOP TIPP

gotische Hallenkirche des **Münsters St. Bonifatius** ⑯ (11.–14. Jh.). Das älteste Gotteshaus der Weserstadt ist zugleich deren eigentliche Keimzelle: Hier wurde Hameln im 9. Jh. als Kloster gegründet. Preisgekröntes Vorzeigeobjekt der Altstadtsanierung (1967–83) ist der schlanke Fachwerkbau der **Kurie Jerusalem** ⑰ – ursprünglich der Kornspeicher eines Stiftsherrn –, in dem heute Kinder und Jugendliche spielen und musizieren. Endpunkt unseres Spaziergangs ist der **Redenhof** ⑱, ein alter Adelshof von 1568.

Er machte die Stadt an der Weser in aller Welt berühmt, der allgegenwärtige Rattenfänger

Praktische Hinweise

Information

Hameln Marketing & Tourismus GmbH, Deisterallee 1, Tel. 05151/957823, www.hameln.de

Hotels

Hotel zur Börse, Osterstr. 41a, Tel. 05151/7080, www.hotel-zur-boerse.de. Hell und modern eingerichtete Zimmer, Restaurant mit mediterraner Note und Börsen Bistro.

Komfort Hotel Garni Christinenhof, Alte Marktstr. 18, Tel. 05151/95080, www.christinenhofhamelnde. Komfortabel wohnen in geschichtsträchtigem Ambiente.

Zur Krone, Osterstr. 30, Tel. 05151/9070, www.hotelzurkrone.de. Hotel und Restaurant empfiehlt sich durch eine familiäre Atmosphäre.

Restaurants

Kartoffelhaus, Kupferschmiedestr. 13, Tel. 05151/22383, www.kartoffelhaus-hameln.de. Allerlei leckere Ideen rund um die Kartoffel.

Paulaner im Rattenkrug, Bäckerstr. 16, Tel. 05151/22731, www.rattenkrug.de. Im ältesten Gasthaus der Weserstadt bringt man u.a. sogar bayerische Spezialitäten auf den Tisch.

Rattenfängerhaus, Osterstr. 28, Tel. 05151/3888, www.rattenfaengerhaus.de. In historischem Flair geniesst der Besucher ortsbezogene Originalitäten wie wie etwa Schweinefiletstreifen als ›flambierte Rattenschwänze‹.

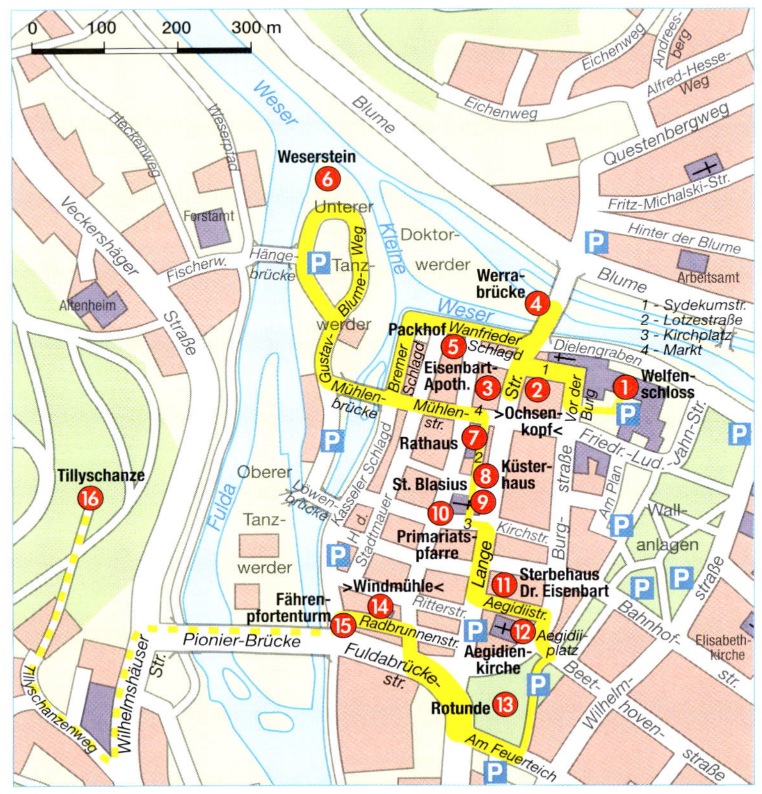

Hann. Münden *C5*

Niedersachsen
Einwohner: 25 000

Wo Werra sich und Fulda küssen...
...steht eine wunderhübsche Stadt.

TOP TIPP Die Erkundung von Hann. Münden beginnt am **Welfenschloss** 1, das 1562–84 nach einem Brand von Herzog Erich II. von Braunschweig-Lüneburg im Stil der Weserrenaissance wieder aufgebaut wurde. Im Rahmen von Führungen können zwei fürstliche Prunkgemächer mit Renaissance-Fresken besichtigt werden. Das Städtische Museum im Schloss zeigt u.a. Produkte der Mündener Fayence-Manufaktur, die für ihre Netzvasen berühmt war. Der **›Ochsenkopf‹** 2 (1528) mit Glaskunstmuseum liegt gleich gegenüber. Dieses in mittelalterlicher Ständerbauweise errichtete Fachwerkhaus ist ein imposanter Vertreter der rund 700 Fachwerkbauten der Stadt, die sich stolz ›Fachwerkjuwel im Weserbergland‹ nennt. Links der Einmündung der Sydekumstraße in die Lange Straße ließ Matheus Bruns (Inschrift) in den Fachwerkbau der ehem. **Eisenbart-Apotheke** 3 (1592) ein mit Muschelrosetten verziertes Doppeltorgewände einfügen. Die bis 1777/78 noch überdachte **Werrabrücke** 4 (vor 1329) ist eine der ältesten Steinbrücken Norddeutschlands. Sie führt nicht nur über den Fluss, sondern auch auf die Insel Doktorwerder, die mit Skulpturen und dem Expo-Themenpfad ›Wasser‹ lockt. Der klassizistische **Packhof** 5 (um 1838) an der Wanfrieder Schlagd war als Lagergebäude für Waren geplant. Doch die goldenen Zeiten der Stadt als privilegierter Stapelplatz gehörten schon bei seiner Fertigstellung der Vergangenheit an. Das 1247 etablierte Stapelrecht, wonach alle Kaufleute ihre Waren vor der Weiterreise den Mündener Bürgern drei Tage lang zum Kauf anbieten mussten, war nach 1824 abgeschafft worden. Über die Mühlenbrücke, von der Schiffstouren zu den ›Drei-Flüsse-Rundfahrten‹ starten, erreicht man die Insel Unterer Tanzwerder. Am Nordende der Insel stellte der Fabrikant Carl Natermann 1899 einen 70 Zentner schweren Quarzit auf und ließ den von ihm selbst gedichteten Vers hineinmeißeln: ›Wo Werra sich und Fulda küssen/Sie ihren Namen büßen müssen/ Und hier entsteht durch diesen Kuss/ Deutsch bis zum Meer der Weserfluss‹. Am **Weserstein** 6 starten die Schiffe der Oberweser Dampfschifffahrt zu Rundfahrten und in Richtung Bad Karlshafen. Der verspielte Prunk der Weserrenaissance entfaltet sich besonders anschaulich am **Rathaus** 7 (1603–19), vor allem im von ionischen Säulen flankierten Mittelportal. Im Rathausgiebel drehen sich dreimal am Tag (12, 15, 17 Uhr) die Figuren des Doktor-Eisenbart-Glockenspiels. Das älteste mit Datum, Inschriften und Schmuckelementen dekorierte Fachwerkhaus ist das ehem. **Küsterhaus** 8. Es gehört zur weiträumigen, mit einem spätgotischen Langhaus versehenen Kirche **St. Blasius** 9 (ab 13. Jh.). Am Kirchplatz befand sich 1804–1962 die **Primariatspfarre** 10 von St. Blasius (1570/80), heute sind hier und rund um das Rathaus sechs interaktive Wasserspiele des Expo-Beitrags ›Wasserspuren‹ zu sehen. Das **Sterbehaus Doktor Eisenbart** 11 in der Lange Str. 79 erinnert an den seiner angeblich rabiaten Heilungsmethoden wegen legendären Wanderarzt aus der Barockzeit, der 1727 im damaligen Gasthaus ›Zum wilden Mann‹ das Zeitliche segnete. Sein Grabstein steht an der Nordseite der **Aegidienkirche** 12, die ab dem 12. Jh. errichtet, 1626 zerstört und 1684 wieder aufgebaut wurde. An der Ecke Wallstraße/Fuldabrückenstraße steht als einziger Rest des Oberen Tores die **Rotunde** 13. Heute ist sie Gedenkstätte für die Gefallenen der Weltkriege und die Opfer der NS-Herrschaft. Der Spaziergang führt nun vorbei am mittelalterlichen **Fachwerkhaus ›Windmühle‹** 14 (um 1400) zum **Fährenpfortenturm** 15 am Ende der Radbrunnenstraße. Im Turm wurde bis in die 1980er-Jahre Hagelschrot gegossen, heute ist hier das Museum der Arbeit untergebracht. Ein Abstecher ans andere Ufer der Fulda führt zum Aussichtsturm der **Tillyschanze** 16 (Hin- und Rückweg ca. 1 Std.), der einen herrlichen Rundblick bietet.

Praktische Hinweise

Information

Touristik Naturpark Münden, Lotzestr. 2, Tel. 055 41/753 13, www.hann.muenden.de

Hotels

Alter Packhof, Bremer Schlagd 10–14, Tel. 055 41/988 90, www.packhof.com. Exklusives Landhotel mit Spitzen-Restaurant.

Berghotel Eberburg, Tillyschanzenweg 14, Tel. 055 41/50 88, www.berghotel-eberburg.de. Romantischer Aufenthaltsort mit gehobener-Gastronomie.

Hotel Schlossschänke, Vor der Burg 3–5, Tel. 055 41/709 40, www.hotel-schlossschaenke.de. Feine Adresse in modernisiertem Haus aus dem 17. Jh.

Restaurants

Die Reblaus, Ziegelstr. 32, Tel. 055 41/ 95 46 10, www.die-reblaus.com. Modernes Ambiente, saisonal geprägte Speisekarte.

Ratsbrauhaus, Markt 3, Tel. 055 41/95 71 07, www.ratsbrauhaus.de. Gutbürgerliche Gastronomie mit eigener Brauerei.

Senator, Lange Str. 44, Tel. 055 41/51 11. Rustikal-gutbürgerliche Qualitätsküche.

Umrahmt von beschaulichen Höhenzügen präsentiert sich die Dreiflüssestadt

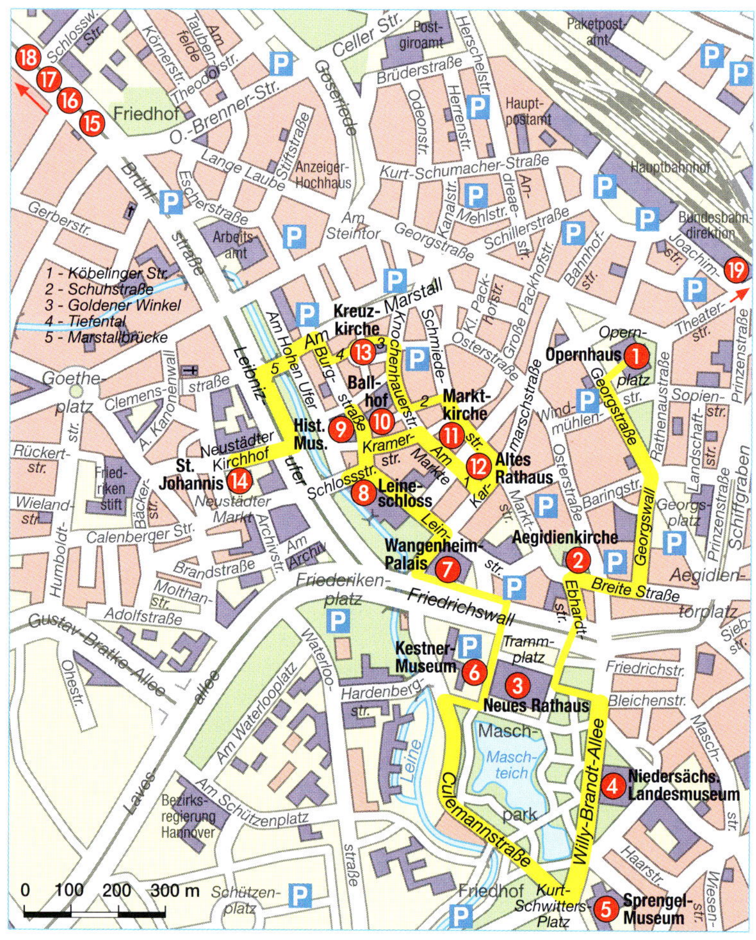

Hannover C4

Niedersachsen
Einwohner: 516 000

Niedersachsens Hauptstadt ist entspannt, lebens- und liebenswert.

Die niedersächsische Landeshauptstadt besitzt mit ihren Grünflächen und Parkanlagen einen hohen Freizeitwert. Und die City wartet mit zahlreichen Sehenswürdigkeiten auf. Die Tour beginnt am klassizistischen **Opernhaus** 1, das 1852 eingeweiht wurde. Über den eleganten Boulevard Georgstraße kommt man zur efeubewachsenen Ruine der **Aegidienkirche** 2. Mit dem Bau der gotischen Hallenkirche wurde 1347 begonnen. Nachdem das Gotteshaus 1943 im Bombenhagel weitgehend zerstört worden war, entschloss man sich, die Ruine als Gedenkstätte zu belassen. Am Trammplatz erhebt sich das **Neue Rathaus** 3 (1901–13). Von der ca. 100 m hohen Turmkuppel genießt man einen schönen Rundblick. Etwas weiter südlich steht das **Niedersächsische Landesmuseum** 4. Das stattliche Gebäude (7000 m²) beherbergt Ausstellungen zu Urgeschichte und Naturkunde, eine Galerie europäischer Kunst sowie eine Völkerkunde-Abteilung. Der modernen Kunst widmet sich das international renommierte **Sprengel-Museum** 5: Der rekonstruierte MERZbau des hannoverschen Dadaisten Kurt Schwitters und farbenfrohe Figuren von Niki de Saint Phalle setzen Akzente. Von der Terrasse bietet sich ein reizvoller Blick auf den Maschsee, der 1934–36 künstlich angelegt wurde. Die Museumstour um den Maschpark findet im architektonisch ausgefallenen **Kest-**

TOP TIPP

ner-Museum 6 (1889) mit seinen 5000 Fenstern und Kunst aus fünf Jahrtausenden ihren Abschluss. Besonders sehenswert ist die ägyptische Sammlung. Vorbei am Laves-Haus (1822–24), dem Domizil des Hofbaumeisters Georg Ludwig Laves, geht es zum **Wangenheim-Palais** 7 (1832), ebenfalls ein Werk des Klassizisten, das heute das Niedersächsische Wirtschaftsministerium beherbergt. Über die Karmarschstraße, die Leinstraße und dann nach links in die Schlossstraße gelangt man zum Eingang des **Leineschlosses** 8 (1640), der einstigen Residenz des Welfenherzogs Georg von Calenberg. Das Schloss, mehrfach umgebaut, präsentiert sich mit einem klassizistischen Portikus (1826) und ist Sitz des Landtags. Vorbei am Beginenturm, einem wuchtigen Rest der früheren Stadtbefestigung (1357), kommt man zum **Historischen Museum** 9 (Neubau 1963–66), das sich der Geschichte von Stadt und Land sowie der Volkskunde widmet. Nahebei steht der prächtige **Ballhof** 10, den Herzog Georg Wilhelm 1649–64 für Feste und das Federballspiel erbauen ließ, das bei Hofe sehr beliebt war. Heute beherbergt der prächtige Fachwerkbau das Schauspielhaus des Niedersächsischen Landestheaters. Der Marktplatz wird auf seiner Nordseite von der gotischen **Marktkirche** 11 (14. Jh.), Hannovers markantem Wahrzeichen, dominiert. Am Südende des Platzes erhebt sich das TOP TIPP **Alte Rathaus** 12, dessen ältester Teil 1410 errichtet wurde. 1999 wurde das Gebäude saniert und der Innenraum neu gestaltet. Blickfang sind die prächtigen gotischen Giebel und der Tonfries. Zurück in Richtung Ballhof führt der Weg nun zur **Kreuzkirche** 13 (1333). Sehenswert sind im Innern der Passionsaltar (vor 1537) von Lucas Cranach d.Ä. sowie die Ikonensammlung in der St.-Annen-Kapelle. Abschließend geht es entlang dem Hohen Ufer, wo vermutlich schon im 10. Jh. eine Siedlung existierte, über die Leine in Hannovers Neustadt zu **St. Johannis** 14. Die barocke Saalkirche wurde 1668–70 errichtet. Sie birgt die Grabplatte des zeitweise in Hannover ansässigen Gelehrten Gottfried Wilhelm Leibniz (1646–1716).

Weitere Sehenswürdigkeiten:

Welfengarten 15
Georgengarten 16
(mit Wilhelm-Busch-Museum)
Großer Garten von Herrenhausen 17
Fürstenhaus Herrenhausen 18
Zoo Hannover 19

Praktische Hinweise

Information

Hannover Tourismus Service, Ernst-August-Platz 8, Tel. 05 11/12 34 51 11, www.hannover-tourism.de

Hotels

City-Hotel-F.lamm.e, Lammstr. 3, Tel. 05 11/388 80 04, www.cityhotelflamme.de. Südlich anmutendes Flair, mit Sauna und Solarium.

CityHotel am Thielenplatz, Thielenplatz 2, Tel. 05 11/32 76 91, www.smartcityhotel.de. 50er-Jahre-Stil, kultige Einrichtung.

stella Hotel Hannover, Adelheidstr. 21, Tel. 05 11/811 20 50, www.stella-hotel.de. Hotel Garni, komfortabel eingerichtet.

Restaurants

Brauhaus Ernst August, Schmiedestr. 13, Tel. 05 11/36 59 50, www.brauhaus.net. Bodenständiges Essen, Bierspezialitäten.

Broyhan-Haus, Kramerstr. 24, Tel. 05 11/32 39 19, www.broyhanhaus.de. Gutbürgerliche Qualität, urige Gasträume.

Restaurant im Leineschloss, Hinrich-Wilhelm-Kopf-Platz 1, Tel. 05 11/262 91 90, www.leineschloss.com. Gepflegt speisen in stilvollen Räumlichkeiten.

Juwelen der Backsteingotik sind Hannovers Altes Rathaus und die Marktkirche

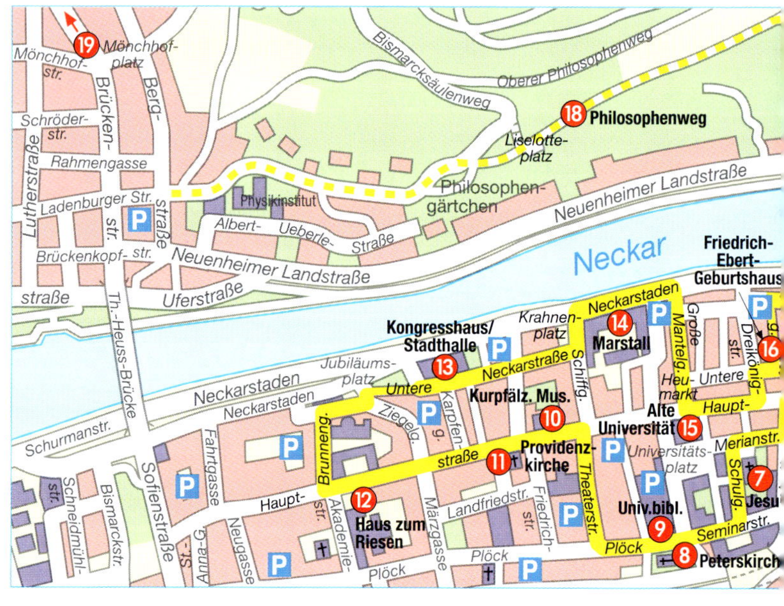

Heidelberg

B7

Baden-Württemberg
Einwohner: 143 000

Auch heute noch fällt es leicht, sein Herz an die Neckarstadt zu verlieren.

Der Rundgang durch Heidelberg, die ›Wiege der Romantik‹, beginnt an der Ruine des **Schlosses** ❶. Dort residierten fünf Jahrhunderte lang die Pfalz-Kurfürsten. Das genaue Alter des Schlosses ist nicht bekannt. Vermutlich reichen seine Ursprünge ins 13./14. Jh. zurück. Sehenswerte Bereiche der Anlage sind u. a. der Innenhof und der Schlossgarten. Im Ottheinrichsbau ist das Deutsche Apothekenmuseum untergebracht. Den Schlossberg abwärts, vorbei an der Akademie der Wissenschaften, geht es zum **Palais Weimar** ❷ (18. Jh.), in dem sich das Völkerkundemuseum befindet. Seinen Namen verdankt es dem Prinzen Wilhelm von Sachsen-Weimar, der es vor dem Ersten Weltkrieg bewohnte. Ein Stück weiter östlich ragt das **Karlstor** ❸ (1775–81) empor, das zu Ehren des Kurfürsten Karl Theodor errichtet wurde. Der klassizistische Bau steht in der Tradition römischer Triumphbögen. Nach kurzem Weg kommt man zum Kornmarkt mit dem **Rathaus** ❹ (1701). Für die Bauplastik mit Masken und kurfürstlichem Wappen engagierten die Heidelberger 1710 den ungarischen Bildhauer Heinrich Charrasky. Gegenüber erhebt sich die spätgotische **Heiliggeistkirche** ❺, mit deren Bau 1398 begonnen und die im 16. Jh. fertig gestellt wurde. Einst barg das Gotteshaus die weltberühmte Handschriftensammlung ›Biblioteca Palatina‹, die sich heute größtenteils im Vatikan befindet. Das **Haus zum Ritter** ❻ (1592) im Renaissancestil überstand als eines von wenigen Gebäuden die Zerstörungen des Pfälzischen Erbfolgekrieges. Anschließend geht es weiter zur **Jesuitenkirche** ❼. Sie wurde ab 1711 errichtet, 1866–72 kam der Turm hinzu. An der Neuen Universität vorbei führt der Weg weiter zur **Peterskirche** ❽ (12. Jh.), der ältesten erhaltenen Kirche der Stadt. Die Kapelle stammt aus dem späten 15. Jh. Auf der gegenüber liegenden Seite erhebt sich die prunkvolle **Universitätsbibliothek** ❾ (1903–05), ein roter Sandsteinbau in neobarocken Formen. Weltberühmt ist sie für die mittelalterliche Liedersammlung ›Codex Manesse‹. Über die Theaterstraße kommt man zum **Kurpfälzischen Museum** ❿ im Palais Morass (1712), einem der prächtigsten Barockbauten der Stadt. Bemerkenswert sind hier die Exponate aus römischer Zeit und aus der kurpfälzischen Historie. Unweit erhebt sich die **Providenzkirche** ⓫ (1659–61), die auf Initiative von Kurfürst Karl Ludwig für die

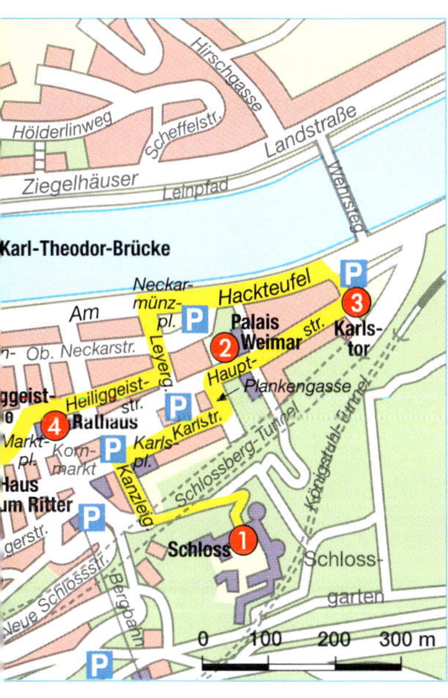

lutherische Gemeinde erbaut wurde. Weiter westlich steht das barocke **Haus zum Riesen** 12, 1707 aus den massiven Steinen eines Schlossturms errichtet. Nun führt der Weg zum Neckarufer mit dem 1903 fertig gestellten **Kongresshaus/ Stadthalle** 13 und am Neckar entlang zum **Marstall** 14 (16. Jh.), der ursprünglich Zeughaus des Schlosses war. Man biegt dann in die Mantelgasse ein, die zur barocken **Alten Universität** 15 führt. Der heutige Bau wurde 1712 begonnen. Bereits 1386 war an dieser Stelle die älteste deutsche Universität gegründet worden. Sehenswert sind der Löwenbrunnen auf dem Vorplatz, die Alte Aula (1885) mit ihren Deckengemälden, die die vier Fakultäten der Hochschule darstellen, sowie der Studentenkarzer). Von hier führt der Weg wieder Richtung Fluss, vorbei am **Friedrich-Ebert-Geburtshaus** 16, in dem der spätere Reichspräsident Ebert (1871–1925) aufwuchs, zur **Karl-Theodor-Brücke** 17 (1786–88). Wer jetzt noch gut zu Fuß ist, sollte die rund 30 Minuten Fußweg zum **Philosophenweg** 18, eine Anhöhe jenseits des Neckars, auf sich nehmen: Vom Sonnenhang des Heiligenberges bietet sich ein wundervoller Blick auf den Fluss, die Stadt und das Umland.

TOP TIPP

Weitere Sehenswürdigkeit:

Tiefburg 19

Praktische Hinweise

Information

Tourist Information am Hauptbahnhof, Willy-Brandt-Platz 1, Tel. 06221/19433, www.cvb-heidelberg.de

Hotels

Acor Hotel, Friedrich-Ebert-Anlage 55, Tel. 06221/654070, www.hotel-acor.de. Klassisch-modernes Komforthotel garni.

Goldener Hecht, Steingasse 2, Tel. 06221/166025, www.hotel-goldener-hecht.de. Traditionelles Familienhotel (garni).

Nassauer Hof, Plöck 1, Tel. 06221/905700, www.hotel-nassauer-hof.de. Komfort in mediterranem Stil.

Restaurants

Adlerstübchen, Rathausstr. 8, Tel. 06221/307428. Gutbürgerliche Küche.

Brunnenstube, Kranichweg 15, Tel. 06221/734222. www.brunnenstube-hd.de. Freundlich-gemütliches Haus mit saisonalen regionalen Gerichten.

Weißer Bock, Große Mantelgasse 24, Tel. 06221/90000, www.weisserbock.de. Ambitionierte Spitzengastronomie in angenehmer Atmosphäre.

Heidelbergs Schloss, davor die Neckarbrücke: Symbole deutscher Romantik schlechthin

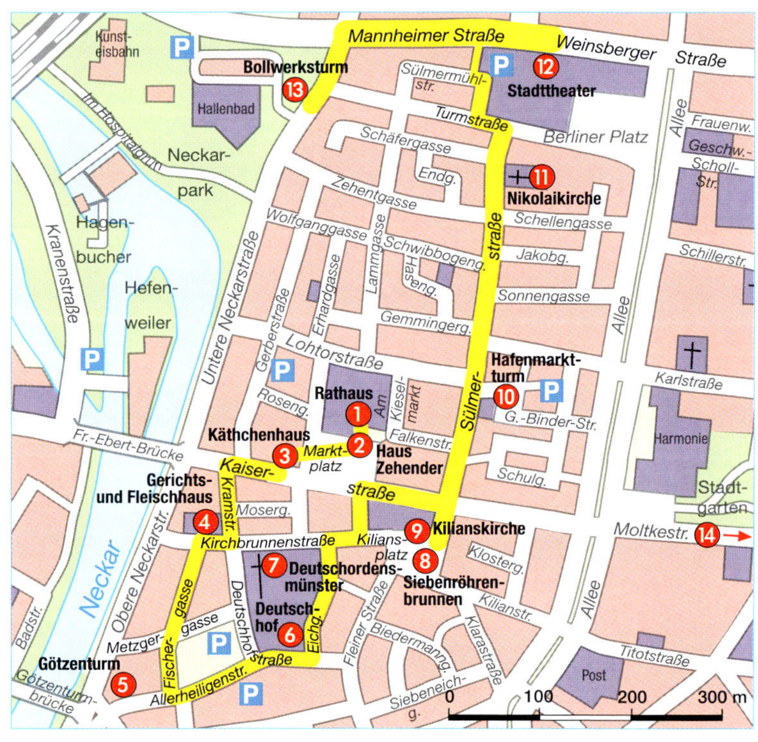

Heilbronn C7

Baden-Württemberg
Einwohner: 122 000

Die Rekonstruktion vieler historischer Gebäude bewahrte der Stadt ihr Flair.

Ausgangspunkt der Tour durch die Weinstadt am Neckar ist der historische TOP TIPP Marktplatz am **Rathaus** 1. Der gotische Bau stammt aus dem Jahr 1417 und wurde Ende des 16. Jh. im Renaissancestil umgebaut. Seit dieser Zeit schmückt eine Kunstuhr (1579/80, Isaak Habrecht), die damals als Wunderwerk der Technik galt, die Hauptfassade. Das astronomische Chronometer zeigt Mondphasen, Uhrzeit und Tierkreiszeichen an. In den frühen 1950er-Jahren wurde das Rathaus wie zahlreiche andere historische Gebäude, die im Zweiten Weltkrieg beschädigt oder zerstört worden waren, rekonstruiert. An die Schrecken des Krieges erinnert noch heute im Innenhof des Rathauses die Ehrenhalle mit einer Gedenkstätte. Dort befindet sich ein eindrucksvolles Modell der am 4. Dezember 1944 zerstörten Stadt. Auch das im Krieg beschädigte **Haus Zehender** 2 (1726) aus der Übergangszeit zwischen Barock und Rokoko wurde originalgetreu rekonstruiert. Gegenüber erhebt sich das alte **Käthchenhaus** 3 mit seinem berühmten Erker (1534), ein wunderschönes Zeugnis der Renaissance-Architektur. Seinen Namen verdankt das Haus der Gestalt des Käthchens von Heinrich von Kleist (1777–1811). Der Dichter hatte der Stadt Heilbronn mit seinem ›Käthchen von Heilbronn‹ (1810) ein literarisches Denkmal gesetzt. Über die Kaiser- und die Kramstraße erreicht man das ebenfalls im Renaissancestil erbaute **Gerichts- und Fleischhaus** 4 (1598–1600, Hans Stefan). In dessen ursprünglich offener Halle im Erdgeschoss wurde einst ein Fleischmarkt abgehalten. Bis 1800 diente es den Heilbronnern als Gerichtsgebäude. Seit 1879 beherbergt es das Naturhistorische Museum. Vom Fleischhaus aus führt ein Abstecher zum **Götzenturm** 5 (1392), einem Überbleibsel der einst mächtigen Stadtmauer. Nur zwei Türme haben die Jahrhunderte überdauert: Der Götzenturm bildete den südwestlichen Eckpfeiler der Befestigung, im Nordwesten ragt heute noch der Bollwerksturm empor. Der Name des Götzenturms stammt aus dem Jahr 1519, als Götz von Berlichingen eine Nacht lang als Gefangener des Schwäbischen Bundes im Turm verbrachte. Der Weg führt anschließend zurück in die Altstadt zum imposanten **Deutschhof** 6. Der Gebäudekomplex ist die ehem. Residenz der Landkomturei des Deutschen Ritterordens. Heute ist der Hof das kulturelle Forum der Stadt: In den Gebäuden befindet sich das Städtische Museum samt Stadtarchiv. Herausragendes Element der Anlage ist das **Deutschordensmünster** 7. Sein Kirchturm gehörte ursprünglich zum unteren Teil einer Marienkapelle (1250) des Deutschritterordens und stellt vermutlich das älteste Bauwerk der Stadt dar. Ein Stück weiter steht am Kiliansplatz der **Siebenröhrenbrunnen** 8. Er wird von einer Quelle unter der Kirche gespeist, die wahrscheinlich ›Helibrunna‹ den Namen gab. Beherrscht wird der Platz von der gotischen **Kilianskirche** 9 aus der zweiten Hälfte des 15. Jh. Der achteckige Turm (Hans Schweiner, 1513–29) gilt als erster Renaissance-Turm nördlich der Alpen und ist reich mit Figuren geschmückt. Laut Aufzeichnungen der Stadt sorgte damals die ›ketzerische Fantasie‹ des innovativen Baumeisters für Unmut bei der Geistlichkeit. Die weltlichen Figuren wurden als Ausdruck ungebührlich fortschrittlichen Denkens empfunden. Besonders das auf der Turmspitze angebrachte ›Heilbronner Männle‹ von 1529, ein Stadtsoldat in Landsknechtuniform, stieß beim Klerus auf Ablehnung. Im Innern beeindruckt ein kunstvoll geschnitzter Hochaltar (1498) von Hans Seyfer, ein Meisterwerk spätgotischer Altarkunst. Nördlich der Kilianskirche ragt der **Hafenmarktturm** 10 empor (Turmschlüssel erhält man bei der Tourist-Information). Er wurde Ende des 17. Jh. auf den Ruinen eines Franziskanerklosters erbaut. Man geht nun die Sülmerstraße weiter entlang und erreicht schließlich die sehenswerte frühgotische **Nikolaikirche** 11 (14. Jh.). Dahinter erstreckt sich der Berliner Platz, an dessen Nordende sich das moderne **Theater Heilbronn** 12 (1982) erhebt. Im angrenzenden K3-Haus ist mittlerweile die Stadtbücherei untergebracht. Der Streifzug durch Heilbronn endet am westlichen **Bollwerksturm** 13 aus dem 13. Jh. Abgesehen vom Götzenturm ist er das einzige erhaltene Bauwerk der staufischen Befestigungsanlage.

Die Kunstuhr von Isaak Habrecht am Rathaus galt einst als technisches Wunder

Weitere Sehenswürdigkeit:

Trappenseeschlösschen 14

Praktische Hinweise

Information

Tourist-Information, Kaiserstr. 17, Tel. 071 31/56 22 70, www.heilbronn-marketing.de

Hotels

insel-hotel, Willy-Mayer-Brücke, Tel. 071 31/63 00, www.insel-hotel.de. Komfortables Haus mit schwäbischer und internationaler Küche; eigener Bootsanleger.

Nestor-Hotel, Jakobgasse 9, Tel. 071 31/65 60, www.nestor-hotels.de. Moderne Zimmer in zwei Preiskategorien, Hotelbar mit kleinen Snacks.

RM Plaza Heilbronn, Moltkestr. 52, Tel. 071 31/98 90, www.rm-plaza-heilbronn.de. Angenehm gestaltetes Logis für gehobene Ansprüche.

Restaurants

Cohiba Seafood-Restaurant, Bergstr. 49, Tel. 071 31/87 39 91. Mexikanische Küche.

Höhenrestaurant Café Wartberg, Wartberg 1, Tel. 071 31/16 29 13, www.restaurant-wartberg.de. Gutbürgerliche Gastronomie mit herrlicher Aussicht.

Ratskeller, Marktplatz 7, Tel. 071 31/846 28, ratskeller-heilbronn.eu. Gehobene regionale, traditionelle Küche, Wild aus eigener Jagd.

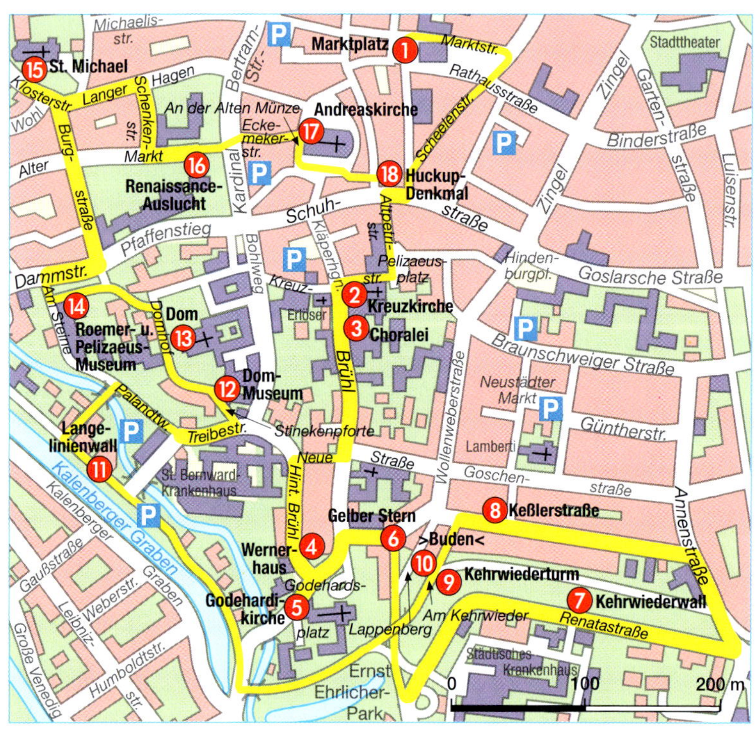

Hildesheim

C4

Niedersachsen
Einwohner: 104 000

Die uralte Bischofsstadt ist ein einzigartiges Ensemle historischer Bauten.

Die traditionsreiche Bischofsstadt ist vor allem für ihren Dom berühmt. Doch auch die Altstadt ist äußerst sehenswert. TOP TIPP Dort, am historischen **Marktplatz** ❶, beginnt auch unser Spaziergang. Der Platz präsentiert ein faszinierendes Ensemble alter Bürgerhäuser. Wie fast alle Gebäude hier wurde auch das **Rathaus** (13.–15. Jh.) bei den Bombardierungen während des Zweiten Weltkriegs stark beschädigt und nach 1945 wieder aufgebaut bzw. komplett rekonstruiert. Nebenan steht das Tempelhaus (14./15. Jh.), dessen ungewöhnlicher, orientalisch wirkender Baustil noch heute Rätsel aufgibt. Hinter den historischen Fassaden des Wedekindhauses (1598), des Lüntzelhauses (um 1750) und des Rolandhauses (14. Jh.) hat heute die Stadtsparkasse ihren Hauptsitz. An der Westseite des Marktplatzes fällt neben dem **Knochenhauer-Amtshaus** das schöne Bäckeramtshaus (1800) ins Auge. Im Knochenhauer-Amtshaus, einer architektonischen Meisterleistung der Spätgotik (1529), präsentiert das Stadtmuseum Hildesheim Stadt- und Regionalgeschichte, darunter den bedeutenden ›Hildesheimer Silberfund‹ aus römischer Zeit. Hinter den historischen Fassaden der Stadtschänke (17. Jh.), des Rokokohauses (18. Jh.) und des Wollenwebergildehauses (16. Jh.) befindet sich heute ein Hotel. Vom Marktplatz führt der Weg nach Süden zur **Kreuzkirche** ❷, einem ehem., 1079 geweihten Kollegiatstift. Neben der Kirche steht die **Choralei** ❸. Dieses einstige Wohnhaus für die Schüler der Stiftsschule entstand 1184 und ist weitgehend im Original erhalten. Über den Hinteren Brühl gelangt man zum **Wernerhaus** ❹, einem prächtigen Fachwerkhaus, das 1606 für den Domsekretär Philipp Werner erbaut wurde. Schräg gegenüber erhebt sich **St. Godehard** ❺. Die doppelchörige romanische Basilika aus dem 12. Jh. fällt TOP TIPP durch ihre elegante Linienführung auf. In der Straße **Gelber Stern** ❻, durch die man auch zu den Fachwerkgebäuden der Vereinigten Fünf Hospitäler (heute Fachhochschule) aus dem

15. Jh. kommt, steht Hildesheims ältestes Fachwerkhaus: das Haus des Waffenschmieds (1548). Heute beherbergt es das Neißer Heimatmuseum. Weiter geht es zum **Kehrwiederwall** ⑦, einem Rest der alten Stadtbefestigung. Dahinter erstreckt sich die mittelalterliche **Keßlerstraße** ⑧, in der einst die Kesselschmiede wohnten. Hier befindet sich auch die ehem. Dompropstei (1730). Das Gebäude gilt als der schönste Barock-Profanbau mit Holzfachwerk in Hildesheim. Von dort lohnt sich ein Abstecher zur Lambertikirche, die 1474–88 entstand. In der malerischen Gasse Am Kehrwieder ragt der rund 18 m hohe **Kehrwiederturm** ⑨ in die Höhe, in dem sich die Ausstellungsräume des Kunstvereins Hildesheim befinden. Vorbei an den kleinen Handwerkerhäusern, den so genannten **Buden** ⑩, spaziert man am Ernst-Ehrlicher-Park und am Kalenberger Graben entlang bis zum **Langelinienwall** ⑪. Die sehr umfangreiche Sammlung sakraler Kunstwerke im **Dom-Museum** ⑫ gehört zu den bedeutendsten ihrer Art. Direkt daneben erhebt sich der Hildesheimer **Dom** ⑬. Seine Anfänge gehen auf Ludwig den Frommen zurück, der Hildesheim 815 zum Bistum erhob. Ihr heutiges Erscheinungsbild erhielt die Basilika im 11. Jh. Höhepunkte der Ausstattung sind die bronzenen Bernwardstüren und die Christussäule, die Bischof Bernward im 11. Jh. vermutlich für die Kirche St. Michael anfertigen ließ. Seit den Anfängen blüht der Legende nach der Tausendjährige Rosenstock an der Apsis. Über den Domhof führt der Weg zum

TOP TIPP

Am Marktplatz fällt besonders das rekonstruierte Knochenhauer-Amtshaus (links) auf

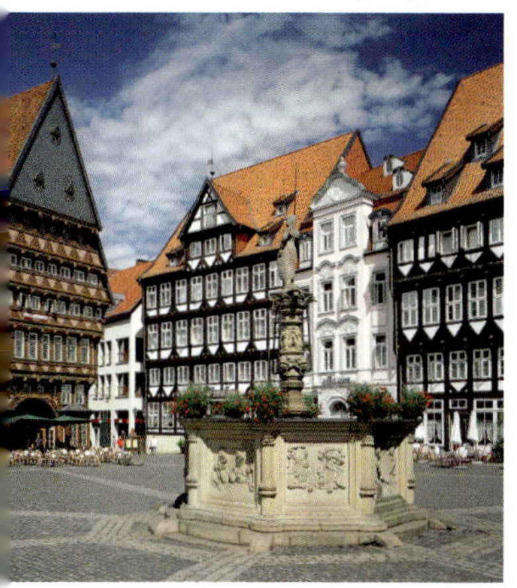

Roemer- und Pelizaeus-Museum ⑭ mit seiner berühmten ägyptischen Abteilung. Weiter Über die Burgstraße erreicht man Hildesheims ottonisches Kleinod **St. Michael** ⑮ (um 1000). Die dreischiffige Basilika zählt zu den Meisterwerken frühmittelalterlicher Baukunst. Am Alten Markt fällt die Fassade des Kaiserhauses mit seiner **Renaissance-Auslucht** ⑯, einem durchgehend mit Fenstern versehenen Erker, auf. Wenige Schritte weiter gelangt man zur gotischen Kirche **St. Andreas** ⑰ (Ende 14. Jh.). In ihrem 144 m hohem Turm (bis 75 m zugänglich) sind Teile des romanischen Vorgängerbaus erhalten. Von der ursprünglichen Kirchenausstattung hat nur das Messingtaufbecken von 1547 überdauert. Unweit des Gotteshauses steht das **Huckup-Denkmal** ⑱ (1905). Bei dieser Hildesheimer Sagenfigur handelt es sich um ein koboldartiges Wesen, das Dieben auf den Rücken springt und auf diese Weise das schlechte Gewissen symbolisiert.

i Praktische Hinweise

Information

Tourist Information, Rathausstr. 18–20, Tel. 05121/17980, www.hildesheim.de

Hotels

Novotel Hildesheim, Bahnhofsallee 38, Tel. 05121/17170. www.novotel.com. Komfortables 4-Sterne-Haus am Rande der Altstadt.

Schweizer Hof, Hindenburgplatz 6, Tel. 05121/39081, www.hotelschweizerhof.de. Solide ausgestattetes Haus in zentraler Lage.

Van der Valk Hotel, Markt 4, Tel. 05121/3000, www.vandervalkhildesheim.de. 4-Sterne-Hotel am historischen Marktplatz mit Bade- und Wellnessbereich.

Restaurants

Bürgermeisterkapelle, Rathausstr. 8, Tel. 05121/179290, www.hotelbuergermeisterkapelle.de. Gutbürgerliches Familienrestaurant.

König von Bayern, Markt 1, Tel. 05121/174565, www.koenig-von-bayern.de. Bayerische Schmankerln und heimische Gerichte.

Restaurant Lindenhof, Kurt-Schumacher-Str. 39, Tel. 05121/265158, www.lindenhof-hildesheim.de. Familiär geführtes Restaurant mit internationaler Küche.

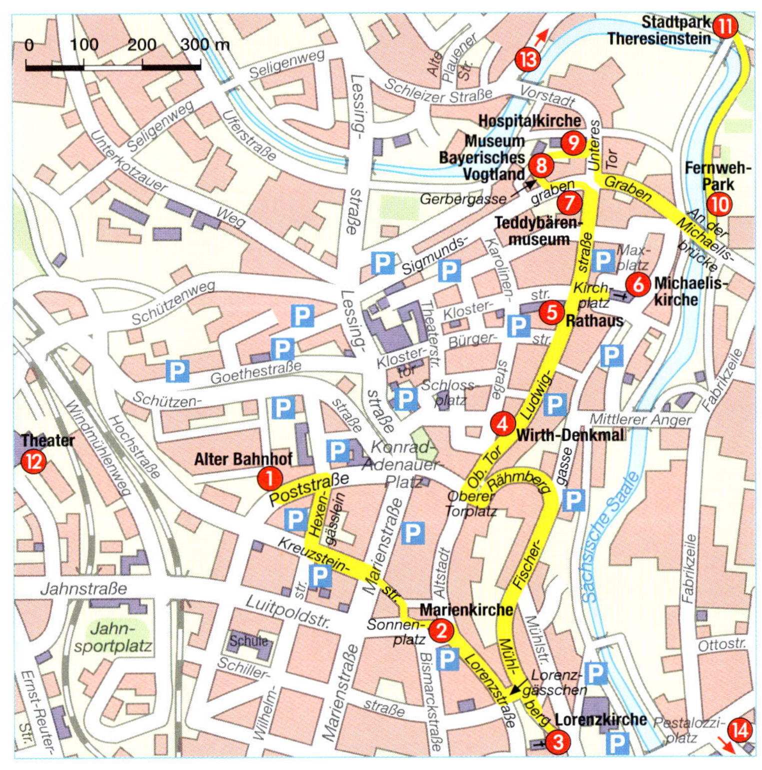

Hof

E6

Bayern
Einwohner: 50 000

Im Zentrum des Bayerischen Vogtlands heißt es Schauen und Genießen.

Die Stadt Hof liegt am Ostrand des Frankenwaldes und wurde im Jahr 1214 erstmals urkundlich erwähnt. Ausgangspunkt unserer Stadtführung ist der **Alte Bahnhof** 1 (1848) im historischen Stadtkern. Eine bis heute original erhaltene dreischiffige ›Basilika‹ bildet die ursprünglich 105 m lange ›Einsteighalle‹. Vom Bahnhof aus erreicht man nach Überquerung der Marienstraße die neogotische **Marienkirche** 2. Sie wurde 1864 nach den Zeichnungen des Regensburger Dombaumeisters Denzinger errichtet. Drei Jahrhunderte nach der Reformation war sie die erste Kirche für die nach der Eingliederung nach Bayern (1806) stark angestiegene Zahl katholischer Bürger. Auf das 11. Jh. geht die **Lorenzkirche** 3, die älteste Kirche Hofs, zurück. Ihr besonderes Schmuckstück im Innern ist der spätgotische Flügelaltar (1480). Er zeigt das Bamberger Kaiserpaar Heinrich II. und Kunigunde. Parallel zur Saale schlendert man durch die Fußgängerzone. Hier hat die Stadt einem ihrer berühmtesten Söhne, dem Publizisten, Juristen und Politiker Johann Georg August Wirth (1798–1848), das **Wirth-Denkmal** 4 (1998) errichtet. Wirth setzte sich für ein vereinigtes Deutschland, für Pressefreiheit, Volksvertretung und Unabhängigkeit der Justiz ein. Sein begehbares Denkmal schuf der Berliner Bildhauer Andreas Theuer. Es stellt eine Seite der von Wirth herausgegebenen Zeitung ›Deutsche Tribüne‹ dar. Das **Rathaus** 5, 1563–66 im Stil der Renaissance errichtet, brannte 1625 aus und wurde beim Wiederaufbau barockisiert. Nach dem großen Stadtbrand 1823 erhielt es sein neogotisches Gesicht. Der Brand zerstörte auch die **Michaeliskirche** 6 bis auf die unversehrt gebliebenen Außenmauern des dreischiffigen Gotteshauses. Im 13. Jh. wurde der Bau begonnen und im 14., 15. sowie 16. Jh. verändert. Der Neubau nach dem Brand erfolgte im Stil der Neogotik, die Inneneinrichtung stammt aus dem späten 19. Jh. Liebhaber knuddeliger

TOP TIPP Kuscheltiere sollten unbedingt das **Teddymuseum** 7 besuchen. Die Privatsammlung eines Ehepaares umfasst 5000 Exponate, die die Geschichte des beliebten Stofftiers dokumentieren, sowie 2000 weitere Plüschtiere. Das Museum ist weltweit das einzige seiner Art und wurde bei seiner Eröffnung 1986 ins Guinnessbuch der Rekorde aufgenommen. Im ehem. Hospital aus dem 13. Jh., genauer gesagt in dessen einstigen Stallgebäuden, ist das **Museum Bayerisches Vogtland** 8 untergebracht. Es zeigt historische Exponate aus der Region. Neben den Stallungen sind auch Kellerhaus, Pfründnerhaus, Konventsstube sowie Beamtenhaus erhalten. TOP TIPP Die **Hospitalkirche** 9 entstand Mitte des 13. Jh. und wirkt von außen gotisch schlicht. Im Innern jedoch überwältigt sie den Besucher mit einer prunkvollen Barockausstattung. Die Decke ist in 90 Felder eingeteilt und mit Szenen des Alten und Neuen Testaments bemalt (spätes 17. Jh.). Die nächste Station ist ein weiteres Hofer Unikat – der **Fernweh-Park** 10. Er liegt auf der anderen Seite der Saale. Hier sind Ortshinweis-, Straßennamens- und Landkreisschilder sowie Autokennzeichen aus aller Herren Länder aufgestellt. So steht ›Berlin, Bezirk Köpenick‹ einträchtig neben ›Los Angeles, City Limits‹ und dem ›Hollywood Boulevard‹. Wer möchte, kann die Sammlung durch weitere exotische Reisesouvenirs vervollständigen. Dem Lauf der Saale folgend erreicht man anschließend einen Höhepunkt unter den Bürgerparks TOP TIPP in Bayern, den Hofer **Bürgerpark Theresienstein** 11. Der 1816 angelegte Garten, eine der ältesten Grünanlagen Bayerns, weist alle Gartenbaustile des 19. Jh. auf. Von besonderem Reiz sind das Heerdegensche Gartenhaus, das 1903 entstandene und heute als Café genutzte Jugendstil-Wirtschaftsgebäude, ferner Naturkundegarten, Geologischer, Botanischer und Zoologischer Garten. Seinen Namen erhielt der Park nach der Landesmutter und Gemahlin des lebensfrohen bayerischen Königs Ludwigs I., Königin Therese Charlotte, die 1836 in der Stadt Hof weilte. Wer an moderner Architektur interessiert ist, macht anschließend noch einen Abstecher zum **Theater Hof** 12 (1994). Der monumentale Glasbogen des ambitioniert gestalteten Gebäudes fasst einen Quader über der Bühne ein und spiegelt Licht und Himmel wider. Als Abschluss des Rundgangs empfiehlt sich eine kulinarische Stärkung, z.B. bei einem der ›Wärschtlamänner‹ genannten traditionellen Wurstverkäufer von Hof.

Weitere Sehenswürdigkeiten:

Zoo 13
Brauerei-Museum 14

Praktische Hinweise

Information

Tourist-Information, Ludwigstr. 24, Tel. 092 81/815666, www.stadt-hof.de

Hotels

Hotel am Maxplatz, Maxplatz 7, Tel. 092 81/17 39, www.hotel-am-maxplatz.de. Komfortables und stilvolles, denkmalgeschütztes Haus.

Hotel Central, Kulmbacher Str. 4, Tel. 092 81/60 50, www.hotel-central-hof.de. Luxuriöses Wellness-Hotel mit ambitionierter Küche.

Hotel Falter, Hirschberger Str. 6, Tel. 092 81/767 50, www.hotelfalter.de. Bodenständiges Logis und Brauereigasthof mit fränkisch-bayerischen Gerichten.

Restaurants

Grüne Linde, Alte Helmbrechter Str. 30, Tel. 092 81/674 66. Gemütlicher Gasthof mit deftiger Küche.

Hotel Strauß, Bismarckstr. 31, Tel. 092 81/20 66. Fränkisch-bayerische und internationale Küche in gemütlicher Atmosphäre.

Kreuzstein, Kreuzsteinstr. 23, Tel. 092 81/84 02 92. Gutbürgerliches Haus mit fränkischen Spezialitäten.

Märchenhaften Flair entfaltet der Bürgerpark Theresienstein im herbstlichen Blätterkleid

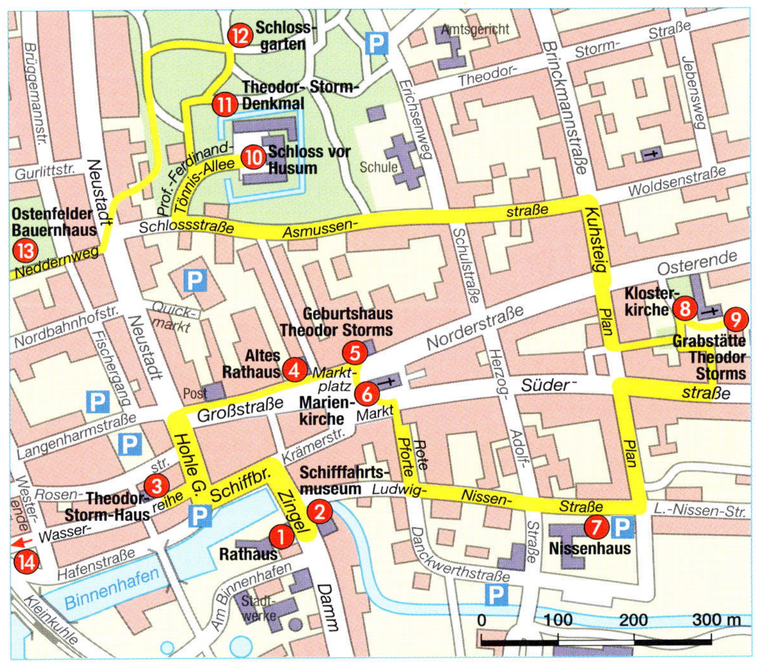

Husum

E2

Schleswig-Holstein
Einwohner: 21 000

Die Stadt Theodor Storms zieht mit friesischem Charme jeden in Bann.

Der Weg durch die ›graue Stadt am Meer‹, wie Theodor Storm, der Dichter des ›Schimmelreiters‹, seine Geburtsstadt Husum genannt hat, beginnt am neuen **Rathaus** 1 am Binnenhafen. Das mehrfach preisgekrönte Gebäude wurde 1989 an der Stelle einer alten Werft errichtet, die wegen Platzmangels verlegt werden musste. Das Rathaus nimmt in seiner modernen Gestaltung mit dem als Stahlkonstruktion ausgeführten Turm die Formen der maritimen Umgebung auf. Eine alte, unter Denkmalschutz stehende Slipanlage, auf der Schiffe ins oder aus dem Wasser transportiert werden, ist mit ein bezogen. Gleich gegenüber liegt das **Schifffahrtsmuseum** 2, in dem Exponate zur Geschichte der Schifffahrt und Fischerei in Nordfriesland gezeigt werden. Höhepunkt ist das ›Uelvesbüller Wrack‹, ein etwa 400 Jahre altes, fast komplett erhaltenes Friesenschiff in der Bauart holländischer Küstensegler. Der stimmungsvolle, verträumt wirkende Binnenhafen wird von Kaufmannshäusern aus dem 16. und 17. Jh. gesäumt, deren hohe Böden ursprünglich als Lagerräume dienten. Auf einem Poller am Hafen sind die Wasserstandsmarken zahlreicher Sturmfluten angegeben. Parallel zur Hafenstraße verläuft die Wasserreihe, in der das um 1750 erbaute **Theodor-Storm-Haus** 3 (Nr. 31) steht. Hier hat der große Dichter Storm (1817–1888) viele Jahre gelebt und gearbeitet. Heute ist es ein ihm gewidmetes Museum. Durch die Großstraße, deren alte Kaufmannshäuser hübsche Giebel aufweisen, geht es zum **Alten Rathaus** 4. Es wurde 1601 an der Nordseite des Marktplatzes errichtet. In dem seither mehrfach umgestalteten Gebäude sind ein mit Intarsien geschmücktes Renaissanceportal im Saal des Obergeschosses und eine Halle mit eindrucksvoller Holzbalkendecke im Untergeschoss sehenswert. An der Nordseite des Platzes, einem harmonischen Ensemble schöner Bürgerhäuser, steht **Theodor Storms Geburtshaus** 5, daneben das Herrenhaus, ältestes Bauwerk der Stadt. Das Gebäude aus der Zeit der Gotik hat zwei Stufengiebel mit Kopfbildnissen, die der Sage nach 1472 hingerichtete Rebellen darstellen. Die Ostseite des Platzes wird von der **Marienkirche** 6 beherrscht, die 1827–32 in klassizistischem Stil errichtet wurde. Im Innern werden noch einige

Ausstattungsstücke aus der 1807 abgerissenen gotischen Kirche aufbewahrt, darunter ein Bronzetaufbecken von 1643. Beachtenswert auf dem Marktplatz ist der Brunnen mit dem Standbild der jungen Fischerfrau Tine, die den Fischern einst eine Sturmflut vorhergesagt haben soll. Über Rote Pforte und Nissenstraße geht es nun zum **Nissenhaus** 7, einem prächtigen Museumsbau. Das hier untergebrachte Nordfriesische Museum ist mit seinen reichhaltigen und bedeutenden Sammlungen zur Geschichte des Landes weit bekannt. Im nahe gelegenen Ortsteil Osterende steht die **Klosterkirche** 8. Das älteste Gotteshaus der Stadt wurde als ›St.-Jürgen-Kirche‹ 1563 erbaut und gehört heute zum Klosterkomplex. Im Innern sind einige Teile der Ausstattung aus dem Vorgängerbau zu besichtigen, darunter ein Altaraufsatz von 1641. Ein Abstecher führt zur **Grabstätte Theodor Storms** 9, einem Familiengrab. Das **Schloss vor Husum** 10 das inmitten des Schlossparks liegt, entstand Ende des 16. Jh. im Stil der niederländischen Renaissance. Der Baugrund lag damals noch außerhalb Husums, daher der Name. Heute ist das Schloss mit seinen hohen Giebeln und Türmen ein Wahrzeichen der Stadt. Besichtigen kann man das Treppenhaus, den Rittersaal, die Schlosskapelle und mehrere Empfangsräume. An den berühmtesten Sohn der Stadt erinnert erneut das **Theodor-Storm-Denkmal** 11 im weitläufigen **Schlossgarten** 12. Wenn jedes Jahr im Frühjahr die 4 Mio. Krokusse im Park blühen, verwandeln sie die gesamte Rasenfläche in einen bunten Teppich. Wenige Hundert Meter weiter westlich liegt das **Ostenfelder Bauernhaus** 13, das als ältestes Freilichtmuseum Deutschlands gilt. Das vor 1600 erbaute Gehöft, 1899 von Ostenfeld an seinen jetzigen Standort versetzt, gibt Einblick in den Betrieb eines Geesthofes jener Zeit. Der Weg führt nun zurück zum Hafen mit der **Anlegestelle der Ausflugsschiffe** 14, die in das Wattenmeer mit seinen Seehundbänken fahren.

Top Tipp

Praktische Hinweise

Information

Tourist-Information Husum, Großstr. 27, Tel. 048 41/898 70, www.tourismus-husum.de

Hotels

Hotel am Schlosspark, Hinter der Neustadt 74–86, Tel. 048 41/20 22, www.hotel-am-schlosspark-husum.de. Gepflegtes 3-Sterne-Hotel in ruhiger Lage.

Hotel zur Grauen Stadt am Meer, Schiffbrücke 8-9, Tel. 048 41/893 20, www.husum.net/grauestadt. Gemütliches Stadthaus am Husumer Hafen.

Thomas Hotel, Am Zingel 9, Tel. 048 41/662 00, www.thomas-hotel.de. Zentrall und komfortabel, auch Balkonzimmer mit Meerblick.

Restaurants

Einstein, Osterende 133, Tel. 048 41/718 42, www.einstein-husum.de. Gemütliche Whisky-Kneipe mit Salaten und Snacks.

Eucken, Süderstr. 2–10, Tel. 048 41/83 30. Französische und spanische Gourmetküche.

Husums Brauhaus, Neustadt 60, Tel. 048 41/896 60, www.mybrauhaus.de. Bier eigener Herstellung und Deftiges.

Kaufmannshäuser aus dem 16. und 17. Jh. säumen den Husumer Binnenhafen

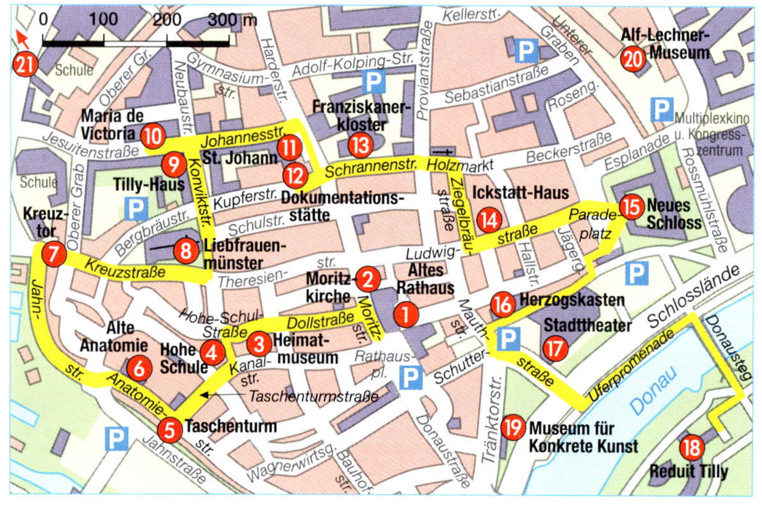

Ingolstadt *D7*

Bayern
Einwohner: 120 000

Wehrhaftigkeit, Glaube und Gelehrsamkeit prägten die Donaustadt.

Der Rundgang durch die einstige bayerische Herzogsresidenz Ingolstadt beginnt beim **Alten Rathaus** ❶. Gabriel von Seidl gab dem Bau 1882 seine jetzige Form. In unmittelbarer Nähe liegt die älteste Kirche der Stadt, die **Moritzkirche** ❷ (1234 geweiht). Durch die Dollstraße gelangt man zum einstigen Pedellhaus der Hohen Schule, das heute das **Heimatmuseum** ❸ beherbergt. Die **Hohe Schule** ❹, das 1434 von Herzog Ludwig dem Gebarteten erbaute Pfründnerhaus, war ab 1472 erster Sitz der Bayerischen Landesuniversität. Weiter geht es zum **Taschenturm** ❺ (1390), einem der einst 87 Türme der Stadtmauer (14. Jh.), die den alten Kern Ingolstadts noch heute größtenteils umgibt. Die **Alte Anatomie** ❻ (1723–35) gehörte zur ehem. Universität. Vermutlich plante Gabriel Gabrieli den kostbaren Barockbau. Die Gebäude und die wunderschöne Gartenanlage bilden ein sehenswertes Gesamtkunstwerk. Heute befindet sich in der Alten Anatomie das Deutsche Medizinhistorische Museum mit seinem einzigartigen Arzneipflanzengarten. Als letztes der ehemals vier Stadttore ist das **Kreuztor** ❼ (1385) erhalten, das zum Wahrzeichen der Stadt avancierte. Durch die Kreuzstraße geht es zu einer der größten spätgotischen Hallenkirchen Bayerns, dem **Liebfrauenmünster** ❽ (ab 1425). Bauherr war wiederum Herzog Ludwig der Gebartete. Er vermachte der Kirche das Namen gebende Marienbild vom Hofe seiner Schwester Isabeau in Paris. Meisterhaft gearbeitet sind das eindrucksvolle spätgotische Netzrippengewölbe und der Hochaltar (1560/72). Vorbei am **Tilly-Haus** ❾, benannt nach dem Feldherrn im Dreißigjährigen Krieg, der hier 1632 starb, führt der Weg zur von außen eher schlichten **Barockkirche Maria de Victoria** ❿ (1732–36). Im Innern dagegen ist sie von geradezu märchenhafter Pracht. Diese ist insbesondere berühmten bayerischen Barockkünstlern, den Gebrüdern Asam, zu verdanken. Großartig ist das Deckenfresko mit der Darstellung der Menschwerdung Gottes. Die Kirche beherbergt zudem die überaus wertvolle Lepanto-Monstranz, ein Werk des Augsburger Goldschmieds Johann Zeckl von 1708. Nach Besichtigung der Kirche **St. Johann** ⓫ (1487) erreicht man im Elternhaus Marieluise Fleißers (1901–1977) die **Dokumentationsstätte** ⓬ über die Schriftstellerin. In Fotos, Texten, Dokumenten und Objekten werden Leben und Werk dargestellt. Weiter geht es zum **Franziskanerkloster** ⓭ (1275). Die Kirche zeigt sich in einer strengen Schlichtheit. Im Innenraum befinden sich beeindruckende Grabmale aus dem 16. Jh. In der Ludwigstraße ist die mit Rokokostuck verzierte Fassade des fünfstöckigen **Ickstatt-Hauses** ⓮ (1749) zu bewundern. Es war das Wohnhaus des

TOP TIPP

TOP TIPP

Adam Freiherr von Ickstatt. Herzog Ludwig der Gebartete begann 1418 mit TOP TIPP dem Bau des **Neuen Schlosses** 15 am Paradeplatz, in dessen Anlage er das Feldkirchener Tor (1368) der Stadtmauer miteinbezog. Erst in der zweiten Hälfte des 15. Jh. nahm die Innengestaltung mit großen, gewölbten Sälen ihre unvergleichliche Form an. Heute sind im Neuen Schloss große Teile des Bayerischen Armeemuseums untergebracht. Es präsentiert Rüstungen, Waffen, Fahnen und Gemälde. Auf dem Schlosshof sind Kanonen aufgestellt. Durch den barocken Uhrturm und über den Paradeplatz erreicht man das Alte Schloss. Es entstand im 13. Jh. als Palast der Burganlage und wurde im 14. Jh. ausgebaut. Seinen Beinamen **Herzogskasten** 16 erhielt es aufgrund seiner Nutzung als Speichergebäude Jahrhunderte später. Schräg gegenüber befindet sich die Kurfürstliche Reitschule, in der heute die Volkshochschule residiert. Weiter geht es zum **Stadttheater** 17, das 1963–66 nach Entwürfen von Walter Hämer entstand. Über die Uferpromenade, durch die Donau-Unterführung und über den Donausteg kommt man zum Klenzepark. Hier hat Leo von Klenze (1784–1864) im Auftrag König Ludwigs I. historistische Festungsbauten malerisch ins Grün eingebettet, so z. B. die **Reduit Tilly** 18. Lange Zeit hieß Ingolstadt deshalb auch ›Die Schanz‹. Die Bauten sollten nicht nur funktionalen sondern auch ästhetischen Ansprüchen genügen. Abschließend gibt es drei weitere Museen zu besichtigen: das **Museum für Konkrete Kunst** 19, in dem fast alle wichtigen Maler und Bildhauer dieser Stilrichtung vertreten sind, das dem zeitgenössischen Stahlbildhauer gewidmete **Alf-Lechner-Museum** 20 sowie das **Stadtmuseum** 21 mit Stadtarchiv und Stadtbibliothek.

Blickfang am Paradeplatz von Ingolstadt ist das aus dem 15. Jh. stammende Neue Schloss

Praktische Hinweise

Information

Tourist Information, Rathausplatz 2, Tel. 08 41/305 30 30, www.ingolstadt.de

Hotels

Altstadthotel, Gymnasiumstr. 9, Tel. 08 41/886 90, www.altstadthotel-ing.de. Komfortables Logis mit Bistro und großzügigen Wellnesseinrichtungen.

Bayerischer Hof, Münzbergstr. 12, Tel. 08 41/93 40 60, www.bayerischer-hof-ingolstadt.de. Solides Haus inmitten der Fußgängerzone.

Hotel Anker, Tränktorstr. 1, Tel. 08 41/300 50, www.hotel-restaurant-anker.de. Gemütlicher Brauereigasthof mit modernen Zimmern und saisonaler Küche.

Restaurants

Antonius-Schwaige, Antonius-Schwaige 47, Tel. 08 41/326 80, www.antoniusschwaige.de. Nette Wirtschaft mit schönem Biergarten und bayerischem Schmankerl-Angebot.

Restaurant im Stadttheater, Schlossände 1, Tel. 08 41/93 51 50, www.restaurant-im-stadttheater.com. Elegantes Haus mit gehobener regionaler und internationaler Küche.

Weißbräuhaus zum Herrnbräu, Dollstr. 3, Tel. 08 41/328 90. Gutbürgerliche Speisekultur in historischem Gewölbekeller.

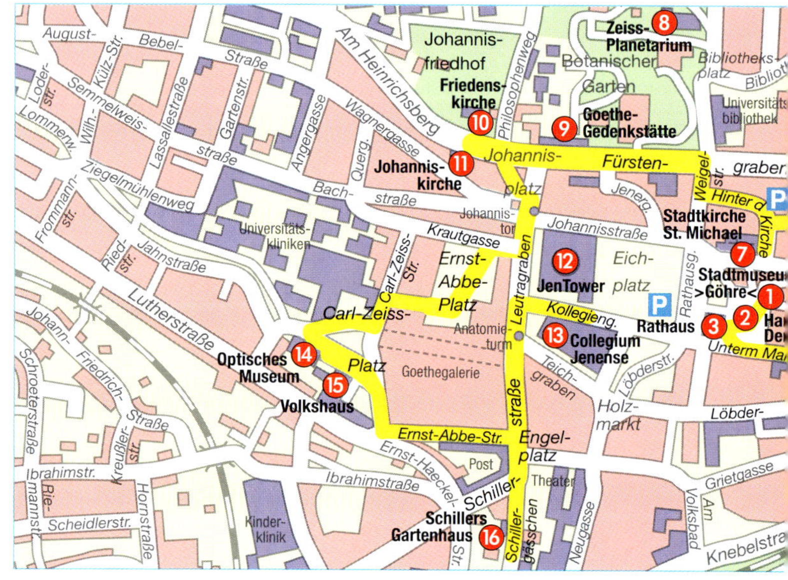

Jena

D5

Thüringen
Einwohner: 103 000

Dichtkunst, Studentenleben, eine weltweit berühmte Optik: just Jena!

Die Ursprünge von Jena reichen bis ins 9. Jh. zurück. Unser Spaziergang beginnt auf dem Markt beim **Stadtmuseum** 1 in der ›Göhre‹, einem spätgotischen Bürgerhaus. Eindrucksvoll präsentiert sich die Stadtgeschichte von ihren Anfängen bis ins 20. Jh. In der Mitte des weiten Marktplatzes erinnert das **Hanfried-Denkmal** 2 (1858) an den Begründer der ruhmreichen Universität, Sachsens Kurfürst Johann Friedrich I. (1503-1554). Am TOP TIPP barocken Mittelturm des **Rathauses** 3 (13. Jh.) fasziniert die skurrile Kunstuhr aus dem 15. Jh.: Bei jedem Stundenschlag versucht hier der ›Schnapphans‹, die goldene Kugel zu fangen. Nun das Romantikerhaus (Literaturmuseum) passierend erreicht man den **Roten Turm** 4 (1430), den südöstlichen Eckpunkt der alten Stadtbefestigung. Von dort ist es, vorbei am Platanenhaus, nicht weit zum **›Schwarzen Bären‹** 5, jenem altehrwürdigen Gasthof, wo schon Martin Luther nächtigte. Das schräg gegenüber TOP TIPP gelegene **Universitätshauptgebäude** 6 hat im Innern u.a. ein Monumentalgemälde von Ferdinand Hodler und die Bronzebüste der Minerva von Auguste Rodin zu bieten. In Sichtweite erhebt sich die spätgotische Stadtkirche **St. Michael** 7, von deren Kanzel aus Luther gepredigt hat und wo die Orgel, die Bronzeplatte für Luthers Grab und die romanische Holzplastik des Erzengels Michael Aufmerksamkeit verdienen. Nordwärts, vorbei an der Universitätsbibliothek, geht es zum **Zeiss-Planetarium** 8. 1926 eröffnet, wartet es seit 2006 mit einem hochmodernen Laser-Projektionssystem auf. Über den Botanischen Garten mit seinen 12 000 z.T. exotischen Pflanzen geht es zur **Goethe-Gedenkstätte** 9, wo im einstigen Inspektorhaus an das Wirken des Dichterfürsten und Naturforschers in Jena erinnert wird. In westlicher Richtung liegt die barocke **Friedenskirche** 10 mit dem Johannisfriedhof (13. Jh.), auf dem Carl Zeiss, Gründer des berühmten Optik-Unternehmens, begra- TOP TIPP ben liegt. Die nahe **Johanniskirche** 11 (12./13. Jh.) gilt als Jenas ältestes Gotteshaus. Das moderne Wahrzeichen der Stadt aber ist der zylindrische **JenTower** 12 (1972, seither verändert und aufgestockt), dessen Aussichtsplattform auf 128 m Höhe herrliche Rundblicke verheißt. Südlich davon, im einstigen Dominikanerkloster **Collegium Jenense** 13, wurde 1548 die Universität gegründet. Heute beherbergt es Institute der Universität. Den Ernst-Abbe-Platz nahebei prägen moderne Skulpturen des Amerikaners Frank Stella sowie Mensa und Cam-

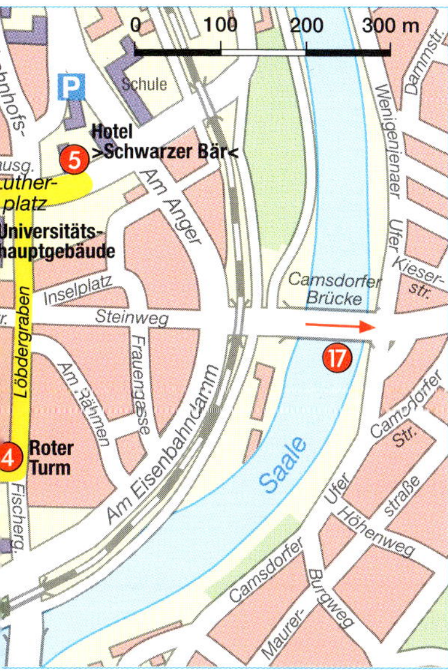

pus der Universität. Nicht zuletzt steht hier das erste Hochhaus Deutschlands (1915/16). Auf dem nahen Carl-Zeiss-Platz erhebt sich das Ernst-Abbe-Denkmal (1911, Henry van de Velde), das dem Physiker, Sozialreformer und kongenialen Zeiss-Mitstreiter gewidmet ist. Das **Optische Museum** 14 (1922) zeigt die Entwicklung optischer Geräte und eine große Brillensammlung. Nebenan liegt das **Volkshaus** 15, ein repräsentatives Jugendstilhaus, worin Thüringens größte Konzertorgel steht. Vorbei am Einkaufszentrum ›Goethe Galerie‹ kommt man zu **Schillers Gartenhaus** 16, in dem der Dichter Ende des 18. Jh. die Sommer verbrachte und am ›Wallenstein‹ arbeitete.

Weitere Sehenswürdigkeit:

Schillerkirche 17

Praktische Hinweise

Information

Jena Tourist-Information, Johannisstr. 23, Tel. 036 41/49 80 50, www.jena.de

Hotels

Gasthof zur Schweiz, Quergasse 15, Tel. 036 41/520 50, www.zur-schweiz.de. Komfortable Zimmer, ein Restaurant mit internationaler Küche und ein rustikaler Biergarten.

Hotel Thüringer Hof, Westbahnhofstr. 8, Tel. 036 41/292 90, www.thueringerhof-jena.de. Preisgünstige und solide Unterkunft in Citylage.

Schwarzer Bär, Lutherplatz 2, Tel. 036 41/40 60, www.schwarzer-baer-jena.de. Ambitionierte Gastronomie in einem Haus mit langer Tradition.

Restaurants

Alt Jena, Markt 9, Tel. 036 41/44 33 66, www.jembo.de. Typisch thüringische, deftige Hausmannskost.

Roter Hirsch, Holzmarkt 10. Tel. 036 41/40 60. Historische Gaststube mit altdeutsch-gutbürgerlicher Küche.

Zur Noll, Oberlauengasse 19, Tel. 036 41/597 70. Liebevoll zubereitete regionale und internationale Gerichte.

Modernes Jena – der 159 m hohe JenTower ist neues Wahrzeichen der Stadt

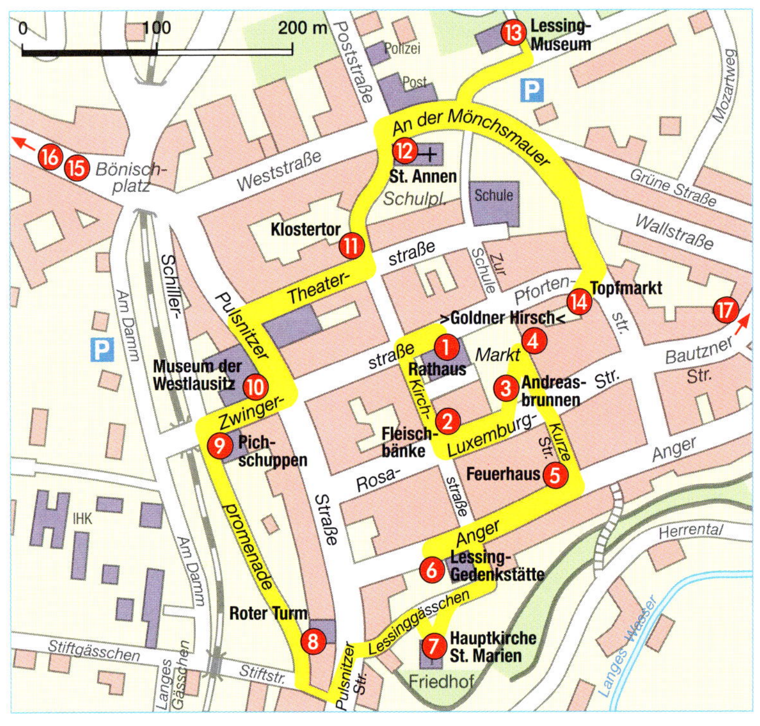

Kamenz *F5*

Sachsen
Einwohner: 18 000

Hier in der Lausitz stand die Wiege eines großen Lehrers der Toleranz.

Der Rundgang durch die Geburtsstadt des Dichters Gotthold Ephraim Lessing (1729–1781) beginnt am **Rathaus** 1. Es wurde 1847/48 nach Plänen von Karl Friedrich Schinkel im Stil der italienischen Neorenaissance erbaut. Im Vorgängerbau aus dem 16. Jh. tagte 1621 der erste Landtag der Oberlausitzer Städte unter sächsischer Pfandherrschaft. An der Kirchstraße eröffneten 1487 die **Fleischbänke** 2 für den Fleischhandel (seit 1507). Nach einem Großbrand 1842 wurde das Marktgebäude im Stil der Neorenaissance mit Arkadengängen neu errichtet. 1570 stiftete Bürgermeister Andreas Günther das schönste Bauwerk auf dem Marktplatz, den **Andreasbrunnen** 3. Er besteht aus einem dreieckigen, baldachinartigen Dach, getragen von drei toskanischen Säulen und bekrönt von einer Justitiafigur mit Schwert und Waage. Das älteste Gasthaus der Stadt ist der ›**Goldne Hirsch**‹ 4 am Markt, auch ›Skundischer Gasthof‹ genannt. 1550 wurde er erstmals erwähnt. Im Jahr 1621 logierte hier der sächsische Kurfürst Johann Georg I. Eine Gedenktafel am Eingang erinnert daran, dass der ›Goldne Hirsch‹ beim Stadtbrand im Jahr 1842 verschont blieb. Ein kostbares Spätrenaissance-Portal mit zwei Sitznischen schmückt das **Feuerhaus** 5, ehemals im Besitz von Dr. Johann Christian Haberkorn, dem Leibarzt Augusts des Starken. Das Fresko oberhalb der Eingangstür zeigt den Stadtbrand von 1707. Den Anger entlang sind es nur wenige Meter bis zur **Lessing-Gedenkstätte** 6. Das Haus diente 1478–1570 als Rats- und Lateinschule. In dem bis zum Stadtbrand 1842 als Archidiakonat genutzten Gebäude wurde am 22. Januar 1729 Gotthold Ephraim Lessing als Sohn eines Pastors geboren. Gegenüber erhebt sich die **Hauptkirche St. Marien** 7, eine vierschiffige spätgotische Hallenkirche, die 1479 vollendet wurde, mit spätbarocker Turmhaube. Sehenswert sind die zwei Altäre von ca. 1500, der Triumphbogen mit Kreuz von 1475 sowie der Taufstein aus dem 14. Jh. Der **Rote Turm** 8 gehörte bis 1835 als Teil der Stadtbefestigung zum Pulsnitzer Stadttor und diente im Mittelalter als ›Harre‹ (Gefängnis). Der Weg führt nun durch die Schilleranlagen vorbei an dem klassizistischen Bau des Barmherzigkeitsstifts (bis 2000 Malteser Krankenhaus) zum **Pichschuppen** 9, einem der zwölf um 1600 errichteten Basteitürme der Stadtbefestigung. Gegenüber befindet sich das **Museum der Westlausitz** 10 – einer der wertvollsten, vom letzten Stadtbrand verschont gebliebenen Bauten –, das vormals der Adelsfamilie Ponickau gehörte. Das Museum beherbergt neben einem bedeutenden Landschaftsmuseum auch eine Ausstellung zur Stadtgeschichte in Verbindung mit dem Malzhaus. Die Mönche des Franziskanerklosters schufen mit dem **Klostertor** 11 1518 einen Durchgang zur Stadt. Der barocke Balkon des Durchgangshauses stammt aus dem Jahr 1770. Am Schulplatz findet man die **Klosterkirche St. Annen** 12 (Einweihung 1499) mit wertvollen Altären aus dem frühen 16. Jh. Entlang der Mönchsmauer, die 1512–17 zum Schutz des Klosters erbaut wurde, geht es weiter zum **Lessing-Museum** 13, in dem auch Veranstaltungen an den großen Sohn der Stadt, einen der bedeutendsten europäischen Aufklärer und Lehrer der Toleranz, erinnern. Der Weg führt nun zurück zum **Topfmarkt** 14 mit Fronfeste, wo sich bis zum Stadtbrand 1842 die Hauptwache der Kamenzer Kommunalgarde befand.

TOP TIPP

Weitere Sehenswürdigkeiten:

Justkirche 15
Hutberg 16
Kloster St. Marienstern 17

Praktische Hinweise

Information

Kamenz-Information, Pulsnitzer Str. 11, Tel. 03578/379205, www.kamenz.de

Hotels

Gasthof Thonberg, Bautzner Str. 288, Tel. 03578/316131, www.thonberg.com. Komfortable Gästezimmer mit moderner Ausstattung.

Goldner Hirsch, Markt 10, Tel. 03578/78350, www. hotel-goldner-hirsch.de. Traditionshaus mit dem Flair der Renaissancezeit.

Villa Weiße, Poststr. 17, Tel. 03578/378470, www.villa-weisse.de. Charmantes kleines Hotel Garni in grüner und ruhiger Lage.

Restaurants

Altertumsschänke, Pulsnitzer Str. 74, Tel. 03578/786858. Gutbürgerliche Küche, altdeutsche Einrichtung.

Hutberggaststätte, Am Hutberg 25, Tel. 03578/784447, www.hutberggaststaette.de. Deutsche und sächsische Küche, angenehmes Ambiente.

Tomsens Pizzeria, Friedensstr. 22, Tel. 03578/786890. Solide italienische Küche.

Mit leuchtendem Orangerot besticht das Kamenzer Rathaus im Herzen der Altstadt

Karlsruhe

B7

Baden-Württemberg
Einwohner: 286 000

Die schöne Residenzstadt lässt den Charme badischer Lebensart spüren.

Die Erkundung der badischen Stadt, deren Gründung auf den Markgrafen Karl III. Wilhelm im Jahre 1715 zurückgeht, beginnt am **Hauptbahnhof** 1 und führt im Anschluss zunächst durch den **Stadtgarten** 2 mit seinen beiden Seen, der Seebühne und dem Gondoletta-Bootsbetrieb. Im Karlsruher Kongress- und Ausstellungszentrum haben einige große Veranstaltungssäle ihren Sitz, darunter die von Erich Schelling 1953 errichtete **Schwarzwaldhalle** 3, ein Glasbau mit geschwungenem Dach, das **Konzerthaus** 4 sowie die **Stadthalle** 5. Sie wurde zum 200-jährigen Stadtjubiläum erbaut. Daneben öffnete 1873 das **Vierordtbad** 6 seine Pforten. Vor dem Kuppelbau im Stil der Neorenaissance setzt der Hygieia-Brunnen (1905–09) Akzente.

Weiter geht es zum **Museum für Naturkunde** 7 (1785), vorbei am ›Verfassungsobelisk‹ (1827) und über den **Rondellplatz** 8 bis zum **Rathaus** 9. Es wurde im Zweiten Weltkrieg völlig zerstört, danach jedoch nach den Ursprungsplänen von 1825 wieder aufgebaut. Gleiches gilt auch für die evangelische **Stadtkirche** 10 (1807–16, Friedrich Weinbrenner). Nach ihrer Zerstörung 1944 wurde sie bis auf die Gestaltung des Innenraums komplett wieder hergestellt. Markant ist der 2,70 m große Friedensengel auf der Spitze ihres Glockenturmes. In unmittelbarer Nähe stehen die **Kleine Kirche** 11 (1773–76), die älteste Kirche der Stadt, und die **Pyramide** 12 aus rotem Sandstein, die 1825 direkt über der Gruft des Stadtgründers Karl III. Wilhelm errichtet wurde. Eine architektonische Attraktion ist die **Stephanskirche** 13, ebenfalls von Weinbrenner erbaut und 1814 geweiht. Ihre Rundform mit Kuppelwölbung ist dem Pantheon in Rom nachgebildet. Am **Ludwigsbrunnen** 14 vorbei führt der Weg weiter über den **Europaplatz** 15, den wohl belebtesten Ort der Karlsruher Innenstadt. Danach passiert man das **Prinz-Max-Palais** 16 (1818–30), einen Monumentalbau aus der Gründerzeit, in dem u.a. Stadtgeschichtliches sowie die Literatur am Oberrhein museal präsentiert werden. Es grenzt an die Stephanienstraße, die von klassizistischer Wohnarchitektur aus der ersten Hälfte des 19. Jh. gesäumt wird. Hier befindet sich auch die **Staatliche Münze** 17 (1826), ein dreigeschossiger Mittelbau mit Risalit, Säulenbalkon und durchbrochenem Giebel. Richtung Schloss trifft man auf die **Staatliche Kunsthalle** 18 (1837–46) mit ihrer bedeutenden Sammlung der Malerei bis zum 19. Jh. Im lang gestreckten Backsteinbau der **Orangerie** 19 (1853–57) kann man französische und deutsche Gemälde der Moderne bewundern, ebenso gibt es ein Kindermuseum. Wir sind nun am **Schloss** 20 angelangt, das in seiner ursprünglichen Form auf das Jahr 1715 zurückgeht. Es beherbergt das Badische Landesmuseum. Südlich davon liegt der **Platz der Grundrechte**, 2002-05 von Jochen Gerz künstlerisch inszeniert: Hier und an 24 weiteren Stätten in der Stadt präsentieren Schilder Texte zur Bedeutung des Rechts für die Demokratie. Der **Schlossgarten** 21 wurde 1731–46 im Barockstil angelegt.

Top Tipp

Top Tipp

Weitere Sehenswürdigkeiten:

Schloss Gottesaue 22
ZKM 23 (Zentrum für Kunst und Medientechnologie)

Praktische Hinweise

Information

Tourist-Information, Bahnhofplatz 6, Tel. 07 21/37 20 53 83, www.karlsruhe.de

Hotels

Hotel Am Markt, Kaiserstr. 76, Tel. 07 21/ 91 99 80, www.hotelammarkt.de. Modern ausgestattetes Logis mit Café.

Hotel Kübler, Bismarckstr. 39–43, Tel. 07 21/14 40, www.hotel-kuebler.de. Gemütlich eingerichtete Zimmer.

Schlosshotel Karlsruhe, Bahnhofplatz 2, Tel. 07 21/383 20, www.schlosshotel-karlsruhe.de. Stilvoll eingerichtete Zimmer, ambitionierte Küche.

Restaurants

Buchmanns Restaurant, Mathystr. 22–24, Tel. 07 21/820 3730. Deutsche Küche mit Schwerpunkt auf Fisch-Spezialitäten.

Dudelsack, Waldstr. 79, Tel. 07 21/20 50 00. Renommiertes Haus mit feiner Küche.

Kaiserhof, Karl-Friedrich-Str. 12, Tel. 07 21/ 917 00, www.hotel-kaiserhof.de. Badische Spezialitäten und Gourmet-Kreationen.

Das repräsentative Karlsruher Schloss beherbergt heute das Badische Landesmuseum

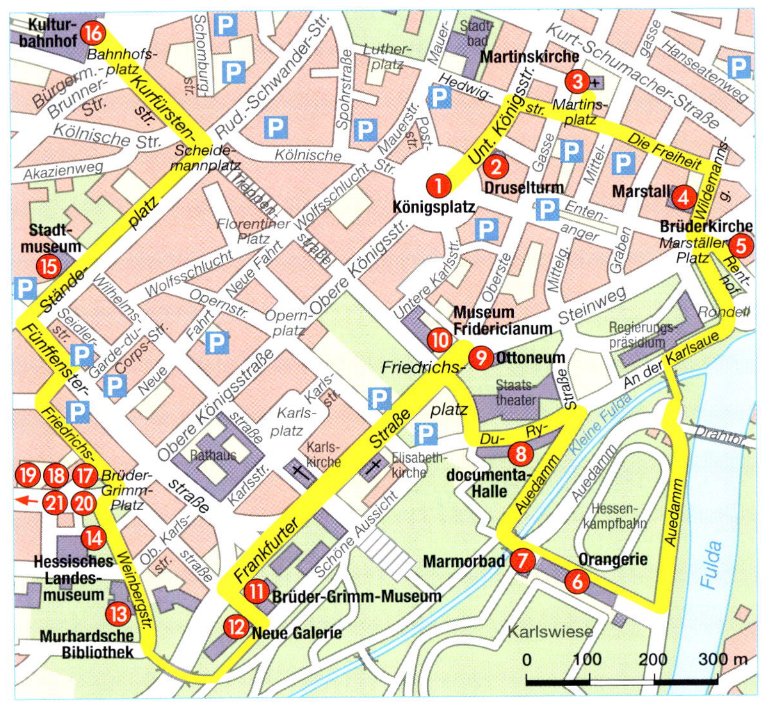

Kassel

C5

Hessen
Einwohner: 194 000

Die documenta-Stadt blickt als einstige Residenz auf fürstliche Traditionen.

Die fast 1100 Jahre alte ›Hauptstadt der Deutschen Märchenstraße‹ am Fuß des Habichtswaldes beeindruckt durch zahlreiche Großbauten und den historischen Stadtteil Bad Wilhelmshöhe. Der kreisrunde **Königsplatz** 1 trennt die Obere Königsstraße – Fußgängerzone und zentrale Einkaufsstraße der Stadt – von der Unteren Königsstraße. Östlich davon steht der **Druselturm** 2 (13. Jh.), der zusammen mit dem Zwehrenturm beim Museum Fridericianum den Rest der 1767 geschliffenen Befestigungsanlagen bildet. In der evangelischen **Martinskirche** 3 (ab 1343, Nordturm 1889–92) spielte Johann Sebastian Bach 1732 die Orgel ein. Der einstige landgräfliche **Marstall** 4 in der Wildemannsgasse beherbergt heute sowohl die Markthalle als auch das Stadtarchiv, d. h. ›Bauch und Gedächtnis der Stadt‹. Über den Marställer Platz geht es nun zur **Brüderkirche** 5 (1292–1376) und dann beim Rondell hinunter zur Fulda. Am Auedamm sieht man am Flussufer die überdimensionale ›Spitzhacke‹ von Claes Oldenburg, und hinter der Hessenkampfbahn erstreckt sich in freundlichem Gelb-Weiß die **Orangerie** 6 (1701–11). Dort ist das Astronomisch-Physikalische Kabinett mit Planetarium untergebracht. Zu dem barocken Ensemble vor der Karlsaue, dem ›grünen Herzen der Stadt‹ mit der Blumeninsel Siebenbergen, gehört auch das prächtige **Marmorbad** 7 (1692–1720). Das Innere des Pavillons ist mit zwölf Statuen aus der antiken Mythologie sowie mit Reliefdarstellungen aus der griechischen Sagenwelt geschmückt und kann besichtigt werden. Die neue gläserne **documenta-Halle** 8 ist einer der Ausstellungs- und Veranstaltungsorte der documenta, der wohl wichtigsten Weltausstellung zeitgenössischer Kunst, die seit 1955 erst alle vier, jetzt alle fünf Jahre stattfindet. Wichtige Kunst- und Kulturbauten konzentrieren sich um den Friedrichsplatz, in dessen Mitte sich das Marmorstandbild des Landgrafen Friedrich II. erhebt. Er wird im Südosten vom modernen Staatstheater begrenzt, dann folgen das etwas abseits zum Steinweg gelegene **Ottoneum** 9 (1604/05), das älteste feste

TOP TIPP

Schauspielhaus Deutschlands und seit 1884 Naturkundemuseum, sowie das **Museum Fridericianum** ⑩ (1769–79). Der für Kunstausstellungen wie die documenta genutzte, von Simon Louis du Ry mit einem sechssäuligen Mittelportikus errichtete Bau war das erste öffentliche Museum auf dem europäischen Kontinent. An der viel befahrenen Frankfurter Straße stehen Elisabeth- und Karlskirche (1698–1710). Im Palais Bellevue ist neben dem Museum der Geschichte des Violinspiels und der Gedenkstätte für den Violinvirtuosen Louis Spohr auch das **Brüder-Grimm-Museum** ⑪ untergebracht. Es erinnert an die wichtigsten Lebensstationen und an die Werke der berühmtesten Geschwister Kassels. Die **Neue Galerie** ⑫ (1871–77) gegenüber präsentiert Gemälde und Skulpturen des 18.–20. Jh. In der **Murhardschen Bibliothek** ⑬, Sitz des Grimm-Archivs und der Grimm-Gesellschaft, befinden sich viele wertvolle Handschriften und Folianten. Hier wird auch das ›Hildebrandslied‹ (9. Jh.), das älteste Zeugnis deutscher Dichtkunst, aufbewahrt. Einen Besuch lohnt auch das Museum für Sepulkralkultur in der nahen Weinbergstraße. 1000 Jahre Kulturgeschichte werden im **Hessischen Landesmuseum** ⑭ lebendig, in das auch das Deutsche Tapetenmuseum integriert ist. Das **Stadtmuseum** ⑮ am Ständeplatz präsentiert Kassel als Residenz- und Industriestadt. Anlässlich der Expo 2000 wurde ein Teil des Hauptbahnhofs zum **Kulturbahnhof** ⑯ umgebaut. Dort gibt es jetzt u.a. die Galerie ›Caricatura‹ und ein Programmkino.

Weitere Sehenswürdigkeiten:

Schloss Wilhelmshöhe ⑰ (Museumsschloss Weißensteinflügel; Museumslandschaft Hessen Kassel mit Antikensammlung, Gemäldegalerie Alte Meister (16.–18. Jh.), Graphische Sammlung)
Ballhaus ⑱
Löwenburg ⑲
Gewächshaus ⑳
Herkules ㉑ (›Riesenschloss‹ mit Oktogon, Pyramide und Herkules-Statue), darunter Kaskaden

Praktische Hinweise

Information

kassel tourist GmbH, Obere Königsstr. 8, Tel. 05 61/70 77 07, www.kassel-tourist.de

Hotels

Deutscher Hof, Lutherstr. 3–5, Tel. 05 61/918 00, www.deutscher-hof.de. Hotel mit Italienischer Küche.

Markhotel Hessenland, Obere Königsstr. 2, Tel. 05 61/918 10, www.markhotel hessenland.de. Hotel im Stil der 1950er-Jahre mit moderner Ausstattung.

Schlosshotel Bad Wilhelmshöhe, Schlosspark 8, Tel. 05 61/308 80, www.schlosshotel-kassel.de. Komfortables Wohnen in Höhenlage mit Ausblick.

Restaurants

El Erni, Parkstr. 42, Tel. 05 61/71 00 18. Spanische Spezialitäten, exzellente Weine.

Illyssia, Lange Str. 83, Tel. 05 61/31 17 93. Gehobene griechische Küche.

Zum Postillion, Brüder-Grimm-Platz 4, Tel. 05 61/728 51 31. Brilliante junge Küche.

Reizvolle Pavillons gliedern den lang gestreckten Bau der Orangerie in der Karlsaue

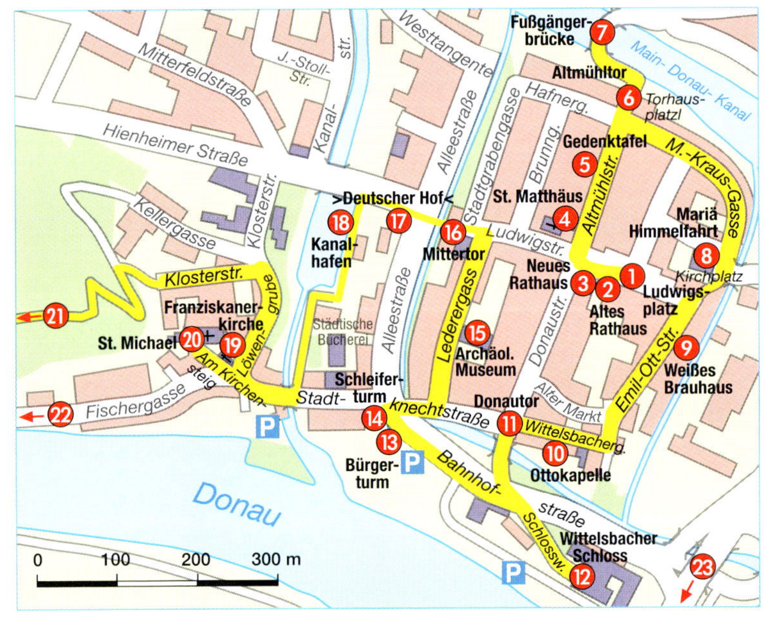

Kelheim *D7*

Bayern
Einwohner: 16 000

Ein herrlich barockes Stück Bayern ist dies Städtchen und seine Umgebung.

Der Rundgang durch Kelheim, die Hauptstadt einer für Bier und Barock berühmten Region, beginnt in der Altstadt auf dem **Ludwigsplatz** ❶. Der dortige Brunnen symbolisiert den Zusammenfluss von Donau, Altmühl und Main-Donau-Kanal. Die 7 m hohe Mariensäule (um 1700) ist eine Nachbildung der Münchner Patrona Bavariae. Das **Alte Rathaus** ❷ (1598) war einst die Stadtschreiberei. Nach Abbruch des ursprünglichen Rathauses 1824 übernahm sie dessen Funktion bis zum Umzug 1879 in das ebenfalls aus dem 16. Jh. stammende **Neue Rathaus** ❸. Weiter geht es zur evangelischen **Stadtkirche St. Matthäus** ❹ (1888), die beeindruckende Glasfenster und Malereien besitzt. Am Haus Altmühlstr. 13 erinnert eine **Gedenktafel** ❺ an den Wegbereiter und Begründer des frühabsolutistischen Bayern, Leonhard von Eck, der in Kelheim 1480 geboren und 1550 begraben wurde. Die Altmühlstraße führt direkt zu einem der drei erhaltenen Stadttore, dem **Altmühltor** ❻ (13. Jh.) mit dem 1410–1809 gültigen Stadtwappen, das mit Rebenzweigen und Trauben Kelheims Bedeutung als Weinbaustadt würdigt. Vom Torhausplatzl führt die neue, 57 m lange geschwungene **Fußgängerbrücke** ❼ über die Altmühl. Östlich des Ludwigsplatzes liegt die neogotische **Stadtpfarrkirche Mariä Himmelfahrt** ❽ (Mitte 15. Jh.), die 1877–86 erweitert wurde. Ein Kleinod der Bildhauerkunst ist ihr Marmoraltar (Mitte 19. Jh., Johann Obermeier). Südlich davon erstrecken sich die Bauten des kurfürstlichen **Weißen Brauhauses** ❾, der ältesten Weißbierbrauerei der Welt, die Anfang des 17. Jh. die seltene Lizenz zum Weißbierbrauen erhielt. Kelheim wurde damit weit über Bayerns Grenzen hinaus bekannt. Vorbei am Alten Markt, auf dem 1231 Herzog Ludwig I. der Kelheimer ermordet wurde, geht es weiter in Richtung Donau zur **Ottokapelle** ❿, die Ludwigs Sohn, Herzog Otto der Erlauchte, zur Sühne errichten ließ. Am **Donautor** ⓫ (Mitte 13. Jh.) ist der Wehrerker in ganzer Turmbreite erhalten. Das **Wittelsbacher Schloss** ⓬ entstand aus den Resten der einstigen Burg von Kelheim, die 1150 erstmals als Wittelsbacher Besitz erwähnt wurde. Heute ist hier das Landratsamt untergebracht. Der

TOP TIPP

Bürgerturm ⓭ ist ein Befestigungsturm der Stadtmauer, in dem straffällig gewordene Bürger ihre Haftstrafen verbüßen mussten. Gegenüber steht der **Schleiferturm** ⓮, der 1476 aus weiteren Überresten der ehem. Herzogsburg errichtet wurde und das Kriegerdenkmal beherbergt. In der Ledererstraße befindet sich im spätgotischen ehem. Herzogskasten (Getreidespeicher, 1480) das **Archäologische Museum** 15 mit Exponaten zur Vor- und Frühgeschichte sowie Stadtgeschichte Kelheims. Das **Mittertor** 16, ein Wehrturm aus dem 14. Jh., ziert innen im Durchgang ein Wandbild, das die Gefangennahme der österreichischen Besatzung durch Metzgermeister Matthias Kraus 1705 darstellt. Sebastian Rieder erbaute 1842 den **›Deutschen Hof‹** 17 in der Alleestraße. Erster Besucher in dem Gasthof mit seinem prächtigen Festsaal war König Ludwig I. Der denkmalgeschützte historische Kanalhafen 18, 1846 fertig gestellt, verfügt über eine Schleuse. Das Hafenbecken ist noch funktionsfähig. Nach Überquerung der Hafeneinfahrt gelangt man zur **Franziskanerkirche** 19 (1506 geweiht). Fresken aus dem Jahr 1490 und aus der Barockzeit wurden 1953 freigelegt. Heute zeigt hier das Orgelmuseum historische Orgeln. Als Vortragsraum nutzt es wegen der guten Akkustik die romanische Kirche **St. Michael** 20 (12.. Jh.), die Wandmalereien aus dem 13./14. Jh. aufweist. Der

TOP TIPP

monumentale Rundbau des Wahrzeichens der Stadt, der **Befreiungshalle** 21 (1842–63), erhebt sich auf dem Michelsberg und markiert den Endpunkt der Tour. Die Innenausstattung aus vielfarbigem Marmor mit marmornem Mosaikfußboden und 34 Siegesgöttinnen aus Carrara-Marmor ist prunkvoll. Die Außengalerie des 60 m hohen Baus bietet einen weiten Blick auf die Region.

Weitere Sehenswürdigkeiten:

Klösterl 22
Kloster Weltenburg 23

Praktische Hinweise

Information

Tourist Information, Ludwigsplatz 14, Tel. 09441/701234, www.kelheim.de

Hotels

Gasthof Weißes Lamm, Ludwigstr. 12, Tel. 09441/20090, www.weisses-lamm-kelheim.de. Modern bzw. rustikal eingerichteter Traditionsgasthof.

Hotel Aukoferbräu, Alleestr. 27, Tel. 09441/2020, www.hotel-brauerei-aukofer.de. Ländliches Gasthof-Hotel mit eigener Brauerei.

Klosterbrauerei Seitz, Klosterstr. 5, Tel. 09441/50150, www.hotel-seitz.de. Wohnen mit Altstadtblick, regionaler Küche und hauseigenem Bier.

Restaurants

Altbayrischer Gasthof Josef Berzl, Hafnergasse 2, Tel. 09441/1425, www.gasthof-berzl-kelheim.de. Bayerische Schmankerln aus eigener Metzgerei.

Café am Donautor, Donaustr. 19, Tel. 09441/50250, www.cafe-am-donautor.de. Torten und Pralinen eigener Herstellung sowie Menüs im historischen Stadthaus.

Stockhammer Ratskeller, Am Oberen Zweck 2, Tel. 09441/70040, www.gasthof-stockhammer.de. Gemütliche Zimmer, Restaurant mit regionalen Spezialitäten.

Als imposantes Monument thront die Befreiungshalle über dem Kelheimer Ludwigsplatz

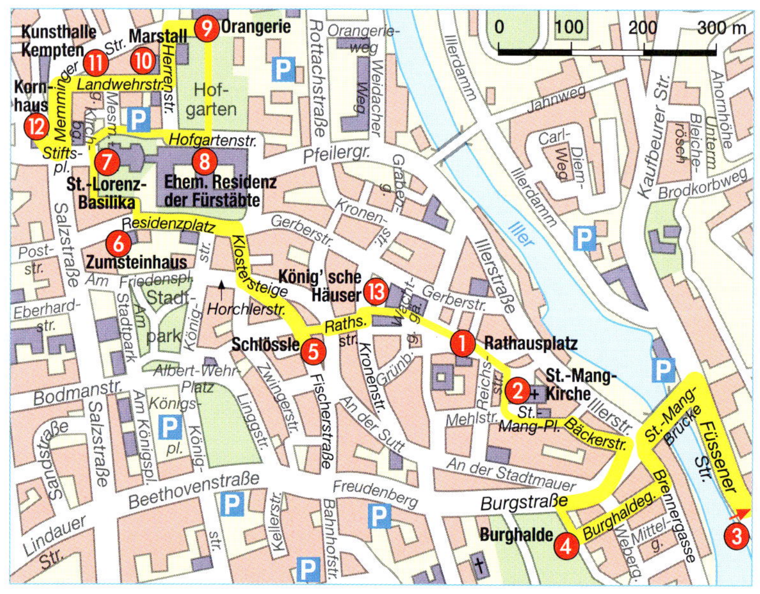

Kempten

C8

Bayern
Einwohner: 62 000

Die Hauptstadt des Allgäus besitzt viele Schätze, die es zu entdecken lohnt.

Schon zu Zeiten der Römer nahm die Stadt an der oberen Iller unter dem Namen Cambodunum eine bedeutende Stellung in der Provinz Rätien ein. 1289 wurde sie zur freien Reichsstadt erhoben. Ausgangspunkt für den Gang durch die Allgäumetropole ist der **Rathausplatz** 1. Als ursprünglicher Teil der Marktgasse wird der lang gezogene Platz von mehreren prächtigen Patrizierhäusern gesäumt, die im späten Mittelalter erbaut und im 16.–18. Jh. teils mehrfach erneuert und umgebaut wurden. Die wohl schönste Fassade schmückt das Haus Nr. 2, auch **Londoner Hof** genannt, das im Jahr 1764 errichtet wurde. Bereits 1368 entstand das **Rathaus**. Das ursprüngliche Fachwerkgebäude diente zunächst als Speicher und Verkaufsraum für Getreide (›Kornschranne‹), bevor es 1474 zu einem Steingebäude umgebaut wurde und seine jetzige Gestalt mit der wappengeschmückten Fassade und dem schönen Treppengiebel erhielt. Über die Reichsstraße führt der Weg weiter zur **St.-Mang-Kirche** 2. Das 1426 über einem romanischen Vorgängerbau errichtete spätgotische Gotteshaus ist dem heiligen Magnus geweiht, dem Apostel des Allgäus. Den im Barockstil umgebauten Innenraum der Kirche nutzen Katholiken ebenso wie Protestanten. Der weitgehend schmucklose Turm, den ein spitzer Helm krönt, strebt 66 m in die Höhe. Bei einem Abstecher über die Iller wird die Zeit des römischen Imperiums wieder lebendig: Im **Archäologischen Park Cambodunum** 3 können Ausgrabungen der alten Römersiedlung besichtigt werden. Besonders sehenswert sind die Teilrekonstruktionen des Tempelbezirks mit Tempeln und Altären, die Kleinen Thermen, die Badeanlage des römischen Prätors sowie das Forum. Die Iller erneut passierend erreicht man über die Burgstraße die **Burghalde** 4, eine hervorragend restaurierte mittelalterliche Burg aus dem 14. Jh. Das an Wochenenden und Feiertagen zugängliche Allgäuer Burgenmuseum vermittelt Einblicke in das ritterliche Leben in der Region zu jenen Zeiten. Seit 1950 lockt zudem ein stimmungsvolles Freilichttheater zum Besuch der Burghalde. Der Freudenberg sowie die geschäftige Fischerstraße führen zum **Schlössle** 5, einem im Jahr 1593 erbauten vornehmen Wohn- und Geschäftshaus, dessen 1902/03 angelegte Freitreppe einen schönen Blick auf den Rathausbezirk bietet. Mitten im Fußgängerzentrum führt die Klostersteige zum Residenzplatz, der in den letzten Jahren neu gestaltet wurde. Linkerhand lädt das im Jahr 1802 erbaute klassizistische **Zumsteinhaus** 6 zum lohnenden Besuch zweier hier untergebrachter musealer Sammlungen ein: des Römischen Museums und des Naturkundemuseums. Rechts ragt auf dem Stiftsplatz die **St.-Lorenz-Basilika** 7 in die Höhe, die ab 1652 als erster großer Kirchenbau in Süddeutschland nach dem Dreißigjährigen Krieg entstand. Neben der beeindruckenden Fassade mit den Doppeltürmen und der mächtigen Kuppel bestechen das Chorgestühl sowie die seltenen Scagliolaplatten (Einlegearbeiten aus Stuckmarmor) im Innenraum. Nebenan erstrahlt die **Ehem. Residenz der Fürstäbte** 8, erbaut 1651–74, in vollem Glanz. Die Prunkräume des Klosters, das bis 1803 Benediktinermönche nutzten, verfügen über eine prächtige Rokokoausstattung, die noch heute von der Macht und vom Glanz der einst hier residierenden Fürstäbte zeugt. Besonders sehenswert sind die Hofkanzlei, der Thronsaal, das Schlafzimmer sowie der Tag- und Audienzraum. Den Neubau von Basilika und Residenz plante der damalige Fürstabt Roman Giel von Gielsberg. Zu einer kleinen Pause lädt der hinter der Residenz liegende Hofgarten ein. Nach dem Durchqueren der Grünanlage stößt man direkt auf die **Orangerie** 9, die 1780 auf drei Terrassen als nördlicher Abschluss des Parks angelegt wurde und heute als Stadtbibliothek dient. In der Landwehrstraße sind im **Marstall** 10 das Alpinmuseum, das als Zweig des Bayerischen Nationalmuseums die Dauerausstellung ›Der Mensch und das Gebirge‹ zeigt, sowie die Alpenländische Galerie untergebracht, die sakrale Kunst der Spätgotik aus Oberschwaben, Tirol und Vorarlberg präsentiert. In der Memminger Str. 5 lädt die **Kunsthalle Kempten** 11 zu wechselnden Ausstellungen ein. Südwestlich davon erhebt sich das **Kornhaus** 12. Hinter der imposanten Fassade und dem dreistöckigen Volutengiebel zeigt heute das Allgäumuseum seine volkskundlichen Sammlungen. Zudem befindet sich in dem im Jahr 1700 errichteten Gebäude ein prächtiger Festsaal. Wer jetzt wieder zum Rathausplatz zurückkehren möchte, spaziert am besten über die Salzstraße, den Friedensplatz und die Klostersteige Richtung Osten. Vor dem Rathausplatz lohnt ein Abstecher in die Kronenstraße zu den Häusern Nr. 29 und 31. Die um 1570 errichteten **König'schen Häuser** 13 sind die einzigen Gebäude der ehem. Residenzstadt Kempten, die noch ihre barocke Fassadenbemalung tragen.

TOP TIPP

Praktische Hinweise

Information

Tourist Information, Rathausplatz 24, Tel. 08 31/252 52 37, www.kempten.de

Hotels

Fürstenhof, Rathausplatz 8, Tel. 08 31/253 60, www.fuerstenhof-kempten.de. Großzügige, altenglisch eingerichtete Zimmer.

Parkhotel, Bahnhofstr. 1, Tel. 08 31/252 75, www.parkhotelkempten.de. Modernes 4-Sterne-Haus, Restaurant im 13. Stock mit herrlichem Ausblick.

Peterhof, Salzstr. 1, Tel. 08 31/524 40, www.hotelpeterhof.de. Solides Logis im Herzen der Stadt, mit Restaurant.

Restaurants

Meckatzer Bräu Engel, Prälat-Götz-Str. 17, Tel. 08 31/565 64 89, www.meckatzer-braue-engel.de. Bodenständige Küche, rustikale Einrichtung, eigenes Bier.

Wirtshaus Klecks, Rottachstr. 17, Tel. 08 31/149 00, www.wirtshaus-klecks.de. Einfache, deftige Küche, bayerisch und italienisch.

Zum Stift, Stiftplatz 1, Tel. 08 31/223 88, www.zum-stift.de. Brauereigasthaus mit Speisen in wöchentlichem Wechsel.

Stolzes Symbol einer Reichsstadt, die nur dem Kaiser untertan war: das Rathaus

Kiel

C3

Schleswig-Holstein
Einwohner: 234 000

Eine Seestadt mit Regierungssitz und munterem Kulturleben, kurzum: Kiel!

Die Landeshauptstadt Schleswig-Holsteins ist ein bedeutender Import-Export-Hafen und der größte Passagierhafen Deutschlands. Das Stadtbild wird in vielerlei Hinsicht von der Schifffahrt geprägt, bietet aber auch viele weitere Sehenswürdigkeiten. Zu ihnen zählt die **Nikolaikirche** 1 (Mitte 13. Jh.), die im 19. Jh. eine neogotische Außengestaltung und nach dem Zweiten Weltkrieg moderne Elemente erhielt. Sehenswert sind der Hochaltar (1460), das große Triumphkreuz (1490) und die barocke Kanzel (1705). Vor dem Eingang links steht die Bronzeplastik ›Der Geisteskämpfer‹ von Ernst Barlach. Auf dem Weg Richtung Norden erreicht man den Alten Markt, das interessant gestaltete Zentrum der Altstadt mit einem schlichten modernen Brunnen. Vom alten Rathaus aus dem 16. Jh. ist nur noch das zu einer Gaststätte ausgebaute Kellergeschoss erhalten. In der Falckenstraße steht das **Franziskanerkloster** 2. Das 1241 gestiftete Gebäude ist das älteste Bauwerk der Stadt. Die Zerstörungen des Zweiten Weltkrieges überstanden nur das Refektorium und der Westteil des Kreuzgangs unbeschadet. Der Weg durch die Dänische Straße führt zum **Warleberger Hof** 3, dem einzigen erhaltenen Adelshof Kiels aus dem 17. Jh., der heute das Stadtmuseum beherbergt. Zu sehen sind hier Exponate zur Stadtgeschichte und zur kulturellen Entwicklung des ›Landes zwischen den Meeren‹. Über die Straßen Ratsdienergarten und Wall gelangt man zum **Schloss** 4 von Kiel. Der im späten 16. Jh. auf den Grundmauern einer mittelalterlichen Burg errichtete Bau wurde im Krieg fast vollkommen zerstört. Ein Teil des Westflügels, der Rantzaubau von 1697, blieb erhalten. Bis 1965 wurde das Schloss unter Beachtung der alten Maße, aber in moderner Gestaltung, neu errichtet. Im Neubau ist heute u. a. ein großer Konzertsaal untergebracht, der für Aufführungen genutzt wird.

Die gegenüber liegenden Seite des Walls nimmt das neue Cruise-and-Ferry-Terminal für Kreuzfahrtschiffe ein. In einer ehem. Fischhalle zeigt das **Schifffahrtsmuseum** 5 neben historischen Schiffsmodellen u.a. eine Dokumentation der Revolution von 1918. Im dazugehörigen Museumshafen sind drei Oldtimerschiffe vertäut. Der weitere Weg führt über den Wall am Westufer des Hafens zum **Schwedenkai** 6, einer hochmodernen, für den Roll-on-roll-off-Verkehr nach Schweden eingerichteten Hafenanlage, von der auch der Fährverkehr nach Nordeuropa abgewickelt wird. Ebenfalls zur Anlage gehört der sich südlich anschließende Bollhörnkai. Für Großveranstaltungen wird die 1951 erbaute **Ostseehalle** 7 genutzt, die nach kurzem Weg durch das Geschäftsviertel Kiels erreicht ist. Die **St.-Nikolaus-Kirche** 8 wurde 1891/92 in neogotischem Stil erbaut. Ihr Turm und das Innere sind 1968/69 in moderner Form erneuert worden. Unmittelbar benachbart ist das **Rathaus** 9, ein 1907–11 errichtetes repräsentatives Gebäude. Sein imposanter Backsteinturm, von dem sich in 67 m Höhe ein großartiger Rundblick über die Stadt, die Förde und die reizvolle Umgebung bietet, ist das Wahrzeichen der schleswig-holsteinischen Metropole. Auf dem Platz vor dem Rathaus stehen der bronzene Schwertträger (1912, Adolf Brütt), ursprünglich als Brunnenfigur geplant, und ein gläsernes Oktogon, in dem während der olympischen Segelwettbewerbe im Sommer 1972 die olympische Flamme brannte. Gegenüber liegt das **Opernhaus** 10, das 1905–07 in Backsteinbauweise entstand. Zu den Bühnen Kiels gehören zudem Schauspielhaus, Theater im Werftpark sowie der Konzertsaal des Kieler Schlosses. Nördlich der Oper schließt sich der **Kleine Kiel** 11 an. Dieser von herrlichen Parkanlagen mit altem Baumbestand und historischen Bauten umgebene Teil eines früheren Arms der Kieler Förde hatte zur Zeit der Stadtgründung vor allem strategische Bedeutung und diente als Schutz gegen Angriffe.

TOP TIPP

TOP TIPP

TOP TIPP

Weitere Sehenswürdigkeiten:

Kunsthalle zu Kiel 12
Aquarium 13
Holtenauer Schleusen des Nord-Ostsee-Kanals 14 (mit Ausstellung)
Marine-Ehrenmal Laboe 15
Schleswig-Holsteinisches Freilichtmuseum Molfsee 16

Praktische Hinweise

Information

Tourist Information, Andreas-Gayk-Str. 31, Tel. 018 05/65 67 00, www.kiel-tourist.de

Hotels

Berliner Hof, Ringstr. 6, Tel. 04 31/663 40, www.berlinerhof-kiel.de. Großes Traditionshaus mit z.T. behindertengerechten Zimmern.

Hotel Birke, Martenshofweg 2–8, Tel. 04 31/533 10, www.hotel-birke.de. Wellnesshotel mit hohem Anspruch, wohnlicher Einrichtung und maritimer Küche.

Hotel Consul, Walkerdamm 11, Tel. 04 31/53 53 70, www.hotel-consul-kiel.de. Moderne, gemütliche Zimmer, solides Restaurant.

Restaurants

Alte Mühle, An der Holsatiamühle 8, Tel. 04 31/205 90 01, www.altemuehle-kiel.de. In denkmalgeschützter Architektur-Kulisse anspruchsvolle deutsche Küche.

Kieler Brauerei, Am Alten Markt 9, Tel. 04 31/90 62 90, www.kieler-brauerei.de. Bodenständiges Essen und Bier-Spezialitäten in mittelalterlicher Atmosphäre.

Ratskeller Kiel, Fleethörn 9, Tel. 04 31/971 00 05, www.ratskeller.kiel.de. Holsteinische Kulinarik in nordisch-kernigem Ambiente.

Gigantische Hebekräne markieren das moderne Zeitalter am Schwedenkai

Koblenz

B6

Fheinland-Pfalz
Einwohner: 107 000

Wo die Mosel auf den Rhein trifft, ist seit der Römerzeit die Kultur zu Hause.

Der Spaziergang durch die Innenstadt beginnt am berühmten **Deutschen Eck** 1. Diesen Namen verdankt der Platz dem Deutschen Orden, der sich 1216 am Zusammenfluss von Mosel und Rhein ansiedelte. Das kupferne **Reiterdenkmal Kaiser Wilhelms I.** 2 (1897) wurde 1945 zerstört, eine Nachbildung stellte man 1993 auf den Sockel. Am Rhein entlang führt der Weg zum **Deutschherrenhaus** 2. Es ist ein Überbleibsel der Bauten des Deutschen Ritterordens und diente diesem als Verwaltung. Ein schöner, romantischer Blumenhof umgibt das Herrenhaus, in dem sich seit 1992 das Ludwig-Museum mit zeitgenössischer Kunst befindet. In der unmittelbaren Nähe erhebt sich die alte Basilika **St. Kastor** 4. Im romanischen Gotteshaus (836) verhandelte 842 Ludwig der Fromme über die Teilung des Fränkischen Reiches. Der heutige Bau stammt allerdings zu großen Teilen aus dem 12. Jh. Der Kastorstraße folgend, erreicht man die gotische **Florinskirche** 5 (12. Jh.). Unter der Apsis sind Teile eines römischen Stadtmauerturms erhalten. Gegenüber steht das spätgotische **›Kauf- und Danzhaus‹** 6 (1419 30), das gemeinsam mit dem angebauten Schöffenhaus (1528) eine der prächtigsten Gebäudegruppen der Stadt darstellt. Der berühmte ›Augenroller‹ unter der Turmuhr erinnert Legenden zufolge an den 1536 hingerichteten Raubritter Johann Lutter von Kobern. Im Haus befindet sich heute das Mittelrhein-Museum. Weiter geht es in Richtung Mosel zur **Alten Burg** 7 (13. Jh.), die der Trierer Erzbischof Heinrich von Vinstingen zum Schutz gegen die nach Autonomie strebenden Koblenzer errichten ließ. Heute ist hier das Stadtarchiv untergebracht. Danach führt der Weg wieder zurück in die Altstadt zum Münzplatz. Im **Haus Metternich** 8

TOP TIPP

TOP TIPP

(13. Jh.) erblickte 1773 Fürst Metternich das Licht der Welt. Ein paar Schritte weiter ragt der spätromanische Bau der **Liebfrauenkirche** ⑨ auf. Die Koblenzer begannen um 1180 mit der Errichtung der Pfeilerbasilika, die erst Mitte des 13. Jh. vollendet wurde. Der Neubau des großen gotischen Chores stammt aus den Jahren 1404–57. Die nächste Etappe führt zum Jesuitenplatz mit dem **Johannes-Müller-Denkmal** ⑩. Der Professor und Physiologe kam ganz in der Nähe, in der Jesuitengasse, zur Welt. Beherrscht wird der Platz vom **Rathaus** ⑪, welches ursprünglich zu dem Gebäudekomplex eines Zisterzienserinnenklosters gehörte, das ab 1580 von den Jesuiten als Klosterschule genutzt wurde. Seit 1895 ist hier der ständige Sitz des Bürgermeisters. In der Fassadengestaltung vermischen sich Spätrenaissance- und Frühbarock-Einflüsse. Von dort aus geht es über den Görres-Platz weiter zur **Historiensäule** ⑫, einem Geschenk des Landes Rheinland-Pfalz zur 2000-Jahr-Feier der Stadt 1992. Die Säule stellt die Stadtgeschichte von der Römerzeit bis heute dar. Etwa 250 m weiter südlich erhebt sich das klassizistische **Stadttheater** ⑬ (1786/87), das 1985 renoviert wurde. Der Brunnenobelisk erinnert an die Einweihung 1791 durch seinen Stifter, Kurfürst Clemens Wenzeslaus. Das **Kurfürstliche Schloss** ⑭ entstand 1776–86 im Stil des französischen Klassizismus. 1850–57 amtierte hier der preußische Gouverneur Prinz Wilhelm, der spätere Kaiser Wilhelm I. Das Schloss dient heute als Behördensitz. Von hier aus führt die

TOP TIPP

Route zum Rheinufer bis zu den **Kaiserin-Augusta-Anlagen** ⑮ – einer schönen Uferpromenade, die Wilhelms Gattin Augusta 1865 von Peter Joseph Lenné anlegen ließ. Hoch über dem gegenüber liegenden Rheinufer ragt der letzte Anlaufpunkt des Spaziergangs auf, die imposante **Festung Ehrenbreitstein** ⑯. In ihren Mauern sind Landesmuseum, Technikausstellung und Archäologische Sammlung untergebracht. Die Burganlage blickt von 118 m Höhe aus auf eine rund 1000-jährige Geschichte.

Weitere Sehenswürdigkeit:

Schloss Stolzenfels ⑰

Praktische Hinweise

Information

Tourist-Information, Jesuitenplatz 2–4, Tel. 02 61/13 09 20, www.koblenz.de

Hotels

Diehls Hotel, Rheinsteigufer 1, Tel. 02 61/ 97070, www.diehls-hotel.de. Alle Zimmer mit Rheinblick, Wellness-Einrichtungen, ambitionierte Küche.

Hotel Trierer Hof, Clemensstr. 1, Tel. 02 61/100 60, www.triererhof.de. Denkmalgeschütztes Haus aus dem 18. Jh., familiär, freundlich eingerichtet.

Mercure, Julius-Wegeler-Str. 6, Tel. 02 61/13 60, www.mercure.com. 4-Sterne-Haus mit Gastronomie, Freizeitbereich.

Restaurants

Alt Coblenz, Am Plan 13, Tel. 02 61/16 06 56, www.alt-coblenz.com. Ländliche, südländische Küche, historischer Weinkeller.

Rhein-Hotel Restaurant Merkelbach, Emser Str. 87, Tel. 02 61/97 44 10. Deutsche Gastronomie, zu genießen u. a. auf der schönen Rhein-Terrasse.

Weinhaus Hubertus, Florinsmarkt 6, Tel. 02 61/311 77. Gutbürgerliche Küche in wunderschönem Fachwerkhaus.

Am Deutschen Eck bewacht Kaiser Wilhelm I. das Rendezvous von Rhein und Mosel

Köln

A5

Nordrhein-Westfalen
Einwohner: 986 000

Die viertgrößte deutsche Stadt ist seit römischen Zeiten ein Kulturkleinod.

TOP TIPP Das Wahrzeichen der Rheinmetropole, der **Dom** ❶, ragt neben dem Hauptbahnhof in den Himmel. Nach der Grundsteinlegung 1248 arbeiteten verschiedene Baumeister an der hochgotischen Kathedrale, die schließlich 1880 vollendet wurde. Unter den steilen Gewölben des überwältigenden Innenraums befinden sich so bedeutende Kunstwerke wie der Dreikönigsschrein und das Gerokreuz. 509 Stufen führen auf den Südturm – ein fabelhafter Panoramablick entschädigt für den beschwerlichen Aufstieg. An der Südseite des Doms wurde über dem Fundort des Dionysos-Mosaiks (3. Jh.) das **Römisch-Germanische Museum** ❷ errichtet, das einen Einblick in die römische Kultur am Rhein gibt. TOP TIPP Anschließend bietet das international renommierte **Museum Ludwig** ❸ einen Querschnitt durch die moderne Kunst. Es beherbergt auch das Agfa Foto Museum. In den Domhügel schmiegt sich die Philharmonie, die sich seit der Eröffnung 1986 zu einem der führenden Konzertsäle der Welt entwickelte. Die Rheinuferpromenade, wo Aussichtsschiffe zu Rheinfahrten einladen, führt ins Altstadtviertel. Vorbei an der kleinteiligen Häuserzeile gelangt man zur spätromanischen Kirche **Groß St. Martin** ❹ mit dem mächtigen Vierungsturm und dem Kleeblattchor. Sie ist eine der zwölf romanischen Kirchen, die innerhalb der mittelalterlichen Stadtmauern gebaut wurden. Über den Alten Markt erreicht man das sog. **Praetorium** ❺, die bei Ausgrabungen freigelegten Überreste des römischen Statthalterpalastes. Daneben steht das **Alte Rathaus** ❻. Außen besticht das Gebäude durch den figurengeschmückten Turm und die Renaissancelaube, im Innern durch den gotischen Hansasaal. Nebenan befindet sich unter einem Glasdach die mittelalterliche Mikwe, das ehem. rituelle jüdische Tauchbad. TOP TIPP Am südlichen Ende des Platzes ist das **Wallraf-Richartz-Museum** ❼ ein Blickfang. Es zeigt Meisterwerke der Malerei vom Spätmittelalter bis zum 19. Jh. Weiter geht es zum bedeutendsten spätmittelalterlichen Profanbau Kölns, dem **Gürzenich** ❽, (1441–47). Als Kauf- und Festhaus gegründet, dient er u. a. als Konzertsaal. Die

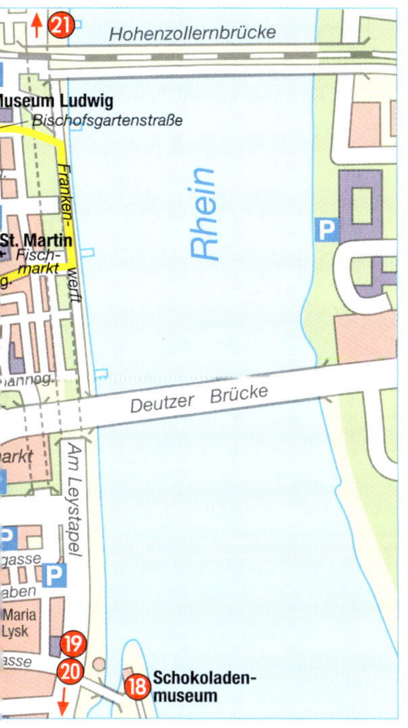

spätottonische Kirche **St. Maria im Kapitol** 9 ist mit einem eindrucksvollen Kleeblattchor und holzgeschnitzten Türflügeln (um 1060) ausgestattet. Nächste Station ist das **Schnütgen-Museum** 10 mit erstklassiger kirchlicher Kunst. Nebenan entsteht bis 2009 ein **Museumsneubau** 11, der laut Planung u.a. das völkerkundliche Rautenstrauch-Joest-Museum beherbergen soll. Schon von weitem beeindruckt die Fassade von **St. Aposteln** 12 (11.–13. Jh.), einem Hauptwerk romanischer Kirchenbaukunst im Rheinland. Das **Stadtmuseum** 13 zeigt die nachrömische Entwicklung Kölns. Eine kölsche Institution ist das bekannte **4711-Haus** 14, in dem ein ›Echt Kölnisch Wasser Brunnen‹ zum Test einlädt. Als jüngstes Kölner Highligt zeigt seit 2007 in der nahen Kolumbastraße der aus archäologischen Ausgrabungen, einer spätrömischen Kirchenruine und moderner Architektur komponierte erzbischöfliche **Museumsbau Kolumba** 15 abendländische Schätze aus 2000 bewegten Jahren – europäische Sakralkunst vom Feinsten! Von hier aus erreicht man bald die dreischiffige gotische **Minoritenkirche** 16 und das **Museum für Angewandte Kunst** 17 mit zahlreichen hochkarätigen Design-Klassikern.

Weitere Sehenswürdigkeiten:

Schokoladenmuseum 18
Dt. Sport- und Olympiamuseum 19
Rheinau-Hafen 20
Zoologischer Garten 21

Praktische Hinweise

Information

KölnTourismus, Unter Fettenhennen 19, Tel. 02 21/22 13 04 00, www.koeln.de

Hotels

An der Philharmonie, Große Neugasse 36–38, Tel. 02 21/258 06 79, www.hadpc.de. Komfortables, zentrales Haus mit mediterran eingerichteten Zimmern.

Euro Garden, Domstr. 10, Tel. 02 21/164 90, www.eurogarden-hotel-koeln.de. 85 helle Zimmer in ruhiger Citylage.

Hotel am Augustinerplatz, Hohe Str. 30, Tel. 02 21/272 80 20, www.hotel-am-augustinerplatz.de. Modernes Hotel in unmittelbarer Nähe der Altstadt.

Restaurants

Brauhaus Früh am Dom, Am Hof 12–18, Tel. 02 21/261 32 11, www.frueh.de. Kölner Hausmannskost und gehobene Küche.

Em Krützche, Frankenturm 1-3, Tel. 02 21/258 08 39, www.emkruetzche.de. Feine Kochkunst ohne Schnickschnack.

Limbourg, Limburger Str. 35, Tel. 02 21/250 88 80, www.limbourd.mynetcologne.de. Feine französisch-mediterrane Küche in angenehmer Atmosphäre.

Groß St. Martin und der Dom – gibt es ein öfter fotografiertes deutsches Bau-Ensemble?

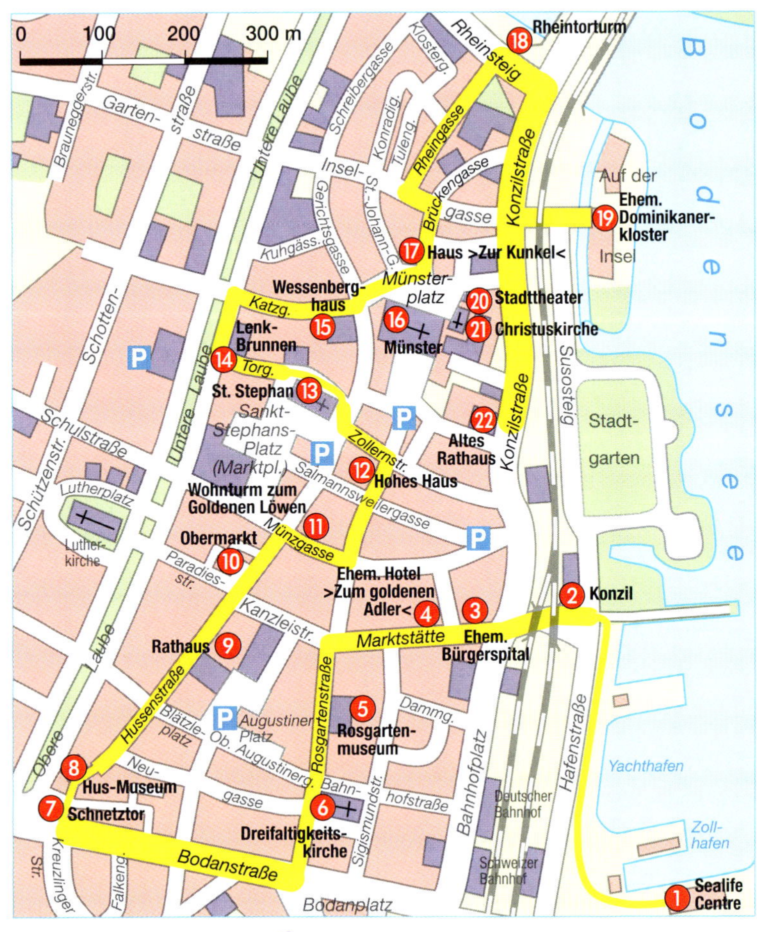

Konstanz

C8

Baden-Württemberg
Einwohner: 81 000

Auf die beschauliche Bodenseestadt sah einmal das ganze Abendland.

TOP TIPP Der Rundgang beginnt in der Hafenstraße beim **Sealife Centre** 1, ein Schau-Aquarium für grandiose Einblicke in die Wasserwelt. Im selben Gebäude erschließt das Bodensee-Naturmuseum die Lebenswelten der Region. Nördlich davon dreht sich auf steinernem Sockel die imposante, 9 m hohe Hafenfigur **Imperia** (1993) von Peter Lenk. In ihren Händen trägt sie grotesk dargestellte Figuren, welche die kirchliche und die weltliche Macht symbolisieren. In ihrem Blickfeld befindet sich das **Gebäude des Konzils** 2 1388 wurde es als Korn- und Lagerhaus errichtet und ging durch das Konstanzer Konzil (1414–18) in die Kirchengeschichte ein. Ein paar Schritte stadteinwärts liegt das ehem. TOP TIPP **Bürgerspital** 3 (1225) mit seinen sehenswerten mittelalterlichen Wandmalereien. Gekrönte und andere prominente Häupter logierten einst im **Ehem. Hotel ›Zum Goldenen Adler‹** 4 an der Marktstätte, dem touristischen Zentrum der Stadt. In einem mittelalterlichen Zunfthaus zeigt das **Rosgartenmuseum** 5 seine wohl bedeutendste kunst- und kulturgeschichtliche Sammlung des Bodenseeraums. Vorbei an der spätgotischen **Dreifaltigkeitskirche** 6 (Ende 13. Jh.) geht es rechts zum **Schnetztor** 7 (14. Jh.), dem südlichen Ende der Stadtbegrenzung. Im gegenüber liegenden **Hus-Museum** 8 wurde eine Gedenkstätte für den während des Konstanzer Konzils hingerichteten Reformator Jan Hus eingerichtet. An der Hussenstraße liegt das **Rathaus** 9 mit einem von der Renaissance inspirierten Innenhof. Sehenswert sind die Fassaden und Erker der Häuser am **Obermarkt** 10. Nach einem Blick auf die Fassadenmalerei (1580) des Wohnturms zum **Goldenen Löwen** 11 (vermutlich 1450) und das gotische **Hohe Haus** 12 (1294) geht es nun weiter zur Kirche **St. Stephan** 13 mit ihrem Chorgestühl (13. Jh.). Der **Lenk-Brunnen** 14 in der Torgasse karikiert das Freizeitverhalten der modernen Gesellschaft. Im **Wessenberghaus** 15 hat heute der Kunstverein seinen Sitz. Das **Münster Unserer Lieben Frau** 16 (11. Jh.; Turmaufsatz 1853) beherbergt eine einzigartige ›Majestas Domini‹ aus der Zeit um 1000. Beeindruckend sind auch die Mauritius-Rotunde (ca. 940) und das Mittelschiff mit seinen romanischen Monolithsäulen. Das **Haus ›Zur Kunkel‹** 17 (13. Jh.) zieren schöne Wandmalereien. Nach einem Abstecher zum **Rheintorturm** 18 (um 1200) an der Rheinbrücke geht es zum **Ehem. Dominikanerkloster** 19 (gegründet 1236) mit dem mittelalterlichen Kreuzgang (Wandbilder aus dem 19. Jh.). Auf eine Schauspieltradition seit dem 17. Jh. kann das **Stadttheater** 20 (1610) zurückblicken. Von der spätgotischen **Christuskirche** 21 geht es zum 1484 erbauten **Alten Rathaus** 22, dessen spätgotisches Doppelportal Beachtung verdient.

TOP TIPP

i Praktische Hinweise

Information

Tourist Information, Bahnhofplatz 13, Tel. 075 31/13 30 30, www.konstanz.de/tourismus

Hotels

Bayrischer Hof, Rosgartenstr. 30, Tel. 075 31/130 40, www.bayrischer-hof-konstanz.de. Familiär geführtes Hotel.

Hotel Hirschen, Bodanplatz 9, Tel. 075 31/12 82 60, www.hirschen-konstanz.de. Traditionshaus in verkehrsarmer Lage.

Stadthotel, Bruderturmgasse 2, Tel. 075 31/904 60, www.stadthotel-konstanz.de. Das mit allen Annehmlichkeiten ausgestattete Haus lädt zum Frühstück über den Dächern von Konstanz ein.

Restaurants

Brauhaus Johann Albrecht, Konradigasse 2, Tel. 075 31/250 45, www.brauhaus-joh-albrecht.de. Deftig-zünftige Speisen, Bier aus eigener Herstellung.

Hotel Restaurant Barbarossa, Obermarkt 8-12, Tel. 075 31/12 89 90, www.barbarossa-hotel.com. Bürgerliche Küche der Region mit saisonalen Spezialitäten.

Restaurant Patronentasche, Hafenstr. 2, Tel. 075 31/212 21, www.konzil-konstanz.de. Feine Regionalküche im Konzilgebäude.

Unter den Blicken der Imperia lädt der Hafen zu Bootsfahrten und Entspannung ein

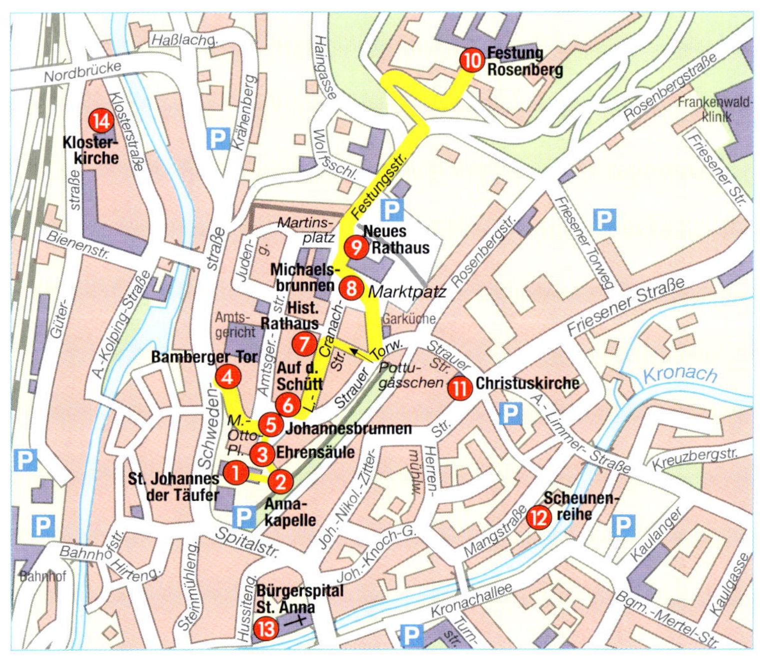

Kronach *D6*

Bayern
Einwohner: 16 000

Geburtsort eines Malergenies in liebenswürdiger Frankenwald-Idylle.

Das malerisch zwischen den Flüssen Haßlach, Kronach und Rodach gelegene fränkische Kronach bezaubert mit seinem spätmittelalterlichen Stadtkern, der von einer fast gänzlich intakten Befestigungsmauer umgeben ist. Ausgangspunkt der Stadtführung ist die Kirche **St. Johannes der Täufer** ❶, die Elemente der Gotik und Renaissance vereinigt. In ihrem Innern sollte man vor allem die Sakramentsnische (15. Jh.), das Taufbecken (1560) und die Kreuzwegstationen (1868) beachten, die der Kronacher Kunstmaler Lorenz Kaim schuf. Gegenüber der Kirche, in die Stadtmauer einbezogen, befindet sich die **Annakapelle** ❷ (1512/13) mit Beinhaus, die seit 1815 profanisiert ist. Die Mittelsäule der Kapelle trägt ein sehenswertes Netzgewölbe. Auf dem Melchior-Otto-Platz ragt die **Ehrensäule** ❸ empor, die die Kronacher dem Fürstbischof Melchior Otto Voit von Saltzburg stifteten, der wiederum ihren Einsatz im Dreißigjährigen Krieg (1618–48) reich belohnte. Die Säule zeigt das Stadtwappen, gehalten von zwei ›Geschundenen Männern‹, die ihre Haut über dem Arm tragen. Während die Stadtmauer fast vollständig

TOP TIPP

erhalten ist, steht von den einstigen Stadttoren nur noch das **Bamberger Tor** ❹, ein ehemals dreiteiliger Durchgang (14./15. Jh.) mit einem Fachwerkaufbau (16. Jh.). Von 1595 stammt der **Johannesbrunnen** ❺ mit der Figur Johannes des Täufers. Hier wurde einst Wasser für die Brauhäuser gesammelt, unterhalb davon waren sog. Fischkästen untergebracht. Als ›Uf der Schuth‹ wurde bereits 1492 bei der Anlage der Stadt eine Erhöhung aus aufgeworfenem Erdreich bezeichnet, heute befindet sich ›**Auf der Schütt**‹ ❻ eine Häusergruppe. Nicht weit

TOP TIPP

davon entfernt liegt das **Historische Rathaus** ❼ (1583), dessen östliche Seite eine prunkvolle Renaissancefassade ziert. Um 1600 kam ein Säulenportal mit dem Wappen des Bamberger Fürstbischofs von Gebsattel hinzu. Sehenswert im Innern sind der Festsaal und die ehem. Markthalle. Nahe dem Marktplatz liegt die Garküche, in der arme, alte und kranke Menschen bereits im 16. Jh. eine warme Mahlzeit erhielten. Nach dem Schutzheiligen Kronachs, dem Erzengel Michael, ist der **Michaelsbrunnen** ❽ benannt. Brunnenfigur und -pfeiler stammen von 1672 (Hans Philipp Langenhan), der Brunnen selbst wurde schon 1588 angelegt. Das **Neue Rathaus** 9 (1972–75) am Marktplatz, das auch die Touristinformation beherbergt, gewährt von seinem Innenhof aus Zugang zum rekonstruierten Teil des einstigen Wehrgangs. Von hier aus gelangt man bis zum Hexen- oder Lehlaubenturm (1444 erwähnt) im Nordosten der Stadt. Hoch über der Altstadt ragt die einstige Bamberger Bischofsburg und spätere TOP TIPP **Landesfestung Rosenberg** 10 trutzig in die Höhe. Sie wurde 1249 erstmals erwähnt und nie eingenommen. Dafür sorgten z.B. die bis zu 25 m hohen Bastionen. Zu sehen sind mehrere Bauten, angefangen vom mittelalterlichen Bergfried über Mauern und Türme des 15. und 16. Jh. bis zur fünfeckigen inneren Burg des Spätbarock. In der Festung ist die Fränkische Galerie, ein Zweig des Bayerischen Nationalmuseums, untergebracht. Sie zeigt u.a. Werke von Lucas Cranach d. Ä., der sich nach seiner Heimatstadt Kronach benannte. Im Juli und August finden auf der Festung alljährlich die Faust-Festspiele statt.

Wer noch mehr von Kronach sehen möchte, dem sei ein Spaziergang zur neugotischen evangelischen Pfarrkirche, auch **Christuskirche** 11 genannt, empfohlen. Sie wurde 1860–61 von Georg Zeuß erbaut. Sehenswert sind darüber hinaus der Kaulanger mit seiner **Scheunenreihe** 12, die ursprünglich wegen der großen Brandgefahr in der Stadt außerhalb und in Nähe des Flusses Kronach angelegt worden war, sowie das **Bürgerspital St. Anna** 13 mit seiner im gotischen Stil erbauten Stiftskirche (1464–67) und weiteren Spitalgebäuden aus dem 18. Jh. Ein Abstecher führt zur größtenteils barock ausgestatteten **Klosterkirche** 14 des Oblatenklosters, das Fürstbischof Philipp Valentin Voit von Rieneck 1670 gründete.

i Praktische Hinweise

Information

Tourismus & Veranstaltungsbetrieb Kronach, Marktplatz 5, Tel. 09261/97236, www.kronach.de

Hotels

Hotel Bauer, Kulmbacher Str. 7, Tel. 09261/94058, www.hotelbauer-kronach.de. Haus in Altstadtnähe, fränkische Spezialitäten.

Landhotel-Restaurant Flößerhof Marktrodach, Kreuzbergstr. 35, 96304 Marktrodach, Tel 09261/60610, www.floesserhof.de. Wohnen in ländlich-behaglichem Gebäude-Ensemble mit Wellness-Bereich.

Stadthotel Pfarrhof, Amtsgerichtsstr. 12, Tel. 09261/504590, www.stadthotel-pfarrhof.de. Liebevoll eingerichtete Zimmer in historischem Haus.

Restaurants

Alte Torwache Weinstube, Melchior-Otto-Platz 13, Tel. 09261/52100. Fränkische Spezialitäten in gemütlicher Atmosphäre.

Altes Druckhaus, Lucas-Cranach-Str. 14, Tel. 09261/629184. Gutbürgerlich-Deftiges und Mediterranes.

Brauereigaststätte Kaiserhof, Friesener Str. 1, Tel. 09261/1048. Regionale Küche und dazu passendes Bier.

Die trutzige Festung Rosenberg wurde einst als Bollwerk des Hochstifts Bamberg errichtet

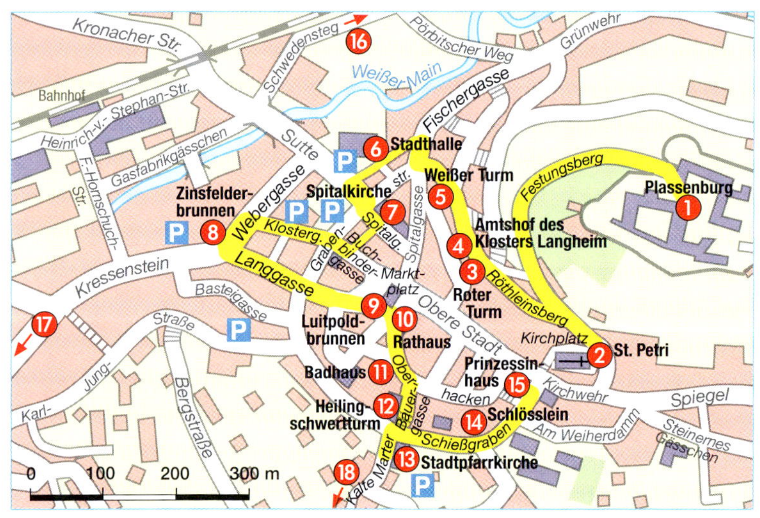

Kulmbach *D6*

Bayern
Einwohner: 27 000

Beschauliche Residenzstadt im Schatten einer mächtigen Burganlage.

Kulmbach liegt am Zusammenfluss von Rotem und Weißem Main, idyllisch eingebettet zwischen Frankenwald, Fichtelgebirge und Fränkischer Schweiz. Die fast 1000-jährige Geschichte der Stadt hat viele interessante Spuren hinterlassen. Einige von ihnen entdeckt der Reisende auf unserem Stadtrundgang. Dieser beginnt hoch über der Altstadt, auf der **Plassenburg** ❶, die 1035 erstmals urkundlich erwähnt wird. Sie ist das Wahrzeichen Kulmbachs und einer der bedeutendsten Renaissancebauten Deutschlands. Literarisch wurde sie in Ludwig Bechsteins Roman ›Grunbach‹ (1839) und in Jakob Wassermanns Novelle ›Die Gefangenen auf der Plassenburg‹ (1911) verewigt. Den Neubau der im 12./13. Jh. entstandenen Burg nach dem Stadtbrand 1553 führte Baumeister Caspar Vischer durch. Die im 18. Jh. als Kriegsgefangenenlager genutzte Burg beherbergt heute mehrere Museen. Dazu gehören das Zinnfigurenmuseum, mit 300 000 Einzelfiguren das weltweit größte seiner Art, und die Staatlichen Sammlungen, u. a. mit dem Armeemuseum Friedrichs des Großen. Im Sommer bildet der wunderschöne Innenhof der Burg eine malerische Kulisse für Konzerte. Auf dem Weg hinunter in den Ort gelangt man zur **Petrikirche** ❷. Die spätgotische Hallenkirche wurde ab 1439 anstelle eines Vorgängerbaus aus dem 12. Jh. errichtet und nach Zerstörungen 1559 wieder aufgebaut. Sehenswert ist der Barockaltar (17. Jh.). Zu den Resten der mittelalterlichen Stadtbefestigung zählt der fünfgeschossige **Rote Turm** ❸ (13. Jh.). Hier wohnte der Stadtpfeifer Kulmbachs. Der **Amtshof des Klosters Langheim** ❹, den das Zisterzienserkloster bei Lichtenfels Ende des 17. Jh. auf einem Vorsprung des Schlossbergs erbauen ließ, geht auf Pläne von Leonhard Dientzenhofer zurück. Beeindruckend ist die hohe Giebelfassade des dreigeschossigen Barockbaus. Der **Weiße Turm** ❺ (frühes 14. Jh.) ist ebenfalls ein Überbleibsel der mittelalterlichen Stadtbefestigung. Er bildet zusammen mit dem Wehrturm ›Bürgerloch‹ ein Doppelturm-Tor. Einen reizvollen Kontrast zur historischen Architektur Kulmbachs bildet die in den 1980er-Jahren erbaute **Stadthalle** ❻, die als Tagungs- und Veranstaltungsort dient. In der Nähe liegt die **Spitalkirche** ❼ (1738–49) mit ihren prächtigen Decken- und Wandmalereien. Die Kanzel (17. Jh.) zeigt die vier Evangelisten und Christus als Weltenrichter. An der Ecke Webergasse/Kressenstein liegt der alte Holzmarkt mit dem **Zinsfelderbrunnen** ❽, den der Rat der Stadt 1660 in Auftrag gab. Der Zinsfelder war ein mittelalterlicher Stadtknecht, der auf dem Marktplatz den Zins (Marktpfennig) einkassierte. Den Marktplatz (13. Jh.) erreicht man durch die Langgasse und steht dann vor dem **Luitpoldbrunnen** ❾ (1898) mit seinem Skulpturenschmuck. Während der NS-Zeit war der Brunnen eingelagert worden, 1994 ließen ihn die Kulmbacher an seinem alten Platz in neuem Glanz wieder aufbauen. Die Südost-Ecke des Marktplatzes wird vom **Rathaus** ⑩ (1752) dominiert. Die prächtige Rokoko-Fassade mit dem außergewöhnlichen Giebel schuf der Bayreuther Hofarchitekt Joseph Saint-Pierre. Die Statuen von Prudentia und Justitia mahnen Klugheit und Gerechtigkeit der Amtsträger im Rathaus an. Das **Badhaus** ⑪ ist eine von acht restaurierten und wissenschaftlich erforschten Badstuben Deutschlands. Sie wurde bereits im Mittelalter (ab 1398) eingerichtet. Ihre über mehrere Stockwerke verteilten Ausstellungsflächen zeigen Porträts und Landschaftsbilder des Kulmbacher Malers Michael Weiß. Die Volkshochschule residiert im **Heilingschwertturm** ⑫. Er stammt aus dem 14. Jh. und erhebt sich am einst zur Stadtbefestigung gehörenden Stadtgraben, dem Schießgraben. Am Hang des Rehbergs liegt die dreischiffige neugotische Basilika Unsere Liebe Frau (1892–94) des Architekten Bruno Specht. An der katholischen **Stadtpfarrkirche** ⑬ mit ihrem imposanten Westturm lief einst der alte Wallfahrtsweg nach Mangersreuth über die ›Drei Steine‹ vorbei. Zurück Richtung Plassenburg, fallen dem Besucher noch zwei weitere Bauwerke auf: Das von Architekt Caspar Vischer entworfene **Schlösslein** ⑭ (1571) am Schießgraben und – direkt dahinter – das spätbarocke **Prinzessinhaus** ⑮ (1729) mit seinem Arkadengang. Es war Heimat der Markgräfin Christiane Sophie Wilhelmine, nachdem sie vom Bayreuther Hof verbannt worden war.

Weitere Sehenswürdigkeiten:

Bayerisches Brauereimuseum ⑯
Nikolaikirche ⑰
Rehturm ⑱

Praktische Hinweise

Information

Tourismus & Veranstaltungsservice, Sutte 2, Tel. 09221/958820, www.kulmbach.de

Hotels

ACHAT Hotel Kulmbach, Luitpoldstr. 2, Tel. 09221/6030, www.achat-hotel.de. Modern ausgestattetes Hotel mit Restaurant und traditioneller Bierbar.

Hansa-Hotel, Weltrichstr. 2a, Tel. 09221/60090, www.hansa-hotel-kulmbach.de. Zimmer in avantgardistischem Design.

Hotel Kronprinz, Fischergasse 4+6, Tel. 09221/92180, www.kronprinz-kulmbach.de. Gemütliches Logis unterhalb der Plassenburg.

Restaurants

Kulmbacher Kommunbräu, Grünwehr 17, Tel. 09221/84490. Fränkische Festtagsküche nach Familienrezepten, dazu Bier aus eigener Herstellung.

Stadtschänke, Holzmarkt 3, Tel. 09221/4507. Fränkische Spezialitäten und internationale Gerichte.

Zum Mönchshof Bräuhaus, Hofer Str. 20, Tel. 09221/4264. Rustikale regionale Küche.

Über dem historischen Zentrum Kulmbachs thront die mittelalterlliche Plassenburg

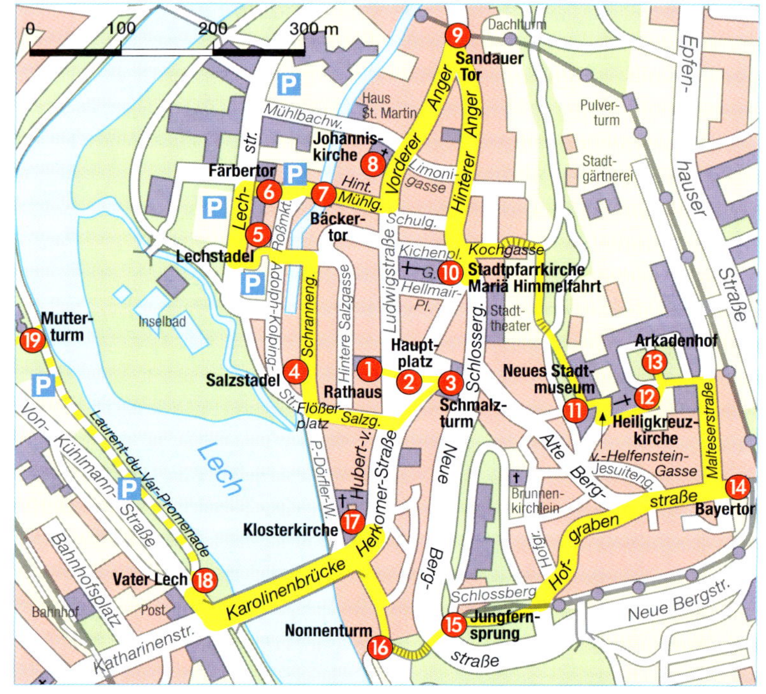

Landsberg am Lech *D6*

Bayern
Einwohner: 27 000

Hier am Lech lockert heiteres Barock die Formenstrenge des Mittelalters auf.

Ausgangspunkt unseres Stadtrundgangs ist das **Rathaus** 1 (1699–1702) am schönen Hauptplatz. Die Stuckfassade mit figürlichen Elementen gestaltete Dominikus Zimmermann 1719, der 1749–54 übrigens Landsbergs Bürgermeister war. Den **Hauptplatz** 2 ziert zudem der Marienbrunnen, dessen Marienfigur Joseph Streiter 1783 schuf. Im sog. Hexenviertel befindet sich der **Schmalzturm** 3 (14. Jh.) mit seinen Dachziegeln in den Farben der Stadt. Er ist einer der Wehrtürme der Stadtbefestigung, die ab dem 13. Jh. entstand und nahezu vollständig erhalten ist. Auf der anderen Seite des Hauptplatzes, hinter dem Rathaus, liegt der **Salzstadel** 4, das Salzlager der Stadt aus dem 14. Jh. Der **Lechstadel** 5 diente ebenfalls als Salzlager; heute beherbergt er die Stadtbücherei. Weiter geht es zum **Färbertor** 6, das als Wehrturm (15. Jh.) in die alte Stadtmauer eingefügt war und heute als Wohnturm dient. Das benachbarte **Bäckertor** 7 mit seinem gotischen Treppengiebel entstand um 1430. Wer zu kleine Semmeln backte, wurde einst vor diesem Zunfttor in den Mühlbach getaucht. Über den Vorderen Anger geht es zur **Johanniskirche** 8, einem Schmuckstück des Rokoko, das Dominikus Zimmermann 1750–52 schuf. Von ihm stammen auch die Gemälde an Decke und Wänden des Chores sowie für den Hochaltar und die beiden Seitenaltäre. Franz Anton Anwander malte die Offenbarung des Johannes und den hl. Johann Nepomuk für die Flügel dieser Altäre. Der Rundgang führt nun zum **Sandauer Tor** 9, dem einstigen nördlichen Stadttor, das 1625–30 erbaut wurde. Östlich davon ragt der Dachlturm in die Höhe, ein Aussichtsturm mit weitem Blick über Stadt und Land. Der gotische Bau der dreischiffigen **Stadtpfarrkirche Mariä Himmelfahrt** 10 wurde 1678–1708 barockisiert. Die Fenster der Pfeilerbasilika zählen zu den bedeutendsten Glasmalereien des 15./16. Jh. in Bayern. Das linke Passionsfenster (Ende 15. Jh.) in der nördlichen Chorwand stammt vermutlich von Hans Holbein d. Ä. Der Hochaltar von Jörg Pfeiffer aus Bernbeuren gilt als herausragendes Meisterwerk. In der Helfensteingasse liegt das **Neue Stadtmuseum** 11 im Gebäude des ehem. Je-

TOP TIPP

suitengymnasiums (1688–92). Dort sind Exponate zur Vor- und Frühgeschichte sowie zur Stadtgeschichte ausgestellt. Hoch über Landsberg befindet sich die **Heiligkreuzkirche** 12, eine ehem. Jesuitenkirche. Bei Grundsteinlegung 1580 war sie die erste Jesuitenkirche in Süddeutschland, 1752–54 entstand an dieser Stelle der Neubau des heutigen Gotteshauses. Neben der herrlichen Architektur beeindruckt ihr lichter, weiter Innenraum, den zudem reicher Stuck und Fresken zieren. Neben der Kirche führt eine unscheinbare Türe in den **Arkadenhof** 13, der einst Teil des Jesuitenkollegs (1576–1609) war und als einer der schönsten Innenhöfe Landsbergs gilt. Eines der bedeutendsten Stadttore Bayerns und zugleich das Wahrzeichen Landsbergs ist das **Bayertor** 14 (1425), eine wunderschöne gotische Toranlage mit Vor- und Anbauten. In der östlichen Seite befinden sich eine steinerne Kreuzgruppe und vier Wappenschilde in Nischen. Weiter geht es zum **Jungfernsprung** 15, einem Halbturm der südlichen Stadtbefestigung. Der Turm stammt aus der ersten Hälfte des 14. Jh., der nahe **Nonnenturm** 16 dagegen aus der zweiten Hälfte des 14. Jh., als man die Stadt in südlicher Richtung erweiterte. Die **Klosterkirche** 17 wurde zusammen mit einem Ursulinenkloster ab 1740 errichtet, Baumeister war der Münchener Johann Baptist Gunetzrhainer. Den Innenraum der Kirche beherrschen die figürlichen und stuck-imitierenden Deckenmalereien (1766) von Johann Baptist Bergmüller. Das Hauptfresko zeigt die Ursulinen mit ihrem neuen Gotteshaus. Gleich über dem Lechwehr erhebt sich die **Skulptur von Vater Lech** 18, dem Wahrzeichen des Flusses. Er gießt über dem Wehr seinen Krug aus. Wer mag, geht nun noch weiter zum **Mutterturm** 19 (1884–88), den der Maler und Graphiker Hubert von Herkomer (1849–1914) zu Ehren seiner Mutter errichten ließ. Hier ist das Herkomer-Museum mit 200 Exponaten untergebracht.

TOP TIPP

Praktische Hinweise

Information

Kultur- und Fremdenverkehrsamt, Hauptplatz 152, Tel. 08191/128246, www.landsberg.de

Hotels

Gasthof Zum Mohren, Hauptplatz 148, Tel. 08191/42210, www.zum-mohren.de. Historisches Lokal mit bayerischer Küche.

Hotel Goggl, Hubert-von-Herkomer-Str. 19–20, Tel. 08191/3240, www.hotelgoggl.de. Gemütliche und komfortable Zimmer, römisches Dampfbad im Haus.

Stadthotel garni Augsburger Hof, Schlossergasse 378, Tel. 08191/969596, www.stadthotel-landsberg.de. Zentral gelegene solide Unterkunft.

Restaurants

Fischerwirt, Rossmarkt 197, Tel. 08191/50728, www.fischerwirt-landsberg.de. Gutbürgerliche bayerische Küche.

Restaurant am Hexenturm, Vordere Mühlgasse 190, Tel. 08191/1874. Hausgemachte schwäbische Spezialitäten.

Trattoria Italiana, Münchener Str. 1, Tel. 08191/9734224. Gehobene italienische Küche.

Marienbrunnen und Schmalzturm bilden ein reizvolles innerstädtisches Ensemble

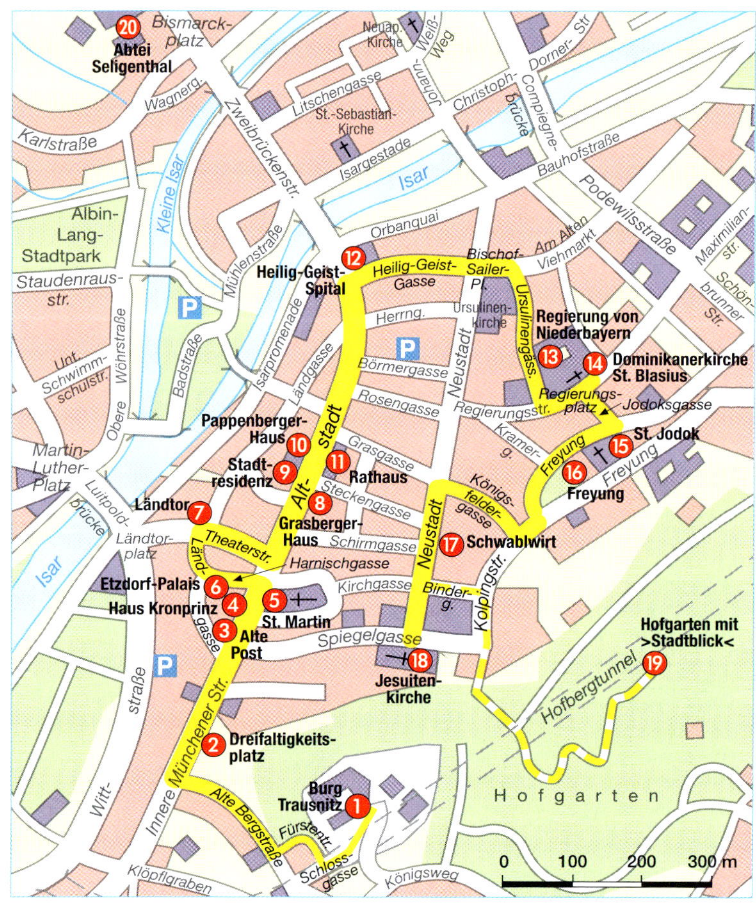

Landshut

E7

Bayern
Einwohner: 62 000

Bayerns wittelsbachische Tradition ist hier auf Schritt und Tritt erfahrbar.

Das Wahrzeichen der altbayerischen Residenzstadt an der Isar, die **Burg Trausnitz** ❶, ist Ausgangspunkt unseres Rundgangs. Erbaut ab 1204, wurde sie in den folgenden Jahrhunderten vielfach erweitert und ausgeschmückt. Sehenswert sind die spätromanische Georgskapelle und die ›Narrentreppe‹, die Alessandro Scalzi 1578 herrlich mit Figuren der Commedia dell'Arte gestaltete. Beim Weg hinab in die malerische Altstadt sieht man das Burghauser Tor (14. Jh.), eines von zwei erhaltenen Toren der ehem. Stadtmauer. Über den **Dreifaltigkeitsplatz** ❷ mit dem Denkmal Herzog Georgs des Reichen führt der Weg in einen platzartigen Straßenzug, der passenderweise gleich ›Altstadt‹ heißt. Ihn säumen beidseits prachtvolle Giebelhäuser, sehr schöne Beispiele gotischer Architektur. Die **Alte Post** ❸, in der im 16. Jh. die niederbayerischen Landstände tagten, ist reich mit Fresken (1599, Hans Georg Knauf) verziert. Hinter der klassizistischen Fassade des **Kronprinzhauses** ❹ verbirgt sich ein Bau von 1460. Mit 131 m Höhe erhebt sich an der **St.-Martins-Basilika** ❺ (1389–1500) der weltweit höchste Backsteinturm. Das Innere der spätgotischen Hallenkirche ist ebenso wie die fünf Portale mit Terrakottafiguren verziert. Sehenswert sind auch der Sandsteinhochaltar (1424) und die steinerne Kanzel (1422). Das um 1745 nebenan entstandene **Etzdorf-Palais** ❻ zieht mit seiner reich verzierten Rokokofassade die Blicke auf sich (Stuckarbeiten von Johann Baptist Zimmermann). Nun geht es vorbei am zweiten erhaltenen Stadttor, dem **Ländtor** 7, das heute zum Stadttheater führt. 1453 entstand der spätgotische Bau des **Grasberger-Hauses** 8. Inmitten der Altstadt liegt die im Stil der Renaissance errichtete **Stadtresidenz** 9. Das Gebäude mit prunkvollen Sälen, Fresken und Stuckverzierungen besteht aus zwei architektonisch verschiedenen Komplexen, dem Deutschen (1536/37) und dem Italienischen (1537–43) Bau. Nicht weit davon wird der zierliche Giebel des **Pappenberger Hauses** 10 sichtbar, einem Bürgerhaus des 15. Jh. Gegenüber befindet sich das **Rathaus** 11, entstanden aus drei gotischen Häusern (1380, 1452, 1503), die 1860 durch eine neogotische Fassade verbunden wurden. Höhepunkt ist der Prunksaal mit Szenen der Landshuter Hochzeit, die 1475 zwischen der polnischen Königstochter Hedwig und Herzog Georg dem Reichen geschlossen wurde. Alle vier Jahre feiert die Stadt dieses Fest (erneut Juni/Juli 2009). Der dreigeschossige Bau des **Heilig-Geist-Spitals** 12 an der Isar ist im Kern z.T. noch spätmittelalterlich. Hinter der klassizistischen Fassade (1805) des ehem. Dominikanerklosters (1271) am Regierungsplatz tagt seit 1839 die **Regierung von Niederbayern** 13. Der ursprünglich gotische Bau der **Dominikanerkirche St. Blasius** 14 wurde 1747–49 im Stil des Rokoko mit herrlichen Stuckierungen und Deckengemälden umgestaltet. Durch die Jodoksgasse geht es zur **St.-Jodok-Kirche** 15 (1338–1450) mit ihren beeindruckenden Grabdenkmälern. Die **Freyung** 16 wurde 1338 nach Altstadt und Neustadt als dritter Stadtteil angelegt. Am Kriegerdenkmal vorbei kommt man zum **Schwablwirt** 17 mit seiner wunderbaren Rokokofassade. Von hier aus ist die 1613–42 von Johann Holl erbaute **Jesuitenkirche** 18 bereits gut sichtbar. Ihr frühbarocker Hochaltar ist grandios. Zum Ausklang der Tour kann man nun in den **Hofgarten** 19 gehen oder in Richtung Isarinsel zur **Abtei Seligenthal** 20.

Praktische Hinweise

Information

Landshut Tourismus, Altstadt 315, Tel. 08 71/92 20 50, www.landshut.de

Hotels

Hotel Goldene Sonne, Neustadt 520, Tel. 08 71/925 30, www.goldenesonne.de. Stilvolles Wohnen mit historischem Flair, bodenständige Küche.

Hotel Ochsenwirt, Kalcherstr. 30, Tel. 08 71/234 39, www.ochsenwirt.net. Solide ausgestattete Räume, gehobene bayerische und mediterrane Küche.

Romantik Hotel Fürstenhof, Stethaimer Str., Tel. 08 71/925 50, www.romantikhotels.com/landshut. Logis zum Wohlfühlen am Rande der Altstadt.

Restaurants

Blaue Stunde, Herrngasse 377, Tel. 08 71/258 73, www.blaue-stunde.de. Delikate internationale und regionale Küche.

Weinstube Isarklause, Ländgasse 124, Tel. 08 71/231 00. Bayerische Küche.

Zum Ainmiller, Altstadt 195-197, Tel. 08 71/211 63. www.zum-ainmiller.de. Bayerische Spezialitäten.

Unter dem Schutz der mächtigen Burg Trausnitz entstand eine reizvolle Residenzstadt

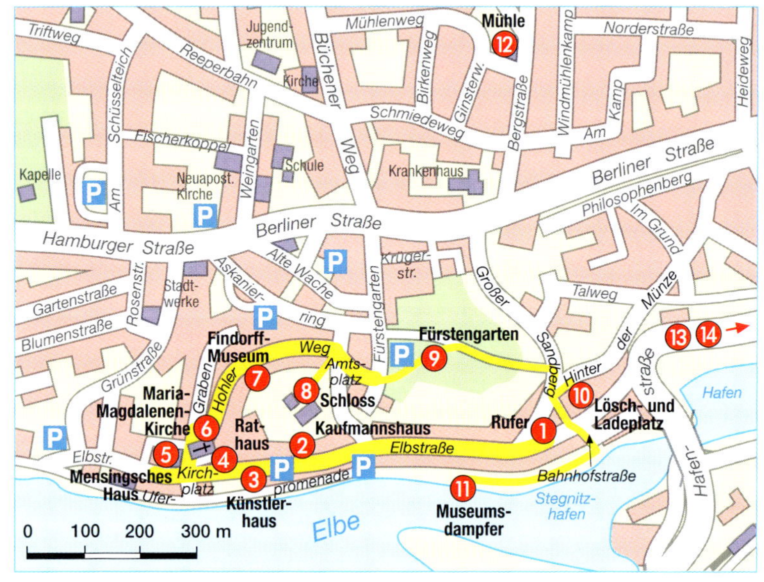

Lauenburg (Elbe)

D3

Schleswig-Holstein
Einwohner: 12 000

Von Lawe, dem slawischen Wort für Elbe, stammt der Name der Stadt.

Schon die Bezeichnung als ›Alte Schifferstadt am Strom‹ weist darauf hin, dass Lauenburg seine Existenz vor allem der Elbe und dem Kanal nach Lübeck zu verdanken hat. Über den bereits 1380–89 angelegten Stecknitz-Delvenau-Kanal mit seinen 17 Schleusen transportierten die Lauenburger Schiffer im Mittelalter Salz von der Elbe an die Trave: Konservierungsmittel für die Heringe aus der Ostsee, die in der Hansestadt Lübeck verkauft wurden. So wurde auch der die Schiffe grüßende **Rufer** 1 an der alten Fährstelle zum Symbol der Stadt. An der Bronzefigur beginnt der Rundgang, der zunächst die Elbstraße entlang führt. Die älteste Straße der Stadt, früher auch Hauptgeschäftsstraße, säumen viele malerische Fachwerkhäuser (16.–19. Jh.), darunter eines der schmalsten Deutschlands (Nr. 97) sowie das **Kaufmannshaus** 2 und das **Künstlerhaus** 3. Im **Alten Rathaus** 4 (1740) ist heute das Elbschifffahrtsmuseum untergebracht. Es dokumentiert die Entwicklung der Stadt und lässt die mehr als 1000-jährige Geschichte der Elbschifffahrt vom Einbaum bis zum Tanker Revue passieren. Das kleine **Mensing-**

TOP TIPP **sche Haus** 5 schräg gegenüber ist das älteste Bürgerhaus Lauenburgs; die Zahl 1513 auf dem Holzbalken scheint indes ein Schreibfehler des Zimmermanns zu sein, weisen die Rosettenverzierungen darüber doch eher auf die zweite Hälfte des 16. Jh. hin. Ein ›Wunder‹ während der Schlacht von Bornhöved (1227) gegen die Dänen, bei der die Lauenburger auf der Seite der siegreichen norddeutschen Fürsten und Städte standen, gab der frommen Legende nach den Anstoß für den Bau einer Kapelle. Diese wurde nach und nach zur **Maria-Magdalenen-Kirche** 6 (um 1300) erweitert. 1902 erhielt das Gotteshaus einen neogotischen Spitzturm, der nach dem Zweiten Weltkrieg abgetragen und 1993 wieder hergestellt wurde. Zu den Kunstwerken im Innern der Backsteinkirche gehören ein Triumphkreuz, das Weltzinsche Epitaph und das ›Totentanzbild‹ (um 1470, Lust und Verderben als Allegorie). Im Haus des Pastorats (1600) am Kirchplatz 1 wurde 1765 der Astronom Carl Ludwig Harding († 1834) geboren. Am Alten Schulhaus vorbeiführend, verbindet der Hohle Weg, ein ehem. Burggraben, die Unterstadt mit der Oberstadt auf dem Steilufer. An das Leben der Brüder Jürgen Christian und Johann Dietrich Findorff, der eine königlicher Moorkommissar, der andere Kunstmaler, erinnert das **Findorff-Museum** 7 im Obergeschoss des Hauses Nr. 3. Die Friedrichsbrücke (1817) über den Hohlen Weg führt zum **Schloss** 8 (davor Aussichtsterrasse). Von der ursprünglichen, 1616 abgebrannten Residenz der Herzöge von Sachsen-Lauenburg (1260–1689) ist nur noch ein als Verwaltungsgebäude genutzter Flügel erhalten. Herzog Franz II. ließ östlich davon um 1590 den **Fürstengarten** 9 (heute Stadtpark) anlegen und mit exotischen Gewächsen bepflanzen. Die Treppe hinunter zum Großen Sandberg geht es zum einstigen **Lösch- und Ladeplatz** 10 am Eingang des Elbe-Lübeck-Kanals. Nicht weit davon legen an der Elbuferpromenade Ausflugsschiffe ab und auch der **Museumsdampfer** 11 namens ›Kaiser Wilhelm‹ liegt hier vor Anker. Er war 1900 in Dresden-Neustadt gebaut worden und ist der letzte noch fahrende kohlebefeuerte Schaufelraddampfer. In der Saison (Ende Mai–Ende Sept.) fährt das Schiff elbaufwärts über Boizenburg und Bleckede nach Hitzacker und elbabwärts nach Hoopte. Zusätzlich starten von den Anlegern an der Elbstraße weitere Fahrgastschiffe. So bietet die ›Lüneburger Heide‹ Ausflugsfahrten auf dem um 1900 erbauten Elbe-Lübeck-Kanal sowie Touren in das nahe Hamburg an. Das Schiff ›Der Rufer‹ von der Reederei Haber lädt an Wochenenden zu Frühstücksfahrten ein und steuert auch das hochinteressante Schiffshebewerk in Scharnebek an.

TOP TIPP

Weitere Sehenswürdigkeiten:

Mühle 12 (mit Mühlenmuseum)
Palmschleuse 13
Elbe-Lübeck-Kanal 14

Praktische Hinweise

Information

Tourist-Information, Amtsplatz 4, Tel. 04153/51251, www.lauenburg.de

Hotels

Hotel Möller, Elbstr. 44–50, Tel. 04153/59080, www.hotelmoeller.de. Solides Logis mit norddeutscher Gastronomie.

Lauenburger Mühle, Bergstr. 17, Tel. 04153/5890, www.hotel-lauenburger-muehle.de. Rustikales Landhotel mit Windmühle, ideal für Radwanderer.

Zum alten Schifferhaus, Elbstr. 114, Tel. 04153/58650. www.schifferhaus.de. Günstig übernachten in gemütlicher Atmosphäre.

Restaurants

Lavastein, Hamburger Str. 2, Tel. 04153/599344. Deutsche und italienische Gerichte.

Schifferbörse, Elbstr. 82, Tel. 04153/2773. Deutsche Küche mit Akzent auf Fischgerichten.

Soltstraatenhus, Reeperbahn 6-8, Tel. 04153/550550. Regionale Spezialitäten.

Die Altstadt Lauenburgs mit der Maria-Magdalenen-Kirche schmiegt sich ans Ufer der Elbe

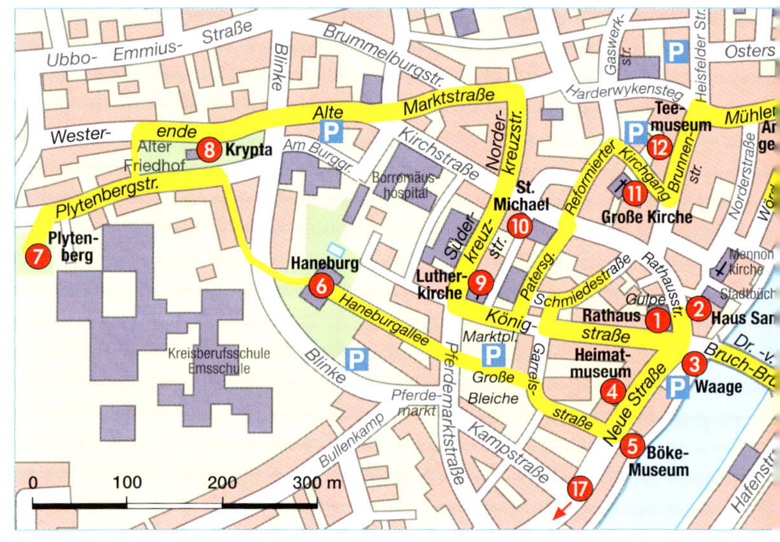

Leer (Ostfriesland) *B3*

Niedersachsen
Einwohner: 34 000

Seit rund 1200 Jahren füllt es sich hier ganz allmählich – ein Besuch lohnt!

Schon von weitem macht das 1889–94 im Stil der Renaissance erbaute **Rathaus** 1 von Leer mit seinem prächtigen, zur Wasserseite schauenden Eckturm auf sich aufmerksam. Es ist das größte Gebäude und gleichzeitig Wahrzeichen der Stadt an Leda und Ems, die sich gern ›Tor Ostfrieslands‹ nennt. Bei Führungen durch das Gebäude können Deckengemälde und Mosaikfußböden bewundert werden. Vom Rathausturm bietet sich ein großartiger Blick auf die engen Gassen der stilvoll restaurierten Altstadt, den Freizeithafen mit Liegeplätzen für über 200 Sportboote und den Handelshafen mit den Speicherhäusern der zahlreichen Reedereien auf der Halbinsel Nesse. Leer ist nach Hamburg der zweitgrößte Reedereistandort Deutschlands. Schon seit mehreren Generationen im Besitz der Familie Wolff befindet sich das **Haus Samson** 2 (1643) in der Rathausstr. 18. Die Familie betreibt hier eine vorzügliche Weinhandlung mit großem Weinkeller und gibt im 1. und 2. Obergeschoss Einblick in die Wohnkultur des 18. und 19. Jh. An der Dr.-v.-Bruch-Brücke (Klappbrücke) steht die **Waage** 3 (1714). Auf die frühere Funktion (bis 1946) des Backsteinbaus weisen bekrönte Waagschalen über den Eingängen zum Wiegeraum hin. Das Waagemonopol für alle Handelsgüter besaß 1530–1865 die Reformierte Kirche. In unmittelbarer Nähe befindet sich der Schiffsanleger für Ausflüge mit ›MS Hafenmusik‹ und ›MS Warsteiner Admiral‹ auf Ems, Leda und Jümme sowie die ›Koralle‹ für Hafenrundfahrten (Karten im Schifffahrtskontor, Rathausstr. 4 a). Weiter die Neue Straße hinunter steht rechts das in zwei alten Handelshäusern untergebrachte **Heimatmuseum** 4 (Ausstellung zur Stadt- und Regionalgeschichte) sowie auf der linken Seite das **Böke-Museum** 5 mit seinem ständig wachsenden Skulpturengarten. Über den Marktplatz, auf dem jährlich im Oktober der ›Gallimarkt‹ (Viehmarkt und Volksfest) stattfindet, erreicht man die **Haneburg** 6 (um 1570), eine der wenigen Burgen Ostfrieslands aus der Renaissance (besonders Westflügel und Nordwestportal). In dem 1621, 1671 und zuletzt 1935 erweiterten Bau hat seit 1975 die Volkshochschule ihre Räume. Menschen schütteten den **Plytenberg** 7, einen 9 m hohen Erdhügel und die höchste Erhebung Ostfrieslands, vermutlich im 15. Jh. als Ausguck auf. Legenden sehen darin allerdings lieber die Heimat sagenhafter Erdmänner oder einen heidnischen Tempelberg. Von der ältesten Steinkirche Leers blieb nur die **Krypta** 8 (um 1200) am Alten Friedhof, seit 1955 Gedenkstätte für die Opfer beider Weltkriege. Umgeben von alten Grabsteinen und hohen Bäumen, ist nur der Glocken-

turm der **Lutherkirche** 9 (1675) mit dem goldenen Schwan an der Spitze zu erkennen. Der Nordflügel wurde 1736 hinzugefügt, die Deckenmalereien stammen von 1910. **St. Michael** 10 (1775, Relief des hl. Michael auch von 1775) gehört der katholischen Gemeinde; Vorläufer war eine Kapelle (1728). Nach niederländischem Vorbild als große Predigerkirche in Form eines griechischen Kreuzes wurde TOP TIPP die **Große Kirche** 11 (1785–87) der Reformierten errichtet. In der Brunnenstraße bringt das **Teemuseum** 12 den Besuchern das ›Nationalgetränk‹ der Ostfriesen näher. Als Herrensitz der Familie Rheden entstand der Barockbau des heutigen **Amtsgerichts** 13. Das seitlich liegende Schatthus (ab 1711) war einst Wohnhaus des Amtmanns. Ein Spaziergang über die malerische Uferpromenade schließt die Tour durch das erstmals um 850 als ›Lare‹ erwähnte Leer ab.

Weitere Sehenswürdigkeiten:

Windmühle Logabirum 14
Evenburg 15
Leda-Sperrwerk 16
Seeschleuse 17

i Praktische Hinweise

Information

Tourist Information, Ledastr. 10, Tel. 04 91/91 96 96 70, www.leer.de

Hotels

Akzent-Hotel Ostfriesenhof, Groninger Str. 109, Tel. 04 91/609 10, www.akzent hotels.de. Komforthotel gleich hinter dem Deich, mit Badelandschaft.

Best Western Frisia, Bahnhofsring 16–20, Tel. 04 91/928 40, www.frisia-bestwestern.de. Nettes Logis mit friesischem Charme.

Hotel am Markt, Mühlenstr. 36–38, Tel. 04 91/92 55 80. Zentral gelegenes Haus, ostfriesisch gemütlich.

Restaurants

Ratskeller, Rathausstr. 1, Tel. 04 91/31 17. Gediegene Gastronomie mit Fisch-Spezialitäten.

Seute Deern, Rathausstr. 5, Tel. 04 91/48 84. Meeresfrüchte und regionale Küche.

Zur Waage und Börse, Neue Str. 1, Tel. 04 91/622 44. Friesische Spezialitäten mit dem Akzent auf Fischküche.

Stolz und elegant erhebt sich der Rathausturm über dem Handelshafen von Leer

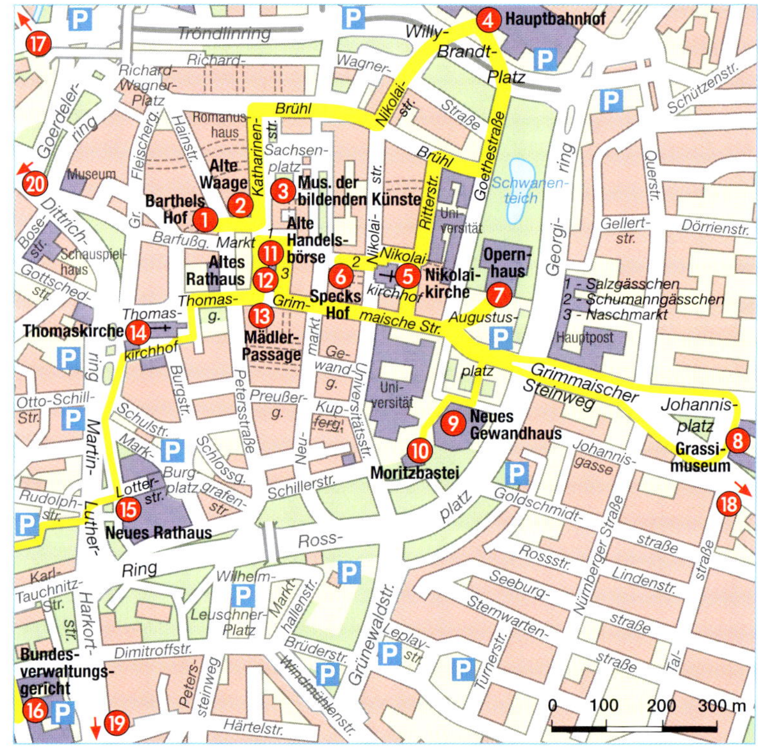

Leipzig

E5

Sachsen
Einwohner: 507 000

Dass Handel und Wandel einander ergänzen, hat die Heldenstadt bewiesen.

Seit dem Mittelalter ist Leipzig eine der führenden deutschen Handels- und Messestädte, wovon viele historische Gebäude zeugen – wie z.B. **Barthels Hof** 1 (18. Jh.) am Marktplatz, der letzte erhaltene Durchgangsmessehof aus der Ära der altehrwürdigen Leipziger Warenmesse und heute Restaurant. An der Nordseite des Marktes steht der Prachtbau der **Alten Waage** 2 von 1555 mit der Sonnenuhr im Giebel. In der nahen Katharinenstraße sind einige barocke Bürgerhäuser erhalten. Darunter ist das Romanushaus (1701–04) besonders bemerkenswert. Ebenfalls in der Katharinenstraße steht mit dem **Museum der bildenden Künste** 3 Leipzigs Kulturjuwel: Der moderne Bau (2004) zeigt Meisterwerke vom 15. Jh. bis in die Gegenwart, gut vertreten ist die ›Leipziger Schule‹ mit Arbeiten von Bernhard Heisig, Werner Tübke, Neo Rauch und Wolfgang Mattheuer. Am Willy-Brandt-Platz befindet sich der gewaltige **Hauptbahnhof** 4 (seit 1915), der größte Kopfbahnhof Europas. Seine ›Promenaden‹ bieten auf ihren rund 30 000 m² darüber hinaus exzellente Einkaufsmöglichkeiten. Die Route wendet sich dann wieder Richtung Süden und macht Halt an der **Nikolaikirche** 5, der ältesten Kirche der Stadt. 1175 eingeweiht, wurde sie später mehrfach umgebaut und enthält heute u.a. Stilelemente der Romanik, der Renaissance und des Klassizismus. Weltberühmt wurde die Kirche 1989 durch die Montagsdemonstrationen in der damaligen DDR. Die Orgel mit vier Manualen zählt zu den größten ihrer Art in Deutschland. Nach einem Abstecher zu den prachtvollen Passagen von **Specks Hof** 6 (1908–28), einem der wichtigsten historischen Messehöfe Leipzigs, geht es hinüber zum **Opernhaus** 7 am Augustusplatz, das 1960 an der Stelle des im Krieg zerstörten ›Neuen Theaters‹ eröffnet wurde. Von hier ist es nicht weit zum Johannisplatz, wo seit 2007 wieder der inzwischen sorgfältig restaurierte mehr-

TOP TIPP

flügelige Komplex des **Grassimuseums** 8 mit seinen drei hier beheimateten Museen einlädt: dem Museum für Angewandte Kunst, dem Musikinstrumenten-Museum und dem Museum für Völkerkunde. Am Mendebrunnen mit seinen mythologischen Bronzeskulpturen und dem **Neuen Gewandhaus** 9 (1981, Rudolf Skoda) vorbei, einer der Wirkungsstätten des Gewandhausorchesters, führt der Weg nun zur **Moritzbastei** 10, einem mehrere Gewölbe und Räume umfassenden Kellerklub. Die Route passiert dann das Museum der Bildenden Künste in der Grimmaischen Straße und führt weiter zur **Alten Handelsbörse** 11 (1687), vor der eine Skulptur Johann Wolfgang von Goethes an dessen Studentenzeit in Leipzig erinnert. In unmittelbarer Nähe liegt das **Alte Rathaus** 12, eines der prächtigsten Renaissancebauwerke Deutschlands, das 1556 in einer Rekordzeit von neun Monaten erbaut wurde und heute den größten Teil der Sammlung des Stadtgeschichtlichen Museums beherbergt. Jenseits der Grimmaischen Straße lädt die **Mädlerpassage** 13 zu einem Bummel ein, die prachtvollste der wenigen vollständig erhaltenen Passagen der Messestadt. Bekannt ist sie vor allem durch ›Auerbachs Keller‹, in Goethes ›Faust‹ Schauplatz des berühmten Fassrittes. Die Passage führt zur Petersstraße, hinter der die **Thomaskirche** 14 (1212) liegt, die 1884–89 neogotisch umgestaltet wurde. Legendär ist sie vor allem dank einer einzigartigen Musikerpersönlichkeit: Auf dem Kirchhof erhebt sich ein Standbild Johann Sebastian Bachs (1685–1750), der hier Kantor des berühmten Thomanerchors war und dessen Grab sich im Chorraum befindet. Gegenüber liegt das Bosehaus, Sitz des Bacharchivs und -museums. Auf den Grundmauern der alten Befestigungsanlagen entstand 1899–1905 das **Neue Rathaus** 15 mit seinem das Stadtbild prägenden, mittelalterlich anmutenden Turm. In südwestlicher Richtung sieht man von hier aus schon das ehem. Reichsgericht. Der schlossartige, imposante Bau wurde 1895 an das seit 1879 in Leipzig ansässige höchste deutsche Gericht für Straf- und Zivilrecht übergeben und ist heute Sitz des **Bundesverwaltungsgerichts** 16.

Weitere Sehenswürdigkeiten:

Gohliser Schlösschen 17
Völkerschlachtdenkmal 18

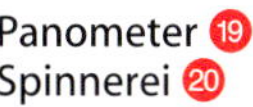

Panometer 19
Spinnerei 20

Praktische Hinweise

Information

Leipzig Tourist Service, Richard-Wagner-Str. 1, Tel. 03 41/710 43 20, www.leipzig.de

Hotels

Leipziger Hof, Hedwigstr. 1–3, Tel. 03 41/697 40, www.leipziger-hof.de. Reich mit moderner Kunst ausgestaltetes Gründerzeithotel.

Novotel Leipzig City, Goethestr. 11, Tel. 03 41/995 80, www.novotel.com. Komfortables, modernes Logis im Zentrum.

Park Hotel, Richard-Wagner-Str. 7, Tel 03 41/985 20, www.parkhotel-leipzig.de. Nobelherberge mit luxuriösen Art-déco-Zimmern.

Restaurants

Auerbachs Keller, Grimmaische Str. 2–4, Tel. 03 41/21 61 00, www.auerbachs-keller-leipzig.de. Regional inspiriert und mit Raffinesse wird in weltberühmter Kulisse aufgekocht.

Ratskeller, Lotterstr. 1, Tel. 03 41/123 45 67, www.ratskeller.leipzig.de. In gediegenen Gewölben lässt es sich gut und stilvoll speisen.

Thüringer Hof, Burgstr. 19, Tel. 03 41/994 49 99, www.thueringer-hof.de. Traditionsgasthof mit thüringischen Spezialitäten.

Nicht nur Kaufmannsgeist zog es stets nach Leipzig: Goethe studierte hier das Leben

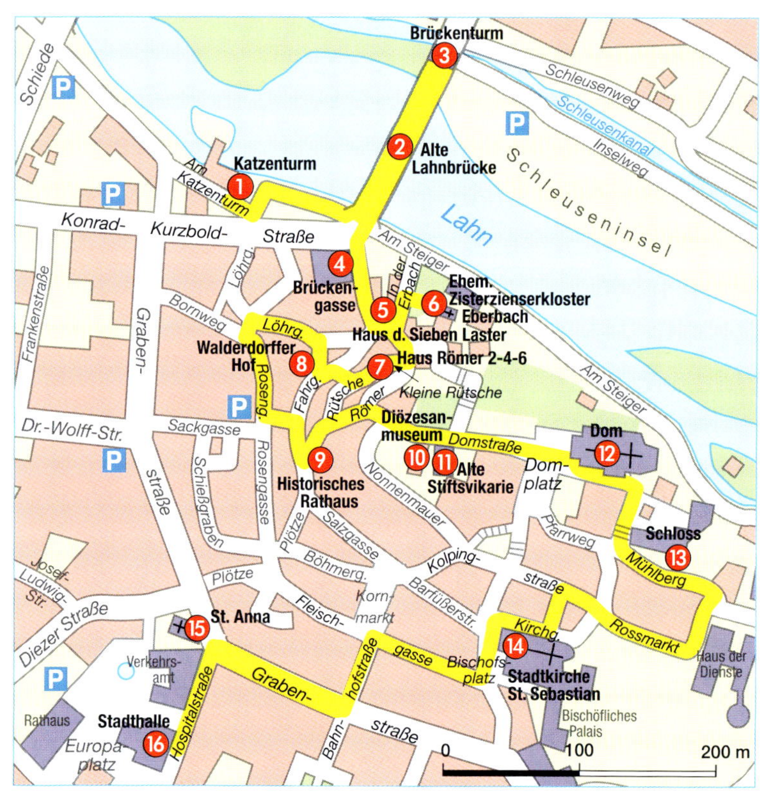

Limburg an der Lahn *B6*

Hessen
Einwohner: 34 000

Ein siebentürmiges Gotteshaus und viel Fachwerkcharme lassen staunen.

Hübsch liegt Limburg an der Lahn im Limburger Becken zwischen Taunus und Westerwald. Der Spaziergang durch die Stadt beginnt am 1432 erstmals erwähnten runden **Katzenturm** ❶ mit seinen 2 m dicken Mauern, der den nordwestlichen Eckpunkt der im 19. Jh. abgebrochenen Ringmauer um Limburgs Altstadt markiert. Über die sechsbogige **Alte Lahnbrücke** ❷ (1315–41) mit ihrem quadratischen **Brückenturm** ❸ (erste Hälfte 14. Jh.) führte im Mittelalter eine Handelsstraße aus Weilburg. In Limburg kreuzte sie die zwischen Köln und Nürnberg verlaufende ›Hohe Straße‹. In der **Brückengasse** ❹ beginnt die Fußgängerzone. Sie umfasst den gesamten Altstadtkern, der mit seinen kunstvoll verzierten Häusern (13.–18. Jh.) komplett unter Denkmalschutz steht. Im klassizistischen Haus Brückengasse Nr. 2 befand sich 1739–74 die Verwaltungsstelle des Postdienstes aus dem Hause Thurn und Taxis. In Balkenköpfe geschnitzte Fratzen am **Haus der Sieben Laster** ❺ (Nr. 9) von 1567 warnen vor den Sünden Hoffart, Geiz, Neid, Unkeuschheit, Unmäßigkeit, Zorn und Trägheit. Im Hof des **Ehem. Zisterzienserklosters Eberbach** ❻ (um 1300, mit heute evangelischer Johanneskapelle) wurden mit Mitteln aus der Stiftung eines reichen Bürgers einst arme Limburger unterstützt. Südlich davon befindet sich eines der ältesten Fachwerkhäuser Deutschlands, das **Haus Römer 2-4-6** ❼ (1289). In seinem Hof werden archäologische Funde (u. a. Reste eines jüdischen Ritualbades) und Forschungen zur Baugeschichte dokumentiert. Geradezu großzügig inmitten verwinkelter Gassen wirkt der **Walderdorffer Hof** ❽, der 1665–81 um einen gotischen Wohnturm (1349) errichtet wurde. Das **Historische Rathaus** ❾ am Fischmarkt diente 1399–1899 als Sitz von Rat und Bürgermeister. Von hier führt der Weg die Domstraße hinauf zum Stiftsbe-

TOP TIPP

zirk. Das **Diözesanmuseum** ⑩ hütet den Domschatz und andere wertvolle sakrale Kunstwerke, gleichermaßen Zeugnisse des Glaubens wie der filigranen Goldschmiedekunst. Prunkstücke der Ausstellung sind die Staurothek, ein 1204 von Kreuzrittern aus Konstantinopel geraubtes byzantinisches Kreuzreliquiar (10. Jh.), und das Petri-Stab-Reliquiar (988). Noch innerhalb der früheren Burganlage stand einst das Burgmannenhaus der Herren von Staffel, die **Alte Stiftsvikarie** ⑪, mit ihrem achteckigen seitlichen Fachwerktreppenturm. Am gegenüber liegenden Ende des Domplatzes erhebt sich das Wahrzeichen Limburgs, der **Dom** ⑫. Das als Stiftskirche St. Georg 1211–50 errichtete vieltürmige Gotteshaus wurde in den 1970er-Jahren in seiner ursprünglichen Farbigkeit wieder hergestellt. Architektonisch führt der Dom in die Übergangszeit zwischen Spätromanik und Frühgotik. Doppelturmfassade, Langhausemporen, Zwerggalerie und die Rautendächer der Türme spiegeln die rheinische Romanik wider, Strebebögen und Chorumgang dagegen weisen bereits gotische Formen auf. Im Innenraum legte man 1991 verschiedene eindrucksvolle Fresken aus dem 13. Jh. frei, der Taufstein stammt aus dem Weihejahr 1235. Das **Schloss** ⑬ (13.–16. Jh.) im Schatten des Doms am Ende des zur Lahn steil abfallenden Felsplateaus besteht aus mehreren Flügeln, teils aus Stein, teils aus Fachwerk. Die dreischiffige **Stadtkirche St. Sebastian** ⑭ (um 1300) direkt neben dem Bischöflichen Palais, einem ehem. Franziskanerkloster (der barocke Umbau erfolgte 1738–43), ließen die Bauherren gemäß der Ordensvorschrift ohne Turm, nur mit einem Dachreiter errichten. In der Kirche **St. Anna** ⑮ (14. Jh.) jenseits der Grabenstraße sind in 18 Bildern des östlichen Chorfensters Szenen aus dem Neuen Testament dargestellt. Die Kirche gehörte zum ehem. Kloster der Wilhelmiten (1319–1568), das nach seiner Auflösung 1573 in ein Hospital umgewandelt wurde und heute z.T. von der Stadtverwaltung genutzt wird. Neben dem Bürgerspital setzt die **Stadthalle** ⑯ mit Wasserspiel, im Volksmund ›Pusteblume‹ genannt, moderne Akzente. Schräg gegenüber steht das neue Rathaus von 1899. In der dahinter liegenden Einkaufsstraße, benannt nach dem Limburger Schöffen Werner Senger, kann man den Spaziergang mit einem Schaufensterbummel beschließen.

TOP TIPP

Praktische Hinweise

Information

Verkehrsverein Limburg, Hospitalstr. 2, Tel. 064 31/61 66, www.limburg.de

Hotels

Altstadthotel Nassauer Hof, Brückengasse 1, Tel. 064 31/99 60, www.hotel-nassauerhof-limburg.de. Angenehm logieren in historischem Haus mit modernem Innendesign.

DOM Hotel, Grabenstr. 57, Tel. 064 31/90 10, www.domhotel.net. Modern eingerichtete Räume in altehrwürdigem Gebäude, zentral gelegen.

Romantikhotel Zimmermann, Blumenröder Str. 1, Tel. 064 31/46 11, www.romantik-hotel-zimmermann.de. Stilvoll und luxuriös eingerichtetes Haus, dessen Restaurant mit gehobener Küche aufwartet.

Restaurants

Gaststätte Domklause, Domstr. 9, Tel. 064 31/258 87. Gutbürgerlich speisen im Schatten des mächtigen Limburger Doms.

Gasthaus zur Sonne, Ferdinand-Dirichs-Str. 23, Tel. 064 31/28 49 49. Deftige, solide Hausmannskost.

Werner Senger Haus, Rütsche 5, Tel. 064 31/69 42. Gehobene deutsche Gastlichkeit genießen in Räumlichkeiten mit ›Schinderhannes‹-Flair.

So farbenfroh wie der mittelalterliche Dom präsentiert sich die gesamte Altstadt

Lindau

C8

Bayern
Einwohner: 24 000

Schon Hölderlin pries die Inselperle im Bodensee als eine glückselige Stadt.

Lindau am Bodensee besteht aus der reizvollen Inselstadt, der eigentlichen Altstadt und der über eine Brücke erreichbaren Gartenstadt. Die Führung über die Lindauer Insel beginnt am Hafen, dessen Einfahrt der 33 m hohe **Neue Leuchtturm** 1 und der von seinem Sockel über den See blickende bayerische Löwe flankieren. Beide wurden um die Mitte des 19. Jh. errichtet. Ihnen gegenüber, an der Seepromenade, erhebt sich der Alte Leuchtturm (13. Jh.), auch **Mangturm** 2 genannt, nach dem früher hier befindlichen Tuch- oder Mangenhaus. Stadteinwärts führt der Weg am **Lindavia-Brunnen** 3 (1884) vorbei zum **Alten Rathaus** 4. Anfang des 15. Jh. im gotischen Stil erbaut, wurde es 1536 und 1578 im Stil der Renaissance umgestaltet. Das Erdgeschoss beherbergt das Stadtarchiv und die ehemals Reichsstädtische Bibliothek mit mehr als 23 000 Bänden vom 14. Jh. bis zur Gegenwart. Die Bilder im Erker stellen die Zehn Gebote dar, an der bemalten Außenfassade finden sich Szenen des Deutschen Reichstags von 1496. Auf eine vor 700 Jahren erbaute Klosterkirche der Minoriten geht das **Stadttheater** 5 zurück. An der **Gerberschanze** 6 vorbei – herrlich ist von hier der Ausblick über den See – erreicht man über die Fischergasse die **Heidenmauer** 7, einen wahrscheinlich in der Zeit der Staufer (12. Jh.) entstandenen Wachturm. Richtung Seebrücke führt der Weg weiter zur **Bayerischen Spielbank** 8 und von dort zurück stadteinwärts zum Marktplatz, wo die evangelische Stadtpfarrkirche **St. Stephan** 9 (15./16. Jh., 1781–83 umgestaltet) und die katholische Stiftskirche **St. Maria** 10 (Mitte des 18. Jh. vollendet) einträchtig nebeneinander stehen. Gegenüber krönt der prächtige

TOP TIPP

TOP TIPP barocke Bau des **Hauses zum Cavazzen** ⑪ den Platz. 1729 bei einem Stadtbrand völlig zerstört, wurde es neu aufgebaut und gilt als eines der schönsten Bürgerhäuser am Bodensee. Seit 1929 dient es als Stadtmuseum und beherbergt heute eine umfangreiche Sammlung mit Möbeln von der Gotik bis zum Jugendstil. Seine besondere Attraktion jedoch ist die Sammlung mechanischer Musikinstrumente. Ein Stück des weiteren Weges führt über die Maximilianstraße, die mit Patrizierhäusern und Laubengängen noch das durch Gotik und Renaissance geprägte Stadtbild zeigt. Die massige romanische Kirche **St. Peter** ⑫ (um 1000) zählt zu den ältesten Bauwerken im Bodenseeraum und ist heute eine Kriegergedächtniskapelle. Besonders sehenswert sind die einzig bekannten Wandmalereien Hans Holbeins d. Ä. in ihrem Innern. Nur einen Steinwurf entfernt steht der **Diebsturm** ⑬, der gegen 1370 als Teil der alten Stadtummauerung entstanden ist. Im Mittelalter diente er als Gefängnis, seine farbigen Dachziegel stammen aus dem 19. Jh. An der einstigen Stadtmauer entlang gelangt man zur **Sternschanze** ⑭ und weiter auf der malerischen Uferpromenade zur Westspitze der Insel. Dort erhebt sich der **Pulverturm** ⑮ (1508). Dieses ehem. Pulvermagazin diente zum Schutz des unbebauten Westteils der Insel. Heute finden in seinen Räumen kleinere Kulturveranstaltungen statt.

Praktische Hinweise

Information

ProLindau Tourismus-Service, Ludwigstr. 68, Tel. 083 82/26 0030, www.lindau.de

Hotels

Hotel Helvetia, Seepromenade 3, Tel. 083 82/91 30, www.hotel-helvetia.com. Wellnesshotel mit Restaurant, einige Zimmer mit Seeblick.

Insel Hotel, Maximilianstr. 42, Tel. 083 82/50 17, www.insel-hotel-lindau.de. Gemütliches Logis mit Zimmerbibliotheken zum Schmökern.

Lindauer Hof, Seepromenade, Tel. 083 82/40 64, www.lindauer-hof.de. 4-Sterne-Haus in bevorzugter Lage am Hafen.

Restaurants

Gasthof Alte Post, Fischergasse 3, Tel. 083 82/934 60. Regionale und steirische Gerichte mit Niveau.

Zum Sünfzen, Maximilianstr. 1, Tel. 083 82/58 65, www.suenfzen.de. Traditionell bayerische Küche, speziell Süßwasserfisch.

Ein gemütlicher bayerischer Löwe bewacht gravitätisch Lindaus weltberühmten Hafen

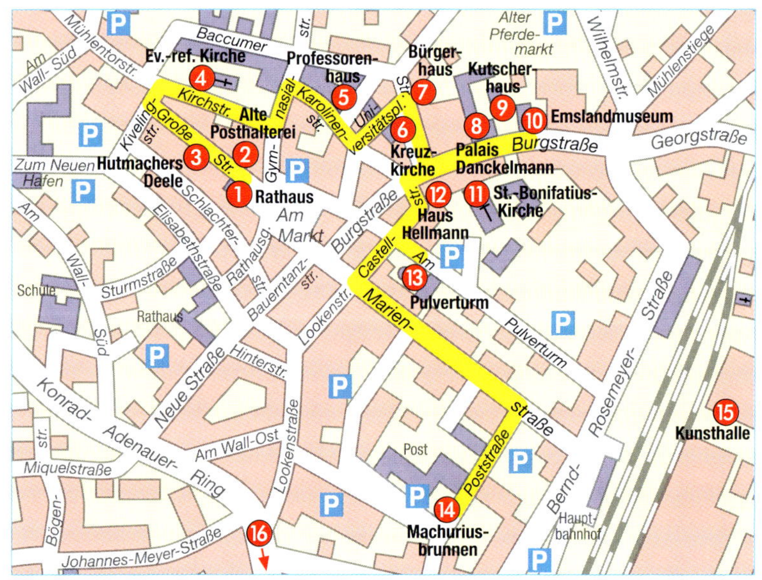

Lingen (Ems) *B3*

Niedersachsen
Einwohner: 52 000

Emsige Emsstadt: Renaissance und Barockes vermitteln holländisches Flair.

Das historische **Rathaus** 1 am Marktplatz wurde 1555 mit einer Gerichtslaube an Stelle der heutigen Freitreppe auf alten Fundamenten errichtet. Hier beginnt der Stadtspaziergang. Schräg gegenüber vom Rathaus liegt die **Alte Posthalterei** 2 am Markt. Das große, zweigeschossige Fachwerkhaus mit Walmdach ist ein eindrucksvoller historischer Bau. Er entstand 1653 als Poststation und diente bis 1851 als Postamt. Heute befindet sich ein Restaurant in dem Gebäude. **Hutmachers Deele** 3, schräg gegenüber in der Großen Straße, wurde 1772 errichtet. Bei der Vergrößerung des Hauses 1948 erhielt es eine neu gestaltete Fachwerkfassade. Über die Kivelingstraße geht es zur **Evangelisch-reformierten Kirche** 4, einem ab 1629 (1772 umgebaut) errichteten schlichten Gotteshaus. Das **Professorenhaus** 5, ein schöner zweigeschossiger Fachwerkbau von 1685 in der Karolinenstraße nahe dem Marktplatz, erinnert an die Rolle Lingens als Universitätsstadt 1697–1819. Im Erdgeschoss lagen zu jener Zeit die Lehrerwohnungen und Wirtschaftsräume, das Obergeschoss diente zur Unterbringung der ca. 50 Zöglinge der Lateinschule. Heute finden in dem vierflügeligen, um einen quadratischen Innenhof gruppierten Gebäude Veranstaltungen des Theaterpädogogischen Zentrums statt. Die benachbarte lutherische **Kreuzkirche** 6 wurde 1733–37 im Stil des Barock erbaut. Zusätzlich nutzte man sie als Aula der Universität. Sehenswert ist der schön geschwungene Schaugiebel. Das am Ende der Baccumer Straße gelegene **Bürgerhaus** 7 entstand 1733 in holländischem Stil und zeigt einen ebenfalls anmutig geschwungenen Glockengiebel. Das Haus war 1974 abgebrochen und anschließend mit der alten Fassade aus originalen Teilen wieder aufgebaut worden. Im vormaligen **Palais Danckelmann** 8, erbaut 1646 für den oranischen Landrichter Sylvester Danckelmann, ist heute das Amtsgericht untergebracht. Hier wird seit mehr als 300 Jahren Recht gesprochen. Das dem Anwesen ursprünglich zugehörige idyllische **Kutscherhaus** 9 ist ein Teil des **Emslandmuseums** 10, das die Zeit vom Mittelalter bis fast in die Gegenwart hinein dokumentiert. Eine umfangreiche Ausstellung im Kutscherhaus veranschaulicht das Leben im Emsland in früherer Zeit. Zu den Exponaten gehören Geräte und Möbel aus dem bäuerlichen und bürgerlichen Bereich ebenso wie Waffen und Festungsbaupläne. Mit der **St.-Bonifatius-Kirche** 11 in der Burgstraße erhielt die katholische

Gemeinde 1833 ein in rotem Backstein ausgeführtes Gotteshaus im klassizistischen Stil – mit schönen Sandsteinsäulen im Innern. Der Bau wurde Anfang des 20. Jh. durch Turm und Chorraum im neoromanischen Stil ergänzt. Als prachtvollstes Bürgerhaus des Emslandes gilt das ebenfalls in der Burgstraße liegende **Haus Hellmann** 12. Es besitzt einen Fachwerkgiebel, der aus dem Jahr 1641 stammt. Die niederdeutschen und lateinischen Inschriften auf den Giebelbalken muss der Besucher selber entziffern, die Sinnsprüche sind diese Mühe allerdings wert. Nur wenig weiter liegt auf der linken Seite das Haus Wichmann mit einem schönen Giebel, erbaut 1655 auf dem Terrain des zugeschütteten Burggrabens. Links abbiegend, gelangt man über die Castellstraße zum **Pulverturm** 13. Er wurde 1961 liebevoll rekonstruiert und erinnert an die im 17. Jh. abgetragene mittelalterliche Stadtbefestigung. In der den Turm umgebenden Gartenanlage stößt man auf ein barockes Tor. Es stammt von dem nicht mehr bestehenden Haus eines Landadeligen. Ein kurzer Abstecher vom vorgeschlagenen Weg führt Interessierte zum Haus Nr. 19 in der Lookenstraße. Hier praktizierte im 17. Jh. der berühmte ›Medicus‹ Andreas Wesken. Auf sein Wirken weist eine an dem Haus angebrachte Barockfigur hin. Über Marien- und Poststraße erreicht man das Gebäude der Post. An seiner Rückseite wurde der Parkhaushügel angelegt, an dessen Fuß der **Machuriusbrunnen** 14 an eine alte Lingener Sagengestalt erinnert.

TOP TIPP

Weitere Sehenswürdigkeiten:

Hallen des ehem. Eisenbahnausbesserungswerks, Kunsthalle 15
Jüdische Schule 16

i Praktische Hinweise

Information

Verkehrsbüro Stadt Lingen, Elisabethstr. 14-16, Tel. 05 91/914 41 45, www.lingen.de

Hotels

Altes Landhaus, Lindenstr. 45, Tel. 05 91/ 80 40 90, www.alteslandhaus.de. Gemütlich wohnen in regionaltypischem Backsteinbau.

Hotel Kolpinghaus, Burgstr. 25, Tel. 05 91/ 91 20 70, www.kolpinghaus-lingen.de. Familienfreundliches Haus mit Restaurant und Terrasse.

Parkhotel, Marienstr. 29, Tel. 05 91/91 21 60, www.parkhotel-lingen.de. Freundliche Zimmer in schlossähnlichem Haus, mit Sauna.

Restaurants

Alte Posthalterei, Große Str. 1, Tel. 05 91/ 547 42. Rustikal-deftige Gerichte in historischem Ambiente.

Hotel am Wasserfall, Am Wasserfall 2, Tel. 05 91/80 90, www.hotel-am-wasserfall.de. Ein Haus, zwei Restaurants: Gutbürgerliche und gehobene internationale Küche.

Restaurant Hummeldorf, Waldstr. 100, Tel. 05 91/622 18. Gutbürgerliche Küche.

Schmucke Fassaden zeigen das Rathaus (links) und die Alte Posthalterei am Marktplatz

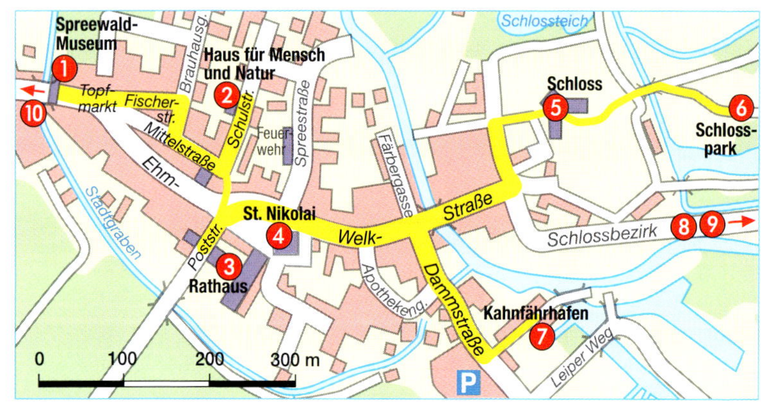

Lübbenau

F4

Brandenburg
Einwohner: 17 000

Wendisch-spreewäldisches Zauberstädtchen, nah am Wasser gebaut.

Lübbenau, auf Sorbisch Lubnjow, wurde bereits im 6. Jh. durch Sorben besiedelt. Das westslawische Volk, auch Wenden genannt, mit seinen eigenständigen Gebräuchen (wie z.B. Maibaumwerfen und Vogelhochzeit) ist noch heute in Teilen Sachsens und Brandenburgs zu Hause. Schutz und Förderung der sorbischen Sprache und Kultur sind festgeschrieben. Mit ein wenig Glück trifft man hier Menschen, die eine der farbenfrohen traditionellen sorbisch-wendischen Trachten tragen, von denen es heute noch vier gibt: die Schleifer, Hoyerwerdaer, niedersorbische und katholische Tracht. Am westlichen Zugang zur Altstadt ist in einem Torhaus am Stadtgraben das

TOP TIPP

Spreewald-Museum 1 untergebracht, in dem die Geschichte der in Europa einzigartigen Spreewaldregion mit der Entwicklung des Handwerks- und des Gerichtswesens bis in die Zeit der DDR gezeigt wird. Der 1784 unter der Bezeichnung ›Schönes Torhaus, Arrestanten- oder Wachthaus‹ errichtete Vorgängerbau wurde 1850 durch das jetzige Gebäude ersetzt, das bis 1989 als Gericht und Gefängnis diente. Am Topfmarkt verlässt der Weg die Haupteinkaufsstraße der Stadt, die Ehm-Welk-Straße mit ihren sorgfältig restaurierten Fachwerkhäusern. Sie ist benannt nach dem beliebten, von 1935 bis 1945 in Lübbenau ansässigen Verfasser der ›Heiden von Kummerow‹. Über Fischer-, Mittel- und

TOP TIPP

Schulstraße geht es zum **Haus für Mensch und Natur** 2. Hier wird die Entwicklung des Spreewaldes von einer urwaldartigen Natur- zur Kulturlandschaft anschaulich dargestellt, einer Landschaft, von der schon Theodor Fontane vor 150 Jahre reimte: »… dass dem Netze dieser Spreekanäle/Nichts von dem Zauber von Venedig fehle/Durchfurcht das endlos wirre Flussrevier/Mit seinem Kahn der Spreewaldgondolier«. Die mehr als 1000 km Wasserläufe in der urwüchsigen Landschaft ziehen sich als natürliche Gewässer – hier Fließe genannt – und Kanäle gewunden durch Wälder, Wiesen, Äcker und sogar durch die Dörfer. 1991 wurde diese Kulturlandschaft von der UNESCO zum Biosphärenreservat erklärt, um sie in ihrer Ursprünglichkeit zu erhalten. Seltene Tiere und Pflanzen haben hier ihren Lebensraum. Im zentralen Besucherinformationszentrum des Biosphärenreservats kann man sie über ein Arten-Infosystem ganz spielerisch kennen lernen. Im **Rathaus** 3, einem schlicht gestalteten Gebäude, ist die Stadtverwaltung für Lübbenau und zehn seit 1992 angeschlossene Orte ansässig. Gegenüber steht die Kirche **St. Nikolai** 4 (1738–41), ein Barockbau mit beachtenswerter Innenausstattung. Dazu gehört ein Wandgrab von 1768, in dem die Gebeine des Grafen Carl zu Lynar, eines der Standesherrn Lübbenaus, beigesetzt sind. Der schöne Orgelprospekt von 1741 wurde von Johann Jakob Köpler geschaffen. Bis ins Jahr 1867 wurden die Gottesdienste noch in wendischer Sprache abgehalten. Auf dem Marktplatz steht der neue **Sagenbrunnen**, ein Werk des Rathenower Künstlers Volker Roth. Das – etwas abseits vom Stadtkern –

nordöstlich liegende **Schloss** ❺ markiert den ältesten Teil von Lübbenau. An seinem Zugang befinden sich das älteste Gebäude der Stadt, ein zweistöckiges Fachwerkhaus (1745–48 erbaut), sowie das früher komplett überwachsene Efeuhaus. Das klassizistische Schloss, das eine einst dort befindliche Wasserburg ersetzt, ist heute ein Hotel für gehobene Ansprüche. Unmittelbar daran angrenzend erstreckt sich der ausgedehnte, 9 ha große **Schlosspark** ❻ mit seinen gepflegten Rasenflächen und schönem alten Baumbestand. Die einstige Orangerie in diesem Park wird jetzt für kulturelle Veranstaltungen genutzt. Eisenbahnfreunde können in einer Ausstellungshalle am Eingang eine Lokomotive und Waggons der alten Spreewaldbahn bewundern. Zu einem Aufenthalt im Spreewald gehört immer eine Kahnfahrt auf einem der vielen Wasserläufe. Typisches Transportmittel auf den etwa 600 km schiffbaren Wasserwegen ist von jeher der flache Holzkahn, von Hand bewegt mit einem ›Holzrudel‹. Der größte der vier Anlegeplätze in Lübbenau ist der **Kahnfährhafen** ❼ nur wenige Hundert Meter vom Stadtkern entfernt. Die fast lautlose Fahrt ist ein einzigartiges Erlebnis.

Weitere Sehenswürdigkeiten:

Freilandmuseum Lehde ❽ (zum Spreewaldmuseum gehörend)
Bauernhaus- und Gurkenmuseum ❾
Postmeilensäule ❿ (1740, an der Ecke Karl-Marx-Straße/Töpferstraße)

i Praktische Hinweise

Information

Spreewald-Touristinformation Lübbenau, Ehm-Welk-Str. 15, Tel. 035 42/36 68, www.spreewald-online.de

Hotels

Hotel Schloss Lübbenau, Schlossbezirk 6, Tel. 035 42/87 30, www.schloss-luebbenau.de. Hotelbetrieb und Restaurants mit fürstlichem Flair.

Hotel Spreewaldeck, Dammstr. 31, Tel. 035 42/890 10, www.spreewaldeck.de. Solides Haus nahe dem Kahnfährhafen, mit Restaurant.

Pension Ebusch, Topfmarkt 4, Tel. 035 42/36 70, www.pension-ebusch.de. Äußerst behagliche Zimmer, im Restaurant gibt es Fisch-Spezialitäten.

Restaurants

Gasthaus Kaupen Nr. 6, Lübbenau/Lehde, Tel. 035 42/478 97. Regionale Küche, Senf-Spezialitäten aus eigener Herstellung.

Strubel's Stübchen, Dammstr. 3, Tel. 035 42/27 98. Rustikale spreewaldtypische Gerichte, hausgemachter Kuchen.

Zum Rudelhaus, Dammstr. 77 a, Tel. 035 42/831 45. Spreewald-Fischgerichte und mehr, schöner Hafenblick.

Ein farbenfroher Trachtenreigen lässt sich beim Spreewaldfest im Juli bewundern

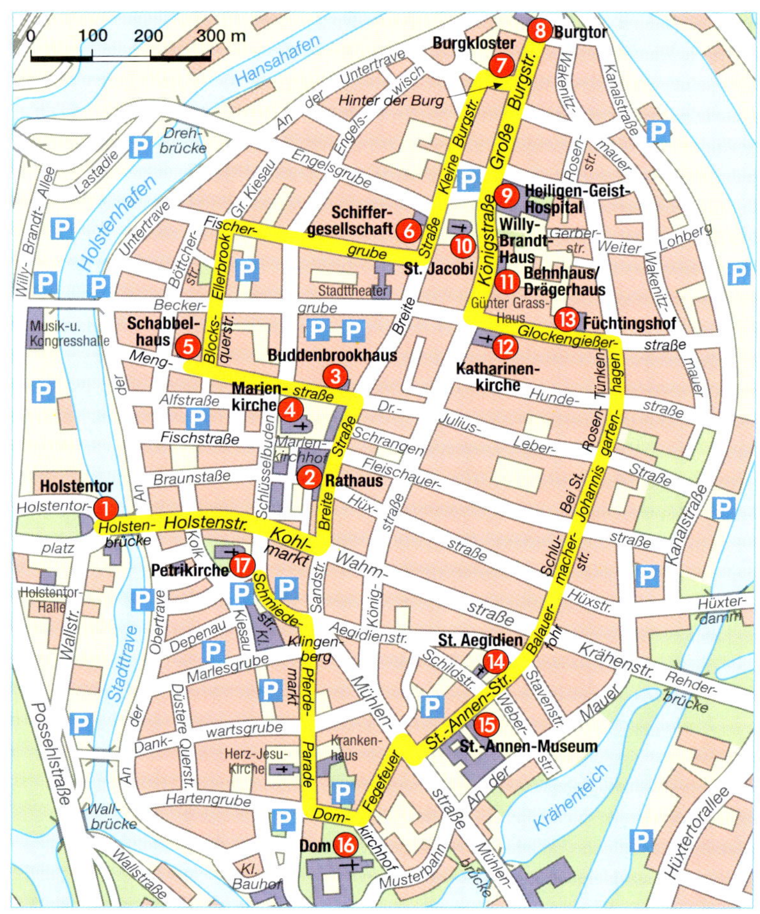

Lübeck *D2*

Schleswig-Holstein
Einwohner: 214 000

Den Stolz gediegener Kaufmannstradition spürt man auf Schritt und Tritt.

›Königin der Hanse‹ wird Lübeck gerne genannt, und dies mit gutem Recht. Der gesamte historische Stadtkern mit seinen typischen, erstmals im 13. Jh. erbauten gotische Backsteinhäusern, gehört zum Weltkulturerbe der UNESCO. Der Rundgang beginnt am trutzigen

TOP TIPP

Wahrzeichen Lübecks, dem **Holstentor** ❶. Es war 1464–78 errichtet worden und beherbergt heute das Museum der Stadt- und Seefahrtsgeschichte. Südlich davon stehen die Salzspeicher, eine Reihe von hohen Backsteinhäusern aus dem 16.–18. Jh. Vorbei an dem für sein Marzipan berühmten Café Niederegger geht es zum Markt mit

TOP TIPP

dem prächtigen **Rathaus** ❷ von 1230. Das 300 m entfernte **Buddenbrookhaus** ❸ wurde 1758 erbaut, befand sich 1841–91 im Besitz der Familie Mann und wurde im Krieg fast völlig zerstört. In dem Neubau hinter der alten Fassade entstand 1991 das Heinrich-und-Thomas-Mann-Zentrum. Die **Marienkirche** ❹ (1250–1350), drittgrößte Kirche Deutschlands, besitzt ein fast 40 m hohes Mittelschiff, das höchste Backsteingewölbe der Welt. Im Krieg brannte sie aus und die beim Brand herabgestürzten Reste der großen Glocken blieben als Mahnmal liegen. Sehenswert ist auch ein spätgotischer Marienaltar (1518). Das historische **Schabbelhaus** ❺ ist mit Einrichtungsgegenständen aus alten lübischen Kaufmannshäusern und Leihgaben des St.-Annen-Museums ausgestattet, ebenerdig befindet sich eine Gaststätte. Eines der schönsten Gebäude Lübecks ist die **Schiffergesellschaft** 6 von 1535. Einst war es das Haus der Schiffer und Segelmacher, heute ist es nach eigenem Bekunden die ›klassischste Kneipe der Welt‹. Bemerkenswert sind die mächtigen bemalten Balken und geschnitzten Pfosten im ehem. Versammlungsraum der Schiffer und der riesige, 431 Pfund schwere Kronleuchter. Das bereits im Jahr 1227 gegründete **Burgkloster** 7, die bedeutendste aller erhaltenen mittelalterlichen Klosteranlagen Norddeutschlands, diente nach der Reformation als Armenhaus, später als Gericht und Gefängnis, heute ist es ein Kulturzentrum. Daneben steht das **Burgtor** 8 (1200, 1444), ein großartiges Zeugnis mittelalterlicher Baukunst. Es wird ebenfalls für kulturelle Zwecke genutzt. Das **Heiligen-Geist-Hospital** 9 (1290) mit gotischen Wandmalereien, Altären und Heiligenfiguren aus dem 13.–15. Jh. ist eine der ältesten Sozialeinrichtungen Europas. Gleich nebenan dokumentiert seit 2007 das **Willy-Brandt-Haus** Leben und Werk des Nobelpreisträgers und Bundeskanzlers der ›Neuen Ostpolitik‹. Die **Jacobikirche** 10 (1334) blieb als eine von wenigen Lübecker Kirchen im Krieg unbeschädigt. Das **Behnhaus** und das benachbarte **Drägerhaus** 11 (beide Ende 18. Jh.) sind Museen für die Kunst- und Kulturgeschichte Lübecks im 19. Jh. Die **Katharinenkirche** 12 (1300–70) besitzt eine reich ausgestaltete Westfassade, die im 20. Jh. durch Terrakotta-Figuren von Ernst Barlach und Gerhard Marcks ergänzt wurde. Innen verdienen ›Die Auferstehung des Lazarus‹ von Tintoretto sowie eine spätgotische Triumph-

kreuzgruppe besondere Beachtung. Der **Füchtingshof** 13 ist eine 1636 von Schiffern und Kaufleuten gebaute Wohnanlage für ältere und arme Mitbürger. Ganz in der Nähe (Glockengießerstr. 21) gibt seit 2002 das **Günter Grass-Haus** Einblicke in das Werk des Schriftstellers und Grafikers. Die schlichteste der Lübecker Pfarrkirchen ist die im 14./15. Jh. errichtete **Aegidienkirche** 14 mit sehr sehenswerten gotischen Wandmalereien. Das **St.-Annen-Museum** 15 wurde 1502 als Kloster erbaut, während der Reformation aufgelöst und dient seit 1915 als Museum. Sein größter Schatz ist eine Sammlung von Schnitzaltären. Den Grundstein für den **Dom** 16, ältestes Baudenkmal Lübecks, legte 1173 Heinrich der Löwe. 1230 war die romanische Basilika vollendet. Gegen 1260 wurde das ›Paradies‹, eine spätromanische Vorhalle, hinzugefügt. Südlich des Doms liegt das Museum für Natur und Umwelt. Zwischen 1227 und 1250 entstand die **Petrikirche** 17 als romanischer Bau. 1450– 1519 wurde sie in gotischem Stil umgebaut, heute wird sie für kulturelle Veranstaltungen genutzt.

Wehrhaftigkeit und Solidität: Das wuchtige Holstentor steht vor der Stadt– und für sie

Praktische Hinweise

Information

Welcome Center Lübeck- und Travemünde Marketing, Breite Str. 62, Tel. 018 05/88 22 33, www.luebeck-tourismus.de

Hotels

Alter Speicher, Beckergrube 91–93, Tel. 04 51/710 45, ww.hotel-alter-speicher.de. Geschmackvoll ausgestattetes Haus zum kultivierten Logieren.

Am Mühlenteich, Mühlenbrücke, Tel. 04 51/771 71, www.hotel-am-muehlenteich.de. Freundliches Hotel Garni in zentraler Altstadtlage.

Klassik Altstadthotel, Fischergrube 52, Tel. 04 51/70 29 80, www.klassik-altstadt-hotel.de. ›Themen‹-Zimmer zu lübschen Persönlichkeiten, ambitionierte Küche.

Restaurants

Lübecker Kartoffelkeller, Koberg 8, Tel. 04 51/762 34. Kartoffelspezialitäten, serviert in schönen Backsteingewölben.

Ratskeller, Markt 13, Tel. 04 51/720 44. Gediegen norddeutsch dinieren im historischen Rathaus.

Schiffergesellschaft, Breite Str. 2, Tel. 04 51/767 76. Seefahrer-Tradition und hanseatische Kultur kulinarisch.

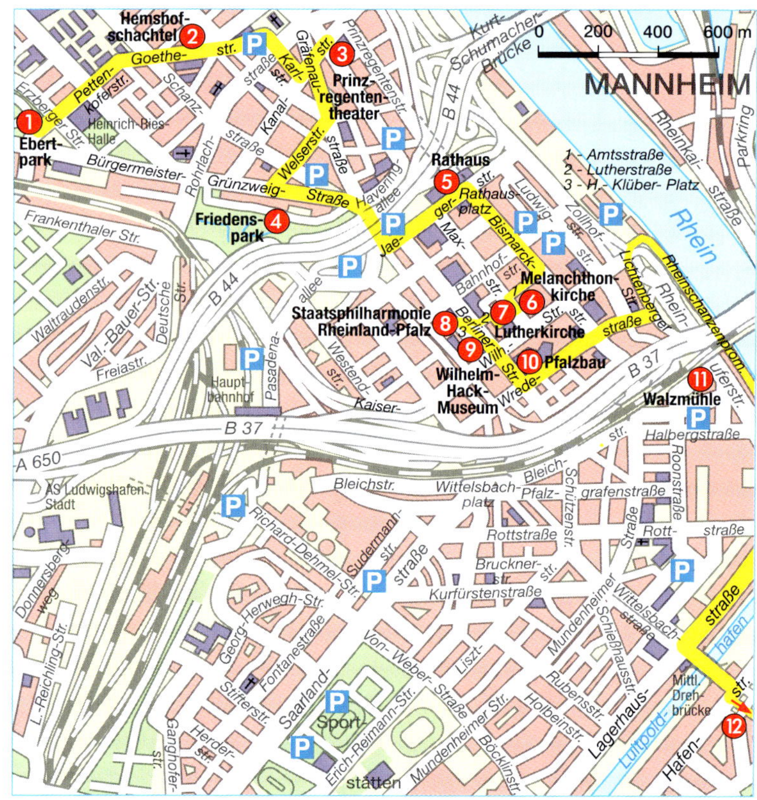

Ludwigshafen (Rhein) *B6*

Rheinland-Pfalz
Einwohner: 164 000

An gemeinsame bayerisch-pfälzische Zeiten erinnert die relativ junge Stadt.

Ludwigshafen entstand zunächst als linksrheinischer Brückenkopf der Mannheimer Festung Friedrichsburg. Erst 1852 stimmte die Bürgerschaft der Bildung einer selbstständigen Stadt zu. Nachdem der Bayernkönig Ludwig I., der zugleich Namensgeber des Ortes war, seine Zustimmung erteilt hatte, besiegelte die Gründungsurkunde Anfang 1853 den neuen Status von Ludwigshafen. Der Spaziergang durch die pfälzische Stadt beginnt im **Ebertpark** ❶. Ihre Entstehung verdankt diese Grünanlage der Süddeutschen Gartenbauausstellung des Jahres 1925. Dafür hatte der Cannstatter Architekt C. W. Siegloch eine großzügige Anlage entworfen, die jedoch im Zweiten Weltkrieg schwere Schäden davontrug. Sein heutiges Aussehen erhielt der Park in den Jahren 1950–55. Vorbei an der Heinrich-Ries-Halle führt der Weg weiter in die Altstadt, genauer in den Stadtteil Hemshof. Hier spürt man, dass Ludwigshafen im 19. Jh. sehr schnell den Charakter einer Fabrikstadt annahm. Die zwischen 1870 und 1910 in Hemsdorf entstandenen Arbeiterwohnsiedlungen der BASF sind heute noch größtenteils erhalten. Durch ihre Sanierung Mitte der 1970er-Jahre fanden viele Privattheater, Galerien und Kulturstätten Platz. Eines der Theater, das Ludwigshafen über die Stadtgrenzen hinaus bekannt gemacht hat, ist die **Hemshofschachtel** ❷. Das ›Theater in de Muttersproch‹ führt Komödien und Kleinkunst in Pfälzer Mundart auf. Auch das **Prinzregententheater** ❸ etwas weiter im Osten der Stadt fühlt sich der heimischen Mundart verpflichtet. Zwischen Hemshof und dem eigentlichen Stadtzentrum liegt der **Friedenspark** ❹. Ein Kinderparadies mit vielfältigen Spielmöglichkeiten sowie die Skateranlage machen den Park zu einer attraktiven Freizeitarena. Nur wenige

Schritte entfernt befindet sich das **Rathaus** 5 mit dem Stadtmuseum. An der Stelle des früheren Hauptbahnhofes entstand 1979 das moderne Rathauscenter, das neben Amtshaus und Museum auch zahlreiche Geschäfte, Galerien und Cafés beherbergt. Nach einem Bummel durch die belebte Fußgängerzone führt die Tour weiter zur protestantischen **Melanchthonkirche** 6, einem modernen Kirchenbau. Wenige Schritte weiter steht man vor der Ruine der **Lutherkirche** 7, der ältesten Kirche der Innenstadt. Die Pläne für das 1858–62 erbaute neogotische Gotteshaus stammten von dem Münchner Architekten August von Voigt. Dessen gleichnamiger Sohn stellte 1879 den Mittelturm fertig. Zusammen mit der Ostfassade widerstand der Turm den alliierten Bomben, während der Rest der Kirche im Zweiten Weltkrieg zerstört wurde. An der Stelle des früheren Kirchenschiffes plätschert heute der Lutherbrunnen. Nicht weit davon entfernt wurde 1985 die **Staatsphilharmonie Rheinland-Pfalz** 8 eingeweiht, Sitz des 1919 gegründeten größten und führenden Sinfonieorchesters des Bundeslandes. Zu den TOP TIPP künstlerischen Attraktionen Ludwigshafens gehört das **Wilhelm-Hack-Museum** 9, dessen Fassade Joan Miró mit bunten Steinzeugkacheln gestaltet hat. Die Sammlung umfasst moderne Kunst und mittelalterliche Sakralkunst. Das **Theater im Pfalzbau** 10 bildet zusammen mit der Philharmonie und dem Hack-Museum das sog. Ludwigshafener ›Kulturdreieck‹. Der 1928 eingeweihte Pfalzbau wurde im Zweiten Weltkrieg völlig zerstört, 1964 wieder aufgebaut und jüngst renoviert. Weiter TOP TIPP in östlicher Richtung gelangt man ans Rheinufer und zur **Walzmühle** 11. Das Industriebauwerk (1906), Wahrzeichen der Stadt, beherbergt u. a. das Ernst-Bloch-Zentrum. Über die Rheinschanzenpromenade geht's zum **Stadtpark auf der Parkinsel** 12 mit dem Pegelturm (errichtet um 1900).

i Praktische Hinweise

Information

Tourist-Information Ludwigshafen, Berliner Platz 1, Tel. 06 21/51 20 35, www.lukom.com

Hotels

Best Western Hotel, Pasadena-Allee 4, Tel. 06 21/595 10, www.hotel-ludwigshafen.bestwestern.de. Modernes Hotel direkt am Hauptbahnhof.

Business-Hotel René Bohn, René-Bohn-Str. 4, Tel. 06 21/609 91 00, www.wirtschaftsbetriebe.basf.de. Elegant gestaltete, moderne Zimmer.

Europa Hotel, Ludwigsplatz 5–6, Tel. 06 21/598 70, www.europa-hotel.com. Komfortable Unterkunft im Zentrum.

Restaurants

Andechser, Ludwigstr. 73–77, Tel. 06 21/51 35 17.de. Bayerisches und Regionales.

Engel's am Theater, Kaiser-Wilhelm-Str. 39, Tel. 06 21/62 90 09 29. Gehobene regionale Küche und aufmerksamer Service.

Marly, Welserstr. 25, Tel. 06 21/520 78 00. Südfranzösisch-mediterrane Küche.

Ein wuchtiges Wahrzeichen von Ludwigshafen ist das moderne Rathauscenter

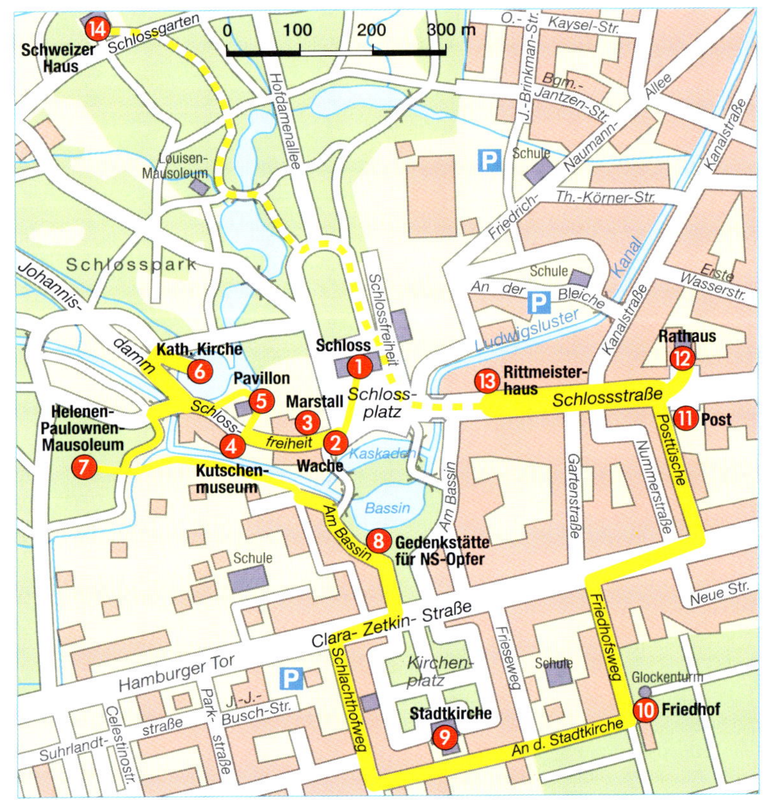

Ludwigslust *D3*

Mecklenburg-Vorpommern
Einwohner: 13 000

Eher klein, aber fürstlich genug, weiß die Residenzstadt jeden zu bezaubern.

Die mecklenburgische Kreisstadt Ludwigslust verdankt ihre Entstehung der fürstlichen Vorliebe für ein Jagdschlösschen in der Nähe des Dorfes Klenow und ihren Namen dem Herzog Christian Ludwig II. von Mecklenburg-Schwerin. Dessen Sohn Herzog Friedrich beschloss, Schwerin den Rücken zu kehren und gleich eine neue Residenz samt dazugehöriger Stadt ›aus dem Boden zu stampfen‹ (ab 1756). Nach den Plänen des Hofbaumeisters Johann Joachim Busch ließ er als Mittelpunkt der spätbarocken Stadtanlage das **Schloss** 1 errichten (1772–76). 1837 verlegte Friedrich, inzwischen Großherzog, seine Hauptresidenz wieder zurück auf die Schweriner Schlossinsel, Ludwigslust blieb herrschaftlicher Sommer- und Jagdsitz. Der dreigeschossige Zweiflügelbau mit 40 allegorischen Figuren und Vasen auf dem Attikageschoss ist seit 1920 für die Öffentlichkeit zugänglich. Im 13 m hohen Goldenen Saal, früher Ball- und Konzertsaal, und in 18 weiteren von über 100 Räumen versetzen Möbel, Spiegel, Leuchter, Uhren, Gemälde und Büsten den Besucher in die höfische Kunst und Wohnkultur des ausgehenden 18. und frühen 19. Jh. Doch ist nicht alles Gold, was glänzt: Wand- und Deckenschmuck, Ornamente, ja sogar Büsten und Statuen sind vielfach aus Pappmaschee. Dieser Rohstoff war billig und konnte leicht bearbeitet werden – in Ludwigslust war eine ganze herzogliche Manufaktur mit der Herstellung dieses Materials beschäftigt. Auch der Pirnaer Sandstein der Außenfassade ist nur Verkleidung, dahinter halten norddeutsche Backsteine das Ganze zusammen. Zum fürstlichen Ensemble gehört auch der Schlosspark, mit rund 120 ha der größte Landschaftspark Mecklenburgs und einer der schönsten in Norddeutschland (130 verschiedene Baumarten). Die

TOP TIPP

ursprünglich barocke Anlage wurde 1852–60 durch den Gartenarchitekten Peter Joseph Lenné im englischen Stil umgestaltet. Der Nachwelt blieb eine Oase der Stille im Schatten exotischer Bäume und z.T. eigenwilliger Bauwerke. In den Park gelangt man über den Schlossplatz und entlang der ›Schlossfreiheit‹ – vorbei an Kaskaden, der **Wache** 2, dem **Kutschenmuseum** 3 sowie dem großherzoglichen **Marstall** 4. Nach einem kleinen Abstecher vorbei am **Pavillon** 5 erreicht man, auf einer kleinen Insel gelegen, die neogotische **Katholische Kirche** 6, erbaut in den Jahren 1803–09. Zur eindrucksvollen Kulisse gehört auch das **Helenen-Paulownen-Mausoleum** 7, in dem die Gemahlin Friedrichs und Tochter des russischen Zaren Paul I. begraben liegt. Unterhalb der **Gedenkstätte für NS-Opfer** 8 am Bassin führt der Weg vorbei an zwei konkav geformten Backsteinbauten, einst Wohngebäude für die Hofangestellten, bevor man außen um den Kirchenplatz herum die tempelartige **Stadtkirche** 9 (1765–70) erreicht. Den im Verhältnis zum übrigen Bau überdimensionierten Portikus schmücken das Christogramm (die zwei gekreuzten griechischen Buchstaben des Namens Christi, ›Chi‹ und ›Rho‹) sowie vier überlebensgroße antike Sandsteinstatuen. Auf dem 340 m² großen Altargemälde im Innern wird die Verkündigung der Geburt Christi an die Hirten in Bethlehem dargestellt. Nur aufgemalt ist die Kassettendecke; unter dem Putz verbirgt sich ein Backsteinkern. Einlass auf den **Friedhof** 10 gewährt ein prächtiges Portal. Die Sterbeglocken läuten an Türmen, die ägyptischen Pylonen nachempfunden sind. Am Ende der schmalen Straße ›Posttüsche‹ befindet sich die alte, momentan leer stehende **Post** 11 (1888). Schlichte Formen prägen das 1994–96 umgebaute und erweiterte **Rathaus** 12 (mit einem begehbaren, innen liegenden Lichthof). Die 14 m breite, in Reitweg/Radweg/Bürgersteig gegliederte Schlossstraße säumen denkmalgeschützte Barockhäuser, darunter z.B. das **Rittmeisterhaus** 13. Wie der Name bereits vermuten lässt, verbirgt sich dahinter eine ehem. Unterkunft für ortsansässige und durchreisende Träger dieses Dienstgrades der Armee. Wer noch mehr vom Schlosspark sehen will, für den empfiehlt sich noch ein etwa 30-minütiger Spaziergang am Schloss vorbei zum Louisen-Mausoleum und schließlich zum **Schweizerhaus** 14, in dem jüngst italienische Wandmalereien freigelegt wurden.

TOP TIPP

Praktische Hinweise

Information

Ludwigslust-Information, Schlossstr. 36, Tel. 03874/526251, www.stadtludwigslust.de

Hotels

Erbprinz, Schweriner Str. 38, Tel. 03874/25040, www.hotel-erbprinz.m vp.de. Stilvolle Einrichtung, zentral und ruhig.

Landhaus Knötel, Kanalstr. 19, Tel. 03874/22015, www.landhaus-knoetel.m-vp.de. Freundliche Zimmer, Restaurant mit hausgemachten Spezialitäten.

Landhotel de Weimar, Schlossstr. 15, Tel. 03874/4180, www.landhotel-de-weimar.de. Luxuriöses Privat-Hotel mit historischem Flair und regionaler Küche.

Restaurants

Am Kanal, Friedrich-Naumann-Allee 3, Tel. 03874/21660. Solides Haus in Ufernähe, bietet solide Hausmannskost.

Gasthof zum Rosengarten, Am Krullengraben 1, Tel. 03874/21271. Gutbürgerliche Küche mit regionalen Spezialitäten.

Rostocker Hof, Schweriner Str. 39, Tel. 03874/49038. www.rostockerhofludwigslust.de. Traditionsgaststätte mit regionaler Küche.

Wie der Sonnenkönig: Mecklenburgs Herzöge träumten in Schloss Ludwigslust von Versailles

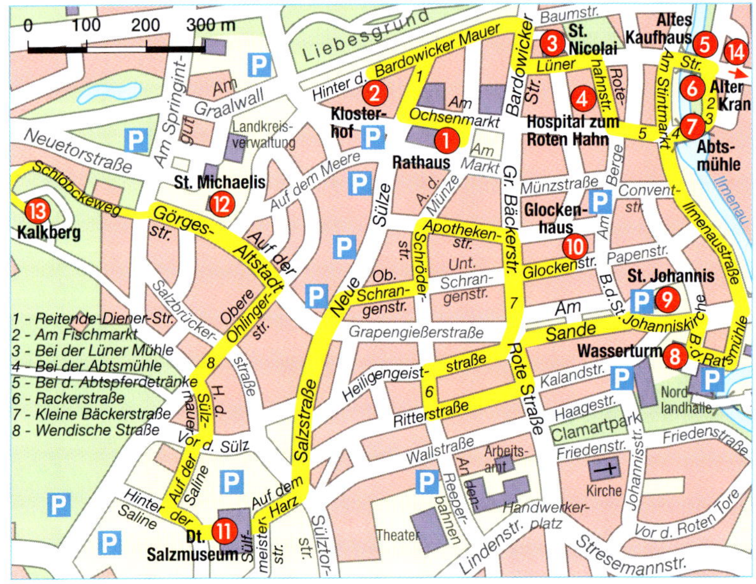

Lüneburg

D3

Niedersachsen
Einwohner: 72 000

Durch Salzhandel erworbener Reichtum erschuf eine prächtige Stadt.

TOP TIPP

Ein Rundgang durch Lüneburg beginnt am besten am **Rathaus** ❶, veranschaulicht dieser im 13.–19. Jh. gewachsene Gebäudekomplex doch am besten den Wohlstand der durch Saline und Salzhandel reich gewordenen ehem. Hansestadt. Mit seiner barocken Schaufront (1704–20) beherrscht das Rathaus, eines der größten Norddeutschlands, den Markt. Vom Stolz der einstigen Ratsherren künden Gerichtslaube, Ratssitzungssaal (14. Jh., ›Heldenfenster‹), Körkammer (1491, farbige Glasfenster), Gewandhaus (15. Jh.), Fest- und Huldigungssaal sowie die Große Ratsstube (1566–84, Holzschnitzereien von Albert von Soest). Die beste Sicht auf den Glockenturm (samt Glockenspiel aus Meissener Porzellan, 1956) hat man vom Rathausgarten. Mit ihren Fassaden zum Ochsenmarkt ausgerichtet stehen auch das Heinrich-Heine-Haus, in dem der Dichter 1822–28 lebte, und das Stadtschloss (1695–1700) der Herzöge von Braunschweig-Lüneburg. Im **Klosterhof** ❷, einem später säkularisierten Franziskanerkloster, konnten die Witwen evangelischer Prediger ihren Lebensabend verbringen (Prediger-Witwenhäuser). An den Resten der inneren, bis zu 12 m dicken Stadtmauer entlang geht es genau auf **St. Nicolai** ❸ (15. Jh., Krypta) zu. Die dreischiffige gotische Backsteinbasilika mit dem Schifferkranz an der Turmspitze ist das Gotteshaus des Wasserviertels, des ältesten, aus einem frühmittelalterlichen Dorf an der Ilmenau entstandenen Stadtteils. Der eindrucksvolle Fachwerkbau des **Hospitals zum Roten Hahn** ❹ (15. Jh.) verdankt seine Existenz einer ratsherrlichen Stiftung; sehenswert ist auch der malerische Innenhof. Der Stintmarkt, auf dem einst der beliebte Speisefisch Stint verkauft wurde und um den sich heute die Lüneburger Kneipenszene befindet, mündet in die Lüner Straße, über die man zum **Alten Kaufhaus** ❺ gelangt. Vom alten ›Heringshus‹, in dem gesalzener Ostseehering eingelagert wurde, blieb nach einem Brand 1959 nur noch die barocke Fassade (1741–45) erhalten. Die hölzernen Laufräder (Durchmesser rund 5 m) des **Alten Krans** ❻ (erstmals erwähnt 1332) am Hafen versahen ihren Dienst noch bis 1860. Schon für das 12. Jh. ist die **Abtsmühle** ❼ (heutiger Fachwerkbau aus dem 19. Jh.) bezeugt, als der Sachsenherzog Heinrich der Löwe dem Abt des Klosters St. Michael diese übertrug. Einen herrlichen Rundblick über die Stadt bietet der **Wasserturm** ❽ (1906/07) – die Aussichtsplattform in 56 m Höhe ist mit dem Aufzug erreichbar. Die mächtige gotische **St.-Jo-**

hannis-Kirche ⑨ (14. Jh.) mit 108 m hohem Turm ist die älteste noch erhaltene Kirche der Stadt. Sie steht im Sandviertel, das seinen Namen vom zentralen, im Mittelalter ungepflasterten, Handelsplatz ›Am Sande‹ erhielt. Seine Fläche von 275 x 40 m säumen prächtige Bürgerhäusern (u.a. das Schwarze Haus aus dem Jahr 1548). Im Keller der Heiligengeiststraße 39 nahm das Brauereiwesen Lüneburgs seinen Anfang (Brauereimuseum im Hinterhof). Über die Ritterstraße (Ostpreußisches Landesmuseum) sowie die Kleine und Große Bäckerstraße führt der Rundgang zum **Glockenhaus** ⑩ (1482), einem 40 m langen, einst als Arsenal und Kornspeicher genutzten Gebäude mit hohem Satteldach. An der Alten Rathsapotheke (1598) in der Großen Bäckerstraße vorbei, geht es in die malerischen Winkel der westlichen Altstadt. Durch die mehr als 1000 Jahre andauernde Ausbeutung der Salzvorkommen (bis 1980) senkte sich das Salzviertel, eine dritte Keimzelle der Stadt, um mehrere Meter. TOP TIPP Im **Deutschen Salzmuseum** ⑪ (Industriedenkmal Saline) wird die Zeit lebendig, als über 1000 Arbeiter in den Siedehäusern die aus dem Salzstock quellende Sole verkochten. **St. Michaelis** ⑫ (1376–1418) war die Kirche des Benediktinerklosters, das ursprünglich auf dem **Kalkberg** ⑬ stand. Sein Stifter, Markgraf Hermann Billung (Gruft in der Unterkirche), baute dort eine Burg, die sog. ›Luniburc‹, die um 956 erstmals erwähnt wurde.

Weitere Sehenswürdigkeit:

Kloster Lüne ⑭ (1172, ehem. Benediktinerinnenabtei, Teppichmuseum)

i Praktische Hinweise

Information

Lüneburg Marketing, Rathaus/Am Markt, Tel. 04131/2076620, www.lueneburg.de

Hotels

Bremer Hof, Lüner Str. 12–13, Tel. 04131/2240, www.bremer-hof.de. Moderne, behagliche Zimmer in historischem Haus.

Park-Hotel, Uelzener Str. 27, Tel. 04131/41125, www.parkhotel-lueneburg.de. Am Kurpark gelegenes Logis mit hellen, freundlichen Räumen.

Zum Roten Tore, Vor dem Roten Tore 3, Tel. 04131/43041, www.zumrotentor.de. Familienfreundliches Hotel mit Restaurant in alt-lüneburgischem Stil.

Restaurants

Mälzer Brau- und Tafelhaus, Heiligengeiststr. 43, Tel. 04131/47777, www.maelzerbrauhaus.de. Regionaltypische Gerichte und Bier eigener Herstellung.

Ratskeller, Am Markt 1, Tel. 04131/31757, www.ratskeller-lueneburg.de. Heidjer-Spezialitäten in den historischen Gewölben des mittelalterlichen Rathauses.

Zum Alten Brauhaus, Grapengießerstr. 11, Tel. 04131/721277, www.brauhaus-lueneburg.de. Gutbürgerliche deutsche Küche in historischem Ambiente.

Fachwerkreigen an der Ilmenau: von der Abtsmühle bis zum Alten Kaufhaus

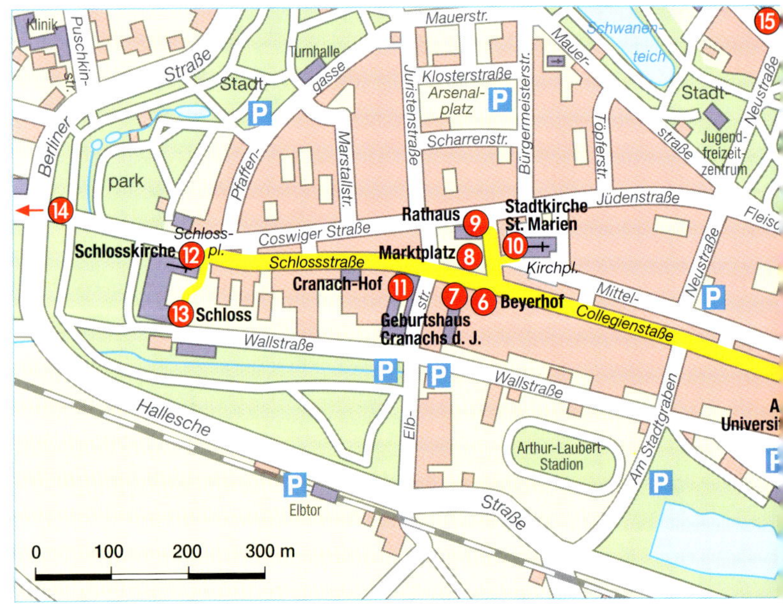

Lutherstadt Wittenberg *E4*

Sachsen-Anhalt
Einwohner: 46 000

Die einstige kursächsische Residenz schrieb ein Kapitel Weltgeschichte.

Wittenberg steht ganz im Zeichen Martin Luthers (1483–1546). Passend dazu ist der TOP TIPP Ausgangspunkt unseres Streifzugs die **Luthereiche** 1. Hier soll der große Kirchenreformator 1520 unter Anwesenheit zahlreicher Bürger eine päpstliche Bannandrohungsbulle sowie Bücher seiner Gegner verbrannt haben. Heute erinnert ein Gedenkstein an jenes Ereignis. Die jetzige Eiche stammt übrigens aus dem Jahr 1830. Danach führt der Weg in die Altstadt zum **Collegium Augusteum** 2. Das stattliche Gebäude (1564–86), benannt nach seinem Bauherrn Kurfürst August I., beherbergt nun das Evangelische Predigerseminar sowie dessen Bibliothek. Im selben Komplex, bis 1522 Kloster der Augustiner-Eremiten, befindet sich heute das Haus, in dem Luther 1524–44 gewohnt hat. TOP TIPP Das **Lutherhaus** 3 wurde in der zweiten Hälfte des 19. Jh. umgestaltet. Unbedingt sehenswert sind hier u.a. das Katharinenportal aus Sandstein (1540), das Luthers Frau Katharina von Bora ihrem Mann zum Geschenk gemacht haben soll, sowie das reformationsgeschichtliche Museum, das sich mit dem Wirken Luthers beschäftigt. An der Collegienstraße fällt das **Melanchthonhaus** 4 (1536) mit seinem charakteristischen Giebel auf. In dem Gebäude erinnert eine Dauerausstellung an Philipp Melanchthon (1497–1560), den engsten Mitstreiter Martin Luthers. Er hatte entscheidenden Anteil am Aufbau des evangelischen Kirchen- und Schulsystems, was ihm den Titel ›Praeceptor Germaniae‹ einbrachte. Direkt daneben steht die **Alte Universität** 5, deren Gründung 1502 auf Kurfürst Friedrich den Weisen zurückgeht. 1508 berief er Luther als Philosophie-Lehrer an die Bildungsstätte. Die Universität existierte bis 1817, als sie mit der Alma Mater von Halle zusammengelegt wurde. 1994 gelang es, dank der Gründung der Stiftung ›Leucorea‹, den Universitätsstandort wiederzubeleben. Der Rundgang führt als nächstes zum **Beyerhof** 6 (16. Jh.), der dem Bürgermeister und kurfürstlichen Kanzler Christian Beyer zu Luthers Zeiten als Sitz diente. Heute beherbergt der Hof eine Brauerei. In unmittelbarer Nähe liegt das **Geburtshaus Cranachs d.J.** 7 (1539/40), dessen Fassade im 18. Jh. barock verändert wurde. Nördlich des Hauses erstreckt sich der **Marktplatz** 8, der von Häusern aus dem 16. Jh. geprägt ist und auf dem das Lutherdenkmal (1821) und das Melanchthondenkmal

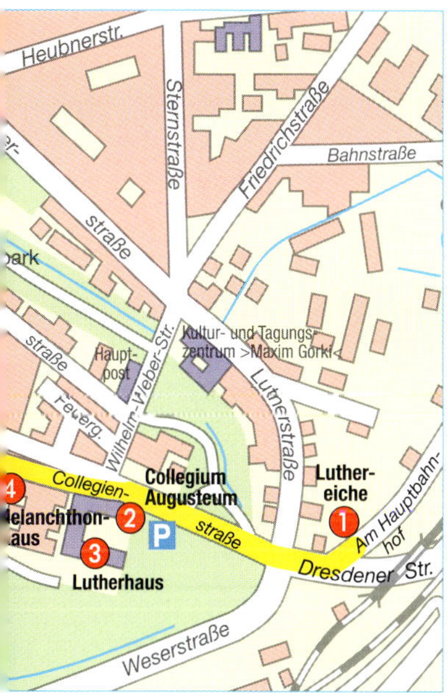

(1865) Akzente setzen. Der Norden des Platzes wird vom prächtigen **Rathaus** 9 (1523–35) im Renaissancestil beherrscht. Drinnen zeigt eine ständige Ausstellung bedeutende christlicher Kunst des 20. Jh. u.a. von Picasso, Beckmann und Chagall. Am Kirchplatz ragt die Stadtkirche **St. Marien** 10, Luthers Predigtkirche, empor. Die frühgotische Turmfront stammt aus dem 13. Jh., Chor und spätgotisches Langhaus kamen im frühen 14. Jh. bzw. 1411–39 hinzu. Ein Schmuckstück im Innern ist der Reformationsaltar (1547) Lucas Cranachs d.Ä. Die Kapelle zum hl. Leichnam stammt aus dem Jahr 1370. Der Kirchplatz wurde bis 1772 als Friedhof genutzt. Als nächstes bietet sich ein Besuch des **Cranach-Hauses** 11 (1506) mit seinen ca. 100 Räumen an. Hier lebte und wirkte Lucas Cranach d.Ä. 1513–50. Vom Hof aus geht es weiter

TOP TIPP zum Schlossplatz mit der **Schlosskirche** 12, um die sich viele berühmte Geschichten ranken. Gemeinsam mit dem Schloss wurde das Gotteshaus um 1500 errichtet. An die hölzerne Tür des Nordportals schlug Luther am 31. Oktober 1517 laut hartnäckiger Überlieferung seine 95 Thesen, u.a. wider den Ablasshandel. Die heutige bronzene Tür ersetzte 1858 jene berühmte Vorgängerin, die im Jahre 1760 durch ein Feuer vernichtet wurde. Bei der Renovierung 1892 erhielt der Bau sein heutiges Aussehen. Im Innern der Kirche, unter der Kanzel, befindet sich das Grabmal Martin Luthers, sein Zinnsarg liegt ca. 2 m darunter. Unmittelbar neben ihm setzten die Wittenberger Melanchthon bei. Mit der Kirche architektonisch verbunden ist das **Schloss** 13, das Kurfürst Friedrich der Weise 1489–1525 errichten ließ. Der heutige Komplex geht allerdings auf einen weit reichenden Umbau zu einer preußischen Zitadelle (1819) zurück. Das Gebäude dient inzwischen als sehenswertes Natur- und Völkerkundemuseum.

Weitere Sehenswürdigkeiten:

Alarls-Schmetterlingspark 14
Luther-Melanchthon-Gymnasium (›Hundertwasser-Schule‹) 15

Praktische Hinweise

Information

Lutherstadt Wittenberg, Marketing, Schlossplatz 2, Tel. 034 91/49 86 10, www.wittenberg.de

Hotels

Acron Hotel, Am Hauptbahnhof 3, Tel. 034 91/433 20, www.wittenberg-acron.de. Familienfreundliches Hotel, 62 moderne Zimmer, zwei davon behindertengerecht.

Best Western Stadtpalais, Collegienstr. 56–57, Tel. 034 91/42 50, www.stadtpalais.bestwestern.de. Komfortables, modernes Haus mit Restaurant, Bar, finnischer Sauna und römischem Dampfbad.

Schwarzer Bär, Schlossstr. 2, Tel. 034 91/420 43 44, www.stadthotel-wittenberg.de. Zeitgemäß eingerichtete Zimmer in einem Traditionshaus mit Wittenbergs ältestem Restaurant.

Restaurants

Brauhaus Wittenberg, Markt 6, Tel. 034 91/43 31 30, www.brauhaus-wittenberg.de. Selbstgebrautes Bier und selbstgeräucherter Fisch, serviert in Mittelalter-Szenario.

Goldener Adler, Markt 7, Tel. 034 91/50 56 60, www.goldeneradler-wittenberg.de. Traditionshaus seit Luthers Zeiten mit gehobener gutbürgerlicher Küche.

Zum Schlosskeller, Schlossplatz 1, Tel. 034 91/48 08 05. Das Lokal bietet interessante altdeutsche Gerichte und regionale Spezialitäten in wahrhaft fürstlicher Umgebung.

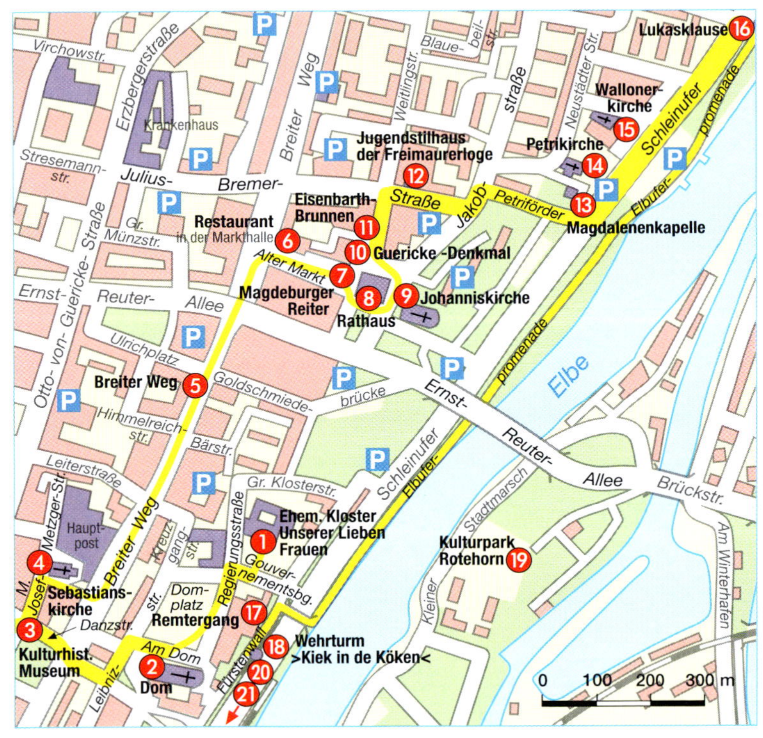

Magdeburg D4

Sachsen-Anhalt
Einwohner: 230 000

Sachsen-Anhalts Hauptstadt sah viele Kriege – und stand immer wieder auf.

Vor allem in der Altstadt finden Besucher der Hauptstadt von Sachsen-Anhalt noch historische Bausubstanz, wie z. B. das **Ehem. Kloster Unserer Lieben Frauen** 1 (1017/18), das älteste erhaltene Bauwerk Magdeburgs. Die dazugehörige Liebfrauenkirche stammt aus dem 11./12. Jh. Ihre Hallenkrypta datiert aus dem 11. Jh., der Kreuzgang aus dem 12. Jh. Heute beherbergen die einstigen Klosterräume ein Kunstmuseum, während die Liebfrauenkirche als Konzertsaal dient. Ein paar Schritte weiter liegt der Domplatz, der vom **Dom St. Mauritius und St. Katharina** 2 beherrscht wird. Der ottonische Dom wurde 967 geweiht, Teile der damaligen Krypta sind noch vorhanden. Ihre heutige Form verdankt die dreischiffige Basilika größtenteils dem 1209–1520 dauernden Umbau in ein gotisches Gotteshaus. Den Domplatz umrahmen die Fassaden rekonstruierter Barockhäuser. Neben dem Dom bietet seit 2007 das **Info Zentrum Straße der Romanik** eine Dauerausstellung zu diesem in der Region verbreiteten Baustil an. Die Danzstraße führt dann zum **Kulturhistorischen Museum** 3, in dem u. a. gewebte Kunst aus Flandern (16.–18. Jh.) zu sehen ist. Weiter über die Max-Josef-Metzger-Straße erreicht man die **Sebastianskirche** 4 (1150), die im 14./15. Jh. zur gotischen Hallenkirche umgebaut wurde. Über die alte Handels- und Heerstraße **Breiter Weg** 5, an der die zwei einzigen original erhaltenen Häuser (Nr. 178 und 179, 18. Jh.) aus der Vorkriegszeit sowie (Nr. 8) das im bekannten farbenfrohen Stil des Meisters gestaltete **Hundertwasserhaus** stehen, führt der Weg zum Alten Markt. In der Markthalle lädt das **historische Restaurant** 6 ein. Am Alten Markt erinnert der Eulenspiegelbrunnen an den bekannten Schalk, überragt vom Standbild des **Magdeburger Reiters** 7. Dieser ottonische Ritter stellt vermutlich Kaiser Otto I. dar. Das Original steht im Kulturhistorischen Museum. Das **Rathaus** 8 dominiert die Ostseite des Marktes. Ende des 17. Jh. wurde es im Stil des Barock errichtet; der Ratskeller ist das älteste Restaurant der Stadt. Gleich dahinter ragt die **Johanniskirche** 9 in die Höhe, deren Ursprung wohl im 10. Jh. liegt und die im 13. Jh. zur gotischen Hallenkirche umgebaut wurde. Seit 1945 stehen nur noch Umfassungsmauern und Türme, von denen einer als Aussichtsplattform genutzt wird. Das **Otto-von-Guericke-Denkmal** 10 (1907) erinnert an den berühmten Physiker (1602–1686), der Bürgermeister von Magdeburg war. Unweit davon plätschert der **Eisenbarth-Brunnen** 11 (1939), der dem wandernden Chirurgen Johann Eisenbarth (1663–1727) gewidmet ist. Das **Jugendstilhaus der Freimaurerloge** 12 ist das nächste Ziel: Der imposante Bau stammt von 1894. Der Weg führt nun in Richtung Elbe zur **Magdalenenkapelle** 13 (1315) mit ihren schönen Maßwerkfenstern und weiter zur spätgotischen **Petrikirche** 14 (14./15. Jh.) mit ihrem romanischen Westturm. Etwas weiter nördlich befindet sich die **Wallonerkirche** 15, die einst protestantischen Glaubensflüchtlingen aus Wallonien (im heutigen Belgien) überlassen wurde. TOP TIPP In der **Lukasklause** 16, einem umgebauten Stadtmauerturm des 13. Jh., informiert das **Otto-von-Guericke-Museum** über den legendären Begründer der Vakuumphysik. Danach geht es die Elbuferpromenade entlang zum **Remtergang** 17, an dem der Renaissancebau der Domherrenkurie steht. Der Spaziergang endet am **Wehrturm ›Kiek in de Köken‹** 18 (1430), deren Wächter einst – daher der Name – in die erzbischöfliche Küche blickten.

Weitere Sehenswürdigkeiten:

Stadtpark Rotehorn 19 (im Kulturpark: Elbschleppdampfer, Museumsschiff)
Kloster-Berge-Garten 20
Technikmuseum 21

Praktische Hinweise

Information

Tourist-Information, Ernst-Reuter-Allee 12, Tel. 03 91/194 33, www.magdeburg-tourist.de

Hotels

Alt Prester, Alt Prester 102, Tel. 03 91/819 30, www.hotel-alt-prester.de. Modernes Haus im Fachwerkstil, gutbürgerliche regionale Küche.

Best Western Hotel Geheimer Rat, Goethestr. 38, Tel. 0391/738 03, www.geheimer-rat.bestwestern.de. 65 komfortable Zimmer in einem prächtigen Hotelbau.

Herrenkrug Parkhotel, Herrenkrug 3, Tel. 03 91/850 80, www.herrenkrug.de. Hotel-Architektur zwischen Jugendstil und Moderne in Landschaftsparklage, dazu gibt es eine Fülle feiner Speisenangebote.

Restaurants

Bötelstube, Alter Markt 9, Tel. 03 91/562 03 97, www.boetelstube.de. Liebevoll zubereitete Gerichte der Region.

Ratskeller, Alter Markt (Rathaus), Tel. 03 91/568 23 23. Gehobene deutsche und internationale Küche, in historischen Räumen serviert.

Sudenburger Kartoffelhaus, Herrenkrug 3, Tel. 03 91/620 18 02. Viele kreative Ideen rund um die beliebte Knolle.

Magdeburger Stadtsilhouette mit Dom St. Mauritius und St. Katharina und Remtergang

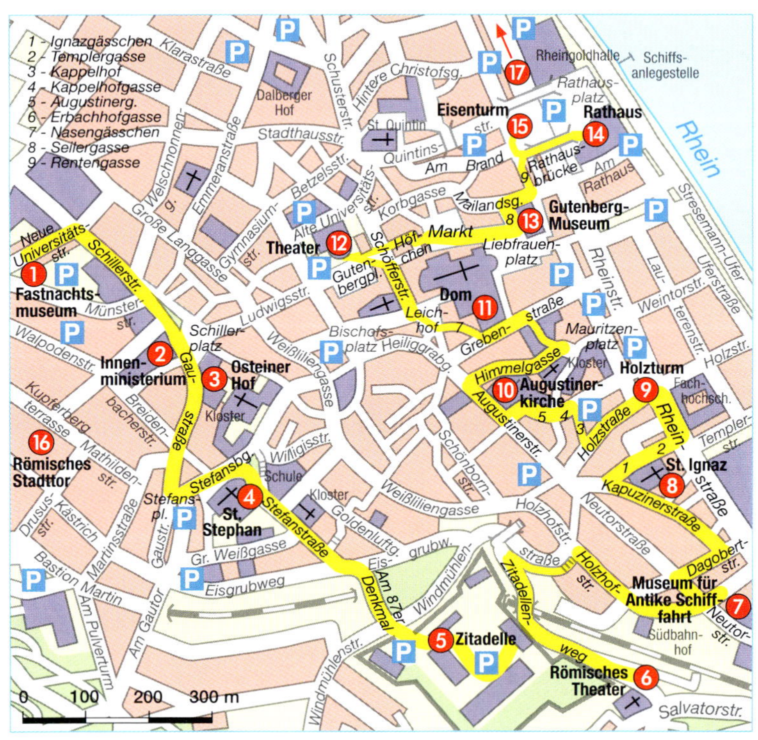

Mainz *B6*

Rheinland-Pfalz
Einwohner: 106 000

Karneval und erzbischöfliche Würde: Hier vereint sich beides aufs Beste.

Mainz gehört wie Köln und Düsseldorf zu den Karnevalshochburgen. Darum beginnt unsere Stadtführung durch die Hauptstadt von Rheinland-Pfalz auch am **Fastnachtsmuseum** ❶, das 2004 in dem früheren Proviant-Magazin in der Neuen Universitätsstraße eröffnete. Auch der nahe Schillerplatz steht mit seinem Fastnachtsbrunnen (1967) ganz im Zeichen des närrischen Treibens. Die 8,5 m hohe bronzene Säule zeigt rund 200 Symbole und Figuren der Mainzer Fastnacht. An den Platz grenzen zwei prachtvolle Stadthäuser aus dem 18. Jh.: der **Bassenheimer Hof** ❷ sowie der **Osteiner Hof** ❸, erbaut als Familienpalais für Kurfürst Johann Friedrich Karl von Ostein und seit 1958 Standortkommandantur der Bundeswehr. Vom hiesigen Balkon wird alljährlich die ›fünfte Jahreszeit‹ ausgerufen. Zwischen den beiden Gebäuden führt eine schmale Straße den Stefansberg hinauf. Dort steht die äußerlich eher unscheinbare gotische Hallenkirche

TOP TIPP **St. Stephan** ❹ (um 990). Erst im Innenraum entfaltet sich die ganze Schönheit ihrer leuchtend-blauen Chagall-Fenster, die jährlich Tausende von Touristen anziehen. Der französisch-russische Maler Marc Chagall schuf hier insgesamt neun Fenster, das letzte davon 1985 im Alter von 97 Jahren. Hinter der Kirche folgt man der Stefanstraße zum Jakobsberg. Hoch über der Altstadt liegt die **Zitadelle** ❺. Die ehem. Schweickhardtsburg wurde 1655–61 aus Verteidigungszwecken in eine Zitadelle umgebaut und beherbergt heute verschiedene städtische Ämter und Schulen. In der südwestlichen Ecke der Festung steht der Drusustein, ein im Jahre 9 erbautes, ursprünglich 30 m hohes Denkmal zu Ehren des römischen Feldherrn Drusus (38–9 v. Chr.), Bruder des Kaisers Tiberius. Über den Zitadellenweg gelangt man zu den Ruinen des **Römischen Theaters** ❻. Sie wurden bereits 1884 entdeckt, doch erst seit 1999 wird dieses einst größte Bühnentheater nördlich der Alpen von Archäologen und zahlreichen Helfern freigelegt. Auf der gegenüber liegenden

Seite des Südbahnhofs bezeugt das **Museum für Antike Schifffahrt** 7 die jahrtausendealte Geschichte von Mainz. Der lichtdurchflutete Bau zeigt neben Rekonstruktionen auch fünf Schiffswracks aus der Römerzeit, die bei Bauarbeiten 1981/82 in Mainz ausgegraben wurden. Durch die mittelalterlich anmutende Kapuzinerstraße geht es zur Kirche **St. Ignaz** 8 (1763–75) mit ihrer prachtvollen klassizistischen Fassade. Nach einem Abstecher zum **Holzturm** 9, in dem 1802/03 der berüchtigte Räuber Schinderhannes gefangen gehalten wurde, gelangt man zur **Augustinerkirche** 10 (1768–76), die sich in der Fußgängerzone der malerischen Altstadt befindet. Die barocke Kirche überrascht mit ihrer kunstvollen Deckenausmalung. Weiter entlang der Augustinerstraße und vorbei an vielen kleinen Geschäften öffnet sich schon bald der Blick auf die roten Sandsteinmauern des **Doms** 11 (975–1036). In der imposanten romanischen Pfeilerbasilika fanden im Laufe der Jahrhunderte sieben Königskrönungen statt. Besonders sehenswert sind die Türflügel des Marktportals aus dem 10. Jh. Schräg gegenüber befindet sich der Gutenbergplatz mit dem 1998–2001 umgebauten **Theater** 12. Von dort gelangt man über den Marktplatz und nördlich am Dom vorbei zum **Gutenberg-Museum** 13. Hier würdigen die Mainzer die Verdienste des berühmtesten Sohnes ihrer Stadt: Johannes Gutenberg (eigentlich Johannes Gensfleisch, um 1397–1468). Er erfand vor etwa 550 Jahren den Buchdruck mit gegossenen beweglichen Lettern und mit der Druckpresse. Kostbarste Ausstellungsstücke sind die Gutenberg-Bibeln von 1452–55. Kindern wird besonders die Buchdruckwerkstatt im Keller des Gebäudes gefallen. Weiter in Richtung Rhein geht es über die Rathausbrücke. Hier stößt man auf den an eine Ziehharmonika erinnernden Komplex des **Rathauses** 14. 1970–73 wurde das Gebäude in moderner Skelettbauweise in Stahlbeton errichtet. Schräg gegenüber steht einer der wenigen erhaltenen Stadttürme, der **Eisenturm** 15. Seinen Namen verdankt er dem Eisenhandel auf dem Rhein. Auf dem Fluss wurden einst zahlreiche, zu Land nur schwer transportierbare Rohstoffe verschifft, und der Handelsplatz Mainz profitierte davon.

Der Marktbrunnen – dahinter der Dom – ist ein Renaissance-Kleinod aus dem Jahr 1526

Weitere Sehenswürdigkeiten:

Römisches Stadttor 16
Kurfürstliches Schloss 17

Praktische Hinweise

Information

Touristik Centrale Mainz, Brückenturm am Rathaus, Tel. 06131/286210, www.mainz.de

Hotels

Hotel Hammer, Bahnhofplatz 6, Tel. 06131/965280, www.hotel-hammer.de. Modernes, mit viel Liebe zum Detail ausgestattetes Hotel.

Mainzer Hof, Kaiserstr. 98, Tel. 06131/288990. www.hotel-mainzerhof.de. Komfortable Unterkunft in zentraler Lage.

Novotel Mainz, Augustusstr. 6, Tel. 06131/9540, www.novotel.com. Moderner Komfort z. T. in alten Gewölben, mit Wellnessbereich, Bar und zwei Restaurants.

Restaurants

Heilig Geist, Mailandsgasse 11, Tel. 06131/225757. In historischem Gewölbe gibt es pfiffige, oft leichte Gerichte.

Proviant-Magazin, Schillerstr. 11a, Tel. 06131/9061600, www.proviant-magazin.de. Historischer Militärbau, wo vom hausgemachten Kuchen bis zum Schlemmer-Buffet vielerlei angeboten wird.

Weinstube Hottum, Grebenstr. 3, Tel. 06131/223370. Urige Kneipe mit kernigen regionalen Speisen.

Mannheim *B6*

Baden-Württemberg
Einwohner: 308 000

Ein Fürst versuchte hier die Quadratur einer Stadt – und hatte damit Erfolg.

Wer die Mannheimer Innenstadt besucht, wird vielleicht verwundert an einem Straßenschild stehen bleiben: Anstelle von Namen gibt es in einem Teil der einstigen pfälzischen Residenzstadt nämlich nur Buchstaben- und Zahlenkombinationen. Diese Bezeichnungen resultieren aus der schachbrettartigen Aufteilung der Häuserblöcke (Quadrate), die im 17. und 18. Jh. eingeführt wurde. Insgesamt gibt es heute 144 solcher Quadrate, deren jeweilige Nummerierung sich nach ihrer Position zum kurfürstlichen **Schloss** 1 (1720–60) richtet. Die riesige barocke Anlage, jahrelang sorgfältig restauriert und innen prachtvoll eingerichtet (u.a. Rittersaal, Trabantensaal), erstrahlt seit 2007 wieder in altem Glanz. Nordwestlich vom Schloss steht die barocke **Jesuitenkirche** 2. Im 18. Jh. errichtet, wurde sie nach Zerstörung im Zweiten Weltkrieg erneut aufgebaut. Seit 2007 wartet das Gotteshaus wieder mit einer Kostbarkeit auf; dem 20 m hohen rekonstruierten barocken Hochaltar. Der Barockturm neben der Kirche ist die einstige **Sternwarte** 3 (1772–74), die heute als Wohnhaus genutzt wird. Weiter in südöstlicher Richtung erreicht man die **Reiss-Engelhorn-Museen** 4, ein museales Ensemble mit dem Museum für Kunst-, Stadt- und Theatergeschichte, dem Museum für Archäologie, dem Museum Zeughaus und dem Museum für Naturkunde. Vorbei am neuen **Rathaus** 5 führt der Weg zur neuen **Synagoge** 6 (1987), ein Zentralkuppelbau mit hohen Rundbogenfenstern. Schräg gegenüber erhebt sich die 1959 erbaute **Trinitatis-Kirche** 7. Über den Stadtring geht es weiter zur größten **Moschee** 8 Deutschlands. Sie wurde 1995 errichtet und bietet 2500 Menschen Platz. Am Ufer des Neckars lädt das **Museumsschiff ›Mannheim‹** 9 zur Besichtigung ein. Im Innern des Raddampfers verdeutlichen die Schiffsküche und der Maschinenraum das Leben an Bord. Zahlreiche Modelle, Fotos und Ausrüstungsgegenstände zeugen von der Geschichte der Rhein- und Neckarschifffahrt. Auf dem Weg zurück in die Innenstadt überquert man den **Marktplatz** 10, den dreimal wöchentlich buntes Markttreiben erfüllt. Hier steht der ungewöhnliche Doppelbau des Alten Rathauses und der Unteren Pfarrkirche (1701–23). Der zwischen den Gebäudeteilen platzierte Turm dient gleichzeitig als Kirch- und Rathausturm. Im Zentrum des **Paradeplatzes** 11 befindet sich eine barocke

Brunnenanlage mit der Bronzepyramide ›Allegorie der herrschenden Tugenden‹. Das **Stadthaus** wurde 1991 errichtet. Über den Kapuzinerplatz erreicht man die **Kapuzinerplanken** 12. Als Planken werden die historischen Straßen bezeichnet, die früher mit schützenden Holzbrettern ausgelegt waren. Auf dem Kapuzinerplatz befanden sich einst der Strohmarkt und der Gockelsmarkt, auf dem u.a. Weihnachtsbäume und Tannenzapfen – die sog. Gockeln – verkauft wurden. Südöstlich des Platzes lädt eine der wenigen Grünanlagen der Innenstadt zum Verweilen ein: die **Lauerschen Gärten** 13. Der Kaiserring führt zum roten Sandsteinbau der **Kunsthalle** 14 (1907). Sie birgt eine hochkarätige Kollektion von Gemälden und Skulpturen des 19./20. Jh., zeigt aber auch Neue Medien. An die Ausstellungshalle, die zur 300-Jahr-Feier der Stadt errichtet wurde, schließt der

TOP TIPP **Friedrichsplatz** 15 an. Auf dessen höchstem Punkt erhebt sich Mannheims Wahrzeichen, der rund 60 m hohe Wasserturm (1886). Nebenan vervollständigt das im Jahr 2007 bedeutend erweiterte **m:con Congress Center Rosengarten** die eindrucksvolle Jugendstilanlage des Friedrichsplatzes. Wenige Schritte entfernt steht die **Christuskirche** 16, 1911 als neubarocker Zentralbau errichtet, dessen Kuppel der hl. Michael krönt. Nördlich der Kirche zieht das **Nationaltheater** 17, wo 1782 Schillers ›Räuber‹ uraufgeführt wurden, alle Blicke auf sich. Nach seiner Zerstörung 1943 wurde der Musentempel 1957 modern wiedererbaut. Wenige Meter östlich liegt der Ende des 19. Jh. angelegte **Luisenpark** 18. Sein heutiges Gesicht erhielt der Park anlässlich der Bundesgartenschau 1975. Mit Aquarium, Tiergehege und dem 205 m hohen Fernmeldeturm, der ein Drehrestaurant besitzt, ist die Grünanlage ein beliebtes Ausflugsziel.

Weitere Sehenswürdigkeiten:

Alte Feuerwache 19
Planetarium 20
Landesmuseum für Technik und Arbeit 21

Praktische Hinweise

Information

Tourist Information, Willy-Brandt-Platz 3, Tel. 06 21/10 10 12, www.mannheim.de

Hotels

Basler Hof, Tattersallstr. 27, Tel. 06 21/ 288 16, www.baslerhof.com. Zentral gelegenes Hotel, freundliche Zimmer.

Hotel Am Bismarck, Bismarckplatz 9–11, Tel. 06 21/40 30 96, www.bismarckhotel.de. Komfortable Räume in nüchterner Architektur.

Wasserturm Hotel, Augustaanlage 29, Tel. 06 21/41 62 00, www.wasserturmhotel.de. Kleines, familiär geführtes Haus in Citynähe, mit Restaurant.

Restaurants

Da Gianni, R 7, 34, Tel. 06 21/203 26. Mediterrane Spezialitäten von hohem Niveau.

Kurfürst, R 1, 15, Tel. 06 21/262 75, www.kurfuerst-am-markt.de. Küche mit regionalem Akzent, vegetarisch bis herzhaft.

Skyline-Drehrestaurant, Hans-Reschke-Ufer 2, Tel. 06 21/41 92 90. Gehobene Gastronomie auf 125 Höhe (im Fernmeldeturm).

Imponierendes Zentrum des Friedrichsplatzes ist der historische Wasserturm

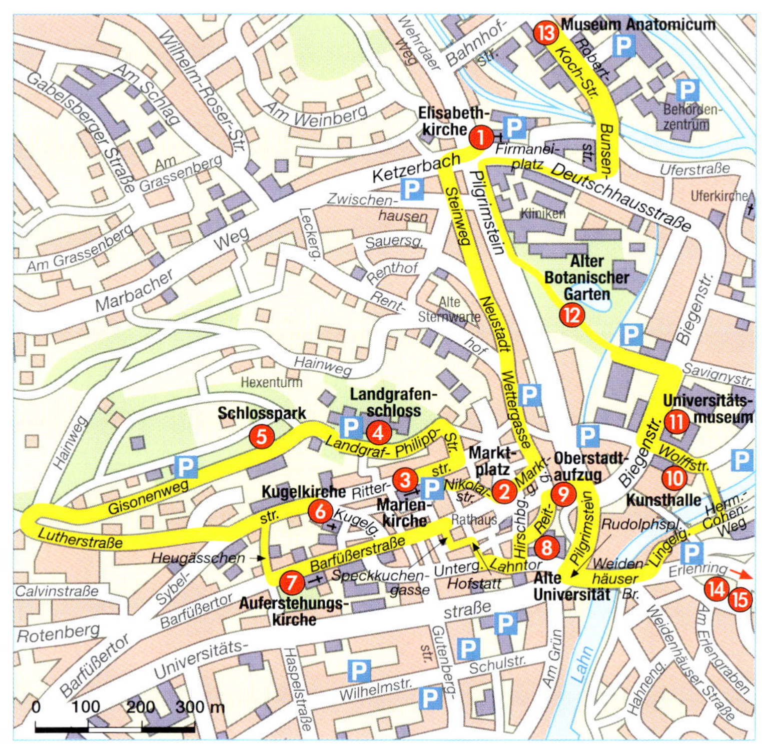

Marburg

B5

Hessen
Einwohner: 80 000

Gelehrsamkeit, Bürgersinn, schöne Umgebung: Hier lässt sich's leben.

Malerisch liegt Marburg, das vor allem als eine der wichtigsten deutschen Universitätsstädte bekannt ist, an der Lahn. TOP TIPP Die **Elisabethkirche** 1 gilt als das schönste Gebäude und eines der Wahrzeichen der Stadt. 1235–83 über dem Grab der heiligen Elisabeth von Thüringen erbaut, ist sie einer der ersten rein gotischen Sakralbauten in Deutschland. Die Wandmalereien aus dem 15. Jh. im Innern der Kirche sind wieder hergestellt, und die Innenausstattung aus der Entstehungszeit ist fast vollständig erhalten, etwa der mit Edelsteinen geschmückte Elisabethschrein (um 1250) und der Hochaltar von 1290. Von hier gelangt man über den Steinweg, vorbei an dicht gedrängten, malerischen Fachwerkhäusern, über Kopfsteinpflaster und durch die Einkaufsstraße zum **Marktplatz** 2. An seiner Südseite erhebt sich das spätgotische **Rathaus** (1512–26), von dessen Treppenturm zu jeder vollen Stunde das Krähen eines Hahns ertönt. Im Norden ziert der steinerne Marktbrunnen mit der St.-Georgs-Statue den Platz. Oberhalb des Brunnens steht das 2001 eröffnete **Haus der Romantik**, in dem u. a. Ausstellungen romantischer Kunst locken. Nördlich des Rathauses ragt als ein weiteres TOP TIPP Wahrzeichen Marburgs der schiefe Turm der **Marienkirche** 3 in die Höhe. Im Innern wartet das ursprünglich romanische, im 13./14. Jh. zu einer gotischen Hallenkirche umgebaute Gotteshaus u.a. mit einem romanischen Taufbecken sowie dem Grabmal der Landgräfin Hedwig von Württemberg und ihres Gatten Ludwig von Hessen auf.

TOP TIPP Nun geht es den Schlossberg hinauf zum **Schloss** 4. Der Sitz der Landgrafen von Hessen entstand im 12.–14. Jh. über Resten eines Wehr- und Wohnturms (9./10. Jh.). Bemerkenswert sind der Rittersaal (um 1300), die Schlosskapelle (1288) und der Wilhelmsbau (15. Jh.), in dem das Museum für Kulturgeschichte mit vor- und frühgeschichtlichen Funden aus der Region untergebracht ist. Der Hexenturm (1478) ist Teil der Schlossbefestigung und diente auch als Gefängnis. Die Festungsräume des 17. Jh., die sog. Kasematten, können besichtigt werden. Im **Schlosspark** 5, der zu Zeiten der Schlossbefestigung als Bastionsgelände diente, finden im Sommer Aufführungen auf der Freilichtbühne statt. Der verballhornten Form von ›Gugel‹, einem mittelalterlichen kurzen Umhang mit Kapuze, hat die 1478–85 vom Orden der Kugelherren errichtete **Kugelkirche** 6 ihren Namen zu verdanken. Im Innern der spätgotischen Kirche sind die Gewölbemalereien (1516) und der Hochaltar mit spätgotischen Schnitzfiguren sehenswert. Außerhalb der alten Stadtmauern befindet sich beim Barfüßertor, das nach den bloßen Füßen der einst hier ansässigen Franziskanermönche benannt ist, die barocke **Auferstehungskirche** 7 mit dem Barfüßerfriedhof. Im Südosten der Altstadt liegt die 1872–79 im Stil der Frühgotik erbaute **Alte Universität** 8. In der Aula, die Ende des 19. Jh. ausgestattet wurde, beeindrucken die großartigen Gemälde Peter Janssens (1903). Der **Oberstadtaufzug** 9 stellt mit seinen zwei Kabinen eine moderne Verbindung zwischen Ober- und Unterstadt dar. Nun bummelt man über die Weidenhäuser Brücke und genießt den Blick auf die Lahn, geht weiter durch die Weidenhäuser Straße mit ihren hübschen Fachwerkhäusern und erreicht zurück über die Mensabrücke die **Kunsthalle** 10 im Gebäude des Multiplexkinos. In den großzügigen Räumen des Marburger Kunstvereins werden wechselnde Ausstellungen gezeigt. Nahebei widmet sich das **Universitätsmuseum für Bildende Kunst** 11 im Ernst-von Hülsen-Haus vor allem deutscher Malerei des 20./21. Jh. Das ehem. Botanische Institut ist Teil des wunderschönen, 1810–14 angelegten **Alten Botanischen Gartens** 12. Im **Museum Anatomicum** 13 geben zahlreiche Präparate interessante Einblicke in die komplexe Struktur menschlicher und tierischer Körperwelten.

Weitere Sehenswürdigkeiten:

Spiegelslustturm 14
Bismarckturm 15

i Praktische Hinweise

Information

Marburg Tourismus und Marketing, Pilgrimstein 26, Tel. 064 21/991 20, www.marburg.de

Hotels

Hotel am Schlossberg, Pilgrimstein 29, Tel. 064 21/91 80, www.schlossberg-marburg.de. 4-Sterne-Hotel in zentraler Lage mit 146 Zimmern und Bar.

Village Stadthotel, Bahnhofstr. 14, Tel. 064 21/68 58 80, www.village-hotels.de. Familienfreundliches Hotel mit Wellness-Angeboten.

Waldecker Hof, Bahnhofstr. 23, Tel. 064 21/600 90, www.waldecker-hof-marburg.de. Traditionshotel mit modernem Komfort.

Restaurants

Alter Ritter, Steinweg 44, Tel. 064 21/628 38. Gehobene deutsche Küche und feine Weine in geschichtsträchtigem Haus.

Altes Brauhaus, Pilgrimstein 34, Tel. 064 21/221 80. In Fachwerkromantik: Neues und Altbewährtes deutscher Kochkunst.

Bückingsgarten am Schloss, Landgraf-Philipp-Str. 6, Tel. 064 21/136 10. Gehobene deutsche Küche, saisonale Akzente.

Beschauliche Fachwerkbauten, bekrönt vom landgräflichen Schloss: Marburg hat Charme

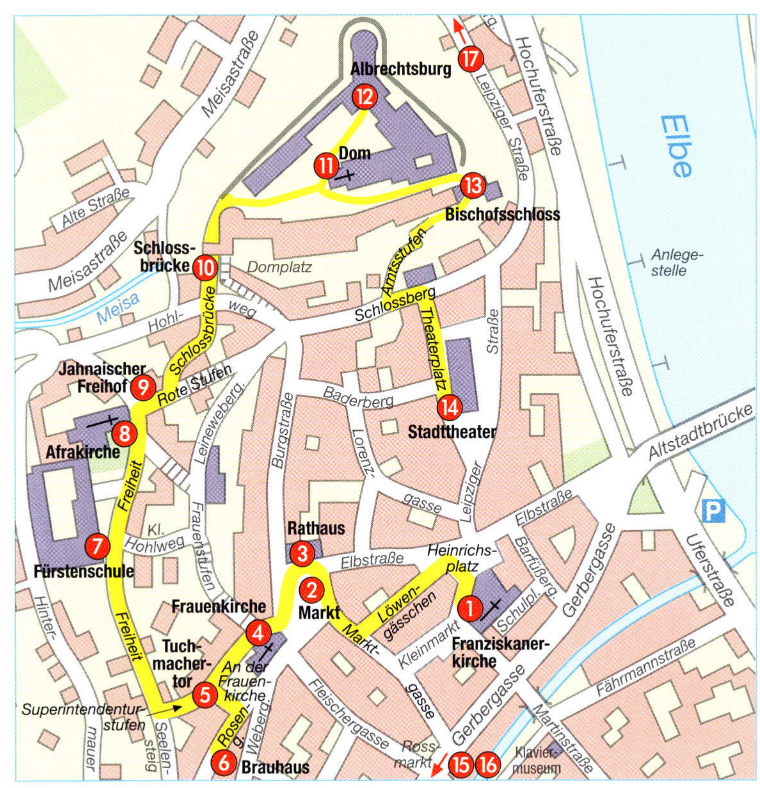

Meißen

E5

Sachsen
Einwohner: 28 000

Das Porzellan machte das Elbstädtchen in aller Welt zu einem Begriff.

Der Weg durch die Porzellan- und Weinstadt Meißen beginnt am Heinrichsplatz mit dem Heinrichsbrunnen, der dem Begründer der Stadt (Heinrich I., 929) als Denkmal gesetzt wurde. Hier steht die **Franziskanerklosterkirche** 1 (14./15. Jh.), in der heute das Stadtmuseum untergebracht ist. Zu sehen sind u.a. der ehem. Kreuzgang mit Grabdenkmälern aus vier Jahrhunderten sowie wechselnde Ausstellungen. Über die Elbstraße führt der Weg zum **Markt** 2, dessen Seiten eine Reihe von prächtigen Bürgerhäusern säumt. Das ›Hirschhaus‹ von 1901 im Neorenaissance-Stil geht auf einen Bau von 1624 zurück, von dem heute noch das Portal erhalten ist. Sehenswert sind auch die Renaissance-Bauten mit den Hausnummern 4 und 5. Die Marktapotheke wurde 1561 vom Stadtarzt und Apotheker Christoph Leuschner errichtet. Am ›Bennohaus‹ (1600) erkennt man Bauteile romanischer und gotischer Zeit. Das spätgotische **Rathaus** 3 entstand 1472–85 und geht vermutlich auf Arnold von Westfalen zurück. An der Nordostseite des Marktes steht die **Frauenkirche** 4, eine 1460–1500 erbaute spätgotische Hallenkirche. In ihrem Turm erklingt das weltweit erste spielbare Glockenspiel aus Porzellan (1929). Es besteht aus 37 Glocken und ertönt täglich sechs Mal. Durch das **Tuchmachertor** 5 lohnt sich ein Abstecher zum historischen **Brauhaus** 6. Von sozialgeschichtlicher Bedeutung ist die **Fürstenschule** 7 im Westen der Stadt. Um sicherzustellen, dass die Stadt über ausreichend Beamte verfügte, ließ Herzog Moritz 1543 eine Schule für begabte Knaben einrichten. Auch der Dichter Gotthold Ephraim Lessing (1729–1781) drückte hier die Schulbank. Gegenüber befindet sich die **Afrakirche** 8, die auf ein Augustinerchorherren-Stift zurückgeht. Im Innern verdienen die Kanzel von 1657 und ein Altar von 1660 besondere Beachtung. An

TOP TIPP

die Afrakirche schließen sich der **Jahnaische Freihof** 9 und das Löwenportal an. Vorbei an den Roten Stufen gelangt man über die **Schlossbrücke** 10 zum Mittleren Burgtor. In den Häusern Freiheit 2 und Domplatz 13 lebte 1828–36 der romantische Maler Ludwig Richter (1803–1884). Von hier führt der Weg zum TOP TIPP **Dom** 11. Ab 1260 entstanden, gilt der mächtige Bau als eines der reinsten Zeugnisse gotischer Architektur in ganz Deutschland. Die markanten Türme des ehrwürdigen Gotteshauses entstanden allerdings erst im 20. Jh. Im Hochchor und in der Achteck-Kapelle sind mittelalterliche Skulpturen der berühmten Naumburger Werkstatt zu sehen. Nördlich des Domportals erhebt sich machtvoll die TOP TIPP **Albrechtsburg** 12, nicht zuletzt dank ihrer prächtigen Innenausstattung einer der schönsten Profanbauten deutscher Spätgotik. Im Jahre 1710 zog die Porzellanmanufaktur in die Burg ein und blieb dort bis 1863. Auf der Südseite des Burgbergs ist das ehem. **Bischofsschloss** 13 (1476–1518) mit seiner dreigeschossigen, spätgotischen Fassade zu bewundern, in dem heute das Amtsgericht tagt. An der Hofseite befindet sich der mächtige runde Treppenturm. Das **Stadttheater** 14 erhielt sein heutiges Aussehen 1851, als die Stadt das damalige Gewandhaus aus dem 16. Jh. umbauen ließ. Unweit von hier befindet sich der Gasthof ›Goldener Ring‹, in dem bereits Goethe übernachtete.

Weitere Sehenswürdigkeiten:

Porzellan-Manufaktur Meissen 15
Nikolaikirche 16
Klosterruine ›Zum Heiligen Kreuz‹ 17

i Praktische Hinweise

Information

Tourist-Information Meißen, Markt 3, Tel. 035 21/419 40, www.touristinfo-meissen.de

Hotels

Am Markt Residenz, An der Frauenkirche 1, Tel. 035 21/415 10, www.meissen-hotel.com. Familiär geführtes Hotel mit gemütlichen Räumen und Weinkeller.

Goldener Löwe, Heinrichsplatz 6, Tel. 035 21/411 10, www.meissen-hotel.com. Stilvolles Traditionshotel mit Restaurant.

Welcome Parkhotel, Hafenstr. 27–31, Tel. 035 21/722 50, www. welcome-hotel-meissen.de. Jugendstil-Komfort-hotel mit Restaurant und Wellness-Angebot.

Restaurants

Historische Gastwirtschaft, Pfeffersack, Rosengasse 12, Tel. 035 21/40 48 19, www.historische-gastwirtschaftpfeffer sack.de. Bodenständige sächsische Küche.

Rabener Keller, Elbstr. 4, Tel. 035 21/ 45 84 71, www.rabener-keller.de. Gutbürgerlich speisen in uralten Kellergewölben.

Romantik Restaurant Vincenz Richter, An der Frauenkirche 12, Tel. 035 21/ 45 32 85. www.vincenz-richter.de. Gehobene sächsische Küche, serviert in schöner Fachwerkhaus-Weinstube.

Märchenhaftes Burgberg-Ensemble über der Elbe: Bischofsschloss, Albrechtsburg und Dom vom Meißen

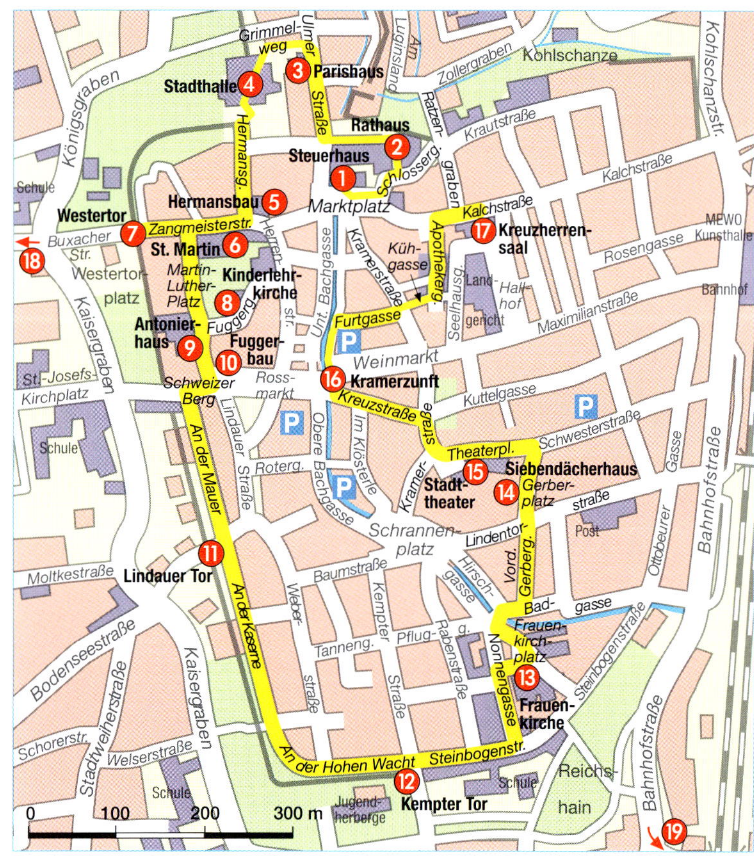

Memmingen C8

Bayern
Einwohner: 41 000

Wie das Urbild einer altdeutschen Stadt – und einfach urschwäbisch.

Mitten im Herzen der mittelalterlichen Handelsstadt, auf dem Marktplatz, beginnt der Rundgang. Hier befinden sich das **Steuerhaus** 1 (1495, Obergeschoss 1708) mit den Arkaden und der Fassadenmalerei von 1909 sowie das **Renaissance-Rathaus** 2 (1589) mit dem geschwungenen Giebel und den Türmchen. Der Rokoko-Stuck stammt aus dem Jahr 1765. Weiter geht es zum **Parishaus** 3 (1736). Es war das erste hochbarocke Palais in der freien Reichsstadt und beherbergt heute die Städtische Galerie. An der **Stadthalle** 4 (1984), dem Kultur- und Veranstaltungszentrum, vorbei erreicht man den **Hermansbau** 5 (1766). In diesem dreistöckigen Patrizierpalais im spätbarocken Palazzostil ist das Stadtmuseum untergebracht. Der 66 m hohe Kirchturm von **St. Martin** 6 (1410 vollendet) ist ein Wahrzeichen der Stadt. Im Innern der gotischen Kirche befindet sich das bedeutendste spätgotische Chorgestühl (1501–07) der Memminger Bildhauerschule. Nicht weit entfernt liegt das **Westertor** 7, dessen welfischer Unterbau auf das Jahr 1180 zurückgeht. Über dem Kirchentor der **Kinderlehrkirche** 8 (14./15. Jh.), der früheren Klosterkirche des Antonierordens, illustrierte der Memminger Maler Bernhard Strigel die Kreuzigung Jesu und Szenen der Antonius-Legende. Das imposante vierflügelige **Antonierhaus** 9 (15. Jh.) dient heute als Museum. Hier wird Wissenswertes über den Antoniterorden und die schwäbische Künstlerfamilie Strigel präsentiert. Schräg gegenüber erhebt sich die Fassade des früheren Stadtschlosses (1589) der Augsburger Fugger. Im **Fuggerbau** 10 errichteten 1630 der

Feldherr Wallenstein und 1632 der schwedische König Gustav Adolf ihr Quartier. Folgt man nun der Straße ›An der Mauer‹, gelangt man zum **Lindauer Tor** 11 (Turmbau 14. Jh.) sowie zum gotischen **Kempter Tor** 12 (um 1395) am Südausgang der Altstadt, zwei von einst 37 Toren und Türmen der Stadtbefestigung. Im südlichen Teil der Altstadt befindet sich auch die vermutlich älteste Pfarrkirche Memmingens, die 1258 erstmals erwähnte **Frauenkirche** 13. Ihre gut erhaltenen und berühmten Fresken (um 1460) der Strigel-Schule zählen zu den herausragendsten in Süddeutschland. Richtung Norden gelangt man zum **Siebendächerhaus** 14 (1601), dessen Dachböden früher Gerbern zum Trocknen der Felle und Häute dienten. Das frühere Zeughaus nebenan ist Heimat des **Stadttheaters** 15 und Sitz des Landestheaters Schwaben. Zahlreiche Zunfthäuser befinden sich am Weinmarkt, u.a. auch die der **Kramerzunft** 16. Hier formulierten im Jahr 1525 aufständische Bauern die politisch bedeutsamen ›Zwölf Artikel der Bauernschaft‹. Den Abschluss des Rundgangs bildet der **Kreuzherrensaal** 17 (1709) mit barocken Stuckarbeiten des Wessobrunner Meisters Stiller.

TOP TIPP

Weitere Sehenswürdigkeiten:

Kartäuserkloster Buxheim 18
Benediktinerabtei Ottobeuren 19

Praktische Hinweise

Information

Stadtinformation, Marktplatz 3, Tel. 083 31/85 01 72, www.memmingen.de

Hotels

Hotel Falken Garni, Rossmarkt 3–5, Tel. 083 31/945 10, www.hotel-falken-memmingen.de. Gepflegtes Haus mit 39 Zimmern, sechs davon behindertengerecht.

Hotel Weißes Ross, Kalchstr. 16, Tel. 083 31/93 60, www.hotelweissesross.de. 4-Sterne-Haus in historischem Gemäuer.

Parkhotel Memmingen, Ulmer Str. 7, Tel. 083 31/93 20, www.parkhotel-memmingen.de. Moderne Zimmer in historischem Haus mit Restaurant und Bar.

Restaurants

Weinhaus Weber am Bach, Untere Bachgasse 2, Tel. 083 31/24 14, www.weberambach.de. Gehobene gutbürgerliche Küche, schöne Terrasse zum Wasser.

Zum Strauß, Ulmer Str. 13, Tel. 083 31/44 82, www.zum-strauss.de. Regionale gutbürgerliche Küche.

Zur Blauen Traube, Kramerstr. 8, Tel. 083 31/33 26, www.zur-blauen-traube-mm.de. Solide schwäbische Gerichte.

Der Marktplatz mit der langen Fassade des Steuerhauses und dem Rathaus daneben

Mölln

D2

Schleswig-Holstein
Einwohner: 18 000

Nur Eulenspiegel? Mölln im Mittelalter war mehr, Mölln heute ist es erst recht.

In der Eulenspiegelstadt Mölln, die malerisch an drei Seiten von Seen umgeben ist, wird das Andenken an den sympathischen Schelm lebendig gehalten. Erster Beweis hierfür ist der **Eulenspiegel-Brunnen** ❶ auf dem Marktplatz in der Altstadt. (TOP TIPP) Der Künstler Karlheinz Goedtke schuf ihn 1950. Keck thront die Eulenspiegel-Figur dort auf ihrem Sockel und begrüßt die Mölln-Besucher. Ihn an Zeh und Daumen zu berühren, soll Glück bringen. Wer mehr über den Possenreißer erfahren möchte, gehe ins **Eulenspiegel-Museum** ❷, das in einem restaurierten Bürgerhaus aus dem Jahre 1582 untergebracht ist und den Besucher mit der Geschichte der Eulenspiegel-Figur vertraut macht. Oberhalb des Marktplatzes thront **St. Nikolai** ❸ über Mölln, die Kirche, die seit ihrer Erbauung um 1200 den natürlichen Stadtmittelpunkt bildet. (TOP TIPP) Die gewölbte Backsteinbasilika wurde Mitte des 13. Jh. vollendet, im 15. Jh. erweitert und 1896/97 umfassend renoviert. Der überwiegende Teil der überaus reichen und wertvollen Innenausstattung stammt nicht aus der Entstehungszeit, sondern wurde im 16. Jh. aus dem niedergebrannten Kloster Marienwohlde nach St. Nikolai gebracht. Sehenswert sind u. a. die spätgotische Taufgruppe (1509), ein Triumphkreuz auf Balken (1507), ein mannshoher, siebenarmiger Leuchter (1436), die Rokokokanzel (1743) und die mit prächtigen Schnitzereien verzierten Stühle von Bürgermeister und Ratsherren. Ein akustisches Erlebnis ist die 1558 vom Meister Jacob Scherer gebaute Orgel mit einem wunderbaren barocken Klangkörper. An der Außenwand der Kirche, neben dem

Westportal, erinnert eine Grabplatte an Till Eulenspiegel, der hier 1350 an der Pest gestorben sein soll. Die Platte zieren eine Ritzzeichnung des Schelms und eine niederdeutsche Inschrift. Das **Rathaus** 4, das im Wesentlichen aus dem Jahr 1373 stammt, ist das zweitälteste im Land Schleswig-Holstein und das einzige gotische neben dem von Lübeck. Der stattliche Backsteinbau weist prächtige Giebel auf. Im Innern dokumentiert eine Dauerausstellung die Stadtgeschichte. Das Rathaus und zwei ihm gegenüber liegende Fachwerkhäuser, eines aus dem Jahr 1582, in dem sich das Heimatmuseum befindet, und eines von 1632, prägen die Ansicht des Marktplatzes. Im **Stadthauptmannshof** 5 (1414), einem zum Teil bewohnten historischen Gebäude-Ensemble, das sich um einen Innenhof gruppiert, sollte man das ›Weiße Haus‹ besuchen: Unter dem Namen ›erlebnisreich‹ stellt hier das Tourismus- und Naturzentrum Mölln in einer interaktiven Ausstellung Land und Leute, Flora und Fauna sowie die kulturellen Schwergewichte des Landkreises Herzogtum Lauenburg vor – auch für die Kleinen vergnüglich! Die **Alte Stadtmühle** 6, die einst das Wasser aus dem Wallgraben antrieb, wurde 1278 erstmals erwähnt. 1864 erhielt sie ihr heutiges Gesicht. Bis 1958 diente sie noch als städtische Mühle, nun ist hier ein Restaurant eingezogen. Die klassische Homöopathie geht auf Samuel Hahnemann (1755–1843) zurück, der in Mölln im **Hahnemann-Haus** 7 lebte und wirkte. Weiter geht es zum **Anleger Personenschifffahrt** 8, von dem aus Bootsrundfahrten unternommen werden können. Ruhe und Erholung findet der Besucher im **Kurpark** 9, wo die milde klare Luft der Stadt sich mit Blumendüften mischt. Im 1993 erbauten Konzertpavillon im Kurpark finden regelmäßig Konzerte statt. Vor dem Kurmittelhaus ist die **Skulptur ›Regenbaum‹** 10 zu sehen, die Goedtke 1979 schuf. Wer sich lieber durch die Straßen und Gassen Möllns kutschieren lässt, der mache eine Kutschfahrt vorbei an allen Sehenswürdigkeiten der Altstadt. Vom Wasserturm aus, heute der so genannte **Aussichtsturm** 11 (1911–13), genießt man einen weiten Rundblick über die Stadt sowie die umliegenden Seen und Wälder.

Weitere Sehenswürdigkeiten:

Wildpark 12
Denkmalshain 13

i Praktische Hinweise

Information

Städtische Kurverwaltung, Hindenburgstraße, Tel. 045 42/70 90, www.moelln.de

Hotels

Beim Wasserkrüger, Wasserkrüger Weg 115, Tel. 045 42/70 91, www.hotel-moelln.de. Gemütliche Zimmer, teils modern, teils mit Bauernmöbeln ausgestattet.

Quellenhof, Hindenburgstr. 16, Tel. 045 42/854 20, www.hotel-quellenhof-moelln.de. Solide Unterkunft mit Restaurant und vielen Gastronomie-Aktionen.

Waldhalle, Waldhallenweg, Tel. 045 42/858 80, www.waldhalle.de. Romantisches Hotel am nahen Schmalsee mit gehobener Gastronomie.

Restaurants

Alte Ziegelei, Stadtziegelei 1, Tel. 045 42/26 38, www.zur-alten-ziegelei.de. Rustikale Fisch- und Wildgerichte sowie als Spezialität Riesen-Windbeutel.

Cafe Markt, Am Markt 3, Tel. 045 42/865 69. Kleine Speisen und hausgemachter Kuchen in gemütlicher Atmosphäre.

Zum Weißen Ross, Hauptstr. 131, Tel. 045 42/27 72, www.weissesross.com. Ambitionierte saisonale Kochkunst am Stadtsee.

Vorbild aller Lausbuben: In Mölln steht Till Eulenspiegel bis heute der Schalk im Gesicht

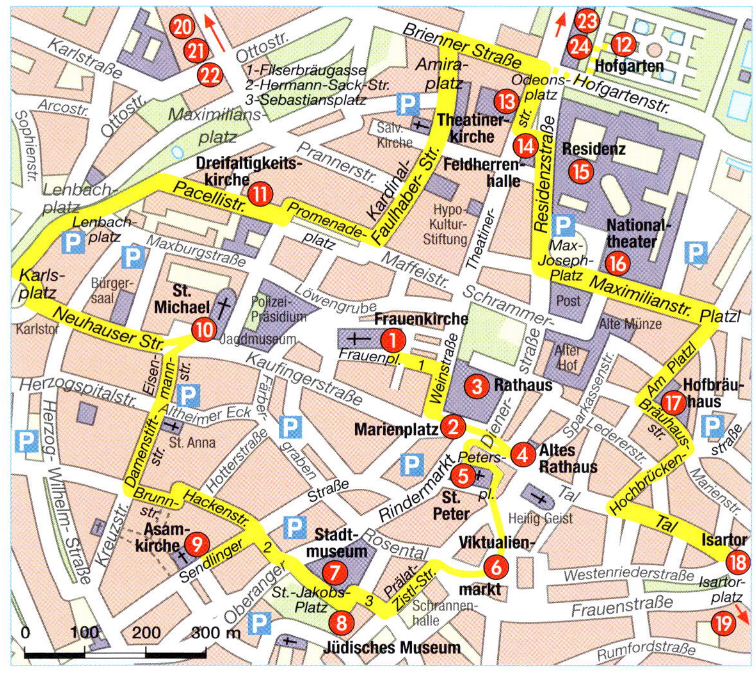

München D8

Bayern
Einwohner: 1337 000

Die drittgrößte deutsche Stadt ist reich und liebenswert – was will man mehr?

München ist die Hauptstadt von Bayern und wird gerne als ›Weltstadt mit Herz‹ bezeichnet. Sein Wahrzeichen sind die Zwillingstürme der **Frauenkirche** 1, an der unser Rundgang auch beginnt. Herzog Sigismund ließ den dreischiffigen spätgotischen Kirchenbau 1468–94 errichten. Die beiden Backsteintürme erhielten ihre ›welschen‹ Hauben 1524/25. Neben dem Grabmal für Ludwig IV., den Bayern, im südlichen Seitenschiff sind insbesondere zahlreiche Glasmalereien (14.–16. Jh.) im Chor sehenswert. Über die belebte Kaufingerstraße gelangt man zum Herzen der Stadt, dem **Marienplatz** 2 (TOP TIPP). Er ist seit der Stadtgründung 1158 zentraler Treffpunkt für Einheimische und Besucher gleichermaßen. Wo sich früher der Fischmarkt befand, plätschert heute der Fischbrunnen. Blickfang des Platzes ist die Mariensäule mit der goldenen Statue der Gottesmutter (1590). Die Säule wurde 1638 zum Dank an Maria errichtet, die die Stadt vor den Schweden geschützt haben soll. Das im altflämischen Stil errichtete Münchner **Neue Rathaus** 3 dominiert mit seiner neogotischen Fassade den Marienplatz. Um 11, 12 und im Sommer auch um 17 Uhr ertönt im Turmerker das berühmte Glockenspiel. Das **Alte Rathaus** 4 von 1460 begrenzt den Platz im Osten; heute beherbergt es das Spielzeugmuseum. Daneben erhebt sich der **Alte Peter** 5 (TOP TIPP), der Turm der ersten Pfarrkirche der Stadt. Auf dem **Viktualienmarkt** 6 gleich nebenan verkauft man – seit 1807! – vielfältigste Spezialitäten an, in der nachgebauten Schrannenhalle bieten Restaurants, Bars und Musikevents jede Menge Freizeitvergnügen. Nun geht's am Rindermarkt vorbei zum **Stadtmuseum** 7 am St.-Jakobs-Platz, wo es neben Stadtgeschichtlichem auch interessante Spezialsammlungen wie das Foto- und Filmmuseum zu betrachten gilt. Gleich gegenüber erheben sich die modernen Bauten der Israelitischen Kultusgemeinde, so der imposante Kubus der Hauptsynagoge, das Gemeindehaus und das **Jüdische Museum** 8, wo seit 2006 Geschichte und Kultur der Münchner Juden dokumentiert werden. In der nahen Sendlinger Straße findet sich die **Asamkirche** 9. Dieses bauliche

Juwel wurde nach den Plänen der kunstsinnigen Gebrüder Asam ab 1733 in barockem Stil errichtet. In der Fußgängerzone steht die **Michaelskirche** ⑩ (1583–97), eine der schönsten Renaissancekirchen Deutschlands. Sie besitzt das zweitgrößte Tonnengewölbe der Welt nach dem Petersdom in Rom. In der Fürstengruft ist der Märchenkönig Ludwig II. begraben. In der Pacellistraße findet man die nach den Plänen von Antonio Viscardi errichtete **Dreifaltigkeitskirche** ⑪ (1711–18). Der barocke Zentralbau ist mit Fresken von Cosmas Damian Asam geschmückt. Vorbei am Literaturhaus und dem Erzbischöflichen Palais gelangt man zum Odeonsplatz. Durch ein Tor fällt der Blick in den prächtigen **Hofgarten** ⑫. Kurfürst Maximilian I. ließ ihn 1613–17 nach italienischem Vorbild anlegen. In seiner Mitte steht der Dianatempel (1594), ein Pavillon bekrönt von der Bronzestatue der Diana. Zurück auf dem Odeonsplatz steht man vor der imposanten **Theatinerkirche** ⑬. Sie wurde anlässlich der Geburt des Erbprinzen Max Emanuel 1663 errichtet. Die Fassade wurde 1768 von Cuvilliés vollendet. Die Stirnseite des Platzes beherrscht die **Feldherrnhalle** ⑭ (1841–44). Sie wurde von Friedrich von Gärtner nach dem Vorbild der florentinischen Loggia dei Lanzi konzipiert. Links erstreckt sich die beeindruckende **Residenz** ⑮. Im Jahr 1385 wurde mit dem Bau der ›Neuveste‹ der Grundstein für die zweite Residenz der Wittelsbacher gelegt. Der älteste Teil der Anlage ist das Antiquarium. Später entstanden der Kaiserhofblock von Kurfürst Maximilian I. (17. Jh.) und der von Leo von Klenze geplante Königs- und Festsaalbau. Auch der Grotten- und der Brunnenhof, die Ahnengalerie, die Nibelungensäle sowie das Cuvilliéstheater lohnen den Besuch. Das **Nationaltheater** ⑯ (1811–18), Sitz der Bayerischen Staatsoper, wurde im Zweiten Weltkrieg völlig zerstört und 1963 wieder aufgebaut. Nun folgt man der Maximilianstraße und biegt dann am Kosttor rechts in Richtung Platzl ein. Hier steht das weltberühmte Münchner **Hofbräuhaus** ⑰, in dem täglich Oktoberfeststimmung herrscht. Im Zickzack durch die Altstadt geht es zum im Ursprung mittelalterlichen **Isartor** ⑱. In einem seiner Türme zeigt das ›Valentin-Musäum‹ Kurioses zum Wirken des urbayerischen Humoristen Karl Valentin (1882–1948).

TOP TIPP

Weitere Sehenswürdigkeiten:

Deutsches Museum ⑲
Olympiagelände ⑳
Schloss Nymphenburg ㉑
Alte und Neue Pinakothek, Pinakothek der Moderne ㉒
Englischer Garten ㉓
Allianz-Arena ㉔

Praktische Hinweise

Information

Tourismusamt München, Sendlinger Str. 1, Tel. 089/23 39 65 00, www.muenchen.de/Tourismus

Hotels

Brunnenhof, Schillerstr. 36, Tel. 089/54 51 00, www.brunnenhof.de. Ruhiges Hotel in Hauptbahnhofsnähe.

Einhorn, Paul-Heyse-Str. 10, Tel. 089/53 98 20, www.hotel-einhorn.com. Citynahes Logis in Jugendstilbau.

Gästehaus Englischer Garten, Liebergesellstr. 8, Tel. 089/383 94 10, www.hotelenglischergarten.de. Heimeliges Hotel in Alt-Schwabing.

Restaurants

Augustiner Restaurant, Neuhauser Str. 27, Tel. 089/23 18 32 57. Traditionsgaststätte in prächtigen Räumen, regionale Küche.

Ratskeller, Marienplatz 8, Tel. 089/219 98 90, www.ratskeller.com. Bayerische Schmankerln in uriger Atmosphäre.

Spatenhaus an der Oper, Residenzstr. 12, Tel. 089/290 70 60. Feine bayerisch-bürgerliche Speisen in gepflegtem Stil.

Türmereigen rund um den Marienplatz: Alter Peter, Frauenkirche, Neues und Altes Rathaus

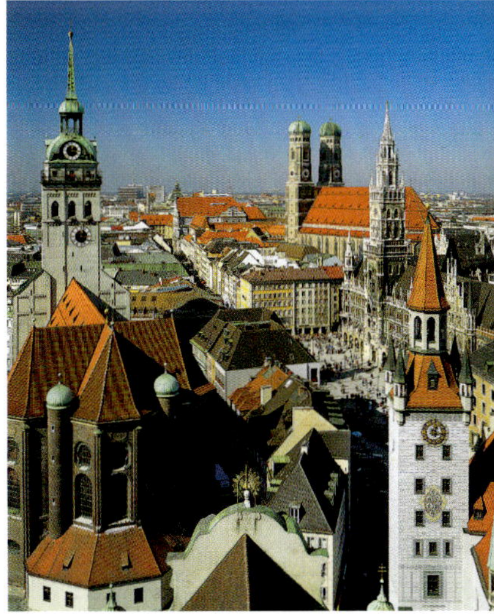

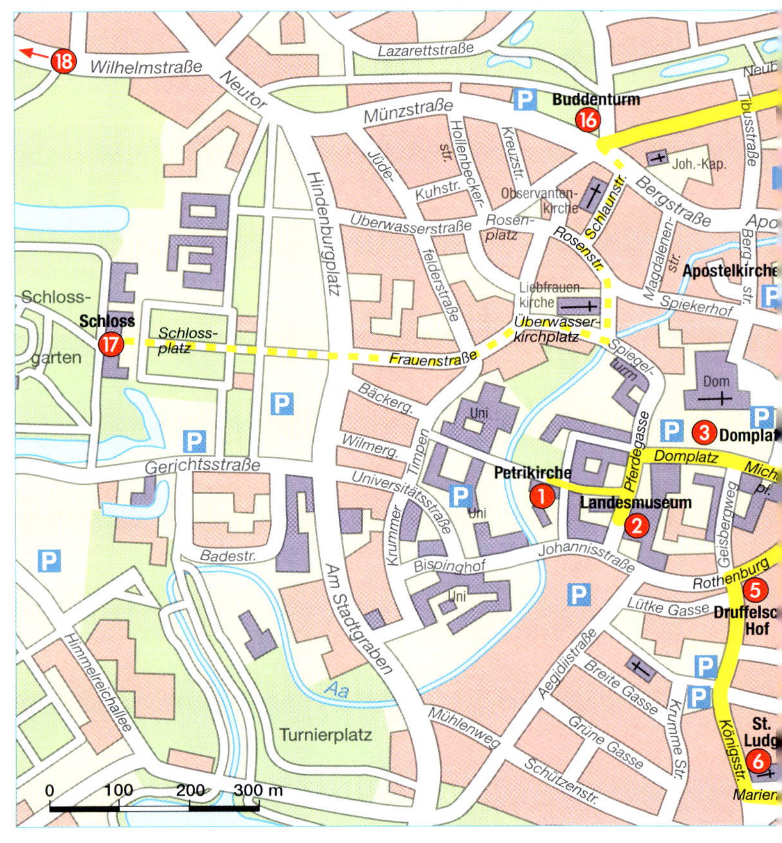

Münster

B4

Nordrhein-Westfalen
Einwohner: 272 000

Westfalens städtische Perle ist historisch geprägt und doch quicklebendig.

Die traditionsreiche Bischofs- und Universitätsstadt wurde Ende des 8. Jh. gegründet und erhielt im 12. Jh. Stadtrecht. Wenig später trat Münster der Hanse bei. Bis ins 19. Jh. war es Zentrum eines Fürstentums. Der Spaziergang beginnt an der **Petrikirche** ❶ (1598), heute eine Jesuitenkirche. Von hier aus geht es zum renommierten **Landesmuseum für Kunst- und Kulturgeschichte** ❷ mit Meisterwerken vom Mittelalter bis zur Gegenwart. Der benachbarte **Domplatz** ❸ wird vom Dom St. Paulus (13. Jh.) dominiert, einem Musterbeispiel für den Übergang von der Romanik zur Gotik. Im Chorumgang sieht man eine astronomische Uhr (ca. 1540), deren Kalender bis zum Jahr 2071 reicht. Westlich des Doms erheben sich das elegante Bischöfliche Palais und die Kettelersche Doppelkurie aus dem frühen 18. Jh.

TOP TIPP

In entgegengesetzter Richtung kommt man zum **Rathaus** ❹ mit seinem gotischen Giebel. Im dortigen Friedenssaal wurde 1648 ein wichtiger Teil des Westfälischen Friedens geschlossen. Über den prächtigen **Prinzipalmarkt** (13. Jh.) geht es am Stadtweinhaus mit seiner Renaissance-Fassade (1616) vorbei zum Haus Nonhoff mit Weltzeituhr und Glockenspiel. Man biegt ab in die Königsstraße zum **Druffelschen Hof** ❺ (1784–88), der das Graphikmuseum Picasso beherbergt. Vorbei an der Kirche **St. Ludgerii** ❻ (12. Jh.) mit spätgotischem Chor kommt man zur barocken **Clemenskirche** ❼ (1745–53), die wie das Bischöfliche Palais von Johann Conrad Schlaun (1695–1773) entworfen wurde. Danach geht es zur romanisch-gotischen **St.-Servatii-Kirche** ❽ (13. Jh.). Hinter der historischen Fassade des Kaufmannshauses an der Salzstraße ist seit 1989 das **Stadt-**

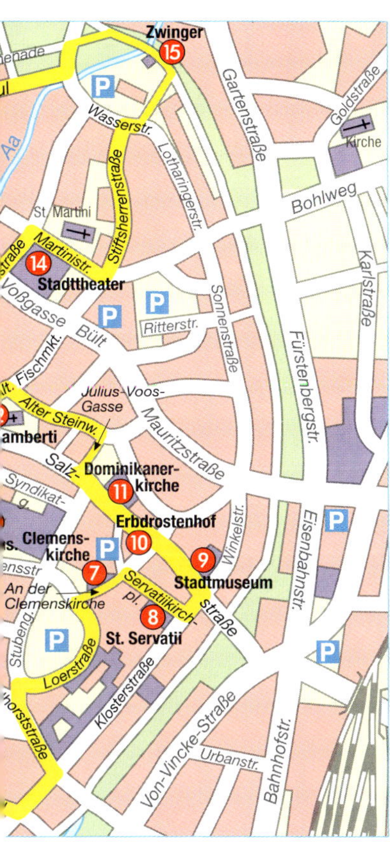

museum 9 beheimatet. Der **Erbdrostenhof** 10 (1753–57) ist ein weiteres Meisterwerk Schlauns. Im Barockstil prangt auch die **Dominikanerkirche** 11 (18. Jh.) schräg gegenüber. Mit einer neogotischen Turmanlage aus dem 19. Jh. präsentiert sich die Kirche **St. Lamberti** 12 (14. Jh.). Am Turm hängen drei Käfige, in denen 1536 die Leichen der hingerichteten Anführer der Wiedertäufer-Bewegung zur Schau gestellt wurden. Am Roggenmarkt bietet sich ein Abstecher zum Spiekerhof mit dem Kiepenkerl-Denkmal an, dann geht es weiter zur gotischen **Apostelkirche** 13 (13. Jh.). In der Nähe steht das **Stadttheater** 14 (1956), das Fassadenreste des Romberger Hofes (1779) zieren. Bald darauf erreicht man den mittelalterlichen **Zwinger** 15 und den **Buddenturm** 16 (12. Jh.), den einzigen verbliebenen Wehrtum der alten Stadtmauer. Über Schlaunstraße, Katthagen und Frauenstraße geht es nun zum **Schloss** 17, einem reifen Meisterwerk Schlauns, und zum Schlossgarten.

Weitere Sehenswürdigkeit:

Rüschhaus 18 (Wohnhaus der Dichterin Annette v. Droste-Hülshoff mit Museum)

Praktische Hinweise

Information

Münster Information, Heinrich-Brüning-Str. 9, Tel. 0251/4922710, www.muenster.de

Hotels

Am Schlosspark, Schmale Str. 2–4, Tel. 0251/8998200, www.hotel-am-schlosspark-muenster.de. Ruhig gelegenes Haus mit wohnlicher Ausstattung.

Design Hotel Mauritzhof, Eisenbahnstr. 15–17, Tel. 0251/41720, www.mauritzhof.de. Logis mit viel Stil und Bibliothek.

Überwasserhof, Überwasserstr. 3, Tel. 0251/41770, www.ueberwasserhof-muenster.de. Komfortables Haus in Altstadtlage mit modernen Zimmern.

Restaurants

Drübbelken, Buddenstr. 14-15, Tel. 0251/42115, www.druebbeken.de. Gemütliche, rustikal-westfälische Traditionsgaststätte.

Pinkus Müller, Kreuzstr. 4–10, Tel. 0251/45151, www.pinkus-mueller.de. Münsterländische Gerichte, ›Altbierküche‹.

Wielers Kleiner Kiepenkerl, Spiekerhof 47, Tel. 0251/43416, www.kleiner-kiepenkerl.de. Gehobene deutsche Küche mit regionalen Spezialitäten.

An Münsters Prinzipalmarkt grüßt der neogotische Kirchturm von St. Lamberti

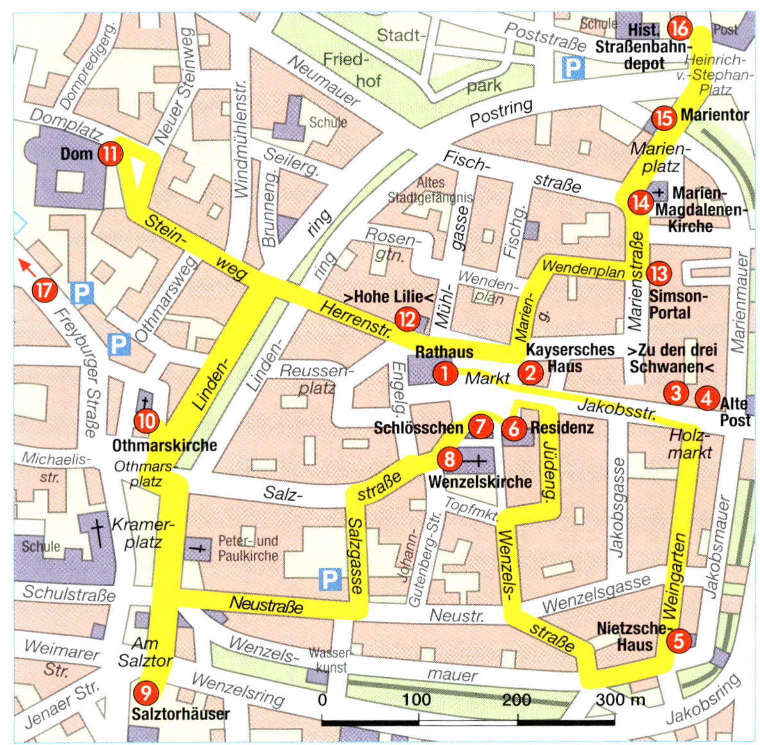

Naumburg (Saale) *D5*

Sachsen-Anhalt
Einwohner: 29 000

In der Nähe stehen stolze Burgen – die Saalestadt selber birgt Meister-Werke.

Die fast 1000-jährige Domstadt inmitten des Weinbaugebiets Saale-Unstrut erlangte vor allem durch ihren Dom St. Peter und Paul Berühmtheit. Der Spaziergang beginnt im mittelalterlichen Stadtkern am imposanten Marktplatz. Er ist von prächtigen Bürgerhäusern im Stil der Renaissance und des Barock umgeben. Hier steht auch das **Rathaus** 1 (1517–28) mit seinem Zwerchgiebel und dem spätgotischen Maßwerk. Von historischer Bedeutung im Innern sind die Wendeltreppe und das Ratssitzungszimmer mit seiner Stuckdecke. Gegenüber befindet sich das **Kaysersche Haus** 2 (um 1525). Auffällig sind die acht spätgotischen Maßwerkgiebel sowie die geschnitzte Renaissance-Eichentür. Vom Markt geht es in die Jakobstraße, deren Existenz seit dem 13. Jh. belegt ist und die noch heute Bürgerhäuser aus dem 16.–19. Jh. säumen. Auf der linken Seite liegt das Gebäude **›Zu den drei Schwanen‹** 3. Es wurde 1543–53 an der Stelle der Jakobskapelle errichtet. Nur das Auferstehungsrelief (1533) an der Fassade stammt noch vom Vorgängerbau. Die **Alte Post** 4 gleich daneben ist ein prächtiger Renaissance-Bau und war bis Mitte des 19. Jh. einer der größten Gasthöfe der Stadt. Erst später wurde das Gebäude als Post- und Telegrafenamt genutzt. Über den Holzmarkt, den einstigen Holzstapel- und Trockenplatz, gelangt man zum **Nietzsche-Haus** 5. 1858–97 war das spätklassizistische Gebäude die Wohnstätte der Familie des berühmten Philosophen Friedrich Nietzsche (1844–1900). Seit 1993 befindet sich hier ein Museum mit Exponaten zu Nietzsches Leben und Werk. Durch die Wenzelsstraße und die Jüdengasse kommt man wieder auf den Marktplatz und erblickt links die **Residenz** 6, heute Sitz des Amtsgerichts. Herzog Moritz von Sachsen-Zeitz ließ sie 1652/53 im Stil der Spätrenaissance errichten. Wiederum links befindet sich das **Schlösschen** 7, das 1543 entstand. In seinem Westflügel hatte der erste und

TOP TIPP

einzige evangelische Bischof des Naumburger Doms seine Amtsräume. Durch die Salzstraße geht es zur **Wenzelskirche** 8. Deren ältester Teil geht auf das 15. Jh. zurück, das Westportal wurde zu Beginn des 16. Jh. ergänzt. Hauptattraktion ist die Hildebrandt-Orgel, die 1746 von Johann Sebastian Bach und Gottfried Silbermann abgenommen wurde. Daneben sind Gemälde von Lucas Cranach d. Ä. und im Kirchturm die ehem. Türmerwohnung zu bewundern. Von Mai bis Oktober finden in der Kirche jeweils Mi, Sa und So um 12 Uhr Orgelkonzerte statt. Nun geht es zu den **Salztorhäusern** 9, einer 1834/35 eingerichteten Zollstation mit Wachhäusern. Wieder in Richtung Norden zweigt von rechts die Wenzelsmauer (ehem. Stadtbefestigung) mit der **Wasserkunst** ab, dem einzigen erhaltenen Befestigungsturm. 1480 erbaut, wurde er Ende des 17. Jh. zu einem Wasserturm für die städtische Wasserversorgung umfunktioniert. Vorbei an der **Othmarskirche** 10 (1619–99) geht es nun zu Naumburgs bedeutendstem Bauwerk, dem **Dom** 11 (13./14. Jh.). Das Gotteshaus, der baulich den Übergang von Spätromanik zu Frühgotik dokumentiert, besitzt europäischen Rang. Vor allem die zwölf lebensgroßen, etwa 1250–70 vom so genannten Naumburger Meister geschaffenen Stifterfiguren (herausragend sind Ekkehard und Uta) im Westchor begründeten seinen Weltruhm. Auf dem Weg zurück in die Altstadt gelangt man zum Gebäude **›Hohe Lilie‹** 12 (nach 1517), in dem heute das Stadtmuseum untergebracht ist. Die Mariengasse führt zum **Simson-Portal** 13 von 1574, an dem der Kampf von Simson mit dem Löwen dargestellt ist. Einige Schritte weiter können die barocke **Marien-Magdalenen-Kirche** 14 (1712–30) sowie das **Marientor** 15 (einst Stadttor) besichtigt werden. Von einst fünf Stadttoren blieb es als einziges bis heute erhalten. Ein Stück nördlich liegt beim **Historischen Straßenbahndepot** 16 die Haltestelle der nostalgischen Straßenbahn ›Wilde Zicke‹, die auf einer 2,5 km langen Strecke zwischen Hauptbahnhof und Innenstadt verkehrt.

Ein unbekannter Meister verewigte die Domstifter Ekkehard und Uta von Ballenstedt

Weitere Sehenswürdigkeit:

Blütengrund 17 (Fähranleger)

Praktische Hinweise

Information

Tourist- und Tagungsservice Naumburg, Markt 12, Tel. 034 45/27 31 12, www.naumburg-tourismus.de

Hotels

Stadt Naumburg, Friedensstr. 6, Tel. 034 45/73 90, www.hotel-stadt-naumburg.de. Familienfreundliches Haus mit Restaurant und Saunabereich.

St. Marien, Marienstr. 12, Tel. 034 45/235 40. Hotel Garni in alten Patrizierhaus mit modernen Zimmern.

Zur Alten Schmiede, Lindenring 36–37, Tel. 034 45/243 60, www.hotel-zur-alten-schmiede.de. Moderner Bau mit komfortablen Räumen.

Restaurants

bocks, Steinweg 5–9, Tel. 034 45/230 13 30. ›Bistaurant‹ mit mediterraner und moderner deutscher Küche.

Carolus Magnus, Markt 11, Tel. 034 45/20 55 77, www.hotel-stadt-aachen.de. Deutsche Küche, saisonale Spezialitäten.

Zille-Stube, Mariengasse 2, Tel. 034 45/20 28 00. Traditionsrestaurant, deutsche Küche, u.a. Wildkräuter und -gemüse.

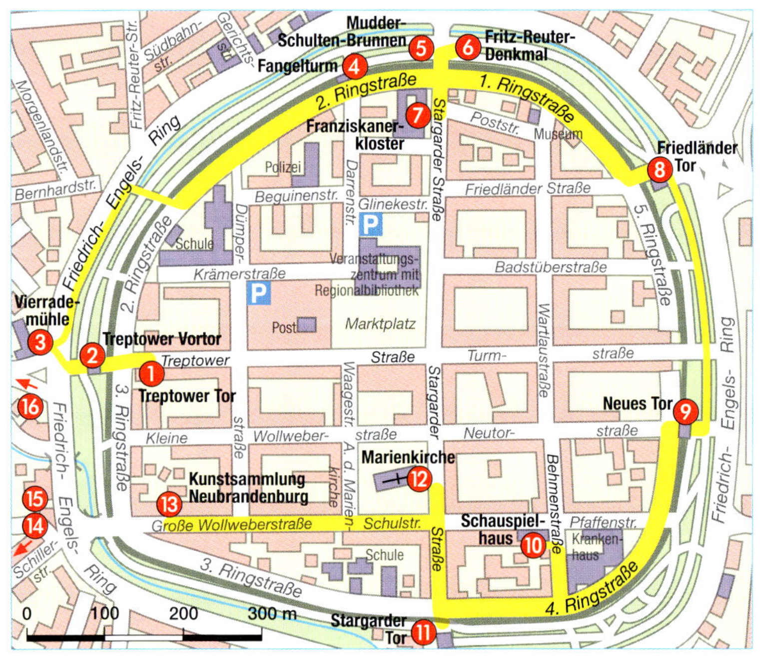

Neubrandenburg *E2*

Mecklenburg-Vorpommern
Einwohner: 68 000

Wiekhäuser, Mauern und Tore: mittelalterliche Schätze, prachtvoll erhalten.

Neubrandenburg wurde 1248 von Markgraf Johann I. am Rande der Mecklenburgischen Seenplatte planmäßig gegründet und ausgebaut. Im 14./15. Jh. erlebte die Stadt eine erste Blütezeit. Aus dieser Epoche stammen die heute noch erhaltenen vier gotischen Stadttore. Auf sie geht der Beiname Neubrandenburgs, ›Stadt der vier Tore‹, zurück. Das historische Zentrum ist vollständig von einer 2,3 km langen mittelalterlichen Stadtmauer umgeben. Unser Spaziergang beginnt beim **Treptower Tor** 1 (um 1400), dem mit 32 m höchsten Tor der Stadt. Hier hat die Ausstellung des städtischen Museums zur Ur- und Frühgeschichte ein Domizil gefunden. Giebel, Rosetten, Blendnischen und Spitzbögen zieren das **Treptower Vortor** 2 (um 1400). Mit seinem reichen Schmuck ist es ein Musterbeispiel für die wunderschöne mittelalterliche Architektur Neubrandenburgs. Die **Vierrademühle** 3, die einst zum Torkomplex gehörte, wurde erstmals 1271 erwähnt. In und um die Mühle ist ein Erlebnisbereich entstanden. Der Spaziergang führt nun an der Stadtmauer (um 1300) mit ihren zahlreichen eingebauten Wiekhäuschen entlang. Der 25 m hohe **Fangelturm** 4 wurde im 15. Jh. als Erweiterung eines Wiekhauses errichtet. Der Backsteinturm mit Zinnenkranz und Helm diente der Verteidigung und fungierte zugleich als Gefängnis. Heute bietet er einen schönen Blick auf Wallanlage und Stadt. Der **Mudder-Schulten-Brunnen** 5 (1923) erzählt in Stein anhand einer Geschichte des niederdeutschen Dichters Fritz Reuter, wie Großherzog Adolf Friedrich IV. von der Frau des Bäckers, Mutter Schulten, zur Begleichung seiner Schulden aufgefordert wurde. Er bedachte sie daraufhin mit den Worten: ›Impertinentes Frauensmensch‹ – nachzulesen auf dem Rand des Brunnens. Gegenüber sitzt **Fritz Reuter** 6 auf seinem Denkmalsockel. Die Bronzefigur hat Martin Wolff 1892 entworfen. Vermutlich um 1260 wurde das **Franziskanerkloster** 7 gegründet, von dem lediglich Nordflügel, Kreuzgang und die Klosterkirche St. Johannis erhalten sind. Die aus Back- und Feldstein gebaute zweischiffige Hallenkirche stammt aus der Zeit der Klostergründung, wurde aber 1891–94 stark verändert. Sehenswert im Innern sind der aufwendig geschnitzte

Altaraufsatz (1730) und die reich ornamentierte Kanzel (1598). Das älteste Tor der Stadtbefestigung ist das **Friedländer Tor** 8, um 1400 erbaut und Anfang des 16. Jh. um einen Zingel mit 4 m dicken Mauern erweitert. Hier wohnten traditionell Steuereinnehmer, Torschreiber und Zingelwärter. Heute stellt hier eine Galerie aus. Das **Neue Tor** 9 ist das jüngste der Stadtmauer, es stammt von 1450. Vortor und Zingel dieser Anlage sind nicht erhalten. Zur Stadtseite hin zieren acht weibliche Terrakotta-Figuren den Torturm, deren Bedeutung jedoch ist bislang ungeklärt. Weiter geht es zum **Schauspielhaus** 10, dem ältesten Theater Mecklenburg-Vorpommerns. Der breite Fachwerkbau wurde 1787 eingeweiht. Zur Stadtseite hin weist auch das **Stargarder Tor** 11 (um 1350) Terrakotta-Figuren auf, die wie jene des Neuen Tors Rätsel aufgeben. Mitte des 15. Jh. wurde das Tor um ein Vortor ergänzt, das reich mit Blendwerk verziert ist. In norddeutscher Backsteingotik präsentiert sich die **Marienkirche** 12 mit ihrem schön dekorierten Ostgiebel. Nach Plänen des finnischen Architekten Pekka Salminen wurde sie zu einer Konzertkirche umgebaut. Seit 2001 stellt dort die Philharmonie regelmäßig ihr Können unter Beweis. Zum Abschluss kann man in der **Kunstsammlung Neubrandenburg** 13, seit 2003 in der Großen Wollweberstraße 24 ansässig, Werke von Künstlern der Gegenwart bewundern und interessante Wechselausstellungen besuchen.

Weitere Sehenswürdigkeiten:

Belvedere 14
Aussichtsturm Behmshöhe 15
St.-Georgs-Kapelle 16

i Praktische Hinweise

Information

Stadtinfo Neubrandenburg, Stargarder Str. 17, Tel. 018 05/17 03 30, www.neubrandenburg-touristinfo.de

Hotels

Hotel Am Ring, Große Krauthoferstr. 1, Tel. 03 95/55 60, www.hotel-am-ring.de. Modernes Haus im Stadtteil Weitin mit 144 Zimmern, Restaurant und Bar.

Hotel Horizont, Otto-von-Guericke-Str. 7, Tel. 03 95/569 84 28, www.hotelhorizont.de. Familienfreundliches Hotel.

Parkhotel, Windbergsweg 4, Tel. 03 95/559 00, www.parkhotel-nb.de. Modernes Mittelklassehotel im Kulturpark.

Restaurants

Gaststätte im Wiekhaus, 4. Ringstraße 44, Tel. 03 95/566 77 62. Typische mecklenburgische Speisen mir urigem Flair.

Gaststätte zur Lohmühle, Stargarder Tor 4, Tel. 03 95/544 28 43. Regionale Spezialitäten in einer alten Wassermühle.

Mudder-Schulten-Stuben, 4. Ringstraße 425, Tel. 03 95/582 37 66. Regionale Küche in der Tradition der Zeit Fritz Reuters.

Gotische Ornamentik in Vollendung feiert in Neubrandenburg nicht nur das Treptower Tor

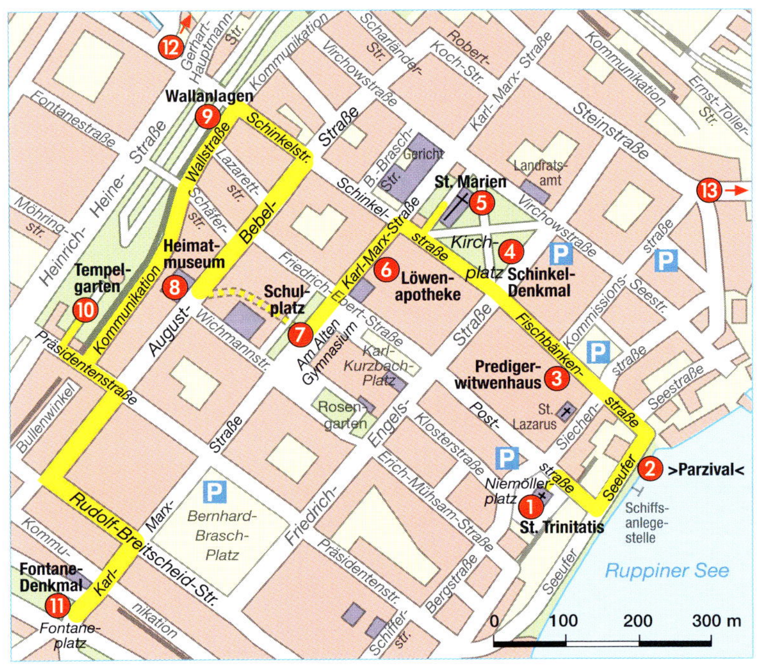

Neuruppin

E3

Brandenburg
Einwohner: 32 000

Schinkel, Fontane, Bilderbögen – das und noch weit mehr ist hier geboten.

Die Innenstadt Neuruppins ist überwiegend von Gebäuden im frühklassizistischen Stil geprägt. Das geschlossene Stadtbild entstand um 1800. Die

TOP TIPP

gotische Kirche **St. Trinitatis** ❶ gehörte einst zum Dominikanerkloster, das 1246 gegründet wurde. Das imposante Gotteshaus mit den beiden nachträglich angefügten Doppeltürmen (1906/08) gilt als ältestes Bauwerk der Stadt. Die Mühe des Aufstiegs auf den dem See zugewandten Turm belohnt ein herrlicher Ausblick. Anschließend flaniert man an der schönen Seepromenade entlang, die etwa 700 Jahre alte ›Wichmannlinde‹ passierend, die ihren Namen dem ersten Prior des Dominikanerklosters verdankt, zu einer Anlegestelle für Schiffsrundfahrten, an der die moderne Edelstahl-Plastik **›Parzival‹** ❷ (1998) 17 m in die Höhe ragt. Von hier aus wendet man sich nach links, um zum **Predigerwitwenhaus** ❸ (1736) zu gelangen. In dem Haus, ehemals Wohnsitz für Witwen und Waisen verstorbener Geistlicher, wuchs der Baumeister Karl Friedrich Schinkel 1787–94 auf, Mitte des 19. Jh. lebten hier Mutter und Schwester von Theodor Fontane. Die Fischbänkenstraße entlang kommt man zum Kirchplatz, auf dem die Friedenseiche (1815) und das **Schinkel-Denkmal** ❹ (1883) stehen, das an diesen berühmten Sohn der Stadt erinnert, der u. a. das Schauspielhaus und das Alte Museum in Berlin entwarf. Gegenüber erhebt sich die Kirche **St. Marien** ❺, die nach dem verheerenden Stadtbrand von 1787 neu erbaut und 1806 geweiht wurde. Wegen baulicher Mängel musste das Gotteshaus 1970 geschlossen werden. Nach einer Rekonstruktion wird das Gebäude seit 2002 als Kultur- und Kongresszentrum genutzt. Den Platz verlassend, kommt man danach zur **Löwenapotheke** ❻ (1788), in dem die Familie Fontane ab 1819 eine Apotheke unterhielt. Hier erblickte der Dichter Theodor Fontane (1819–1898) das Licht der Welt und hier verbrachte er seine Kinderzeit. Das Haus wird in seinem autobiografischen Roman ›Meine Kinderjahre‹ erwähnt. Nun geht es weiter zum

TOP TIPP

Schulplatz ❼, an dem das Alte Gymnasium (1791 eingeweiht) steht, in dem seit 2000 das Fontane-Zentrum untergebracht ist. Der berühmte Dichter und Romantiker hat 1832/33 hier selbst die Schulbank gedrückt. Die lateinische Inschrift über dem Eingangsportal ›CIVIBUS AEVI FUTURI‹ lautet übersetzt hoffnungsvoll: ›Den Bürgern des künftigen Zeitalters‹. Im Innern findet man die Bilderbogengalerie, eine ständig wechselnde Auswahl aus rund 20000 verschiedenen Motiven der Neuruppiner Bilderbogen. Ebenfalls auf dem Platz befindet sich das Denkmal Friedrich Wilhelms II., das die Neuruppiner 1829 zu Ehren des preußischen Königs errichteten, der nach dem Brand von 1787 die Stadt neu aufbauen ließ. Es folgt ein kleiner Abstecher mit einem Bummel durch die Bilderbogenpassage, das Einkaufszentrum der City. Am Ende der Passage zur August-Bebel-Straße hin steht das vor Ort schlicht ›Museum‹ genannte **Heimatmuseum** 8, das von der Stadtgeschichte sowie von Leben und Wirken Karl Friedrich Schinkels und Theodor Fontanes berichtet. Des Weiteren ist im Museum eine Ausstellung zur Kunsthandwerkersiedlung Gildenhall zu sehen. Danach führt der Weg in die Schinkelstraße, an deren westlichem Ende sich die historischen **Wallanlagen** 9 erheben, die Verteidigungswerke der Stadt. Im 18. Jh. erkannte Kronprinz Friedrich, der spätere Friedrich II., den großen landschaftlichen Reiz dieser Gegend und verhinderte die von seinem Vater befohlene Einebnung der Befestigungen. Südlich der Grünanlage kommt man schließlich zum

TOP TIPP

idyllischen **Tempelgarten** 10, den Kronprinz Friedrich 1732–40 anlegen ließ und der ursprünglich ›Amalthea-Garten‹ genannt wurde. Geprägt wird diese Naturoase vor allem duch einen 1735 erbauten, damals offenen Rundtempel, das Erstlingswerk des Baumeisters Georg Wenzeslaus von Knobelsdorff. Nach kurzer Wanderung durch Teile der südlichen Innenstadt endet der Weg am **Fontane-Denkmal** 11, das im Jahr 1907 eingeweiht und ebenso wie das Schinkel-Denkmal (s.o.) von Max Wiese geschaffen wurde.

Weitere Sehenswürdigkeiten:

Schloss Rheinsberg 12
Storchendorf Linum 13

i Praktische Hinweise

Information

Tourismus-Service BürgerBahnhof, Karl-Marx-Str. 1, Tel. 033 91/454 60, www.neuruppin.de

Hotels

Hotel am See Altes Kasino, Seeufer 11, Tel. 033 91/30 59, www.hotel-altes-kasino.de. Schön gelegenes Hotel mit Seeblick.

Hotel Waldfrieden, Lindenallee 48, Tel. 033 91/37 93, www.waldfrieden-neuruppin.de. Solides Haus in ruhiger Lage mit Badestelle am See.

Up-Hus-Idyll, Siechenstr. 4, Tel. 033 91/39 88 44, www.up-hus.de. Gemütlich wohnen in historischem Fachwerkhaus.

Restaurants

Am Alten Rhin, Friedrich-Engels-Str. 1, Tel. 033 91/76 50. Gehobene gutbürgerliche Küche mit regionalen Spezialitäten.

Gut Hesterberg, Gutsallee 1, Tel. 033 91/700 60. Regionale Gerichte u.a. mit Biofleisch aus eigener Schlachtung.

Zur Wichmannlinde, Poststr. 17, Tel. 033 91/23 10. Hausmannskost in lauschiger Atmosphäre direkt am See.

Blickfang am Ufer der Ruppiner Sees sind die Doppeltürme der gotischen Kirche St. Trinitatis

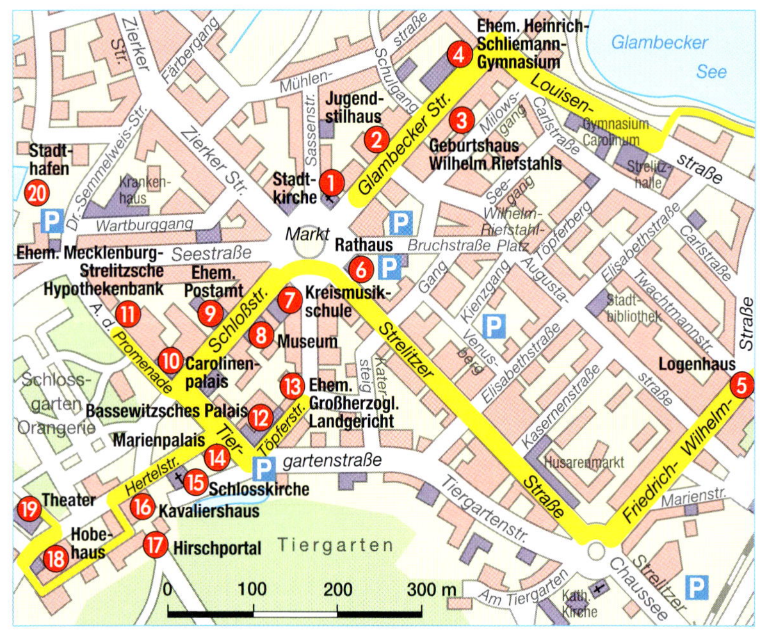

Neustrelitz E3

Mecklenburg-Vorpommern
Einwohner: 22 000

Die sternförmig angelegte Herzogsresidenz bringt ihre Gäste zum Strahlen.

Der Rundgang durch die ehem. herzogliche Residenzstadt Neustrelitz am Müritz-Nationalpark beginnt bei der **Stadtkirche** ❶ (1768–78). Der Turm wurde 1828–31 vom Schinkel-Schüler und Hofbaumeister Friedrich Wilhelm Buttel (1796–1869) im Stil eines toskanischen Campanile erbaut. Hinter der Stadtkirche steht die ebenfalls von Buttel geschaffene einstige Mädchenschule (1831). Vorbei am **Jugendstilhaus** ❷ in der Glambecker Str. 3 gelangt man zum **Geburtshaus des Malers Wilhelm Riefstahl** ❸ (Nr. 34). Gegenüber steht der klassizistische Bau des 1803–07 errichteten **Ehem. Heinrich-Schliemann-Gymnasiums** ❹ (heute Außenstelle des Gymnasiums Carolinum), in dem der Maler Wilhelm Riefstahl (1827–1888), der Troja-Entdecker Heinrich Schliemann (1822–1890) und der Sprachgelehrte Daniel Sanders (1819–1897) einst die Schulbank drückten. Durch die Louisenstraße, vorbei am Gymnasium Carolinum und der 1999 erbauten Strelitzhalle (früher Teil eines Elektrizitätswerks) kommt man in die Friedrich-Wilhelm-Straße und zum **Freimaurerlogenhaus ›Georg zur wahren Treue‹** ❺ (1910). Am Bahnhof vorbei biegt man rechts in die Strelitzer Straße ein. Rechterhand steht eine frühere Kaserne, in der heute ein Einkaufszentrum untergebracht ist. Am Marktplatz erhebt sich das klassizistische **Rathaus** ❻ (1841–43, Friedrich Wilhelm Buttel). Das Haus Nr. 6 an der Ecke Schlossstraße entstand 1732 und zählt zu den ältesten der Stadt. Das auf Vorschlag Buttels angelegte Rondell für die Statue von Großherzog Georg, die nun auf dem Buttel-Platz steht, nutzte das sowjetische Militär als Friedhof für gefallene Rotarmisten. Das Haus Schlossstr. 2 beherbergt die **Kreismusikschule** ❼. Nebenan, im Haus Nr. 3, ist das **Museum** ❽ zur Stadt- und Regionalgeschichte untergebracht. Es zeigt u.a. Werke der großen klassizistischen Bildhauer Christian Daniel Rauch und Bertel Thorvaldsen. Geplant ist ein Umzug in das gegenüber liegende **Ehem. Postamt** ❾ von 1902/03, das als Kulturhistorisches Zentrum Mecklenburg-Strelitz fungieren soll. Auf dem Weg zum **Carolinenpalais** ❿ kommt man vorbei am Haus Nr. 20, in dem einer der Widerstandskämpfer des 20. Juli 1944, Hans-Jürgen Graf von Blumenthal, lebte. Das Palais im Tudor-Stil mit malerischem Erker errichtete Buttel 1850 für die Herzogstochter

Caroline. An der Promenade erhebt sich die 1899–1992 als Bankgebäude genutzte **Mecklenburg-Strelitzsche Hypothekenbank** ⓫. Das **Bassewitzsche Palais** ⓬ ist ein klassizistischer Putzbau aus dem Jahre 1820. 1842–1920 beherbergte es die Großherzogliche Bibliothek. Wenige Schritte weiter steht das von Buttel 1866 geschaffene **Ehem. Großherzogliche Landgericht** ⓭, einst das kleinste Landgericht Deutschlands und heute Sitz des Amtsgerichts. Gegenüber erblickt man das 1826 errichtete Haus der ersten Ersparnisanstalt vor Ort, einem Vorläufer der Sparkasse. Der Weg zum Schlossberg führt zunächst zum **Marienpalais** ⓮ (1850). Das klassizistische Bauwerk weist Formen der Schinkel-Schule auf. Gleich daneben gebietet ein Backsteinbau in romantischer Neogotik mit schlanken Türmchen und reichem Blendmaßwerk Aufmerksamkeit: TOP TIPP Die **Schlosskirche** ⓯ (1854–59) ist ein Meisterwerk Buttels und eines der schönsten Gebäude von Neustrelitz. Von dem 1945 ausgebrannten Schloss-Ensemble ist u.a. noch das **Kavaliershaus** ⓰ erhalten. Rechts vom Schlossplatz markiert das **Hirschportal** ⓱ den früheren Eingang des Tiergartens. Oberst von Chassot ließ 1740 das **Hobehaus** ⓲, heute Standesamt, errichten. Die beiden TOP TIPP Vorgängerbauten (1885, 1926–28) des **Theaters** ⓳ brannten ab, 1954 wurde die Bühne in ihrer heutigen Form ausgeführt. Auch der Marstall ist sehenswert, eine Dreiflügelanlage aus gelbem Backstein, die in den 1870er-Jahren nach Plänen von Buttel entstand. Die Orangerie, 1755 als Wintergarten erbaut, gestaltete Buttel 1842 zu einem Gartensalon mit Antikensammlung um. Zudem schuf er den Hebetempel (1840), der die Figur der Hebe (1856) des großen Klassizisten Antonio Canova birgt. Die Gedächtnishalle für Königin Luise erinnert an die in napoleonischer Zeit überaus populäre preußische Landesmutter (1776–1810), eine Tochter Herzog Karls II. von Mecklenburg-Strelitz.

Lauschiges Plätzchen: Schlossgarten mit der prachtvollen Schlosskirche als Kulisse

Weitere Sehenswürdigkeit:

Stadthafen ⓴

Praktische Hinweise

Information

Touristinformation, Markt 1, Tel. 039 81/25 31 19, www.neustrelitz.de

Hotels

Haegert, Zierkerstr. 44, Tel. 039 81/ 20 03 05, www.hotel-haegert.de. Radwandererfreundliches Haus mit Stil in Citylage.

Pinus, Ernst-Moritz-Arndt-Str. 55, Tel. 039 81/44 53 50, www.hotel-pinus.de. Hotel Garni mit Mittelklasse-Komfort in Bahnhofsnähe.

Schlossgarten, Tiergartenstr. 15, Tel. 039 81/245 00, www.hotel-schloss garten.de. Traditionshaus in klassizistischem Stil, mit Restaurant und Gartenterrasse.

Restaurants

Basiskulturfabrik, Sandberg 3a, Tel. 039 81/20 31 45, www.basiskultur fabrik.de. Leichte internationale Küche mit Pfiff, serviert im unverwechselbaren Flair historischer Fabrikräume.

Bootshaus, Useriner Str. 1, Tel. 039 81/ 23 98 60, www.kaisers-bootshaus.de. Gerichte mecklenburgischer Tradition.

Inselgaststätte Helgoland, Am Hafen, Tel. 039 81/20 04 30, www.inselgast staette-helgoland.de. Ausflugslokal im Zierker See mit gutbürgerlicher heimischer Küche.

Nördlingen *D7*

Bayern
Einwohner: 19 000

Der Rundling im Ries macht mittelalterliches Stadtleben nachfühlbar.

Wer sich zum Einstieg einen Überblick über Nördlingen und das Nördlinger Ries verschaffen möchte, besteigt am besten den ›Daniel‹, den 90 m hohen Glockenturm von **St. Georg** ❶. Das Innere der spätgotischen Hallenkirche (1427–1505) schmücken ein barockisierter Hochaltar (15. Jh.) und ein spätgotisches Sakramenthaus. Das **Tanzhaus** ❷ (1442–44) gleich gegenüber diente den Tuchhändlern als Umschlagplatz für ihre Waren, wurde aber auch für Feste genutzt. Das TOP TIPP **Rathaus** ❸ aus dem 13. Jh. ist das älteste Steingebäude Nördlingens und erfuhr zahlreiche bauliche Veränderungen. 1499/1500 wurden das dritte Obergeschoss und der südliche Erker sowie 1618 die Renaissance-Freitreppe mit gotisierenden Elementen angebaut. Das Nördlinger Verkehrsamt residiert im einstigen **Leihhaus** ❹, das 1522 als Kanzleigebäude entstanden war. Jenseits der Eisengasse liegt der TOP TIPP **Hafenmarkt** ❺, der älteste Siedlungsbereich der Stadt mit reizvollen Bürgerhäusern. Das **Klösterle** ❻ (1420) mit Stadtsaal blickt auf eine wechselvolle Geschichte als Kirche, Kornspeicher und Feuerwehrdomizil zurück. Sehenswert ist das mit Figuren verzierte Südportal (1586, Wolfgang Walberger). Von dort ist es nicht weit bis zum **Gerberviertel** ❼, dessen Häuser nach den Erfordernissen des Gerberberufs mit Trockenböden versehen sind. Die Gerbergasse führt zum **Unteren Wasserturm** ❽ (15. Jh.), Bestandteil der vollständig erhaltenen Stadtbefestigung (1243 erstmals erwähnt) mit Wohntürmen und Bastionen. Über die Eger geht es zum historischen **Wasserrad Neumühle** 9, das besichtigt werden kann. Das **Stadtmuseum** 10 ist Teil des früheren **Heilig-Geist-Spitals** 11 (13. Jh.). Den schönen Spitalhof säumen Gebäude des 16. Jh. Im ehem. Holzhofstadel (1503) befindet sich das hochmoderne geologische Rieskrater-Museum. In der **Rosswette** 12 des Spitals wurden einst die Pferde getränkt. Durch mehrere Gassen gelangt man zum **Hallgebäude** 13 (1541–43). Das Satteldachhaus beeindruckt durch seine fünffach gebrochenen Erker. Inmitten blumenumrankter Galerien wird das meisterhafte Fachwerk des **Winter'schen Hauses** 14 sichtbar. An der 1422 geweihten **Salvatorkirche** 15 sind die Bauplastik der Parler-Schule sowie der Schnitzaltar (1505–07) im Chor bemerkenswert. In der Salvatorgasse befindet sich auch der **Feilturm** 16 mit seinem Unterbau aus dem Jahr 1395 und dem Aufsatz von 1547. Der Weg führt nun entlang der Stadtmauer. Die trutzige Anlage der **Alten Bastei** 17 (1554) dient heute als Freilichtbühne. Das **Reimlinger Tor** 18 (Ende 14. Jh.) ist das älteste der Stadtbefestigung. Der dreigeschossige Fachwerkbau drei Häuser weiter ist das **Münzhaus** 19 (1470, 1534 umgebaut). Ganz in der Nähe steht der **Reißturm** 20, 1644/45 über einer Anlage von 1408 errichtet. Das **Deininger Tor** 21 (1517/1519, restauriert 1645–47) war Vorbild für das **Löpsinger Tor** 22 (1593/1594, Tambour und Kuppel 1770). Heute beherbergt letzteres das Stadtmauermuseum. Richtung Stadtmitte passiert man die **Alte Schranne** 23 (1602) mit schönem Staffelgiebel. Ein figurenreicher Aufbau verschönt den **Kriegerbrunnen** 24 (1902). Wer mag, kann noch über Marktplatz und Baldinger Straße zur Stadtmauer spazieren, wo das **Baldinger Tor** 25, die **Backofentürme** 26 und das **Berger Tor** 27 zu besichtigen sind.

i Praktische Hinweise

Information

Tourist-Information, Marktplatz 2, Tel. 090 81/84 116, www.noerdlingen.de

Hotels

Goldene Rose, Baldinger Str. 42, Tel. 090 81/860 19, www.goldene-rose-noerdlingen.de. Solides Hotel Garni in zentraler Lage.

Kaiserhof Hotel Sonne, Marktplatz 3, Tel. 090 81/50 67, www.kaiserhof-hotel-sonne.de. 600-jähriges Traditionhaus im Landhausstil mit behaglichen Zimmern.

NH Klösterle, Beim Klösterle 1, Tel. 090 81/870 80, www.nh-hotels.com. Moderner Komfort und historisches Flair in 4-Sterne-Hotel mit Restaurant und Bar.

Restaurants

Brauerei-Gasthof zum Fuchs, Kornschranne 20, Tel. 090 81/44 71, www.brauerei-gasthof-zum-fuchs.de. Deftiges aus Bayrisch-Schwaben zum heimischen Bier.

Jägerstüble, Münzgasse 10, Tel. 090 81/42 06. Regionale und Donauschwäbische Grillspezialitäten.

Rotochsen Keller, Marienhöhe 3, Tel. 090 81/882 09, www.rotochsen-keller.de. Deutsche und italienische Gerichte in schönem Fachwerkhaus am Waldrand.

Elegante Giebel zieren die Häuser rund um die Alte Schranne mit dem Kriegerbrunnen

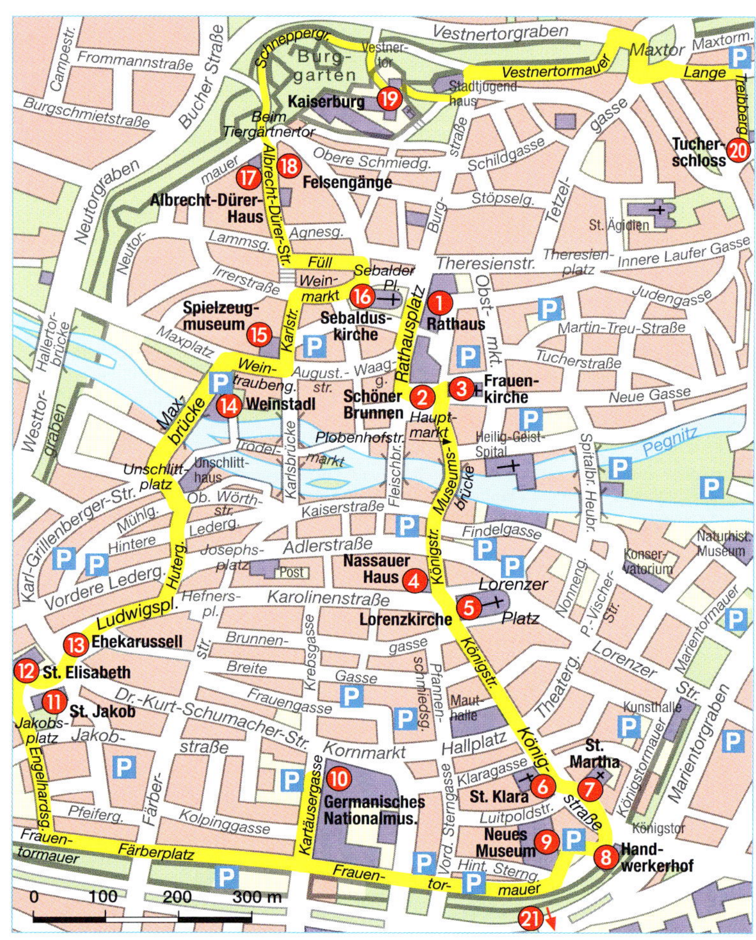

Nürnberg

D6

Bayern
Einwohner: 502 000

Des Reiches Veste und Schatzkästlein ist heute hochmoderne Großstadt.

Die Tour durch die geschichtsträchtige Frankenmetropole Nürnberg, die 1050 erstmals urkundlich erwähnt wurde, beginnt am **Rathaus** 1. Der älteste Teil des Gebäudes stammt aus dem 14. Jh. Besonders sehenswert sind die prächtigen Portale an seiner Westseite. Im Keller des Rathauses sind die Lochgefängnisse mit Folterwerkzeugen und Schmiedewerkstatt zu besichtigen. Über den Rathausplatz geht es zum Hauptmarkt mit dem ältesten Röhrenbrunnen der Stadt, dem **Schönen Brunnen** 2 (1385–96, Hans Beheim). Gegenüber erhebt sich die **Frauenkirche** 3 (1352–61) mit ihrer prächtigen Kunstuhr im Giebel: Immer zur Mittagsstunde ziehen hier die Figuren der sieben Kurfürsten an Kaiser Karl IV. vorbei. Vor der Kirche findet alljährlich der berühmte Christkindlesmarkt statt. Im Innern sind der Tucheraltar von 1440 und Epitaphe (Ende 15. Jh.) von Adam Kraft zu besichtigen. Über die Pegnitz gelangt man zum **Nassauer Haus** 4, mit seinem steinernen Wehrturm das wohl älteste Zeugnis des Nürnberger Wohnbaus. Schräg gegenüber befindet sich die gotische **Lorenzkirche** 5 (1250–1477), in der u.a. der ›Engelsgruß‹ (1517/18) von Veit Stoß zu bewundern ist. Zwei weitere Kirchen, **St. Klara** 6 und **St. Martha** 7, säumen den Weg zum früheren Wohnviertel der Handwerker. Im besonders hübschen **Handwerkerhof** 8 verbreiten enge Gassen und kleine Fachwerkhäuser mittelalterlichen Charme. Ganz im Zeichen der Gegenwartskultur steht hingegen das **Neue Museum** 9. Es präsentiert Kunst und Design ab 1945. Das berühmte **Germanische Nationalmuseum** 10 beherbergt mit 1,2 Mio. Objekten von der Frühzeit bis zur Gegenwart die größte kulturhistorische Sammlung im deutschsprachigen Raum. Zu den Meisterwerken gehören Abeiten von Dürer, Rembrandt, Spitzweg, Kirchner und Beuys. Vorbei an der Stadtbefestigung geht es zur einstigen **Deutschordenskirche St. Jakob** 11 mit der früheren Hauskapelle des **Deutschordensspitals St. Elisabeth** 12 und zum **Ehekarussell** 13. Das Gedicht ›Das bittersüß eh'lich Leben‹ von Hans Sachs (1494–1576) inspirierte Jürgen Weber 1984 zu diesem Brunnen. Auf dem Weg über die Maxbrücke genießt man einen schönen Blick auf das Unschlitthaus auf der einen Seite der Pegnitz und auf den **Weinstadl** 14 (1446–48 als Heim für Aussätzige gebaut, später Weinlager) auf der anderen Seite. Dahinter erblickt man die Renaissancefassade des **Spielzeugmuseums** 15. Von hier lässt sich auch schon das Portal der **Sebalduskirche** 16 (13. Jh.) erkennen. Der romanische Bau wurde gotisch erweitert und erhielt einen mächtigen Hallenchor (1361–79) im Osten. Nach Norden führt der Weg zum **Albrecht-Dürer-Haus** 17, in dem der Meister von 1509 bis zu seinem Tod 1528 lebte. Eine Straße weiter laden die **Felsengänge** 18 zur Erkundung alter Stollen- und Gewölbegänge ein, darunter Kunstbunker und Lochwasserleitungen.

TOP TIPP Durch den Burggarten geht es zur **Kaiserburg** 19, dem Wahrzeichen Nürnbergs. Im Museum wird die Geschichte der Kaiserpfalz dokumentiert. Der Blick von oben auf die Stadt ist grandios. Vorbei an der Vestnertormauer geht es zum **Museum Tucherschloss** 20 (vollendet 1544). Das Gartenschloss war einst Sommersitz der Patrizierfamilie Tucher.

Weitere Sehenswürdigkeit:

Dokumentationszentrum beim ehem. Reichsparteitagsgelände 21

Praktische Hinweise

Information

Congress- und Tourismus-Zentrale Nürnberg, Frauentorgraben 3/IV, Tel. 09 11/233 60, www.nuernberg.de

Hotels

Advantage, Dallinger Str. 5, Tel. 09 11/945 50, www.hotel-advantage.de. Modern eingerichtetes Hotel mit Restaurant und Fitnessräumen, ruhige Lage.

Akzent-Hotel, Heideloffplatz 7–11, Tel. 09 11/94 45 30, www.hotelamheideloffplatz.de. Behagliches Cityhotel.

Prinzregent, Prinzregentenufer 11, Tel. 09 11/58 81 88, www.prinzregent.net. Jugendstilhaus mit netten Zimmern.

Restaurants

Nassauer Keller, Karolinenstr. 2, Tel. 09 11/22 59 67. Heimische Spezialitäten, in uraltem Kellergewölbe serviert.

Weinhaus Steichele, Knorrstr. 2–8, Tel. 09 11/20 22 80, www.weinhaussteichele.de. Fränkische Traditionsküche.

Zum Sudhaus, Bergstr. 20, Tel. 09 11/20 43 14. Gehobene fränkische und internationale Küche.

An die fernen Zeiten des deutschen Mittelalters erinnert die imposante Nürnberger Kaiserburg

Oldenburg (Oldenburg) *B3*

Niedersachsen
Einwohner: 158 000

Binnenländische Seehafenstadt und liebenswertes Radfahrer-Dorado.

Oldenburg, günstig am Übergang eines Handelswegs über die Hunte gelegen, ist als Markt- und Kaufmannssiedlung im Schutz eines befestigten Herrensitzes spätestens im 10. Jh. entstanden (Stadtrecht 1345). Am Rand des historischen Stadtkerns befindet sich das

TOP TIPP

Schloss 1. Es wurde ab 1607 im Auftrag des Grafen Anton Günther (1603–1667) an der Stelle einer maroden Ring- und Wasserburg aus der Stauferzeit errichtet. Es war bis 1918 Residenz der Grafen, Herzöge und Großherzöge von Oldenburg. Eine Unterbrechung gab es 1667–1773, als Stadt und Land unter dänischer Herrschaft standen. Dem Zentralbau des Schlosses (1607) wurden bis Ende des 19. Jh. drei weitere Flügel angefügt. Heute ist hier das Landesmuseum für Kunst- und Kulturgeschichte untergebracht. Interessant ist der Gemäldezyklus Johann Heinrich Wilhelm Tischbeins (1751–1829). Vor dem Eingang auf dem Berliner Platz grüßt die Skulptur ›Drei stehende Bären‹ (1965) von Paul Halbhuber. Um den **Schlossplatz** 2 gruppieren sich drei klassizistische Bauten: Kollegiengebäude (1829/30, Markt 15), Kammergebäude (1831) am Kasinoplatz und Schlosswache (1839). An der Südseite stehen Fachwerkhäuser aus dem 18. Jh. Im Haus Nr. 13 arbeitete eine Blaufärberei (Werkstatt heute im Landesmuseum). Der Buchhändler August Schwartz aus Haus Nr. 22 soll 1870 die erste Bildpostkarte auf die Reise geschickt haben. Die

TOP TIPP

ehem. **Stiftskirche St. Lamberti** 3 im Süden des Marktes blickt auf eine wechselvolle Baugeschichte zurück: 1791–94 wurde aus der schon baufälligen gotischen Hallenkirche ein klassizistischer Rundbau mit Empore und Kuppel.

Eine neogotische Ummantelung mit dem 85 m hohen Hauptturm (1873) und vier Treppentürmen (1886) veränderte den Charakter noch einmal deutlich. Das **Rathaus** 4 (davor die Bronzeplastik ›Gegenwart‹) wurde 1888 an der Stelle eines Renaissancebaus von 1635 errichtet. Mit seinem dreieckigen Grundriss und zwei Schauseiten gehört das Backsteingebäude zu den originelleren Werken des Historismus. Das **Degodehaus** 5 (vermutlich 1502) an der Ecke Markt/Kleine Kirchstraße, ein spätmittelalterliches Hallendielenhaus, überstand als eines der wenigen Gebäude den großen Stadtbrand von 1676. Durch die Bergstraße mit ihren Handwerkerhäuschen aus dem 19. Jh. und die Lange Straße, Hauptgeschäftsstraße der verkehrsberuhigten Altstadt, mit ihren stattlichen Giebelhäusern, führt der Weg zum **Lappan** 6 (1467/68), einem gotischen Backsteinturm mit Kupferhaube (1709). Die Kunstsammlung und die beiden Villen des Kaufmanns Theodor Francksen bildeten den Grundstock des **Stadtmuseums** 7. Jürgenssche Villa (1863) und Francksen-Villa (1877) sind seit 1912 durch einen Zwischentrakt miteinander verbunden. Hinzu kamen die Ballinsche Villa und ein moderner Anbau. Der Gebäudekomplex umgibt einen schönen Museumsgarten. Ein Großteil der Ausstellungsfläche des **Horst-Janssen-Museums** 8 ist dem Werk des Zeichners und Grafikers Horst Janssen (1929–1995) gewidmet. Durch die Parkanlagen des 1789 geschleiften Stadtwalls erreicht man das **Edith-Ruß-Haus für Medienkunst** 9 sowie das Städtische Kulturzentrum. Es befindet sich in einem spätklassizistischen Dreiflügelbau mit 65 m langer Front zur Peterstraße, der 1838–41 als **Peter-Friedrich-Ludwigs-Hospital** 10 errichtet wurde. Der historistische Prunkbau des **Staatstheaters** 11 ersetzte 1881 einen hölzernen Musentempel. Es lohnt sich, den weiteren Weg über den von Villen umgebenen Cäcilienplatz zu nehmen und von dort den von Herzog Peter Friedrich Ludwig angelegten **Schlossgarten** 12 aufzusuchen. Der gedrungene Rundbau des **Pulverturms** 13 (1529) mit seiner ungewöhnlichen Kuppel war einst Zwinger der Befestigungsanlage. Im **Augusteum** 14 (1865–67) ist die Gemäldegalerie Alte Meister des Landesmuseums untergebracht. Der Streifzug geht nun am **Prinzenpalais** 15 mit der Galerie des 19./20. Jh. vorbei zum spätklassizistischen Backsteinbau des **Landesmuseums für Natur und Mensch** 16 (1876–79) am Damm. Wer möchte, schlendert noch über den Festungsgraben zum umschlagstärksten **Binnenhafen** 17 Niedersachsens oder unternimmt eine Paddeltour auf der Hunte.

TOP TIPP

Hommage an einen grandiosen Zeichner: das Oldenburger Horst-Janssen-Museum

i Praktische Hinweise

Information

Tourist Information, Kleine Kirchenstr. 10, Tel. 018 05/93 83 33 (0,14 €/Min.), www.oldenburg-tourist.de

Hotels

Altera Hotel, Herbartgang 23, Tel. 04 41/ 21 90 80, www.altera-hotels.de. Stilvolle und funktionale Räume, ambitionierte Gastronomie.

Antares-Hotel, Staugraben 8, Tel. 04 41/ 922 50, www.antares-hotel.info. Solides Logis an der Fußgängerzone nahe dem Hauptbahnhof.

Hotel Wieting, Damm 29, Tel. 04 41/ 92 40 05, www.hotel-wieting.de. Traditionshaus mit modernem Wohnkomfort.

Restaurants

Klöter, Herbartgang 6, Tel. 04 41/129 86. Esskultur mit festlichem Flair.

Ratskeller, Markt 1, Tel. 04 41/925 00 01. Regionaltypische und saisonale Gerichte.

Tafelfreuden, Alexanderstr. 23, Tel. 04 41/832 27, www.tafelfreuden-hotel.de. Mediterrane Küche, fantasievolle Extras.

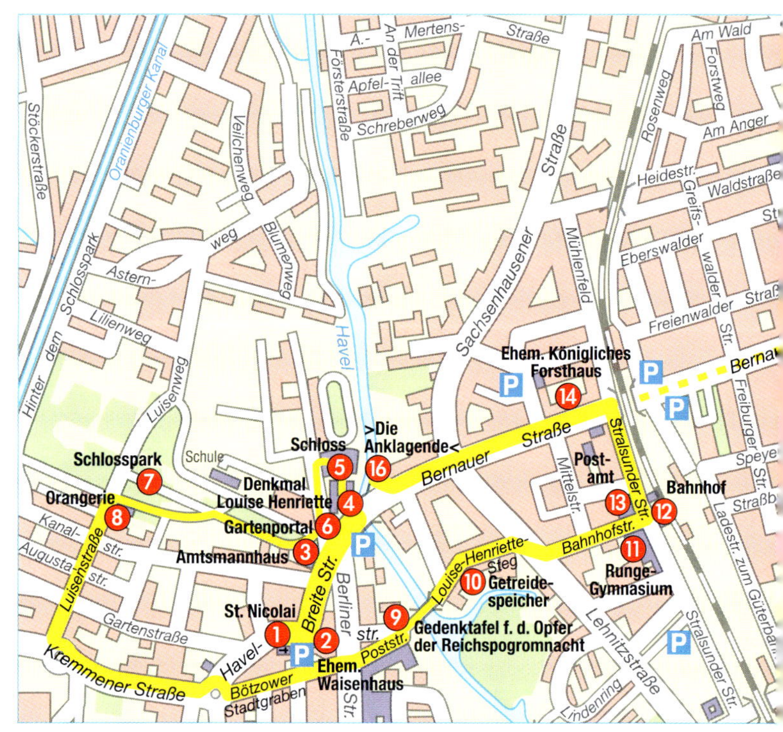

Oranienburg

E3

Brandenburg
Einwohner: 41 000

Das hübsche Städtchen wurde von einer beliebten Landesmutter geprägt.

Oranienburg liegt nordwestlich von Berlin an der Havel. Urkundlich erwähnt wurde die Stadt erstmals 1296. Unser Spaziergang beginnt an der Kirche **St. Nicolai** ❶, dem ältesten Gotteshaus (1653) der Stadt. Die heutige Kirche wurde 1864–66 im Stil einer frühchristlichen Basilika errichtet und nach Zerstörungen im Zweiten Weltkrieg vereinfacht rekonstruiert. Nahebei befindet sich das **Ehem. Waisenhaus** ❷, das 1665 auf Initiative der Kurfürstin Louise Henriette (1627–1667) erbaut wurde. Auf der Breiten Straße, dem historischen Zentrum der Stadt, kommt man zum einstigen **Amtshauptmannhaus** ❸ (1627). Unmittelbar daneben steht das Blumenthalsche Haus, das einstige Domizil des Hofgärtners. Etwas weiter nördlich haben die Oranienburger 1858 das **Denkmal Louise Henriette** ❹ postiert. Die Kurfürstin leistete einen enormen Beitrag zum Wiederaufbau der während des Dreißigjährigen Krieges zerstörten Stadt. Nach wenigen Schritten erreicht man das barocke **Schloss** ❺ (1651–55), die einstige Residenz der Kurfürsten von Brandenburg. Ab 1802 wurde das Schloss als Fabrik, später als SS-Kaserne und Armeequartier genutzt. Im 1999 restaurierten Bau präsentiert die Stiftung Preußischer Schlösser und Gärten Porzellan, Gemälde und Gobelins. Außerdem ist hier das Kreismuseum mit Dokumentationen zu Handwerk und Binnenschifffahrt untergebracht. Nun geht es wieder bergabwärts, diesmal zum prächtigen **Gartenportal** ❻ (1690, Johann Nering). Dahinter erstreckt sich der **Schlosspark** ❼. 1651 angelegt, wurde er 1878/79 Landschaftsgarten und ist Schauplatz der Landesgartenschau 2009. Im Park führt der Weg nach links zur **Orangerie** ❽ (18. Jh.), dem neben dem Gartenportal einzigen erhaltenen Gebäude der Anlage. Weiter geht es über die Luisenstraße in die Kremmener Straße, wo man den alten Jüdischen Friedhof passiert und dem Straßenverlauf folgend bald das Havelufer mit der Schiffsanlegestelle am Louise-Henriette-Steg erreicht. Wenige Meter weiter erinnert Ecke Post-

TOP TIPP

und Havelstraße die **Gedenktafel für die Opfer der Reichspogromnacht** 9 an die Synagoge, die einst hier stand. Sie wurde am 9. November 1938 verwüstet und 1944 von Bomben vollends zerstört. Danach führt der Weg über die Havel bis zum **Getreidespeicher** 10, einem der Wahrzeichen der Stadt. Weiter östlich steht das **Runge-Gymnasium** 11 (1914), dessen Namenspatron, der Chemiker Friedlieb Ferdinand Runge (1795–1867), seit 1832 in Oranienburg lebte. Direkt gegenüber befindet sich der denkmalgeschützte **Bahnhof** 12 (1877). Schräg links bietet das **Postamt** 13 von 1927 einen besonderen Blickfang. An der Fassade sieht man vier in Stein gehauene Köpfe, die die historische Entwicklung des Postwesens symbolisieren. Der weitere Weg folgt der Bernauer Straße, der Einkaufsmeile der Stadt mit ihren imposanten Jugendstilhäusern, und erreicht das **Ehem. Königliche Forsthaus** 14 (1772). Wer noch Ausdauer und gut 1,5 Std. Zeit hat, sollte **Gedenkstätte und Museum Sachsenhausen** 15 besuchen. Hier kann man sich über die furchtbaren Ereignisse während der Nazidiktatur informieren. Als Mahnmal mit

TOP TIPP

der Botschaft, diese Gräuel niemals zu vergessen, setzt die Statue **›Die Anklagende‹** 16 (1961, von Fritz Cremer) unweit des Schlosses ein eindrucksvolles Zeichen.

Praktische Hinweise

Information

Tourismusverein, Bernauer Str. 52, Tel. 033 01/70 48 33, www.tourismus-or.de

Hotels

Hotel an der Havel, Albrecht-Buchmann-Str. 1 A, Tel. 033 01/69 20, www.hotelanderhavel.de. Behagliche Einrichtung, gehobene Gastronomie.

Hotel Ruperti, Waldstr. 14, Tel. 033 01/20 11 24. Solides Logis mit Restaurant.

Stadthotel Oranienburg, André-Pican-Str. 23, Tel. 033 01/69 00, www.stadthotel-oranienburg.de. Komfortable Unterkunft mit Restaurant, Bar und Sauna.

Restaurants

Carollis, Breite Str. 6, Tel. 033 01/68 91 41, Vielfältige und solide deutsche Küche.

Oranjehus, Clara-Zetkin-Str. 31, Tel. 033 01/70 12 44. Gutbürgerliche Gerichte.

Zum fröhlichen Landmann, Germendorfer Dorfstr. 8, Tel. 033 01/20 80 07, www.zum-froehlichen-landmann.com. Speisen von vegetarisch bis zünftig.

Denkmal der brandenburgischen Kurfürstin Louise Henriette vor der Schlossfassade

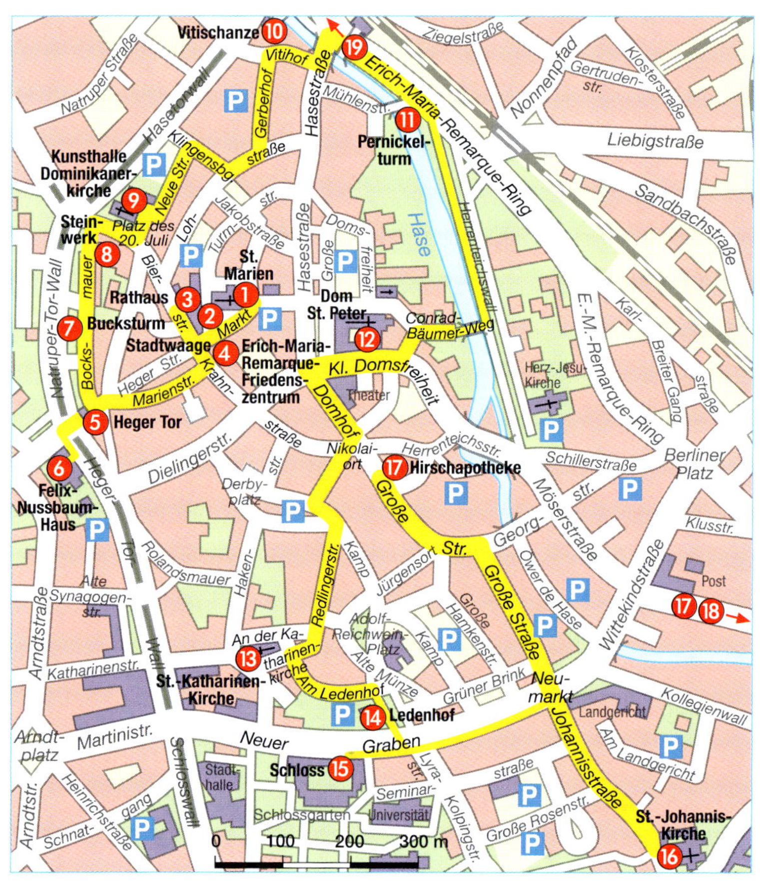

Osnabrück

B4

Niedersachsen
Einwohner: 163 000

Niedersächsisches und Westfälisches, vereinigt in einer alten Bischofsstadt.

Osnabrück blickt auf eine über 1200-jährige Geschichte zurück: Bereits um 780 wurde die Siedlung von Karl dem Großen zum Bischofssitz erhoben, 1147 wurde sie erstmals urkundlich erwähnt. Heute ist Osnabrück die drittgrößte Stadt Niedersachsens. Unser Spaziergang beginnt am Marktplatz. Er spiegelt das Selbstbewusstsein des Bürgertums der alten Hansestadt wider. Es erfüllte hier im Zentrum des Handels sein Repräsentationsbedürfnis, nicht zuletzt in Abgrenzung zum eigentlichen Herren von Stadt und Hochstift, dem Fürstbischof, der im Schatten des Doms residierte. Die evangelische Pfarr- und Marktkirche **St. Marien** 1 (Ersterwähnung 1177) verdankt ihre Entstehung einem Privileg Kaiser Heinrichs II. (1002), das dem Bischof erlaubte, einen Markt zu unterhalten, Zoll von dessen Besuchern zu erheben und eine Münzstätte einzurichten. Der mehrstöckige Westturm, das Langhaus sowie Chor und Chorumgang entstanden 1280–1440, im 16. Jh. kamen noch der Antwerpener Passionsaltar, die geschnitzte Madonna des ›Meisters von Osnabrück‹ und der Taufstein hinzu. Im rechten Winkel zum Treppengiebelhaus der **Stadtwaage** 2 (1531) erhebt sich das spätgotische **Rathaus** 3 (1487–1531). Weltpolitische Bedeutung gewann seine ›große Rhatts Stuben‹, denn im ›Friedenssaal‹ wurde 1648 der Westfälische Frieden ausgehandelt. Das von der Freitreppe feierlich verkündete Ende des Dreißigjährigen Krieges wird jedes Jahr im Oktober mit einem Fest begangen, bei dem die Kinder Osnabrücks mit Steckenpferden zum Rathaus reiten. Da die Stadt Frieden als ›dauernde Aufgabe‹ begreift, verleiht sie jährlich einen Friedenspreis, der nach dem bekanntesten Osnabrücker, dem Schriftsteller Erich Maria Remarque (1898–1970), benannt ist. Der Schöpfer eines der erfolgreichsten deutschen Romane, ›Im Westen nichts Neues‹ (1929), wird im **Erich-Maria-Remarque-Friedenszentrum** 4 (Markt 6–7) umfassend gewürdigt. Durch das Heger-Tor-Viertel (Stadtgalerie, Große Gildewart 14) mit seinen zahlreichen Restaurants, Cafés und Kneipen und den vorbildlich restaurierten Gebäuden aus dem 16.–19. Jh. führt der Weg weiter zum **Heger Tor** 5, einem 1817 klassizistisch umgestalteten Teil der Befestigungsanlagen. Direkt neben dem Kulturgeschichtlichen Museum (mit stadtgeschichtlicher Ausstellung) erinnert das von Star-Architekt Daniel Libeskind entworfene **Felix-Nussbaum-Haus** 6 (1999) an den in Auschwitz ermordeten jüdischen Maler und Grafiker Nussbaum (1904–1944), einen geborenen Osnabrücker. Im **Bucksturm** 7, einem einstigen Wehrturm an der Bocksmauer, führt eine Ausstellung zur Hexenverfolgung in ein unrühmliches Kapitel der Geschichte ein. Gegenüber vom **Steinwerk** 8, dem ältesten Profanbau der Stadt, präsentiert die **Kunsthalle Dominikanerkirche** 9 in der früheren Kirche des Dominikanerklosters (1284–1803) zeitgenössische Kunst. **Vitischanze** 10 (mit Spielbank) und **Pernickelturm** 11 sind Reste der einstigen Stadtbefestigung an der Hase. Um den mächtigen **Dom St. Peter** 12 (11.–16. Jh., im Kreuzgang Diözesanmuseum mit Domschatz), Mittelpunkt des von Karl dem Großen zur Bezwingung und Missionierung der heidnischen Sachsen eingerichteten Bistums, entstand ›Ossenbrugge‹. Die **St.-Katharinen-Kirche** 13 (14./15. Jh.) ist die zweite Pfarrkirche der Stadt. Ihr Turm überragt mit 103 m alle anderen Gebäude. Aus einem Wohn- und Fluchtturm des 14. Jh. entwickelte sich der **Ledenhof** 14, ein Renaissance-Adelshof aus der Zeit um 1600. Ungewöhnlich ist seine mit Diagonalmustern geschmückte Fassade. Das barocke fürstbischöfliche **Schloss** 15 (1667–75) wird heute von der Universität genutzt. Ein Abstecher führt zur frühgotischen **St.-Johannis-Kirche** 16 (1259–89) in der Neustadt. Der Spaziergang endet im Zentrum an der **Hirschapotheke** 17 (1797), einem der schönsten klassizistischen Häuser Osnabrücks.

TOP TIPP

Weitere Sehenswürdigkeiten:

Museum am Schölerberg 18
Zoo 19
Museum Industriekultur 20

i Praktische Hinweise

Information

Tourist-Information, Krahnstr. 58, Tel. 05 41/323 22 02, www.osnabrueck.de

Hotels

Dom Hotel, Kleine Domsfreiheit 5, Tel. 05 41/35 83 50, www.dom-hotel-osnabrueck.de. Behagliches Haus in der Fußgängerzone mit Restaurant.

Steigenberger Hotel Remarque, Natruper-Tor-Wall 1, Tel. 05 41/609 60, www.hotelremarque.de. Komfortable Räume in fünf Kategorien, mit gehobener Gastronomie und Wellnessbereich.

Walhalla, Bierstr. 24, Tel. 05 41/349 10, www.hotel-walhalla.de. Romantikhotel in historischem Haus mit zeitgemäßem Komfort und Restaurant.

Restaurants

Alte Posthalterei, Hakenstr. 4a, Tel. 05 41/222 92. Bayerische Schmankerln mit aktuellen Saison-Akzenten.

Hausbrauerei Rampendahl, Hasestrf. 35, Tel. 05 41/245 35. Deftige deutsche Küche und eigenes Bier.

La Vie, Krahnstr. 1–2, Tel. 05 41/33 11 50. Feine französische Küche und Weine.

Karl der Große stiftete den imposanten Dom St. Peter mit Türmen aus Romanik und Gotik

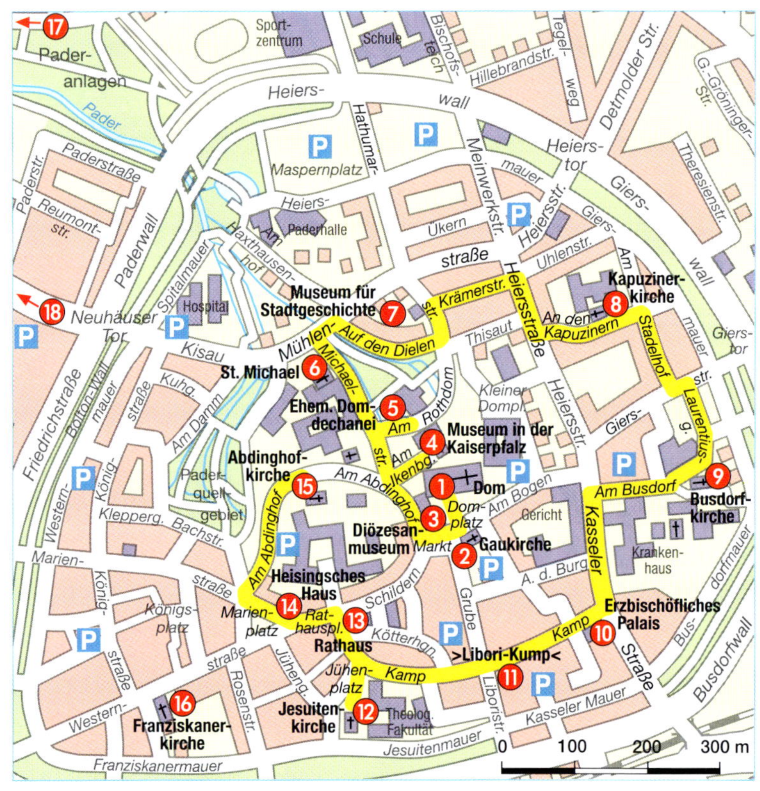

Paderborn

C4

Nordrhein-Westfalen
Einwohner: 144 000

Die Stadt an Deutschlands kürzestem Fluss hat eine lange, stolze Geschichte.

Im Zentrum der rund 1200 Jahre alten Stadt über den mehr als 200 Quellen des Flusses Pader erhebt sich der dreischiffige, auf den Fundamenten mehrerer Vorgängerbauten (ab dem 11. Jh.) errichtete **Dom St. Maria, Kilian und Liborius** 1 (12./13. Jh.) mit seinem gewaltigen Westturm (92 m). In der Krypta (um 1100), einer der größten Deutschlands, liegen die Gebeine des hl. Liborius, des Schutzpatrons der Stadt und des Erzbistums. Im Kreuzgang befindet sich das Drei-Hasen-Fenster (16. Jh.), ein Wahrzeichen Paderborns. Auf der anderen Seite des Marktes steht St. Ulrich, die romanische **Gaukirche** 2 (um 1180) mit markantem Achteckturm und vorgebauter Barockfassade. Eine kostbare Sammlung sakraler Kunst ab dem 10. Jh. zeigt das **Diözesanmuseum** 3 (mit Domschatzkammer), darunter die Madonna des Bischofs Imad (um 1050, eine der ältesten Darstellungen einer thronenden Madonna in der abendländischen Kunst), zwei romanische Tragaltäre des Rogerus von Helmarshausen (um 1100) und der vergoldete Silberschrein des hl. Liborius (1625–27). An die Ursprünge Paderborns führt die 1976–78 über den alten Grundmauern wieder errichtete ottonisch-salische **Kaiserpfalz** 4 (11./12. Jh.), ein 44 x 16 m großer Saalbau mit einem Museum im Untergeschoss. Zu dem Gebäudekomplex gehören auch die mit ihrer Akustik verblüffende Bartholomäuskapelle (1017), die älteste Hallenkirche Deutschlands, sowie die Überreste der karolingischen Kaiserpfalz, die 799 Schauplatz des historischen Treffens Karls des Großen mit Papst Leo III. war. Nach einem kurzen Stück über die Michaelstraße geht es dann rechts durch den Geißelschen Garten zur **Ehem. Domdechanei** 5 (1676–78), dem ältesten barocken Profanbau Paderborns, in dem die Stadtbibliothek ihren Platz gefunden hat. Zur Gebäudegruppe eines 300 Jahre alten Mädchengymnasiums gehört die Barockkirche **St. Michael** 6 (1694–98) mit ihrer reich verzierten Fassade. Vorbei an schön restaurierten Fachwerkhäusern in der Straße ›Auf den Dielen‹ kommt man in Höhe der Einmündung der Krämerstraße in die Hathumarstraße zum Adam-und-Eva-Haus (um 1560) mit dem **Museum für Stadtgeschichte** 7. Das Fassadenschnitzwerk stellt die Vertreibung aus dem Paradies dar und gab dem ältesten Fachwerkhaus Paderborns den Namen. Ein weiteres Gotteshaus aus dem Barock ist die **Kapuzinerkirche** 8. Die Grabeskirche in Jerusalem war Vorbild für St. Petrus und Andreas, genannt **Busdorfkirche** 9, deren 1036 geweihter Gründungsbau einen achteckigen Grundriss aufwies. Am Ende des Kamps steht das 1718 als Stadtresidenz für die Äbte des Klosters Dalheim erbaute **Erzbischöfliche Palais** 10, ein Frühwerk des westfälischen Barockbaumeisters Johann Conrad Schlaun. Die alten Stadtbrunnen nennt man in Paderborn ›Kump‹. Neben dem **›Libori-Kump‹** 11 sind in der Stadt noch zwei weitere erhalten. Das Gymnasium Theodorianum und die 1614 als Jesuitenkolleg gegründete Theologische Fakultät bilden mit der barocken **Jesuitenkirche** 12 (1682–92) einen umfangreichen Gebäudekomplex. In der prächtigen Hauptfassade des **Rathauses** 13 (1613–20) mit seinen beiden seitlichen Vorbauten zeigt sich die Baukunst der Weserrenaissance. Auf dem Rathausplatz steht ein weiterer Kump, geschmückt mit den Stadtwappen. Wenige Schritte weiter an der Ecke zum Marienplatz mit der Mariensäule (1861) ließ der Paderborner Bürgermeister Heinrich Stallmeister um das Jahr 1600 das **Heisingsche Haus** 14 errichten. Das Portal wurde 1741 hinzugefügt. Wie so viele historische Bauten der Bischofsstadt wurde auch dieses reich verzierte Patrizierhaus beim verheerenden Bombenangriff im März 1945 zerstört und in den 1950er-Jahren wieder aufgebaut. An der höchsten Stelle oberhalb der Paderquellen ragt die **Abdinghofkirche** 15 in die Höhe. Der lang gestreckte Saalbau mit seinen Zwillingstürmen geht auf die von Bischof Meinwerk 1016 gestiftete Benediktinerklosterkirche zurück.

Weitere Sehenswürdigkeiten:

Franziskanerkirche 16
Heinz Nixdorf MuseumsForum 17
Schloss Neuhaus 18

Praktische Hinweise

Information

Tourist Information, Marienplatz 2 a, Tel. 05251/882980, www.paderborn.de

Hotels

Best Western Premier Arosa, Westernmauer 38, Tel. 05251/1280, www.arosa.bestwestern.de. Komfortables modernes Hotel mit Restaurant und Wellnessbereich.

Galerie-Hotel Abdinghof, Bachstr. 1, Tel. 05251/12240, www.galerie-hotel.de. Historisches Haus, zentral, doch im Grünen, Restaurant mit ambitionierter Küche.

Stadthaus, Hathumarstr. 22, Tel. 05251/1889910, www.hotel-stadthaus.de. Kleines gepflegtes Hotel mit Dependence (Torhaus) nahe dem Dom.

Restaurants

Libori Eck, Liboristr. 5, Tel. 05251/25245, www.libori-eck.de. Wechselnde Folge regionaler Gerichte mit frischen Zutaten.

Ratskeller, Rathausplatz 1, Tel. 05251/201133, www.ratskeller-paderborn.de. Speisen gehobener Küche, serviert in historischen Gewölben.

Thi Brunnen, Thisaut 4, Tel. 05251/22215. Gutbürgerliche Gerichte und saisonale Angebote in gemütlicher Atmosphäre.

Wehrhafter Glaube: Ein markantes Zeichen im Stadtbild setzt der Westturm des Doms

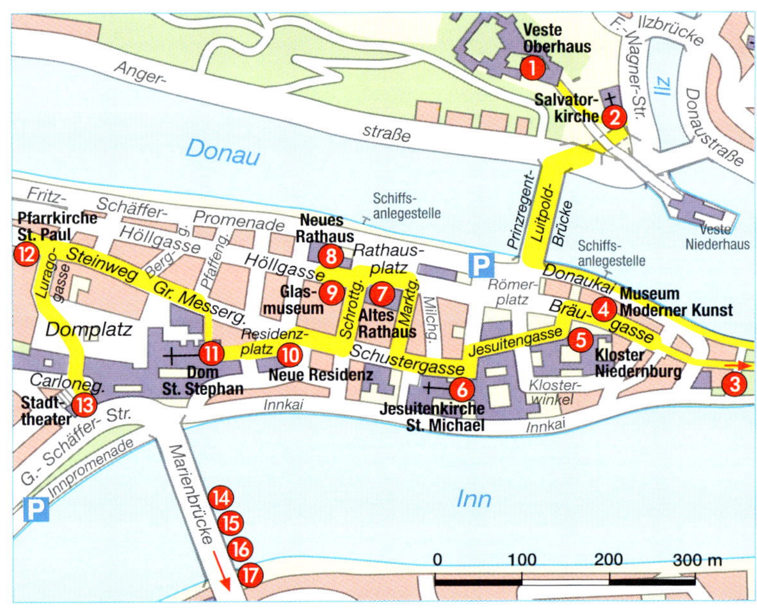

Passau

F7

Bayern
Einwohner: 51 000

Die Dreiflüssestadt zeigt die grandiose Formenvielfalt christlicher Baukunst.

Das ›Bayerische Venedig‹ wird geprägt durch seine einzigartige Lage am Zusammenfluss von Donau, Inn und Ilz. Wohlstand und Macht des einst flächenmäßig größten Bistums des Heiligen Römischen Reiches sind an der prächtigen Architektur über die verschiedenen Epochen hinweg ablesbar. Der Stadtspaziergang beginnt an der **Veste Oberhaus** 1, die die Bischöfe ab 1219 auf dem Felsenrücken zwischen Donau und Ilz als Bollwerk gegen die aufbegehrende Bürgerschaft errichten ließen. Die Zwingburg ist in Vorwerk und Höfe eingeteilt, die im Stil von Barock und Renaissance dekoriert sind. Die spätgotische St.-Georgs-Kapelle in der Veste zeigt freigelegte Fresken. Heute beherbergt die Anlage das Oberhausmuseum mit Sammlungen zur Stadtgeschichte sowie zur Entwicklung der benachbarten Regionen. Unterhalb der Veste wurde 1479 die **Salvatorkirche** 2 errichtet. Über die Prinzregent-Luitpold-Brücke gelangt man zum historischen Stadtkern. Vorbei an Schiffsanlegestellen, von denen Ausflugs- und Kreuzfahrtschiffe in die Donauländer ablegen, geht es weiter zum **Dreiflüsse-Eck** 3. Hier fließen die Wasser der blauen Donau, des grünen Inn und der schwarzen Ilz zusammen. In der Bräugasse erreicht man das **Museum Moderner Kunst** 4 mit seinen wechselnden internationalen Ausstellungen. In der Jesuitengasse befindet sich das **Kloster Niedernburg** 5, dessen Ursprünge bis ins Jahr 740 zurückreichen. 1042 trat die verwitwete Königin von Ungarn, Gisela, in den Orden ein und wurde zur Äbtissin gewählt. Ihr Grabmal befindet sich in der Kirche des Klosters, der Heilig-Kreuz-Kirche. Diese ist im Kern romanisch (1010), im Laufe der Jahrhunderte kamen gotische und barocke Elemente hinzu, 1860–65 wurde sie wieder romanisiert. Unmittelbar über dem Innufer erhebt sich die doppeltürmige **Jesuitenkirche St. Michael** 6 (1677 vollendet). Die ehem. Jesuitenkirche zeigt eindeutige Spuren des italienischen Barock. Im Innern beeindrucken die reichen Stuckaturen, die prachtvolle Kanzel und der Hochalter (beide frühes 18. Jh.). Am Donauufer wiederum liegt das **Alte Rathaus** 7 mit einem Kern von 1393, Innenhöfen aus dem 16. und 17. Jh. und Um- bzw. Ausbauten bis ins 19. Jh. hinein. Prächtig sind die Rathaussäle mit Barockelementen. Reizvoll ist auch der neogotische Turm (1888–93). Schräg gegenüber befindet sich das **Neue Rathaus** 8, untergebracht in einem reich geschmück-

TOP TIPP

ten hellgrauen Gebäude aus den 1920er-Jahren. Das **Glasmuseum** ⑨ in der Höllgasse hält eine einzigartige Sammlung von über 30 000 Gläsern des weltberühmten ›Böhmischen Glases‹ bereit. Nun geht es wieder hinüber zum Inn. Am dortigen Residenzplatz wurde an die Alte bischöfliche Residenz (1188 erwähnt, 14.–16. Jh. erweitert) 1712–30 die **Neue Residenz** ⑩ angebaut. Sie wird von einer prachtvollen barocken Schauseite beherrscht. Höhepunkt der Innenausstattung ist das Treppenhaus mit reichem Stuckdekor um einen rechteckigen Hohlraum. Überwölbt wird es von einem Fresko von Johann Georg Unruh (um 1768). In dem Gebäudekomplex ist auch das Domschatz- und Diözesanmuseum untergebracht. Der Zugang zu diesem Museum führt durch den **Dom St. Stephan** ⑪, der an der Stelle von Vorgängerbauten des 8. Jh. steht. Chor und Querhaus des Doms sind spätgotisch und Reste eines Kirchenbaus aus dem 15./16. Jh. Das ›Stephanstürmchen‹ stammt ebenfalls aus dieser Epoche. Nachdem 1662 ein Stadtbrand den Westteil des Doms zerstört hatte, wurde er 1668–78 von italienischen Barockkünstlern neu errichtet. Die Obergeschosse der Westtürme kamen 1896 hinzu. Im Innenraum beeindrucken Stuck und Fresken. Beachtenswert sind ferner die Kanzel (1722–26), der moderne vielfigurige Hochaltar (1953, Josef Henselmann), die Seitenaltäre (1693) von Johann Michael Rottmayr und das riesige Gehäuse der Hauptorgel, das Matthias Götz 1731–33 schnitzte. Auch ist im Dom die größte Domorgel der Welt zu sehen und zu hören. Nicht versäumen sollte man einen Blick auf die Domherrenhöfe (16., 17., 18. Jh.) auf dem Domplatz. Schräg über den Platz erreicht man die **Pfarrkirche St. Paul** ⑫ (1677). Der Hochaltar (1698–1701) zeigt das Martyrium des hl. Paulus. Die Route endet in der Nähe der Innpromenade, am **Stadttheater** ⑬ (1783), einst das fürstbischöfliche Theater. Der Innenraum zeigt frühklassizistische Malerei.

Weitere Sehenswürdigkeiten:

Römermuseum Kastell Boiotro ⑭
Wallfahrtskirche Mariahilf ⑮
St. Severin ⑯
Universität ⑰

Praktische Hinweise

Information

Passau Tourismus, Rathausplatz 3, Tel. 08 51/95 59 80, www.passau.de

Hotels

Hotel König, Untere Donaulände 1, Tel. 08 51/38 50, www.hotel-koenig.de. Komfort-Hotel mit Restaurant, Sauna, Dampfbad und Solarium.

Residenz, Fritz-Schäffler-Promenade, Tel. 08 51/98 90 20, www.residenz-passau.de. Modernes Hotel in historischem Stil.

Weißer Hase, Heiliggeistgasse 1, Tel. 08 51/921 10, www.weisser-hase.de. Behagliche Zimmer hinter schön restaurierter Fassade.

Restaurants

Heilig-Geist-Stiftsschenke, Heilig-Geist-Gasse 4, Tel. 08 51/26 07. Bayerische und österreichische Spezialitäten, eigene Weine.

Peschl-Terrasse, Rosstränke 4, Tel. 08 51/24 89. Gutbürgerliche Küche aus regionalen und saisonalen Produkten.

Ratskeller, Rathausplatz 2, Tel. 08 51/26 30. Traditionslokal mit gutbürgerlicher Küche.

Gemächlich fließt der Inn am Dom St. Stephan vorbei zur Donaumündung unter der Veste

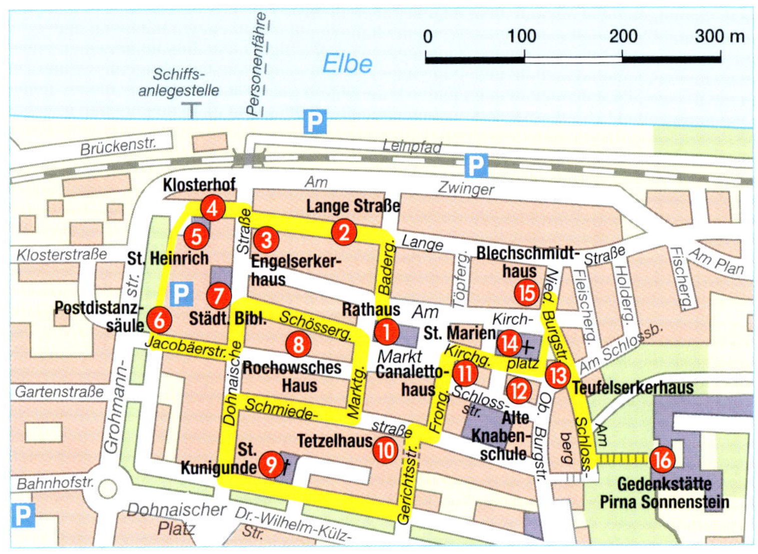

Pirna

F5

Sachsen
Einwohner: 40 000

Als das Tor zur Sächsischen Schweiz gilt die schmucke Elbestadt – zu Recht.

Die Tour durch den malerischen Kern der Altstadt beginnt am Markt mit dem **Rathaus** 1 aus dem 14. Jh. Zu beachten sind die gotischen Portale und der Renaissance-Volutengiebel sowie die 1549 vom späteren Kaiser Ferdinand I. gestiftete Kunstuhr mit Mondphasenanzeige an der Ostseite. Das Haus Nr. 10 in der **Langen Straße** 2 ist ein spätgotisches Bürgerhaus. Es wurde 1719 umgebaut, um dem Sohn Augusts des Starken und seiner Gemahlin als standesgemäßes ›Herrschaftslogier‹ zu dienen. Sehenswert sind das Prunkportal und die bemalte Holzbalkendecke. Unweit davon, am nördlichen Zugang zur Altstadt, erreicht man das **Engelserkerhaus** 3 aus dem frühen 16. Jh. mit einer den Vorbau tragenden Engelsfigur. Gegenüber im **Klosterhof** 4 befindet sich das Museum der Stadt Pirna in einem nach der Reformation aufgelösten Dominikanerkloster. Die Ausstellungen werden im ehem. Kapitelsaalgebäude präsentiert, dessen Saal wertvolle Kreuzrippengewölbe aufweist. Aus der Ruine des klösterlichen Sommerrefektoriums nebenan entstand ein architektonisch gelungenes Eingangsgebäude für das Museum, das Alt und Neu geschickt verbindet. Im Interieur der einstigen **Klosterkirche St. Heinrich** 5 sind bedeutende Reste von Sekkomalereien (um 1400) zu besichtigen. Die an der Ecke Grohmannstraße/Jacobäerstraße stehende **Postdistanzsäule** 6, 1722 auf Befehl Augusts des Starken aufgestellt, ist mit dem kursächsischen und dem polnisch-litauischen Wappen geschmückt. 1999 konnte die **Städtische Bibliothek** 7 ihr neues Domizil in der Dohnaischen Str. 76 beziehen. Das Bürgerhaus wurde oft umgebaut, daher sind dort Gebäudeteile aus sieben Jahrhunderten, wie das Kellergewölbe mit romanischem Portal und der Gotische Saal (um 1470) mit reich bemalter Holzbalkendecke, kombiniert. Im Innenhof bilden ein mehrgeschossiger Laubengang und die Glasfassade des modernen Seitenflügels einen reizvollen Kontrast. Das **Rochowsche Haus** 8 in der Schössergasse 3 kam 1756 in den Besitz des Kommandanten der Festung Sonnenstein (oberhalb der Stadt), Freiherr von Rochow. Er ließ das aus dem 16. Jh. stammende Gebäude im Barockstil umgestalten und ihm eine illusionistische Fassade geben. Der Weg führt nun nach Süden bis zur Kirche **St. Kunigunde** 9 mit ihren Nebengebäuden. Sie ist ein gelungenes Ensemble im neugotischen Stil und wurde 1869 geweiht. Im **Tetzelhaus** 10 (erbaut 1381), einem der ältesten Gebäude Pirnas, wurde um 1465 Johannes Tetzel geboren († 1519), der spätere Dominikanermönch,

Ablassprediger und Gegenspieler Luthers. Bernardo Bellotto (1720–1780), wie sein Onkel ›Canaletto‹ genannt, bemalte 1753/54 das **Canalettohaus** 11, das seine heutige Form mit dem markanten spitzen Giebel um 1525 erhielt. Die in der Nähe befindliche **Alte Knabenschule** 12 wurde mehrfach umgebaut und bis 1830 als Schulhaus genutzt. Der Erlpeterbrunnen vor seiner Ostwand, der schon 1384 erwähnt ist, wurde 1908 neu errichtet. Von hier aus geht es zum **Teufelserkerhaus** 13 von 1700, dem Gegenstück zum Engelserkerhaus, das neben drei Teufeln den von einem früheren Besitzer angebrachten Schriftzug ›Ich wolds so haben. Was fragstu danach?‹ zeigt. Seit 500 Jahren prägt die Stadtkirche **St. Marien** 14 das Stadtbild. Das spätgotische Gotteshaus mit filigranen Stern- und Netzgewölben und seiner erhaltenen Originalausmalung wurde 1502–46 erbaut, der Turm stammt aus dem 15. Jh., die Turmhaube ist barock. Sehenswert sind die Kanzel, der Renaissancealtar und der von Goethe gewürdigte Taufstein. Die gesamte Altstadt wird durch mittelalterliche Bürgerbauten wie das **Blechschmidthaus** 15 geprägt. Holzgalerien verleihen vielen Hinterhöfen ein fast mediterranes Flair. Oberhalb der Stadt liegt **Schloss Sonnenstein**, von dem aus sich ein herrlicher Blick über Pirna, das ›Tor zur Sächsischen Schweiz‹, bietet. An die hier in der NS-Zeit verübten Morde an Kranken im Zuge des verbrecherischen ›Euthanasie‹-Programms erinnert seit 2000 die **Gedenkstätte Pirna Sonnenstein** 16 mit erschütternden Dokumenten und Besucherführungen.

Praktische Hinweise

Information

TouristService, Am Markt 7, Tel. 035 01/55 64 46, www.pirna-web.de

Hotels

Bernardo Bellotto, Lange Str. 29, Tel. 035 01/460 40, www.belotto.de. Familiäres Hotel Garni im Zentrum.

Pirna'scher Hof, Am Markt 4, Tel. 035 01/443 80, www.pirnascher-hof.de. Behagliches Altstadt-Logis mit Restaurant.

Romantik Hotel Deutsches Haus, Niedere Burgstr. 1, Tel. 035 01/468 80, www.romantikhotels.com/pirna. Komfortable Räume in schönem Renaissancebau.

Restaurants

Brauhaus Pirna Zum Giesser, Bastei-Str. 60, Tel. 035 01/46 46 46, www.brauhaus.pirna.de. Deftige Küche, eigenes Bier.

Ratsherrenstuben, Badergasse 8, Tel. 035 01/44 50 50. Regionale Spezialitäten.

Zum Anker, Am Markt 8, Tel. 035 01/46 45 24. Frische sächsische Küche in rustikalem Ambiente.

Canalettoblick: Am Markt setzen Rathaus und Stadtkirche St. Marien malerische Akzente

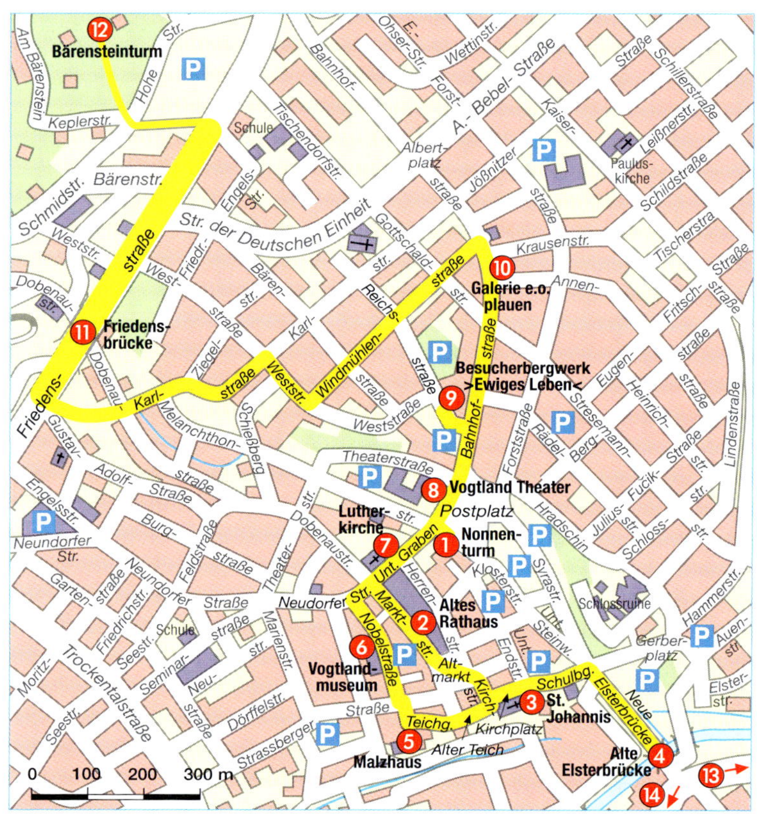

Plauen

E5

Sachsen
Einwohner: 68 000

Eine Spitzen-Stadt ist die Vogtlandstadt gleich in mehr als einer Hinsicht.

Am **Nonnenturm** ❶, dem letzten erhaltenen Rest der Stadtbefestigung aus der Zeit um 1200, beginnt die Tour durch die ›Spitzen-Stadt der Spitzenherstellung‹. Als Alternative zum Fußweg kann von Besuchergruppen auch eine Fahrt mit der ›Bier-Elektrischen‹ gebucht werden – einer Straßenbahn, die mit einem Fassbierausschank aufgerüstet wurde (Tel. 037 41/194 49). Allerdings fährt die Bahn andere Routen als die hier vorgestellte.

TOP TIPP Beherrschendes Gebäude am Altmarkt ist das **Alte Rathaus** ❷. Das Wahrzeichen der Stadt wurde 1382 erstmals erwähnt und erhielt 1548 bei Ausbauarbeiten einen Renaissancegiebel. Ein Blickfang ist die Kunstuhr am Südostgiebel sowie die Sonnenuhr von 1784. In dem Gebäude ist heute das bemerkenswerte Spitzenmuseum untergebracht, das einen Überblick über die Plauener Spitzenherstellung sowie die Stickerei-Industrie im Vogtland in Vergangenheit und Gegenwart bietet. Etwas weiter südöstlich, am Kirchplatz, erreicht man die Kirche **St. Johannis** ❸. Die ursprünglich romanische Basilika wurde 1122 geweiht. Im Zuge von Umbauten und Ergänzungen erfolgte bis 1548 der Ausbau zur spätgotischen Hallenkirche mit Sterngewölbe. Die barocken Turmhauben stammen aus dem Jahr 1644. Über die Weiße Elster führt die **Alte Elsterbrücke** ❹, eine der ältesten Steinbrücken Deutschlands und ursprünglich Teil der Stadtbefestigung von Plauen. Sie wurde 1244 erstmals als ›pons lapideus‹ urkundlich erwähnt und 1984 restauriert. Die an deren südlichem Ende aufgestellte Postmeilensäule ist eine 1986 entstandene Nachbildung und weist auf die Bedeutung der Brücke als Teil eines alten Handelsweges hin. Inmitten des alten Stadtkerns, mit seinen dicht gedrängt stehenden Häusern, ragt das **Malzhaus**

5 in die Höhe, das 1727–30 auf den Fundamenten mittelalterlicher Bauten errichtet wurde. Im Untergeschoss sind großartige romanische Keller- und Kreuzgewölbe zu sehen. Das Haus wird heute als Kulturzentrum genutzt. Durch die Nobelstraße mit ihren schönen klassizistischen Patrizierhäusern geht es zum **Vogtlandmuseum** 6 (Häuser Nr. 9–13), in dem zahlreiche Exponate die Geschichte der Stadt und des sie umgebenden Vogtlandes erläutern. Der Festsaal im Stil Louis Seize dient als stimmungsvoller Rahmen für Konzerte. Nordwestlich des Neuen Rathauses, das mit dem Alten Rathaus verbunden ist, liegt die **Lutherkirche** 7 (1693–1722), ein wuchtiges Barockbauwerk. Im Innern sind der Flügelaltar aus dem 15. Jh. und der gotische Chorraum sehenswert. Ganz in der Nähe wurde 1897/98 das **Vogtland Theater** 8 im neoklassizistischen Stil errichtet. Über den belebten Postplatz und die Bahnhofstraße geht es weiter zum **Besucherbergwerk ›Ewiges Leben‹** 9. Ab 1542, damals vor den Toren der Stadt, wurde an einer Stelle, wo man sich heute mitten in der geschäftigen Fußgängerzone befindet, Alaunschiefer abgebaut. Museal umgewidmet, informiert das Bergwerk über Gewinnung und Verwendung des Minerals Alaun und die Geschichte des Bergbaus. Gezeigt wird auch die Nutzung des Stollens als Luftschutzanlage im Zweiten Weltkrieg. Dem Karikaturisten Erich Ohser (1903–1944) ist die nach seinem Künstlerpseudonym benannte **Galerie e.o.plauen** 10 gewidmet. Bekannt wurde er mit seinen ›Vater und Sohn‹-Bildgeschichten sowie seinen Illustrationen zu Werken Erich Kästners. Der Weg führt nun durch die Windmühlen-, West- und Karlstraße zur Friedensstraße, in der die **Friedensbrücke** 11 das Syratal überquert. Sie wurde 1903–05 mit einer Weite von 90 m und einer Höhe von 18 m als Steinbogenbrücke mit der größten Spannweite in Europa erbaut. Biegt man von der Friedensstraße links ab, erreicht man den **Bärensteinturm** 12. Plauens früheres Wahrzeichen wurde 1945 durch Bomben schwer beschädigt und musste gesprengt werden. Von dem 1997 in modernem Stil errichteten Neubau hat man in 25 m Höhe einen beeindruckenden Rundblick über die Stadt.

TOP TIPP

TOP TIPP

Das prachtvolle Alte Rathaus am Altmarkt beherbergt heute das Spitzenmuseum

Weitere Sehenswürdigkeiten:

Schaustickerei 13
Kemmler 14 (Aussichtsturm)

Praktische Hinweise

Information

Tourist-Information, Unterer Graben 1, Tel. 037 41/194 33, www.plauen.de

Hotels

Alexandra, Bahnhofstr. 17, Tel. 037 41/22 14 14, www.hotel-alexandra-plauen.de. Komfortables Haus im geschäftigen Bahnhofstraßenviertel mit gehobener Gastronomie und großem Wellnessbereich.

Dormero Hotel am Theater, Theaterstr. 7, Tel. 037 41/12 10, www.dormero.com. Elegantes Haus mit Wellnessangebot und Restaurant.

Parkhotel, Rädelstr. 18, Tel. 037 41/200 60, www.parkhotel-plauen.de. Das behagliche Logis präsentiert sich im Stil einer herrschaftlichen Villa.

Restaurants

Kartoffelhaus, Neundorfer Str. 23, Tel. 037 41/39 37 65. Vielfältige Kreationen rund um die Kartoffel.

Matsch, Nobelstr. 3–5, Tel. 037 41/20 48 07. In Plauens ältester Gaststätte werden vogtländische Gerichte kredenzt.

Schweizer Stube, Klostermarkt 4, Tel. 037 41/22 00 01. Wie der Name schon sagt: Hier kommen Schweizer Spezialitäten auf den Tisch.

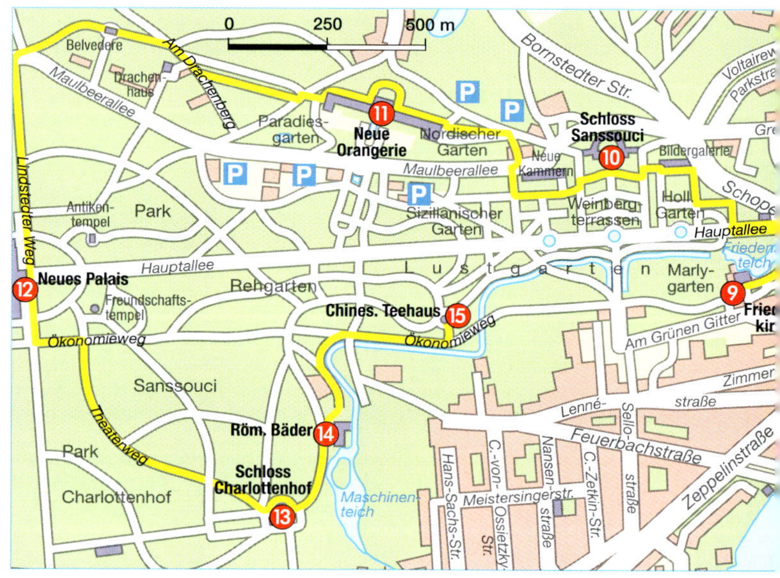

Potsdam *E3*

Brandenburg
Einwohner: 150 000

Einst Symbol preußischer Strenge, ist Potsdam heute gelockert und heiter.

Startpunkt des zweigeteilten Spaziergangs durch Potsdam ist der Alte Markt, in dessen Mitte ein Obelisk (1753–55) steht und den im Osten das **Alte Rathaus** 1 dominiert. Das dreigeschossige Gebäude aus dem Jahr 1755 vereint mehrere Baustile. Auffällig ist die Turmkuppel mit einer vergoldeten Atlas-Figur und der Erdkugel. Nördlich des Rathauses erhebt sich TOP TIPP die imposante klassizistische **Nikolaikirche** 2, die 1830–50 nach dem Vorbild der Londoner St.-Pauls-Kathedrale erbaut wurde. Ein kurzer Weg durch die Straße Am Bassin führt zur **Peter-Pauls-Kirche** 3, einem spätklassizistischen Bau (1867–70) mit neoromanischen und byzantinischen Elementen. TOP TIPP Von hier lohnt ein Abstecher ins **Holländische Viertel** 4, das 1733–42 für Einwanderer aus den Niederlanden errichtet wurde. In Reihenbauweise entstanden damals 134 zweigeschossige Backsteinhäuser, die heute sehr pittoresk wirken. Eines davon (Benkertstr. 3) zeigt als Potsdam-Museum u.a. historische Stadtansichten. Das nahe **Nauener Tor** 5 von 1754/55 gilt als erstes neugotisches Bauwerk auf dem europäischen Festland. Am barocken Jägertor (1733) vorbei kommt man dann zum Triumphbogen des **Brandenburger Tors** 6 (1770). Unweit vom Luisenplatz, der an das Tor angrenzt, startet übrigens der zweite Teil der Besichtigung. Zunächst geht es jedoch links zur Breiten Straße und danach am Renaissancebau des Potsdamer Museums (1769) und an den Predigerhäusern (18./19. Jh.) vorbei zum **Neuen Markt** 7 (1680). An dem Platz befinden sich u.a. der Kutschstall (17. Jh.) mit seinem Quadriga-Portal, das Gebäude der ehem. Ratswaage sowie das Haus der Brandenburgisch-Preußischen Geschichte. In unmittelbarer Nähe steht außerdem der einzig erhaltene Teil des Potsdamer Stadtschlosses, der **Marstall** 8 (1685). Ursprünglich diente er als Orangerie, doch ab 1714 wurde das Gebäude als Stall genutzt. Heute beherbergt es das Filmmuseum Potsdam.

Der zweite Spaziergang führt zur bedeutendsten Sehenswürdigkeit von Potsdam, zur prächtigen Schlossanlage. Ausgangspunkt ist die spätklassizistische **Friedenskirche** 9 (1844–54), deren Vorbild eine italienische frühchristliche Basilika war. Hat man den Friedensteich passiert, betritt man durch das Obeliskportal (1747/48) den Schlosspark Sanssouci, wo es zunächst zur Bildergalerie (18. Jh.) geht. Hier sind Meisterwerke der holländischen und italienischen Barockmalerei ausgestellt. TOP TIPP Danach erreicht man **Schloss Sanssouci** 10. Die lang gestreckte, spätbarocke Anlage mit ihren ma-

lerischen Eeinbergterrassen wurde 1745–47 unter Friedrich dem Großen erbaut. Der Komplex besticht durch seine Architektur sowie die reiche Ausstattung an Möbeln und Gemälden. Neben dem Ostflügel liegt die letzte Ruhestätte des ›Alten Fritz‹. Westlich des Schlosses erheben sich die Neuen Kammern, die 1747 als Orangerie eingerichtet, 1771–75 aber zum Gästehaus umgebaut worden waren. Geht man anschließend am Nordischen Garten entlang, kommt man zur **Neuen Orangerie** 11, die 1851–60 im Stil der italienischen Renaissance errichtet wurde. Danach passiert man das Drachenhaus, eine Pagode im chinesischen Stil, sowie den Pavillon Belvedere (beide 1770–72) und steht nach einem Spaziergang durch den Park bald vor dem **Neuen Palais** 12 (1754–56). Mehr als 400 Sandsteinfiguren schmücken die 240 m lange spätbarocke Dreiflügelanlage mit rund 200 Zimmern. Von prachtvoller Schönheit ist der ovale, mit Säulen geschmückte Marmorsaal mit seiner vergoldeten Decke und den schönen Leuchtern. Weiter geht es zum

TOP TIPP

klassizistischen **Schloss Charlottenhof** 13 (1826–29) mit dorischem Säulenportikus. Die kostbare Einrichtung ist seit dem Bezug des Schlosses nahezu unverändert erhalten. Vorbei an den **Römischen Bädern** 14 (1829–36), einem Bau im Stil italienischer Landvillen, endet die Schlosstour am **Chinesischen Teehaus** 15, einem 1754–56 errichteten Pavillon mit kleeblattförmigem Grundriss.

Weitere Sehenswürdigkeiten:

Schloss Cecilienhof 16
Schloss Babelsberg 17
Filmpark Babelsberg 18
Exploratorium 19

Praktische Hinweise

Information

Potsdam Tourismus Servive, Brandenburger Str. 3, Tel. 03 31/27 55 80, www.potsdamtourismus.de

Hotels

art'otel potsdam, Zeppelinstr. 136, Tel. 03 31/981 50, www.artotel-potsdam.com. Designerhotel mit Havelblick.

Hotel am Luisenplatz, Luisenplatz 5, Tel. 03 31/97 19 00, www.hotel-luisenplatz.de. Luxuriöses Wohnen mitten im Zentrum.

Hotel Mercure, Lange Brücke, Tel. 03 31/27 22, www.mercure.com. Modernes Großhotel mit Restaurant und Bar.

Restaurants

Der Klosterkeller, Friedrich-Ebert-Str. 94, Tel. 03 31/29 12 18, www.klosterkeller.potsdam.de. Gutbürgerlich speisen im Ambiente der Friedrich-Zeit.

Potsdamer Weinkontor, Lindenstr. 18, Tel. 03 31/280 20 61, www.potsdamer weinkontor.de. Süddeutsche Küche und feine Weine.

Speckers Gaststätte zur Ratswaage, Am Neuen Markt 10, Tel. 03 31/280 43 11, www.speckers.de. Gehobene internationale Küche mit Eigenkreationen.

Die Terrasse von Schloss Sanssouci bietet einen Anblick, der Königen Ehre macht

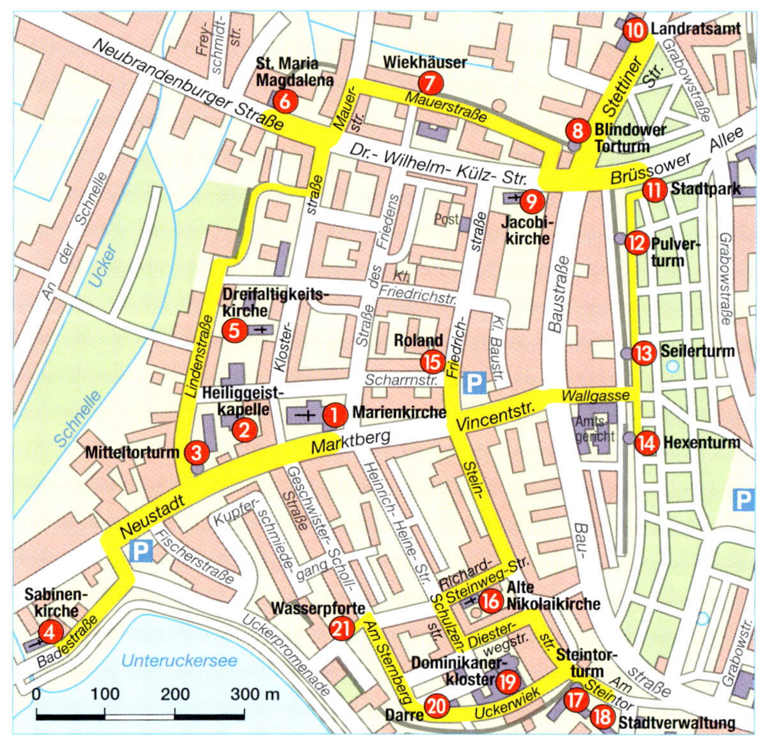

Prenzlau *E/F3*

Brandenburg
Einwohner: 21 000

Eine uckermärkische Schönheit, deren Entdeckung überaus lohnend ist.

Wer sich Prenzlau, der grünen Stadt am Unteruckersee, nähert, erblickt als erstes die Türme der **Marienkirche** 1. Hier beginnt auch der Rundgang durch die Stadt in der Uckermark. Die dreischiffige Hallenkirche mit ihrem prächtigen Ostgiebel ist eines der bedeutendsten Bauwerke norddeutscher Backsteingotik des 13. und 14. Jh. Sie brannte 1945 aus und wurde 1970–2000 in weiten Teilen wieder hergestellt. Eine Besichtigung des Kircheninnern sowie eine Turmbesteigung sind nur in den Sommermonaten möglich. Aus dem 14. Jh. stammt die gotische **Heiliggeistkapelle** 2, die ebenfalls 1945 ausbrannte. Sie gehörte zum Heiliggeisthospital westlich der Kirche, wurde aber ab 1899 vom Uckermärkischen Museum als Ausstellungsraum genutzt. Der **Mitteltorturm** 3 (15. Jh.), einer der drei erhaltenen Tortürme Prenzlaus, ist der schönste Turm der ab 1287 entstandenen Wehranlage mit vier Stadttoren, Wehrtürmen und etwa 60 Wiekhäusern. Unmittelbar am Unteruckersee liegt die **Sabinenkirche** 4, das älteste Gotteshaus der Stadt. Das frühgotische Gebäude stammt aus dem 12. Jh. und wurde 1816 umgestaltet. Sehenswert im Innern ist der Renaissancealtar von 1597. Zum ehem. Franziskanerkloster (13. Jh.) gehörte die **Dreifaltigkeitskirche** 5. Sie zählt zu den ältesten erhaltenen Klosterkirchen der Franziskaner in Deutschland. Wie viele andere Bauwerke der Stadt wurde auch **St. Maria Magdalena** 6, eine neugotische Kirche aus dem Jahr 1892, im Jahr 1945 zerstört. 1952 bauten die Prenzlauer sie wieder auf. Der Mauerstraße folgend, kommt man zu einer der größten Attraktionen Prenzlaus: den **Wiekhäusern** 7. Die Häuser, in eine 2,5 km lange Mauer der einstigen Stadtbefestigung integriert, dienten ursprünglich der Verteidigung und wurden später zu Wohnhäusern ausgebaut. Am Ende der Straße steht der **Blindower Torturm** 8 (13. Jh.). Er wurde im 15. Jh. erhöht und danach mehrfach um- und ausgebaut. Die aus dem 13. Jh. stammende **Jacobikirche** 9 wurde nach einem Brand 1945 erneuert. Ihr Turm soll in den nächsten Jahren ebenfalls vollständig wieder aufgebaut werden. Die einschiffige Kirche ist ein flach gedeckter gotischer Granitquaderbau. Im neugotischen Stil wurde 1885–88 das **Landratsamt** ⑩ errichtet. Der Berliner Baumeister Carl Doflein schuf die reich geschmückte Fassade. Nach einem Brand 1924 wurde das Bauwerk aufgestockt. Grabsteine und Denkmale für herausragende Persönlichkeiten im **Stadtpark** ⑪ lassen die frühere Nutzung des Parks erkennen: Er war bis Mitte des 19. Jh. ein Friedhof. Folgt man dem Rondesteig, gelangt man zum **Pulverturm** ⑫, in dem einst Schießpulver gelagert wurde. Der aus einem Wiekhaus entstandene **Seilerturm** ⑬ wurde im 19. Jh. als Seilerwerkstatt genutzt. Im **Hexenturm** ⑭ (15. Jh.) befanden sich einst Gefangenenverliese. Seit 1495 stand in der Friedrichstraße eine Rolandstatue, Symbol für Marktfreiheit und -gerechtigkeit; 1737 stürzte sie bei einem Sturm um. Der neu geschaffene **Roland** ⑮ stammt aus dem Jahr 2000. Auf dem Weg zur **Alten Nikolaikirche** ⑯ passiert man die im 18. Jh. erbauten Kasernen, in denen heute das Arbeitsamt untergebracht ist. Die Kirche (um 1200) ist leider nur z. T. erhalten: Das Kirchenschiff der frühgotischen Basilika wurde beim Bau der Kasernen abgetragen. Der dritte erhaltene Torturm Prenzlaus ist der **Steintorturm** ⑰, der 1306 erstmals erwähnt und im 14. Jh. erhöht wurde. Er dient heute u.a. als Sternwarte. In der einstigen Landarmen- und Korrigendenanstalt von 1841 (Korrigend = veraltet für Sträfling) residiert heute die **Stadtverwaltung** ⑱. Unweit von hier erheben sich die frühgotische St. Nikolai-Kirche (1343 geweiht) sowie das 1275 gegründete und 1544 säkularisierte **Dominikanerkloster** ⑲. Seine Räume beherbergen heute das Veranstaltungszentrum Kulturarche, die Stadtbibliothek sowie das Kulturhistorische Museum, in dem u.a. mittelalterliche Sakralplastik sowie Werke des in Prenzlau geborenen klassizistischen Landschaftsmalers Jakob Philipp Hackert (1737–1807) gezeigt werden. Die **Darre** ⑳ diente im 19. und 20. Jh. zum Dörren von Lebensmitteln. Die **Wasserpforte** ㉑ (15. Jh.) wurde nachträglich als Teil der Stadtbefestigung errichtet, um von der Stadt aus einen Zugang zum Unteruckersee zu haben. Das größte Gewässer der Region ist ein beliebtes Ausflugsziel und bietet vielfältige Möglichkeiten zu allerlei Wassersportaktivitäten. Im Sommer lockt das kühle Nass Erholung Suchende aus der gesamten Umgebung an, die im und um den See einen vergnüglichen Tag verbringen wollen.

Praktische Hinweise

Information

Stadtinformation Prenzlau, Friedrichstr. 2, Tel. 039 84/83 39 52, www.prenzlau.de

Hotels

Hotel Uckermark, Friedrichstr. 2, Tel. 039 84/364 00, www.hoteluckermark.de. Solides Stadthotel im Zentrum.

Hotel Wendenkönig, Neubrandenburger Str. 66, Tel. 039 84/86 00, www.hotel-wendenkoenig.de. Behagliches Hotel, im Restaurant werden Gerichte der regionalen Küche serviert.

Overdiek, Baustr. 33, Tel. 039 84/856 60, www.hoteloverdiek.de. Komfortable Unterkunft nahe am Stadtpark, mit Restaurant.

Restaurants

Schützenhaus, Grabowstr. 4, Tel. 039 84/80 53 64. Familienfreundliche Gaststätte mit bodenständiger deutscher Küche.

Steakhaus und Café Dom, Friedrichstr. 35, Tel. 039 84/20 89. Hier gibt es Steaks in allen Varianten.

Zur Fischerstraße, Uckerpromenade 15, Tel. 039 84/26 14. Typisch uckermärkische Gerichte und Hausmannskost.

Wuchtige Türme, wunderschönes Maßwerk: die feine Backsteingotik der Marienkirche

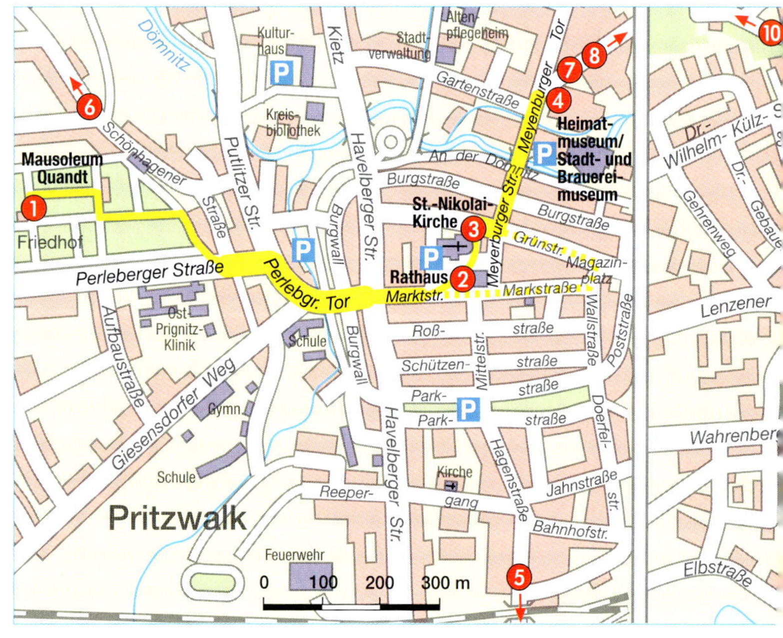

Pritzwalk und Wittenberge

D/E3

Brandenburg
Einwohner: 13 000 Pritzwalk
20 000 Wittenberge

Reich an historischen Schätzen sind die beiden brandenburgischen Städte.

Nicht nur mit einer überaus idyllischen Landschaft bezaubert der Landkreis Prignitz, in dem die Havel in die Elbe fließt, äußerst lohnend ist auch ein Besuch seiner Städte – darunter besonders Pritzwalk und Wittenberge.

Der Spaziergang durch die 750 Jahre alte Stadt *Pritzwalk* beginnt am architektonisch interessanten Rundtempel des **Mausoleum Quandt** 1. Die sehenswerte Grabkapelle wurde 1925–27 zu Ehren des in Pritzwalk heimischen Tuchfabrikanten Emil Quandt (1849 –1914) errichtet. Von hier führt der Weg in den historischen Stadtkern zum Marktplatz. Dort erhebt sich zur Südseite hin das spätklassizistische **Rathaus** 2 aus dem Jahr 1829, das zu den ältesten Gebäuden der Stadt zählt. Die neun Fensterachsen der giebelverzierten Hauptfassade sind typisch für den damaligen Baustil. Auf der gegenüber liegenden Seite befindet sich die **St.-Nikolai-Kirche** 3 (TOP TIPP). Das dreischiffige hallenförmige Gotteshaus aus Backstein stammt ursprünglich aus der Zeit um 1250, wovon allerdings nur noch Teile des alten Querschiffs und der Unterbau des Turmes zeugen. 1451 wurde an der südlichen Hausseite eine zweigeschossige Kapelle angebaut. Ein kleiner Abstecher führt durch die von Geschäften gesäumte Marktstraße zum Magazinplatz und zurück über die parallel dazu verlaufende Grünstraße mit ihren Fachwerkhäusern aus dem 19. Jh. zum Meyenberger Tor, einem U-förmigen Gebäude, das sich das **Heimatmuseum** und das **Stadt- und Brauereimuseum** 4 teilen. Die Sammlungen präsentieren Wissenswertes zu Stadt- und Regionalgeschichte sowie zu der über 200 Jahre alten Brautradition Pritzwalks.

Weitere Sehenswürdigkeiten:

Bismarck-Turm 5
Kathfelder Mühle 6
Reste der Stadtmauer 7
Waldpark Hainholz 8

Über die B189 gelangt man ins rund 37 km entfernte *Wittenberge*, das wie Pritzwalk mit zahlreichen historischen Sehenswürdigkeiten aufwarten kann. In Wittenberge beginnt der Spaziergang durch den Stadtkern an der 1870–72 erbauten **Neugotischen Kirche** 1. 58 m ragt der

Turm des Gotteshauses in die Höhe. Ein paar Schritte weiter befindet sich das **Stadtmuseum ›Alte Burg‹** 2 im ältesten Fachwerkhaus der Stadt (1669). Das 1999 neu eröffnete Museum bietet viel Wissenswertes zur Stadt- und Industriegeschichte sowie zur Geschichte der Nähmaschine (1903–1991 produzierten Singer- und Veritas-Werke in Wittenberge). Der **Steintorturm** 3 ist das vermutlich älteste Bauwerk Wittenberges (13. Jh.). Um 1430 wurde der Turm nach einem Stadtbrand neu errichtet und diente lange Zeit als Gefängnis. Nach einem Bummel durch die Turm- und Bahnstraße erreicht man das **Kultur und Festspielhaus** 4 mit seinem Großen (670 Plätze) und Kleinen Saal (88 Plätze). Als nächstes steht die Besichtigung des historistischen **Rathauses** 5 (1919) auf dem Programm. Im Innern setzen die liebevoll verzierten Repräsentationsräume Akzente. Der Turm besitzt eine Aussichtsplattform. Danach gelangt man über Parkstraße und Ernst-Thälmann-Straße zu einer **historischen Häuserzeile** 6, deren älteste Teile noch aus dem Mittelalter stammen. Nach der Betrachtung des an den ›Turnvater‹ Friedrich Ludwig Jahn erinnernden **Jahn-Denkmals** 7 geht es zum **Haus der vier Jahreszeiten** 8 (1906), einem Meisterwerk des Jugendstils.

TOP TIPP

Weitere Sehenswürdigkeiten:
Uhrenturm 9
Naherholungszentrum Friedensteich 10

Praktische Hinweise

Information

Fremdenverkehrsverein Pritzwalk und Umgebung e.V., Meyenburger Tor 3 a, Tel. 033 95/70 07 03, www.pritzwalk-info.de

Touristinformation Wittenberge, Paul-Lincke-Platz, Tel. 038 77/40 27 21, www.wittenberge.de

Hotels

Am Stern, Turmstr. 14, Wittenberge, Tel. 038 77/98 90, www.hotelamstern.de. Komfortable Zimmer, z.T. behindertengerecht.

Pritzwalker Hof, Havelberger Str. 59, Pritzwalk, Tel. 033 95/30 20 04, www.pritzwalker-hof.de. Traditionsgasthof mit 9 Zimmern und regionaler Küche.

Zum Torwächter, Meyenburger Tor 24, Pritzwalk, Tel. 033 95/759 60, www.zumtorwaechter.de. Solides Logis mit behaglichen Zimmern und Restaurant.

Restaurants

Alte Mälzerei, Meyenburger Tor 3–5, Pritzwalk, Tel. 033 95/31 02 84. Traditionelle Brandenburger und Thüringer Gerichte.

Am Hafen, Bahnstr. 133, Wittenberge, Tel. 038 77/40 33 63. Gutbürgerliche Küche.

Deutsches Haus, Havelberger Str. 15, Pritzwalk, Tel. 033 95/30 42 16, www.deutsches-haus-pritzwalk.de. Alles rund um die Spezialität ›Knieperkohl‹.

Schönheit aus dem Mittelalter: Steintorturm

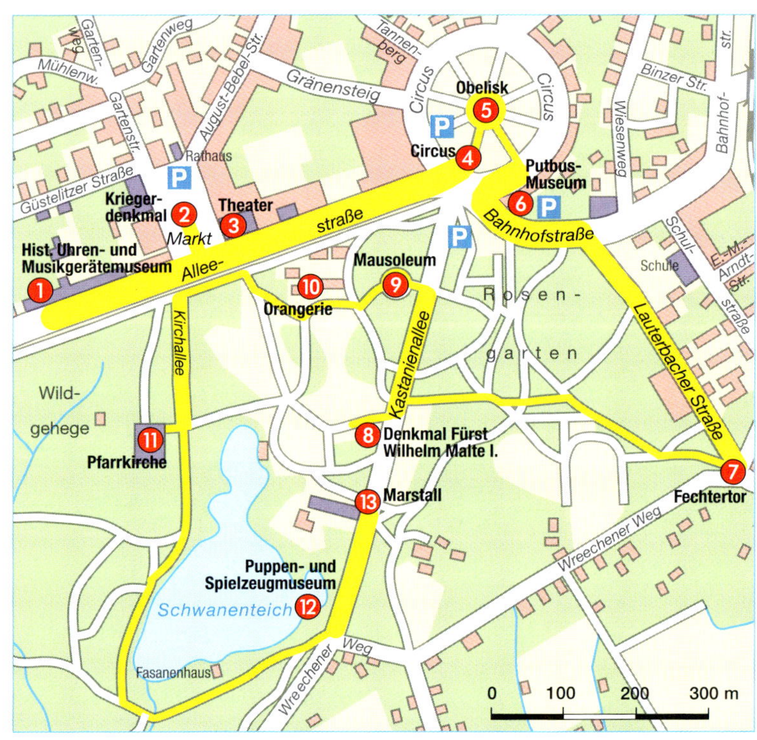

Putbus

E2

Mecklenburg-Vorpommern
Einwohner: 5 000

Eine Stadt wie ein Kreis – rundherum ein fürstliches touristisches Erlebnis.

Ab 1810 baute Fürst Wilhelm Malte I. seine Heimatstadt Putbus auf Rügen planvoll zur klassizistischen Residenzstadt aus. Sie wird wegen der Farbe ihrer Häuser ›weiße Stadt‹ genannt. Ausgangspunkt des Spaziergangs ist ebenfalls ein weißes Haus: Das **Historische Uhren- und Musikgerätemuseum** 1 in der Alleestraße. Über 600 historische Ausstellungsstücke geben Einblick in die große Welt der kleinen Rädchen und Schräubchen. Folgt man der Alleestraße, der städtischen Hauptachse und Bummelmeile mit zahlreichen Geschäften, Cafés und Boutiquen, erreicht man das **Kriegerdenkmal** 2 und kurz darauf auch das **Theater** 3 von Putbus. Das einzige Theater auf Rügen ist ebenfalls weiß und klassizistisch. Ein übergiebelter Säulenportikus schmückt die Fassade des 1819 von Wilhelm Steinbach geschaffenen Gebäudes. Den Zuschauerraum ziert ein einmaliges Spiegelgewölbe. Den repräsentativen Abschluss der Alleestraße bildet der kreisrunde **Circus** 4, ein Platz, in den nicht weniger als acht Wege münden, und den wunderschöne klassizistische Häuser säumen. In der Platzmitte ragt der 1845 vom Stadtgründer Fürst Wilhelm Malte I. gestiftete **Obelisk** 5 mit Inschrift und Fürstenkrone in die Höhe. Am Circus 1 liegt das **Kronprinzenpalais** 6 mit seiner klassizistischen Fassade. Den Ausgang des Schlossparks am Ende der Lauterbacher Straße bewachen zwei bronzene Fechter mit Schwert und Schild auf dem **Fechtertor** 7. Ursprünglich standen die nach dem Vorbild der Originale in der Villa Borghese in Rom gefertigten Figuren ab 1820 am Platanenplatz, 1828 kamen sie an ihren heutigen Standort. Die ersten Fechter ließ die Gemeinde nach 1945 verschrotten. 1997 fertigte der Restaurator Carlo Wloch neue Abgüsse an. Der Schlosspark von Putbus gehört zu den schönsten in Mecklenburg-Vorpommern. Der ursprünglich barocke Garten wurde 1825 zu einem Park im englischen Stil umgestaltet – mit unregelmäßigem Wegenetz, romantischen Teichen und exotischen Pflanzen.

TOP TIPP

TOP TIPP Im Park steht das **Denkmal Fürst Wilhelm Maltes I.** 8, eine 1859 von Friedrich Drake, dem Künstler der Siegessäule in Berlin, geschaffene Statue. Im frühgotischen **Mausoleum** 9 (1868) im nördlichen Teil des Parks befinden sich die Sarkophage von mehreren Mitgliedern der Fürstenfamilie. Die **Orangerie** 10 gleich neben dem Mausoleum wurde 1816–18 erbaut und 1853 umgestaltet, um hier exotische Pflanzen an das Rügener Klima zu gewöhnen. Der Schlosspark weist 70 Gehölzarten auf, darunter den Ginkgo- und den Urwelt-Mammutbaum. Heute laden hier ein Café und mehrere Galerien zum Verweilen ein. In Anlehnung an den Kursaal von Bad Brückenau entwarfen die Architekten Gottfried Steinmeyer und August Stüler den Kursalon (1844–46) als klassizistischen Putzbau im Rundbogenstil, der 1891/92 zur **Pfarrkirche** 11 umgestaltet wurde. Die Innenausstattung stammt größtenteils aus dem 19. Jh., sehenswert ist u.a. die hölzerne Kanzel, die derjenigen der Kirche Santa Croce in Florenz nachempfunden ist. Vom ehem. Fasanenhaus (1836, Steinmeyer), weiter südlich gelegen, ist heute nur mehr eine Ruine erhalten. Kellergeschoss, die rückwärtige Terrasse mit der Pergola und eine Freitreppe hinab zum Schwanenteich erinnern noch an das Schloss, einen 1825 klassizistisch umgestalteten Barockbau, der 1960 gesprengt wurde. Ebenfalls nur Überbleibsel sind vom 1836/37 errichteten Vogelhaus erhalten. In der Nähe liegt das 1815 angelegte und 1837 veränderte Wildgehege. Das **Puppen- und Spielzeugmuseum** 12 fand ein neues Domizil im ehem. Affenhaus in der Kastanienallee, in dem es Spielzeug aus zwei Jahrhunderten präsentiert. Im früheren **Marstall** 13 (1821–24) ist jetzt die Kunst zu Hause. In dem lang gestreckten Putzbau mit dem Relief an der südlichen Giebelwand finden Konzerte und Theateraufführungen statt. Nebenan erinnert seit 2007 in der Alten Schmiede die **Ausstellung ›Das verschwundene Schloss‹** an den Abriss dieses Kleinodes zu DDR-Zeiten. Putbus ist auch Haltepunkt des Dampfzuges Rasender Roland, der von Göhren nach Lauterbach fährt, vorbei an vielen Häusern rügentypischer Bäderarchitektur.

i Praktische Hinweise

Information

Putbus-Information, Orangerie/Alleestr. 35, Tel. 03 83 01/431, www.putbus.de

Hotels

Hafenhotel Viktoria, Dorfstr. 1, Lauterbach, Tel. 03 83 01/64 60, www.hotels-auf-ruegen.de. Solides Haus direkt am Lauterbacher Hafen.

Hotel am Bodden, Chausseestr.10, Lauterbach, Tel. 03 83 01/80 00, www.hotel-am-bodden.de. Schön am Lauterbacher Hafen gelegenes Logis.

Nautilus, Dorfstr. 17, Neukamp, Tel. 03 83 01/830, www.ruegen-nautilus.de. Gemütliche ›Kajüten‹ und ›Kapitänszimmer‹ in zünftigem Seefahrerstil.

Restaurants

Cafe und Pizzeria am Park, Bahnhostr. 4, Putbus, Tel. 03 83 01/89 82 09. Italienische und deutsche Gerichte.

Jägerhütte, Alleestr. 33, Putbus, Tel. 03 83 01/510. Traditionsgaststätte mit Wildspezialitäten und Fischgerichten.

Wreecher Hof, Kastanienallee 1, Wreechen, Tel. 03 83 01/850. Regionale Küche.

Im Zentrum der städtischen Alleestraße und Bummelmeile erhebt sich das Kriegerdenkmal

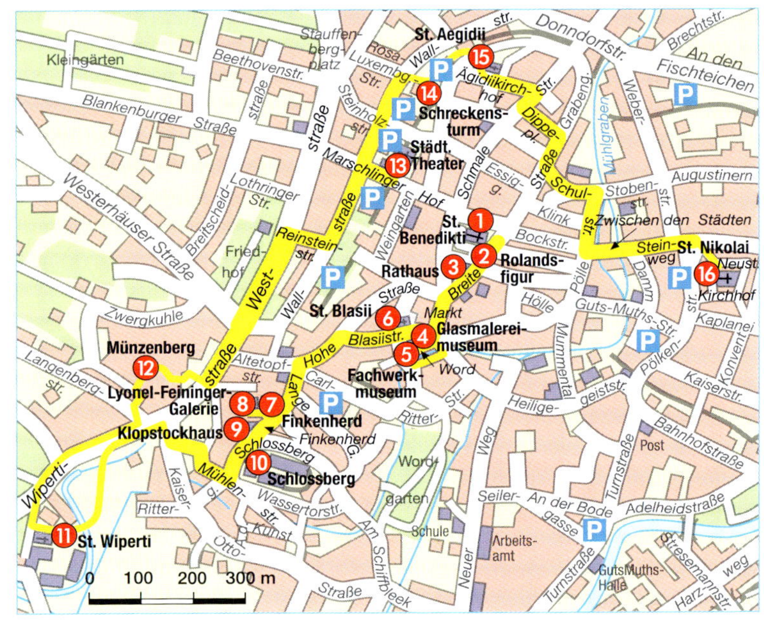

Quedlinburg

D4

Sachsen-Anhalt
Einwohner: 22 000

Wie in einem Freilichtmuseum kann man hier dem Mittelalter nachspüren.

Quedlinburg beeindruckt durch seinen geschlossenen mittelalterliche Stadtkern, der seit 1994 auf der Liste des UNESCO-Weltkulturerbes steht. Durch seine mehr als 1000 Fachwerkhäuser des 14.–19. Jh., verwinkelte Straßenzüge und Kopfsteinpflaster wirkt die Kreisstadt wie ein großes Freilichtmuseum. Ein Rundgang beginnt an der **Marktkirche St. Benedikti** 1, die 1233 erstmals urkundlich erwähnt wird. Die spätgotische Hallenkirche mit achteckigen Pfeilern, die auf den Grundmauern einer romanischen Basilika erbaut wurde, gilt als Kern der Kaufmannsstadt. Gegenüber der Kirche steht die **Rolandsfigur** 2 am Fuße des **Rathauses** 3. Die steinerne Skulptur symbolisiert die Marktfreiheit der Stadt und dokumentiert den Beitritt Quedlinburgs zur Hanse (1426), dem mächtigsten Wirtschaftsverband des Mittelalters, aus dem die Stadt jedoch 1477 wieder ausschied. Über die Breite Straße führt der Weg weiter zum **Glasmalereimuseum** 4 im Wordspeicher, einem sanierten Fachwerkgebäude aus dem 17. Jh. Das Museum widmet sich u.a. durch eine Schauwerkstatt der Glasmalerei als einem traditionellen Handwerk Quedlinburgs und bietet einen interaktiven Erlebnisraum zum Thema Licht und Farbe. Wenige Schritte entfernt steht eines der ältesten Fachwerkhäuser Deutschlands. In dem Ständerbau, der um 1310 errichtet wurde, ist heute das **Fachwerkmuseum** 5 untergebracht. Gleich um die Ecke ist die mittelalterliche Kirche **St. Blasii** 6 zu sehen. Sie wurde 1231 das erste Mal urkundlich erwähnt. Ihr romanischer Turm spricht jedoch dafür, dass sie schon lange vor dieser Zeit bestand. Kirchenschiff und Chor entstanden 1713–15. Besonders sehenswert ist die barocke Kanzelaltarwand im Innern. Am **Finkenherd** 7 erinnert eine Gedenktafel daran, dass der Sachsenherzog Heinrich der Sage nach im Jahre 919 hier beim Vogelfang saß, als ihm die Nachricht von seiner Wahl zum deutschen König überbracht wurde – Quedlinburg wurde somit zur Wiege des deutschen Reiches.

TOP TIPP

Gleich gegenüber nutzt die **Lyonel-Feininger-Galerie** 8 einen ab 1900 errichteten Museumsbau. Die Galerie zeigt ihre umfangreiche Sammlung von Werken des namengebenden Malers und Grafikers (1871–1956). Gegenüber ehrt die Stadt einen ihrer prominentesten Bürger: Im **Klopstockhaus** 9 wurde 1724 der Dichter Friedrich Gottlieb Klopstock geboren († 1803). Von hier sind es nur weni-

TOP TIPP ge Schritte zum **Schlossberg** ⑩. Auf dem imposanten Sandsteinfelsen befinden sich das Schlossmuseum und die Stiftskirche St. Servatius mit dem berühmten Domschatz. Die Stiftskirche zählt zu den bedeutendsten Kirchenbauten an der ›Straße der Romanik‹. In ihrem Vorgängerbau, einer Kapelle, wurde 936 König Heinrich I. (der frühere Sachsenherzog) beigesetzt. Das von seiner Witwe an dieser Stelle gegründete Frauenstift fand 1129 seine endgültige Form. Lediglich in der Krypta sind noch Teile des Vorgängerbaus zu sehen. Der Domschatz, der in den Wirren des Zweiten Weltkriegs teilweise verloren ging, konnte erst in den 1980er-Jahren wieder bis auf wenige Ausnahmen zusammengeführt werden. Über die Mühlenstraße geht es hinunter nach Südwesten. Hier, am eiinstigen Stadtrand, befand sich im 10. Jh. der Königshof Wiperti. Davon zeugen der St. Wiperti Friedhof und die benachbarte Kirche **St. Wiperti** ⑪ zwischen Bode und Kapellenberg. Hier lag einst der Hof des Quitilo, dem die Stadt ihren Namen verdankt. Der Großteil des heutigen Gotteshauses stammt aus dem 12. Jh., nur die Krypta blieb in ihrer originalen Form erhalten. Die dicht gedrängten kleinen Fachwerkhäuser am **Münzenberg** ⑫ lassen kaum erkennen, dass hier einst ein mittelalterliches Kloster stand. Das jüngst freigelegte Untergeschoss der Klosterkirche gibt als Münzenberg-Museum Aufschluss über die ursprüngliche Bebauung. Nahe dem **Städtischen Theater** ⑬ stößt man nach wenigen Schritten auf den **Schreckensturm** ⑭. Er gehörte bis ins 19. Jh. zur Stadtbefestigung und markiert die ehem. Grenze zwischen Alt-Quedlinburg und der 200 Jahre später entstandenen Neustadt. Die spätgotische Kirche **St. Aegidii** ⑮ ist leider nur von außen zu besichtigen. Der Innenraum von **St. Nikolai** ⑯ ist dagegen zugänglich. Die Kirche besitzt u.a. einen frühgotischen Taufstein.

Praktische Hinweise

Information

Quedlinburg-Tourismus-Marketing GmbH, Markt 2, Tel. 039 46/905 62 45, www.quedlinburg-info.de

Hotels

Hotel Schlossmühle, Kaiser-Otto-Str. 28, Tel. 039 46/78 70, www.schlossmuehle.de. Komfortabel Wohnen in historischem Fachwerkbau, mit Resraurant.

Romantik Hotel Am Brühl, Billungstr. 11, Tel. 039 46/961 80, www.romantikhotels.com/quedlinburg. Behagliche Zimmer in denkmalgeschütztem Fachwerkhaus.

Romantik Hotel Theophano, Markt 13–14, Tel. 039 46/963 00, www.hotel theophano.de. Authentisches Fachwerk-Flair (17. Jh.), schöner Weinkeller in Kellergewölbe.

Restaurants

Brauhaus Lüdde, Blasiistr. 14, Tel. 039 46/70 52 06. Bodenständige Küche und Bier aus eigener Herstellung.

Word-Haus, Im Wasserwinkel 4, Tel. 039 46/28 36. Gutbgürgerliche Gerichte, in Fachwerk-Ambiente serviert.

Zum Roland, Breite Straße 2-6, Tel. 039 46/45 32. Uriges Café in auf sieben kleine Häuser verteilten Gasträumen.

Imposantes Erbe der Ottonen: Schlossberg mit Schloss und Stiftskirche St. Servatius

Ratzeburg

D2

Schleswig-Holstein
Einwohner: 14 000

Dom auf der Insel: Ein norddeutsches Städtejuwel lädt zur Erkundung ein.

Die Inselstadt Ratzeburg besticht durch eine jahrhundertealte Geschichte: 1062 wurde sie erstmals erwähnt. Ihr Kern liegt auf einer Insel im Ratzeburger See und ist über drei Dämme mit dem Festland verbunden. Der Streifzug beginnt am Marktplatz mit dem **Alten Rathaus** 1, einem zweigeschossigen Putzbau von 1843 mit Rundbogenfenstern. Von hier aus ist auch die Skulptur ›Der Taschenmann‹ (Karlheinz Goedtke) zu sehen. Ebenfalls am Markt steht der Backsteinbau des **Alten Kreishauses** 2 (1726–29), in dem die Barocktreppe begeistert. Und auch die **Alte Wache** 3 hat hier ihren Platz. Der Ziegelbau aus den 1720er-Jahren wurde im 19. Jh. im klassizistischen Stil verändert. In Ratzeburg ist der Bildhauer und Schriftsteller Ernst Barlach (1870–1938) begraben, und hier verbrachte er auch einen Teil seiner Jugend. Er lebte damals in einem Biedermeierhaus aus dem Jahr 1840, in dem heute das **Ernst-Barlach-Museum** 4 mit einigen Werken des Künstlers eingerichtet ist. Die **Petrikirche** 5 wurde 1787– 91 anstelle eines Vorgängerbaus aus dem 13. Jh. errichtet. Im Innern ist die rechteckige Saalkirche aus Backstein eher schlicht gehalten. Herausragend ist der Kanzelaltar mit einem bis an die Decke reichenden Orgelprospekt (1788–91). Ein ebenfalls schlichter, moderner Kirchenbau ist **St. Answer** 6. Geht man vorbei an der historischen Wasserpumpe und der Skulptur ›Der Landmann‹, erreicht man das **Burgtheater** 7, ein prächtiges klassizistisches Haus, das 1853 über einem Teil der einstigen Festung, den Kasematten, errichtet wurde. Im Innern befinden sich ein Kino, der Theatersaal und in den Festungsgewölben ein Restaurant. An den Bürgerhäusern in der Schulstraße ent-

TOP TIPP

lang geht es weiter zu einem erhaltenen Teil der **Ehem. Festung** ❽ (1690), die einst den gesamten Stadthügel umschloss. Linker Hand ist nun das Lauenburger Pferd zu sehen, das an die Hannoveraner Herzöge erinnert. Vorbei am Rathaus und auch am Bötersteg kommt man zum **Haus Mecklenburg** ❾, einem zweigeschossigen Fachwerktraufenhaus, das um 1690 entstand. Hier befindet sich das Kulturzentrum der Stiftung Mecklenburg. An der Ecke Domhof/Kleine Kreuzstraße liegt der **Heinrich-Gedenkstein** ❿ aus dem 12. Jh. Er trägt eine Inschrift für Graf Heinrich von Badwide, der die Region christianisierte und das erste Schloss in Ratzeburg baute. Die Grenzsteine im Straßenpflaster der Domzufahrt markieren die Grenze zwischen Besitzungen der Häuser Hannover und Mecklenburg. Die Grenze entstand, als die Domhalbinsel 1554 an die Mecklenburger verkauft wurde und blieb bis 1937 gültig. Ein Gebäude des 17. Jh. dient heute als **A.-Paul-Weber-Museum** ⓫, in dem die zeitkritischen und satirischen Grafiken des Ratzeburger Künstlers (1893–1980) ausgestellt sind. Ein Stück weiter befindet sich das Bundesleistungszentrum für Rudern mit angegliedertem Sportinternat für den deutschen Rudernachwuchs. Das einstige Herrenhaus der Herzöge von Mecklenburg, 1660 erbaut und 1764–66 erweitert, beherbergt heute das **Kreismuseum** ⓬ mit Sammlungen zur Stadtgeschichte und Naturkunde. Überwältigend ist ein Faksimile des Evangeliars von Heinrich dem Löwen. Ein Höhepunkt des Spaziergangs ist der dreischiffige romanische **Dom** ⓭, den Heinrich der Löwe 1154–1220 erbauen ließ. Die Südvorhalle ist ein Glanzstück spätromanischer Backsteinarchitektur, der Innenraum begeistert mit schlichter Schönheit. Herausragende Kunstschätze sind vor allem das spätromanische Triumphkreuz (1260) im Langhaus, Reste des ältesten norddeutschen Chorgestühls (um 1200), die Passionstafel im Altarschrein sowie Werke des Knorpelbarock. Im Norden verbindet der Kreuzgang mit seinem Kreuzrippengewölbe den Dom mit dem ehem. Kloster (13./14. Jh.). Im Klosterinnenhof fällt der Blick auf die Skulptur ›Bettler auf Krücken‹ von Ernst Barlach. Vor dem Dom steht seit 1898 ein Originalabguss der **Löwenskulptur** ⓮ vor der Braunschweiger Burg, der Hausburg der Familie Heinrichs des Löwen. Das **Steintor** ⓯ überspannt die Durchfahrt zur Domhalbinsel. Es wurde errichtet, um den Sandboden zu befestigen, der wegen des gewaltigen Gewichts des Doms abzurutschen drohte. Von der Zentralanlegestelle aus kann man Bootstouren unternehmen.

TOP TIPP

TOP TIPP

Weitere Sehenswürdigkeit:

St. Georg auf dem Berge ⓰

Praktische Hinweise

Information

Ratzeburg-Information, Unter den Linden 1, Tel. 045 41/85 85 65, www.ratzeburg.de

Hotels

Der Seehof, Lüneburger Damm 1–3, Tel. 045 41/86 01 01, www.der-seehof.de. Stilvolles, exklusives Haus mit gehobener Gastronomie.

Hansa Hotel, Schrangenstr. 25–27, Tel. 045 41/86 41 00, www.hansa-hotel-ratzeburg.de. Ruhiges Traditionshaus mit bequemen Zimmern und Restaurant.

Wittlers Hotel, Große Kreuzstr. 11, Tel. 045 41/32 04, www.wittlers-hotel.de. Modern gestaltete, wohnliche Räume, vielseitige Küche.

Restaurants

Askanier-Keller, Töpferstr. 1, Tel. 045 41/89 89 81. In altem Gewölbe serviert man eine bürgerliche Küche mit ungewöhnlichen Akzenten.

Hubertus am See, Im Kurpark, Seminarweg 2, Tel. 045 41/22 94. Gutbürgerliche Küche, Terrasse mit Seeblick.

Ein gewaltiges Kirchenbauwerk, gestiftet von Heinrich dem Löwen: der Ratzeburger Dom

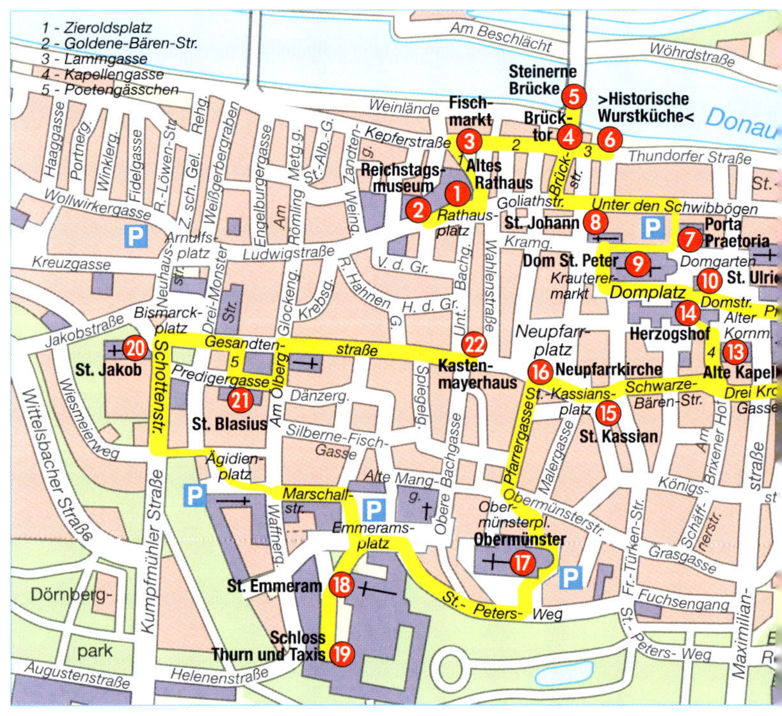

Regensburg

E7

Bayern
Einwohner: 130 000

Die heimliche Hauptstadt des Mittelalters gibt sich alles andere als finster.

Zahlreiche historische Bauten prägen das Gesicht der ehrwürdigen Reichs- und Bischofsstadt, die seit 2006 zum UNESCO-Weltkulturerbe zählt. Man startet

TOP TIPP

am **Alten Rathaus** ❶, einer Patrizierburg aus dem 15. Jh. mit hoch aufragendem Turm. In ihren aufwendig dekorierten Sälen im 1. Stock tagte 1663–1806 der ›Immerwährende Reichstag‹. An dieses erste Parlament des Heiligen Römischen Reiches erinnert das **Reichstagsmuseum** ❷ in einem Flügel des Gebäudes. Nicht weit ist es zum **Fischmarkt** ❸, der 1529 nach oberitalienischem Vorbild gepflastert wurde. Einen Abstecher lohnt das ›Kepler Gedächtnishaus‹, das dem Astronomen Johannes Kepler (1571– 1630) gewidmet ist. Durch das **Brücktor** ❹ sieht man die **Steinerne Brücke** ❺ (1135–46), ein Meisterwerk mittelalterlicher Ingenieurkunst. In ihrem Scheitel erhebt sich das ›Brückenmännchen‹ (15. Jh.), ein Symbol der städtischen Freiheitsrechte. Rechts davon befindet sich die **›Historische Wurstküche‹** ❻, die wahrscheinlich schon im 12. Jh. als Garküche diente. Über die Goliathstraße am ›Goliath-Haus‹ vorbei geht es zur **Porta Praetoria** ❼, dem ehem. Nordtor des römischen Lagers Castra Regina, und zur **Stiftskirche St. Johann** ❽ (1760–69/ 1888–90). Sie war einst Taufkirche

TOP TIPP

des **Doms St. Peter** ❾ (13.–16. Jh.), der nach französischem Vorbild errichtet wurde und als Höhepunkt der Gotik in Bayern gilt. Seine beiden Türme entstanden im 19. Jh. auf Wunsch von König Ludwig I. Östlich erhebt sich die **Dompfarrkirche St. Ulrich** ❿ (um 1250, Übergang von der Romanik zur Gotik), in der heute das Domschatzmuseum untergebracht ist. In unmittelbarer Nachbarschaft zeigt die **Städtische Galerie** ⓫ ›Leerer Beutel‹ in Wechselausstellungen Kunst des 20. Jh. Das **Historische Museum der Stadt** ⓬ im ehem. Minoritenkloster gibt einen Überblick über die Kunst- und Kulturgeschichte bis zum 19. Jh. Von der **Alten Kapelle** ⓭ mit ihrem romanischen Langhaus und einem gotischen Hochchor führt die Tour zum **Herzogshof** ⓮, der einstigen Residenz der ersten bayerischen Herzöge (ca. ab 976). In süd-

westlicher Richtung liegt die 885 erstmals erwähnte Kirche **St. Kassian** 15, die ihre Rokokoausstattung Ende des 18. Jh. erhielt. Von hier geht es zur **Neupfarrkirche** 16 (1519–40), ab 1542 das erste protestantische Gotteshaus der Stadt. Relikte römischer und mittelalterlicher jüdischer Bauten zeigen Ausgrabungen am Neupfarrplatz. Das ehem. **Damenstift Obermünster** 17 mit den 1775 erneuerten Stiftsgebäuden beherbergt u.a. ein Diözesanmuseum. Der Weg führt vorbei an **St. Emmeram** 18 (8. Jh.), einst Abteikirche des Benediktinerstiftes St. Emmeram zum **Schloss Thurn und Taxis** 19. Das ursprüngliche Kloster wurde im 19. Jh. zur Schlossanlage ausgebaut und befindet sich nach wie vor im Besitz der bekannten Fürstenfamilie. Richtung Donau geht es weiter zur Kirche **St. Jakob** 20, die bereits 1185 von schottischen Benediktinern erbaut wurde, und sodann zu einer der ältesten Bettelordenskirchen der Gotik in Deutschland, der Dominikanerkirche **St. Blasius** 21. In der malerischen Wahlenstraße mit ihren für die Stadt typischen Geschlechtertürmen endet die Führung. Unbedingt sehenswert sind hier das **Kastenmayerhaus** 22, eine Patrizierburg aus dem 13. Jh., und der Goldene Turm, der wohl eindrucksvollste der Regensburger **Geschlechtertürme**. Diese wehrhaften, in der Donaustadt gleich mehrfach vertretenen Patriziersitze des Mittelalters prägen immer noch das hiesige Stadtbild.

TOP TIPP

Praktische Hinweise

Information

Tourist-Information, Rathausplatz 4, Tel. 09 41/507 44 10, www.regensburg.de

Hotels

Altstadthotel Arch, Haidplatz 4, Tel. 09 41/586 60, www.altstadthotelarch.de. Modernes wohnliches Logis in historischem Gebäude.

Münchner Hof, Tändlergasse 9, Tel 09 41/584 40, www.muenchner-hof.de. Wohnen im heimeligen Ambiente eines winkligen historischen Gebäudes.

Roter Hahn, Rote-Hahnengasse 10, Tel. 09 41/59 50 90, www.roterhahn.com. Gemütliches Hotel in mittelalterlicher Gasse, mit Restaurant.

Restaurants

Alte Münz, Fischmarkt 8, Tel. 09 41/548 86, www.alte-muenz.de. Regionale Küche mit internationalem Flair.

Restaurant Gänsbauer, Keplerstr. 10, Tel. 09 41/578 58. Historisches Feinschmeckerlokal mit romantischem Innenhof.

Rosenpalais, Minoritenweg 20, Tel. 09 41/599 75 79, www.rosenpalais.de. Gehobene mediterrane Küche mit regionalen Akzenten.

Unvergleichliches Ensemble und Weltkulturerbe: Steinerne Brücke und Dom St. Stephan

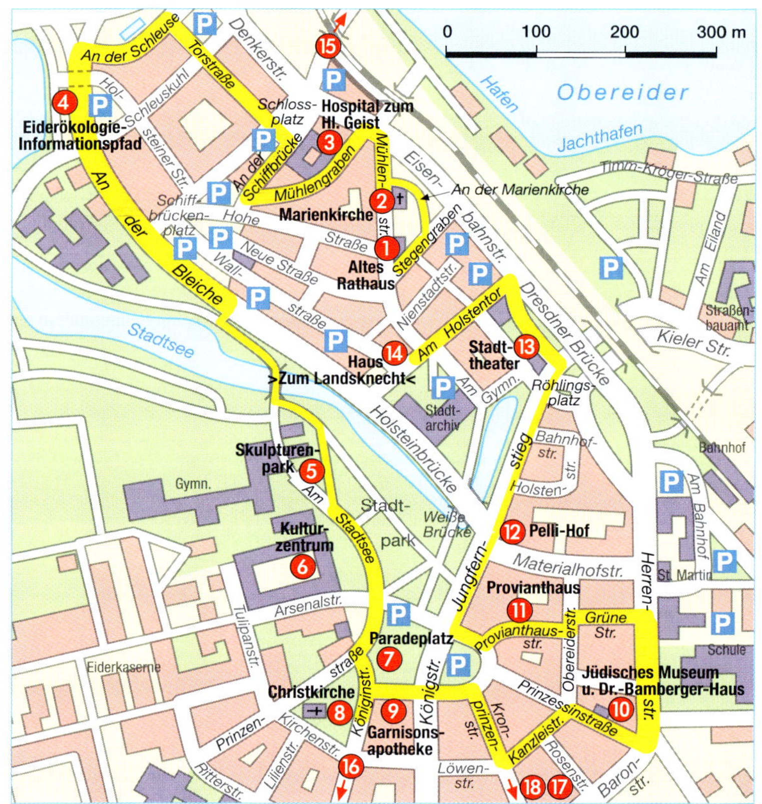

Rendsburg

C3

Schleswig-Holstein
Einwohner: 28 000

Die alte Binnenhafenstadt war einstmals eine dänische Landesfestung.

Eingebettet zwischen Eider und Nord-Ostsee-Kanal liegt das auf die Reinoldesburg aus dem Jahr 1199 zurückgehende Rendsburg. Der Rundgang durch die malerischen historischen Gassen beginnt auf der Eiderinsel, auf der die Altstadt liegt. Das **Alte Rathaus** 1 (1566), ein Fachwerkbau, wurde 1900 und 1939 erweitert. Den Treppengiebel hat man wieder aufgebaut. Erhalten blieb durch die Jahrhunderte das holzgetäfelte Bürgermeisterzimmer mit Malereien (um 1720). Heute befindet sich hier das Heimatmuseum. Alle zwei Stunden ertönt vom Rathausturm ein Glockenspiel. Das älteste Bauwerk der Stadt ist die **Marienkirche** 2, die 1286 entstand.

TOP TIPP

Die dreischiffige gotische Backsteinhallenkirche verfügt über eine reiche Ausstattung, zu der ein Schnitzaltar im manieristischen Stil von Henning Claussen (1649) und die Holzkanzel (1621) gehören, die als ein Hauptwerk der Spätrenaissance gilt, sowie Wandmalereien des 14. Jh. und Epitaphe aus dem 16.–18. Jh. Weiter geht es zum zweigeschossigen Backsteinbau des **Heilig-Geist-Hospitals** 3, der 1760 als hinterer Teil einer Kasernenanlage entstand. Das vordere Gebäude wurde 1898 abgerissen. Über den Schiffbrückenplatz, an den bis 1893 der Hafen Rendsburgs grenzte, erreicht man die Torstraße, passiert den ›Amtsmanngarden‹ (1775; bis 1816 war hier der Amtmannssitz) und gelangt zum Schleusenbecken, der früheren Verbindung zwischen Untereider und Kanal. Wer dem Pfeil durch die Unterführung folgt, kommt zur Untereider und auf den zwei Kilometer langen **Eiderökologie-Informationspfad** 4, auf dem Wissenswertes rund um Naturschutz und Eider vermittelt wird. Die nächste Station sind die Pulverschuppen (heute ein Jugendtreff), Nachfolgebauten des 1850 explodierten

›Laboratoriums‹, sowie der **Skulpturenpark** 5 mit Kunstwerken, Statuen und Stelen. An der Nordwestseite des Paradeplatzes erstreckt sich das ehem. Arsenal (1696/97, 1740), in dem einst Waffen und Ausrüstung der Garnison lagerten. Heute ist die umfangreiche Anlage ein interessanter Ort der Kunst und Kultur, denn sie beherbergt unter dem Namen ›Hohes Arsenal‹ ein **Kulturzentrum** 6 und einige Museen der Stadt. Dazu gehören das Norddeutsche Druckmuseum und das Historische Museum mit vielfältigen Exponaten zur Stadtgeschichte. Der **Paradeplatz** 7 zeugt von der Zeit, als Rendsburg dänische Festung war. Im 17. Jh. wichtigstes Bollwerk der Dänen im Süden, wurde Rendsburg 1690–95 um den barocken Festungsteil Neuwerk erweitert. Der Platz mit seinen breiten Garnisonsgebäuden und den schönen Bürgerhäusern des 18. und frühen 19. Jh. ist heute immer noch ein attraktiver Mittelpunkt von Neuwerk. Das Lornsendenkmal (aufgestellt 1878) erinnert an den Freiheitskämpfer Uwe Jens Lornsen (1793–1838). Als Garnisonskirche wurde 1694–1700 die **Christkirche** 8 errichtet. Der kreuzförmige Backsteinbau weist einen weiten Innenraum mit festlicher Rankenausmalung (um 1700) auf. Bemerkenswerte Ausstattungsstücke sind der hölzerne Altaraufbau (1662/63), die Holztaufe von 1700, die Holzkanzel von 1696 sowie die Chor- und Orgelausstattung. Die **Garnisonsapotheke** 9 besteht seit 1720 in Neuwerk. Sie ist im ehem. Wohnhaus des Festungsbaumeisters Domenicus Pelli eingerichtet. **Jüdisches Museum und Dr.-Bamberger-Haus** 10 informieren über jüdische Kultur und Geschichte und präsentieren Wechselausstellungen. Weiter geht es zum **Proviantha**us 11 (18. Jh.), in dem Lebensmittel für die Garnison der Festung gelagert waren. Gleich gegenüber liegt der **Pelli-Hof** 12 (1722/23), den der Baumeister Domenicus Pelli als Alterssitz nutzte. Das **Stadttheater** 13 ist in einem Gebäude aus dem Jahr 1901 untergebracht, das auf der zugeschütteten Wasserverbindung zur Obereider ruht. Das **Fachwerkhaus ›Zum Landsknecht‹** 14 beherbergt seit rund 150 Jahren eine Gastwirtschaft. Das Gebäude selbst stammt aus dem Jahr 1541.

TOP TIPP

TOP TIPP

Der Eisenbahn-Hochbrücke über den Nord-Ostsee-Kanal liegt Rendsburg zu Füßen

Weitere Sehenswürdigkeiten:

Eisenkunstguss-Museum 15
(Büdelsdorf)
Fußgängertunnel 16
(unter dem Nord-Ostsee-Kanal)
Eisenbahn-Hochbrücke mit Schwebefähre und Aussichtsplattform 17
Schiffsbegrüßungsanlage ›Rendsburg Ahoi‹ 18

Praktische Hinweise

Information

Tourist-Information Nord-Ostsee-Kanal, Schiffbrücken Galerie, Tel. 043 31/ 211 20, www.rendsburg.de

Hotels

Conventgarten, Hindenburgstr. 38–42, Tel. 043 31/590 50, www.conventgarten.de. Luxuriöses Traditionshaus mit gehobener Gastronomie.

Hansen, Bismarckstr. 29, Tel. 043 31/590 00, www.hotelhansen.de. Behaglich und modern ausgestattetes Hotel, im Restaurant gibt es regionale Küche.

Pelli-Hof, Materialhofstr. 1, Tel. 043 31/222 16, www.pelli-hof.de. Gemütliches, komfortables Logis mit historischem Flair.

Restaurants

Adria, Herrenstr. 2, Tel. 043 31/22 28 22. Kroatische und internationale Spezialitäten.

Brücken-Terrassen, Am Kreishafen, Tel. 043 31/220 02. Bürgerliche Küche und große Kuchenauswahl an der Schiffsbegrüßungsanlage.

Tüxen, Lancasterstr. 44, Tel. 043 31/268 37. Regionale und internationale Gerichte in rustikalem Ambiente.

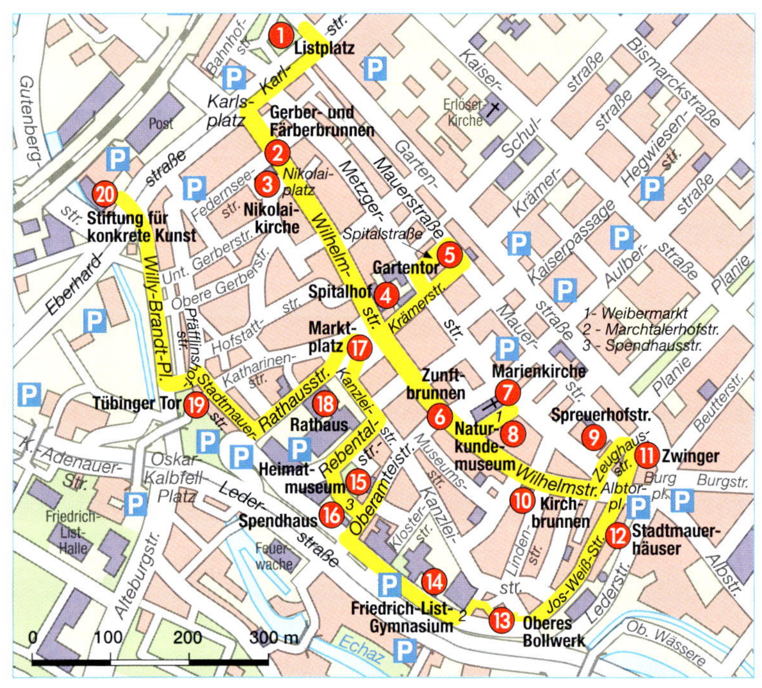

Reutlingen

C7

Baden-Württemberg
Einwohner: 112 000

Ein Stauferkaiser schuf die Grundlage für eine stolze bürgerliche Tradition.

Reutlingen, das in der ersten Hälfte des 13. Jh. von Kaiser Friedrich II. zur Stadt erhoben wurde, liegt am Fuß der Schwäbischen Alb. Der Weg durch die ehem. Freie Reichsstadt beginnt am **Listplatz** ❶ mit einem Denkmal für den 1789 hier geborenen Volkswirtschaftler und Eisenbahnpionier Friedrich List († 1846). Am Karlsplatz geht es nach links in die Wilhelmstraße, in der der **Gerber- und Färberbrunnen** ❷ seit 1921 an zwei für die Entwicklung der Stadt wichtige Handwerkerzünfte erinnert. Auf Höhe des Brunnens erhebt sich die **Nikolaikirche** ❸, 1358 als Kapelle geweiht und mit einer Skulptur des Kirchenpatrons (1914) an der Außenwand des Chores versehen. Der 1333 als ›Neues Spital‹ erstmals erwähnte **Spitalhof** ❹ war im Mittelalter zunächst eine Krankenanstalt, später Alterssitz für Reutlinger Bürger. Pfingsten 1849 tagten hier württembergische und badische Demokraten. Sehenswert sind ein mittelalterliches Prangerbild unter dem Dachgesims sowie das Spitalwappen aus dem 16. Jh. über dem Torbogen. Der Weg führt links ab durch die Spitalstraße zum **Gartentor** ❺, 1392 erstmals erwähnt und bis 1700 ein verschlossen gehaltenes Nebentor. Durch die Krämerstraße geht es zurück zur Wilhelmstraße, in deren weiterem Verlauf der **Zunftbrunnen** ❻ (1983) mit seinen zwölf Figuren an die früheren Reutlinger Zünfte erinnert. Nebenan erhebt sich die **Marienkirche** ❼, 1247–1343 als gotische Basilika mit romanischen Stilelementen im Chor erbaut. Der 71 m hohe Westturm ist mit einer vergoldeten Engelsskulptur von 1343 verziert. Bei einem Brand ging 1726 die Innenausstattung bis auf das gotische Heilige Grab und den Taufstein von 1499 verloren. Das benachbarte städtische **Naturkundemuseum** ❽ im ›Alten Lyzeum‹ widmet sich der Natur der Schwäbischen Alb. Seit 2007 steht die nahe gelegene **Spreuerhofstraße** ❾ – mit ganzen 31 cm an ihrer schmalsten Stelle! – als die engste Straße der Welt fest. Unweit davon ist der 1561 aufgestellte und 1903 erneuerte **Kirchbrunnen** ❿ zu sehen, auf dem Friedrich II. die heute verschollene Urkunde über die Stadterhebung Reutlingens in Händen hält. Am Ende der Wilhelmstraße trifft man am

TOP TIPP

Albtorplatz auf Reste der alten Stadtbefestigung. Der **Zwinger** 11 bezeichnet einen Raum zwischen der Hauptmauer und der vorgelagerten Zwingermauer. Ein Stück der Hauptmauer mit dem ›Kesselturm‹ sowie ein Teil der Zwingermauer mit dem Rundturm blieben erhalten. In den Zwinger hineingebaut wurden im 18. Jh. **Stadtmauerhäuser** 12, die entlang der Jos-Weiß-Straße bis zum **Oberen Bollwerk** 13 reichen. Dieser Teil der Stadtmauer wurde 1978 an Stelle einer Geschützbastion aus dem 16. Jh. rekonstruiert. Westlich davon befindet sich das **Friedrich-List-Gymnasium** 14, 1273 als ein Barfüßerkloster erstmals urkundlich erwähnt und seit 1872 als Schule genutzt. Das mehrfach umgebaute Haus war früher Spital, dann Zeughaus, Versammlungsort des Stadtrates und 1817–1905 Kanzlei der württembergischen Kreisregierung. Der Weg führt zum **Heimatmuseum** 15, früher Pfleghof des Klosters Königsbronn. Sein Steinhaus (14. Jh.) und der Fachwerkbau (16. Jh.) erhielten im 18. Jh. ein gemeinsames Giebeldach. Beachtenswert sind das Lapidarium im Garten und eine spätgotische Kapelle. Das 1518 errichtete **Spendhaus** 16 gleich nebenan präsentiert eine Sammlung zum künstlerischen Holzschnitt im 20. und 21. Jh. mit Werken von HAP Grieshaber (1908–1981). In nördlicher Richtung befindet sich der **Marktplatz** 17, auf dem im Kleinpflaster der Grundriss des beim Brand von 1726 zerstörten Renaissance-Rathauses zu sehen ist. Der Marktbrunnen mit einer Skulptur von Kaiser Maximilian, Restitutor der zünftisch-demokratischen Verfassung der Stadt, stammt von 1570 und wurde 1901 erneuert. Modern ist das 1966 eingeweihte **Rathaus** 18, eine nüchterne Beton-Glas-Konstruktion im typischen Stil ihrer Zeit. Westlich davon liegt das **Tübinger Tor** 19, 1220–40 erbaut und um 1300 mit einem Fachwerkaufsatz versehen. An dem einzigen erhaltenen Haupttor der mittelalterlichen Befestigung ist die spätgotische Kreuzigungsgruppe im Dreipass an der Außenseite zu beachten. Nördlich davon wurde 1989 in einer früheren Fabrik die **Stiftung für konkrete Kunst** 20 eröffnet. Zu dem Komplex gehören die ›Städtische Galerie in der Stiftung‹ sowie das ›IndustrieMagazin‹ in den Sheddach-Hallen von 1911, die nach schweren Bombenschäden des Zweiten Weltkriegs bis 1954 wieder aufgebaut wurden.

TOP TIPP

TOP TIPP

Im Fachwerkzauber schwelgen: Marktplatz mit Marktbrunnen und Spital

Praktische Hinweise

Information

Tourist Information, Listplatz 1, Tel. 071 21/303 26 22, www.reutlingen.de

Hotels

Fürstenhof, Kaiserpassage 5, Tel. 071 21/ 31 80, www.fuerstenhof-reutlingen.de. Behagliches Haus in ruhiger Lage mit Schwimmbad und Wellness-Angebot.

Germania, Unter den Linden 20, Tel. 071 21/319 00, www.germania-hotel.de. Wohnliche Zimmer, Restaurant mit schwäbischer und internationaler Küche.

Württemberger Hof, Bahnhofstr. 12, Tel. 071 21/947 99 50, www.hotel-wuerttem berger-hof.de. Komfortables, stilvoll ausgestattetes Hotel in Zentrumslage.

Restaurants

Alte Mühle, Frankonenweg 8, Tel. 071 21/ 30 02 74. Feine (auch vegetarische) Speisen in historischem Ambiente.

Hermanns Restaurant, Rathausstr. 11, Tel. 071 21/38 47 22. Frische mediterrane Küche mit saisonalen Akzenten.

Rebstöckle, Gartenstr. 37, Tel. 071 21/ 34 62 60. Gute schwäbische Küche und Bio-Weine.

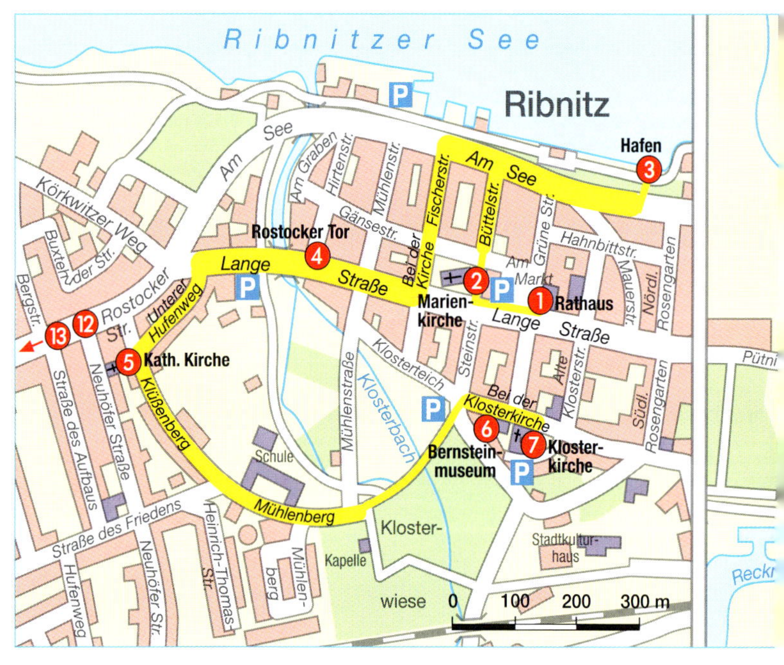

Ribnitz-Damgarten *E2*

Mecklenburg-Vorpommern
Einwohner: 17 000

Bernstein, das Gold der Ostsee, prägte die liebenswürdige Stadt nachhaltig.

Die Bernsteinstadt entstand 1950 durch die Zusammenlegung der Orte Ribnitz und Damgarten. Der Rundgang beginnt am **Rathaus** 1 von *Ribnitz*. Johann Georg Barca errichtete den spätklassizistischen Bau mit Dreiecksgiebel 1832–34 an der Ostseite des Marktplatzes. Die dreischiffige **Marienkirche** 2 wurde bei der Gründung der Stadt Ribnitz Mitte des 13. Jh. erbaut. Mit ihrem überproportional großen Westturm, der 1455 nach einem Brand angefügt wurde, ist sie ein weithin sichtbares Markenzeichen der Stadt. Ihr heutiges Aussehen erhielt sie nach dem Stadtbrand 1759 nach Entwürfen von Hofbaumeister Johann Joachim Busch. Den reizvollen Boddenwanderweg für Fußgänger und Radfahrer kreuzend geht es weiter zum 1879 errichteten und später mehrfach erweiterten **Hafen** 3. Er erinnert an die Bedeutung von Ribnitz als Fischereistadt – schon 1311 beurkundete König Erich V. von Dänemark die ›Fischereigerechtigkeit‹. Seit 2001 gibt es von hier aus in der Saison die tägliche Fährverbindung nach Wustrow und Dierhagen. Einziges Relikt der mittelalterlichen Stadtbefestigung ist das mit Schießscharten bewehrte **Rostocker Tor** 4, dessen jetziger Turm von 1430 stammt. Über der spitzbogigen Durchfahrt erheben sich zwei Obergeschosse, die reich mit Spitzbogenblenden verziert sind. Ein achteckiger Aufsatz mit Zeltdach krönt den Turm. Die moderne norddeutsche Kirchenbauart repräsentiert die 1985 geweihte **Katholische Kirche** 5. Erwähnenswert ist unter der ansonsten eher schlichten Innenausstattung ein Marienschrein aus dem Klarissinnenkloster. Dieses wiederum beherbergt heute das komplett modernisierte **Deutsche Bernsteinmuseum** 6. Es informiert über die Naturgeschichte des fossilen Harzes, zeigt aber auch Kunstwerke und Schmuck aus verschiedenen Epochen. Bemerkenswert sind höchst seltene Bernstein-Einschlüsse wie die eines Geckos und eines Skorpions. Der Besucher kann in der Schauwerkstatt selbst Hand anlegen. Der schlichte Backsteinbau der **Klosterkirche** 7 stammt aus dem Jahr 1325. Er beherbergt wertvolle sakrale Kunstwerke wie die ›Ribnitzer Madonnen‹, mittelalterliche Altar- und Andachtsfiguren, sowie das Renaissance-

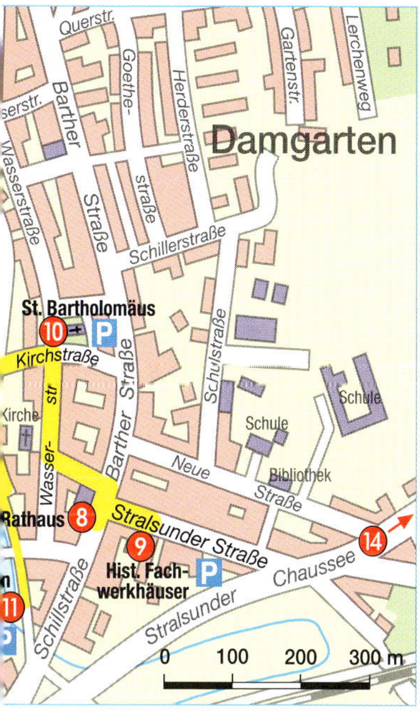

Grabdenkmal der letzten Äbtissin des Klosters, Ursula von Mecklenburg, das Philipp Brandin um 1590 gestaltete. Nicht weit ist es bis zum Bahnhof, an dem 1888/89 die Strecken nach Stralsund und Rostock eröffnet wurden. Mit dem Auto erreicht man in ca. 5 Min. den Stadtteil *Damgarten* (zu Fuß ca. 20 Min.). Dort ist das **Rathaus** 8 die nächste Station. Es wurde 1929–30 an der Stelle des 1928 abgebrannten alten Rathauses von 1741 errichtet. Nach dem Zweiten Weltkrieg war es Kommandantur der Sowjetarmee, heute ist es Verwaltungsgebäude. Es lohnt sich ein Abstecher in die Stralsunder Straße mit ihren historischen **Fachwerkhäusern** 9, etwa dem restaurierten Haus Nr. 29 aus dem Jahr 1767. Der Weg führt nun wieder am Rathaus vorbei und durch die Wasserstraße. Beim Anblick des Kopfsteinpflasters kann man das rege Treiben früherer Jahrhunderte vor dem inneren Auge lebendig werden lassen. Der erste Bau der evangelischen Stadtkirche Damgartens, **St. Bartholomäus** 10, geht auf das Jahr 1240 zurück. Ihr Fachwerkturm von 1723 wurde 1887 durch einen Steinturm ersetzt. Die Kirche birgt ein kostbares Altarschnitzwerk (15. Jh.). Der **Damgartener Hafen** 11 schließlich wird vor allem im Sommer von vielen Wassersportlern frequentiert.

Weitere Sehenswürdigkeiten:

Freilichtmuseum Klockenhagen 12
Stadtforst Neuheide 13 (Museum Naturschatzkammer und Paradiesgarten, Informationszentrum, Naturlehrpfad)
Schaumanufaktur Ostseeschmuck 14

Praktische Hinweise

Information

Stadtinformation, Am Markt 1, Tel. 038 21/22 01 www.ribnitz-damgarten.de

Hotels

Pension Kai, Am See 16, Tel. 038 21/81 12 75, www.pension-kai.de. Schön mit Naturholz ausgestaltetes Haus am Bodden.

Perle am Bodden, Fritz-Reuter-Str. 14–15, Tel. 038 21/21 48, www.perle-a-b.de. Angenehme Zimmer, einige davon mit herrlichem Blick auf die ›Ribnitzer See‹.

Wilhelmshof, Lange Str. 22, Tel. 038 21/22 09, www.hotel-wilhelmshof.de. Behagliches Wohnen und Entspannen mit Ayurveda-Wellnessprogramm.

Restaurants

Deutsches Haus, Gänsestr. 26, Tel. 038 21/89 49 53. Gutbürgerliche Gerichte.

Hafenschenke, Am See 1a, Tel. 038 21/89 48 30. Gehobene maritime Küche, schöne Terrasse zum Bodden hin.

Zum Fischland, Rostocker Str. 31, Tel. 038 21/81 01 27. Deutsche Küche mit regionalen Spezialitäten.

Fossiles Harz als Schmuckstein und Intarsienarbeit: Deutsches Bernsteinmuseum

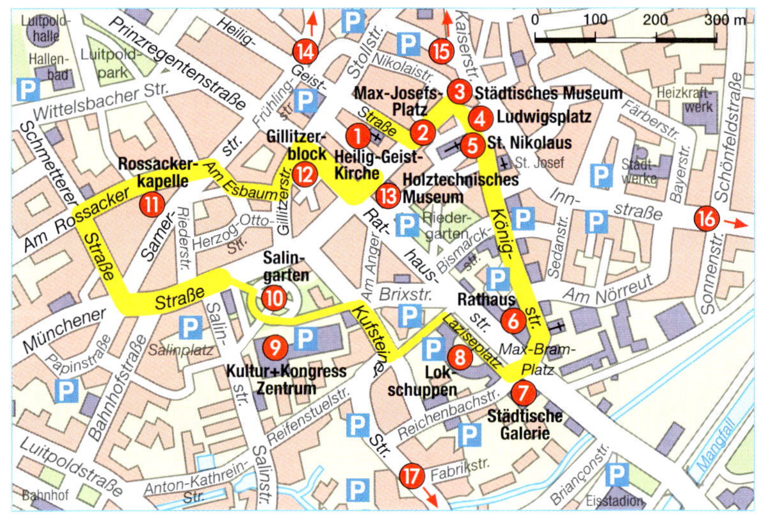

Rosenheim E8

Bayern
Einwohner: 60 000

Im Zeichen der Rose: gediegener Wohlstand durch Holz, Salz und Bier.

Die beschauliche Gegend am Inn war schon vor rund 2000 Jahren besiedelt, als die Römer hier die Militärstation Pons Aeni gründeten. Der heutige Name der Stadt geht auf die weiße Rose im Wappen der Wasserburger Grafen zurück, die über Rosenheim ein befestigtes Schloss erbauten. 1234 wurde es erstmals urkundlich erwähnt. Unser Streifzug beginnt an der **Heilig-Geist-Kirche** ①. Das gotische Gotteshaus war 1449 als Stiftung des wohlhabenden Bierbrauers Hans Stier entstanden, wurde aber ab 1684 in barockem Stil umgebaut und erhielt dabei seinen schönen Zwiebelturm. Innen ist in der Wolfgangskapelle das Lucca-Bild sehenswert, eine Seccomalerei aus dem 15. Jh. Durch die Heilig-Geist-Straße geht es zum **Max-Josefs-Platz** ②, früher der Innere Markt und die Schranne (Getreidemarkt). Nach einem großen Brand 1641 wurde der Platz neu gestaltet, heute ist er mit schönen Arkaden und Laubengängen im Inn-Salzach-Stil die ›gute Stube‹ der Stadt. Das prächtige Haus Nr. 22 stammt aus dem Jahr 1444. Es diente 1641–1878 als Rathaus der umtriebigen Stadt, die ihren Wohlstand dem Handel mit Salz und Holz verdankte und in der Kaufleute, Bierbrauer und Schiffsmeister den Ton angaben. Das den Platz flankierende **Bergmeisterhaus** mit seinem prachtvollen dreigeschossigen Erker, einem spätgotischen Portal und der Rokoko-Eingangstür in der Heilig-Geist-Straße war mehr als 100 Jahre Pfarrhof von Rosenheim. In der an der Südwestecke abzweigenden Hafnergasse verdient das Relief des Flussgottes Inn (1927) Beachtung, das an die Bedeutung der Inn-Schifffahrt bis in die Mitte des 19. Jh. erinnert. Am nördlichen Ende des Platzes kommt man zum Mittertor. Der Name des einzigen erhaltenen Markttores aus dem 14. Jh., das ursprünglich mit einem doppelten Graben gesichert war, verweist auf seine einstige Funktion als Grenze zwischen Innerem und Äußerem Markt. Hier

TOP TIPP ist das 1895 eröffnete **Städtische Museum** ③ untergebracht. Etwa 5000 Exponate veranschaulichen die Geschichte der Stadt und der Region von der Römerzeit bis in die Gegenwart. Unmittelbar daran schließt sich der **Ludwigsplatz** ④ an, der zum Äußeren Markt gehört und aus dem 15. Jh. stammt. Am Fischbrunnen (1928) wurden früher lebende Fische verkauft. Nur wenige Meter

TOP TIPP weiter südlich erhebt sich die um 1450 errichtete Pfarrkirche **St. Nikolaus** ⑤. Mit ihrem markanten Zwiebelturm bildet sie das Wahrzeichen der Stadt. Sehenswert ist ihr hoher Hallenraum und das Bild einer Schutzmantelmadonna aus dem Jahr 1514. Wir wenden uns jetzt in Richtung Südosten und kommen am Ende der Kaiserstraße zum **Rathaus** ⑥. Der schlichte, aber beeindruckende Bau diente nach seiner Fertigstellung 1858 zunächst als Bahnhof und wurde 1878 seiner jetzigen Nutzung zugeführt. Gegenüber finden in der 1937 erbauten **Städtischen Galerie** 7 wechselnde Kunstausstellungen mit Werken aus dem 19. und 20. Jh. statt. Wichtigster Ort Südostbayerns für kulturhistorisch viel beachtete Ausstellungen ist der **Lokschuppen** 8 am Laziseplatz, der 1857–78 als Lokomotiven-Remise diente und 1988 für seinen heutigen Zweck umgebaut wurde. An der Stelle, an der sich 1604–1803 ein Kapuzinerkloster befand, steht nunmehr das **Kultur und Kongresszentrum** 9, bis 1958 Endpunkt der in Bad Reichenhall beginnenden hölzernen Soleleitung. Hier finden seit 1982 kulturelle Veranstaltungen aller Art statt. Nördlich schließt sich der schöne **Salingarten** 10 an, in dessen Skulpturenpark Großplastiken von bedeutenden Künstlern der Region aufgestellt sind. An der wenige Hundert Meter weiter nordwestlich verlaufenden Straße Im Rossacker liegt die 1737 von dem Bierbrauer Martin

TOP TIPP

Schmetterer errichtete **Rossackerkapelle** 11. Sie grenzt an seinen damaligen Brauhof und ist der einzige komplett erhaltene barocke Sakralbau von Rosenheim. Der Münchner Hofmaler Johann Zick (1702– 1762) schuf die Deckenfresken mit Magdalenenszenen. Über die Straße Am Esbaum und die Gillitzerstraße gelangt man zum **Gillitzerblock** 12, der 1891–97 von einem Münchner Unternehmer im Stil der Neorenaissance und des Neobarock errichtet wurde. Das Ensemble besteht aus 15 Geschäfts- und Wohnhäusern, die seit Mitte der 1960er-Jahre mehrfach umgestaltet wurden. Wieder zurück am Max-Josefs-Platz lohnt ein Abstecher zum historischen Ellmaierhaus, in dem seit 1990 das **Holztechnische Museum** 13 untergebracht ist. Es präsentiert Wissenswertes über Gewinnung und Verarbeitung von Holz und die dazu benötigten Werkzeuge. Erklärungen der erforderlichen handwerklichen Fähigkeiten und Techniken ergänzen die Darstellung. Bis heute ist Rosenheim – u.a. mit der Holzfachschule – ein Zentrum der regionalen Holzwirtschaft.

Weitere Sehenswürdigkeiten:

Klarissinnen- und Kapuzinerkloster St. Sebastian 14
Loretokapelle 15
Inn-Museum 16
Kleppermuseum 17

i Praktische Hinweise

Information

Touristinfo Rosenheim, Kufsteiner Str. 4, Tel. 080 31/365 90 61, www.touristinfo-ro.de

Hotels

Alpenhotel Wendelstein, Bahnhofstr. 4–6, Tel. 080 31/330 23, www.hotel-wendelstein.de. Gemütliches Traditionshaus im Herzen der Stadt.

Goldener Hirsch, Münchener Str. 40, Tel. 080 31/30 60, www.goldenerhirsch.net. Komfortables Hotel mit freundlichen Räumen und Restaurant.

Parkhotel Crombach, Kufsteiner Str. 2, Tel. 080 31/35 80, www.parkhotel-crombach.de. Zentral gelegenes wohnliches Logis mit Restaurant und Weinstube.

Restaurants

Fischküche Bierbichler, Gillitzerstr. 10, Tel. 080 31/327 61. Gutbürgerliche traditionelle Gerichte.

Weinhaus zum Santa, Max-Josefs-Platz 20, Tel. 080 31/40 00 79. Gehobene bayerische Küche.

Wirtshaus um Johann Auer, Färberstr. 17, Tel. 080 31/341 21, www.zumjohann-auer.de. Urbayerische leckere Schmankerln und eigene Bierspezialitäten.

Rosenheims beliebtester Treffpunkt: Max-Josefs-Platz mit Nepomukbrunnen

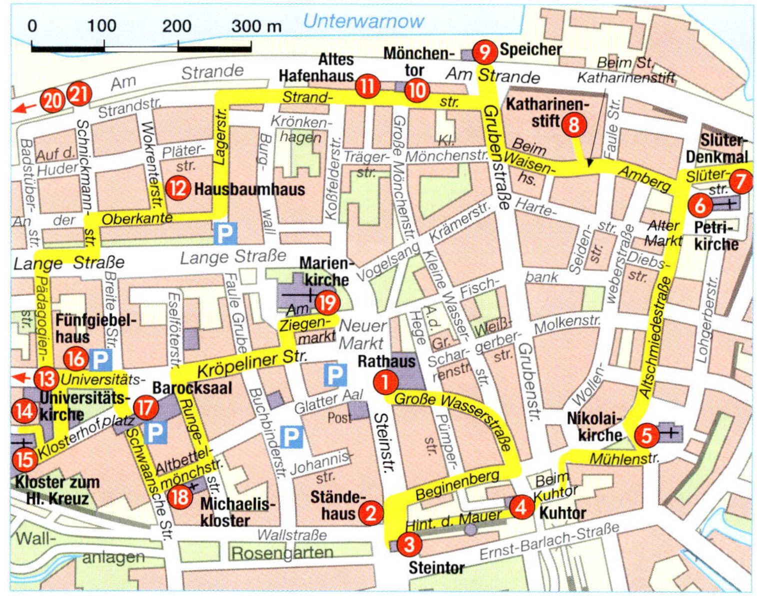

Rostock

D2

Mecklenburg-Vorpommern
Einwohner: 200 000

Die wichtige Hafenstadt prägte hansischer Stolz und Unternehmungsgeist.

Die Hansestadt, wirtschaftliches Zentrum Mecklenburg-Vorpommerns, ist nach Lübeck die zweitwichtigste Hafenstadt an der deutschen Ostseeküste. TOP TIPP Die ältesten Teile des **Rathauses** ❶ am Neuen Markt stammen aus dem 13. Jh. Einmalig ist die spätgotische Schauwand mit sieben Türmen und der barocke Vorbau, der 1727–29 hinzugefügt wurde. Vorbei am prächtigen Kerkhofhaus von 1470, das im Stil der Frührenaissance verziert ist, kommt man zum 1889–93 als Sitz der mecklenburgischen Landstände fertig gestellen **Ständehaus** ❷. Das mächtige rote Backsteingebäude ist ein typischer Staatsbau aus wilhelminischer Zeit, den der Schweriner Hofbaurat Gotthilf Ludwig Möckel entwarf. Das **Steintor** ❸ wurde 1574–77 im Stil der niederländischen Backsteinrenaissance errichtet, ein Vorgängerbau war 1566 zerstört worden. Den Lagebuschturm, den letzten erhaltenen Turm der mittelalterlichen Befestigung, passierend führt der Weg nun zum **Kuhtor** ❹, dem ältesten Steintor der Stadt (1262 erstmals erwähnt). Anschließend geht es zur **Nikolaikirche** ❺, einer der ältesten Hallenkirchen im Ostseeraum. Der Bau entstand um 1250, zu Beginn des 15. Jh. erweiterten die Rostocker das Gotteshaus mit Turm und Chor. Über die Altschmiedestraße kommt man im Anschluss auf den Alten Markt zur gotischen **Petrikirche** ❻, deren Turmspitze 117 m in die Höhe ragt. Dieses Gotteshaus, das im 13. Jh. erstmals erwähnt und Mitte des 14. Jh. vollendet wurde, markiert den Kernbereich der Stadtgründung. Hinter der Kirche erhebt sich das **Slüter-Denkmal** ❼ (1967, 1996 umgestaltet), das an den Rostocker Reformator Joachim Slüter (1491–1532) erinnert. Auf dem Weg zur Unterwarnow passiert man das **Katharinenstift** ❽. Das umgebaute ehem. Franziskanerkloster (13. Jh.) ist heute Sitz der Hochschule für Musik und Theater. Am Hafen angelangt, geht es am alten **Speicher** ❾, der heute unterschiedliche Gaststätten beherbergt, vorbei zum **Mönchentor** ❿, dem letzten der früher zwölf Hafentore. Ein paar Schritte weiter steht das **Alte Hafenhaus** ⓫, ein barockes Wohnhaus aus dem 18. Jh. Das spätgotische **Hausbaumhaus** ⓬ (um 1490) verdankt seinen Namen seiner Holzkonstruktion, die in ihrem Aufbau einem Baum ähnelt, und ist einer der wenigen erhaltenen derartigen Bauten. TOP TIPP Danach führt der Weg zum prächtigen, 54 m hohen **Kröpeliner Tor** ⓭. Die unteren Stockwerke stammen aus der zweiten Hälfte des 13. Jh., der obere Teil aus dem 14. Jh. An dieser Stelle begann die alte Handelsstraße nach Lübeck. Heute zeigt hier das Kulturhistorische Museum eine Ausstellung zur Stadtgeschichte. Die prachtvolle Architektur setzt sich auf dem Weg durch die Kröpeliner Straße mit ihren gotischen, barocken, klassizistischen und modernen Giebelhäusern fort. Nächste Station ist die **Universitätskirche** 14, die zum Komplex des im 13. Jh. gegründeten **Klosters Zum Heiligen Kreuz** 15 gehört. In den ehem. Klostergebäuden der Zisterzienser befindet sich heute das Kulturhistorische Museum; die ehem. Klosterkirche dient der Universität als Gotteshaus und kann vom Museum aus betreten werden. Auf dem Universitätsplatz setzen der **Brunnen der Lebensfreude** (1980) sowie das Denkmal (1819) eines berühmten Rostockers, Generalfeldmarschall Gebhard von Blücher (1742–1819), Akzente. Im Norden wird der Platz vom modernen **Fünfgiebelhaus** 16 (1986) dominiert, im Süden befindet sich der schmucke **Barocksaal** 17 (1750) des einstigen großherzoglichen Palais. Ein Durchgang im Palais führt zum gotischen **Michaeliskloster** 18. Vorbei am prächtigen Kaufmannshaus aus dem 15. Jh., in dem heute die Stadtbibliothek ihren Sitz hat, führt der Rundgang zur **Marienkirche** 19. Sehenswert in der mittelalterlichen Kreuzbasilika sind vor allem das Taufbecken (1290), der Rochusaltar (um 1530) und die Astronomische Uhr (1472).

TOP TIPP

Weitere Sehenswürdigkeiten:

Heimatmuseum Warnemünde 20
Leuchtturm 21

Praktische Hinweise

Information

Tourismuszentrale Rostock & Warnemünde, Neuer Markt 3, Tel. 03 81/381 22 22, www.rostock.de

Hotels

Landhotel Rittmeister, Biestower Damm 1, Tel. 03 81/666 73 30, www.landhotel-rittmeister.de. Kleineres Haus (17 Zimmer) am südlichen Stadtrand, mit Sauna und Restaurant.

Radisson SAS Hotel, Lange Str. 40, Tel. 03 81/375 00, www.rostock.radissonsas.com. Imposantes modernes Komforthotel mit Wellnessbereich und Restaurant.

Steigenberger Hotel Sonne, Neuer Markt 2, Tel. 03 81/497 30, www.rostock.steigenberger.de. Komfortables Traditionshotel im Zentrum, mit Gastronomie und Wellnessbereich.

Restaurants

Braugasthaus Zum Alten Fritz, Warnowufer 65, Tel. 03 81/20 87 80, www.alter-fritz.de. Fangfrischer Fisch, maritimes Flair, Bier aus eigener Herstellung.

Braukeller, Doberaner Str. 27, Tel. 03 81/456 46 05. In stimmungsvollem Kellergewölbe deftige regionale Gerichte.

Zur Kogge, Wokrenterstr. 27, Tel. 03 81/493 44 93, www.zur-kogge.de. Rostocks ältestes Gasthaus ist ein uriges Seemannslokal mit zahlreichen Meeres-Spezialitäten.

Eine eindrucksvolle Bebauung zeigt die Hafensilhouette von Rostock – links setzt die Marienkirche ihren Akzent

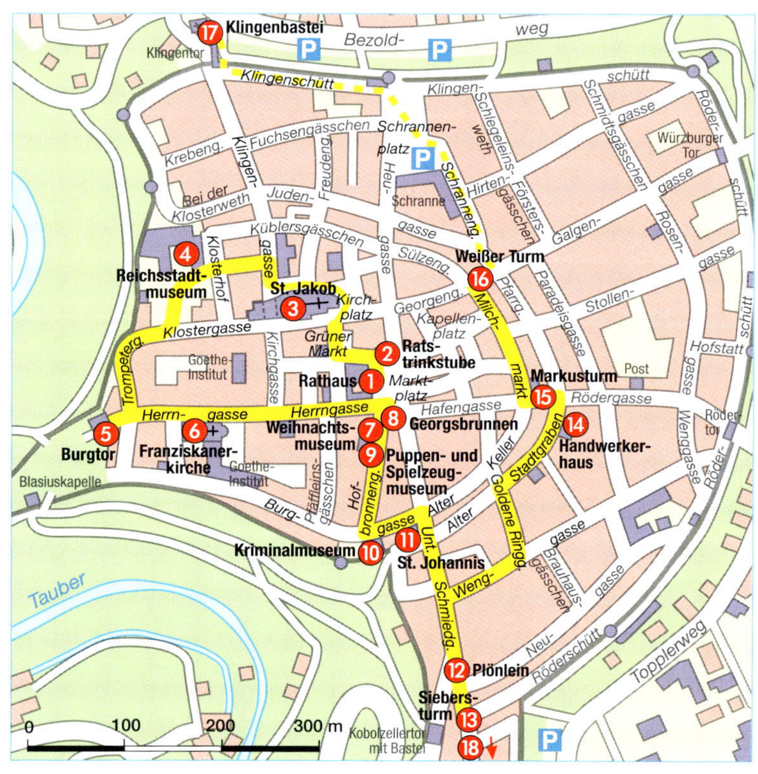

Rothenburg ob der Tauber

C7

Bayern
Einwohner: 11 000

Eine intakte historische Stadtanlage – wenige Orte bieten sie so markant.

Bis weit über die Grenzen Deutschlands hinaus gilt Rothenburg als Inbegriff einer mittelalterlichen Stadt. Kein Wunder, denn in ihrem Kern blieb die ehem. Reichsstadt im Schatten der ›Roten Burg‹ seit dem Dreißigjährigen Krieg (1618–48) unverändert. Einen ersten Überblick über Rothenburg und das Umland verschafft man sich am besten vom 60 m hohen Turm des **Rathauses** 1. Der ältere Teil des mächtigen, aus zwei Teilen bestehenden Gebäudes wurde 1250–1400 in gotischem Stil erbaut. 1572–78 entstand der vordere Teil im Renaissancestil, 1681 kamen die Arkaden am Marktplatz hinzu. Die Gebäudeteile trennt ein Lichthof mit einem beeindruckenden Portal. Die nahe **Ratstrinkstube** 2 von 1446 zeigt an ihrer Fassade neben der Kunstuhr aus dem Jahr 1683 eine Darstellung (1910) des so genannten Meistertrunks: 1631 trank Altbürgermeister Georg Nusch auf Befehl des bayerischen Feldherrn Tilly sage und schreibe drei Liter Wein in einem Zug und bewahrte damit die Stadt vor der drohenden Zerstörung. Die protestantische Hauptkirche Rothenburgs ist **St. Jakob** 3, deren Bau 1311 begonnen und 1471 beendet wurde. Sie beherbergt neben dem Hochaltar von Friedrich Herlin (1466) den Heilig-Blut-Altar von Tilman Riemenschneider und sehenswerte Glasfenster im Chor. Das **Reichsstadt-Museum** 4 ist in den z. T. noch mittelalterlichen Räumen des ehem. Dominikanerinnenklosters (13. Jh.) untergebracht. Neben einer Kunstsammlung enthält es Waffen, Hausrat, Handwerks- und Ackerbaugerät. Die beiden Wachhäuschen neben dem **Burgtor** 5 von 1350 stammen vom Ende des 16. Jh. Älteste Kirche der Stadt ist die frühgotische protestantische **Franziskanerkirche** 6, deren Bau 1285 begonnen wurde. Sehenswert sind hier die mittelalterliche Kanzel, Altäre, Fresken und Grabmäler. Wer sich auch außerhalb der Adventszeit auf das Christfest freut, ist im **Weihnachtsmuseum** 7 gut aufgehoben, in dem neben Weihnachtsschmuck aus verschiedenen Epochen eine einzigartige Sammlung historischer Nussknacker gezeigt wird. Seit 1446 besteht der **Georgsbrunnen** 8, der 1608 im Stil der Renaissance neu errichtet wurde. Das nahe gelegene **Puppen- und Spielzeugmuseum** 9 in einem Haus aus dem Jahr 1478 entführt den Besucher in die Welt von 200 Jahren Spielwarengeschichte. TOP TIPP Hinter dem **Mittelalterlichen Kriminalmuseum** 10 an der Stadtmauer verbirgt sich ein Rechtskundemuseum, in dem u.a. kostbare Schriftstücke und Urkunden sowie Instrumente zur Folter und für den Strafvollzug zu sehen sind. Es befindet sich im Gebäude der früheren Johanniterkomturei von 1395 (ein Umbau erfolgte 1718). Unmittelbar daneben steht die 1390–1410 erbaute katholische **St.-Johannis-Kirche** 11, an deren Ostflanke ein Tor der ersten Stadtmauer stand, während sich im Westen das Johanniskloster anschloss. Folgt man der Unteren Schmiedgasse nach Süden, gelangt man zum **Plönlein** 12. Diesen kleinen Platz bilden zwei sich gabelnde Straßen vor dem **Siebersturm** 13, entstanden in der Zeit um 1385. Das Plönlein bietet eines der malerischsten mittelalterlichen Stadtbilder. Seinen Namen verdankt es seiner Form, einer dreieckigen Ebene, denn das lateinische ›planum‹ heißt auf deutsch ›Ebene‹. Der Brunnen in der Mitte des Platzes gibt sein Wasser weiter an die so genannten ›Fischkästen‹, in denen die Tauberfischer ihren frischen Fang an den Markttagen aufbewahrten. Zurück am Alten Stadtgraben liegt das **Alt-Rothenburger Handwerkerhaus** 14, heute fränkisches Heimatmuseum mit zahlreichen Exponaten aus der Region. Der **Markusturm** 15 und der Röderbogen wurden im Zuge des Baus der ersten Stadtmauer im 12./13. Jh. errichtet. Neben dem Markusturm befindet sich das ›Büttelhaus‹ – einst Gefängnis –, in dem nun das Stadtarchiv residiert. Am Übergang der Georgengasse zur Galgengasse grüßt als ältester Teil der Stadtbefestigung der **Weiße Turm** 16. Wer den Marsch von knapp 20 Min. nicht scheut, kann danach an der Schranne vorbei zur **Klingenbastei** 17 gehen und die spätgotische St.-Wolfgangs-Kirche besichtigen.

Weitere Sehenswürdigkeit:

Spitalbastei 18

Praktische Hinweise

Information

Rothenburg Tourismus Service, Marktplatz, Tel. 098 61/40 48 00, www.rothenburg.de

Hotels

Gasthof goldener Greifen, Obere Schmiedgasse 5, Tel. 098 61/22 81, www.gasthof-greifen.rothenburg.de. Traditionell, doch modern ausgestattete, gemütliche Zimmer.

Glocke-Ringhotel, Am Plönlein 1, Tel. 098 61/95 89 90, www.glocke-rothenburg.de. Solide Unterkunft mit bodenständiger Küche.

Prinzhotel Rothenburg, An der Hofstatt 3, Tel. 098 61/97 50, www.prinzhotel.rothenburg.de. Moderne Behaglichkeit. in historischem Fachwerkhaus. Mit Restaurant.

Restaurants

Goldenes Fass, Ansbacher Str. 39, Tel. 098 61/945 00. Gutbürgerlich-fränkische Gerichte.

Schranne, Schrannenplatz 6, Tel. 098 61/955 00. Rustikales Traditonsgasthaus mit eigener Schlachtung.

Zum Rappen, Vorm Würzburger Tor 6, Tel. 098 61/957 10. Lokale Spezialitäten gibt es hier zu kosten, wie z.B. die so genannten Pfannkuchen-Kuchel.

Der Markusturm an der Rödergasse diente bis ins Jahr 1844 hinein als Gefängnis

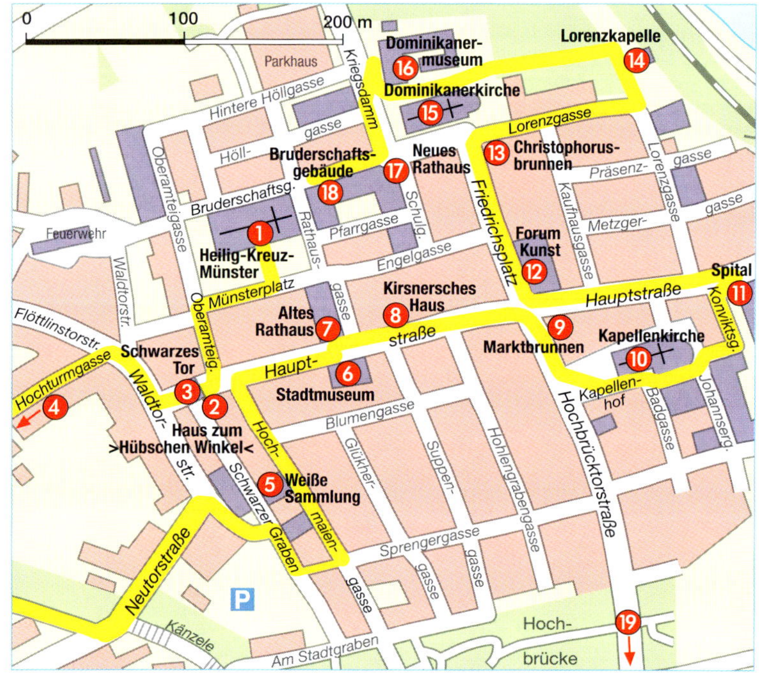

Rottweil

B8

Baden-Württemberg
Einwohner: 26 000

Schon zu Zeiten der Römer wurde hier eine reiche Kulturtradition begründet.

TOP TIPP

Die Erkundung der ältesten Stadt Baden-Württembergs beginnt mit dem Besuch des **Heilig-Kreuz-Münsters** ❶ (1230–1534). Das überlebensgroße Kruzifix am Hochaltar ist ein kunsthistorischer Schatz von Rang und wird Veit Stoß zugeschrieben. Ebenfalls sehenswert sind der Apostelaltar und die fantasievoll gestalteten Wangen des Chorgestühls. Eine stellt z. B. eine Narrenmutter dar, die ihrem Wickelkind die Narretei einfüttert. Durch die Oberamteigasse geht es dann zum **Haus zum ›Hübschen Winkel‹** ❷ (18. Jh.), das diesen Namen neben seiner Form dem reichen plastischen Schmuck mit ionischen Pilastern an Türen und Fenstern verdankt. Das **Schwarze Tor** ❸ wurde 1230 als Teil der staufischen Befestigung errichtet. Hier beginnt zur Zeit der ›Fasnet‹ der berühmte ›Rottweiler Narrensprung‹. In Sichtweite erhebt sich der **Hochturm** ❹, der im 13. Jh. am höchsten Punkt Rottweils als Wach- und Gefängnisturm entstand. Von oben (54 m) genießt man einen prächtigen Rundblick auf das Neckartal, die Schwäbische Alb und die mittelalterliche Struktur des Stadtkerns. Durch die Straße ›Am Zwinger‹ und links durch die Neutorstraße kommt man zur **Weißen Sammlung** ❺. Heut ist hier die Städtische Musikschule zuhause, über dem Eingangsportal erinnert aber ein Renaissance-Relief mit den Heiligen Dominikus, Ursula und Katharina von Siena an seine ursprüngliche Nutzung als Dominikanerinnenkloster (1306 erwähnt). Weiter geht es entlang der Hauptstraße, der ›Guten Stube‹ Rottweils. Das **Stadtmuseum** ❻ beherbergt neben reichen Beständen aus der Stadtgeschichte auch die sog. Pürschgerichtskarte des David Rötlin (eine Darstellung von Gerichtsbezirken) von 1564. Das **Alte Rathaus** ❼ erhielt seine spätgotische Front mit den sechsteiligen Fenstern um 1520. Sehenswert ist der Ratssaal mit seiner Kassettendecke, dem Renaissance-Kachelofen (1762) und den Glasmalereien. Nahebei stehen das **Kirsnersche Haus** ❽ (15. Jh.) mit seinem wuchtigen Portal und der Apostelbrunnen mit den Figuren der Heiligen Petrus, Johannes und Jakobus d. Ä. Weiter geht es zum **Marktbrunnen** ❾, dessen Pyramide mit vier sich nach oben verjüngenden Eta-

TOP TIPP gen ein Figurenensemble krönt. Der Turm der **Kapellenkirche** ⑩ (ca. 1320) zeigt bedeutende Reliefs z.B der Propheten und Apostel. Das **Spital** ⑪ (1275 erstmals erwähnt) erhielt seine heutige Gestalt 1577. In einem ehem. Kaufhaus (1802) befindet sich heute das **Forum Kunst** ⑫ mit Werken zeitgenössischer Künstler. Am Friedrichsplatz erhebt sich die Renaissancesäule des **Christophorusbrunnens** ⑬ (1564). Am Sockel prangen das Stadtwappen und das Relief zweier Löwen. In einem Anbau der **Lorenzkapelle** ⑭ (um 1580) am Neckar ist ein bemerkenswertes Museum der Rottweiler Steinmetze untergebracht. Neben der Kapelle, im Bockshof, steht der Pulverturm, einst Lagerort für das von dem Rottweiler Max Duttenhofer 1884 erfundene rauchlose Pulver. Die barocke **Dominikanerkirche** ⑮ (1268) gilt als das ›Wunder der Augenwende‹ : Augenzeugen berichteten, dass die Marienstatue des Rosenkranzaltars im November 1643 zweimal ihren Blick wandte. Das TOP TIPP **Dominikanermuseum** ⑯ nebenan zeigt bedeutende Zeugnisse der Römerzeit. Besondere Aufmerksamkeit verdient das Orpheus-Mosaik (2. Jh.). Zudem ist hier die Sammlung Dursch mit etwa 180 Holzbildwerken zu bewundern. Ein Abstecher in den Innenhof des **Neuen Rathauses** ⑰ (1976) ermöglicht einen Blick auf die Brunnenanlage (1980) des international renommierten Bildhauers Erich Hauser (* 1930): Acht Marmorsäulen tragen eine Reihe gerundeter stählerner Scheiben, die sich zu immer neuen Spannungsgebilden zusammenschließen. Beim ›Fruchtkasten‹, dem 1696 erneuerten **Bruderschaftsgebäude** ⑱, endet der Rundgang. Hier befand sich ursprünglich die Unterkunft der Heilig-Kreuz-Bruderschaft, einer bereits 1314 erwähnten religiös-karitativen Vereinigung.

Weitere Sehenswürdigkeit:

Römerbad ⑲ (Freilichtmuseum)

i Praktische Hinweise

Information

Tourist-Information, Hauptstr. 21, Tel. 07 41/49 42 80, www.rottweil.de

Hotels

Garni-Hotel Sailer, Karlstr. 3, Tel. 07 41/ 942 33 66, www.hotel-sailer.de. Wohnliches neues Haus in zentraler Lage.

Hotel Johanniterbad, Johannsergasse 12, Tel. 07 41/53 07 00, www.johanniterbad.de. Modern ausgestattete Zimmer, Restaurant mit regionaler Küche.

Hotel Lamm, Hauptstr. 45, Tel. 07 41/ 450 15, www.hotellamm-rottweil.de. Traditionshaus im Zentrum mit renommiertem Restaurant.

Restaurants

Goldener Becher, Hochbrücktorstr. 17, Tel. 07 41/76 85. Gutbürgerlich-Schwäbisches in historischem Ambiente.

Villa Duttenhofer, Königsstr. 1, Tel. 07 41/431 05. Schwäbische und gehobene italienisch-französisch orientierte Küche.

Weinstube Grimm, Oberamteigasse 6, Tel. 07 41/68 30. Gehobene Küche mit ergänzendem Vesper-Angebot.

Berühmt ist Rottweil für seinen ›Narrensprung‹, ein Fasnetstreiben in traditionellen Kostümen

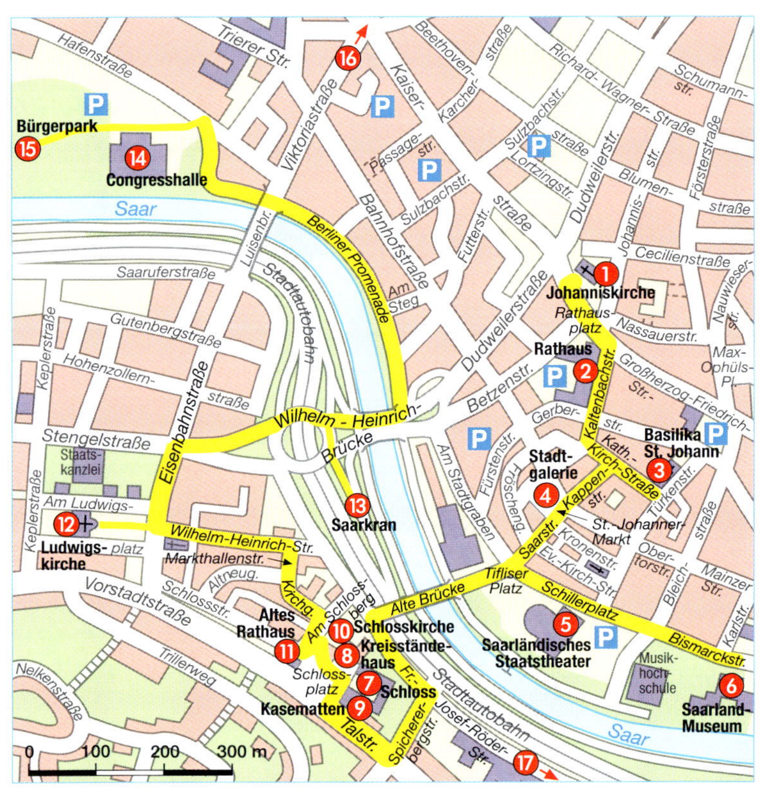

Saarbrücken A7

Saarland
Einwohner: 181 000

Die Nähe Frankreichs beflügelt das Leben in der saarländischen Hauptstadt.

Saarbrücken ist nicht nur Landeshauptstadt, sondern auch wirtschaftliches und kulturelles Zentrum der Saarregion. Die Tour beginnt am Rathausplatz des Stadtteils St. Johann. Die **Johanniskirche** 1 ist harmonisch in ein Ensemble von Bürgerhäusern eingefügt. Das gegenüber liegende **Rathaus** 2 wurde 1897–1900 nach Plänen von Georg von Hauberisser errichtet. Besonders sehenswert ist sein heute für Trauungen genutzter Festsaal. Südöstlich erhebt sich die **Basilika St. Johann** 3 (1754–58), die während der Französischen Revolution innen weitgehend zerstört, jedoch mehrmals erneuert und nach alten barocken Mustern mit neuem Stuck verziert wurde. Die ›Basilika Minor‹ besitzt ein sehr sehenswertes Bronzeportal und auch die Orgel ist bemerkenswert, immerhin umfasst sie 60 klingende Register mit insgesamt 4312 Pfeifen. Das Zentrum der St. Johanner

TOP TIPP

Altstadt ist das barocke Ensemble mit dem Markt und der **Stadtgalerie** 4, die Wechselausstellungen zur zeitgenössischen Kunst zeigt, dem Marktbrunnen (1760) und sorgsam restaurierten Bauten mit lauschigen Innenhöfen. Hier genießt man in zahlreichen Straßengaststätten fast südländische Heiterkeit und spürt die Nähe zu Frankreich. Über die Saarstraße erreicht man das am rechten Saarufer gelegene, 1938 eröffnete **Saarländische Staatstheater** 5, ein ›Geschenk‹ Hitlers an das 1935 wieder ins Deutsche Reich eingegliederte Saarland.

TOP TIPP

Weiter östlich am Saarufer steht das 1965–68 errichtete **Saarlandmuseum** 6. Die moderne Sammlung im Hauptbau umfasst Gemälde des Impressionismus, des Expressionismus und des Surrealismus. Mittelpunkt des Stadtteils Alt-Saarbrücken ist das **Schloss** 7, eine Komposition aus Barock, Klassizismus und Moderne. Ursprünglich im Renaissancestil erbaut, wurde es 1738–48 von Friedrich Joachim Stengel als Barockbau ausgeführt, der 1793 ausbrannte. Die zwei Flügel der Neukonstruktion aus dem 19. Jh. verbindet seit 1989 ein Mittelbau aus Stahl und Glas. Das nebenan gelegene **Kreisständehaus** 8 präsentiert nach Umorganisation die Alte Sammlung des Saarlandmuseums, u.a. das Porzellan- und Silberkabinett sowie wertvolle Gemälde. Hier findet sich auch das Museum für Vor- und Frühgeschichte, dessen größter Schatz das keltische Fürstinnengrab von Reinheim (um 400 v. Chr.) ist. Zwischen Schloss und Talstraße wartet das Historische Museum seit 2007 mit einer Attraktion auf: den freigelegten **Kasematten** 9 der einstigen Saarbrücker Burg. Ein Stück weit nördlich steht die spätgotische **Schlosskirche** 10. Sie beherbergt neben sakraler Kunst Wechselausstellungen und weist bemerkenswerte moderne Glasfenster von Georg Meistermann auf. An der Westseite des Schlossplatzes steht das **Alte Rathaus** 11, errichtet 1750 und nach schweren Kriegsschäden in der ursprünglichen Gestalt wieder aufgebaut. Vom Schlossplatz folgt man der Kirchgasse und der Wilhelm-Heinrich-Straße und erreicht bald den Ludwigsplatz. Hier, am schönsten Barockplatz Südwestdeutschlands, ist die Staatskanzlei des Saarlandes angesiedelt. Dominiert wird der Platz von der **Ludwigskirche** 12. Der im Jahr 1775 vollendete Barockbau gilt als ein Meisterwerk des Baumeisters Friedrich Joachim Stengel, der in Saarbrücken an zahlreichen Stellen gewirkt hat. Auf dem Weg zurück an die Saar erblickt man am linken Ufer an der Wilhelm-Heinrich-Brücke den **Saarkran** 13 – einen detailgetreuen Nachbau eines zum Beladen und Löschen der Flussschiffe verwendeten Hebewerkzeugs aus dem 18. Jh. Am rechten Ufer der Saar geht es die Berliner Promenade entlang bis zur **Congresshalle** 14, die – in den 1960er-Jahren erbaut – als Veranstaltungsort, u.a. für große Konzerte, dient. Ihr französisches Restaurant bietet kulinarische Spezialitäten aus der Küche der linksrheinischen Nachbarn. Im nahe gelegenen **Bürgerpark** 15, der 1989 auf dem Areal eines einstigen Kohleablagerungsplatzes angelegt wurde, sind Großgeräte aus der Montangeschichte aufgestellt.

TOP TIPP

Weitere Sehenswürdigkeiten:

Deutsch Französischer Garten 16
Stiftskirche St. Arnual 17

i Praktische Hinweise

Information

Kongress- und Touristik Service Region Saarbrücken GmbH,
Tel. 06 81/93 80 90, www.saarbruecken.de

Hotels

Domicil Leidinger, Mainzer Str. 10, Tel. 06 81/93 27 0, www.domicil-leidinger.de. Komforthotel mit Theater und Bistro.

Madeleine, Cecilienstr. 5, Tel. 06 81/322 28, www.hotel-madeleine.de. Behagliche Zimmer, ruhige zentrale Lage.

Meran, Mainzer Str. 69, Tel. 06 81/653 81, www.hotel-meran.de. Moderne Räume, Hallenbad und Finnische Sauna.

Restaurants

Weinbistro Archipenko, Bismarckstr. 11–15, Tel. 06 81/996 42 30. Künstlerisch inspirierte Wein- und Küchenkultur.

Zum Stiefel, Am Stiefel 2, Tel. 06 81/93 64 50. Saarländische Gerichte und Bierspezialitäten in uriger Atmosphäre.

Barockes Gotteshaus inmitten eines festlich anmutenden Ensembles: die Ludwigskirche

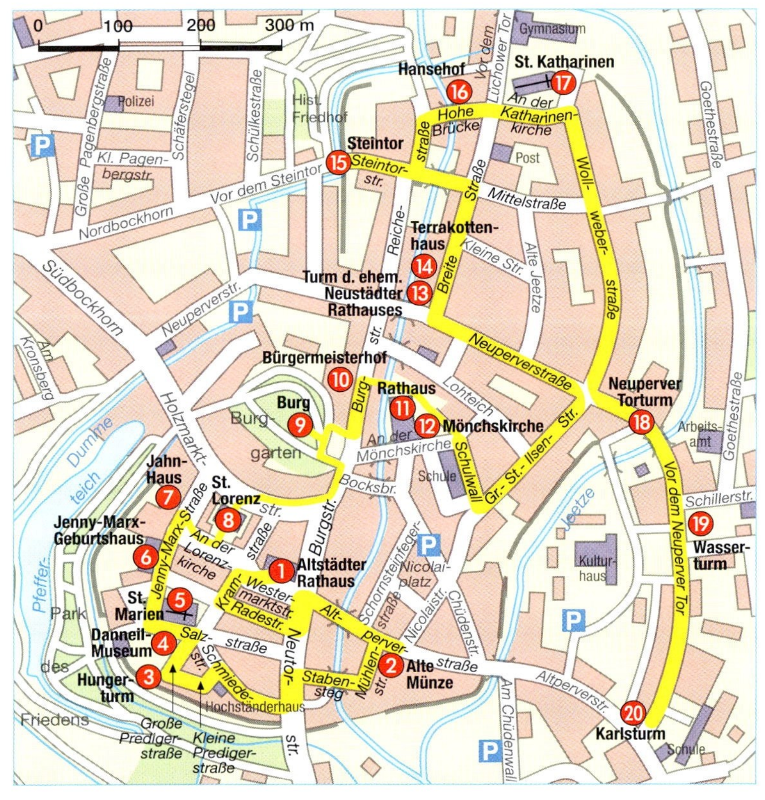

Salzwedel

D3

Sachsen-Anhalt
Einwohner: 21 000

Das mittelalterliche Tor zur Altmark lädt zu Baumkuchen und mehr ein.

Der Weg durch die 1233 erstmals erwähnte Hansestadt beginnt am **Altstädter Rathaus** 1 vom Beginn des 16. Jh. Heute tagt hier das Amtsgericht. Nächstes Ziel ist die **Alte Münze** 2, ein Gebäudekomplex mit beeindruckendem Backsteingiebel aus dem 15. Jh. nach Lüneburger Vorbild. Hier wurden ab 1314 Münzen geprägt, heute dient die Anlage als Sitz der Industrie- und Handelskammer. Einst war die Altstadtbefestigung 2900 m lang, davon sind immerhin noch 1800 m erhalten, u.a. der **Hungerturm** 3. Nebenan befindet sich das **Danneil-Museum** 4, das seit 2008 wieder seine Schätze präsentiert, darunter eine neue Hanse-Ausstellung, die Salzwedler Madonna – eine kostbare Holzfigur aus dem zweiten Viertel des 13. Jh. –, sowie den ›Weinbergaltar‹ von Lucas Cranach d. J. aus der ehem. Franziskaner-Klosterkirche. Nördlich vom Museum befindet sich die Kirche **St. Marien** 5, Salzwedels ältestes Bauwerk und ein typisches Beispiel der norddeutschen Backsteingotik. Im 12. Jh. begonnen, erhielt der Bau bis zum 15. Jh. seine heutige Gestalt. Im Innern bestechen der 8 m breite und über 6 m hohe Schnitzaltar von 1510., daneben Glasmalereien (14. und 16. Jh.), die große Triumphkreuzgruppe (Mitte 15. Jh.), die Bronzetaufe (1520–22) sowie Reste von Fresken (um 1500). Der achteckige ›schiefe‹ Turm wurde wohl aus Stabilitätsgründen absichtlich mit Neigung gegen den Wind gebaut. Schräg gegenüber liegt das **Jenny-Marx-Geburtshaus** 6, in dem 1814 die spätere Ehefrau von Karl Marx geboren wurde (heute dient es als Musikschule). In derselben Straße lebte Friedrich Ludwig Jahn (1778–1852), der spätere ›Turnvater‹, 1791–94 im **Jahn-Haus** 7. Die nahe **St.-Lorenz-Kirche** 8 entstand Mitte 13. Jh. als dreischiffige Basilika. Besonders augenfällig sind die großen Kreisblenden im Giebel. Historischer Mittelpunkt der

Stadt war von jeher die **Burg** 9, die im 9. Jh. zum Schutz der alten Salzstraßen errichtet wurde. Heute existieren noch Reste von Mauer und Graben sowie der mächtige Burgfried. Im nahen **Bürgermeisterhof** 10, einem Ensemble von Fachwerkhäusern verschiedener Epochen mit Geschäften und Gaststätten, spielt sich seit Jahrhunderten das Einkaufsleben der Stadt ab. Das **Rathaus** 12, ein Bau der Backsteingotik, diente einst als Klausur der Mönchskirche. Die **Mönchskirche** 12 selbst, eine Franziskaner-Klosterkirche mit wertvollem Chorgestühl aus der Mitte des 13. Jh., ist heute Forum für moderne Kunst. Im Stadtzentrum fällt der Turm des ehem. **Neustädter Rathauses** 13 aus dem 16. Jh. im Stil der Renaissance auf. Der Aufstieg lohnt sich, genießt man doch von oben einen wundervollen Blick über die Altstadt. Für Norddeutschland einzigartig ist das benachbarte, mit wertvollen Reliefplatten

TOP TIPP

aus gebranntem Ton verzierte **Terrakottenhaus** 14 aus dem Jahr 1722. Nordwestlich davon steht das **Steintor** 15 mit spätgotischen Ornamenten am Giebel. Es wurde 1530 unter Einbeziehung eines Rundturms vollendet und diente früher als Gefängnis. Am ehem. Hafen am Zusammenfluss von Jeetze und Dumme liegt ein Fachwerk-Ensemble aus dem 17. Jh., der so genannte **Hansehof** 16. Das Gotteshaus der nördlichen Neustadt ist **St. Katharinen** 17, eine weitere gotische Backsteinbasilika mit einem Staffelgiebel. Ihre wertvollsten Ausstattungsstücke sind der dreiflügelige geschnitzte ›Einhornaltar‹ (1474), Reste spätgotischer Wandmalereien und die Glasmalereien der mittelalterlichen Fenster. Der einige Hundert Meter entfernte **Neuperver Torturm** 18, Teil der Stadtbefestigung, ist Haupteingang der Neustadt und das ältere der beiden erhaltenen Stadttore. 1903 im Stil der Neogotik erbaut, diente der **Wasserturm** 19 bis 1981 der Wasserversorgung der Stadt. Den runden **Karlsturm** 20 (ca. 1370) schmückt ein Sandsteinfries mit den Wappen des deutschen Kaisers, der sieben Kurfürsten und Salzwedels selbst.

i Praktische Hinweise

Information

Tourist-Information, Neuperverstr. 29, Tel. 039 01/42 24 38, www.kultour-saw.de

Hotels

Hotel Katharinenhöfchen, An den Katharinenkirchen 5, Tel. 039 01/47 12 62, www.hotel-ferienhaus.de. Kleines, stilvolles Hotel mit Fachwerkcharme.

Hotel-Restaurant Siebeneichen, Kastanienweg 3, Tel. 039 01/350 30, www.hotel-siebeneichen.de. Familiär geführtes, kinderfreundliches Hotel in Stadtrandlage.

Hotel Union, Goethestr. 11, Tel. 039 01/42 20 97, www.hotel-union-salzwedel.de. Komfortable Unterkunft mit reichem gastronomischem Angebot.

Restaurants

Bürgermeisterhof, Burgstr. 18, Tel. 039 01/30 27 66. Altmärkische Spezialitäten.

Café Kruse, Holzmarktstr. 4-6, Tel. 039 01/42 21 07. Stammhaus des traditionellen Salzwedeler Baumkuchens.

Zur Post, Breite Str. 39, Tel. 039 01/42 20 34. Gutbürgerliche, regionale Küche.

Die Altstadt von Salzwedel dominiert die in strenger Backsteingotik erbaute Kirche St. Marien

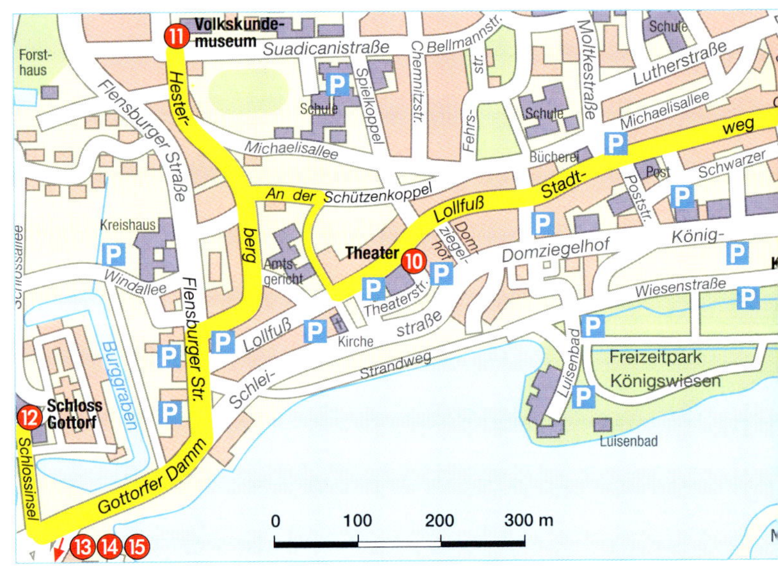

Schleswig

C1

Schleswig-Holstein
Einwohner: 24 000

Die Stadt an der Schlei mit Wikinger-Vergangenheit steht für große Kultur.

Schleswig, 1196 erstmals als Stadt bezeichnet, entwickelte sich aus der Wikingersiedlung Haithabu, deren Reste heute in einem Museum zu besichtigen sind. TOP TIPP Unser Rundgang beginnt am **St.-Johannis-Kloster** 1 (um 1200), der am besten erhaltenen Klosteranlage in Schleswig-Holstein. Wo einst Benediktinerinnen lebten, befindet sich seit der Reformation ein Damenstift. Zu den Kunstschätzen zählen u.a. klassizistische Leuchter und Tafelsilber. Nächste Station ist die Fischersiedlung auf dem **Holm** 2, der erst im Jahr 1933 mit dem Festland verbunden wurde. Er gehört zu den ältesten Stadtteilen Schleswigs und war wohl schon im 11. Jh. bewohnt. Im **Holm-Museum** 3 geben Foto- und Texttafeln eine informative Einführung in die Lebensweise der früheren Inselbewohner. Als nächstes führt der Weg ans Wasser: Beim **Hafenanleger** 4 kann man Rundfahrten buchen oder zum Wikinger Museum nach Haddeby (s. u.) übersetzen. Unterwegs erfahren die Gäste Interessantes über die Zeit der Wikinger und die Sehenswürdigkeiten der Gegend. Danach geht es wieder zurück in die Altstadt, zum **Rathaus** 5 und zum Rathausmarkt, einem charmanten Platz, der zum Verweilen einlädt. Der rückwärtige Teil des Rathauses besteht aus dem ›Graukloster‹ (1234), einem ehem. Franziskanerkloster. 1794 wurde der klassizistische Teil des Rathauses auf dem Fundament der früheren Klosterkirche gebaut. Beeindruckend sind der über zwei Geschosse reichende Ständesaal und das Spiegelgewölbe. Auf dem Rathausmarkt fallen neben dem Rathaus die **Bürgerhäuser** 6 ins Auge. Die Häuser Nr. 12 und 13 begrenzen den Platz Richtung Süden. Das zweigeschossige Backsteinhaus Nr. 14, das Herzog Friedrich I. 1517 errichten ließ, diente als erste öffentliche Apotheke Schleswig-Holsteins. TOP TIPP Nächste Station ist der **St.-Petri-Dom** 7, der erstmals im Jahr 1134 urkundlich erwähnt wurde. Das Gotteshaus ist ein mittelalterliches Bauwerk, in dem sich verschiedene Architektur-Stile vermischen. Ursprünglich war der Dom eine flach gedeckte romanische Basilika, die vom 13. bis zum 15. Jh. erweitert wurde. Aufmerksamkeit erregt der Altar des Bildschnitzers Hans Brüggemann aus dem Jahr 1521. Baugeschichtliche Akzente setzt außerdem der ›Schwahl‹, ein Kreuzgang aus dem frühen 14. Jh. Wenige Meter entfernt vom Dom steht das ehem. **Königsteinsche Palais** 8. Dieses repräsentative Backsteingebäude diente im 15. Jh. dem Bischof als Stadtsitz. Der neue Besitzer, Baron von Königstein, baute es im 17. Jh. zu einem Adelssitz aus. Heute dient das Palais einer Behörde als

Sitz. Direkt hinter dem Dom beeindruckt das aus dem Mittelalter stammende **Lundtenhaus** 9, eines der ältesten Gebäude der Stadt, durch einen sehenswerten Treppengiebel. Heute befindet sich hier das Gemeindehaus der Domgemeinde. In der Langen Straße kommt man am spätbarocken Haus Nr. 9 vorbei, dem früheren Wohnhaus einer reichen Schleswiger Familie. Am Abzweig zum Gallberg lohnt sich auch ein Blick auf die Gebäudefassaden, besonders der Häuser Nr. 3 und 4, die charakteristisch sind für die herzogliche Residenzstadt. Die Route führt über den Stadtweg, die Fußgängerzone Schleswigs, vorbei am Präsidentenkloster bis zum **Theater** 10, das aus dem Schlosshoftheater entstanden ist. Einen kurzen Abstecher lohnt der Gang auf den Hesterberg zum **Volkskundemuseum** 11. Den Abschluss des Stadtspaziergangs bildet die grandiose Vierflügelanlage von **Schloss Gottorf** 12 mit den wichtigsten Sammlungen von Kunst und Kultur (12.–20. Jh.) zwischen Kopenhagen und Hamburg.

TOP TIPP

Weitere Sehenswürdigkeiten:

Prinzenpalais 13
Stadtmuseum 14
Wikinger Museum Haithabu 15

Praktische Hinweise

Information

Touristinformation Schleswig, Plessenstr. 7, Tel. 046 21/85 00 56, www.schleswig.de

Hotels

Privathotel Garni Hahn, Lutherstr. 8, Tel. 046 21/99 53 52, www.hotelhahn.de. Stilvolle, schöne Gründerzeit-Villa.

Ringhotel Strandhalle, Strandweg 2, Tel. 046 21/90 90, www.hotel-strandhalle.de. Behagliches Logis mit Restaurant und eigenem Bootsanlegesteg.

Zollhaus, Lollfuß 110, Tel. 046 21/29 03 40, www.zollhaus-schleswig.de. 18.-Jh.-Haus mit moderner Ausstattung; Restaurant.

Restaurants

Olschewski's, Hafenstr. 40, Tel. 046 21/ 255 77, www.hotelolschweski.de.vu. Regionale Gerichte, behagliche Atmosphäre.

Senator-Kroog, Rathausmarkt 9–10, Tel. 046 21/222 90, www.senatorkroog.de. Gehobene norddeutsche (Fisch-) Küche.

Stadt Flensburg, Lollfuß 102, Tel. 046 21/ 239 84, www.stadt-flensburg.de. Traditionelle schleswig-holsteinische Küche.

Schatzkammer grandioser Kunst- und Kultur: Schloss Gottorf auf einer Insel in der Schlei

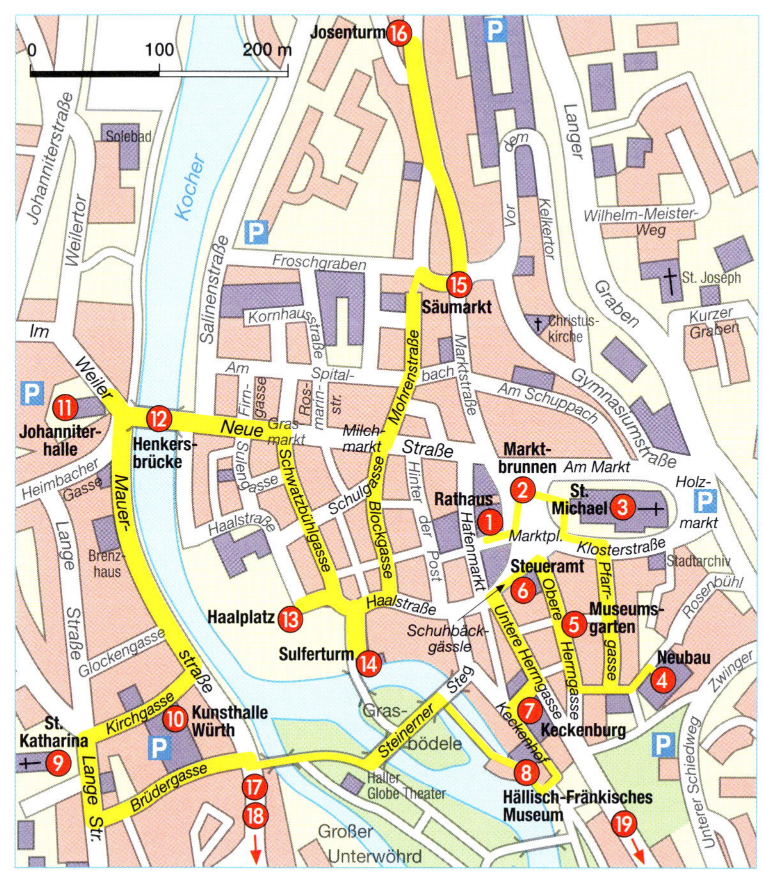

Schwäbisch Hall *C7*

Baden-Württemberg
Einwohner: 37 000

Salzsieder und Häuslebauer – wer vor Ort ist, dem fällt noch viel mehr ein!

Die Führung beginnt am Marktplatz, an dem sich das **Rathaus** ❶ erhebt. Eberhard Friedrich Heimb errichtete es ab 1732 im Stil eines barocken Adelspalais. Den **Marktbrunnen** ❷ (1509) davor zieren Figuren der drei Dämonenbezwinger St. Michael, St. Georg und Simson. Bildhauer Hans Beuscher gestaltete den Brunnen, ebenso den gotischen Pranger einige Meter weiter. Über dem Marktplatz thront **St. Michael** ❸, die schönste und größte Kirche Schwäbisch Halls (1156/1427–1527). Zu ihrer kostbaren Ausstattung zählen ein niederländischer Gruppenaltar (15. Jh.) sowie die feingliedrige Steinpyramide des Sakramenthäuschens. Durch die Pfarrgasse kommt man zum **Neubau** ❹ (1504–33). Früher u.a. als Waffenarsenal und Getreidespeicher genutzt, dient er heute als Konzerthalle und Veranstaltungsort für Feste aller Art. Von der südwestlich ausgerichteten Aussichtsterrasse ›Schwalbennest‹ genießt man einen wunderbaren Blick über die Stadt. Im Haus Nr. 7 der Oberen Herrngasse wohnte 1844 der Dichter Eduard Mörike (1804–1875). Etwas weiter präsentiert der hübsche **Museumsgarten** ❺ Pflanzen, die bereits im Mittelalter angebaut wurden. Das heutige **Steueramt** ❻ und das Stadtarchiv mit ihren Barock- und Renaissance-Portalen gehörten 1236–1524 zum Franziskanerkloster. Durch die Untere Herrngasse geht es vorbei am ältesten Fachwerkhaus der Stadt (Nr. 2) zur **Keckenburg** ❼ (1250), einem Wohnturm aus der Stauferzeit. Er gehört zum **Hällisch-Fränkischen Museum** ❽, das einen Überblick über die Kunst-

und Kulturgeschichte des Ortes sowie der Region bietet. Zeugnisse aus der Stadtgeschichte des 19./20. Jh. findet man in der angegliederten Stadtmühle. Über den Kocher und das ›Grasbödele‹ geht es nun in die Katharinenvorstadt, benannt nach der Kirche **St. Katharina** 9 aus dem 13. Jh. Die **Kunsthalle Würth** 10 (2001, Henning Larsen) zeigt Werke des 20. und 21. Jh. Wechselnde Ausstellungen zur zeitgenössischen Kunst findet man auch in der **Johanniterhalle** 11 der ehem. Kirche St. Johann. Über die **Henkersbrücke** 12 (1502, vermutlich schon im 13. Jh. vorhanden) ist es nur ein Katzensprung zum **Haalplatz** 13, aus dessen Brunnen bis 1956 Sole gefördert wurde. Der **Sulferturm** 14 (1250), einer von ehemals 50 Türmen der Stadtbefestigung, diente einst auch als Gefängnis. Durch Blockgasse und Mohrenstraße geht es nun zum **Säumarkt** 15 mit der württembergischen Hauptwache (1811) und ihrer klassizistischen Säulenvorhalle. Der Rundgang endet am **Josenturm** 16 (1680).

Weitere Sehenswürdigkeiten:

Großcomburg 17
Kleincomburg 18
Urbanskirche 19

Vor schöner Fachwerkkulisse feiert Schwäbisch-Hall alljährlich im Mai das Kuchen- und Brunnenfest der Salzsieder

Praktische Hinweise

Information

Touristik und Marketing Gesellschaft Schwäbisch Hall, Am Markt 9, Tel. 07 91/ 75 12 46, www.schwaebischhall.de

Hotels

Hotel Goldener Adler, Am Markt 11, Tel. 07 91/61 68, www.goldener-adler-sha.de. Zentrales Haus im Fachwerkstil mit gemütlichem Restaurant.

Hotel Scholl garni, Klosterstr. 2, Tel. 07 91/975 50, www.hotel-scholl.de. Modernes Logis, verteilt auf drei historische Häuser.

Ringhotel Hohenlohe, Weilertor 14, Tel. 07 91/758 70, www.hotel-hohenlohe.de. Komfortables Haus mit Aussichts-Restaurant und Wellness-Thermalbad.

Restaurants

Schuhbäck, Untere Herrengasse 1–3, Tel. 07 91/854 70, www.schuhbaeck.de. Gutbürgerliche schwäbische Küche.

Sonne, Gelbinger Gasse 2, Tel. 07 91/ 97 08 40. Regionale Spezialiäten, Biergarten.

Sudhaus, Lange Str. 35/1, Tel. 07 91/ 946 72 70, www.sudhaus-sha.de. Gehobene Küche und hausgebrautes Bier.

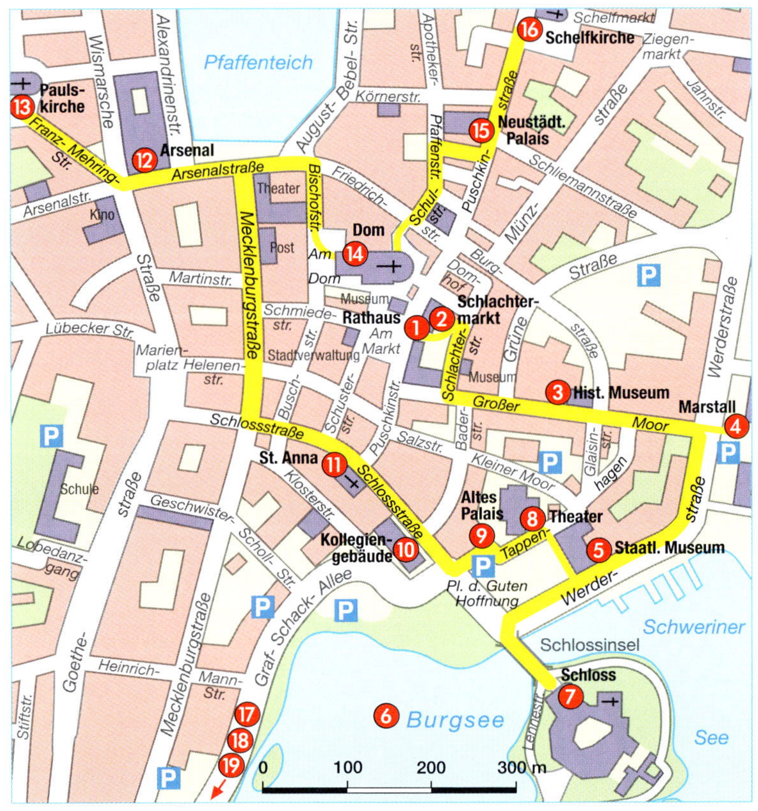

Schwerin

D2

Mecklenburg-Vorpommern
Einwohner: 96 000

Einst großherzogliche Idylle, heute Landeshauptstadt ohne Allüren.

Der Rundgang beginnt am **Altstädtischen Rathaus** 1 (1351) mit seiner prächtigen Fassade (1834/35) im Stil der Tudor-Gotik. Die vergoldete Reiterfigur auf der Zinne stellt Heinrich den Löwen dar, der Schwerin 1160 gründete. Nebenan erstreckt sich der **Schlachtermarkt** 2 (1886–97), auf dem ein Brunnen (1979) plätschert, den Motive aus einem mecklenburgischen Volkslied zieren. Bis 1938 befand sich die Schweriner Synagoge auf dem Gelände der Häuser Nr. 3/5. Heute erinnert daran ein Gedenkstein im Hof von Haus Nr. 5, Teil einer Ausstellung zur Geschichte der Juden Mecklenburgs. Die nächste Station ist das **Historische Museum** 3 in einem Fachwerkhaus aus dem 18. Jh. Der Straße weiter folgend, kommt man zum **Marstall** 4 (1838–43), einer schlossartigen klassizistischen Vierflügelanlage. Das **Staatliche Museum** 5 zeigt u.a. eine bedeutende Sammlung holländischer und flämischer Malerei des 16. und 17. Jh. Den **Burgsee** 6 entlang zieht sich die im Vorfeld der Bundesgartenschau 2009 konzipierte neue Schlosspromenade. Über eine 1844 entstandene Brücke erreicht man jene Insel im Schweriner See, auf der sich das

TOP TIPP

Schloss 7 erhebt. Das Wahrzeichen der Stadt wurde 1843–57 nach Plänen Georg Adolph Demmlers im Neorenaissancestil errichtet. Schon im 10. Jh. soll hier eine Befestigungsanlage gestanden haben. Die Repräsentations- und Wohnräume der großherzoglichen Familie sind im Schlossmuseum zu besichtigen. Heute sitzt der Landtag in den ehrwürdigen Hallen. Das Schloss beherbergte lange Zeit zudem das Archäologische Landesmuseum, nun ist sein Bestand eingelagert. Die Schlosskirche im Nordflügel aus der Zeit der Renaissance beeindruckt mit einem Sterngewölbe und einer reich verzierten Kanzel. Als nächstes führt der Rundgang zum **Staatstheater** 8. Das heutige Gebäude wurde 1886 im italienischen Renaissancestil fertig gestellt. Doch bereits 1563 rief Herzog Johann Albrecht I. eine Hofkapelle ins Leben und 1753 gründete Conrad Ekhof die erste deutsche Schauspielakademie. Über den Tappenhagen gelangt man zum **Alten Palais** 9 (18. Jh.). In diesem zweigeschossigen Fachwerkbau am Alten Garten residierte eine Zeit lang Erbprinz Friedrich Ludwig. Heute befinden sich hier Landesbehörden. Die nächste Station ist das **Kollegiengebäude** 10 (1825–34). Die dreiflügelige klassizistische Anlage dient nun als Sitz des Ministerpräsidenten. In der gleichen Straße befindet sich die spätbarocke, recht schlichte **Propsteikirche St. Anna** 11 (1791–94). Einige Hundert Meter weiter nördlich kann man das **Arsenal** 12 (1840–44) bewundern, ein monumentalen Bau im Stil der Tudor-Gotik, heute Sitz des Innenministeriums. Über die Franz-Mehring-Straße gelangt man zur **Paulskirche** 13 (1862–69), einen neogotischen Backsteinbau, dessen Inneneinrichtung durch farbige Glasfenster und das reich verzierte Chorgestühl besticht. Ein Hauptwerk der Backsteingotik und das einzige in der Stadt erhaltene Architekturdenkmal aus dem Mittelalter ist der **Dom** 14, mit dessen Bau 1270 begonnen wurde. Der 117,5 m hohe neogotische Turm kam jedoch erst 1892 hinzu. Ein Blickfang im Innern der Kirche sind die Wandmalereien aus der Mitte des 14. Jh. in der Mariä-Himmelfahrts-Kapelle. Weiter geht es zum **Neustädtischen Palais** 15, einer zweigeschossigen Dreiflügelanlage. 1779 in spätbarockem Stil nach Plänen Johann Joachim Buschs erbaut, wurde es 1877/78 im Renaissancestil umgestaltet. Gegenüber lockt das Kulturzentrum ›Schleswig-Holstein-Haus‹ mit Ausstellungen, Lesungen etc. Die letzte Station der Route führt zur **Schelfkirche** 16 (1707–13) in der Schelfstadt (Schelf = flache Insel). Der barocke Backsteinbau mit seinen Sandsteinornamenten gilt als einer der schönsten Sakralbauten Mecklenburgs.

TOP TIPP

Weitere Sehenswürdigkeiten:

Schlossgarten und (ab 2009)
Garten des 21. Jahrhunderts 17
Schleifmühle 18
Mecklenburgisches Volkskundemuseum Schwerin-Mueß 19

i Praktische Hinweise

Information

Schwerin Touristinformation, Am Markt 14, Tel. 03 85/592 52 12, www.schwerin.com

Hotels

Crowne Plaza Schwerin, Bleicher Ufer 23, Tel. 03 85/575 50, www.crowne-plaza.m-vp.de. Luxuriöses Logis am Ostdorfer See mit Restaurant, Wellness-Angebot.

Hotel am Schloss, Goethestr. 57, Tel. 03 85/59 32 30, www.hotel-am-schloss.m-vp.de. Komfortable Zimmer in denkmalgeschütztem Haus.

Niederländischer Hof, Alexandrinenstr. 12–13, Tel. 03 85/59 11 00, www.niederlaendischer-hof.de. Nobles Traditionshotel am Pfaffenteich.

Restaurants

Das kleine Mecklenburger Gasthaus, Puschkinstr. 37, Tel. 03 85/555 96 66. Bodenständige mecklenburgische Gerichte.

Friedrichs, Friedrichstr. 2, Tel. 03 85/55 54 73. Leichte Küche. Mit Terrasse.

Wallenstein, Werderstr. 140, Tel. 03 85/557 77 55, www.restaurantwallenstein.de. Gutbürgerlich speisen mit Schlossblick.

Seine opulente Fassade macht das Schweriner Schloss zu einem Meisterwerk des Historismus

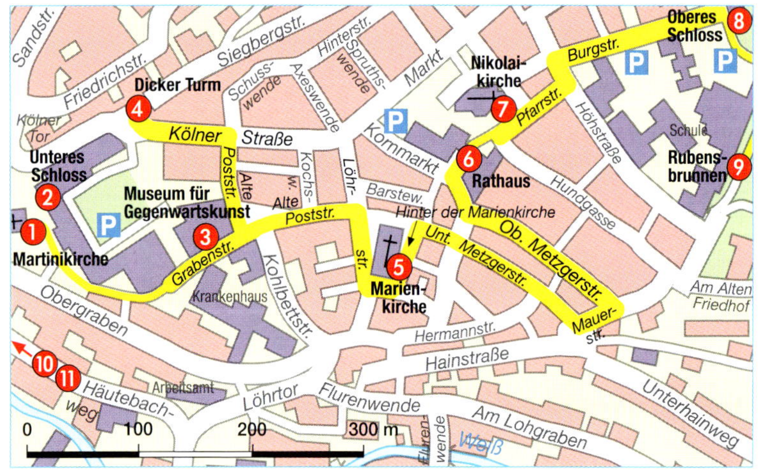

Siegen *B5*

Nordrhein-Westfalen
Einwohner: 106 000

Erzbergbau und Eisenindustrie prägte die nassauische Rubens-Geburtsstadt.

Gleich die erste Station der in weiten Teilen bergauf führenden Besichtigungstour weist den Besucher auf eine 2500 Jahre alte Tradition der Stadt hin: Zum Sinnbild der ältesten Erzbergbauregion Mitteleuropas wurden die überlebensgroßen, im Jahr 1902 von Friedrich Reusch geschaffenen Bronzefiguren des Hüttenmanns und des Bergmanns (›Henner‹ und ›Frieder‹) am Kopf der **Siegbrücke**. Der älteste Sakralbau der fast 900 Jahre alten Stadt, auf einem vorspringenden Ausläufer des Siegbergs gelegen, ist die **Martinikirche** 1, die 1511–17 über einem spätromanischen Vorgängerbau errichtet wurde. Sehenswert sind das Fußbodenmosaik im nördlichen Seitenschiff aus dem 10. Jh. sowie der Taufstein aus dem 13. Jh. Schon die Franken hatten an dieser Stelle eine Burgkapelle errichtet. Beim großen Stadtbrand von 1695 war auch der Nassauische Hof zerstört worden, die damalige Residenz der evangelischen Linie des Fürstenhauses Nassau-Siegen. Sie repräsentiert einen der vielen Zweige der Herrscherfamilie Nassau-Oranien, deren Angehörige auch auf den luxemburgischen, niederländischen und englischen Thron gelangten. Graf Johann Moritz (1604–1679). Erster Feldmarschall der Vereinigten Niederlande und Generalgouverneur von Niederländisch-Brasilien, zeichnete die Entwürfe für eine neue Residenz, die als das **Untere Schloss** 2 1695–1720 verwirklicht wurden. In der Fürstengruft der Dreiflügelanlage wurden 30 Nassau-Oranier bestattet, darunter auch Johann Moritz. Seitlich am Schloss führt die Grabenstraße vorbei, in der im Alten Telegrafenamt das **Museum für Gegenwartskunst** 3 seit 2001 Werke herausragender europäischer Künstler zeigt. Der **Dicke Turm** 4 am nördlichen Berghang ist der einzige erhaltene Wehrturm der mittelalterlichen Stadtbefestigung und wurde ehedem in die Schlossanlage einbezogen (heute Gedenkstätte für die Opfer von Krieg und NS-Gewaltherrschaft). In der Fußgängerzone in der Alten Poststraße vergnügen sich Kinder gerne an der bronzenen Figurengruppe von Wolfgang Kreutter, einem Hirten mit Kühen und Hund an der Viehtränke. Einziges Gotteshaus der Stadt aus der Barockzeit ist die **Marienkirche** 5. Ursprünglich hieß der 1702–25 von Jesuiten errichtete Bau Mariä Himmelfahrt und diente den Angehörigen der katholischen Nassauer Grafen bzw. Fürsten als letzte Ruhestätte. Das Herz Alt-Siegens bilden das historische **Rathaus** 6 und

TOP TIPP

nicht weit davon die imposante **Nikolaikirche** 7 aus dem 13. Jh., die einst als Hofkirche fungierte. Ihr sechseckiger Grundriss ist einzigartig in Deutschland. Johann Moritz spendete eine von peruanischen Silberschmieden gefertigte Taufschale (16. Jh.) und zu seiner Erhebung in den Reichsfürstenstand eine vergoldete, 2,35 m große und mehrere Tonnen schwere Nachbildung einer

Fürstenkrone. Dieses so genannte ›Krönchen‹ (1658) auf der Spitze des 1455–64 umgestalteten Turms wurde zum Wahrzeichen Siegens. Die Besichtigungstour folgt den alten Zunftgassen, entlang derer in jüngerer Zeit viele Fachwerkhäuser restauriert wurden. Mit ihrer Schieferverblendung und den typischen Schieferdächern verleihen sie dem Viertel eine ganz besondere Atmosphäre. Auf dem Siegberg thront das **Obere Schloss** 8, das diesen Namen allerdings erst seit dem 18. Jh. trägt und noch bis 1830 ganz von einem Graben umgeben war. Die festungsartige Anlage, deren Ursprünge bis ins Spätmittelalter reichen, wurde um 1500 erneuert und bis ins 18. Jh. mehrfach umgebaut. Heute beherbergt der einstige Sitz der katholischen Nassauer die Sammlungen des regionalhistorischen Siegerlandmuseums für Kunst- und Kulturgeschichte mit Ausstellungen zu Handwerk und Bergbau. Dort sind auch acht Originalwerke des barocken Malerfürsten Peter Paul Rubens zu sehen, der am 28. Juni 1577 in Siegen das Licht der Welt erblickte. Der in den 1930er-Jahren von Hermann Kuhmichel geschaffene **Rubensbrunnen** 9 schmückt den weitläufigen Schlossgarten, in dem auch der Spaziergang durch die ›grüne Großstadt am Rande des Rothaargebirges‹ endet. Der Brunnen erinnert an jene Zeit, als Antwerpen, Köln und Siegen um den werbewirksamen Titel der ›Rubens-Geburtsstadt‹ rangen – bis der Blick eines Holländers ins Archiv schließlich die Gewissheit brachte: Peter Paul Rubens war in der Tat ein gebürtiger Siegener. Dass die Siegerländer nicht wenig stolz sind auf diesen glücklichen und rühmlichen Umstand, versteht sich von selbst.

TOP TIPP

Weitere Sehenswürdigkeiten:

Reinhold-Forster-Erbstollen 10 (Besucherbergwerk mit Mineraliensammlung im Stadtteil Eiserfeld)
Kapellenschule 11 (im Stadtteil Eisern)

i Praktische Hinweise

Information

Touristik-Information, Rathaus/Markt 2, Tel. 0271/4041316, www.siegen.de

Hotels

Best Western Parkhotel, Koblenzer Str. 135, Tel. 0271/33810, www.parkhotel-siegen.bestwestern.de. Zentrumsnahes modernes Hotel mit Restaurant und Sauna.

Bürger, Marienborner Str. 134, Tel. 0271/62551, www.hotel-buerger.de. Solides Logis im nahen Stadtteil Kaan-Marienborn.

Ramada-Treff Hotel, Kampenstr. 83, Tel. 0271/50110, www.ramada-treff.de. Komfortables Logis über den Dächern der Stadt, mit Bar und Bistro.

Restaurants

Duffel, Marburger Tor 19, Tel. 0271/2318933, www.duffel-siegen.de. Kartoffelgerichte und Siegerländer Spezialitäten.

Piazza, Unteres Schloss 1, Tel. 0271/3030856, www.piazza-siegen.de. Ambitionierte Küche in künstlerisch inspirierenden Räumen.

Schwarzbrenner, Untere Metzgerstr. 29, Tel. 0271/51221. Mediterrane und regionale Gerichte, gepflegte Weinkarte.

Auf sechseckigem Grundriss erhebt sich im Zentrum Alt-Siegens die Nikolaikirche

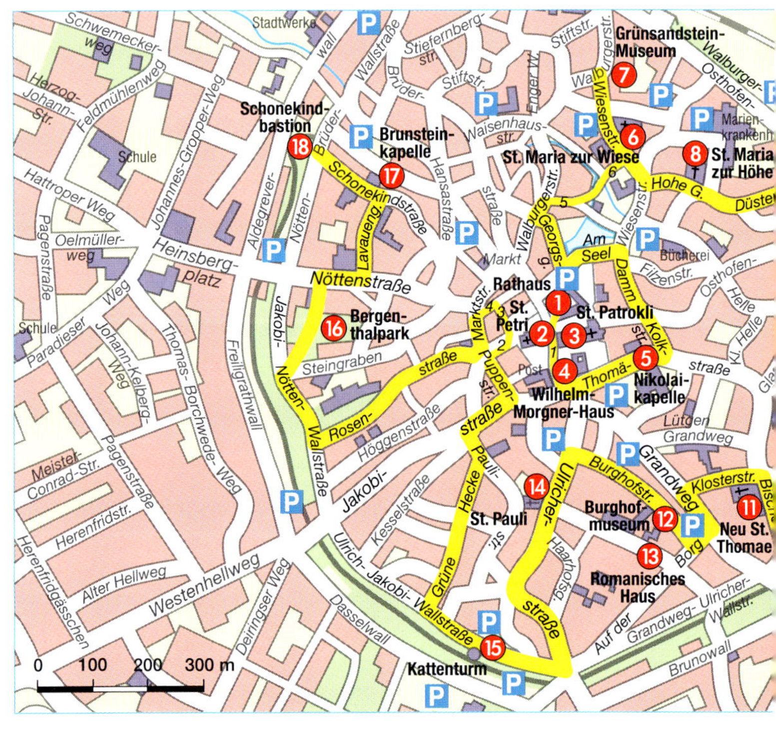

Soest

B4

Nordrhein-Westfalen
Einwohner: 49 000

Am Hellweg, der alten Handelsstraße, entstand ein westfälisches Juwel.

Am barocken **Rathaus** ❶ (1713), von dessen Frontgiebel die Statue des Stadtpatrons St. Patroklus grüßt, beginnt der Rundgang. Das Stadtwappen mit dem Schlüssel halten die sog. ›Wilden Männer‹. Direkt neben dem Rathaus, an dem auch eine Statuette an die literarische Figur des ›Jägers von Soest‹ (1950) erinnert, erhebt sich die Kirche **St. Petri** ❷. Ihr Langhaus von 1150 ist mit romanischen, ihr Hallenchor von 1300 mit gotischen Elementen geschmückt. Gegenüber ragt die Kirche **St. Patrokli** ❸ (965) mit ihrem bekannten 77 m hohen ›Turm Westfalens‹ in den Himmel. Das Gotteshaus gilt als ausgedehnteste romanische Anlage der Region. Sehenswert ist vor allem die Apsismalerei im Marienchor. Durch die Rathausstraße gelangt man zum **Wilhelm-Morgner-Haus** ❹. In der Städtischen Kunstsammlung sind expressionistische Werke Morgners (1891–1917) ausgestellt. Links um die Ecke führt der Weg zur **Nikolaikapelle** ❺, die im Innern mit Malereien beeindruckt. Ein Blickfang ist das Altarbild (1400) von Conrad von Soest. Vorbei am Vreithof mit schönen Fachwerkhäusern winkt als nächstes Ziel die gotische Kirche **St. Maria zur Wiese** ❻ (14. Jh.), im Volksmund als ›Wiesenkirche‹ bekannt. Imposant sind die Chorfenster, u. a. die Glasmalerei ›Westfälisches Abendmahl‹ – die biblischen Figuren verspeisen regionale Spezialitäten wie Bier, Schinken und Pumpernickel. Nördlich der Kirche informiert das **Grünsandstein-Museum** ❼ über diese wichtige Gesteinsart. Weiter südöstlich steht **St. Maria zur Höhe** ❽ (1200), auch bekannt als Hohnekirche, in der sich das einzige Scheibenkreuz Deutschlands (um 1200) befindet. Danach führt der Weg zur ehem. Befestigung der Stadt: Das 1523–26 erbaute **Osthofentor** ❾ ist das einzige erhaltene Stadttor. Im Innern ist u. a. eine Sammlung von über 25 000 mittelalterlichen Armbrustbolzen zu bewundern. Neben dem Tor beginnt der Stadtwall (ab 1200), der fast die gesamte Altstadt umrundet. Dem Wall folgend erreicht man die Kirche **Alt St. Thomae** ❿ (12. Jh.) mit ihrem Schiefen Turm (1653). Angeblich war die Schieflage

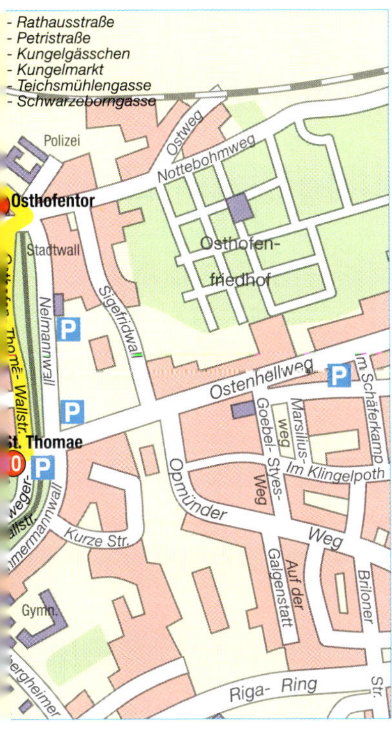

beabsichtigt, um den Turm gegen Winde zu stabilisieren. Aus dem 14. Jh. stammt die Kirche **Neu St. Thomae** 11 etwas weiter westlich. Das Gotteshaus war die Klosterkirche der Franziskaner, die hier im Jahr 1233 ihr erstes Kloster in Westfalen gründeten. Westlich davon steht das **Burghofmuseum** 12, das u.a. Schmuck aus der Merowingerzeit zeigt. Durch den Garten gelangt man zum **Romanischen Haus** 13 (1200), dem ältesten Wohnhaus zwischen Rhein und Weser. Zurück über die Burghofstraße geht es dann zur Kirche **St. Pauli** 14, entstanden um 1200 und seit einem Umbau im 14. Jh. ein gotisches Gotteshaus. Der Weg führt nun über die Ulricherstraße zum **Kattenturm** 15, dem letzten Wallturm des alten Stadtwalls, und durch die historischen Straßen Soests nach Norden. Zum Verweilen lädt der **Bergenthalpark** 16 mit seinem seltenen Baumbestand ein. In einem alten Fachwerkhaus (1670) nahebei lebte der Philosoph und Pädagoge Hugo Kükelhaus (1900–1984). Vorbei an der gotischen **Brunsteinkapelle** 17 (14. Jh.) mit der ältesten Soester Kanzel (1553) endet die Tour an der **Schonekindbastion** 18, einer Befestigungsanlage aus dem frühen 16. Jh.

TOP TIPP

Praktische Hinweise

Information

Tourist Information Soest, Teichmühlengasse 3, Tel. 029 21/66 35 00 50, www.soest.de

Hotels

Hanse Hotel, Siegmund-Schultze-Weg 100, Tel. 029 21/709 00, www.hanse-hotel-soest.de. Behagliche Unterkunft, Restaurant mit westfälischer und internationaler Küche.

Haus Gellermann, Konrad-Stecke-Weg 8, Tel. 029 21/590 11 90, www.hausgellermann.de. Wohnliche Zimmer, Küche mit regionatypischen Gerichten.

Hotel Stadt Soest, Brüderstr. 50, Tel. 029 21/362 20, www.hotel-stadt-soest.de. Gemütliches Logis, Bierstube im Haus.

Restaurants

Im Osterkamp, Walburgerstr. 10, Tel. 029 21/154 02. Klassische westfälische Speisen, serviert in urigem historischem Fachwerkhaus.

Im Wilden Mann, Markt 11, Tel. 029 21/150 71, www.im-wilden-mann.de. Solide regionale Küche.

Pilgrim Haus, Jakobistr. 75, Tel. 029 21/18 28, www.pilgrimhaus.de. Westfalens ältestes Gasthaus bietet feine heimische Speisen.

Lauschige Fachwerkidylle am Markt mit Restaurant Im Wilden Mann

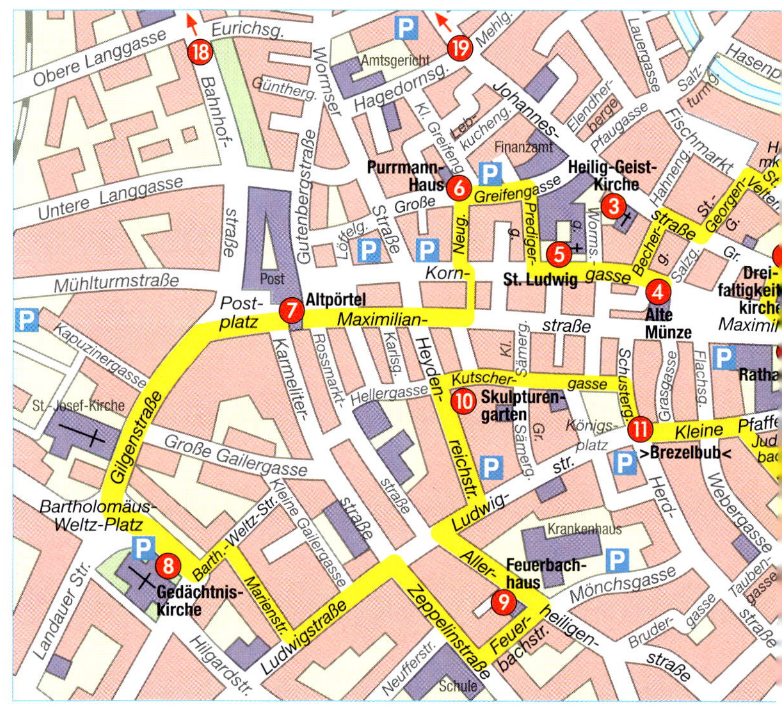

Speyer

B7

Rheinland-Pfalz
Einwohner: 51 000

Die Kaiser und Könige des deutschen Mittelalters gingen hier ein und aus.

Die frühere Kaiserstadt war Schauplatz zahlreicher Reichstage, u.a. im Jahr 1529, auf dem die sog. Protestation zur endgültigen Spaltung der römischen Kirche führte. Der Stadtrundgang beginnt am barocken **Rathaus** 1 (1712–26), dessen Vorgängerbau im Jahr 1689 im Pfälzischen Erbfolgekrieg auf Befehl Ludwigs XIV. zerstört wurde. Auch die **Dreifaltigkeitskirche** 2 stammt aus der Zeit des Barock (1701–17). Sie wurde als lutherische Kirche nach dem Vorbild der Frankfurter Katharinenkirche erbaut. Beachtenswert ist die reich bemalte Holzdecke im Innenraum. Durch malerische Gassen und über die sanierten Altstadtplätze Holzmarkt und Fischmarkt gelangt man zur **Heilig-Geist-Kirche** 3 (1700–02), dem ersten Gotteshaus der reformierten Gemeinde Speyers. Heute wird die Kirche für Ausstellungszwecke genutzt. Durch die Bechergasse kommt man zur **Alten Münze** 4. Das ursprüngliche Haus der Münzer wurde 1689 zerstört und 1748 durch den Bau des ›Neuen Kaufhauses am Markt‹ ersetzt. Die mittelalterliche Korngasse führt zur **Seminarkirche St. Ludwig** 5, deren Bau auf die Jahre 1698 und 1843 zurückgeht. In ihrem Chor sind noch Reste einer 1266 errichteten Dominikanerkirche zu sehen. Von hier geht es weiter zum **Purrmann-Haus** 6, dem Geburtshaus des Malers Hans Purrmann (1880–1966). Über die herrschaftliche Maximilianstraße führt der Weg dann zum **Altpörtel** 7 (13. Jh.), mit 55 m Höhe eines der gewaltigsten Stadttore Deutschlands. Das 1176 erstmals erwähnte Tor zählt zu den wenigen Baudenkmälern Speyers, die im Pfälzischen Erbfolgekrieg (1688–97) nicht zerstört wurden. Das Turminnere birgt eine Ausstellung zur Geschichte der Stadtbefestigung. Von oben hat man außerdem einen herrlichen Rundblick über die Stadt. Weiter südlich erinnert die **Gedächtniskirche** 8 (1893– 1904) an Reichstag und Kirchenspaltung 1529. Vorbei am **Feuerbachhaus** 9, dem Geburtshaus des Malers Anselm Feuerbach (1829–1880), erreicht man den modernen **Skulpturengarten** 10 mit dem Künstlerhaus. Am Königsplatz steht der Handwerksbrun-

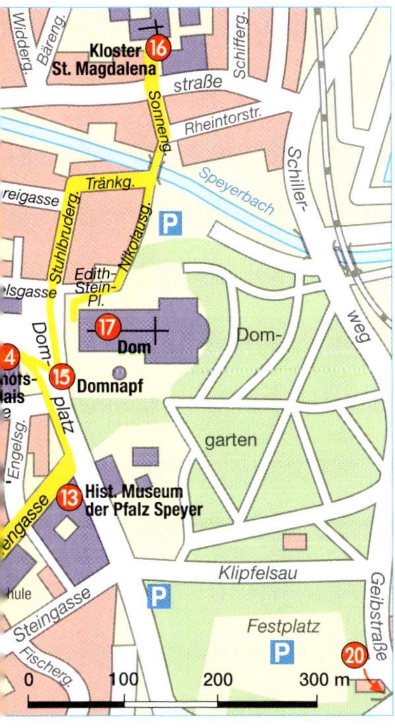

nen mit dem ›**Brezelbub**‹ 11 und den Wappen von 16 Zünften der Stadt. Durch die Kleine Pfaffengasse betritt man dann das alte Judenviertel mit dem **Judenbad** 12. Das unterirdische Ritualbad wurde noch vor 1128 angelegt und gehörte einst zur Synagoge. Südöstlich davon dokumentiert das **Historische Museum der Pfalz Speyer** 13 die Kulturgeschichte von Stadt und Region. Der Weg nach Norden führt vorbei am **Bischofspalais** 14 und dem **Domnapf** 15, der einst die Immunitätsgrenze zwischen Stadt und Bischof symbolisierte. Über die Sonnenbrücke, die älteste Brücke Speyers, geht es zum **Kloster St. Magdalena** 16 (13. Jh.). In dem Dominikanerinnenkloster lebte die später von den Nationalsozialisten ermordete Philosophin Edith Stein (1891–1942).

TOP TIPP Höhe- und gleichzeitg Endpunkt des Rundgangs ist der **Dom** 17 (Grundsteinlegung 1030). Das Wahrzeichen Speyers symbolisierte die Macht der 1024–1125 hier residierenden salischen Kaiser. Von der Krypta aus betritt man die Kaisergruft, in der acht deutsche Kaiser und Könige begraben sind. An der Südseite des romanischen Doms markiert der sog. Ölberg die Mitte des einstigen Kreuzhofes.

Weitere Sehenswürdigkeiten:

Villa Ecarius 18
St. Bernhard 19
Technik Museum 20

Praktische Hinweise

Information

Tourist-Information Speyer, Maximilianstr. 13, Tel. 06232/142392, www.speyer.de

Hotels

Domhof, Bauhof 3, Tel. 06232/13290, www.domhof.de. Efeubewachsenes Traditionshaus mit Komfort und Hausbrau-Spezialitäten.

Goldener Engel, Mühlturmstr. 5–7, Tel. 06232/13260, www.goldener-engel-speyer.de. Individuell eingerichtete Räume in Zentrumslage, mit Restaurant.

InterCityHotel, Karl-Leiling-Allee 6, Tel. 06232/2080,www.speyer.intercityhotel.de. Modernes und komfortables Logis in zentraler Lage.

Restaurants

Backmulde, Karmeliterstr. 11–13, Tel. 06232/71577, www.backmulde.de. Kreative, gehobene Kochkunst.

Kutscherhaus, Fischmarkt 5a, Tel. 06232/70592, www.kutscherhaus-speyer.de. Feine pfälzische Speisen, saisonal wechselnd.

Zweierlei, Johannesstr. 1, Tel. 06232/61110, www.zweierlei.info. Restaurant/Bistro mit kreativer Note und großem Weinangebot.

Machtsymbol und letzte Ruhestätte salischer Kaiser: Dom von Speyer

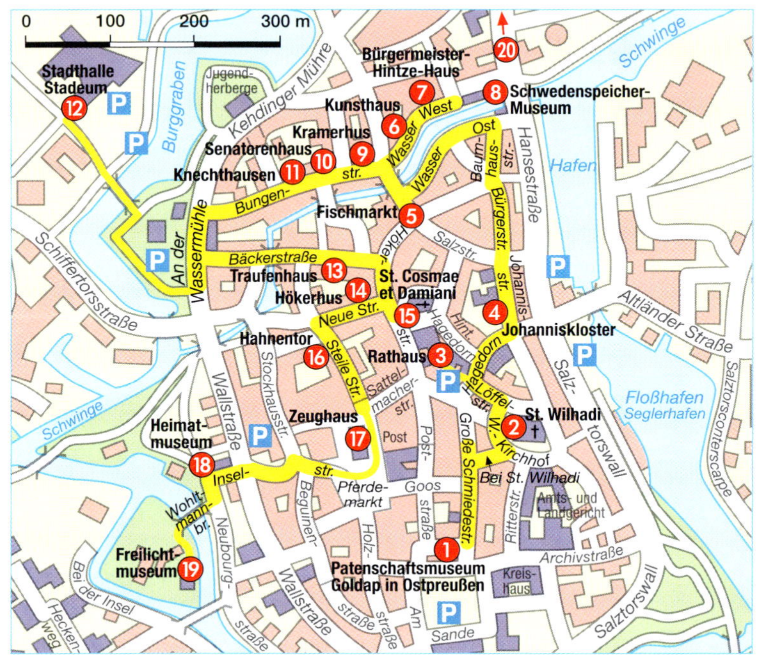

Stade

C3

Niedersachsen
Einwohner: 47 000

Niederdeutsches Stadtidyll in der fruchtbaren Flussmarsch der Elbe.

An beiden Ufern der Schwinge, im ›Grünen Dreieck‹ zwischen Elbe und Weser, liegt Stade mit seiner malerischen Altstadt. Der Rundgang nimmt seinen Anfang am **Patenschaftsmuseum Goldap in Ostpreußen** 1, das Wissenswertes über Stades polnische Partnerstadt Goldap vermittelt. Am Wohnhaus des ersten schwedischen Gouverneurs (ab 1645), Hans Christoph von Königsmarck, und am Fachwerk-Eckhaus des Mathematikers und Astronomen Heinrich Voigt vorbei gelangt man zur dreischiffigen Hallenkirche **St. Wilhadi** 2. Der Backsteinbau geht auf das 13./14. Jh. zurück und wurde im 19. Jh. erneuert. Beeindruckend ist die wunderbare Barockorgel (1731–35) von Erasmus Bielfeldt. Der barocke Backsteinbau des **Rathauses** 3 (1667/68) ist mit einem prächtigen Portal geschmückt. Die Kellergewölbe des gotischen Vorgängerbaus aus dem 13.–15. Jh. sind erhalten geblieben. Das **Johanniskloster** 4 wurde im Jahr 1236 gestiftet, seine jetzigen Gebäude stammen von 1672/73. Der Weg führt nun am Baumhausmuseum (1773/74) vorbei, in dem einst der Hafenaufseher mit einem quer über die Hafenzufahrt gelegten Baum den Schiffsverkehr regelte. Weiter geht es zum **Fischmarkt** 5. Hier fällt sofort der alte Holztretkran (1977 rekonstruiert) ins Auge, der dem Beladen und Löschen der Schiffe diente. Auch das alte Waagegebäude befindet sich hier. Ebenfalls am Alten Hafen lohnt ein Abstecher ins **Kunsthaus Stade** 6 (1667), das eine Ausstellung Fischerhuder Maler beherbergt. Nicht weit entfernt steht das **Bürgermeister-Hintze-Haus** 7 (1617–46) mit seinen sieben Türmchen auf dem Giebel und der reich verzierten Barockfassade. Daneben erstreckt sich der mächtige Bau des ehem. schwedischen Provianthauses, des **Schwedenspeichers** 8 (1692–1705). Heute beherbergt er ein Regionalmuseum, das auch über eine vor- und frühgeschichtliche Abteilung verfügt. Jetzt kehrt man wieder um und kommt, am Kunsthaus vorbei, zum **Kramerhus** 9, einem Fachwerkbau aus dem 17. Jh. Bei einer Restaurierung wurden im Obergeschoss schöne Deckenmalereien und eine Stuckdecke freigelegt. Aus dem 17. Jh. stammt auch das **Senatorenhaus** 10 mit seinem Fachwerkgiebel und seiner wunderschönen Renaissance-Fassade (1894–

98). Im Innern sind Teile des Mobiliars sowie der Wand- und Deckengestaltung erhalten. Das Ensemble **Knechthausen** ⓫ besteht aus zwei Fachwerkhäusern, von denen eines Gildehaus der Brauerknechte war. Beide Gebäude besitzen außergewöhnliche Fassaden. Jenseits des Burggrabens bietet die **Stadthalle Stadeum** ⓬ als Kultur- und Tagungszentrum ein breit gefächertes Veranstaltungsangebot von Kabarett und Konzerten über Theater und Wechselausstellungen bis hin zu Oper und Operette. Wieder zurück führt der Weg in die Bäckerstraße zum so genannten **Traufenhaus** ⓭, einem eindrucksvollen Bürgerhaus aus dem Jahr 1590, dessen Fassade mit 26 geschnitzten Halbsonnen geschmückt ist. In der Hökerstraße ist das **Hökerhus** ⓮ nicht zu übersehen. Es ist ein spätmittelalterlicher Kaufmannssitz mit einer Fassade von 1650 und überstand als eines von wenigen Gebäuden Stades den Stadtbrand von 1659. Um die Ecke ragt der riesige Barockhelm (1682–84) von **St. Cosmae et Damiani** ⓯ in die Höhe. Die Kirche wurde 1137 begonnen, im Laufe späterer Jahrhunderte aber vielfach verändert. Im Innern überrascht sie mit einer herausragenden Barockausstattung, zu der Altar (1674–77), Marmortaufe (1665), Kanzel (1663) und die Orgel von den Orgelbaumeistern Berend Huß und Arp Schnitger zählen. Der überbaute Tordurchgang von 1658, das **Hahnentor** ⓰, markiert die frühere Grenze zwischen der Altstadt und dem Mühlenhof des St.-Georgs-Stiftes. Am Pferdemarkt befindet sich das **Zeughaus** ⓱, das Waffenarsenal der schwedischen Garnison. Ende des 17. Jh. wurde der helle Holzständerbau mit dem verzierten Portal errichtet. Das **Heimatmuseum** ⓲ (1903/04) in der Inselstraße zeigt Sammlungen zur bürgerlichen und bäuerlichen Kultur. Auf der Insel, die vom Wasser des Burggrabens umspült wird, ist seit 1912 ein **Freilichtmuseum** ⓳ in einem typischen Marschbauernhaus (1733, aus Huttfleth) mit Originalinventar untergebracht.

TOP TIPP

Stade-Idylle am Ufer der Schwinge mit Bürgermeister-Hintze-Haus als Blickfang

Weitere Sehenswürdigkeit:

Technik- und Verkehrsmuseum ⓴

Praktische Hinweise

Information

Stade Tourismus-GmbH, Hansestr. 16, Tel. 04141/409170, www.stade-tourismus.de

Hotels

Am Fischmarkt, Fischmarkt 2, Tel. 04141/44962, www.hotel-am-fischmarkt.de. Freundliche Zimmer, teilweise in Fachwerk-Optik.

Ramada-Hotel Herzog Widukind, Große Schmiedestr. 14, Tel. 04141/99980, www.ramada.de. Behagliches Hotel garni im Stadtzentrum.

Vier Linden, Schölischer Str. 63, Tel. 04141/92702, www.hotel-vierlinden.de. Familiär geführtes, gepflegtes Haus mit Restaurant.

Restaurants

Insel Restaurant, Auf der Insel, Tel. 04141/2031, www.insel-restaurant.de. Gehobene Küche Artländer Tradition in historischem Ambiente.

Parkhotel Stader Hof, Schiffertorstr. 8, Tel. 04141/4990, www.parkhotel-staderhof.de. Feine nationale und internationale Gerichte.

Schwedenkrone, Richeyweg 15, Tel. 04141/81174, www.schwedenkrone.mylabs.de. Mexikanische Spezialitäten.

Stendal *D3*

Sachsen-Anhalt
Einwohner: 37 000

Die Hansestadt ist eine wahre Schatzkammer der Backsteingotik.

Den Marktplatz der ältesten Stadt der Altmark beherrscht die Baugruppe aus Rathaus, Rolandsfigur und Marienkirche. Anfang des 15. Jh. entstand der rote Backsteinbau des **Rathauses** ❶ mit der Gerichtslaube zum Markt hin, Mitte bis Ende des 15. Jh. kam das Gewandhaus daneben hinzu. Der Hauptflügel des Rathauses erhielt im 16. Jh. seine Renaissance-Anmutung. Bemerkenswert ist im Kleinen Sitzungssaal die ornamentierte Schnitzwand von 1462, eine der ältesten in Deutschland. Im Untergeschoss befindet sich der gemütliche Ratskeller. An der einen Ecke der Gerichtslaube steht eine 7,8 m aufragende Kopie (1974) des **Rolands** ❷ von 1525, dessen Originalreste im Altmärkischen Museum im ehem. Katharinenkloster aufbewahrt werden. TOP TIPP Die Hauptpfarrkirche **St. Marien** ❸ ist eine doppeltürmige Hallenkirche der Spätgotik (1435–47). Besonders sehenswert im reich ausgeschmückten Innern sind die maßwerkverzierten Zinnen auf dem Chor-Dachgesims, der Hochaltar (1471) und die astronomische Uhr (um 1580) unter der Orgelempore. Gleich hinter der Kirche liegt der **Winckelmannplatz** ❹ mit einem Bronzestandbild des Altertumsforschers Johann Joachim Winckelmann (1717–1768), der in Stendal geboren wurde. Durch die Breite Straße erreicht man das **Altmärkische Museum** ❺ im spätgotischen Katharinenkloster. Es präsentiert Vor-, Früh- und Kunstgeschichte der Altmark. Der Turm des **Tangermünder Tores** ❻ ist mit seinem romanischen Sockelgeschoss (13. Jh.) das älteste erhaltene Torgebäude einer Stadtmauer in Norddeutschland. Der spätgotische Backsteinaufbau stammt von 1440. Hier finden Sonderausstellungen des Altmärkischen Museums statt. Vor dem Tor auf dem Nachtigalplatz steht das Denkmal des Arztes und Afrikareisenden Gustav Nachtigal (1834–1885), der bei Eichstätt nahe Stendal das Licht der Welt erblickte. Der **Pulverturm** ❼ (um 1450) ist der einzig erhaltene Wehrturm der ehem. Stadtbefestigung. Nun geht es zum **Dom St. Nikolaus** ❽, einem Prunkstück norddeutscher Backsteingotik. Außergewöhnlich schön sind seine 22 Fenster mit Glasmalereien. Als Kirche eines gleichnamigen Klosters entstand im 15. Jh. die Kapelle **St. Annen** 9. Der einschiffige Backsteinbau weist an der Südseite Anbauten für Sakristei und Treppenaufgang auf. Vorbei am Mönchskirchhof geht es nun zur **Petrikirche** 10 (erbaut um 1300, Turm von 1583), der ältesten erhaltenen Kirche der Stadt. Im Innern besticht sie u. a. durch den Hochaltar aus zwei Flügelaltären (14./15. Jh.) und die hölzerne Kanzel (um 1600). Das **Winckelmann-Museum** 11 dokumentiert im Geburtshaus des großen Archäologen und Pompeji-Forschers dessen Leben und Werk und zeigt Ausstellungen zu Archäologie und Kunstgeschichte. In dem schönen Fachwerkbau (18. Jh.) lässt seit 2006 das **Kindermuseum** die Besucher den dramatischen Untergang der Stadt Pompeji beim Vesuvausbruch (79 n. Chr.) eindrucksvoll nacherleben. Unweit erhebt sich das zweite erhaltene Stadttor, das **Uenglinger Tor** 12 (um 1450/60), ein prächtiger gotischer Backsteinbau mit zinnenbewehrter Plattform und vier Erkertürmchen, die den Turmaufsatz flankieren. Die mittelalterliche Stadtbefestigung bestand aus zwei Wällen und Wassergräben. Die Mauern hat man im 18./19. Jh. weitgehend abgetragen, der innere Schutzwall wurde zur Promenade. Noch heute ist er Stendals grüner Ring. Eine wunderbare Sicht auf die Stadt hat der Besucher von hier, aber auch von der Plattform des Uenglinger Tors. Vorbei an der Straße ›Altes Dorf‹ gelangt man zur **Jacobikirche** 13 (14./15. Jh., Turm 1893–1911). Der bemerkenswerte mittelalterliche Bau zeigt im Innern kunstvolle Zeugnisse der Spätgotik, darunter die Glasmalereien im Chor.

TOP TIPP

TOP TIPP

Weitere Sehenswürdigkeiten:

Landesfeuerwehrmuseum 14
Klosterkirche Jerichow 15 (Museum; Konzerte im Sommerrefektorium)

Praktische Hinweise

Information

Stendal-Information, Kornmarkt 8, Tel. 039 31/65 11 90, www.stendal.de

Hotels

Altstadt-Hotel, Breite Straße 60, Tel. 039 31/698 90, www.altstadthotelstendal.de. Behagliches Haus mit Restaurant.

Hotel Bismarck, Marienkirchstr. 7, Tel. 039 31/71 89 08, www.bismarck-hotel.de. Solide Unterkunft im Zentrum, mit Cafe.

Hotel Am Uenglinger Tor, Moltkestr. 17, Tel. 039 31/684 80, www.hotelstendal.de. Radfahrerfreundliche kleinere Anlage mit drei integrierten Ferienwohnungen.

Restaurants

Altmarkhotel Schwarzer Adler, Kornmarkt 5–7, Tel. 039 31/418 40. Altmärkische und internationale kreative Küche.

Athos, Parkstr. 1, Tel. 039 31/71 76 76. Kinderfreundliches griechisches Restaurant.

Zur grünen Laterne, Hallstr. 73, Tel. 039 31/21 57 59. Deftige altmärkische Gerichte.

Im abendlichen Lichterglanz erstrahlen Rathaus, Kirche St. Marien und Gerichtslaube

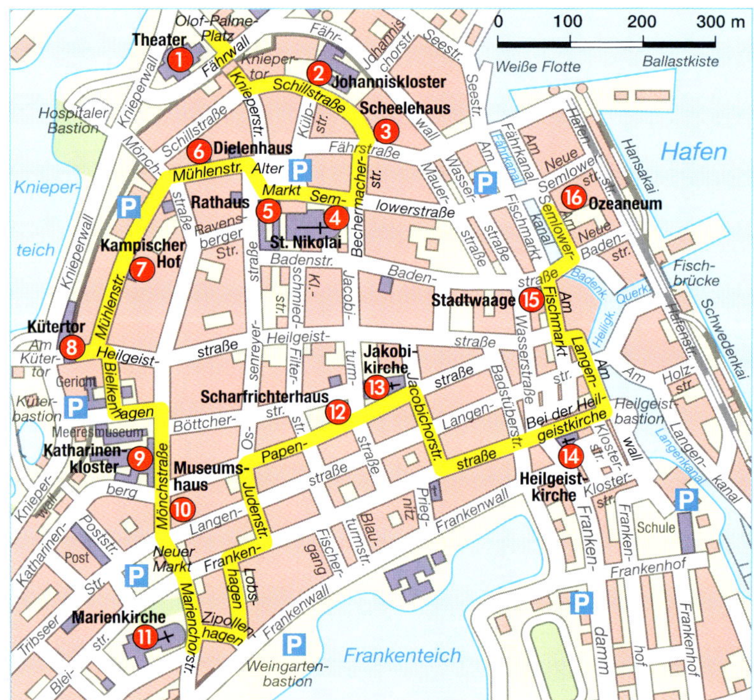

Stralsund

E2

Mecklenburg-Vorpommern
Einwohner: 58 000

Von Wasser umschlossen wie Venedig, grüßen stolze Türme und hohe Giebel.

Der Spaziergang durch die Altstadt der einstigen Hansestadt, die im Juni 2002 in die Weltkulturerbeliste der UNESCO aufgenommen wurde, beginnt am **Theater** 1, das 1912/13 nach Plänen des Kölners Karl Moritz entstand. Mit Kleists ›Prinz von Homburg‹ wurde die Spielstätte im September 1916 eröffnet. Durch das Kniepertor (15. Jh.), das nördlichste von einst zehn Toren der alten Stadtbefestigung, geht es weiter zum **Johanniskloster** 2, 1254 gegründet und eines der ältesten Bauwerke der Stadt. Im Laufe der Geschichte wurde der Komplex mehrmals verändert, die Klosterkirche stammt aus dem 17. Jh. Sehenswert ist die Barockbibliothek im Kloster mit ihren rund 2500 Büchern. Am Südende der Schillstraße steht das **Scheelehaus** 3 (1350), das Geburtshaus des Chemikers Carl Wilhelm Scheele (1742–1786). Über die Fährstraße – die älteste Straße der Stadt – kommt man zur monumentalen **Nikolaikirche** 4 (1270–1350). Die bedeutende, prosperierende Seehandelsstadt Stralsund baute im 14. Jh. das bis dato schlichte Gotteshaus zu einer aufwendigen Basilika um. Der Südturm der Kirche mit seiner Barockhaube (1667) hat eine Höhe von 103 m. Im Innern sind zahlreiche Kunstschätze erhalten, z. B. eine historische Weltzeituhr.

TOP TIPP Direkt neben der Kirche befindet sich das **Rathaus** 5, ein wunderschöner Profanbau der deutschen Backsteingotik. Die ältesten Teile des Gebäudes stammen aus dem 13. Jh. Die Renaissancetreppe zu den Verwaltungsräumen wurde 1579 angefügt, im 17. Jh. kam der sehenswerte Galeriegang im lang gestreckten Hof hinzu. In unmittelbarer Nähe des Rathauses befindet sich das barocke **Commandanten-Hus** (1749), in dem der schwedische Stadtkommandeur residierte (Stralsund gehörte 1648 – 1815 zu Schweden), sowie das **Wulflamhaus** (1350), eines der bemerkenswertesten gotischen Giebelhäuser der Stadt. In der Mühlenstraße verdient das **Dielenhaus** 6 als historisches Baudenkmal besondere Aufmerksamkeit. Seinen Namen verdankt das Gebäude der gotischen Diele, die bei der Rekonstruktion 1977–79 wieder erschaffen wurde. Danach führt der Weg weiter Richtung Knieperteich und vorbei am gotischen **Kampischen Hof** 7 (1319), dem ehem. Quartier des Abtes des Zisterzienserklosters Neuenkamp, zum **Kütertor** 8 (1446), neben dem Kniepertor das einzige heute noch stehende Stadttor. Etwas weiter südlich erhebt sich das imposante gotische **Katharinenkloster** 9, das von Dominikanern im 13. Jh. gegründet wurde und nahezu vollständig erhalten ist. Absolut sehenswert ist der Kapitelsaal mit seinem reich verzierten Kreuzrippengewölbe. Nach der Reformation diente das Kloster u.a. als Schule und Waisenhaus. Hier befinden sich das Deutsche Meeresmuseum und das Kulturhistorische Museum, das in dem benachbarten gotischen **Museumshaus** 10 eine Dependance führt und dort 600 Jahre Bau- und Alltagsgeschichte dokumentiert. Danach geht es über den Neuen Markt weiter zur gotischen **Marienkirche** 11, 1298 erstmals erwähnt und im 14./15. Jh. nach einem Turmeinsturz neu errichtet. Das gut 100 m lange, im Mittelschiff 32,5 m hohe Gotteshaus besitzt monumentalen Charakter. Im Anschluss führt der Weg durch die engen Gassen am **Scharfrichterhaus** 12 vorbei und weiter bis zur **Jakobikirche** 13 (14./15. Jh.) mit Gemälden des Goethemalers Tischbein sowie eine prachtvolle Kanzel von Hans Lucht. Östlich steht die dreischiffige gotische **Heilgeistkirche** 14 mit interessantem Stern- bzw. Kreuzrippengewölbe und daneben das 1256 erstmals erwähnte Heilgeistkloster. Die nächste Station ist die historische **Stadtwaage** 15 am Fischmarkt. Stralsunds wohl größte Attraktion ist seit 2008 das zum Meeresmuseum gehörige **OZEANEUM** 16: Fast 40 Aquarien machen die Welt der nördlichen Meere erlebbar, Ostseeausstellung und nachgebildete Wale garantieren Begeisterung. Auch sonst hat Stralsund Perspektiven – nicht zuletzt seit Vollendung der spektakulären **Rügenbrücke** 2007.

Praktische Hinweise

Information

Tourismuszentrale der Hansestadt Stralsund, Alter Markt 9, Tel. 038 31/246 90, www.stralsundtourismus.de

Hotels

Schweriner Hof, Neuer Markt 1, Tel. 038 31/28 84 80, www.schweriner-hof.de. Solides Traditionshaus in Altstadtlage.

Steigenberger Hotel Baltic, Frankendamm 22, Tel. 038 31/20 40, www.stralsund.steigenberger.de. 4-Sterne-Hotel mit Restaurant, Sauna und Freizeitbereich.

Zur Post, Tribseer Str. 22, Tel. 038 31/ 20 05 00, www.hotel-zur-post-stralsund.de. Luxus mit Restaurant und Sauna.

Restaurants

Braugasthof Zum alten Fritz, Greifswalder Chaussee 84–85, Tel. 038 31/ 25 55 00, www.alter-fritz.de. Regionale Speisen und eigene Bierspezialitäten.

Esprit, Tribseer Damm 4, Tel. 038 31/282 11 50. Gehobene regional geprägte Küche.

Tafelfreuden im Sommerhaus, Jungfernstieg 5a, Tel. 038 31/29 93 60. Ambitionierte frische Küche mit kreativer Note.

Einen spektakulären Anblick bietet die Anlage der einst mächtigen Hansestadt am Strelasund

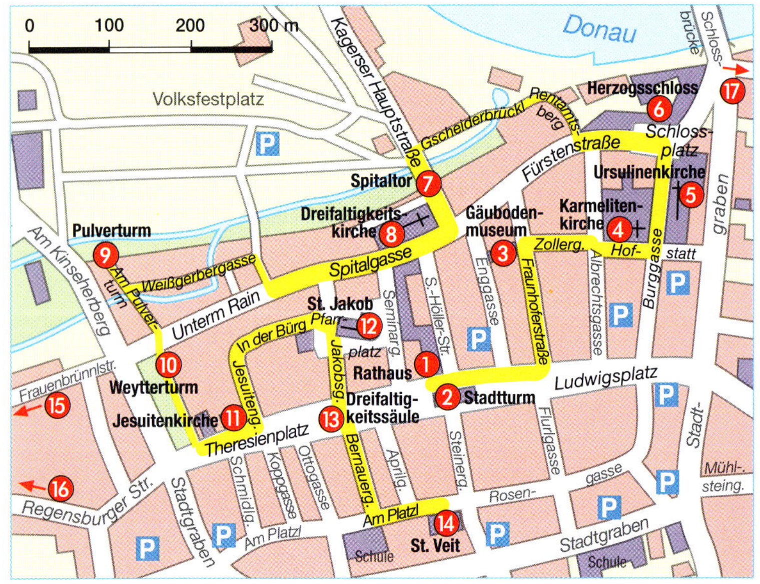

Straubing

E7

Bayern
Einwohner: 45 000

Feste weiß man zu feiern in der schmucken Gäubodenstadt.

Den Ausgangspunkt unseres Rundgangs durch den Hauptort des Gäubodens bildet das gotische **Rathaus** ❶, das die Bürger als ehem. Handelshaus 1382 erwarben und umfunktionierten. Sehenswert sind die neogotische Fassade (1839) und der historische Rathaussaal. Das Wahrzeichen der Stadt ist der **Stadtturm** ❷ (68 m), der ab 1316 entstand. Der achtgeschossige Feuer- und Wachturm wurde bis ins 16. Jh. mit Türmerwohnung und fünf Spitzen ausgebaut. Von oben hat man einen wundervollen Ausblick auf Stadt, Donau, Bayerischen Wald und Gäuboden. Der Turm teilt den breiten Stadtplatz in Ludwigs- und Theresienplatz (mit den beiden barocken Brunnen der Stadtheiligen St. Jakob und St. Tiburtius). Das Erscheinungsbild der Häuser reicht vom Barock und Klassizismus bis hin zum Historismus und Jugendstil. Typisch für Straubing sind die steil aufragenden Speichergiebel und die Rokokofassaden von Mathias Obermayr (Ludwigsplatz 10 und 32). Die Fraunhoferstraße führt zum **Gäubodenmuseum** ❸, in dem neben Waffen und Schmuckstücken der Bajuwaren der weltberühmte Straubinger Römerschatz mit seinen Gesichtsmasken, Figuren etc. zu bewundern ist. Weiter geht es zur **Karmelitenkirche** ❹. 1368 ließ sich der Bettelorden der Karmeliten in Straubing nieder, bis 1430 entstand diese dreischiffige Hallenkirche mit einem typisch spätgotischen Saal. 1700 wurde der Bau durch Wolfgang Dientzenhofer barockisiert. Im Mönchschor befindet sich das rotmarmorne Grabmal (um 1400) des Herzogs Albrecht II. Die **Ursulinenkirche** ❺ (1736–41) stellt das letzte gemeinsame Werk der Gebrüder Asam dar. Besonders bemerkenswert sind der Hochaltar und das Deckenfresko. Am Ende der Gasse stößt man auf das ehem. **Herzogsschloss** ❻. 1356 von Herzog Albrecht I. von Straubing-Holland begonnen, entstand ein fürstliches Wohnhaus mit Herzogsturm, Fürstentrakt, Rittersaal, Kemenatenturm (an der Donau) und Schlosskapelle (im Ostteil, 1373 geweiht). Heute befinden sich hier das Finanzamt, das Stadtarchiv und die Stadtbibliothek. Weiter geht es zum **Spitaltor** ❼, 1628 frühbarock umgestaltet, mit dem Bürgerspital, das der Stadt bereits im 13. Jh. gestiftet wurde. Nach einem Stadtbrand 1780 wurde die zugehörige **Dreifaltigkeitskirche** ❽ frühklassizistisch erneuert. Die Weißgerbergasse führt zum **Pulverturm** ❾ (heute Ehrenmal für die Opfer der nationalsozialistischen Gewaltherrschaft) und weiter Richtung Süden zum **Weytterturm** ❿.

Beide Türme gehören zur mittelalterlichen Stadtmauer. Am Theresienplatz angelangt, steht linkerhand die einstige **Jesuitenkirche** 11. Die spätgotische ›Frauenkapelle am Oberen Tor‹ wurde 1631 dem Jesuitenorden überlassen. Nach dem Umbau 1638 entstand ein weitläufiger, saalartiger Barockraum mit weißer Stuckdekoration. Ein Abstecher zum Pfarrplatz führt zur Kirche **St. Jakob** 12 (Baubeginn 14. Jh.). Die Innenausstattung der dreischiffigen Hallenkirche mit spätgotischem Kapellenkranz und Chorumgang reicht von der Gotik bis zur Neuzeit. Herausragende Schmuckstücke sind die Glasfenster, die Grabmäler, die Rokoko-Kanzel und der neogotisch umgeformte Altar. Zurück am Theresienplatz, blickt man auf die **Dreifaltigkeitssäule** 13, 1709 von der Bürgerschaft während des Spanischen Erbfolgekrieges errichtet. Die Verkündigungsgruppe stammt von Bernhard Mandl, den hl. Michael schuf Franz Mozart. Der Rundgang endet bei **St. Veit** 14. Nach einem am Vorabend des St.-Vitus-Tages ausgebrochenen Stadtbrand 1393 gelobte die Straubinger Bürgerschaft den Bau einer Kirche. Die Deckenbilder von Felix Hölzl (1762) erzählen die Vitus-Legende, die Seitenaltäre schmücken Gemälde (um 1718) von Cosmas Damian Asam. Alle vier Jahre im Juni/Juli (wieder 2011) erinnern die ›Agnes-Bernauer-Festspiele‹ an die Tragödie um die Baderstochter Agnes Bernauer, die 1432 oder 1433 heimlich den Erbprinzen Albrecht heiratete und 1435 auf Betreiben seines standesbewussten Vaters ertränkt wurde.

Weitere Sehenswürdigkeiten:

Wallfahrtskirche Frauenbrünnl 15
Tiergarten 16
Kirche St. Peter 17

Praktische Hinweise

Information

Amt für Tourismus, Theresienplatz 20, Tel. 094 21/94 43 07, www.straubing.de

Hotels

Hotel Cabane, Regensburger Str. 46, Tel. 094 21/18 04 80, www.hotelcabane.de. Gemütliches und modernes Logis, mit Restaurant.

Hotel Gäubodenhof, Theresienplatz 8a, Tel. 094 21/122 75, www.hotelgaeubodenhof.de. Solide zentrale Unterkunft, mit Restaurant.

Hotel Theresientor, Theresienplatz 41, Tel. 094 21/84 90, www.hotel-theresientor.de. Komfortable moderne Architektur.

Restaurants

Erstes Straubinger Weißbierhaus, Theresienplatz 32, Tel. 094 21/128 58. Bayerische Schmankerln.

Seethaler, Theresienplatz 25, Tel. 094 21/939 50, www.hotel-seethaler.de. Gutbürgerliche Gerichte der Region.

Zum Geiss, Theresienplatz 40, Tel. 094 21/96 39 22, www.zum-geiss.de. Bayerisch-österreichische Spezialitäten.

Den Brunnenheiligen St. Jakob grüßen am Theresienplatz Rathaus und Stadtturm

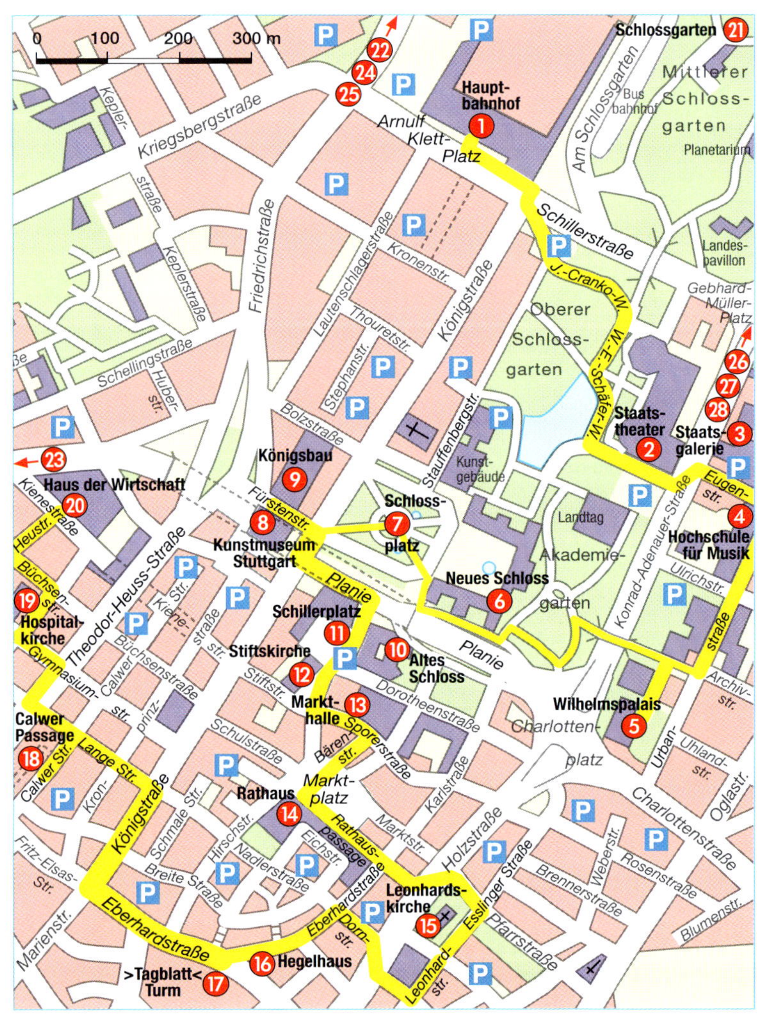

Stuttgart *C7*

Niedersachsen
Einwohner: 594 000

Die schwäbische Metropole vereinigt Gewerbefleiß mit Kultur-Engagement.

Der Rundgang durch die Hauptstadt Baden-Württembergs startet am Stuttgarter **Hauptbahnhof** 1, der 1914–27 nach Plänen von Paul Bonatz und Friedrich Eugen Scholer erbaut wurde und unter Denkmalschutz steht. Im angrenzenden Schlossgarten befinden sich die Spielstätten des **Staatstheaters** 2, das Schauspielhaus (erbaut 1962) und das Opernhaus (erbaut 1912), die Bühne des Stuttgarter Balletts und der preisgekrönten Staatsoper. Die benachbarte **Staatsgalerie** 3 zählt zu den meistbesuchten Kunstmuseen Europas. Der klassizistische Bau (1843) zeigt Werke des 14.–19. Jh., der postmoderne Erweiterungsbau (1984, James Stirling) präsentiert die Klassische Moderne sowie zeitgenössische Kunst. Im neuen Anbau (2002) wird die Grafische Sammlung ausgestellt. Weiter der ›Kulturmeile‹ folgend passiert man auch das neue Haus der Geschichte (2002) und die **Staatliche Hochschule für Musik und Darstellende Kunst** 4 (1996), beide von James Stirling im postmodernen Stil konzipiert. Vorbei an der Landesbibliothek und dem klassizistischen **Wilhelmspalais** 5 (1840, Giovanni Salucci), heute Sitz der Stadtbüche-

TOP TIPP

rei, geht es zum barocken **Neuen Schloss** 6 (1746–1806), der ehem. Residenz der Württembergischen Könige. Der große **Schlossplatz** 7 mit der 30 m hohen Jubiläumssäule bildet das eigentliche Herz der Stadt. Das Kunstgebäude (1912/13) im Jugendstil ist Sitz des Württembergischen Kunstvereins. Am Kleinen Schlossplatz zeigt seit 2005 das **Kunstmuseum Stuttgart** 8, ein eindrucksvoller Glaswürfel, seine Schätze. Gleich nebenan lädt der spätklassizistische **Königsbau** 9 (1856–60) zu einem Bummel durch die exklusive Einkaufspassage ein. Als mittelalterliche Wasserburg entstanden, besitzt das **Alte Schloss** 10 heute einen der schönsten Renaissance-Innenhöfe Deutschlands. Der angrenzende **Schillerplatz** 11 wird beherrscht vom Schiller-Denkmal (1839) des dänischen Bildhauers Bertel Thorvaldsen. Besondere Beachtung verdient die spätgotische **Stiftskirche** 12 (Neubau ab 1327), das Wahrzeichen des historischen Stuttgart. Der Besuch der prachtvollen **Jugendstil-Markthalle** 13 ist ein wahrhaft sinnliches Erlebnis. Nun führt der Weg zu Marktplatz und **Rathaus** 14 (1953–56). Von hier lohnt ein Abstecher zur **Leonhardskirche** 15, zum **Hegelhaus** 16 (Geburtshaus des Philosophen Georg Wilhelm Friedrich Hegel) und zum ›**Tagblatt**‹**-Turm** 17, dem ersten in Sichtbetonweise erstellten Hochhaus Deutschlands. Nach einem Bummel durch die elegante **Calwer Passage** 18 kommt man zur **Hospitalkirche** 19 aus dem 15. Jh. Sie liegt auf halbem Wege zum **Haus der Wirtschaft** 20, dessen Sandsteinfassade in prunkvollem Neobarock gestaltet ist. Zum Abschluss lohnt noch ein Abstecher zum schönen **Schlossgarten** 21, in dem sich auch ein Planetarium befindet.

TOP TIPP

Weitere Sehenswürdigkeiten:

Weißenhof-Siedlung 22
Schloss Solitude 23
Schloss Hohenheim 24
Porsche Museum 25
Schloss Rosenstein 26
Wilhelma 27
Mercedes-Benz-Museum 28

Praktische Hinweise

Information

Touristik-Information i-Punkt, Königstr. 1 a, Tel. 07 11/222 80, www.stuttgart-tourist.de

Hotels

Flair-Hotel Wörtz zur Weinsteige, Hohenheimer Str. 28–30, Tel. 07 11/236 70 00, www.hotel-woertz.de. Familiär geführtes Haus mit kreativer Gastronomie.

Hansa Hotel, Silberburgstr. 114–116, Tel. 07 11/656 78 00, www.hansa-stuttgart.de. Komfort in zentraler Lage.

Mercure Hotel Stuttgart City Center, Heilbronner Str. 88, Tel. 07 11/25 55 80, www.mercure.com. Modernes Hotel mit Restaurant und Bar.

Restaurants

Alte Kanzlei, Schillerplatz 5a, Tel. 07 11/ 29 44 57. Schwäbische Küche mit internationalen Akzenten.

Tauberquelle, Torstr. 19, Tel. 07 11/23 56 56. Urig-schwäbisch speisen wie anno dazumal, bei gutem Wetter im Biergarten.

Zur Kiste, Kanalstr. 2, Tel. 07 11/24 40 02. Heimisch Bodenständige Gerichte und Weine in Fachwerk-Ambiente.

Der weite Schlossplatz mit dem Neuen Schloss lädt zum Verweilen ein

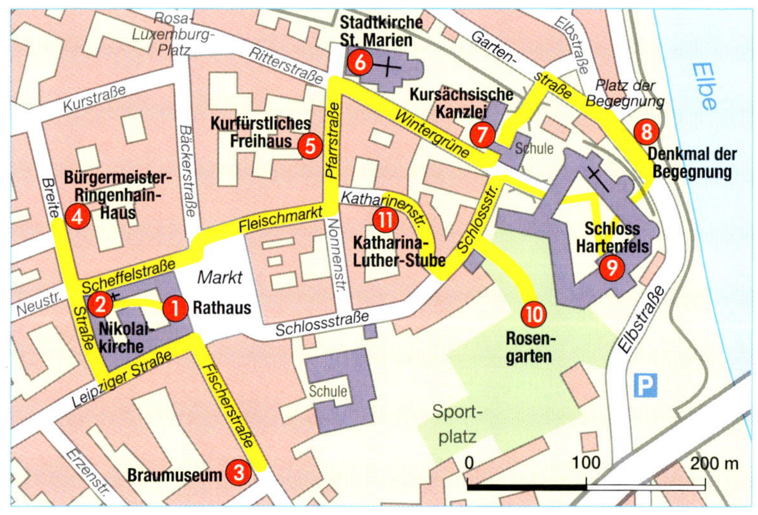

Torgau

E4

Sachsen
Einwohner: 18 000

Ereignissen historischer Tragweite hat die Elbestadt als Schauplatz gedient.

Die Renaissancestadt an der Elbe war von 1525 bis 1547 das geistige und politische Zentrum Kursachsens und anschließend bis ins 17. Jh. kurfürstliche Nebenresidenz. Den Marktplatz prägt neben mächtigen Wohnhäusern das eindrucksvolle **Rathaus** 1 (erbaut 1563–79). Besonders schön ist der Runderker mit seinen filigranen Skulpturen, die u. a. den Kurfürsten August und seine Gattin Anna darstellen. Einen Blick lohnt auch die Mohrenapotheke, die älteste Pharmazie Kursachsens (1503), die bis heute betrieben wird. Über den Innenhof des Rathauses gelangt man zur **Nikolaikirche** 2, deren Baugeschichte bis in die Mitte des 13. Jh. zurückreicht. Das Gotteshaus ist eine wichtige Stätte der Reformation: 1519 wurde hier die erste Predigt in deutscher Sprache gehalten. Vom Marktplatz südwärts die Fischerstraße entlang führt nun ein Abstecher zum **Braumuseum** 3, das in einem im Kern noch mittelalterlichen Renaissance-Bürgerhaus eindrucksvoll die Torgauer Braukunst im 15. und 16. Jh. dokumentiert. Wieder nordwärts Richtung Marktplatz gewandt erreicht man über Leipziger und Breite Straße das mit großem Aufwand restaurierte **Bürgermeister-Ringenhain-Haus** 4, das dank seiner einzigartigen Decken- und Wandgemälde des 16./17. Jh. als das kunsthistorisch bedeutendste Renaissance-Bürgerhaus im mitteldeutschen Raum gilt. Über Schöffelstraße und Fleischmarkt geht es nun zum **Kurfürstlichen Freihaus** 5 in der Pfarrstraße. Im Ursprung gotisch, besitzt es hervorragende Wandmalereien des 16. Jh. und diente im frühen 19. Jh. dem berühmten Begründer der Homöopathie, Samuel Hahnemann, als Wohnhaus. Nahebei erhebt sich die spätgotische **Stadtkirche St. Marien** 6, die auf eine romanische Basilika des frühen 12. Jh. zurückgeht und um 1390 als Hallenkirche umgebaut wurde. Eindrucksvoll sind die Kanzel von 1582, der spätbarocke Hochaltar (1698) und das Kreuzrippengewölbe. Auch das bekannte Gemälde ›Die 14 Nothelfer‹ (1507) von Lucas Cranach d. Ä. gehört zu den Schätzen der Kirche, in der Katharina von Bora, die Ehefrau Martin Luthers, beigesetzt wurde. Rechts von St. Marien steht die ehem. **Kursächsische Kanzlei** 7, die Ende des 16. Jh. entstand und mehreren Fürsten als Regierungssitz diente. Seit 2005 präsentiert hier das Stadt- und Kulturmuseum Torgau eine Dauerausstellung zur Stadtgeschichte. Weiter führt die Tour zur Elbe, wo das **Denkmal der Begegnung** 8 dem historischen Zusammentreffen sowjetischer und US-Truppen am 25. April 1945 in Torgau gewidmet ist. An die Eisenbahnbrücke, auf der die Alliierten per Händedruck quasi das Ende des Zweiten Weltkrieges besiegelten, erinnert nur noch ein Pfeiler an der Stadtseite des Stromes. Vom Denk-

TOP TIPP mal aus sind es nur wenige Meter bis zum **Schloss Hartenfels** 9, dem Wahrzeichen der Stadt, dessen Ursprung bis auf das 10. Jh. zurückgeht. 1482 begann der Umbau des spätgotischen Gebäudekomplexes zu einer prunkvollen Frührenaissance-Residenz. Besonders reizvoll ist der Innenhof mit dem sog. Schönen Erker und dem Großen Wendelstein, einem verzierten, spiralförmigen Treppenhaus. Im Lapidarium gibt es herausragende Werke sandsteinerner Bildhauerkunst, darunter die Originale der Wappengalerie des Wendelsteins, zu bestaunen. Vom Hausmannsturm aus wird die Architektur des Schlosses aus der Vogelperspektive erlebbar. Die Turmerweiterung und die Anlage der nach italienischem Vorbild gestalteten dreigeschossigen Loggia, deren Schmuck filigrane Bildhauerkunst darstellt, erfolgte im 16. Jh. Zum Hartenfels-Komplex gehört auch die Schlosskirche. Den ersten protestantischen Sakralbau weihte 1544 Martin Luther. Klar erkennbar ist die architektonische Zurückhaltung, die ganz dem Geist der Reformation entsprach. Seit 1994 besitzt die Schlosskirche eine neue Orgelanlage. Nächstes Ziel der Tour ist die idyllische Parkanlage hinter dem Schloss, der **Rosengarten** 10. Das ruhige Plätzchen mit seinen 450 Rosenpflanzen in 35 Arten und Sorten am Fuße des Schlosses lädt zum kurzen Verweilen ein, bevor der Spaziergang durch die Altstadt von Torgau schließlich an der **Katharina-Luther-Stube** 11 endet. In diesem Haus starb die 1499 geborene Ehefrau des Reformators am 10. Dezember 1552 an den Folgen eines Unfalls, nachdem sie im Sommer des gleichen Jahres vor der Pest aus Wittenberg nach Torgau geflohen war. In ihrem Sterbehaus wurde im Jahr 1996 eine Gedenkstätte eingerichtet.

i Praktische Hinweise

Information

Torgau-Informations-Center, Markt 1, Tel. 034 21/701 40, www.tic-torgau.de

Hotels

Central-Hotel, Friedrichplatz 8, Tel. 034 21/732 80, www.central-hotel-torgau.de. Solides Hotel im Zentrum, mit Restaurant.

Goldener Anker, Markt 6, Tel. 034 21/732 13, www.goldener-anker-torgau.de. Moderner Wohnkomfort hinter Renaissancemauern, mit Restaurant.

Sachsenhotel Torgau, Süptitzer Weg 250, Tel. 034 21/733 40, www.sachsenhotel-torgau.de. Angenehmes Logis mit Wellness-Angeboten und eigenem Fahrradverleih.

Restaurants

Herr Käthe, Katharinenstr. 4, Tel. 034 21/77 86 65, www.herrkaethe-torgau.de. Internationale Küche mit Pfiff in historischem Haus.

Ratskeller, Markt 1, Tel. 034 21/90 34 77, www.ratskeller-torgau.de. Traditionsgasthaus mit herzhaften regionalen Gerichten.

Torgauer Brauhof, Warschauer Str. 7, Tel. 034 21/730 00, www.hotel-torgauer-brauhof.de. Gutbürgerliche regionale Spezialitäten in netter Atmosphäre.

Aus einer Wehrburg entstand das elegante Renaissance-Schloss Hartenfels

Travemünde *D2*

Schleswig-Holstein
Einwohner: 14 000

Quirliger Fährbetrieb und elegantes Badeleben – hier gibt es gleich beides.

Der Stadtspaziergang durch ›Lübecks schönste Tochter‹ beginnt am belebten **Skandinavienkai** ❶. Seit 1962 werden hier jährlich mittlerweile über 2 Mio. Passagiere nach Skandinavien und Russland verschifft. Mit seinen acht Anlegern, drei davon mit Gleisen für die Eisenbahn, ist der Kai der größte Fährhafen Europas. Direkt an den Kai grenzt der **Fischereihafen** ❷, an dem die Fischer seit dem 12. Jh. den Inhalt ihrer Netze entladen. Wer fangfrischen Dorsch oder anderen Fisch ergattern will, ist hier genau richtig. Als nächstes führt der Weg zum historischen Kern Travemündes, zur **St.-Lorenz-Kirche** ❸. Das Gotteshaus wurde Mitte des 16. Jh. errichtet, der Turm nachträglich im Jahr 1620 angefügt. Im Innern sind der Barockaltar des Lübecker Meisters Hieronymus Hassenberg sowie die barocke Kanzel (1735) besonders sehenswert. Nur wenige Schritte von der Kirche entfernt dokumentiert das 2007 eröffnete **Seebadmuseum Travemünde** ❹ mit vielen Exponaten zwei Jahrhun-

TOP TIPP

derte turbulentes Badeleben. Nahebei befindet sich der **Hafenbahnhof** 5, ein niedriger zweiflügeliger Backsteinbau aus dem 19. Jh. Danach geht es zur berühmten **Vorderreihe** 6, der Bummel- und Flaniermeile Travemündes. Ihre heutige Gestalt verdanken sie Neubauten des späten 19. Jh., da die ursprünglich mittelalterlichen Häuser durch eine Sturmflut 1872 nahezu vollständig zerstört wurden.

TOP TIPP Ebenfalls ein Wiederaufbau ist der **Alte Leuchtturm** 7. Bereits im 14. Jh. sorgten Travemünder für ein Leuchtfeuer, das Schiffen auf See bei schlechtem Wetter als Orientierungshilfe diente. 1539 wurde an dieser Stelle ein 39 m hoher Leuchtturm errichtet, der 1827 durch einen Blitz zerstört wurde. Der im Anschluss entstandene heutige Turm (1829) trat jedoch ab 1974 seine Funktion als Leuchtturm an das benachbarte Maritim-Hotel ab. In 115 m Höhe blinkt nun auf dessen Dach das Orientierungslicht, das als das höchst gelegene Leuchtfeuer Europas gilt. Von hier aus führt ein Ausflug

TOP TIPP mit der günstigen Personenfähre zur **Priwall-Halbinsel** 8, auf der sich ein idyllisches Naturschutzgebiet befindet. Nahe der Anlegestelle liegt seit 1960 die berühmte **Viermastbark ›Passat‹** 9 fest vor Anker. Das stattliche, 115 m lange Schiff wurde 1911 in Hamburg fertig gestellt und ist ein Wahrzeichen Travemündes. Bordbesichtungen sind von Mai bis September möglich. Nur wenige Schritte sind es zur 2007 eingerichteten **Ostseestation Priwall** 10 mit einer interessanten naturkundlichen Ausstellung. Zurück auf dem Festland führt der Weg weiter zum Maritim-Hotel. Vom **Aussichts-Restaurant** 11 ›Über den Wolken‹ im 35. Stockwerk hat man einen sagenhaften Ausblick über die Lübecker Bucht. Ebenso reizvoll ist der Besuch des **Casinos** 11 an der Strandpromenade, dessen Tradition bis ins Jahr 1833 zurückreicht. Wer nicht an den Automaten oder Spieltischen sein Glück versuchen will, kann sich zumindest an der klassizistischen Fassade der Spielbank erfreuen. Zum Abschluss des Spaziergangs geht es über die Strandpromenade zu dem etwa 1,5 km entfernten Landschaftsschutzgebiet **Brodtener Ufer** 13, von dessen 20 m hohem Steilufer man einen schönen Ausblick auf die Bucht genießt.

i Praktische Hinweise

Information

Lübeck- und Travemünde Marketing GmbH, Bertlingstr. 21, Tel. 018 05/88 22 33 (0,14 €/min), www.luebeck-tourismus.de

Hotels

Deutscher Kaiser, Vorderreihe 52, Tel. 045 02/84 20, www.deutscher-kaiser-travemuende.de. Elegantes Traditionshaus direkt am Wasser, mit Sauna- und Fitnessbereich.

Sonnenklause, Kaiserallee 21–25, Tel. 045 02/861 30, www.hotel-sonnenklause.de. Solides Logis in Strandnähe.

Villa Charlott, Kaiserallee 5, Tel. 045 02/861 10, www.villa-charlott.de. Schönes Hotel garni in Bäderarchitektur-Stil.

Restaurants

Alter Bahnhof 1913, Vogteistr. 13, Tel. 045 02/77 73 10. Abwechslungsreiche Karte im ehem. Stadtbahnhofsgebäude.

Kajüte, Vorderreihe 26a, Tel. 045 02/30 98 98. Regionale Fischküche.

Strandschlösschen, Strandpromenade 7, Tel. 045 02/750 35. Fisch-Spezialitäten.

Ungetrübtes Badevergnügen zwischen Priwall-Halbinsel und Landschaftsschutzgebiet

Trier

A6

Rheinland-Pfalz
Einwohner: 103 000

Seit römischen Zeiten blühen an der Mosel Kultur und heitere Lebensart.

Der Spaziergang durch Trier beginnt im Norden der Moselstadt. Durch die TOP TIPP **Porta Nigra** 1 betraten die Besucher schon vor fast 2000 Jahren das Stadtgebiet. Das römische Stadttor aus dem 2. Jh. wurde aus Sandsteinquadern gefertigt, die mit Eisenklammern verbunden sind. Vom Mittelalter bis ins 18. Jh. wurde das Tor als Kirche genutzt. Die romanische Apsis der Doppelkirche St. Simeon ist noch heute zu sehen. Dokumente zur Stadtgeschichte sowie Gemälde, Skulpturen, Möbel und eine Sammlung koptischer Stoffe zeigt das **Städtische Museum Simeonstift** 2 an der Porta Nigra. Durch Straßen mit so fantasievollen Namen wie ›Rindertanzstraße‹ und ›Sieh um Dich‹ führt der Weg zum **Bischöflichen Dom- und Diözesanmuseum** 3. Es präsentiert Exponate aus der Zeit des frühen Christentums über das Mittelalter bis zur Neuzeit. Zu den bedeutendsten Zeugnissen spätantiker Malerei zählt die Putzdecke eines Zimmers aus dem Wohnpalast unter dem Trierer Dom.

TOP TIPP Schräg gegenüber ist schon die Nordseite des **Doms** 4 (4. Jh.) zu sehen, der ältesten Bischofskirche Deutschlands, die fast ohne Unterbrechungen seit 1700 Jahren als Gotteshaus genutzt wird. Der Dom vereint alle Epochen europäischer Bau- und Kunstgeschichte. Er entstand über einer konstantinischen Palastanlage, deren Kern aus dem 4. Jh. bis heute erhalten ist. Nach Zerstörungen im 5. und 9. Jh. wurden der Westchor, der Ostchor und der Kreuzgang im romanischen Baustil hinzugefügt. Wie der Dom, so gehört auch die gegenüber liegende **Liebfrauenkirche** 5 zum Weltkulturerbe der UNESCO. Die älteste gotische Kirche in Deutschland wurde im 13. Jh. errichtet und fällt durch ihren kreuzförmigen Grundriss auf. Weiter südwärts trifft man links auf die **Römische Palastaula** 6, ein weiteres Zeugnis aus der Zeit Kaiser Konstantins des Großen, der 306–316 in Trier residierte. Die um 310 erbaute ›Aula Palatina‹ war einst der Thronsaal des Kaisers, später die Burg der Trierer Erzbischöfe und Kurfürsten. Heute beherbergt sie eine evangelische Kirche. Um die Ecke befindet sich der Rokoko-Bau des **Kurfürstlichen Palais** 7, das 1756–61 als Südflügel des Kurfürstlichen Schlosses entstand, zu dem auch Ost- und Nordflügel (im Renaissance-Stil), der Rote Turm und das Petersburg-Portal gehören. Im malerischen **Palastgarten** 8 stehen Kopien von barocken Götterfiguren sowie Reste der mittelalterlichen Stadtmauer. Der Weg durch den Palastgarten führt zum **Rheinischen Landesmuseum** 9, in dem weltberühmte archäologische Funde des Moselraums zu bewundern sind. Herausragend sind die Neumagener Reliefs mit Bildern des römischen Lebens an der Mosel sowie der größte römische Goldmünzschatz nördlich der Alpen. Wenige Schritte entfernt befinden sich die

TOP TIPP

Ruinen der **Kaiserthermen** 10. Von dem römischen Bäderpalast aus dem 4. Jh. sind das Mauerwerk des Warmbades und das weitläufige Kellergeschoss mit den Brennstellen für die Beheizung erhalten. Von hier aus lohnt sich ein Abstecher zum **Amphitheater** 11 (1. Jh.) im Südosten der Stadt, in dem einst Gladiatorenkämpfe stattfanden. Aus dem 2. Jh. stammen die **Barbarathermen** 12 im Südwesten, von denen Fundamente, Kellergänge und Überreste des Fußbodenheizsystems zu sehen sind. Das **Thermenmuseum** 13 am Viehmarktplatz zeigt Ausgrabungen aus den Jahren 1987–94. Unter dem Schutzbau von Oswald Mathias Ungers befinden sich u.a. die Fundamente einer antiken Badeanlage sowie die Kellerräume des barocken Kapuzinerklosters. Auch die jüngere Vergangenheit hat in Trier ihre Spuren hinterlassen. Im **Karl-Marx-Haus** 14, dem Geburtshaus des einflussreichen politischen Denkers (1818-1883), informieren Original-Dokumente über dessen Leben und Werk. Durch die Nagelstraße und die Brotstraße geht es zum Hauptmarkt mit der im Kern gotischen, später umgestalteten **St.-Gangolf-Kirche** 15, dem mittelalterlichen **Frankenturm** 16 und zum Spielzeugmuseum (Zugang durch das Café zur Steipe), das nicht nur Kinderherzen glücklich macht.

Weitere Sehenswürdigkeit:

Weinlehrpfad 17

i Praktische Hinweise

Information

Tourist Information Trier, An der Porta Nigra, Tel. 06 51/97 80 80, www.trier.de

Hotels

Aulmann, Fleischstr. 47–48, Tel. 06 51/ 976 70, www.hotel-aulmann.de. Angenehme, zentrale Unterkunft mit Restaurant, das auf Kartoffeln spezialisiert ist.

Mercure Trier Porta Nigra, Porta-Nigra-Platz 1, Tel. 06 51/270 10, www.mercure.com. Luxuriöse Logis an historischer Stätte, mit Fitness-Angebot.

Römischer Kaiser, Porta-Nigra-Platz 6, Tel. 06 51/977 00, www.hotels-trier.de. Elegantes Haus mit edler Ausstattung und einem schönen Restaurant.

Restaurants

Blesius Garten, Olewigerstr. 135, Tel. 06 51/ 360 60, www.blesius-garten.de. Gutbürgerliche Speisen, dazu Bier aus Eigenbrau.

Restaurant zum Domstein, Hauptmarkt 5, Tel. 06 51/744 90, www.domstein.de. Tafelfreuden nach Ideen und Rezepten, wie sie schon die alten Römer liebten.

Schlemmereule, Domfreihof 1 b, Tel. 06 51/736 16. Französische Küchenkunst.

Zeuge der römischen Vergangenheit: Die Porta Nigra in Trier entstand um 180 n. Chr.

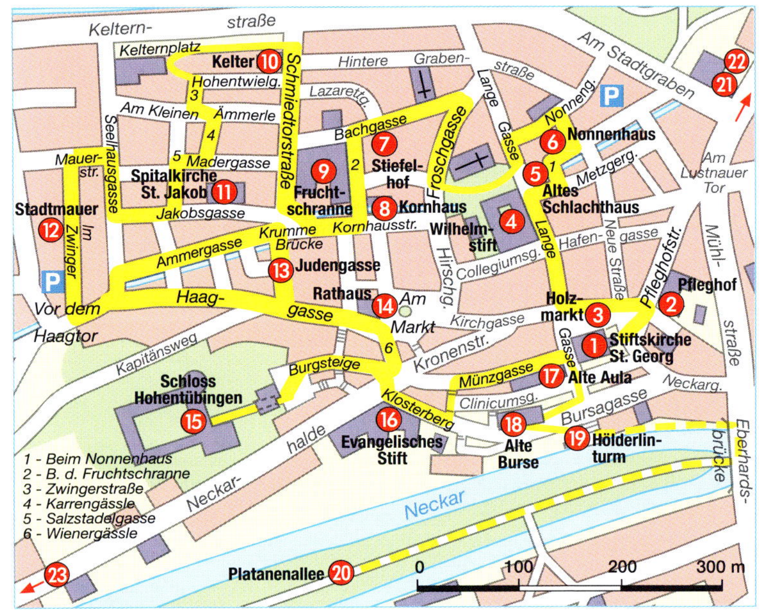

Tübingen

C7

Baden-Württemberg
Einwohner: 84 000

Die schöne Stadt am Neckar fasziniert nicht nur als Heimat geistiger Größen.

Die altehrwürdige Universitätsstadt am Neckar besitzt ein eindrucksvolles Altstadtensemble. Ausgangspunkt unseres Spaziergangs ist die spätgotische

TOP TIPP

Stiftskirche St. Georg 1 (1470–83). Der besteigbare Kirchturm bietet einen schönen Blick über das historische Zentrum samt Unterstadt. Im Chorbereich sind die von Bildhauern gestalteten Grabmale des württembergischen Herrscherhauses aufgereiht; der Altar stammt von Hans Schäufelein, einem Schüler Dürers. Am Schulberg liegt der **Pfleghof** 2, das mittelalterliche Hospital des Klosters Bebenhausen. Im 15. Jh. leisteten die Nonnen des Zisterzienserordens hier Krankendienst. Zwischen Pfleghof und Stiftskirche befindet sich der **Holzmarkt** 3 mit dem Georgsbrunnen in der Mitte. Fast übersieht man die bronzene Tafel am Heckenhauer'schen Antiquariat: Hier nahm der spätere Schriftsteller Hermann Hesse 1895 eine Buchhändlerlehre auf. Geht man die kopfsteingepflasterte Lange Gasse hinab, stößt man auf die ehem. Ritterakademie (1592). Nach dem protestantischen Adel zogen hier 1817 die Studenten der katholischen Theologie ein. Benannt nach seinem Gründer, König Wilhelm I. von Württemberg, heißt das Konvikt seither **Wilhelmstift** 4. Die Lange Gasse 18 beherbergt das **Alte Schlachthaus** 5 – heute ein Ausstellungszentrum. Eine Holzbrücke führt über die Ammer direkt zum **Nonnenhaus** 6. Der Fachwerkbau aus dem 14. Jh. war der Sitz wohltätiger Klausnerinnen, später wohnte hier der Botaniker Leonhart Fuchs (1501–1566), Namensgeber der Fuchsie. Über eine enge Gasse zwischen Wilhelmstift und Johanneskirche und weiter über Frosch- und Bachgasse geht es zum **Stiefelhof** 7 (1323), dem urkundlich ältesten Haus Tübingens. Gegenüber liegt das **Kornhaus** 8 (1453). Das frühere Getreidelager war im 17. Jh. auch Bühne für reisende Komödianten. Seit 1991 befindet sich in dem Gebäude das Stadtmuseum. Die **Fruchtschranne** 9, ein denkmalgeschützter Fachwerkbau, diente dem württembergischen Herzog als sog. Fruchtkasten. Hinter der alemannischen Fassade aus dem späten 15. Jh. lagerte hier die Ernte der herzoglichen Streuobstwiesen. Ein kleines Stück nordwärts trifft man auf die wunderschön renovierte alte **Kelter** 10, heute ein Veranstaltungsort für Konzerte und Lesungen. Durch die labyrinthischen Gässchen der Unterstadt, in der neben Handwerkern auch ›Gogen‹, also Weinbauern, wohnten, gelangt man schließlich zur **Spitalkirche St. Jakob** ⑪. Die im Kern romanische Kirche wurde um 1500 erweitert. An Mauerstraße und Zwinger sind noch Reste der alten **Stadtmauer** ⑫ zu erkennen. Längs der Ammer geht es nun auf die Krumme Brücke zu und über die ›Wette‹, einen Teich, der einst als Viehtränke diente. Rechts hinauf führt der Weg über die **Judengasse** ⑬ zur Haaggasse. Nun nähert man sich dem Juwel der Stadt: dem vierstöckigen **Rathaus** ⑭ von 1435, an dessen reich verzierter Front eine astronomische Uhr von 1511 angebracht ist. Der Marktplatz mit dem Neptunbrunnen ist an Sommerabenden ein beliebter Treffpunkt. Rechts führt eine Treppe zur Burgsteige, an deren Ende man durch ein Renaissanceportal zum **Schloss Hohentübingen** ⑮ (1078 erstmals erwähnt) gelangt. Überwiegend im 16. Jh. entstanden, beherbergt es heute Institute der Universität sowie ein archäologisch-völkerkundliches Museum. Am Fuß der Burgsteige liegt das **Evangelische Stift** ⑯. Teilten sich hier im 18. Jh. Schelling, Hölderlin und Hegel eine Kammer, wohnen heute hier Studierende der Theologie. Über die Münzgasse, rechts vorbei am Studentenkarzer im Haus Nr. 20, liegt die **Alte Aula** ⑰, das einstige Zentrum der 1477 gegründeten Eberhard-Karls-Universität. Über die Stiegen gelangt man zum imposanten Gebäude der **Alten Burse** ⑱. 1478 als Studentenwohnheim erbaut, wurde sie 1803 klassizistisch zum Klinikum erweitert. Am Ufer des Neckars liegt der **Hölderlinturm** ⑲, der letzte Wohnort des Dichters (1770–1843). Wer mag, begibt sich noch auf die Neckarinsel mit ihrer **Platanenallee** ⑳ und genießt den abschließenden Blick auf die Tübinger ›Neckarfront‹.

TOP TIPP

TOP TIPP

Weitere Sehenswürdigkeiten:

Schloss und Kloster Bebenhausen ㉑
Kunsthalle ㉒
Wurmlinger Kapelle ㉓

Praktische Hinweise

Information

Verkehrsverein Tübingen, An der Neckarbrücke, Tel. 070 71/913 60, www.tuebingen.de

Hotels

Hotel Am Schloss, Burgsteige 18, Tel. 070 71/929 40, www.hotelamschloss.de. Stilvoll logieren im Zentrum, mit Restaurant.

Hotel Hospiz, Neckarhalde 2, Tel. 070 71/ 92 40, www.hotel-hospiz.de. Gemütliche Unterkunft zwischen Marktplatz und Schloss.

Hotel Krone, Uhlandstr. 1, Tel. 070 71/ 133 10, www.krone-tuebingen.de. Traditionshaus mit modernem Komfort und Restaurant.

Restaurants

Neckarmüller, Gartenstr. 4, Tel. 070 71/ 278 48, www.neckarmueller.de. Traditionelle schwäbische Speisen, mit Neckarblick.

Ritter, Am Stadtgraben 25, Tel. 070 71/ 55 07 51, www.ritter-tuebingen.de. Viel Flair, schwäbische Küche und mehr.

Wurstküche, Am Lustnauer Tor 8, Tel. 070 71/927 50, www.wurstkueche.com. Vielfältigkeit auf schwäbisch.

Das bezaubernde Neckarufer mit dem spitzkegelig behelmten Hölderlinturm

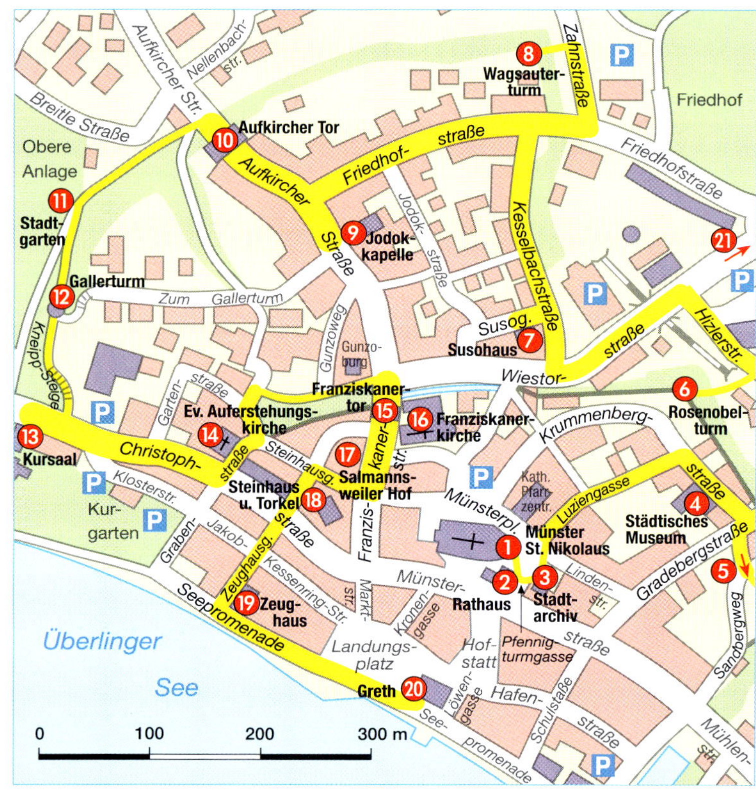

Überlingen *C8*

Baden-Württemberg
Einwohner: 21 000

Kulturschätze und die bezaubernde Bodensee-Szenerie laden zur Visite.

TOP TIPP Der größte spätgotische Kirchenbau am Bodensee, das **Münster St. Nikolaus** 1 (heutiger Bau 1424–1563), ist Ausgangspunkt unserer Stadtbesichtigung. Berühmt ist die fünfschiffige Basilika für ihren prächtigen Hochaltar. Gegenüber des Münsters befindet sich das **Rathaus** 2 (14./15. Jh.). Einen Besuch wert ist der von Jakob Ruß geschaffene Rathaussaal mit holzgeschnitztem Arkadenfries und 41 Statuetten. Letztere zeigen die Vertreter der Stände des Heiligen Römischen Reiches Deutscher Nation. Vom **Stadtarchiv** 3 (1598–1600) gleich nebenan ist es nicht weit zum **Städtischen Museum** 4, einem typischen Patrizierpalast des späten Mittelalters. Hier wird u.a. qualitätvolle Kunst der Bodenseeregion von der Gotik bis zum Klassizismus präsentiert. Die Fassadenverkleidung mit Rustika-Quadern ist eines der frühesten Beispiele für den Einfluss der florentinischen Renaissance in Deutschland. Sehr sehenswert sind der prächtige barocke Festsaal und der Garten mit seinem reizvollen Ausblick auf die Altstadt. Nun geht es vorbei an den Eckpunkten der historischen Befestigungsanlagen: dem **St.-Johann-Turm** 5, einem 1522/23 erbauten Rundturm an der östlichen Stadtmauer mit einer stattlichen Höhe von 37 m, sowie dem **Rosenobelturm** 6. Er ist der nördlichste Eckpfeiler der inneren Befestigungslinie und wurde 1657 zum Rundturm ausgebaut. An der Wiestorstraße steht das **Susohaus** 7, das Geburtshaus des Mystikers Heinrich Suso (1295–1366), mit seiner sehenswerten Fassade. Durch die Kesselbachstraße gelangt man zum **Wagsauterturm** 8 (1958/59 neu aufgebaut), ebenfalls ein Teil der Stadtmauer. Von dort geht es weiter zur **Jodok-Kapelle** 9, einem spätgotischen Bau mit kunsthistorisch bedeutenden Wandmalereien von ca. 1450. Durch das **Aufkircher Tor** 10 kommt man in den schönen **Stadtgarten** 11, der einen prächtigen Rosengarten und eine umfangreiche Kakteensammlung beherbergt. Er wird überragt vom **Gallerturm** 12, einem eindrucksvollen Rundturm von 1502/03. Nur wenige Meter sind es von hier zum **Kursaal** 13, einem denkmalgeschützten Bau aus den 1950er-Jahren. Er wurde 1993 restauriert und ist heute der wichtigste Veranstaltungsort der Stadt. Vorbei an der evangelischen **Auferstehungskirche** 14, einem neogotischen Kirchenbau von 1867, führt die Route zum **Franziskanertor** 15 (1494), einem der schönsten gotischen Stadttore der Bodenseeregion. Es wurde 1495 errichtet und bildete den nördlichen Zugang zum historischen Stadtkern. Die **Franziskanerkirche** 16 (TOP TIPP) stammt aus dem 14. Jh., wurde im 15. Jh. erweitert und Mitte des 18. Jh. barockisiert. Zu ihrem wertvollen Bestand zählen am Hochaltar zwei Originalfiguren von Joseph Anton Feichtmayr (1696–1770), dem führenden Bildhauer und Stuckateur des Barock am Bodensee. Der Kirche gegenüber befinden sich der **Salmannsweiler Hof** 17 (1525–35) und nicht weit von dort das Gebäudeensemble **Steinhaus und Torkel** 18, eine ehem. Kelter. In dem Anwesen sind heute u.a. die Stadtbücherei und die wissenschaftliche Leopold-Sophien-Bibliothek untergebracht. An der Uferpromenade hat das **Zeughaus** 19 (15. Jh.) seinen Sitz. Der gotische Staffelgiebelbau diente bis ins 19. Jh. als Waffenlager der Stadt. Über den Landungsplatz erreicht man wenig später das einstige städtische **Handels- und Kornhaus Greth** 20, das im Jahr 1788 von Franz Anton Bagnato im klassizistischen Stil umgebaut wurde. In dem stattlichen Gebäude fand die Touristinformation ein würdiges Domizil, und hier endet auch unser Streifzug.

Weitere Sehenswürdigkeit:

Schloss Salem 21

i Praktische Hinweise

Information

Touristinformation, Landungsplatz 14, Tel. 075 51/99 11 22, www.ueberlingen.de

Hotels

Badhotel/Villa Seeburg, Christophstr. 2, Tel. 075 51/83 70, www.bad-hotel.info. Repräsentatives, komfortables Logis mit Restaurant.

Parkhotel St. Leonhard, Obere St.-Leonhard-Str. 71, Tel. 075 51/80 81 00, www.parkhotel-sankt-leonhard.de. Luxuriöses Wohnen, Zimmer z.T. mit Seeblick, mit Restaurant.

Wiestor Hotel garni, Wiestorstr. 17, Tel. 075 51/830 60, www.wiestor.de. Angenehmes, familiär geführtes Hotel im Stadtzentrum.

Restaurants

Bürgerbräu, Aufkircher Str. 20, Tel. 075 51/927 40, www.buergerbraeu-ueberlingen.com. Gerichte aus gutbürgerlicher regionaler Küche.

Gasthof Schäpfle, Jakob-Kessenring-Str. 12–14, Tel. 075 51/634 94, Traditionelle badische Küche mit französischer Note.

Seegarten, Seepromenade 7, Tel. 075 51/91 88 90, www.seegarten-ueberlingen.com. Badische und internationale Spezialitäten.

Jörg Zürns Hochaltar im Münster St. Nikolaus ist ein erstrangiges Werk der Spätrenaissance

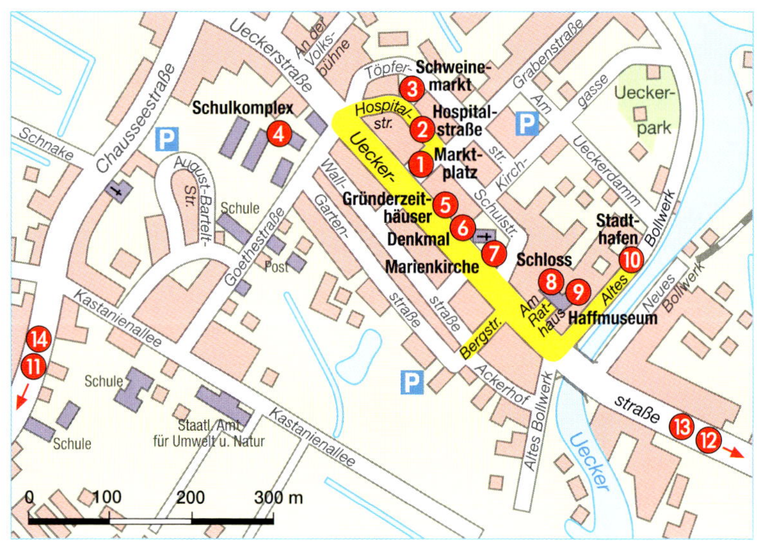

Ueckermünde

F2

Mecklenburg-Vorpommern
Einwohner: 10 000

Eine touristische Perle am Haff, die es im Grunde erst noch zu entdecken gilt.

Kurz vor der Mündung der Uecker ins Stettiner Haff liegt das vom Tourismus noch weitgehend unentdeckte Ueckermünde. Der Rundgang durch das 11 000 Einwohner zählende Städtchen beginnt an seinem attraktiven Mittelpunkt, dem **Marktplatz** 1, der von zahlreichen hübschen, bis zu 200 Jahre alten Giebelhäusern umgeben ist. Einst stand auch das Rathaus auf dem Marktplatz. Es brannte 1631 ab, Ausgrabungen legten jedoch seine Spuren frei. Die neue Pflasterung des Platzes macht nun die Stelle sichtbar, an der das Gebäude einst stand. Weiter geht es in die **Hospitalstraße** 2 mit dem ältesten Haus am Marktplatz (Hospitalstraße 1). Der Hospitalstraße folgend gelangt man zum **Schweinemarkt** 3. Er erhielt seinen Namen wegen des hier lange Jahre betriebenen Viehhandels. Zuletzt umgestaltet wurde der Platz 1991. Nächste Station unserer Tour ist der **Altstadt-Schulkomplex** 4. Der der Altstadt zugewandte Teil der Anlage stammt aus dem Jahr 1864, der Komplex in der Goethestraße mit seinen schönen Giebeln entstand 1905. Stadteinwärts führt der Weg durch die Ueckerstraße, die ebenfalls zahlreiche reizvolle Fassaden säumen. Schließlich erreicht man den 1998 umgestalteten Kirchplatz. Unter 100-jährigen Bäumen kann der Besucher den Anblick des schönen Platzes auf sich wirken lassen. Ins Auge fallen bei dieser Gelegenheit die beiden **Gründerzeithäuser** 5 gleich gegenüber. Ihre reich dekorierten Fassaden erstrahlen nach der Restaurierung in neuem Glanz. Im Zentrum des Platzes steht ein **Denkmal für die Opfer von Gewaltherrschaft und Krieg** 6, das 1997 eingeweiht wurde. Die

TOP TIPP

barocke **Marienkirche** 7 am Kirchplatz entstand in den Jahren 1750–66. Sie besitzt einen neogotischen Westturm aus Backstein. In ihrem mit Doppelemporen und Deckengemälden geschmückten Innern beeindrucken u.a. der Kanzelaltar (1775) mit seinen aufwendigen Dekorationen im Stil des Rokoko und das aus einem Vorgängerbau stammende Ratsgestühl (16. Jh.). Es ist mit Wappen und Inschriften verziert. Zurück auf dem Kirchplatz, sollte man nicht versäumen, einen Blick auf die Sonnenuhr am Pfarrwitwenhaus zu werfen. Nun folgt der Weg der Ueckerstraße ostwärts. Er führt vorbei am wunderschönen blauen Haus der Fleischerei Grimm und am dunkelroten Haus des Malermeisters Rackow. Ein Abstecher in die Bergstraße lohnt sich, denn hier sind ein alter Speicher und ein gut saniertes Backsteinhaus zu sehen.

TOP TIPP

Das **Schloss** 8 wurde 1546 an der Stelle einer Burg aus dem 13. Jh. hier errichtet. Von der ursprünglich vierflügeligen Anlage sind heute noch Südflügel und Bergfried vorhanden. Der runde Unterbau und die Obergeschosse des Bergfrieds stammen aus dem Mittelalter bzw. aus dem 16. Jh., die Haube wurde nach einem Brand 1908 im neobarocken Stil erneuert und erhielt 1988 eine Kupfereindeckung. Der Südflügel wird seit 1778 als Rathaus genutzt. Hauptattraktion im Innern ist der Ratssaal mit seinem herrlichen Netzgewölbe. Zum Westteil des Schlosses gehört ein Turm, von dessen 27 m hoch gelegenem Turmzimmer man einen herrlichen Blick hat. Bei klarer Sicht reicht er sogar bis zur Insel Usedom. Am Turmportal fällt ein Sandsteinrelief auf, das den Erbauer des Schlosses, Herzog Philipp I., mit figürlichem Beiwerk und Wappen zeigt. Im Schlossturm ist auch das **Haffmuseum** 9 untergebracht, das Stadt- und Schlossgeschichte in zahlreichen Exponaten lebendig dokumentiert. Unmittelbar hinter dem Schloss öffnet sich an der Uecker der **Stadthafen** 10. Auf dem Weg dorthin lässt sich ein interessantes Schauspiel beobachten, wenn die Klappbrücke gehoben wird, um Schiffe passieren zu lassen. Einst war Ueckermünde bedeutender Fischerei- und Handelshafen mit zahlreichen Werften und Handelshäusern. Heute dient der Hafen als Anlegestelle für Jachten und Ausflugsdampfer. Von hier starten Fahrten nach Kamminke auf der Insel Usedom sowie nach Stettin.

Vom hübschen alten Stadthafen an der Uecker starten Ausflugsschiffe ins Stettiner Haff und zur Insel Usedom

Weitere Sehenswürdigkeiten:

Tierpark 11
Badestrand 12
Fischerhafen 13
Ukranenland (in Torgelow) 14

i Praktische Hinweise

Information

Touristik Information, Ueckerstr. 96, Tel. 03 97 71/284 84, www.ueckermuende.de

Hotels

Hafen-Hotel Pommernyacht, Altes Bollwerk 1 b, Tel. 03 97 71/21 50, www.pommernyacht.de. In Schiffsform gebautes Haus mit maritimem Restaurant.

Hotel Pommernmühle, Liepgartener Str. 88 a, Tel. 03 97 71/20 00, www.pommernmuehle.de. Nette Anlage rund um eine Windmühle, mit Restaurant.

Hotel Stadtkrug, Am Markt 3/4, Tel. 03 97 71/800, www.stadtkrug-ueckermuende.de. Zentral wohnen am denkmalgeschützten Marktplatz.

Restaurants

Haffhus, Dorfstr. 35, Tel. 03 97 71/53 70, www.haffhus.de. Gutbürgerlich tafeln unterm Reetdach.

Restaurant/Eiscafé Ahl, Goethestr. 4, Tel. 03 97 71/222 21. Regionales, vor allem Fischgerichte, und Eiskreationen.

Steakhouse La Pampa, Toepferstr. 28, Tel. 03 97 71/227 09, www.ueckermuende-steakhouse.de. Argentinische Steaks.

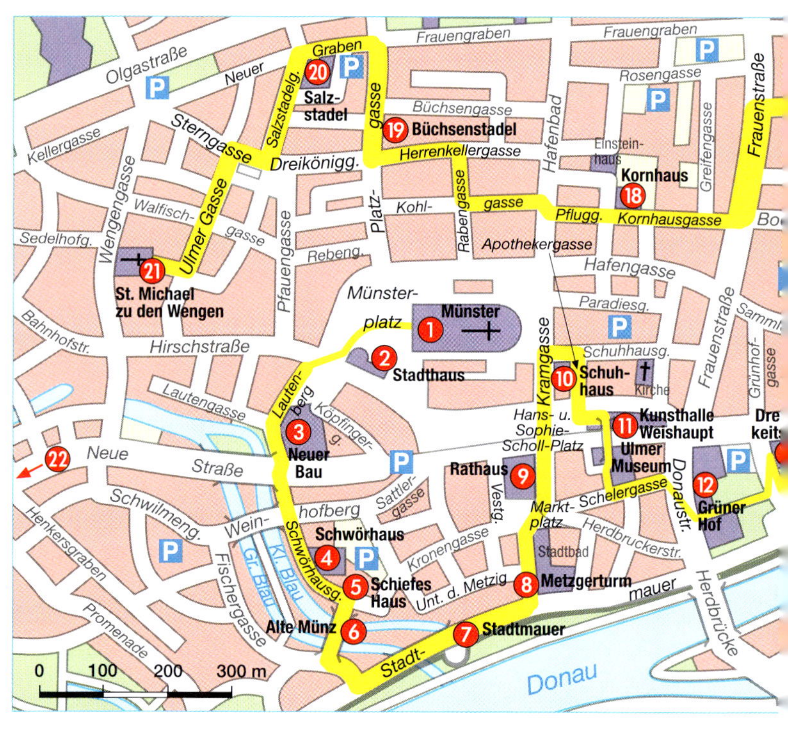

Ulm

C8

Baden-Württemberg
Einwohner: 121 000

Hier Mittelalter, dort Avantgarde: Die Donaustadt bringt beides zusammen.

In Ulm vereinigt sich eine grandiose kulturhistorische Tradition sehr eindrucksvoll mit der Moderne: Im Zuge des Konzepts Neue Mitte Ulm setzen in jüngster Zeit avantgardistische Neubauten ihren Akzent im mittelalterlichen Stadtbild – so Stephan Braunfels' Kaufhaus Münstertor und sein Neubau der Sparkasse sowie Wolfram Wöhrs Kunsthalle Weishaupt [s. u.]. Unser Rundgang aber beginnt am **Münster** 1, der nach dem Kölner Dom zweitgrößten gotischen Kirche Deutschlands. Der 1377 begonnene Bau wurde erst 1890 fertig gestellt. Berühmt sind der höchste Kirchturm der Welt (161,5 m) mit einer Fernsicht bis zu den Alpen, das figurenreiche Chorgestühl (15. Jh.) von Jörg Syrlin d. Ä., der ›Schmerzensmann‹ (1429, Hans Multscher) am Choreingang, die Kanzel (1499, Burkhard Engelberg) und die herrlichen Chorfenster. Ein architektonischer Gegenpol zum Münster ist das postmoderne **Stadthaus** 2 (1993) des New Yorker Star-Architekten Richard Meier. Im Arkaden-Innenhof des **Neuen Baus** 3 (1585–93) steht der schöne Hildegardsbrunnen (1591, Claus Bauhofer). Weiter geht es zum Weinhof, den das **Schwörhaus** 4 (1613, Neubau nach Brand von 1785) und die Staufenmauer (12./13. Jh.) flankieren. Im beschaulichen Fischer- und Gerberviertel steht das **Schiefe Haus** 5 (15./16. Jh.), ein sich dem Flüsschen Blau zuneigender Fachwerkbau. Gegenüber diente die **Alte Münz** 6 bis 1624 als Münzstätte und dann bis etwa 1900 als Mühle. Über die **Stadtmauer** 7 (1480) ist es nicht weit zum **Metzgerturm** 8 (um 1349, wegen seiner Neigung auch ›Schiefer Turm‹). Das **Rathaus** 9 (1370) besticht durch seine reichen Wandmalereien von 1540 und die etwas ältere astronomische Uhr. Das **Schuhhaus** 10 (1537) war im Mittelalter das Zunfthaus der Schuhmacher. Ende 2007 eröffnet, setzt die keilförmige **Kunsthalle Weishaupt** 11 auf spannende Weise Malerei und Skulptur der Moderne in Szene. Ein Steg verbindet sie mit dem Ulmer Museum, das die Stadtgeschichte und eine bedeutende Kunstsammlung präsentiert. Am Rande des **Grünen Hofes** 12 (um 1165), einem der ältesten Ulmer

TOP TIPP

TOP TIPP

Viertel, erhebt sich die **Dreifaltigkeitskirche** 13, eine Klosterkirche aus dem 14. Jh. An der **Adlerbastei** 14 (1605–08, Gideon Bacher) missglückte 1811 der Flugversuch eines gewissen Albrecht Berblinger, des weltbekannten ›Schneiders von Ulm‹. Vorbei am alten Stadttor, dem **Gänsturm** 15 (1360), passiert man das **Zeughaus** 16 (1522) mit seinem großartigen Renaissanceportal. Der skurrile Einstein-Brunnen auf dem Vorplatz ehrt den berühmten Sohn der Stadt. Im malerischen **TOP TIPP** Viertel **Auf dem Kreuz** 17 stammen viele Häuser aus der Zeit vor 1700, die Sebastianskapelle in der Hahnengasse wurde 1415 erstmals erwähnt. Der Weg führt nun an alten Lagerhäusern vorbei: dem **Kornhaus** 18 (1594, heute Konzertsaal), dem **Büchsenstadel** 19 (1485, heute Jugendzentrum) und dem Salzstadel (1592), der seit 1991 als **Museum der Brotkultur** 20 dient. Die Tour endet an der einstigen Klosterkirche **St. Michael zu den Wengen** 21 (1399). Sehenswert sind hier das Gründungsrelief an der Westfassade sowie das Altarbild ›Engelsturz‹ (1766, Franz Martin Kuen).

Weitere Sehenswürdigkeit:

Kloster Wiblingen 22

Praktische Hinweise

Information

Ulm/Neu-Ulm Touristik, Münsterplatz 50, Tel. 07 31/161 28 30, www.tourismus.ulm.de

Hotels

Hotel am Rathaus, Kronengasse 10, Tel. 07 31/96 84 90, www.rathausulm.de. Solides Logis in in zentraler Lage.

Hotel Goldenes Rad, Neue Straße 65, Tel. 07 31/80 01 84, www.goldenes-rad.com. Komfortable Unterkunft am Münster.

Hotel Stern, Sterngasse 17, Tel. 07 31/155 20, www.hotelstern.de. Elegant wohnen direkt am Ulmer Theater, mit Restaurant.

Restaurants

Allgäuer Hof, Fischergasse 12, Tel. 07 31/674 08, www.erstes-ulmer-pfannkuchenhaus.de. Pfannkuchen in 44 Variationen.

Gerberhaus, Weinhofberg 9, Tel. 07 31/60 27 490, www.gerber-haus.de. Schwäbisch-bodenständige und überregionale Küche, serviert in Alt-Ulmer Ambiente.

Ulmer Spatz, Münsterplatz 27, Tel. 07 31/680 81, www.hotel-ulmerspatz.de. Herzhaft-schwäbische und leichte moderne Gerichte.

Ulms Münster setzt mit dem höchsten Kirchturm der Welt ein weithin sichtbares Zeichen

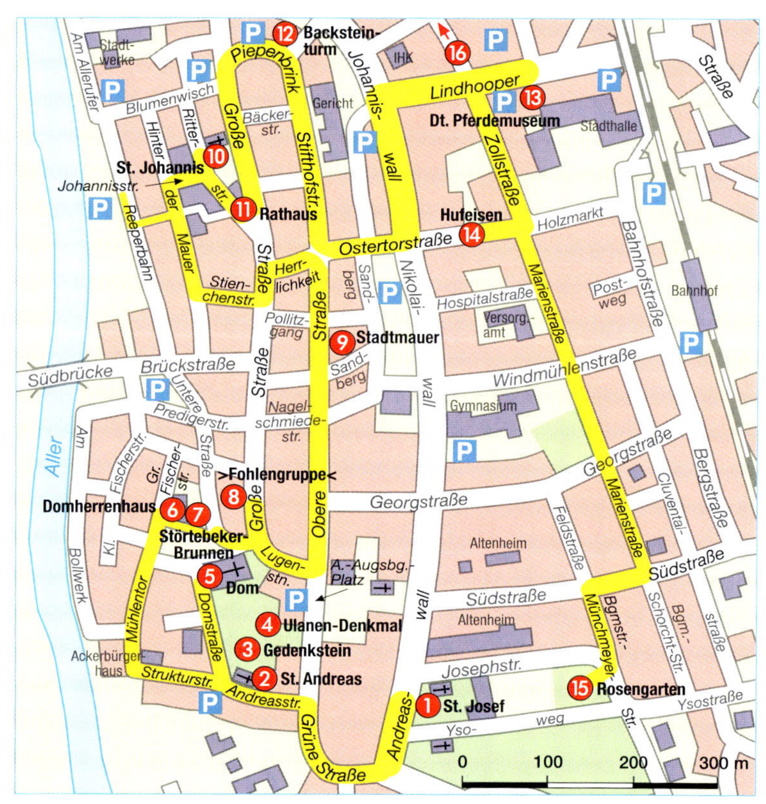

Verden (Aller) *C3*

Niedersachsen
Einwohner: 29 000

Trotz der Schreibweise: Mit Pferden hat Verden tatsächlich viel im Sinn.

Die traditionsbewusste, 1200 Jahre alte Reiterstadt südöstlich von Bremen besitzt im Stadtkern vier Kirchen, von denen **St. Josef** 1 die jüngste ist. Sie wurde 1893/94 für die katholische Gemeinde der Stadt im neoromanischen Stil mit Elementen einer Basilika errichtet. Den im Zweiten Weltkrieg zerstörten Turm baute man 1954 in neuer Form wieder auf. Über TOP TIPP den Andreaswall und die Grüne Straße geht es zur Kirche **St. Andreas** 2, die im 13. Jh. als einschiffiges Bauwerk im Stil der Romanik errichtet wurde. Neben anderen sehenswerten Teilen der Ausstattung befindet sich in ihrem Innern die Messinggrabplatte des Verdener Bischofs Yso aus dem 13. Jh., die – mit einer sehr feinen Ziselierung geschmückt – in ihrer Art einmalig ist. Nördlich der Kirche, zu Füßen des sog. Bischofsdenkmals, liegt ein **Gedenkstein** 3, unter dem im Jahre 1830 Bischöfe, Domherren und Bürger, deren Gräber aus dem Innern des Doms entfernt werden mussten, erneut beigesetzt wurden. Der Erinnerung an das 1873–86 in der Stadt stationierte Zweiten Hannoversche Ulanenregiment Nr. 14 ist das nahe gelegene **Ulanen-Denkmal** 4 (1928) gewidmet. TOP TIPP Nördlich davon erhebt sich der mächtige **Dom** 5 (1290–1490), eine dreischiffige gotische Hallenkirche, die in ihrer Größe und Schlichtheit zu den gelungensten Sakralbauten dieses Stils zählt und Vorbild für viele andere Kirchen (so für den Lübecker Dom) war. Sehenswert sind u.a. der romanische Westturm, der Kreuzgang und der prachtvoll geschnitzte Levitenstuhl von 1350. Der Weg führt nun zurück durch die Strukturstraße, vorbei am Haus Nr. 7, einem repräsentativen Bürgerhaus von 1577 mit eindrucksvoller Fachwerkfassade, in die Straße Mühlentor. Das rechterhand liegende **Museum Domherrenhaus** 6 ist in einer herrschaftlichen Hofanlage (1708) untergebracht. Neben Sammlungen zur Entstehungsgeschichte der historisch geprägten Stadt an der Aller und ihrer Region sind die ›Lehringer Funde‹ von überregionaler Bedeutung. Sie stellen eine steinzeitliche Elefantenjagd dar, eines der Exponate ist ein rund 120 000 Jahre alter Speer. Im Hof sind eine alte Pumpe und ein Schandpfahl, der ›Kaak‹, zu besichtigen. Dem bekannten und berüchtigten Seeräuber Klaus Störtebeker († 1401) ist der **Störtebeker-Brunnen** 7 gewidmet. Der Pirat wirkte in Verden als Wohltäter für arme Menschen und soll sieben Fenster für den Dom gestiftet haben. Ein Abstecher in die Große Straße führt zur **›Fohlengruppe‹** 8, einem Standbild, das 1981 die Verdener Kaufmannschaft anlässlich ihres 375-jährigen Bestehens stiftete. In der Oberen Straße kommt man am Haus Nr. 24 vorbei, einem rekonstruierten Anwesen von 1600. Dann erreicht man die **Stadtmauer** 9 aus dem 13. Jh., die die früher vom Süderende getrennte Norderstadt am Sandberg schützte. Durch mehrere Straßen (ein kleiner Umweg zur Schiffsanlegestelle an der Aller ist reizvoll) geht es zur Kirche **St. Johannis** 10 aus dem 12. Jh., deren Chor und Teile des Turms als älteste Backsteinbauten Norddeutschlands gelten. Das südlich davon gelegene **Rathaus** 11 ist ein schönes Barockgebäude von 1730 mit Schaugiebel. Über die Große Straße und den Piepenbrink erreicht man nun den **Backsteinturm** 12, der zur mittelalterlichen Stadtbefestigung gehört und in finsteren

Die Reiterstadt mit ihrem wuchtigen Dom pflegt ihre Liebe für Pferde überall

Vorzeiten als Stadtgefängnis diente. Der Rolle Verdens als Reiterstadt wird das **Deutsche Pferdemuseum** 13 gerecht, in dem auf 1400 m² die Geschichte der seit Jahrtausenden domestizierten Tiere sowie der Reiterei und des Pferdesports dargestellt ist. Die Sandsteintafel am Eingang mit der lateinischen Devise aus dem Jahr 1815 ›Gaudemus Equis‹ (zu Deutsch: ›Wir haben Freude am Pferd‹) verleiht dem Museum das passende Motto. Sie stammt vom Eingang eines nicht mehr existierenden Hauses in der Großen Straße. Von der Zollstraße zweigt die Ostertorstraße ab. In deren Bürgersteig sind mehrere Hundert **Hufeisen** 14 aus Messing eingelassen, die in der Spur der Grundgangarten des Pferdes (Schritt, Trab und Galopp) angeordnet sind. Ein etwas längerer Fußweg führt nun in den **Rosengarten** 15, der mit seinen zahlreichen Rosen und Stauden zur Entspannung einlädt.

TOP TIPP

Weitere Sehenswürdigkeit:

Storch-Pflegestation 16

Praktische Hinweise

Information

Tourist-Information Verden, Große Straße 40, Tel. 042 31/123 45, www.verden.de

Hotels

Akzent-Hotel Höltje, Obere Str. 13–17, Tel. 042 31/89 20, www.hotelhoeltje.de. Komfortable Unterkunft mit gepflegter Gastronomie.

Landhotel Zur Linde, Thedinghauser Str. 16, Tel. 042 31/661 30, www.landhotel zurlinde.de. Radfahrerfreundliches Hotel am Stadtrand, mit Restaurant.

Parkhotel Grüner Jäger, Bremer Str. 48, Tel. 042 31/298 00, www.parkhotel-verden.de. Modern ausgestattetes Haus, mit Restaurant.

Restaurants

Domschänke, Lugenstein 11–13, Tel. 042 31/93 99 60, www.domschaenke-verden.de. Bodenständige regionale Küche mit Finesse.

Kartoffelhaus Verden, Große Str. 3, Tel. 042 31/818 18, www.kartoffelhaus-verden.de. Kartoffelgerichte in vielerlei Varianten.

Pades Restaurant, Grüne Str. 15, Tel. 042 31/30 60. Feine Gaumenfreuden für den Kenner.

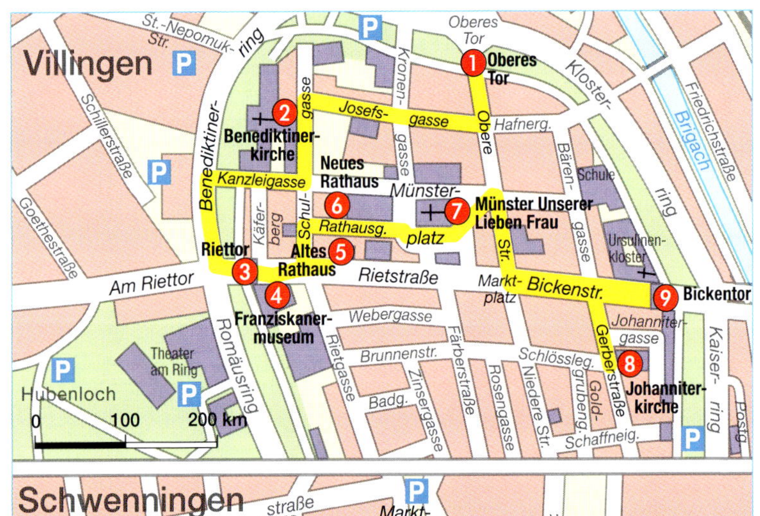

Villingen-Schwenningen

B8

Baden-Württemberg
Einwohner: 82 000

Schwarzwalduhren? Fasnetfieber? Die Doppelstadt bietet dies und mehr.

Der Doppelort Villingen-Schwenningen liegt im Schwarzwald in der sonnigen Region Baar. Im Jahr 1972 erfolgte der Zusammenschluss der beiden bis dato selbstständigen Städte. Unser Stadtspaziergang beginnt im mittelalterlichen Zentrum *Villingens* am **Oberen Tor** (1) (1220–50), dem Nordtor der Stadtbefestigung aus der Stauferzeit. Durch die Josefsgasse geht es weiter zur **Benediktinerkirche** (2) (St. Georg), die ab 1688 erbaut und 1725 geweiht wurde. Die prächtige Barockausstattung des Innern schufen überwiegend Villinger Künstler. An der Stadtmauer am **Riettor** (3) (13. Jh.) im Westen Villingens sind die schräg verzahnten Steine aus der Stauferzeit zu erkennen. Die Turmseite des Tors zur Stadt hin ziert ein Gemälde mit der Kreuzigung Christi. Gleich nebenan liegt das ehem. Franziskanerkloster, das 1222 eingeweiht und nach einem Brand 1704 originalgetreu wieder aufgebaut wurde. Die gotische Kirche der Klosteranlage dient als Konzerthaus mit außergewöhnlich guter Akustik. Im Kreuzgang ist das **Franziskanermuseum** (4) untergebracht. Es zeigt Sammlungen zur Geschichte von Stadt und Region, z. B. die Schwarzwaldsammlung mit der ältesten datierbaren Schwarzwalduhr von 1706 oder ein 2400 Jahre altes Bernsteincollier. Durch die Rathausgasse gelangt man zum Münsterplatz und zum **Alten Rathaus** (5) (14. Jh.) mit seinem prächtigen gotischen Stufengiebel. Es ist eines der ältesten Häuser der Stadt und wurde 1534 im Renaissancestil umgebaut. Das im Rathaus untergebrachte Museum zeigt Kunsthandwerk und Keramik des 16.–19. Jh. Weiter geht es zum ebenfalls mittelalterlichen **Neuen Rathaus** ❻, das ursprünglich Pfarrhaus des **Münsters Unserer Lieben Frau** ❼ (12./13. Jh.) war. Die Kirche ist eines der ältesten Gebäude der Stadt und vereinigt mehrere Architekturstile. Sehenswert im Innern sind vor allem die Kanzel (15. Jh.) sowie das Naegelinskreuz (14. Jh.). Im südöstlichen Teil der Altstadt befindet sich die **Johanniterkirche** ❽ (13. Jh.). Hier sind Konzerte auf der historischen Orgel ein kultureller Höhepunkt. Durch das **Bickentor** ❾ (13. Jh.) im Osten verlassen wir Villingen.

Über die Schwenninger und die Villinger Straße geht es per Auto oder Bus (Linien 1 oder 2, alle 20 Min., ab Bahnhof Villingen, Bahnhofstr. 5) nach *Schwenningen*. Ausgangspunkt der Tour ist der Muslenplatz im Zentrum. Bei einem Blick über den Platz fällt das schöne Fachwerk des **Alten Pfarrhauses** ❿ (1747) ins Auge. Kontrastpunkt dazu ist die moderne **Stadtbibliothek** ⓫, die einen Bestand von 50 000 Titeln aufweist. Gegenüber dem Pfarrhaus ist in einem Fachwerkhaus (1697) das **Heimat- und Uhrenmuseum** ⓬ untergebracht. Seit 1931 zeigt es Exponate zur Vor- und Früh- sowie zur Ortsgeschichte, darunter schwäbische Bauernmöbel ab dem 17. Jh., Schwarzwälder Glasmacherkunst und eine historische Uhrmacherwerkstatt mit Uhrensammlung. Die Marktstraße führt zum Marktplatz mit dem **Rathaus** ⓭ (1926–28), einem imposanten expressionistischen Bau mit dem Mosaik ›Krieg und Frieden‹ (1927) an der Nordfassade. Durch die Kirchstraße geht es zur **Stadtkirche** ⓮, deren Turm aus dem 15. Jh. das einzige Zeugnis Schwenningens aus der Zeit vor dem Dreißigjährigen Krieg ist. Die Kirche selbst brannte 1633 ab und wurde 1700 wieder aufgebaut. Idyllisch im Westen gelegen ist die **Töpferei** ⓯ (Ob dem Brückle), die ihre Waren auch zum Verkauf anbietet. Die Tour endet in der ältesten Uhrenfabrik Baden-Württembergs (1855). Hier gewährt das **Uhrenindustriemuseum** ⓰ Einblick in die traditionelle und moderne Art der Uhrenherstellung.

TOP TIPP

Weitere Sehenswürdigkeiten:

Familienpark ⓱
Internationales Luftfahrtmuseum ⓲

Praktische Hinweise

Information

Tourist-Info, Rietgasse 2, Villingen, Tel. 077 21/82 23 40, www.tourismus-vs.de

Hotels

Central Hotel, Alte Herdstr. 12–14, Schwenningen, Tel. 077 20/30 30, www.centralhotel-vs.de. Komfortables und modernes Hotel mit freundlichem Flair.

Hotel Bosse, Oberförster-Ganter-Str. 9–11, Villingen, Tel. 077 21/580 11, www.hotel-bosse.de. Gemütliches Haus mit klassisch badischem Restaurant.

Schlenkers Hotel Ochsen, Bürkstr. 59, Schwenningen, Tel. 077 20/83 90, www.hotelochsen.com. Behagliches Traditionshaus mit Restaurant.

Restaurants

Neckarquelle, Wannenstr. 5, Schwenningen, Tel. 077 20/978 29. Gehobene regionale und internationale Küche.

Rindenmühle, Am Kneippbad 9, Villingen, Tel. 077 21/886 80. Schwäbisch-Badisches mit Pfiff.

Wirtshaus zum Schlachthof, Schlachthausstr. 11, Villingen, Tel. 077 21/878 79 35. Frische deutsche Küche mit regionalen und saisonalen Spezialitäten.

Das Obere Tor bewacht den Eingang zu Villingens Altstadt

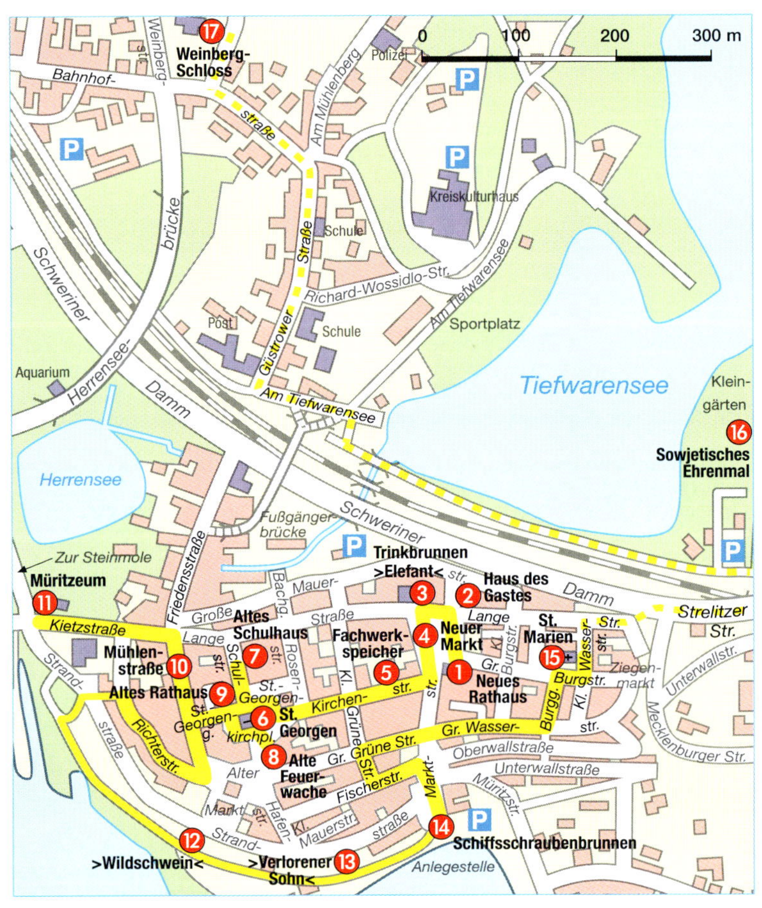

Waren (Müritz) *E7*

Mecklenburg-Vorpommern
Einwohner: 21 000

Das Tor zum Seenparadies der Müritz besitzt Beschaulichkeit und Charme.

Waren liegt zwischen dem nördlichen Ufer der Müritz und dem nordöstlichen Rand der Großseenplatte. Der Stadtrundgang beginnt am **Neuen Rathaus** ❶. Es wurde 1797 erbaut und 1857 verändert. Unter den Arkaden im Erdgeschoss ist noch die alte Ratswaage mit langem Wägebalken zu sehen. An der Rückseite des Rathauses erinnert ein Einschussloch an den Kapp-Putsch 1920. Im Rathaus hat das Museum für Stadtgeschichte sein Domizil. Das repräsentativste Gebäude am Neuen Markt aber ist die Löwenapotheke, neuerdings auch **Haus des Gastes** ❷, die um 1800 erbaut wurde und heute u.a. die Touristen-Information beherbergt. Ebenfalls auf dem Markt findet der Besucher einen 3 m hohen Brunnen in filigraner Kugelform (2003, F.-U. Poppe) und den kleinen **Trinkbrunnen** ❸ in Form eines auf dem Rüssel stehenden Elefanten, den der Warener Bildhauer Walther Preik im Jahre 1998 schuf. Das Haus Nr. 13 am **Neuen Markt** ❹ erhielt 1994 den städtischen Sanierungspreis. Das Untergeschoss des Fachwerkhauses Nr. 14 daneben ist rund 600 Jahre alt. Im 18. Jh. wurde der **Fachwerkspeicher** ❺ in der Kirchenstraße erbaut. Er diente als Tabak- und Getreidespeicher. Die dreischiffige gotische Backsteinbasilika

TOP TIPP

St. Georgen ❻ ist das älteste Bauwerk Warens (1273 erstmals erwähnt). Die neogotische Ausstattung stammt aus dem 19. Jh. Unter den Kunstschätzen hervorzuheben ist u.a. ein Wappenepitaph von 1712. An der Schulstraße steht das **Alte Schulhaus** 7 von 1705, das bis 1891 als Schule genutzt wurde. Die **Alte Feuerwache** 8 entstand 1867 und diente bis 1952 als Spritzenhaus. Das Herz der Altstadt ist der Alte Markt, an dessen Nordostecke das **Alte Rathaus** 9 steht. Der schlichte Backsteinbau geht im Kern auf das 14. Jh. zurück. Links neben dem Rathaus fällt ein Fachwerkhaus (Nr. 13) auf, das 1699 nach dem Stadtbrand errichtet wurde. Daran vorbei geht es in die **Mühlenstraße** 10 mit ihren prachtvoll restaurierten alten Häusern, z. B. dem Haus Nr. 8, das den Sanierungspreis 1999 gewann, oder Haus Nr. 13, dem Pfarrhaus der Mariengemeinde, das den 1. Preis im Fassadenwettbewerb Mecklenburg-Vorpommerns erhielt. Auch die Richterstraße wartet mit einigen hübschen Häuschen auf. Die nur 3,20 m breite Gasse mündet in einen Abstieg hinunter zur Müritz, der im Volksmund ›Noorsritz‹ heißt (Noors ist das mecklenburgische Wort für Gesäß).

TOP TIPP Warens jüngste Attraktion ist das **Müritzeum** 11: Schon durch ihre avantgardistische Architektur setzt diese beeindruckende Einrichtung Akzente. Mit dem deutschlandweit größten Aquarium für Süßwasserfische, einer großen Sammlung naturhistorischer Schätze, mit Multivision und Erlebnisgarten wurde hier ein wahrer Besuchermagnet geschaffen. Am Ufer der Müritz begegnet der Besucher der Plastik **›Wildschwein‹** 12, wiederum eine Arbeit von Walther Preik. Als weiteres Kunstwerk zieht im Stadthafen die Bronzeskulptur **›Verlorener Sohn‹** 13 des gebürtigen Wareners Stephan Voigtländer die Aufmerksamkeit auf sich. Unweit der Anlegestelle, von der aus Schiffe zu Hafenrundfahrten starten, steht der **Schiffsschraubenbrunnen** 14 (1999), in dessen Zentrum eine Schiffsschraube in die Höhe ragt. Der von Walther Preik entworfene Brunnen erinnert an die Warener Tradition der Herstellung von Schiffsschrauben. Ein Abstecher führt in die Oberwallstraße mit ihren ›Rätselhäusern‹: Sie besitzen einen Eingang zur Oberwallstraße hin und einen weiteren Zugang auf der eigentlichen Vorderseite, die zur Unterwallstraße zeigt. Weiter geht es durch die Große Grüne Straße, vorbei am Haus Nr. 22, das 1997 für seine Sanierung ausgezeichnet wurde,

TOP TIPP und in die Große Burgstraße zur Kirche **St. Marien** 15. Ihr Ursprung liegt im 13. Jh., ihre Baugeschichte erstreckt sich über sieben Jahrhunderte, sodass ihre Gestalt Elemente diverser Baustile zur Schau trägt. Abschließend bietet sich der Besuch des **Sowjetischen Ehrenmals** 16 am Tiefwarensee oder des **Weinberg-Schlosses** 17 an.

Praktische Hinweise

Information

Waren (Müritz)-Information, Neuer Markt 21, Tel. 039 91/66 61 83, www.waren-tourismus.de

Hotels

Hotel am Tiefwarensee, Richard-Wossldlo-Str. 7, Tel. 039 91/747 51 00, www.hotel-am-tiefwarensee.de. Solides Logis inmitten einer schönen Parklandschaft.

Seehotel Ecktannen, Fontanestr. 51, Tel. 039 91/62 90, www.seehotel-ecktannen.de. Komfortables Hotel mit Sauna, Angebote zu Wellness, Massage und Beauty.

Wasserbettenhotel, Lange Str. 1, Tel. 039 91/18 15 40, www.ferienhotel-reschke.m-vp.de. Der etwas andere Schlafkomfort in gemütlichen Zimmern.

Restaurants

Alt Waren, Lange Str. 9, Tel. 039 91/63 37 77, www.alt-waren.de. Mecklenburgische Gerichte in gemütlicher Atmosphäre.

Alte Tankstelle, Strandstr. 15, Tel. 039 91/66 44 81. Einheimisches und Fisch.

Kleines Meer, Alter Markt 7, Tel. 039 91/64 80, www.kleinesmeer.de. Feine frische Küche mit stark regionaler Ausrichtung.

Seit dem 13. Jh. prägende Elemente in Warnes Stadtsilhouette: Kirche St. Marien und Müritz

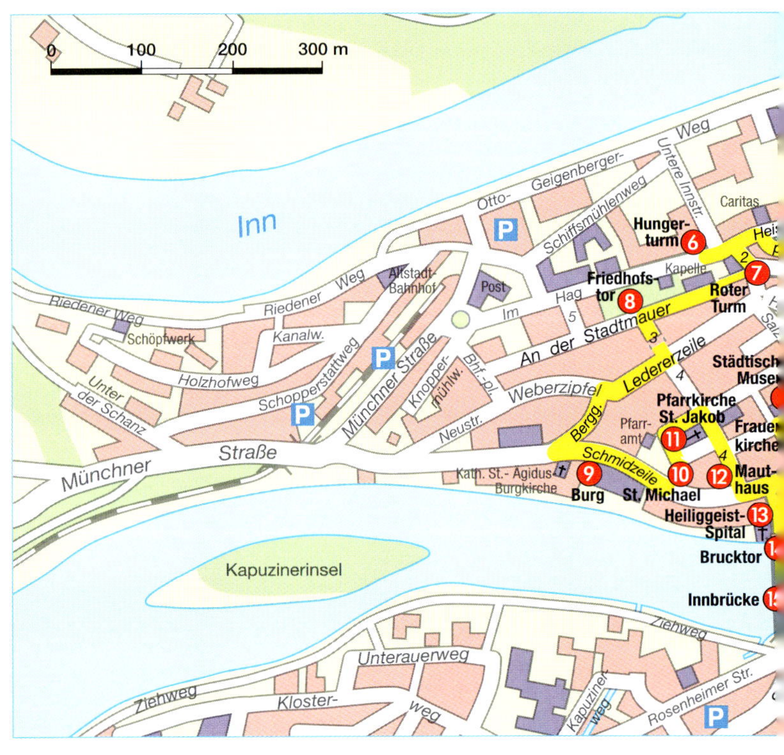

Wasserburg am Inn *E8*

Bayern
Einwohner: 12 000

Eingebettet in eine Schleife des Inn liegt ein zauberhaftes Städtchen.

Der Rundgang durch das mittelalterliche TOP TIPP Wasserburg am Inn beginnt am spätgotischen **Rathaus** 1 (1457–59). Sehenswert ist die Ratsstube (Kleiner Rathaussaal) mit der Originalinnenausstattung von 1564. Das Tanzhaus (Großer Rathaussaal), beim Stadtbrand 1874 ausgebrannt, erhielt seine heutige Ausstattung 1902–04. Die Säle können nur im Rahmen einer Führung besichtigt werden. Drei spätgotische Häuser beherbergen das im Jahr 1888 gegründete **Städtische Museum** 2 im Heimathaus. Hier sind im ersten Stock bedeutende spätgotische Fresken zu sehen. Die **Frauenkirche** 3 (1324 erstmals urkundlich erwähnt) ist das älteste Gotteshaus der Stadt und war einst eine berühmte Wallfahrtskirche. Von besonderer Bedeutung ist das wundertätge Gnadenbild der Mutter Gottes (um 1420) am Hochaltar. Der angebaute Turm (65 m) war früher städtischer Wachturm. Die herrliche Rokokofassade des **Kernhauses** 4 wurde um 1738 durch Johann Baptist Zimmermann gestaltet. Am Inn entlang geht es weiter zur **Max-Emanuel-Kapelle** 5 (1716), benannt nach dem Kurfürsten. Von Hochwasser zerstört, wurde sie 1862 durch die Maurerzunft neu errichtet. Im **Hungerturm** 6 (auch Schuldturm) befand sich früher das städtische Schuldnergefängnis. Der letzte erhaltene Torturm, der **Rote Turm** 7, ist noch heute in die alte Mauer der Stadtbefestigung integriert und lädt als Gasthaus zur Einkehr ein. Nun geht es weiter die Mauer entlang bis zum **Friedhofstor** 8, das 1855 unter Verwendung wertvoller alter Marmorgedenktafeln errichtet wurde. TOP TIPP Die **Burg** 9 wurde 1137 erstmals erwähnt. Herzog Wilhelm IV. baute sie 1531–37 zum Schloss um, heute sind hier Kloster und Altersheim ansässig (keine Besichtigung möglich). Die Burgkapelle St. Ägidien stammt aus dem 15. Jh. Die spätgotische Doppelstockkirche **St. Michael** 10 schuf Wolfgang Wieser, der auch die ab 1250 entstandene Pfarrkirche **St. Jakob** 11 (1478) fertig stellte. Von der kostbaren Renaissance-Ausstattung durch

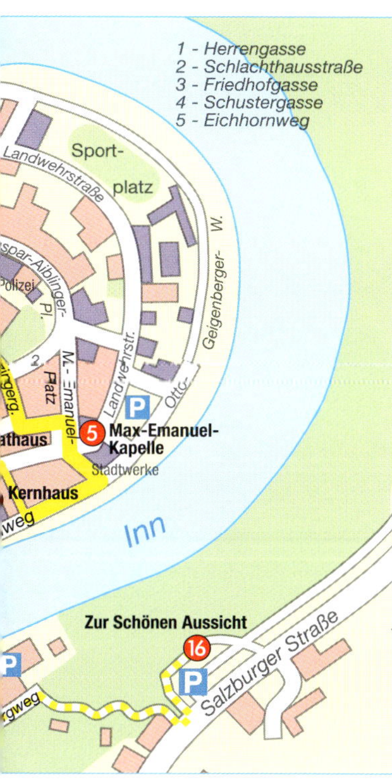

die Gebrüder Zürn ist nur noch die Kanzel erhalten. Das alte **Mauthaus** ⓬ besitzt außergewöhnlich schöne Renaissance-Erker (16. Jh.). Ganz in der Nähe befindet sich das **Heiliggeist-Spital** ⓭ (1341), wo heute das ›Erste Imaginäre Museum‹ etwa 500 originalgetreu replizierte Meisterwerke der bildenden Kunst zeigt. Die Spitalkirche birgt ein wertvolles geschnitztes Altarbild (um 1500) mit der Darstellung des Pfingstwunders. Am **Brucktor** ⓮ an der Innbrücke sind Wandmalereien (1568) zu sehen, die zwei geharnischte Männer (sog. Scharwächter) zeigen, oben thront Jupiter auf einem Adler. 1338 erstmals erwähnt wurde die **Innbrücke** ⓯ (1982/83 erneuert). Wer jetzt noch einen schönen Blick auf die Stadt genießen möchte, setzt den Spaziergang fort (ca. 15 Min.) bis zum **Wirtshaus Zur Schönen Aussicht** ⓰.

i Praktische Hinweise

Information

Fremdenverkehrsamt, Marienplatz 2, Tel. 08071/10522, www.wasserburg.de

Hotels

Gasthof Huber-Wirt, Salzburger Str. 25, Tel. 08071/7433, www.huberwirtamkellerberg.de. Solide Zimmer und traditionell-bayerische Gastronomie.

Hotel Fletzinger Bräu, Fletzingergasse 1, Tel. 08071/90890, www.hotel-fletzinger.de. Stilechtes Traditionshotel mit Restaurant.

Hotel Paulanerstuben, Marienplatz 9, Tel. 08071/3903, www.paulanerstuben-wasserburg.de. Behaglich eingerichtete Zimmer, zünftige Gaststube.

Restaurants

Restaurant Etage, Ledererzeile 10, Tel. 08071/2237. Gehobene heimische Küche mit mediterranen Akzenten.

Stechl Keller, Marienplatz 6, Tel. 08071/9254159. Frische, pfiffige Snacks in entspannter Atmosphäre.

Weisses Rössl, Herrengasse 1, Tel. 08071/50291. Bayerisches mit Raffinesse.

Vom Inn gerahmt: Wasserburgs spätgotische Altstadt vom Wirtshaus Zur Schönen Aussicht

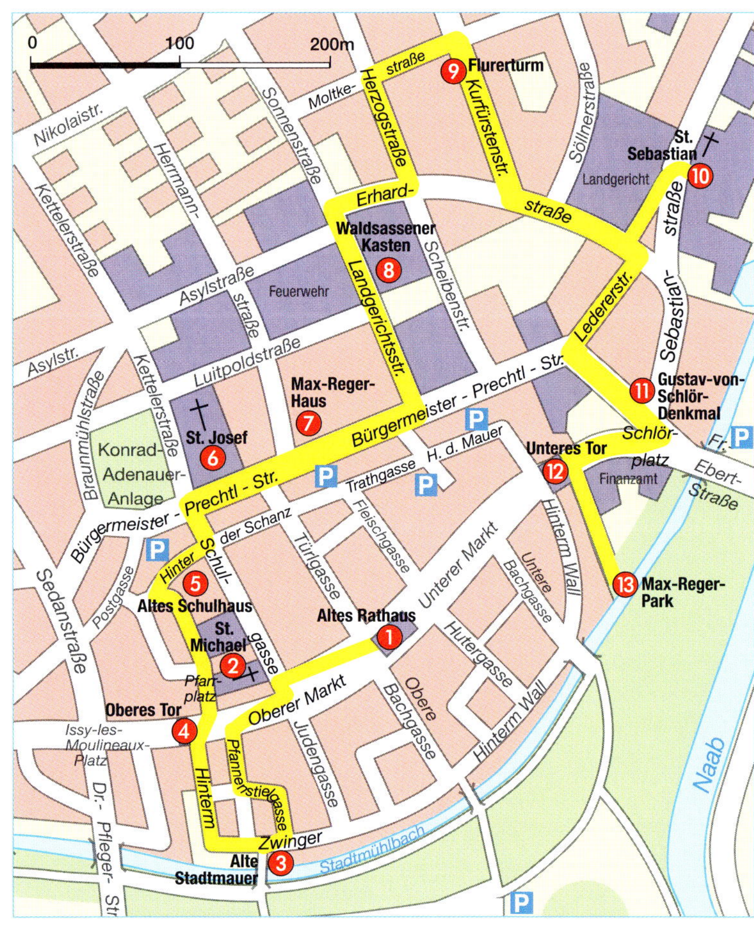

Weiden i. d. Oberpfalz *E6*

Bayern
Einwohner: 42 000

Oberpfälzische Orgelklänge bereicherten von hier aus die Welt der Musik.

Weiden, das Tor zum Oberpfälzer Wald, liegt idyllisch eingebettet im Tal der Waldnaab. Ausgangspunkt unseres Streifzuges durch den Ort ist das spätgotische **Alte Rathaus** 1 (1539–48) mit seinem mächtigen achteckigen Turm. An der Nordecke des Hauses sind Reste des früheren Prangers zu sehen. Über den Oberen Markt gelangt man zur Pfarrkirche **St. Michael** 2 (15. Jh.), einer dreischiffigen gotischen Hallenkirche, die später im barocken Stil verändert wurde. Im Innern befinden sich eine schöne Rokoko-Kanzel und ein Renaissance-Orgelprospekt. Um 1900 wurde die Kirchenorgel häufig von dem Komponisten Max Reger (1873–1916) gespielt, der seine Jugendjahre in Weiden verbrachte. Geht man nun in Richtung Stadtmühlbach und überquert diesen, hat man den schönsten Blick zurück zur **Alten Stadtmauer** 3. Sie war Teil der Stadtbefestigung und besteht aus Haupt- und Zwingermauer, Eckbastion und Schalenturm. 1347 wurde Weiden auf Anweisung Kaiser Karls neu befestigt. Zurück Richtung Zentrum geht es vorbei am **Oberen Tor** 4, durch das man die Altstadt betritt. Das Tor erhielt 1911 im Zuge einer Straßenerweiterung seine heutige Gestalt. Neben dem Oberen Tor steht das mächtige so genannte Veste Haus, das Pfalzgraf Friedrich von Parkstein 1585–93 bewohnte. Auf das Jahr 1529 geht das **Alte Schulhaus** 5 zurück, ursprünglich als Getreidekasten

TOP TIPP

gebaut und 1536 abgebrannt. In dem neuen Gebäude von 1565 wurden Latein- und Deutsche Schule untergebracht. Heute ist es ein Kulturzentrum, das Stadtmuseum, Stadtarchiv und die Städtische Galerie beherbergt. Dahinter ragen die TOP TIPP beiden Türme der neoromanischen katholischen Kirche **St. Josef** 6 in die Höhe. Sie war zur Entstehungszeit 1900/01 der größte Kirchenbau des Bistums Regensburg seit dem Mittelalter. Der Innenraum präsentiert sich als ein überwältigendes Jugendstil-Ensemble. Ebenfalls in der Bürgermeister-Prechtl-Straße erinnert eine Gedenktafel am **Max-Reger-Haus** 7 an die Komponisten-Familie, die hier bis zum Jahre 1901 wohnte. Der Baumeister Frater Philipp TOP TIPP Muttone schuf 1739–42 die barocke Klosteranlage **Waldsassener Kasten** 8, die heute das Internationale Keramikmuseum beherbergt. Exquisite Kostbarkeiten der heimischen und der internationalen Porzellanherstellung aus der Sammlung des Staatlichen Bayerischen Museums sind zu bewundern. Seit dem 19. Jh. ist in Weiden eine Porzellanindustrie von Weltruf ansässig. Der **Flurerturm** 9 in der Kurfürstenstraße ist einziges Überbleibsel der Vorstadtmauer, die 1575 zum Schutz neuer Stadtviertel errichtet wurde. 1634 wurden die Mauer, vier Tor- und zwei Rundtürme abgerissen, um ein besseres Schussfeld gegen belagernde Feinde zu schaffen. Den Turm bauten die Weidener 1694 wieder auf. Am Landgericht vorbei kommt man zur katholischen Kirche **St. Sebastian** 10. Sie geht auf eine Kapelle von 1486 zurück. Die barocke Kirche selbst mit ihrer reichen Innenausstattung entstand 1692. Bemerkenswert ist vor allem der Renaissance-Grabstein der 1590 in Weiden gestorbenen Zwillingskinder des Pfalzgrafen Friedrich von Parkstein. Mit dem **Gustav-von-Schlör-Denkmal** 11 bedankte sich die Stadt beim letzten bayerischen Handelsminister, der im 19. Jh. den Anschluss der Stadt an das Eisenbahnnetz erwirkte und ihr damit zu Wohlstand verhalf. Durch das **Untere Tor** 12 und die links abzweigende Gasse Hinterm Wall gelangt man zum zwischen Stadtmühlbach und Naab gelegenen **Max-Reger-Park** 13. Er ist stimmungsvolle Kulisse der Weidener Sommer-Serenaden. Das Denkmal für den Komponisten Max Reger – Orgelpfeifen, die aus einem Granitblock wachsen – schuf Josef Gollwitzer 1957.

i Praktische Hinweise

Information

Tourist-Information, Dr.-Pfleger-Str. 17, Tel. 09 61/480 82 50, www.weiden-oberpfalz.de

Hotels

Hotel Post, Bahnhofstr. 23, Tel. 09 61/ 470 39 90, www.hotelpostweiden.de. Komfortable Unterkunft im Zentrum, mit Restaurant.

Klassik Hotel Am Tor, Schlörplatz 1a, Tel. 09 61/474 70, www.klassikhotel.de. Logis mit romantischem Flair im Herzen der Altstadt.

Stadtkrug, Wolframstr. 5, Tel. 09 61/388 90, www.hotel-stadtkrug.de. Behagliches Hotel; das Restaurant serviert Oberpfälzisches.

Restaurants

Bräu-Wirt, Unterer Markt 9, Tel. 09 61/ 48 13 30, www.Gutbürgerliche bayerisch-oberpfälzische Gerichte.

Zoe, Unterer Markt 35, Tel. 09 61/41 97 11. Raffiniertes köstlich zubereitet.

Zum Südtiroler, Körnerstr. 7, Tel. 09 61/ 381 45 13, www.zumsuedtiroler.de. Essen und Weine aus Südtirol.

Das Alte Rathaus bietet seit Jahrhunderten Raum für Verwaltung und Handel

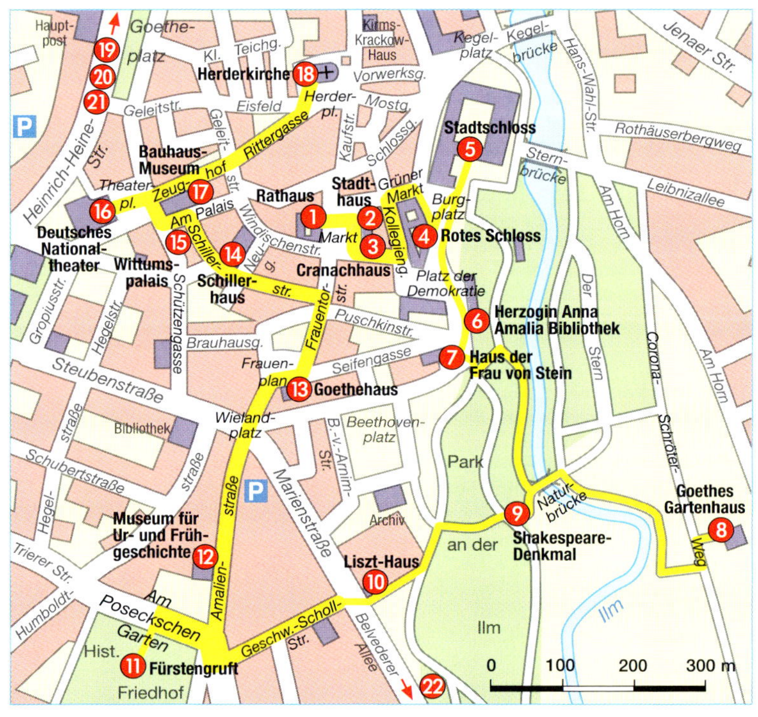

Weimar

D5

Thüringen
Einwohner: 64 000

Gebündelte Geistestradition in einer gemütlichen, stilvollen Residenzstadt.

Ausgangspunkt unserer Tour durch das als Stadt der Deutschen Klassik weltberühmte Weimar ist das **Rathaus** 1 auf dem Marktplatz, dessen Baugeschichte bis ins 14. Jh. zurückreicht. Der heutige, neugotische Bau stammt von 1841. Östlich davon erhebt sich das **Stadthaus** 2 (1547) im Renaissancestil, das die Weimarer früher als Handels- und Ratsgebäude nutzten. Auffallend ist der schöne Erker an der Marktnordseite. Das **Cranachhaus** 3, ebenfalls ein bedeutendes Renaissancegebäude, wurde 1547–49 für Gregor Brück errichtet, den Schwiegersohn Lucas Cranachs d. Ä. Der große Maler (* 1472) selbst wohnte hier ein Jahr lang bis zu seinem Tod 1553. Über die Kollegiengasse erreicht man das illustre **Rote Schloss** 4 mit seinen drei prachtvollen Giebeln und dem beeindruckenden Portal, alles im Stil der Renaissance. Hier war 1781–1807 die Freie Zeichenschule des größten Weimarers, Johann Wolfgang von Goethe (1749–1832), untergebracht. Das **Stadtschloss** 5 entstand in seiner heutigen Gestalt um 1800. Sein Treppenhaus, der Festsaal und die Falkengalerie gehören zu den bedeutendsten Leistungen des Klassizismus in Deutschland. Das Schlossmuseum zeigt herausragende Werke deutscher Kunst, u. a. von Cranach d. Ä. und Dürer, sowie der europäischen Freilichtmalerei des 19. Jh. Prächtige Renaissancebauten umgeben den Platz der Demokratie, an dessen Südseite sich der elegant ornamentierte Bau der **Herzogin Anna Amalia Bibliothek** 6 (16. Jh.) mit dem berühmten Rokokosaal erhebt. Die Umgestaltung zur Bibliothek (1761–66) veranlasste Herzogin Anna Amalia. 2004 vernichtete ein verheerender Brand große Teile des kostbaren Bücherbestandes; doch seit 2007 ist das restaurierte Gebäude wieder zugänglich. Nur wenige Schritte weiter befindet sich das **Haus der Frau von Stein** 7, in dem Goethes Gefährtin Charlotte von Stein (1742–1827) 50 Jahre lang lebte. Danach führt der Weg ins Grüne hinauf zu **Goethes Gartenhaus** 8, das Herzog Carl August dem Dichter 1776 schenkte. Von hier aus hat man einen herrlichen Blick über das Ilmtal und auf

TOP TIPP

TOP TIPP

das **Shakespeare-Denkmal** 9 von 1904. Zurück in der Stadt, geht es weiter zum efeubewachsenen **Liszt-Haus** 10, in dem der Komponist Franz Liszt (1811–1886) die Sommer 1869–86 vorwiegend verbrachte. 1887 wurde hier eine Erinnerungsstätte eingerichtet. Vorbei an der Bauhaus-Universität erreicht man die **Fürstengruft** 11 (1825) auf dem Historischen Friedhof (1818). In der Grablege auf einer Anhöhe ruhen die Gebeine der herzoglichen Familie sowie von Schiller und Goethe. Im nahen **Museum für Ur- und Frühgeschichte** 12 sind 400 000 Jahre Geschichte Thüringens dokumentiert. Der Amalienstraße folgend, öffnet sich der Frauenplan, jener berühmte Platz, der vom TOP TIPP **Goethehaus** 13 (1709) beherrscht wird, in dem der Dichter von 1782 bis zu seinem Tod 1832 wohnte. Als Goethemuseum dokumentiert es sein Leben und Werk. Dichterfreund Friedrich Schiller (1759–1805) kaufte drei Jahre vor seinem Tod das **Schillerhaus** 14, das seit 1847 als Gedenkstätte dient. An der Kreuzung Schillerstraße/Am Palais steht das barocke **Wittumspalais** 15 (1767), das Herzogin Anna Amalia bis zu ihrem Tod 1807 bewohnte. Nächste Station ist das **Deutsche Nationaltheater** 16 (1908, wieder aufgebaut 1948). Die Leitung des ersten Vorgängerbaus hatte Goethe inne, Schiller wirkte 1799–1805 mit. Das klassizistische Gebäude gegenüber dem Theater, 1832 von Clemens Wenzeslaus Coudray entworfen, beherbergt das **Bauhaus-Museum** 17. Im Anschluss daran führt der Weg zur **Herderkirche** 18 (1249), die ab Mitte des 16. Jh. als Grablege der Weimarer Bischöfe diente. Ihr Namengeber und berühmtester Prediger war der hochgelehrte Kulturphilosoph und Goethefreund Johann Gottfried Herder (1744–1803), der hier bestattet wurde.

Weitere Sehenswürdigkeiten:

Neues Museum 19
Schloss und Park Tiefurt 20
Gedenkstätte Buchenwald 21
Schloss und Park Belvedere 22

i Praktische Hinweise

Information

Tourist-Information, Markt 10, Tel. 036 43/74 50, www.weimar.de

Hotels

Hotel Alt Weimar, Prellerstr. 2, Tel. 036 43/861 90, www.alt-weimar.de. Hotel mit Jugendstil-Elementen, klassisch-moderner Einrichtung und Restaurant.

Hotel Am Stadtpark, Amalienstr. 19, Tel. 036 43/248 30, www.stadtpark-hotel-weimar.de. Kleines, familiär geführtes Logis mit behaglichen Zimmern.

Hotel Anna Amalia, Geleitstr. 8–12, Tel. 036 43/495 60, www.hotel-anna-amalia.de. Komfortables, in mediterranem Stil ausgestaltetes Haus.

Restaurants

Elephantenkeller, Markt 19, Tel. 036 43/80 20. Traditionsreiches Lokal mit thüringischen Spezialitäten.

Ratskeller, Markt 10, Tel. 036 43/85 05 73, www.ratskeller-weimar.de. Regionale Spezialitäten in stilvollem Rahmen.

Zum Zwiebel, Teichgasse 6, Tel. 036 43/50 23 75. Deftige Küche, rustikaler Stil.

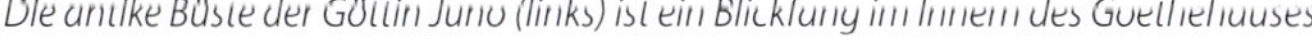

Die antike Büste der Göttin Juno (links) ist ein Blickfang im Innern des Goethehauses

Wernigerode

D4

Sachsen-Anhalt
Einwohner: 34 000

Ein Zauber-Ensemble von Fachwerkhäusern begeistert alle Besucher.

Der Spaziergang durch die ›bunte Stadt im Harz‹ beginnt am Marktplatz, in dessen Zentrum der neogotische Wohltäterbrunnen aus dem 19. Jh. steht. Ihm gegenüber erhebt sich das prachtvolle **Rathaus** 1 mit seinen beiden Erkertürmen. Das Gebäude wurde 1277 erstmals als Spielhaus erwähnt. Als 1528 das ursprüngliche Rathaus abbrannte, zog die Stadtverwaltung in den schmucken Fachwerkbau um. Beachtenswert sind die Holzfiguren, die unter den Balkenköpfen zu sehen sind. Gleich nebenan steht das heute als Hotel genutzte **Gothische Haus** 2 mit seiner Fachwerkfassade. Durch die Klintgasse geht es zur höchsten Erhebung der Stadt, auf der im 9. und 10. Jh. die Besiedlung begann. Interessant ist der ornamentreiche Renaissancebau in der Klintgasse 3. Ganz in der Nähe präsentiert das **Harzmuseum** 3 die Stadtgeschichte und eine naturwissenschaftliche Ausstellung. Etwas beängstigend wirkt das **Schiefe Haus** 4 (1680) mit seiner asymmetrischen Architektur. Die einstige Mühle wurde früher vom Mühlgraben umspült, der im Laufe der Jahre die Fundamente an der Ostseite ausgewaschen hat. Erst als fester Grund erreicht war, konnte das weitere Absinken gestoppt werden. In Richtung Süden gelangt man dann zur **Sylvestrikirche** 5. Nur die mächtigen Pfeiler im Mittelschiff zeugen noch von der romanischen Vergangenheit des Gotteshauses, das Übrige entstand 1881–86. Sehenswert ist der Eichenbohlenschrank (13. Jh.) neben der Sakristei. Am Oberpfarrkirchhof steht das **Gadenstedtsche Haus** 6 von 1582, ein herrlicher Fachwerkbau mit prächtigem Erker. Bescheidener ist dagegen Wernigerodes **Kleinstes Haus** 7, das um 1800 in barockem Fachwerk errichtet wurde. Das einzige Zimmer in der 2. Etage ist nur 8 m^2 groß. Durch die Marktstraße geht es nun zurück in Richtung Norden. Vorbei an weiteren historischen Häusern kommt man zum Gebäudeensemble des **Kunst- und Kulturvereins** 8 (Hausnr. 1–3). Erst vor etwa 20 Jahren wurde hier eine Kemenate mit Resten von Renaissance-Malereien und einem Kamin entdeckt, die einer Inschrift zufolge der damalige Bürgermeister Thomas Schütze 1557 erbauen ließ.

Wenige Schritte entfernt lädt in der Breiten Straße das **Café Wien** 9 (1583) ein. Es ist das älteste Haus der Straße, denn 1848 endete genau hier ein verheerender Stadtbrand. Über die Westernstraße führt der Weg zum **Westerntorturm** 10 (1356 erstmals urkundlich erwähnt). Von dort spaziert man entlang den Eisenbahngleisen zum **Bahnhof Westerntor** 11. Der Bahnhof stammt aus den 1930er-Jahren und beherbergte früher die Einsatzleitung der Harzquer- und der Brockenbahn. Im Harz gibt es das größte zusammenhängende Schmalspurschienennetz Europas. Eine Fahrt mit der von Dampfloks gezogenen Bahn auf den Brocken, den mit 1142 m höchsten Berg des Harzes, ist ein ganz besonderes Erlebnis. Vor dem rekonstruierten Brunnen in der Hinterstraße steht Wernigerodes **Ältestes Haus** 12 (um 1400), ein schmuckloser Ständerbau. Die Stadtbesichtigung führt nun weiter zur **Johanniskirche** 13 (1265–79). Aus frühromanischer Zeit stammen der Westturm sowie Teile des südlichen Querhauses und der Mittelschiffarkaden. Der Rest des Gotteshauses entstand weitgehend im 15. Jh. Die Breite Straße flankieren sehenswerte Bauten aus dem 17. Jh., darunter die **Krellsche Schmiede** 14 (Nr. 95), das **Krummelsche Haus** 15 (Nr. 72) mit seiner prächtigen Holzfassade oder die Nummer 71 mit dem barocken Engelskopf und skurrilen Maskenschnitzereien. Das Handwerkerhaus **Breite Straße 62** 16 wurde im Stil der Hochrenaissance erbaut. In der Straße ›Am Vorwerk‹ sieht man die beiden **Halbschalentürme** 17, die zur historischen Stadtbefestigung gehörten. Ganz in der Nähe erhebt sich die **Liebfrauenkirche** 18 (1756–62), deren romanischer Vorgängerbau erstmals im Jahr 1230 erwähnt wurde. Letzte Station des Spaziergangs ist das **Schloss** 19 auf dem Agnesberg – das Wahrzeichen der Stadt. Die vom Historismus geprägte Anlage geht auf eine romanische Burg (12. Jh.) zurück, die im Laufe der Jahrhunderte häufig umgestaltet wurde. In der zweiten Etage befinden sich Ausstellungsräume (Kunst- und Kulturgeschichte des 19. Jh.). Sehenswert sind auch der Festsaal sowie die Schlosskirche mit dem Marienaltar und der Walcker-Orgel.

TOP TIPP

Weitere Sehenswürdigkeiten:

Bürgerpark 20
Museum für Luftfahrt und Technik 21

Praktische Hinweise

Information

Wernigerode Tourismus GmbH, Marktplatz 10, Tel. 039 43/63 30 35, www.wernigerode-tourismus.de

Hotels

Am Anger, Breite Str. 92–94, Tel. 039 43/923 20, www.hotel-am-anger.de. In freundlich-hellem Landhausstil gehaltenes Hotel in Altstadtlage.

Erbprinzenpalais, Lindenallee 27, Tel. 039 43/540 50, www.erbprinzenpalais.de. Schlossähnliches Familienhotel mit Restaurant und Wellnessangebot.

Parkhotel Fischer, Mauergasse 1, Tel. 039 43/69 13 50, www.parkhotel-fischer.de. Stilvoll gestaltetes Haus mit Wohlfühl-Angebot, Schwimmbad und Sauna.

Restaurants

Fürstengrotte, Burgberg 9 b, Tel. 039 43/54 59 32, www.fuerstengrotte.de. Rustikales Ambiente, Küche mit regionalem Akzent.

Gothisches Haus, Marktplatz 2, Tel. 039 43/67 50, www.travelcharme.com/gothisches-haus-html. Ambitionierte Kochkunst für Genießer.

Weißer Hirsch, Marktplatz 5, Tel. 039 43/60 20 20, www. hotel-weisser-hirsch.de. Harzer Spezialiäten und internationale Küche mit Niveau.

Eine Augenweide ist das mit Fachwerk und Erkertürmen geschmückte Rathaus

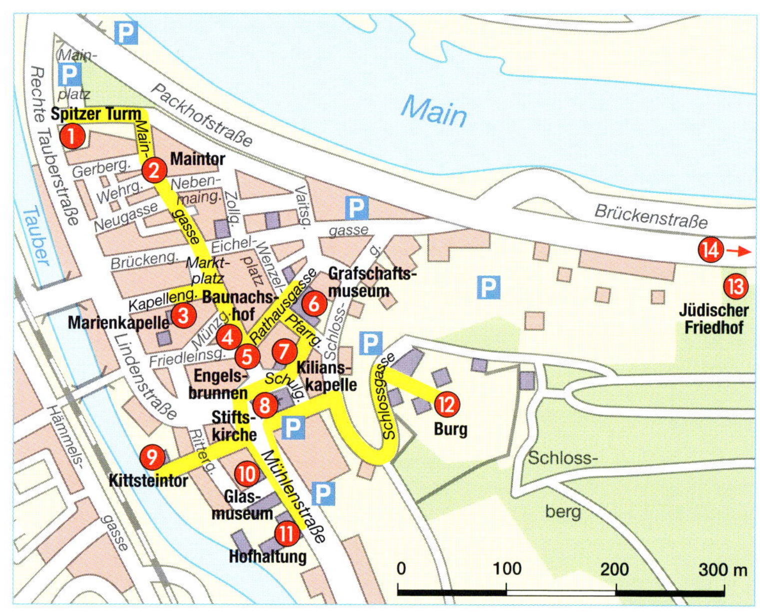

Wertheim

C6

Baden-Württemberg
Einwohner: 24 000

Mittelalterliche Beschaulichkeit am Zusammenfluss von Tauber und Main.

Wertheim liegt an der Einmündung der Tauber in den Main und wird deshalb auch als ›Tor zum lieblichen Taubertal‹ bezeichnet. Am **Spitzen Turm** ❶ beginnt der Spaziergang durch den mittelalterlichen Stadtkern. Um 1200 als Wach- und Aussichtsturm errichtet, war der Spitze Turm Eckpunkt der Stadtbefestigung mit 18 Türmen und Toren. Der ursprüngliche Eingang in 10 m Höhe war nur über eine Leiter zu erreichen. Vom Turmstübchen bietet sich ein herrlicher Ausblick auf den historischen Stadtkern. Durch das **Maintor** ❷ gelangt man in den Teil der Altstadt, in dem im 18. und 19. Jh. die meisten Wertheimer Juden wohnten. Im Jahr 1447 wurde am Ort der zerstörten Judenschule (Synagoge) die **Marienkapelle** ❸ errichtet. Die Madonna an der Nordostecke ist einer Statue aus Kürnbach im Schwarzwald nachempfunden. In der Friedleinsgasse steht der **Baunachshof** ❹. Er wurde 1577 durch den Weinhändler Lorenz Baunach umgebaut und weist viele Steinmetzmarken auf. Die häufigen Hochwasser sind mit ihren Pegelständen durch Markierungen an den Mauern dokumentiert. Richtung Marktplatz schließt eine dekorativ geschnitzte Rokoko-Holztür den Hof ab. Die Kreuzung Rathausgasse/Mühlenstraße markiert der im Jahr 1574 aus heimischem roten Sandstein geschaffene **Engelsbrunnen** ❺. Seinen Namen verdankt er den beiden Engeln, die über der Brunnenbekrönung das Wertheimer Stadtwappen halten. Mehrere malerische Fachwerkhäuser säumen den Platz. Eine der Fassaden wartet mit einem Mahnspruch der Toten an die Lebenden auf. Durch die Rathausgasse geht es zum **Grafschaftsmuseum** ❻. Der zum Teil noch mittelalterliche Gebäudekomplex war bis 1988 Sitz der Stadtverwaltung. Er besteht aus mehreren Bauten, darunter dem ›Haus der vier Gekrönten‹ (Fachwerkhaus, spätes 16. Jh.) und dem gotischen Klinkhartshof. Der Zugang zu dem Gebäude ist seit 1540 eine doppelte Wendeltreppe mit getrennten, einander gegenüber liegenden Ein- und Ausgängen. Beim Umbau zum Museum (1988/89) wurde die historische Struktur größtenteils wieder freigelegt und in den restaurierten Bau integriert. Der Weg führt weiter zu der ab 1469 in spätgotischem Stil entstandenen **Kilianskapelle** ❼. Sie ist eine der schönsten gotischen Kapellen Süddeutschlands. Stadteinwärts gelangt man zur evangelischen **Stiftskirche** ❽, 1383 als gotische dreischiffige Pfeilerbasilika auf romanischem Fundament erbaut. Das Turmuhrwerk hat als Besonderheit zwei verschieden gestaltete Zifferblätter. Für die Bewohner der Burg wurde an der Ostseite des Turms ein Stundenzeiger angebracht, in Richtung Ortsmitte zeigt ein vergoldetes Zifferblatt den Bürgern die Stunden und Minuten an. Zur Tauber hinab gelangt man zum **Kittsteintor** 9 mit dem Kittsteinturm. Der Blick von dort auf die Stiftskirche und die Burg im Hintergrund zählt zu den bekanntesten Stadtansichten. Interessanter Beleg zur Geschichte der Tauber auf der Mauer an der Nordseite ist ein Verzeichnis sämtlicher Hochwassermarken seit 1595. Im Kallenbachhaus (1577) in der Mühlenstraße befindet sich das **Glasmuseum** 10, das einen Überblick über die bis 1945 in Thüringen beheimatete und nach dem Kriegsende hier neu aufgebaute Glasproduktion gibt. Gegenüber an der Bergseite der Straße ist der Rest des von 1634 bis 1803 bestehenden Kapuzinerhospizes mit dem Treppengiebel zu erkennen. Hinter dem Museum erreicht man die **ehem. Hofhaltung** 11 (bis 1781), heute Sitz der Stadtverwaltung. Das prächtige Barockportal von 1749 zeigt die Wappen des Fürsten Carl zu Löwenstein-Wertheim. Im Südwesten des geräumigen Innenhofes bildete der ›Weiße Turm‹ den Abschluss der inneren Stadtbefestigungen, die von der Burg bis hierher reichten. Hoch über der Altstadt

TOP TIPP

thront das Wahrzeichen Wertheims: die **Burg** 12. Der frühere Sitz der Grafen von Wertheim ist heute die Ruine einer der ältesten unter den großen Steinburgen Süddeutschlands. Die Anlage war durch einen tiefen Graben und umfangreiche Wehranlagen geschutzt: Hierzu zahlen der wuchtige Bergfried (um 1100, 25 m hoch), das Vordere Bollwerk, das als Halbkreis entworfen wurde und zur hinteren Seite hin offen ist, der Zehn-Ring-Turm (1410–30), das Obere Bollwerk samt Zitadelle (1360) sowie das Hintere Bollwerk. In mittelalterlichen Zeiten war der Zugang zur Burg allein über eine Zugbrücke möglich. Ein Brunnen in unmittelbarer Nähe lieferte den Wertheimer Grafen das notwendige Trinkwasser. Heute finden während der Sommermonate im Burggraben zahlreiche Open-Air-Veranstaltungen statt.

Weitere Sehenswürdigkeiten:

Jüdischer Friedhof 13
Schlösschen im Hofgarten 14

Praktische Hinweise

Information

Tourist-Information, Am Spitzen Turm, Tel. 093 42/10 66, www.tourist-wertheim.de

Hotels

Am Malerwinkel, Neuplatz 1, Tel. 093 42/90 60, www.hotelammalerwinkel.de. Behagliches Altstadthotel mit Restaurant und Terrasse.

Bronnbacher Hof, Mainplatz 10, Tel. 093 42/925 40, www.bronnbacherhof.com. Solides Logis mit Restaurant.

Schwan, Mainplatz 8, Tel. 093 42/923 30, www.hotel-schwan-wertheim.de. Ruhiges, komfortables Hotel mit Restaurant.

Restaurants

Bestenheider Stuben, Breslauer Str. 1, Tel. 093 42/965 40, www.bestenheider-stuben.de. Gehobene Küche mit regionalen und internationalen Akzenten.

Tauberhotel Kette, Lindenstr. 14, Tel. 093 42/918 00, www.tauberhotel-kette.de. Saisonale internationale Gerichte und einheimische Schmankerln.

Zum Ochsen, Marktplatz 7, Tel. 093 42/388 80, www.ochsen-wertheim.de. Bodenständige, rustikale Küche.

Die Stiftskirche (links) und das Kittsteintor (Mitte), im Hintergrund die vieltürmige Burg

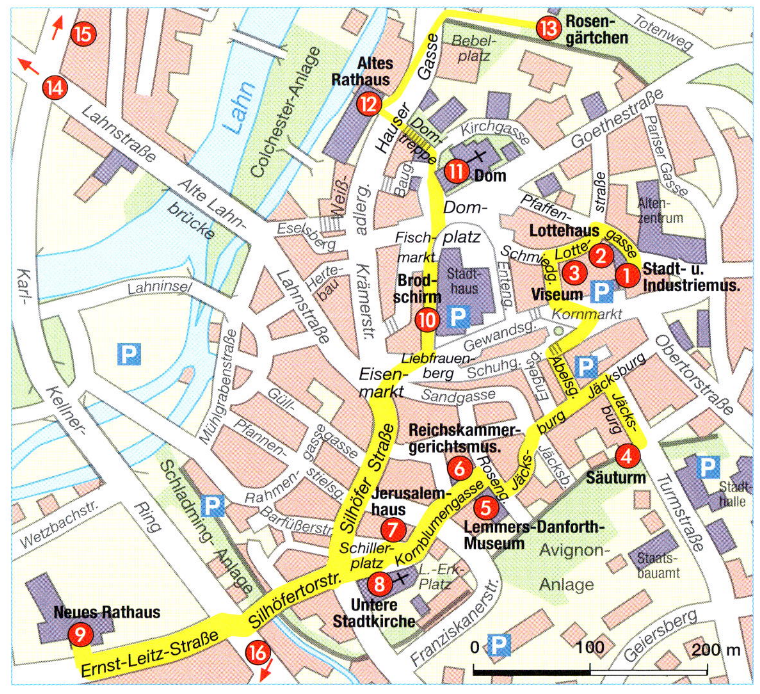

Wetzlar *B5*

Hessen
Einwohner: 52 000

Viel Fachwerk und eine anheimelnde Atmosphäre erwartet den Besucher.

Der Spaziergang durch den gut erhaltenen mittelalterliche Stadtkern Wetzlars beginnt an der Ecke Lottestraße/Pfaffengasse, dem ehem. Sitz des Deutschen Ordens (Ende 13. Jh.), wo heute das **Stadt- und Industriemuseum** 1 die über 1000-jährige Geschichte Wetzlars dokumentiert. Gleich nebenan steht mit dem TOP TIPP **Lottehaus** 2 (1287) ein Gebäude mit lebhafter Geschichte: Dem Deutschen Orden diente es als Verwaltung, und 1753 wurde darin eine gewisse Charlotte Buff geboren († 1828). Der junge Johann Wolfgang Goethe war 1772 fast täglich hier zu Gast. Er war es dann auch, der seiner verehrten ›Lotte‹ im weltberühmten Roman ›Die Leiden des jungen Werthers‹ (1774) ein literarisches Denkmal setzte. Im Haus wird dieser folgenreichen Begegnung gedacht. Nebenan informiert seit 2007 das **Mitmach-Museum Viseum** 3 über spannende Phänomene von Optik und Feinmechanik. Südlich vom Kornmarkt steht der **Säuturm** 4, im Mittelalter als ›Schneiderturm‹ bekannt. Damals hatte die Handwerkerzunft der Schneider die Pflicht, diesen Teil der Stadtmauer (1250–1300) zu verteidigen. Seinen heutigen Namen verdankt der Turm einer 1745 eingebauten Pforte für den Durchlass der Schweine auf die Weiden. Vom Turm aus hat man einen guten Blick auf die Burgruine Kalsmunt. Der Weg führt zurück in die Altstadt zum ansehnlichen Palais Papius (1740 errichtet, 1756 erweitert), in dem sich das TOP TIPP **Lemmers-Danforth-Museum** 5 zur europäischen Wohnkultur aus Renaissance und Barock befindet. Seinen Namen verdankt es der Kinderärztin Dr. Irmgard von Lemmers-Danforth, die ihre bedeutende Mobiliarsammlung 1963 der Stadt überließ. Anders geartete Einblicke in die Vergangenheit gibt gegenüber das **Reichskammergerichtsmuseum** 6. Es ist im Avemannschen Haus (18. Jh.) untergebracht, das im 19. Jh. Oberstleutnant von Aveman gehörte. Es dient seit 1987 als Ausstellungsort für die über 500-jährige Gerichtsgeschichte Wetzlars. Über die Kornblumengasse erreicht man dann den Schillerplatz, an dem das **Jerusalemhaus** 7 (17. Jh.) steht. Hier wohnte ab 1694 die Buchdruckerfamilie Winckler, und 1772 erschoss sich in dem Fachwerkhaus der braunschweigische Legationssekretär Karl Wilhelm Jerusalem. Goethe, der den Sekretär kannte, verknüpfte in seinem ›Werther‹ seine eigenen Wetzlarer Erlebnisse mit der Tragödie Jerusalems. An der Südseite des Schillerplatzes steht die gotische **Untere Stadtkirche** 8 (1300), die früher zu einem Franziskanerkloster gehörte. Heute weist u.a. der Dachreiter auf den Kirchenbaustil des Mönchsordens hin. Der Spaziergang führt nun hinaus zum **Neuen Rathaus** 9, in das die Stadtverwaltung 1996/97 einzog – davor waren die einzelnen Ämter über die ganze Stadt verstreut. Anschließend geht es zurück in die Altstadt zu Wetzlars ältestem Fachwerkhaus am **Brodschirm 6** 10. Der dreigeschossige Wandständerbau von 1356 ist ein Musterbeispiel der mittelalterlichen Fachwerkbauweise. Am Stadthaus vorbei, über den Fischmarkt, gelangt man zum bekanntesten Wahrzeichen Wetzlars, den **Dom** 11 mit dem bis heute unvollendeten Nordturm. Schon im 9. Jh. soll an dieser Stelle ein imposantes Gotteshaus gestanden haben, der heutige gotische Dom mit romanischen Elementen seiner Vorgängerbauten stammt aber aus dem frühen 14. Jh. Besonders sehenswert ist die Nikolauskapelle mit romanischem Taufbecken. In Richtung Lahnufer führt die Route nun über die Domtreppe hinunter zum **Alten Rathaus** 12 (1782). Die Stadtverwaltung nutzte das einstige Gerichtsgebäude bis 1996. Etwas weiter nordöstlich liegt das malerische **Rosengärtchen** 13. Die Parkanlage mit Freilichtbühne diente 1757–81 als Friedhof. Hier wurde u.a. Karl Wilhelm Jerusalem beerdigt, Vorbild für Goethes Romanfigur des Werther.

TOP TIPP

Weitere Sehenswürdigkeiten:

Hospitalkirche 14
Grube Fortuna 15
Burgruine Kalsmunt 16

i Praktische Hinweise

Information

Tourist-Information, Domplatz 8, Tel. 06441/997750, www.wetzlar.de

Hotels

Best Western Hotel Wetzlar, Karl-Kellner-Ring 40, Tel. 06441/9060, www.hotelwetzlar.bestwestern.de. Solide Unterkunft in der Innenstadt.

Bürgerhof, Konrad-Adenauer-Promenade 20, Tel. 06441/9030, www.buergerhof-wetzlar.com. Traditionshotel mit zeitgemäßem Komfort und Restaurant.

Wetzlarer Hof, Obertorstr. 3, Tel. 06441/9080, www.wetzlarerhof.de. Großzügige Anlage mit Restaurant.

Restaurants

Die Hauptwache, Domplatz 3, Tel. 06441/48504, www.hauptwache-wetzlar.de. Moderne mediterrane Küche.

Kaiser im Viseum, Kornmarkt 2, Tel. 06441/443754, www.kaiserimviseum.de. Frische Küche mit hessischer Note.

Ratsschänke, Fischmarkt 2, Tel. 06441/46176. Deutsche Küche mit regionalem Einschlag.

Krönung des mittelalterlichen Stadtkerns an der Lahn ist der imposante gotische Dom

Wiesbaden

B6

Hessen
Einwohner: 275 000

Ruhig, gediegen und herrschaftlich mutet Hessens Landeshauptstadt an.

Stimmungsvoller Ausgangspunkt für eine Besichtigung der hessischen Landeshauptstadt ist der idyllische **Kurpark** ❶ im Zentrum der Stadt. 1852 als englischer Garten angelegt, grenzt der Park im Westen an das neoklassizistische **Kurhaus** ❷ (1905–07), dessen Pracht eindrucksvoll Zeugnis von der Bedeutung Wiesbadens als kaiserliche Kurstadt ablegt. Im ehem. Weinsaal des Kurhauses ist eine Spielbank untergebracht. Zu den illustren Gästen, die sich in Wiesbaden spielend vergnügten, gehörten u.a. Richard Wagner und Fjodor M. Dostojewski. In unmittelbarer Nähe öffnete das **Hessische Staatstheater** ❸ 1894 zum ersten Mal seine Pforten. Mit dem üppigen neobarocken Theatersaal und dem Rokoko-Foyer zählt es, wie Kenner meinen, zu den schönsten Theatern Deutschlands. Gleich gegenüber erstreckt sich die **Kurhauskolonnade** ❹, die zusammen mit dem Kurhaus eine sorgfältig gepflegte Rasenfläche begrenzt. Ihren Namen Bowling Green (2006 neu gestaltet) verdankt diese Grünanlage dem Kugelspiel ›Bowls‹, mit dem sich früher manche englischen Kurgäste ihre Zeit vertrieben. Nach Überquerung des Kaiser-Friedrich-Platzes gelangt man zum **Kochbrunnen** ❺, dessen natriumchloridhaltiges Wasser 66 °C erreicht. Die erste Überlieferung bezüglich der Therme stammt aus dem Jahr 1366, damals wurde die Sammelstelle von 15 Quellen als ›Brühborn‹ bezeichnet. Ein weiteres Aushängeschild der Wiesbadener Badekultur ist die **Kaiser-Friedrich-Therme** ❻, die 1913 erbaut und nach gründlicher Renovierung 1999 wieder eröffnet wurde. Von der frühen Besiedlung Wiesbadens zeugen das schräg gegenüber liegende **Römertor** ❼ sowie die nur noch in Resten erhaltene Heidenmauer. Diese war Teil einer römischen Befestigungsanlage (364–375) und ist Wiesbadens ältestes Bauwerk aus der Römerzeit. Kopien von Steintafeln können im Römischen Freilichtmuseum bewundert werden. Weiter durch die Altstadt führt der Weg schließlich zum 1840 erbauten **Stadtschloss** ❽, dem heutigen Sitz des Hessischen Landtags. Den strahlenden Mittelpunkt der Altstadt bildet der **Schlossplatz** ❾. 1753 schuf Johan-

TOP TIPP (Kurhaus) · TOP TIPP (Kochbrunnen) · TOP TIPP (Schlossplatz)

nes Barger den Marktbrunnen, der 14 Jahre später seinen heutigen Standort erhielt. Die Südostseite des Platzes nimmt das Neue Rathaus (1884–87) ein. Die ursprünglich im Neo-Renaissance-Stil errichtete Fassade wurde im Zweiten Weltkrieg Opfer der Bomben. Seit dem Wiederaufbau 1951 verfügt das Rathaus über eine schlichte Vorderseite. Wenige Schritte entfernt erhebt sich die evangelische **Marktkirche** 10 (1852–62). Der 92 m hohe Westturm des roten Ziegelbaus ist das höchste Gebäude der Stadt. Vor der Kirche erinnert das Denkmal auf der Marktsäule an Wilhelm I. von Oranien (1533–1584), Graf von Nassau und Prinz von Oranien. Auf dem **Dern'schen Gelände** 11 lädt die gleichnamige, 1999 im Stil der Pariser Markthallen sanierte, unterirdische Ladenstraße zum Einkaufen ein. Hinter dem **Erbprinzenpalais** 12 rückt sogleich die **Villa Clementine** 13 ins Blickfeld. Das 1882 im römisch-pompejanischen Stil für einen Fabrikanten und dessen Gattin Clementine erbaute Anwesen war Schauplatz der Verfilmung des Thomas-Mann-Klassikers ›Buddenbrooks‹. Östlich davon lohnt ein Abstecher zu einem weiteren Fabrikantendomizil: In der **Villa Söhnlein** 14 wohnte die Familie der gleichnamigen Sektkellerei. Für britische Kurgäste wurde 1865 die Kirche **St. Augustine of Canterbury** 15 im Stil der englischen Gotik errichtet. Weiter in südlicher Richtung zeigt das **Museum Wiesbaden** 16 eine Sammlung zeitgenössischer Kunst sowie Exponate zur Natur- und Kulturgeschichte. Gleich daneben ruft das Goethe-Denkmal den Aufenthalt des Dichterfürsten in der Kurstadt ins Gedächtnis. Vorbei an den Rhein-Main-Hallen und den Herbert-Anlagen geht es über die **Adolfsallee** 17 zum **Luisenplatz** 18, der seinen Namen der ersten Ehefrau Herzog Wilhelms von Nassau verdankt. Beherrscht wird der Platz von dem mächtigen Waterloo-Obelisk (1865). Er erinnert an die in den Napoleonischen Kriegen gefallenen Nassauer. Nördlich des Platzes strebt die **St. Bonifatiuskirche** 19 empor. Die Tour endet am 1984 gegründeten **Frauenmuseum** 20.

Weitere Sehenswürdigkeiten:

Neroberg 21 (mit Drahtseilbahn, Russischer Kirche und Opelbad)
Fasanerie 22
Schloss Biebrich 23

i Praktische Hinweise

Information

Tourist Information, Marktstraße 6, Tel. 06 11/172 97 80, www.wiesbaden.de

Hotels

Am Kochbrunnen, Taunusstr. 15, Tel. 06 11/18 10 30, www.hotelamkochbrunnen.de. Zentrales, solides Hotel mit z.T. familiengerechten Zimmern.

Das Kleine Hotel, Feldstr. 6, Tel. 06 11/95 27 00, www.smallhotel.de. Stilvoll wohnen in charmantem Stadthotel.

Hotel Drei Lilien, Spiegelgasse 3, Tel. 06 11/99 17 80, www.dreililien.com. Individuell eingerichtete Räume in restauriertem schönen Jugendstilhaus.

Restaurants

Ente Wiesbaden, Kaiser-Friedrich-Platz 3–4, Tel. 06 11/13 36 66 Als Gourmettreff mit Bistro eine Wiesbadener Institution.

Webers Wikinger, Grabenstr. 14, Tel. 06 11/30 76 22, www.webers-wikinger.de. Traditionsgaststätte mit Steaks und Fisch.

Prachtvoll: Wiesbadens neoklassizistisches Kurhaus macht ein Fenster zur Kaiserzeit auf

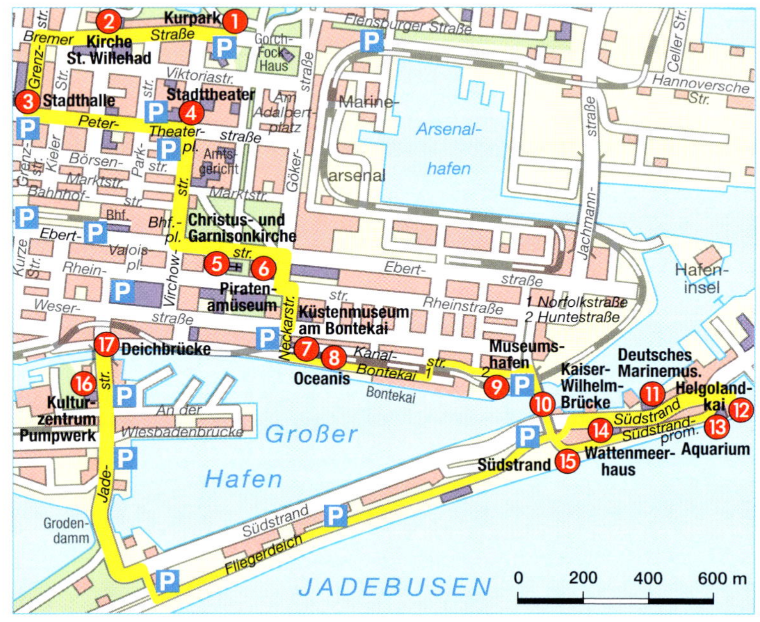

Wilhelmshaven *B2*

Niedersachsen
Einwohner: 84 000

Die Hafenstadt an der Jade biete viele Einblicke in maritime Lebenswelten.

Die kreisfreie Stadt am Jadebusen verdankt ihre Gründung dem Kriegshafen, den Preußen hier ab 1856 anlegte. In fortgesetzt maritimer Tradition dient Wilhelmshaven seit 1956 als Stützpunkt der deutschen Bundesmarine. Daneben verfügt die Stadt über den einzigen Tiefseewasserhafen Deutschlands, der Löschbrücken für Öltanker besitzt. Unser Streifzug startet im **Kurpark** 1, der ältesten Grünanlage von Wilhelmshaven. Im Sommer ziehen die Musikveranstaltungen in der Konzertmuschel viele Besucher an. Sehenswert sind auch Hein und Grete, zwei Steinfiguren des Wilhelmshavener Künstlers Kurt Rieger am Teich im Nordosten des Parks. Im Südwesten sieht man die einschiffige gotische Kirche **St. Willehad** 2 (1911) mit ihrem 55 m hohen Glockenturm. Die **Stadthalle** 3 wurde 1977 im Obergeschoss des Jadezentrums errichtet, eine Mehrzweckhalle mit gesellschaftlich-kulturellem Nutzungsschwerpunkt. Auf und aus den Ruinen des im Zweiten Weltkrieg zerstörten Theaters entstand das **Stadttheater** 4, das 1952 eingeweiht wurde. Im Zentrum der Wilhelmshavener Altstadt ragt die 1869–72 errichtete neogotische **Christus- und Garnisonkirche** 5 empor. Die Kreuzkirche diente lange als Marine-Gotteshaus, wovon im Innern viele Gedenktafeln, Wappen und Flaggen künden. Ein Ehrenmal erinnert an die gefallenen Seeleute beider Weltkriege. Wilhelmshavens Maritime Meile wartet mit Küstentypischem auf: In die abenteuerliche Welt der Seeräuber entführt das **Piratenamüseum** 6, in dem eine spannende Schatzinsel mit vielen Kostbarkeiten zu bewundern ist. Das **Küstenmuseum am Bontekai** 7 präsentiert Siedlungs- bzw. Stadtgeschichte. Ferner ist man hier den Riesensäugern der Meere hautnah auf der Spur. Eine Ausstellung rund um Wale fasziniert Jung und Alt – ihre große Attraktion ist der 1994 vor Baltrum gestrandete 39 t schwere Pottwal, dessen Skelett und plastinierten Organe bestaunt und betastet werden können. Ebenso spannend gestaltet sich der Besuch von **Oceanis** 8, der einzigen Unterwasserstation Deutschlands, die schon auf der Expo 1998 in Lissabon zu sehen war. Ein Fahrstuhl führt in die virtuellen Tiefen des Ozeans. Mit Lupen kann alles genau untersucht werden. Interaktive Leitstände informieren unterhaltsam über Meeresströmungen, Polarforschung, Navigation und vieles mehr. Wieder über dem Mee-

TOP TIPP

TOP TIPP

resspiegel wartet schon die nächste Attraktion, der **Museumshafen** 9. Großsegler aus aller Welt, die häufig am Bontekai ankern, unterstreichen das maritime Flair. Zudem sind das Weser-Feuerschiff ›Norderney‹ (1907) und der letzte, im Jahr 1950 gebaute dampfturbinengetriebene Doppelschraubentonnenleger Deutschlands, die ›Kapitän Meyer‹, zu bewundern. Wer will, kann in dieser stimmungsvollen Umgebung auch den Bund fürs Leben schließen. Nächste Station ist die Anfang des 19. Jh. als damals größte Drehbrücke Europas errichtete **Kaiser-Wilhelm-Brücke** 10, die auf zwei 20 m hohen Pfeilern ruht. Ihre Spannweite beträgt 159 m. In einem 1888 erbauten Werkstattgebäude der früheren Kaiserlichen Werft vermittelt das **Deutsche Marinemuseum** 11 Wissenswertes über Schiffe, Flotten und Seeleute. Unter den Exponaten befinden sich das Unterseeboot U10 und das Minenjagdboot ›Weilheim‹. Wer Lust auf eine Bootstour hat, marschiert zum **Helgolandkai** 12, von dem aus in der Saison täglich Ausflugsschiffe in Richtung Nordsee ablegen. Seit 2002 zeigt das spektakuläre **Aquarium Wilhelmshaven** 13 in zahlreichen Süß- und Salzwasserbecken u. a. die Welt der Seehunde, der Pinguine und Haie. Daneben sind Bewohner ferner Kontinente wie Kaimane, Vögel und Schmetterlinge des Regenwalds sowie die kleinste Affenart der Welt zu bestaunen. In unmittelbarer Nähe informiert das **Wattenmeerhaus** 14 über diesen sensiblen Naturraum und die Vielfalt seiner Bewohner. Ob geniale Belüftungssysteme oder Salzabscheidungsmechanismen – das Watt hält zahlreiche Überraschungen bereit. Am **Südstrand** 15 lockt die Südstrandpromenade mit mediterraner Atmosphäre. Viele Restaurants und Bistros laden zum Verweilen ein. Wieder zurück Richtung Innenstadt kommen Freunde von Theater, Musik und Kleinkunst im **Kulturzentrum Pumpwerk** 16 auf ihre Kosten. Das erste soziokulturelle Zentrum Deutschlands entstand 1976 im stillgelegten Pumpwerk (1903) an der historischen **Deichbrücke** 17, wo die Stadttour endet.

Praktische Hinweise

Information

Wilhelmshaven Tourist & Freizeit GmbH, Bahnhofsplatz 1, Tel. 044 21/ 91 30 00, www.whv-touristik.de

Hotels

Hotel Kaiser, Rheinstr. 128, Tel. 044 21/ 94 60, www.hotel-kaiser-whv.de. Behagliches Logis mit Bar und Restaurant.

Hotel Keil, Marktstr. 23, Tel. 044 21/947 80, www.hotel-keil.de. In maritimen Farben gestaltete Wohnlichkeit.

Seestern, Südstrand 116, Tel. 044 21/941 00, www.hotelseestern.de. Solide Unterkunft mit Meerblick und Gastronomie.

Restaurants

Bavaria Restaurant, Rheinstr. 14, Tel. 044 21/416 42, www.bavaria-fisch.de. Natürlich zubereiteter Fisch – und mehr.

Gorch-Fock-Haus, Viktoriastr. 15, Tel. 044 21/418 18, www.gorch-fock-haus.de. Fisch und regionale Speisen der Saison.

Seglerheim, Schleusenstr. 23, Tel. 044 21/ 431 43. Deftiges aus der Fisch- und Fleischküche, serviert in maritimem Flair.

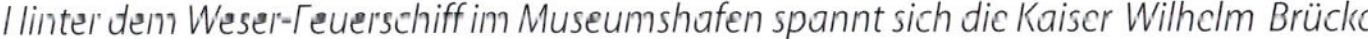

Hinter dem Weser-Feuerschiff im Museumshafen spannt sich die Kaiser Wilhelm Brücke

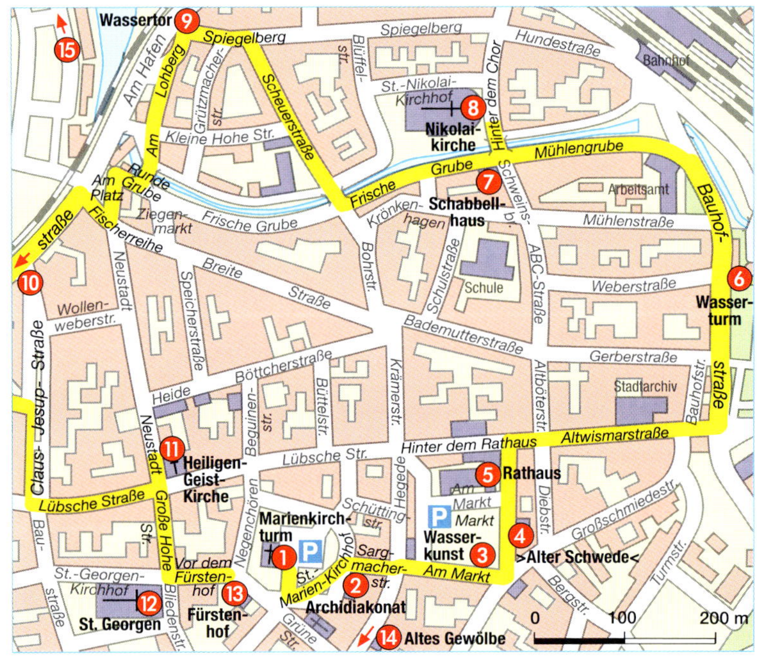

Wismar *D2*

Mecklenburg-Vorpommern
Einwohner: 45 000

In der Hafenstadt spürt man noch den Geist großer hanseatischer Tradition.

Der Rundgang durch die zweitgrößte Handels- und Hafenstadt Mecklenburg-Vorpommerns beginnt am **Marienkirchturm** ❶. Er ist das einzige Überbleibsel der Marienkirche, die bei einem Luftangriff 1945 stark beschädigt und 1960 abgetragen wurde. An der Ostseite des Marienkirchhofs liegt das **Archidiakonat** ❷ mit seinem zinnenbekrönten Staffelgiebel und reichem Baudekor. Es wurde ebenfalls 1945 zerstört, aber 1962/63 wieder errichtet. Von hier aus sind es nur ein paar Schritte zu einem der größten Marktplätze Norddeutschlands. Mit den prachtvollen Häuserfassaden aus allen Epochen und dem Brunnen namens **Wasserkunst** ❸ bildet er den bezaubernden Mittelpunkt der Hansestadt Wismar. Der Brunnen, den Philipp Brandin 1580 als kleinen, von einer Kupferhaube bedeckten Pavillon entwarf, war Teil des ausgeklügelten Wasserversorgungssystems, das bereits im Mittelalter bestand und hervorragend funktionierte. Das Wasser wurde aus den Metelsdorfer Quellen durch Holzröhren in einen Wasserkasten auf dem Marktplatz geleitet und gelangte von hier zu den Häusern. Brandins Brunnen ersetzte schließlich den Wasserkasten. An der Ostseite des Marktplatzes zieht ein Haus mit herrlichem Staffelgiebel die Blicke auf sich. Es entstand im Jahr 1380 und ist eines der ältesten, in seiner ursprünglichen Form erhaltenen Bauwerke Wismars. Seit 1878 wird hier das Gasthaus **›Alter Schwede‹** ❹ betrieben. Die Nordseite des Marktplatzes nimmt das klassizistische **Rathaus** ❺ (1817–19) ein, ein breiter Putzbau mit Walmdach, in den Johann Georg Barca Gewölbekeller und Gerichtslaube aus dem 14. Jh. integrierte. Der **Wasserturm** ❻ am Lindengarten war als Wiekhaus Teil der Stadtbefestigung des 13./14. Jh. 1682–1873 wurde er, nachdem ein Wasserbehälter eingebaut worden war, als Wasserturm genutzt. Die nächste Station ist das zweiflügelige **Schabbellhaus** ❼, in dem das Stadtgeschichtlichen Museum untergebracht ist. Philipp Bandin schuf das Gebäude 1569–71 im Stil der niederländischen Renaissance als Wohn- und Brauhaus für Bürgermeister Heinrich Schabbell. Von 1380 bis 1508 baute man an der **Nikolaikirche** ❽, der eindrucksvollen Basilika aus dunkelrotem Backstein. Das Innere ist ein aufstre-

TOP TIPP

bender Raum von gewaltigen Ausmaßen, der in einzigartiger Einheitlichkeit erscheint. Kunstexperten stufen ihn als einen der schönsten der norddeutschen Backsteingotik ein. St. Nikolai birgt zudem zahlreiche Kunstschätze wie den gotischen Hochaltar der Georgenkirche von 1430, den Thomas-Altar (um 1500), die Bronzetaufe aus der Marienkirche (1325) und den geschnitzten Krämeraltar (1430). Am Lohberg liegt der quadratische Backsteinbau des **Wassertors** 9 (15. Jh.) mit seiner spitzbogigen Durchfahrt. Das Tor ist Teil der einstigen Stadtbefestigung und zeigt zur Stadtseite hin einen aufwendigen Staffelgiebel; zur Hafenseite hin wurde ein ebensolcher Giebel um 1600 vereinfacht. Der Weg führt nun zum **Ehem. Zeughaus** 10, das aus dem Jahr 1700, also aus der Zeit Wismars unter schwedischer Herrschaft, stammt. Heute ist hier die Stadtbibliothek untergebracht. An der Ecke Lübsche Straße/Neustadt liegt die **Heiligen-Geist-Kirche** 11 mit den Gebäuden des einstigen gleichnamigen Spitals. Der schlichte Backsteinbau aus dem 13. Jh. beeindruckt mit seinen schönen Decken- und Wandmalereien sowie mit einer reichen Innenausstattung, u.a. ein vierflügeliger Schnitzaltar (um 1500). Die Pfarrkirche **St. Georgen** 12, die auf das 13. Jh. zurückgeht, wurde 1945 durch Bomben zerstört. Erst 1990 begann man mit dem Wiederaufbau der einst mächtigen dreischiffigen Backsteinbasilika (Fertigstellung voraussichtl. 2010). Das Amtsgericht residiert im **Fürstenhof** 13, der früheren Stadtresidenz der mecklenburgischen Herzöge. Er besteht aus zwei aneinander stoßenden Traufenhäusern, dem spätgotischen Alten Haus (1512/13) und dem im Stil italienischer Renaissance-Palazzi errichteten Neuen Haus (1553–56). Abschließend lohnt ein Abstecher zum **Alten Gewölbe** 14, das wohl im 17. Jh. als Teil der Stadtbefestigung 10 m unter der Erde entstand. Im 19. Jh. war es Braustätte, im 20. Jh. Luftschutzbunker und Weinlager. Seit 1990 residiert hier die Hanse-Sektkellerei.

Weitere Sehenswürdigkeit:

Schwedenköpfe 15

Praktische Hinweise

Information

Tourismuszentrale Wismar, Am Markt 11, Tel. 038 41/251 30 25, www.wismar.de

Hotels

Altes Brauhaus, Lübsche Str. 37, Tel. 038 41/21 14 16, www.hotel-altes-brauhaus.m-vp.de. Ein stilvoll rekonstruiertes historisches Hotel mit Bierspezialitäten im eigenen Restaurant.

Hotel Seeblick, Ernst-Scheel-Str. 27, Tel. 038 41/627 40, www.hotel-seeblick-wismar.de. Elegantes Hotel, schöne Zimmer, z.T. mit Seeblick, dazu ein Restaurant.

Steigenberger Hotel Stadt Hamburg, Am Markt 24, Tel. 038 41/23 90, www.wismar.steigenberger.de. Komfortabel wohnen am historischen Marktplatz, mit Restaurant und Bar.

Restaurants

Alter Schwede, Am Markt 19, Tel. 038 41/28 35 52. Fischgerichte und mecklenburgische Spezialitäten, serviert in uraltem Bürgerhaus.

Reuterhaus, Am Markt 19, Tel. 038 41/222 30, www.hotel-reuterhaus.de. Alt-Mecklenburger Küche auf gehobenem Niveau.

Zum Weinberg, Hinter dem Rathaus 3, Tel. 038 41/28 35 50, www.weinberg-wismar.de. Würdiges Traditionsgasthaus mit Gerichten klassischer einheimischer Küche und mehr.

Schöne Hausgiebel und quirliges Leben kennzeichnen den Wismarer Marktplatz

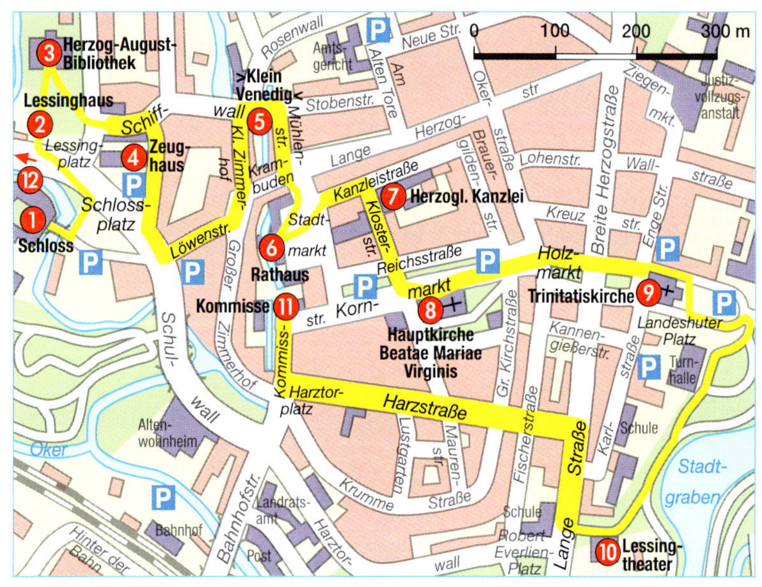

Wolfenbüttel *D4*

Niedersachsen
Einwohner: 54 000

Die einstige welfische Herzogsresidenz ist eine Stätte der Gelehrsamkeit.

Wolfenbüttel ist eine fürstliche Schöpfung, die um eine 1118 erstmals erwähnte Wasserburg in den sumpfigen Niederungen der Oker entstand. Die sich später in viele Linien und Nebenlinien verzweigenden Welfen ließen die Burg TOP TIPP durch ein **Schloss** ❶ ersetzen, das dem Haus Braunschweig-Wolfenbüttel 1432–1753 als Residenz diente. Die benachbarte Siedlung ließen die Herzöge im 16. Jh. planmäßig als geschlossene Renaissance-Stadt (Heinrichstadt, heute Altstadt) ausbauen und im 18. Jh. mit zwei anderen Vorstädten (August- und Juliusstadt) zu Wolfenbüttel zusammenlegen. Am Schloss, heute das zweitgrößte erhaltene in Niedersachsen, feilten die Herzöge beständig. Die Ausstattung der historischen Räume (u.a. Dauerausstellung ›Zeit-räume – ein Gang durch die Geschichte Wolfenbüttels‹, Sammlung Fürstenberger Porzellan) und die Fassade zeigen Fülle und Pracht des Barockzeitalters. Nur der Hausmannsturm (1614) folgt noch der Formensprache der Renaissance. Das spätbarocke **Lessinghaus** ❷ am Schlossplatz entstand um 1735 und diente dem deutsche Dichter der Aufklärung Gotthold Ephraim Lessing (1729–1781) die letzten vier Jahre seines Lebens als Domizil. Heute beherbergt das vorbildlich renovierte Haus das Literaturmuseum. Die gebildeten und kunstsinnigen Braunschweiger Herzöge schätzten Lessing als Bibliothekar. Seine Wir- TOP TIPP kungsstätte war die **Herzog-August-Bibliothek** ❸. Sie ist nach ihrem eigentlichen Gründer, dem leidenschaftlichen Bücher- und Handschriftensammler August d. J. (reg. 1634–66), benannt. Die im 19. Jh. neu erbaute Bibliothek, einst die größte Büchersammlung des gesamten Abendlandes und heute eine bekannte internationale Forschungsstätte, nennt mehr als 800 000 Bücher, Handschriften, Stiche und andere bibliophile Kleinode ihr Eigentum. Darunter befindet sich das teuerste – 1983 in London für umgerechnet 16,6 Mio. € ersteigerte – Buch der Welt: das Evangeliar Heinrichs des Löwen (12. Jh.). Zur Bibliothek gehört heute auch das **Zeughaus** ❹ (ab 1613) mit seinem reich verzierten Zwerchgiebel über dem Hauptportal. Der dahinter am Schiffwall gelegene Proviantboden (1659–62) ist der größte Fachwerkbau Niedersachsens. Zahlreiche weitere Fachwerkhäuser (im Volksmund auch ›Krambuden‹ und ›Zimmerhöfe‹ genannt) säumen die Gassen um den Kanal ›**Klein Venedig**‹ ❺. Der Wasserlauf blieb als einziger nach den Trockenlegearbeiten der Holländer Ende des 16. Jh.

erhalten. Gleichsam als Lohn ihrer Mühen wuchs aus dem einstigen Morast das geschlossene Fachwerk-Ensemble des Stadtmarktes, darunter die beiden aufstrebenden Flügel des **Rathauses** 6 (1599–1609) und die Alte Apotheke. Die parallel zur Langen Herzogstraße (Fußgängerzone) verlaufende Kanzleistraße säumen Häuser der ehem. Hofbeamten und der Renaissance-Bau der **Herzoglichen Kanzlei** 7 (1542), in der die Abteilung Ur- und Frühgeschichte des Braunschweigischen Landesmuseums untergebracht ist. Die Klosterstraße führt geradewegs zur mächtigen **Hauptkirche Beatae Mariae Virginis** 8 (1608–26), dem ersten bedeutenden protestantischen Gotteshaus in Deutschland. Baumeister Paul Francke verschmolz darin Stilelemente der Gotik (Spitzbogenfenster), der Renaissance und des Barock (Giebel, Strebepfeilerfiguren) zu einer großartigen Einheit. In der Fürstengruft sind in 29 Sarkophagen Mitglieder des Herzogshauses bestattet, unter der Orgel der Komponist Michael Praetorius, der ab 1604 als Hofkapellmeister am hiesigen Hofe tätig war. Am Kopf des Holzmarkts erheben sich die beiden Türme der **Trinitatiskirche** 9 (18. Jh.). Über den Bürgerfriedhof (mit einem Gedenkstein für Eva König, die früh verstorbene Ehefrau Lessings) führt der Weg durch die Wallanlagen und am Stadtgraben vorbei hinunter zum **Lessingtheater** 10. Von hier geht es weiter über die Magistrale der Altstadt, die Harzstraße, und man gelangt bald zur **Kommisse** 11, dem ersten, um 1600 von Herzog Heinrich Julius eingerichteten ›Kaufhaus‹ in Deutschland. Im Nebenhaus wohnte 1764 Giacomo Casanova – doch reizten den weltberühmten Verführer hier in erster Linie die Bücher der berühmten Bibliothek.

TOP TIPP

Weitere Sehenswürdigkeit:

Kirche St. Johannis 12

Praktische Hinweise

Information

Tourist Information, Stadtmarkt 7, Tel. 05331/86280, www.wolfenbuettel-tourismus.de

Hotels

Bayrischer Hof, Brauergildenstr. 5, Tel. 05331/5078, www.bayrischer-hof-wf.de. Moderne Zimmer in schmuckem Fachwerkhaus, mit Restaurant.

Parkhotel Altes Kaffeehaus, Harztorwall 18, Tel. 05331/8880, www.parkhotel-wolfenbuettel.de. Moderne, z.T. behindertenfreundliche Zimmer in historischen Mauern. Mit Restaurant.

Tulip Inn, Bahnhofstr. 9, Tel. 05331/98860, www.tulipinnwolfenbuettel.de. Komfortables modernes Haus am Rande der Altstadt.

Restaurants

Kronprinz, Bahnhofstr. 12, Tel. 05331/984711, www.kronprinz-wolfenbuettel.de. Saisonale deutsche Speisen aus frischen Zutaten.

Ratskeller, Stadtmarkt 2–4, Tel. 05331/882734. Gehobene gutbürgerliche Küche

Zur Auguststadt, Dr.-Heinrich-Jasper-Str. 33, Tel. 05331/2455, www.zuraugust stadt.de. Gutbürgerliche Küche in gepflegtem Ambiente.

Wolfenbüttels Welfenschloss ist heute ein Museum zur adeligen Wohnkultur

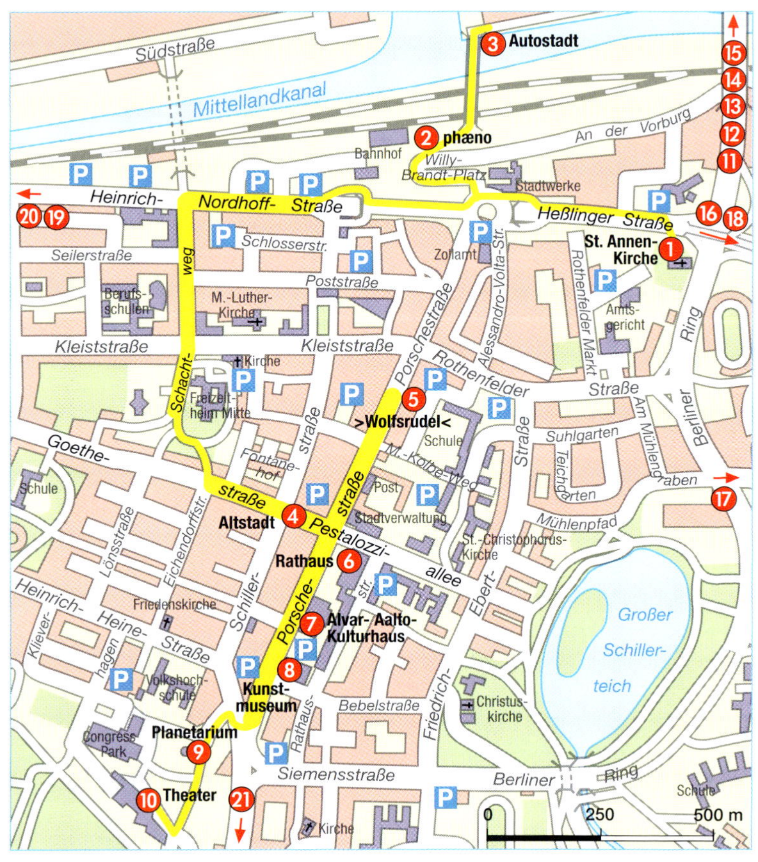

Wolfsburg

D3

Niedersachsen
Einwohner: 121 000

Am Anfang stand das Auto – doch die Stadt dazu läuft auch sonst ganz gut.

Wolfsburg ist eine von drei Städten in Deutschland, die im 20. Jh. geplant und angelegt wurden. Sie entstand 1937 als Wohn- und Schlafstadt für die Arbeiter des nahen Volkswagenwerks. So herrscht im Wolfsburger Stadtbild die Moderne vor. Historische Bauten finden sich z. B. noch im Stadtteil Hesslingen, in dem die spätromanisch-frühgotische **St.-Annen-Kirche** 1 aus der Mitte des 13. Jh. steht. An den Stadtwerken vorbei geht es anschließend rechts ab zum **phæno** 2, einem ultramodernen Wissenschaftsmuseum. Die Londoner Stararchitektin Zaha Hadid entwarf das 5600 m² umfassende spektakuläre avantgardistische Bauwerk, das sich auf stelzenartigen Stützen 6,5 m über den Willy-Brandt-Platz erhebt. Das interaktive Museum will Besucher durch spielerisch-lehrreiche Experimente rund um naturwissenschaftliche Phänomene und technische Prinzipien faszinieren. Jenseits des Mittellandkanals liegt die **Autostadt** 3, ein komplexer Themenpark, der den VW-Firmenhauptsitz in Wolfsburg repräsentiert. Die VW-Autostadt wurde 1996–2000 errichtet und hebt die strikte Trennung zwischen Autofabrikgelände und Stadt auf. Ein Teil des 8 km² großen Werkgeländes ist der Öffentlichkeit zugänglich gemacht worden. Auf dem topmodern bebauten Terrain mit weitläufigen Wasserlandschaften sind in sieben Pavillons verschiedene Marken des Automobilkonzerns ausgestellt. Innerhalb der Autostadt kann mit einer Bahn eine 40-minütige Werksführung unternommen werden. Nach dem Besuch des VW-Geländes führt der Weg über die Heinrich-Nordhoff-Straße und den Schachtweg

TOP TIPP

zurück in die denkmalgeschützte **Altstadt** ④ der Vorkriegszeit. Besonders sehenswert ist das Gebäude an der Ecke Pestalozziallee/Schillerstraße, in dem eine Museumswohnung besichtigt werden kann. Besucher erfahren an der nahezu original erhaltenen historischen Stätte, wie sich der Alltag seit der Stadtgründung 1937 verändert hat. Mit einem kleinen Abstecher über die Fußgängerzone in der Porschestraße gelangt man zum ›**Wolfsrudel**‹ ⑤, einer bronzenen Plastik des Künstlers Peter Lehmann, die vermutlich auf die Historie des Schlosses Wolfsburg Bezug nimmt. Der Streifzug führt nun, die Pestalozziallee überquerend, zum **Rathaus** ⑥ mit Glockenspiel und kupferner Haube. Der ältere Teil des Verwaltungskomplexes entstand 1958, der Neubau stammt aus der Mitte der 1990er-Jahre. Direkt daneben erhebt sich das **Alvar-Aalto-Kulturhaus** ⑦, ein wichtiges Veranstaltungszentrum Wolfsburgs. Das monumentale, moderne Kulturhaus wurde im Jahr 1962 errichtet und dient als Ort der Begegnung und der Bildung: Hier findet man eine Bibliothek, außerdem werden Ausstellungen, Vorträge und Diskussionsrunden veranstaltet. Seinen Namen verdankt das Gebäude dem finnischen Architekten Alvar Aalto (1898–1976), der neben dem Kulturhaus auch die Gemeindezentren Heiligeist und Stephanus im Ortsteil Detmerode entwarf. Ein weiteres überzeugendes Beispiel moderner Architektur ist das vom Alvar-Aalto-Haus wenige Meter entfernte **Kunstmuseum** ⑧. Der Hightech-Bau präsentiert sich lichtdurchflutet und publikumsnah. Ebenso lebendig und offen zeigt sich die ausgestellte moderne Kunst: Malerei, Fotografie, Rauminstallationen, Video-Kunst sowie Mode und Design. Das nächste Ziel des Stadtspaziergangs ist das **Planetarium** ⑨ in der Form einer riesigen blauen Kugel. 50 Dia-, zwei Videoprojektoren und mehr als 9000 projizierte Sterne gewähren einen faszinierenden Einblick in den Kosmos. Das Ende der Stadttour ist schließlich am **Theater** ⑩ erreicht. Der lang gestreckte Bau stammt aus dem Jahr 1973 und gründet auf einen Entwurf des Architekten Hans Scharoun, der u.a. auch die Philharmonie und die Staatsbibliothek in Berlin schuf.

TOP TIPP

In der Autostadt dreht sich alles um den Käfer und seine Nachfolgemodelle – und mehr

Weitere Sehenswürdigkeiten:

St. Petrus ⑪
Schloss Wolfsburg ⑫
Marienkirche ⑬
Volkswagen Arena ⑭
WakePark ⑮
Wasserburg in Neuhaus ⑯
Heinrich-Büssing-Museum ⑰
Automuseum ⑱
Schloss Fallersleben ⑲
Hoffmannhaus ⑳
Heiliggeistkirche ㉑

Praktische Hinweise

Information

M. Punkt Wolfsburg, Willy-Brandt-Platz 3, Tel. 053 61/89 99 30, www.wolfsburg-tourismus.de

Hotels

Alter Wolf, Schlossstr. 21, Tel. 053 61/865 60, www.alter-wolf.de. Behagliches Logis in ruhiger Lage, mit Restaurant.

Global Inn, Kleiststr. 46, Tel. 053 61/27 00, www.globalinn.de. Komfortabel ausgestattetes Hotel mit Restaurant.

Goya, Poststr. 34, Tel. 053 61/266 00, www.goya-hotel.de. Nettes, zentral gelegenes Stadthotel.

Restaurants

Awilon im Kunstmuseum, Hollerplatz 1, Tel. 053 61/255 99. Pfiffige, leichte Küche mit künstlerischem Flair.

Kolumbianischer Pavillon, Allerpark 12, Tel. 053 62/843 44 23. Südländisch inspirierte Speisen in exotischem Ambiente.

Schlossremise, Schlossstr. 6, Tel. 053 61/86 77 77. Frische mediterrane Gerichte der Saison.

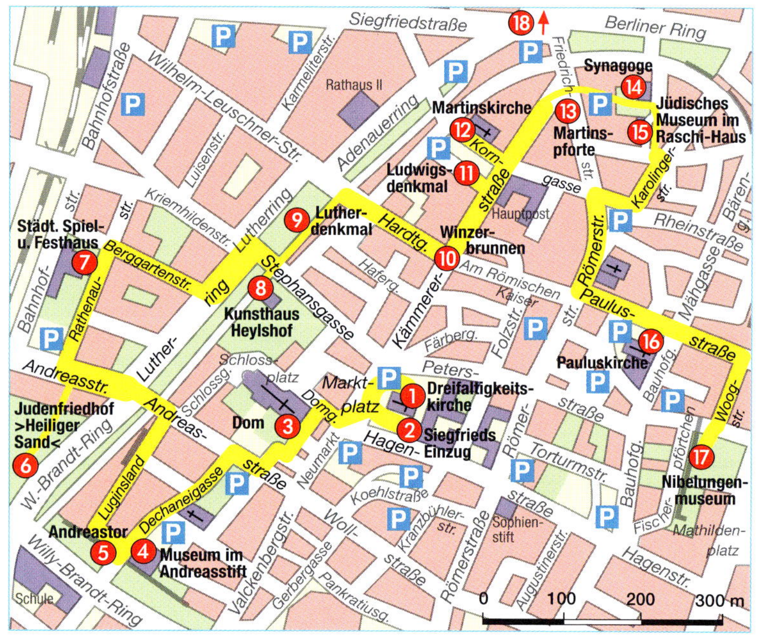

Worms

B6

Rheinland-Pfalz
Einwohner: 83 000

2000 Jahre Kulturgeschichte erwarten den Gast – und die Moderne dazu.

Das von Kelten gegründete und von Germanen sowie Römern eroberte Worms zählt zu den ältesten Städten Deutschlands. Die barocke lutherische **Dreifaltigkeitskirche** 1 am Wormser Marktplatz wurde 1709–25 an der Stelle des freistädtischen Prunkrathauses errichtet. Sie soll an den Ort erinnern, an dem Martin Luther 1521 Kaiser Karl V. den Widerruf seiner Thesen verweigerte. Tatsächlich fand die Anhörung aber im Bischofshof statt. Nahe der Kirche befindet sich auch die monumentale Steintafel zu **Siegfrieds Einzug** 2. Sie wurde 1910 im Auftrag des Lederindustriellen Cornelius Wilhelm Freiherr von Heyl zu Herrnsberg gestiftet und erzählt aus dem Nibelungenlied. Schräg gegenüber ist die mächtige Fassade des St. Peter geweihten **Doms** 3 zu sehen. Neben den Domen von Mainz und Speyer zählt er zu den bedeutendsten romanischen Kirchen am Rhein. Der heutige Bau wurde im 12. Jh. errichtet. Die Fundamente gehen auf eine ältere Kathedrale von 1000–1025 zurück. Reicher ornamentaler Schmuck, das Kaiserportal im Norden, das den Streit von Kriemhild und Brunhild aus dem Nibelungenlied darstellt, sowie der barocke Hochaltar (1738–40) von Balthasar Neumann verleihen dem Dom seine besondere kunsthistorische Bedeutung. Vorbei am Dom führt der Weg durch die Dechaneigasse zum Museum im **Andreasstift** 4. Bischof Burchard ließ es einstmals an der südlichen Stadtmauer direkt neben dem **Andreastor** 5 errichten. Seit 1930 ist hier ein Museum mit Sammlungen zur Vor- und Frühgeschichte, zur Römerzeit sowie zur Stadtgeschichte untergebracht. Über die Straße mit dem schönen Namen Luginsland gelangt man zum alten **Judenfriedhof ›Heiliger Sand‹** 6. Diese grüne Gräberlandschaft in der Innenstadt mit Grabsteinen, die auf das Jahr 1076 zurückgehen, ist der älteste erhaltene jüdische Friedhof Europas. Wesentlich neueren Datums ist das **Städtische Spiel- und Festhaus** 7 an der Rathenaustraße. In dem modernen Bühnenhaus von 1966 finden Konzerte, Ballett- und Theateraufführungen statt. Das ursprüngliche Gebäude, 1889 auf Initiative von Friedrich Wilhelm von Schoen errichtet, wurde im Krieg zerstört. Werke der bildenden Künste sowie des Kunstgewerbes können im **Kunsthaus Heylshof** 8 besichtigt werden. Das 1884 auf dem Gelände der früheren Kaiser- und Bischofspfalz erbaute Palais beherbergt eine der größten noch vollständig erhaltenen privaten Kunstsammlungen des 19. Jh. in Deutschland. Angelegt hat sie der Großindustrielle Freiherr von Heyl. Dort sind u.a. europäische Malerei des 16. bis 20. Jh. sowie eine umfangreiche Glas- und Porzellansammlung zu sehen. Wenige Schritte entfernt thront das größte Reformationsdenkmal der Welt, das 1868 enthüllte Wormser **Lutherdenkmal** 9. Es zeigt neben Luther in der zentralen Position zahlreiche Mitstreiter der Kirchenreformation. Weiter westlich befindet sich der **Winzerbrunnen** 10, 1983 vom Wormser Bildhauer Gustav Nonnenmacher geschaffen. Durch die Kämmererstraße führt der Weg zum **Ludwigsdenkmal** 11. Der Obelisk erinnert an den Großherzog Ludwig IV. von Hessen (1837–1892). Die katholische **Martinskirche** 12 schräg gegenüber hat ihren Ursprung im 11. Jh. In dem romanischen Bau wurden bis in das 15. Jh. hinein die Kämmerer von Worms beigesetzt. Unweit der Kirche befindet sich die **Martinspforte** 13, ein rekonstruiertes Stadttor. Bereits im 10. Jh. gab es jüdische Bewohner in der Stadt, und 1034 wurde die erste Synagoge errichtet. Aus dieser Zeit stammt auch die steinerne Stiftungstafel in der **Synagoge** 14, die nach der Zerstörung durch die Nationalsozialisten nach dem alten Vorbild von 1174/75 rekonstruiert wurde. Weitere Zeugnisse jüdischer Kultur zeigt das **Jüdische Museum im Raschi-Haus** 15. Über die Karolinger- und Römerstraße und dann links in die Paulusstraße erreicht man die **Pauluskirche** 16, die Bischof Burchard 1016 an der Stelle der ehem. Stammburg der Salier errichten ließ. Von der wehrhaften Stadtmauer mit ihren Türmen und Toren ist ein beachtlicher Teil erhalten. Im Torturm werden die Nibelungen im virtuellen **Nibelungenmuseum** 17 auf ungewöhnliche und unterhaltsame Weise präsentiert.

TOP TIPP

Weitere Sehenswürdigkeit:

Schloss Herrnsheim 18

i Praktische Hinweise

Information

Touristinfo Worms, Neumarkt 14, Tel. 062 41/250 45, www.worms.de

Hotels

Asgard Hotel, Gutleutstr. 4, Tel. 062 41/860 80, www.asgard-hotel.de. Komfortable Zimmer, z.T. mit Kochgelegenheit. Bistro.

Central Hotel, Kämmererstr. 5, Tel. 062 41/645 70, www.centralhotel-worms.de. Traditionshotel mit behaglicher Einrichtung.

Domhotel, Obermarkt 10, Tel. 062 41/90 70, www.dom-hotel.de. Luxuriöses Haus mit ambitioniertem Restaurant.

Restaurants

Hagenbräu, Am Rhein 3, Tel. 062 41/92 11 00. Deftige Hausmannskost und hauseigene Biere.

Kriemhilde, Hofgasse 2–4, Tel. 062 41/911 50. Gehobene regionale Küche.

Le Méditerranée, Kranzbühlerstr. 1, Tel. 062 41/20 40 30. Gehobene südeuropäische Küche, feine Weine.

Der barocke Hochaltar im Wormser Dom ist ein Meisterwerk Balthasar Neumanns

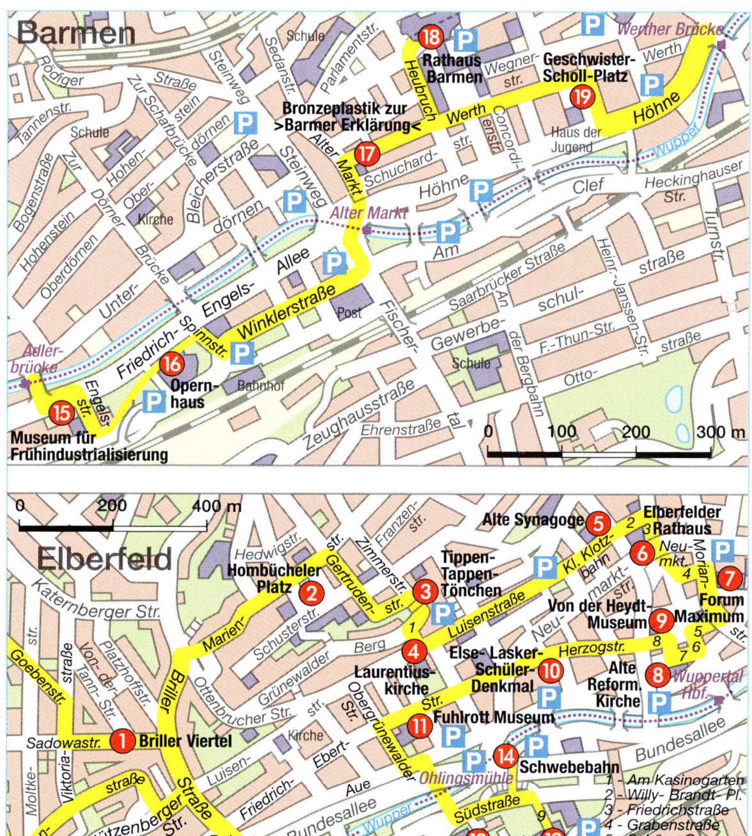

Wuppertal

B5

Nordrhein-Westfalen
Einwohner: 357 000

Jugendstilvillen prägen eine Stadt, in der es sich herrlich schweben lässt.

Wuppertal, 1929 aus sechs Orten an der Wupper entstanden, besitzt mit dem **Briller Viertel** 1 in *Elberfeld* eines der größten zusammenhängenden Villenviertel Deutschlands. Die herrschaftlichen Gründerzeit- und Jugendstil-Villen zeugen vom schnellen ökonomischen Aufstieg der Textilindustriellen an der Wupper im 19. und 20. Jh. In der Sadowastr. 7 wuchs die Dichterin Else Lasker-Schüler (1869–1945) auf. Das prunkvolle Schlösschen mit Dienstbotenanbau an der Ecke Goebenstr./Moltkestr. ließ eine Seidenweber-Familie errichten. Für die Villa Springorum (um 1920) in der Bismarckstr. 90 zeichnete der Wuppertaler Stararchitekt Ludwig Conradi verantwortlich. Prächtige Fassaden säumen die Roonstraße und rahmen den **Hombücheler Platz** 2. Herausragend ist dabei das Lutherstift an der Südseite. In die Stadt zurück führt Wuppertals bekannteste Treppe, das **Tippen-Tappen-Tönchen** 3, benannt nach dem Geräusch, das Absätze beim Hinunterlaufen machen. Die klassizistische doppeltürmige **Laurentiuskirche** 4 am gleichnamigen Platz markiert den Beginn der Friedrich-Ebert-Straße, der einstigen Nobelmeile Elberfelds. Weiter geht es zur **Alten Synagoge** 5, einer Begegnungsstätte von Juden und Andersgläubigen an der Stelle der ehem. Synagoge in Wuppertal. Das um 1900 erbaute **Elberfelder Rathaus** 6 (1901) mit seinen Giebeln und Türmen thront über dem Neumarkt, den eine Nachbildung des Neptunbrunnens (1901) von Trient ziert. Das frühere Lichtspieltheater Rex ist heute das **Forum Maximum** 7 und lädt ein zu Kleinkunst aller Art. Vorbei an der **Alten Reformierten Kirche** 8, in der u.a. Konzerte stattfinden, geht es zum TOP TIPP **Von der Heydt-Museum** 9 im ehem. Rathaus (1827–42). In diesem architektonisch schönen Rahmen werden berühmte Kunstwerke vom 16. Jh. bis zur Moderne ausgestellt. Vorbei am **Else-Lasker-Schüler-Denkmal** 10 gelangt man zum regionalgeschichtlichen **Fuhlrott-Museum**, benannt nach jenem Wuppertaler Lehrer, der 1856 den sog. Neandertaler entdeckte. In Richtung Südstadt liegt die **Schwimmoper** 11 (bis Herbst 2009 geschl.), ein architektonisch außergewöhnliches Hallenbad. Gleich daneben ragen die Türme der **Stadthalle** 13 (1900) in den Himmel, ein Konzerthaus in schönem Neorenaissancebau. Mit der **Schwebebahn** 14 (Haltestelle Ohligsmühle), dem weltweit einzigartigen Verkehrsmittel, erreicht man die Adlerbrücke im Stadtteil *Barmen*. In der Nähe stehen drei altbergische spätbarocke Schieferhäuser, eines ist das Geburtshaus von Friedrich Engels (1820–1895), ein anderes das jüngst erweiterte **Museum für Frühindustrialisierung** 15. Engels, als sozialrevolutionärer Theoretiker der bedeutendste Mitstreiter von Karl Marx, hat die Lage der Arbeiter zur Zeit der frühen Industrialisierung als einer der Ersten eindringlich analysiert. Im **Opernhaus** 16 (1905) begründete Pina Bauschs Tanztheater seinen Weltruhm. Im Werth, der Barmer Flaniermeile, erinnert eine **Bronzeplastik** 17 an die ›Barmer Erklärung‹ der Bekennenden Kirche gegen Hitler. Das **Barmer Rathaus** 18 (1913–22) konkurriert mit der Fassade eines Schlosses Am **Geschwister-Scholl-Platz** 19 liegt die frühere Ruhmeshalle (1900), die heute u.a. Ausstellungssäle des Von der Heydt-Museums beherbergt. Unsere Tour endet an der herrlichen Jugendstil-Schwebebahnstation Werther Brücke.

i Praktische Hinweise

Information

Informationszentrum Pavillon Döppersberg, Elberfeld, Tel. 02 02/194 33, www.wuppertal.de

Hotels

Astor, Schlossbleiche 4–6, Tel. 02 02/ 45 05 11, www.astor-wuppertal.de. Angenehme Unterkunft in Elberfeld.

Mercure, Auf dem Johannisberg 1, Tel. 02 02/496 70, www.mercure.com. Zentral in Elberfeld wohnen mit Komfort, Restaurant und Bar.

Zur Krone, Gemarker Ufer 19, Tel. 02 02/59 50 20, www.hotel-zur-krone-wuppertal.de. Modern ausgestattetes Logis im Zentrum Barmens.

Restaurants

Himmel und Erde, Friedrich-Ebert-Str. 16, Tel. 02 02/459 46 17. Gutbürgerliche deutsche Gerichte, in Elberfeld.

Kornmühle, Warndtstr. 7, Tel. 02 02/ 826 26, www.kornmuehle.de. Gehobene Küche, regional geprägt, in Barmen.

Wuppertaler Brauhaus, Kleine Flurstr. 5, Tel. 02 02/25 50 50, www.wuppertaler-brauhaus.de. Eigene Biere und deftiges Essen, an Elberfelds größter Theke.

Zwischen modernen Fassaden gleitet die Wuppertaler Schwebebahn durch Elberfeld

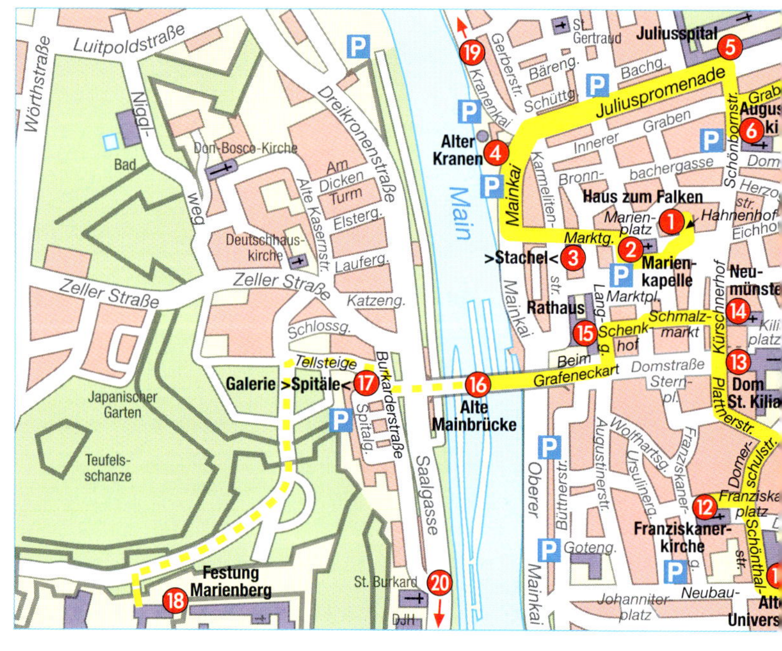

Würzburg

C6

Bayern
Einwohner: 131 000

Bischöfliche Ehrwürdigkeit und heitere Weinseligkeit – ein Kontrast, der passt!

Für Sinnesfreuden sorgen in der fränkischen Metropole prächtige Barockbauten und zahlreiche Rebhänge gleichermaßen. Wir starten am **Haus zum Falken** ❶ (1751) mit seinen aufwendigen Stuckdekorationen aus dem Rokoko. In dem früheren Gasthaus befindet sich die Touristeninformation. Der dahinter liegende Marktplatz wird beherrscht von der schlanken **Marienkapelle** ❷ (1377–1479), einer spätgotischen Hallenkirche, für deren Südportal der Bildhauer Tilman Riemenschneider Adam und Eva in Sandstein schuf (1491–93, Original im Mainfränkischen Museum auf der Festung Marienberg). In der Kirche wurde Würzburgs großer Baumeister Balthasar Neumann (1687–1753) beigesetzt. Am Ende der Marktgasse befindet sich das schon im 15. Jh. als Gasthof bezeugte **Weinhaus ›Stachel‹** ❸. Die Marktgasse führt zum **Alten Kranen** ❹ (1770) am Mainkai. Dort legen im Frühjahr und Sommer Fahrgastschiffe ins flussabwärts liegende Veitshöchheim, bis 1802 Sommersitz der Fürstbischöfe, ab. Die Juliuspromenade geleitet zur imposanten Vierflügelanlage des noch heute als Krankenhaus und Seniorenstift genutzten **Juliusspitals** ❺ (1576–1793). Sehenswert sind u. a. seine Rokoko-Apotheke, der große Park und der 250 m lange Fürstenbau. Zu der Stiftung gehört auch eines der renommiertesten Weingüter der Region, dessen Erzeugnisse vor Ort verkostet werden können. Auch die ursprünglich gotische, 1270 geweihte **Augustinerkirche** ❻ trägt die Handschrift Neumanns, während der Kuppelbau des **Klosters Stift Haug** ❼ (1670–91) das Zeitalter des Barock in Franken einläutete. Das Kreuzigungsgemälde (1585) in der Klosterkirche über dem neuen Choraltar stammt von Tintoretto. Südlich des Stifts passiert man den Arkadenbau des **Bürgerspitals zum Hl. Geist** ❽ (1319) und den **Roten Bau** ❾ (1659/60), bevor

TOP TIPP

links, auf dem Residenzplatz, die ehem. **Fürstbischöfliche Residenz** ❿ (1719–44) mit Hofgarten und Hofkirche auftaucht. Sie gilt als das Lebenswerk Neumanns und gehört zu den bedeutendsten und schönsten Barockpalästen Deutschlands (UNESCO Weltkulturerbe). Ein statisches Wagnis war der Bau des stützenfrei überwölbten Treppenhauses, das auch die verheerende Bombennacht des 16. März 1945 überstand. Das 18 x 30 m große, glanzvolle Deckengemälde (1752/53) des Venezia-

ners Giovanni Battista Tiepolo mit der Huldigung der Erdteile an den Fürstbischof ist das größte einteilige Fresko der Welt. Am Hofgarten vorbei führt der Weg zur **Alten Universität** 11 (1582) mit der Neubau- oder Universitätskirche (heute Festaula) im Renaissancestil. Die gotische **Franziskanerkirche** 12 (1242–80) war die erste Kirche dieses Ordens in Deutschland. Der dreischiffige, 105 m lange

TOP TIPP **Dom St. Kilian** 13 (ab 11. Jh.) ist die drittgrößte romanische Kathedrale Deutschlands. Das Querhaus mit der Schönbornkapelle (1721–36, Balthasar Neumann) ist barock gestaltet. Über dem Grab der im Jahr 689 ermordeten Frankenapostel Kilian, Kolonat und Totnan wurde im 7./8. Jh. das **Neumünster** 14 errichtet. Im Lusamgärtlein mit den Resten des hochmittelalterlichen Kreuzgangs steht ein Grabstein für den Minnesänger Walther von der Vogelweide (ca. 1170–1230). Der romanische Profanbau des **Rathauses** 15 (ab 1316) wurde bis ins 19. Jh. immer wieder erweitert. An der **Alten Mainbrücke** 16 (1473–1543) mit ihren zwölf Heiligenfiguren endet die Tour. Wer möchte, passiert die **Galerie ›Spitäle‹** 17 (Hofspitalkirche, 1793) und erreicht nach steilem Aufstieg das Wahrzeichen der Stadt, die

TOP TIPP **Festung Marienberg** 18, wo auf den Resten einer keltischen Burg die erste Kirche Würzburgs (706 geweiht) stand.

Weitere Sehenswürdigkeiten:

Museum im Kulturspeicher 19
Wallfahrtskirche Käppele 20
Shalom Europa 21

Praktische Hinweise

Information

Congress-Tourismus-Wirtschaft, Am Congress Centrum, Tel. 09 31/37 23 35, www.wuerzburg.de

Hotels

Ringhotel Wittelsbacher Höh, Hexenbruchweg 10, Tel. 09 31/45 30 40, www.ringhotels.de. Wohnen in ruhiger Lage oberhalb der Weinberge, mit Restaurant.

Strauss, Juliuspromenade 5, Tel. 09 31/305 70, www.hotel-strauss.de. Hotel mit solidem Komfort und Restaurant.

Till Eulenspiegel, Sanderstr. 1a, Tel. 09 31/35 58 40, www.hotel-till-eulenspiegel.de. Angenehmes Logis im Zentrum, mit Weinstube und Bierkeller.

Restaurants

Stadt Mainz, Semmelstr. 39, Tel. 09 31/531 55, www.hotel-stadtmainz.de. Fränkische Spezialitäten in urigen historischen Räumen.

Weinstube Bürgerspital, Theaterstr. 19, Tel. 09 31/35 28 80, www.buergerspital-weinstuben.de. Frankenweine und dazu passende Speisen in romantischem Gewölbe.

Weinstube Juliusspital, Juliuspromenade 19, Tel. 09 31/540 80. Einheimische Gerichte und Weine.

Der heilige Kilian auf der Alten Mainbrücke weist den Weg zur Festung Marienberg

Xanten

A4

Nordrhein-Westfalen
Einwohner: 22 000

Mittelalter und römische Antike hinterließen am Niederhein ihre Spuren.

TOP TIPP Mittelpunkt der alten Römerstadt Xanten ist der **Dom St. Viktor** 1. Seine staufischen Türme (1180–1213) stammen noch vom Vorgängerbau, der ab 1263 durch einen gotischen Neubau ersetzt wurde. Im kostbar ausgestatteten Innern mit zahlreichen Darstellungen des Namenspatrons setzt der Hochaltar (1529–49) klare Akzente. An der Außenwand, dem Domplatz zugewandt, besticht die Viktorstatue (1468). Der Märtyrer erscheint in den Darstellungen als mittelalterlicher Ritter, der für das Kreuz Christi kämpft. Zum Dom, der übrigens wegen seiner Ähnlichkeit mit dem Kölner Dom häufig als dessen ›kleiner Bruder‹ bezeichnet wird, gehört auch das **Stiftsgebäude** 2 (16. Jh.). Hier befinden sich zahlreiche Grabmäler historischer Persönlichkeiten sowie die Heilig-Geist-Kapelle (1425). Heute dient das Gebäude als katholisches Mädchengymnasium und kann nicht besichtigt werden. Die Rheinstraße überquerend kommt man zum **Arme-Mägde-Haus** 3 (16. Jh.) mit ansehnlicher Backsteinfassade. Ein Kanoniker hatte das Haus alten Frauen, die im Stift gearbeitet hatten, überlassen. Gegenüber kann man die architektonische Pracht eines gotischen **Treppengiebels** 4 bewundern. Wenige Schritte links um die Ecke erhebt sich der **Befestigungsturm der Immunität** 5. Er ist ein historisches Zeugnis des sog. Immunitätsbezirks, also eines der Kirche unterstehenden, von weltlicher Macht unabhängigen Gebietes. Einen weiteren Bau der alten Stadtbefestigung sieht man einige Meter weiter: Das 1392 errichtete **Mitteltor** 6 diente lange als Teil des Regionalmuseums, das inzwischen in die Siegfriedstraße nahe dem Archälogischen Park gezogen ist. Östlich des Mittelstors erhebt sich das **Michaelstor** 7 (um 1000), der südliche Eingang zur ehem. Immunität. Im Erdgeschoss befindet sich die romanische Dionysiuskapelle, ein Stockwerk höher die Michaelskapelle. Einst soll im Michaelstor die Zelle des hl. Norbert gewesen sein, eines Grafensohnes aus dem 11. Jh., der in das Viktorstift eintrat. In der Nachbarschaft des Tores öffnet sich der historische **Marktplatz** 8, auf dem der Norbertbrunnen plätschert. Zwischen Brunnen und Rathaus fallen ein schöner Renaissance-Erker (1634) sowie ein barocker Gartenpavillon (18. Jh.) ins Auge. Nächste Station des Streifzugs ist das **Gotische Haus** 9 (15. Jh.), das aus damals teuren Hausteinen errichtet ist und vom einstigen Wohlstand Xantens zeugt. Vor dem Haus steht eine klassische Marktpumpe. Am alten Westwall vorbei geht es nun zum **Meerturm** 10 (14. Jh.), einem imposanten Befestigungsbau. Seinen Namen verdankt er der Tatsache, dass sich früher westlich von Xanten ein mooriges Gebiet – als ›maar‹ bezeichnet – erstreckte. Wohl nicht zufällig postierten die Xantener deshalb jenseits des Walls das **Pesthäuschen** 11 (1591), obwohl Historiker bezweifeln, dass in dem Bau jemals Pestkranke untergebracht waren. Weiter westlich erhebt sich der **Schweineturm** 12, ein alter Wehrturm der Stadtmauer, die große Teile der Altstadt umschließt. In dem Gebäude lebten Schweinehirten, ab dem 16. Jh. diente der Turm wohl als Gartenhaus. Am Ostwall entlang kommt man danach zur **Karthaus** 13, einem Überbleibsel des ehem. Kartäuserklosters (16. Jh.). Erneut am Arme-Mägde-Haus vorbei geht es anschließend zur **Kriemhildmühle** 14, einer alten Ölmühle (1804), deren unterer Teil früher zu einem Wehrturm der Befestigungsanlage gehörte. Ebenfalls Teil der mittelalterlichen Stadtmauer ist das **Klever Tor** 15, ein 1393 erbautes ansehnliches Doppeltor, in dem heute Ferienwohnungen eingerichtet sind. Zum Schluss steht die Besichtigung des **Archäologischen Parks** 16 auf dem Gelände der alten römischen Stadt Colonia Ulpia Traiana an, der ca. im Jahr 100 das Stadtrecht verliehen wurde. Viele Baukomplexe wurden rekonstruiert, z. B. das Römische Amphitheater, der Hafentempel, Teile der Stadtmauer, das Nordtor und eine Herberge.

TOP TIPP (Klever Tor)

TOP TIPP (Archäologischer Park)

Weitere Sehenswürdigkeiten:

Regionalmuseum 17
Amphitheater 18

Praktische Hinweise

Information

Tourist Information Xanten GmbH, Kurfürstenstr. 9, Tel. 028 01/983 00, www.xanten.de

Hotels

Hotel van Bebber, Klever Str. 12, Tel. 028 01/66 23, www.hotelvanbebber.de. Urig-gemütliche Zimmer in historischem Haus mit ambitionierter Gastronomie.

Neumaier, Orkstr. 19–21, Tel. 028 01/715 70, www.neumaier.biz. Ruhiges, zentrales Hotel mit hellen, freundlichen Räumen.

Nibelungen Hof, Niederstr. 1, Tel. 028 01/780, www.hotel-nibelungenhof.de. Komfortables Hotel mit z. T. behindertengerechten Zimmern.

Restaurants

Römische Herberge, Archäologischer Park 2, Tel. 028 01/34 15 Speisen wie die alten Römer an authentischem Standort.

Gotisches Haus, Markt 6, Tel. 028 01/70 64 00. Gehobene Küche mit mittelalterlichem Flair.

Römische Antike hautnah: Archäologischer Park mit Nordtor, Dom und Hafentempel

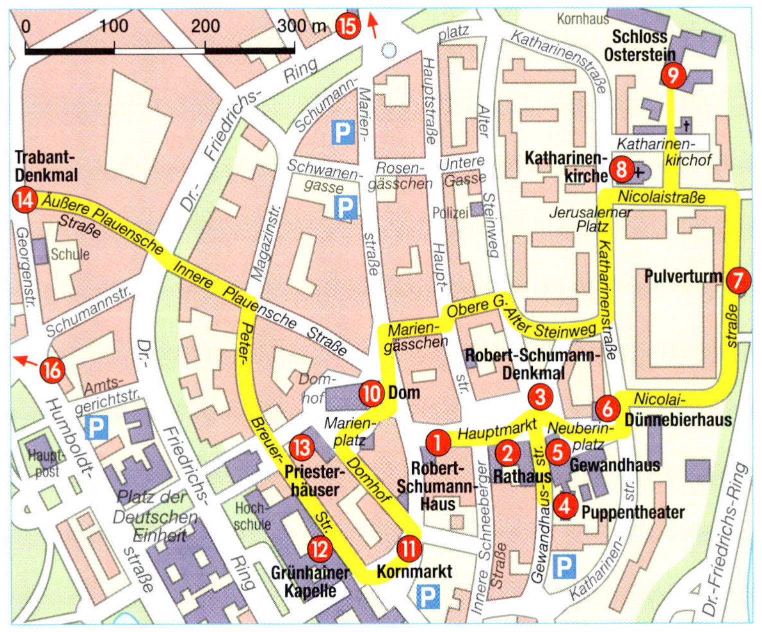

Zwickau

E5

Sachsen
Einwohner: 97 000

Zwickaus Bergbau, Industrie und Handel standen den Musen nicht im Weg.

Das 1118 erstmals urkundlich erwähnte Zwickau hat sich im Laufe der Zeit von einem traditionellen Bergbauort zu einer schmucken Jugendstilstadt gemausert, die zu entdecken sich lohnt. Der Rundgang durch die Altstadt beginnt

TOP TIPP

am Hauptmarkt 5 beim **Robert-Schumann-Haus** 1 (um 1500/1956), in dem am 8. Juli 1810 der große Komponist geboren wurde. Heute ist dort die Schumann-Gedenkstätte untergebracht. Die südliche Platzfront des Marktes bildet das dreigeschossige **Rathaus** 2. Es entstand 1403, nachdem der Vorgängerbau bei einem Stadtbrand völlig zerstört worden war. Über dem Haupteingang des Rathauses, das erst 1866/67 seine neogotische Fassade erhielt, ist das große Zwickauer Stadtwappen zu sehen. Schräg gegenüber steht das im Jahr 1901 feierlich enthüllte **Robert-Schumann-Denkmal** 3. In der Gewandhausstraße findet man das **Puppentheater** 4. 1952 wurde es unter dem Namen ›Theater der Jugend‹ gegründet; seit 1987 besitzt das Theater an dieser Stelle eine eigene Bühne und bietet ein abwechslungsreiches Programm – und das keineswegs nur für Kinder. Nur ein paar Schritte weiter steht das **Gewandhaus** 5 (1522–25). 1823 wurde es mit der Oper ›Der Freischütz‹ von Carl Maria von Weber eröffnet. Bei der Premiere soll übrigens der gerade einmal 13-jährige Robert Schumann begeisterter Zuschauer gewesen sein. Heute ist der historische Bau Hauptspielstätte des Theaters Plauen-Zwickau. Die ›Brille‹ in der Spitze der spätgotischen Giebelfassade erinnert an die ehem. Funktion dieses Gebäudes als Zunft- und Handelshaus der Tuchmacherinnung. Nicht weit ist es von hier zum **Dünnebierhaus** 6 (1480), heute auch gerne ›Hochzeitshaus‹ genannt, da hier seit 1984 Eheschließungen stattfinden. Mit seinem filigranen Staffelgiebel und den kunstvollen Vorhangbogenfenstern ist es ein höchst beeindruckendes Beispiel der spätmittelalterlichen Baukunst in Zwickau. Vorbei am **Pulverturm** 7 (15. Jh.), dem letzten Überrest der einstigen Stadtbefestigung,

TOP TIPP

macht der Rundgang Halt an der **Katharinenkirche** 8. Diese spätgotische Hallenkirche geht zurück auf eine im frühen 13. Jh. gegründete Klosterkirche und war 1520–21 Wirkungsstätte des protestantischen Theologen Thomas Müntzer. Unbedingt ansehen sollte man sich den ›Auferstandenen

Christus‹ von Peter Breuer und die Sandsteinkanzel von Paul Speck. Etwas nördlich des Gotteshauses liegt das ehedem kurfürstliche, lange Zeit als Gefängnis genutzte **Schloss Osterstein** 9, ein Renaissancebau, der nach Wiederaufbau als Senioren-Wohnanlage dienen soll. Der Obersächsischen Spätgotik zuzurechnen ist der im Zentrum gelegene **Dom St. Marien** 10 im Herzen der Altstadt, dessen älteste erhaltene Teile aus dem Jahr 1336 stammen. Seinem prunkvollen Äußeren entspricht die wertvolle Sakralausstattung, aus der vor allem der Wandelaltar von Michael Wolgemut hervorsticht. Unweit davon liegt der **Kornmarkt** 11 mit dem ›Schiffchen‹, einem Bauwerk aus der Spätgotik und Frührenaissance, das 1967/68 in Originalgestalt wieder aufgebaut wurde. An der Giebelfassade des Spitzdaches befinden sich die traditionellen Handwerkszeichen der Seiler. Schräg gegenüber in südwestlicher Richtung lohnt ein kurzer Abstecher zur **Grünhainer Kapelle** 12 (13. Jh.), deren gotisches Kreuzgewölbe noch gut erhalten ist. Heute beherbergt sie das ›Restaurant im Alten Kloster‹. In den warmen Monaten findet im ehem. Klosterhof außerdem ein Sommertheater statt. Schon

TOP TIPP

fast in Sichtweite, unweit des Doms, erheben sich die vier **Priesterhäuser** 13, die als älteste städtische Wohnbauten in Ostdeutschland gelten. Nach jüngsten Untersuchungen reicht ihre Bausubstanz bis ins 13. Jh. zurück. Sie wurden in den letzten Jahren einer umfassenden originalgetreuen Restaurierung unterzogen und beherbergen eine Dauerausstellung zu Stadt- und Kulturgeschichte mit Schwerpunkt auf dem 15./16. Jh. Ein ungewöhnliches Denkmal findet sich auf dem Georgenplatz. Hier hat man 1998 ein Kultobjekt aus reinem Plastik verewigt: In der Geburtsstadt des legendären ›Trabi‹ steht das **Trabant-Denkmal** 14 als Erinnerung an das – bis 1991 produzierte – erfolgreichste Automodell der DDR.

Weitere Sehenswürdigkeiten:

Automobilmuseum ›August Horch‹ 15
Städtisches Museum 16

i Praktische Hinweise

Information

Tourist Information Zwickau, Hauptstr. 6, Tel. 0375/2713240, www.kultour-z.de

Hotels

Aparthotel 1A, Robert-Müller-Str. 1a, Tel. 0375/275750, www.1A-aparthotel.de. Angenehmes, modern ausgestattetes Cityhotel.

Holiday Inn, Kornmarkt 9, Tel. 0375/27920, www.holiday-inn.de. Luxuriös und zentral, mit drei Gaststätten.

Merkur, Bahnhofstr. 58, Tel. 0375/2119560, www.merkur-hotel-zwickau.de. Solides Hotel garni in zentraler Lage.

Restaurants

Brauhaus Zwickau, Peter-Breuer-Str. 12, Tel. 0375/3032032, www.brauhaus-zwickau.de. Deftige Gerichte und Bier aus eigener Brauerei.

Paula, Hauptmarkt 24/25, Tel. 0375/4600770, www.paula-zwickau.de. Bayerisch geprägte Kost.

Pavillon, Kornmarkt 9, Tel. 0375/279270, www.pavillon-zwickau.de. Gehobene saisonale Küche.

Dem großen romantischen Komponisten gewidmet: Gedenkstätte im Robert-Schumann-Haus

Deutschland – Die schönsten Städtetouren aktuell A bis Z

Vor Reiseantritt

ADAC Info-Service:
Tel. 018 05/10 11 12, Fax 018 05/30 29 28 (0,14 €/Min.).

ADAC im Internet:
www.adac.de
www.adac.de/reisefuehrer

Deutschland im Internet:
www.deutschland.de
www.deutschland-tourismus.de

Umfangreiches Informations- und Kartenmaterial können ADAC-Mitglieder kostenlos bei den ADAC-Geschäftsstellen oder unter Tel. 018 05/10 11 12 (0,14 €/Min.) anfordern. Insgesamt sind im ADAC-Verlag rund 200 Reiseführer (davon rund 20 zu deutschen Zielen) sowie das ADAC Reisemagazin Deutschland entdecken erschienen (www.adac.de/reisefuehrer, www.adac.de/reisemagazin).

ADAC StauInfo:
Tel. 224 99, Mobil-Tel. 224 99 (0,51 €/Min.)

ADAC Verkehrsservice: Mobil-Tel. 224 11 (1,10 €/Min. + Verbindungskosten), E-Plus Tel. 114 11, aus dem Festnetz Tel. 090 01 12 24 11 (1,39 €/Min.). Individuelle Verkehrsberatung für unterwegs, z. B. zu Staugefahr, Ausweichrouten, Schneehöhen, Wasserqualität, Tankstellen in der Nähe u.v.m.

Allgemeine Informationen

Tourismusämter

Tourismusämter und Kurverwaltungen der einzelnen Orte werden bei den jeweiligen Punkten unter Praktische Hinweise genannt.

Notrufnummern und Adressen

Einheitlicher Notruf: Tel. 112 (EU-weit, auch mobil: Polizei, Unfallrettung, Feuerwehr)

ADAC Pannenhilfe: Tel. 018 02/22 22 22 (rund um die Uhr, 0,06 €/Anruf), in allen Mobilfunknetzen: Tel. 22 22 22

ADAC Rettungshubschrauber:
Tel. 110 und 112

Fahrzeugbezogene Schutzbriefleistungen: Tel. 089/76 76 70

Österreichischer Automobil Motorrad und Touring Club
ÖAMTC Schutzbrief-Nothilfe:
Tel. 00 43/(0)1/251 20 00

Touring Club Schweiz
TCS Zentrale Hilfsstelle:
Tel. 00 41/(0)224 17 22 20

Umweltzonen in deutschen Städten

Anfang 2008 haben Berlin, Hannover, Köln, Mannheim und Stuttgart sog. Umweltzonene eingerichtet, weitere Städte werden folgen. Sie sollen die Zahl der Fahrzeuge, die besonders viele Schadstoffe ausstoßen, begrenzen. Die Innenstädte dürfen dort nur noch Fahrzeuge befahren, die über eine Feinstaubplakette an der Windschutzscheibe verfügen. Infos: www.umweltzone.de.

Anreise

Auto

Mitglieder des ADAC können vorab bei der **ADAC Autovermietung** über die Geschäftsstellen oder unter Tel. 018 05/31 81 81 (0,14 €/Min.) Mietwagen zu günstigen Konditionen buchen.

Bahn

Alle deutschen Städte sind mit der Bahn erreichbar, die größeren meist mit ICE, IC oder EC. Sehr bequem sind auch die Angebote von Autoreisezug und Nachtzug bzw. CityNightLine.

Fahrplanauskunft

Deutschland
Deutsche Bahn, Tel. 118 61 (persönliche Auskunft, gebührenpflichtig), Tel. 08 00/150 70 90 (sprachgesteuert, kostenlos), www.bahn.de

DB Autoreisezug, Tel. 018 05/24 12 24, www.dbautozug.de

DB Nachtzug, Tel. 018 05/14 15 14, www.dbnachtzug.de

CityNightLine, Tel. 018 05/21 34 21, www.citynightline.ch

Österreich
Österreichische Bundesbahn, Tel. 05 17 17, www.oebb.at

Schweiz
Schweizer Bundesbahnen, Tel. 09 00 30 03 00, www.sbb.ch

Bus

Mehr als 300 innerdeutsche Ziele fahren die komfortablen Busse der Gesellschaft BerlinLinienBus an. Allerdings führen alle Linien über Berlin. Haupthaltestelle ist: Zentraler Omnibusbahnhof am Funkturm (ZOB), Masurenallee 4–6, 14057 Berlin, Tel. 0 30/302 53 61

Zentrale Reservierungsstelle: **Berlin LinienBus**, Mannheimer Str. 33/34, 10713 Berlin, Tel. 0 30/861 93 31, www.berlinlinienbus.de

Feiertage

Feiertage

1. Januar (Neujahr), 6. Januar (Heiligedreikönigstag) [a], April/Mai (Karfreitag, Ostermontag), 1. Mai (Maifeiertag/Tag der Arbeit), Mai/Juni (Christi Himmelfahrt), Juni (Pfingsmontag), Juni (Fronleichnam) [b], Mitte August (Mariä Himmelfahrt) [c], 3. Oktober (Tag der deutschen Einheit), 31. Oktober (Reformationstag) [d], 1. November (Allerheiligen) [e], 19. November (Buß- und Bettag) [f], 25./26. Dezember (1./2. Weihnachtstag)

[a] nur in Baden-Württemberg, Bayern und Sachsen
[b] nur in Baden- Württemberg, Bayern, Hessen, Nordrhein-Westfalen, Rheinland-Pfalz, im Saarland, in Sachsen und teilweise in Thüringen
[c] nur in Bayern und im Saarland
[d] nur in Brandenburg, Mecklenburg-Vorpommern, Sachsen, Sachsen-Anhalt und Thüringen
[e] nur in Baden-Württemberg, Bayern, Nordrhein-Westfalen, Rheinland-Pfalz und im Saarland
[f] nur in Sachsen

Klima und Reisezeit

In Deutschland herrscht gemäßigtes Klima, d.h. die Sommer sind warm bis heiß, die Winter relativ kalt. Im Norden und Westen verhindern Nord- und Ostsee größere Temperaturschwankungen. Das Wetter im höher gelegenen Süden wird vom Gebirgszug der Alpen beeinflusst. Eine Sonderstellung als ›Wärmeinsel‹ nimmt das Oberrheinische Tiefland ein.

Klimadaten Berlin

Monat	Luft (°C) min./max.	Wasser (°C)	Sonnen-std./Tag	Regentage/ Monat
Januar	-3/ 2	2	2	10
Februar	-2/ 4	3	3	9
März	0/ 8	5	4	8
April	4/13	10	5	9
Mai	8/19	16	7	10
Juni	11/22	20	7	10
Juli	13/23	22	7	9
August	12/23	22	7	9
September	9/19	18	5	9
Oktober	6/13	13	4	8
November	2/ 7	8	2	10
Dezember	-1/ 3	4	1	11

Klimadaten Kiel

Monat	Luft (°C) min./max.	Wasser (°C)	Sonnen-std./Tag	Regentage/ Monat
Januar	2/ 2	2	1	18
Februar	-2/ 3	2	2	16
März	0/ 6	3	3	13
April	3/11	6	5	13
Mai	7/15	11	8	12
Juni	11/19	16	8	14
Juli	13/22	18	7	14
August	13/21	18	6	15
September	11/18	16	5	15
Oktober	7/13	12	3	17
November	3/ 7	8	2	19
Dezember	0/ 4	5	1	19

(Wassertemperaturen Travemünde)

Klimadaten München

Monat	Luft (°C) min./max.	Wasser (°C)	Sonnen-std./Tag	Regentage/ Monat
Januar	-5/ 2	5	2	11
Februar	-4/ 4	4	3	10
März	-1/ 8	5	4	11
April	3/13	7	5	12
Mai	7/17	14	6	13
Juni	10/21	15	7	14
Juli	12/23	20	8	12
August	12/22	21	7	12
September	9/19	17	6	9
Oktober	4/14	16	4	8
November	0/ 7	9	2	11
Dezember	-4/ 3	5	2	11

Kultur live

Das ganze Jahr über finden Feste und Festivals statt, Informationen liefern die Tourismusämter. Eine Übersicht der größten Ereignisse findet sich im Folgenden:

Feste

Januar/Februar

Garmisch-Partenkirchen: Hornschlittenrennen (6. Jan.)

Dessau: Kurt-Weill-Fest (Ende Febr.–Anf. März)

Rottweil: Narrensprung (Rosenmontag)

März/April

Husum: Krokusblütenfest (Ende März)

Bonn: Rhein in Flammen (5 Sa bis Sept.)

Mai/Juni

Hameln: Rattenfängerspiele (So Mai–Sept.)

Schwäbisch-Hall: Kuchen- und Brunnenfest (um Pfingsten)

Erfurt: Krämerbrückenfest (Mitte Juni)

Kiel: Kieler Woche (Ende Juni)

Lutherstadt Wiittenberg: Luthers Hochzeit (2. Juniwochenende)

Naumburg: Hussiten-Kirschfest (letztes Juniwochenende)

Juli/August

Dinkelsbühl: Kinderzeche (Mitte Juli)

Landsberg: Ruethenfest (Mitte Juli)

Nördlingen: Scharlachrennen (letztes Juliwochenende)

Ulm: Fischerstechen (Juli, alle 4 Jahre: 2009)

Hamburg: Alstervergnügen (Ende Aug.)

Landshut: Landshuter Hochzeit (alle 4 Jahre: 2009)

Lübbenau: Hafenfest (Anf. Aug.)

Mölln: Eulenspiegelfestspiele (Mitte Aug.)

Schleswig: Wikingertage (alle 2 Jahre: 2010)

Worms: Backfischfest (Ende Aug.–Anf. Sept.)

September/Oktober

München: Oktoberfest (Sept.–Okt.)

Rothenburg ob der Tauber: Reichsstadt-Festtage (1. Septemberwochenende)

Stuttgart: Canstatter Wasen (Ende Sept.–Mitte Okt.)

Leer: Gallimarkt (Mitte Okt.)

Weimar: Zwiebelmarkt (Mitte Okt.)

November/Dezember

Bad Tölz: Tölzer Leonhardifahrt (6. Nov.)

Köln: Karneval (11. Nov. ab 11.11 Uhr)

Nürnberg: Christkindlesmarkt (ab 1. Advent–Weihnachten)

Festivals

Februar

Berlin: 10 Tage Internationale Filmfestspiele, kurz Berlinale genannt (Tel. 030/25 92 00, www.berlinale.de)

März/April

Thüringen: Von Eisenach bis Weimar ertönen während der Thüringer Bach-Wochen Passionen, Orgelkonzerte u.a. zu Ehren von Johann Sebastian Bach (Tel. 0 36 91/88 96 90, www.bachwochen.de)

Burghausen: Die Internationale Jazzwoche vereint die Großen der Jazzmusik (Tel. 086 77/916 46 30 www.b-jazz.com)

Mai/Juni

Brandenburg: Im Juni finden in Schloss und Park während der Musikfestspiele Potsdam Sanssouci hochkarätige klassische Konzerte statt (Tel. 03 31/288 88 17, www.musikfestspiele-potsdam.de)

Darmstadt: Ende Mai verwandelt das Schlossgrabenfest – Stage Groove Festival die City vier Tage lang in eine einzige Open-Air-Bühne für Rock, Pop, Salsa und Blues (Tel. 0 61 51/971 26 80, www.schlossgrabenfest.de)

Halle (Saale): 10 Juni-Tage lang Händel-Festspiele in Georg Friedrich Händels Geburtsstadt (Tel. 03 45 / 209 34 19, www.haendelfestspiele.halle.de)

Nürburgring: Rund 100 000 Rockfans versammeln sich am Pfingstwochenende zum ultimativen Rock am Ring (Tel. 0 18 05/57 00 0, www.rock-am-ring.com)

Straubing: Agnes-Bernauer-Festspiele (alle 4 Jahre: 2011, 2015 ...) um die mörderisch endende Liebesheirat der Baaderstochter und des Herzogssohns (Tel. 0 94 21/18 53 61, www.agnes-bernauer-festspiele.de)

Juni/Juli

München: Filmfest München, nach der Berlinale (s.o.) zweitgrößtes internationales Filmfest in Deutschland (Tel. 089/4 80 98 97 17, www.filmfest-muenchen.de)

Juli/August

Bayreuth: Die Bayreuther Festspiele sind Pilgerziel aller Opernfans und Wagnerianer (Tel. 09 21/787 80, www.bayreuther-festspiele.de)

Kassel: Alle 5 Jahre stellt die Kunstavantgarde aus aller Welt ihre Werke bei der documenta aus (2012, 2017 ...) (Tel. 05 61/70 72 70, www.documenta.de)

Neustrelitz: Schlossgartenfestspiele mit Opern und Operetten (Tel. 039 81/ 239 30, www.schlossgartenfestspiele.de)

Schleswig-Holstein: Schleswig-Holstein Musik Festival, acht Wochen lang klassische Konzerte an diversen Spielorten im ganzen Bundesland (Tel. 04 51/38 95 70, www.shmf.de)

September

Rothenburg ob der Tauber: Beim Taubertal Festival spielen junge aufstrebende Musikbands aus dem In- und Ausland drei Tage lang auf mehreren Bühnen, was das Zeug hält (Tel. 01 62/ 706 21 99, www.taubertal-openair.de).

Routen

Durch Deutschland verlaufen einige sehr schöne Routen und Themenstraßen, entlang derer Urlauber zahlreiche hier beschriebene Städte auch im Rahmen einer längeren Reise entdecken können. Im Folgenden eine Auswahl:

Burgenstraße

Lage: zwischen Mannheim (Westen) und Bayreuth (Osten)
Länge: ca. 460 km
Strecke: Mannheim, Heidelberg, Heilbronn, Rothenburg o. d. Tauber, Nürnberg, Bamberg, Coburg, Kulmbach, Bayreuth

Grüne Küstenstraßen

Lage: westliches Schleswig-Holstein, zwischen dänischer Grenze (Norden) und der Elbe (Süden)
Länge: ca. 430 km
Strecke: Süderlügum, Husum, Glückstadt, Elmshorn

Lage: nördliches Niedersachsen, zwischen Hamburg und niederländischer Grenze
Länge: ca. 300 km
Strecke: Hamburg, Stade, Cuxhaven, Bremerhaven, Bremen, Oldenburg, Leer, Bunde

Klassikerstraße Thüringen

Lage: mittleres und südliches Thüringen
Länge: ca. 400 km
Strecke: Eisenach, Gotha, Erfurt, Weimar, Jena

Nordostdeutsche Hansestraße

Lage: Ostseeküste von Lübeck nach Ueckermünde, Halbinsel Fischland-Darß-Zingst und Insel Usedom
Länge: ca. 480 km
Strecke: Lübeck, Wismar, Stralsund, Greifswald, Ahlbeck, Ueckermünde

Romantische Straße

Lage: westliches Bayern, zwischen Würzburg und Füssen
Länge: ca. 370 km
Strecke: Würzburg, Nördlingen, Augsburg, Landsberg a. Lech, Füssen

Unterkunft

Camping

Groß ist das Angebot an Campingplätzen. Eine Beschreibung geprüfter Anlagen bietet der jährlich neu erscheinende *ADAC Camping Caravaning Führer* mit CD-Rom, der im Buchhandel und in den ADAC-Geschäftsstellen erhältlich ist. Darüber hinaus informiert der ebenfalls jährlich erscheinende *ADAC Stellplatz Führer Deutschland* umfassend über das Angebot an einfachen Stellplätzen für Wohnmobile sowie über Bungalows und Mobilheime auf Campingplätzen in Deutschland (www.adac.de/camping).

Hotels

Die Auswahl an Hotels ist groß und das Niveau im Allgemeinen hoch. Eine kleine Auswahl ist im Text jeweils unter ›Praktische Hinweise‹ bei den Stadttouren. Ausführliche **Hotelverzeichnisse** sind bei den Tourismusämtern erhältlich.

Jugendherberge

In Deutschland bieten rund 600 Jugendherbergen günstige Übernachtungsmöglichkeiten für Personen jeden Alters, in Bayern nur für Einzelreisende bis einschließlich 26 Jahre und für Familien in Begleitung minderjähriger Kinder. Voraussetzung für eine Übernachtung ist die Mitgliedschaft beim Jugendherbergswerk. Man kann sich vor Ort in jeder Jugendherberge einen Ausweis ausstellen lassen. Ein Herbergenverzeichnis und Infos sind erhältlich bei:

Deutsches Jugendherbergswerk, Bismarckstr. 8, 32756 Detmold, Tel. 052 31/740 10, Fax 052 31/74 01 74, www.jugendherberge.de

Bildnachweis

Umschlag-Vorderseite: Würzburg mit Alter Mainbrücke und Dom St. Kilian. *Foto: Helga Lade, Frankfurt am Main (Rainer Binder)*

Argus, Hamburg: 263 (Hartmut Schwarzbach) – *Foto Baumann-Schicht, Bad Reichenhall*: 33 – *Bilderberg, Hamburg*: 127 unten, 135, 139, 351 (Zielske) – *Blume Bild, Celle*: 253 – *Fotostudio Ulf Böttcher, Potsdam*: 259 – *Deutsches Schifffahrtsmuseum, Bremerhaven*: 51 (J. Darlison) – *dpa Picture Alliance, Frankfurt am Main*: 105 (Patrick Pleul), 111 (Matthias Schrader), 275 (Bernd Wüstneck), 303 (Jens Wolf) – *Fan, Hamburg*: 101 (S. Kuttig), 179 (Achim Fischer) – *Das Fotoarchiv, Essen*: 41 (Torsten Krueger), 295 (Cornelius Paas) – *Ralf Freyer, Freiburg*: 327 – *Hartmuth Friedrichsmeier, Hamburg*: 117 (Werner Otto), 123 (M. Siepmann), 137 (Schütze/Rodemann), 159 (Siepmann), 337 (Schütze/Rodemann), 357 (Wilkin Spitta) – *Fürstenwalder Tourismusverein, Fürstenwalde*: 119 – *Bildagentur Geduldig, Maulbronn*: 263 – *Brigitte und Emanuel Gronau, Weilheim*: 319 – *Bildagentur Huber, Garmisch-Partenkirchen*: 8/9, 15, 18, 21, 23 (R. Schmid), 29 (F. Damm), 31 (Gräfenhain), 47 (Giovanni), 49 (Gräfenhain), 57 (Damm), 89 (Schmid), 89 (Gräfenhain), 97, 121 oben (Schmid), 129, 153 (Gräfenhain), 169, 175, 185 (Schmid), 213 (Szyszka), 215, 217 (Schmid), 221 (Szyszka), 227 (Gräfenhain), 229 (Schmid), 257 (Gräfenhain), 265, 267, 277, 281, 305, 309 (Schmid), 325 (Gräfenhain), 329 (von Dachsberg), 333, 341, 343 (Schmid), 353 (Pavan Aldo), 359 (Schmid) – *Ifa Bilderteam, Ottobrunn*: 83 (Nicos), 103 (Frima), 131 (Annette Jochem), 145 (Siebig), 149 (Hasenkopf), 165 (Panstock), 171, 181 (Lecom), 195 (G. Hahn), 223 (Grüner), 225 (Frima), K. Lehmann), 249, 285 (W. Otto), 299 (Eiben), 317 (Nicos), 339 (Frisma), 349 (W. Otto) – *Siegfried Kuttig, Lüneburg*: 342 – *Helga Lade, Frankfurt am Main*: 271 (Tetzlaft), 311 (B. Blume) – *laif, Köln*: 67 (Kirchner), 79 (Adenis/Gaff), 107 (Babovic), 109 (Emmler), 127 oben (Babovic), 133 (Galli), 141 (Modrow), 197 (Raach), 201, 237, 261 (Kirchner), 315 (Boenig/Zenig), 321 (Jens Büttner), 347 (Galli), 361 (Babovic) – *Stadt Lingen (Ems)*: 199 – *Look, München*: 7 oben (Maeritz), 8 unten (Bernhard Limberger), 13 (TerraVista), 25 (Jürgen Stumpe), 53 (Karl Johaentges), 65 (age fotostock), 81 (Heinz Wohner), 147 (Johaentges), 233 (TerraVista), 241 (Wohner), 279 (Sabine Lubenow), 313 (Konrad Wothe) – *Lukom Ludwigshafener Kongress- und Marketinggesellschaft mbH, Ludwigshafen am Rhein*: 205 – *Mauritius, Mittenwald*: 6/7 (Gerd Schnürer), 7 Mitte (Josephine Clasen), 8 Mitte links (imagebroker), 8 Mitte rechts (age fotostock), 43 (Karl Kinne), 75, 85 (imagebroker), 115 (Rudolf Pigneter), 143 (Torsten Krueger), 151 (imagebroker), 157 (Krueger), 177 (Hiroshi Higuchi), 203 (Hans-Peter Merten), 209 (Mader), 219 (Helmut Peters), 243 (Waldkirch), 245 (imagebroker), 273 (Robert Knöll), 291 (Horst Bartel), 293 Ferdinand Hollweck, 301 (Rainer Waldkirch), 323 (imagebroker) – *Okapia, Frankfurt am Main*: 71 (Horst Zanus), 95 (Werner Otto) – *Ostseefjord Schlei GmbH, Schleswig*: 289 (B. Pries) – *Andreas Riedmiller, Oberzollhaus*: 331 – *Schapowalow, Hamburg*: 69 (Huber), 173 (Waldkirch), 191 (Huber), 247 (Waldkirch) – *Staatliches Museum Schwerin, Schloss Ludwigslust*: 206 – *Tourist Information Soest*: 297 – *Superbild, Taufkirchen*: 17 (G. Gräfenhain), 35 (Bernd Ducke), 37 (SAT), 183 (Eric Bach), 193 (Koserowsky), 355 (Gräfenhain) – *Transit, Leipzig*: 9 Mitte, 91, 161 (Thomas Härtrich), 335 (Peter Hirth) – *Ullstein, Berlin*: 39 (imagebroker), 45 (Hartmann), 63, 73 (imagebroker), 163 (ddp), 255 (imagebroker) – *Visum, Hamburg*: 61 (Markus Hanke), 77 (Thomas Pflaum), 189 (Ralf Niemzig), 239 (Alfred Buellesbach), 287 (euroluftbild) – *White Star, Hamburg*: 99 (M. Pasdzior) – *Hanna Wagner, Wörth*: 59, 113, 121 unten, 167, 187, 251, 269, 307 – *Ingo Wandmacher, Bad Schwartau*: 125 – *Thomas Peter Widmann, Regensburg*: 55, 93, 155 – *Ernst Wrba, Wiesbaden*: 11, 231

Impressum

Redaktionsleitung: Dr. Dagmar Walden
Bildredaktion: Astrid Rohmfeld
Aktualisierung: Andreas Schimkus, Astrid Rohmfeld
Karten: Müller & Richert, Gotha
Klappenkarten: Computerkartographie Carrle, München
Herstellung: Martina Baur
Druck, Bindung: Stürtz GmbH, Würzburg
Printed in Germany

Ansprechpartner für den Anzeigenverkauf: Kommunalverlag GmbH & Co KG, MediaCenterMünchen, Tel. 089/92 88 96 44

ISBN 978-3-89905-685-3

Neu bearbeitete Auflage 2008